명품 JAVA Programming

저자 소개

황기태
현 한성대학교 컴퓨터공학부 교수
서울대학교 컴퓨터공학과 박사
서울대학교 컴퓨터공학과 석사
서울대학교 컴퓨터공학과 학사
비트교육센터 센터장
IBM Watson Research Center 방문 연구원
University of California, Irvine 방문 교수
University of Florida 방문 교수

김효수
현 마이크로소프트 이사
서울대학교 컴퓨터공학과 석사
서울대학교 컴퓨터공학과 학사
LG전자 선임 연구원
한국 Rational Software, 한국 Openwave Systems 근무
M-Systems 지사장
IKIVO 지사장
터치타이프 모바일 지사장

명품 JAVA Programming

초판발행 2011년 7월 11일
제4판7쇄 2023년 8월 25일

지은이 황기태, 김효수
펴낸이 김승기, 김민수
펴낸곳 (주)생능출판사 / **주소** 경기도 파주시 광인사길 143
출판사 등록일 2005년 1월 21일 / **신고번호** 제406-2005-000002호
대표전화 (031)955-0761 / **팩스** (031)955-0768
홈페이지 www.booksr.co.kr

책임편집 신성민 / **편집** 이종무, 유제훈 / **디자인** 유준범
마케팅 최복락, 심수경, 차종필, 백수정, 송성환, 최태웅, 명하나, 김민정
인쇄 · 제본 (주)상지사P&B

ISBN 978-89-7050-947-1 93000
정가 33,000원

- 이 도서의 국립중앙도서관 출판예정도서목록(CIP)은 서지정보유통지원시스템 홈페이지(http://seoji.nl.go.kr)와 국가자료공동목록시스템(http://www.nl.go.kr/kolisnet)에서 이용하실 수 있습니다. (CIP제어번호: CIP2018015352)

– 본 연구는 한성대학교 교내 학술연구비를 지원받았음 –

귀로 배우는 자바가 아니라, 눈으로 몸으로 배우는 자바강좌

명품 JAVA Programming

황기태 · 김효수 지음

생능출판

머리말

명품 자바를 사랑해주시는 많은 교수님들과 독자들께 감사드립니다. 2017년 9월에 Java 9가 출시되었습니다. Java 9에는 모듈화(modularity)라는 새로운 개념이 도입됨에 따라, rt.jar가 없어지고 자바 실행환경과 자바 API가 모듈 기반으로 바뀌었으며, 개발자들도 모듈 기반으로 프로그램을 작성하도록 되었습니다. 당장은 모듈 방식으로 코딩할 필요는 없고, 기존의 자바 프로그램 개발 방식을 사용하면 됩니다. 6개월마다 새 버전을, 3년마다 LTS(Long Term Support) 버전을 출시한다는 오라클의 전략에 따라 2018년 3월에 Java 10을, 9월에는 LTS 버전인 Java 11이 출시되었습니다. 또한 오라클은 2019년 1월부터 자바를 유료화 하여 유료 Java는 Oracle JDK를, 무료 Java는 OpenJDK를 이용하면 됩니다. 무료로 사용하려면 OpenJDK를 제공하는 사이트(openjdk.java.net/projects/jdk/, adoptopenjdk.net, www.microsoft.com/openjdk 등)에서 다운받아 사용하면 됩니다. OpenJDK를 다운받고 설치하는 방법은 출판사 홈페이지를 참조하기 바랍니다.

모듈화의 개념을 포함하여 개정4판에 수정 추가된 내용은 간단히 다음과 같습니다.

1. 1장과 6.1절에 모듈의 개념을 언급하고, 6.4절을 추가하여 모듈 개념, 모듈 기반 자바 실행 환경, 모듈화의 목적 등을 간략히 소개하였습니다.
2. 5장 인터페이스 부분을 수정하였습니다. Java 8, 9에서 인터페이스 정의가 바뀌었습니다.
3. 6.7절 Wrapper 클래스 부분을 갱신하였습니다. Java 9부터 생성자를 이용하여 Wrapper 객체를 생성하는 방법이 폐기되었기 때문입니다.
4. 2장에는 변수 타입을 추론하는 var 키워드를 Tip으로 설명하고(Java 10), 7.2절에 컬렉션 객체 생성 시 타입 추론을 이용하는 내용을 삽입하였습니다(Java 7, 10).
5. 오타와 오류를 수정하고, 5장에 인터페이스 관련 연습문제를 2개 추가하였습니다.

본문에 넣기에는 다소 어려운 부분을 홈페이지에서 자료로 제공합니다.

6. **자바의 람다식 기초.pdf** 자바로 람다식을 만드는 기초를 설명합니다.
7. **이클립스로 모듈 만들기.pdf** 모듈을 만드는 과정을 간단히 작성하였습니다.
8. **jlink로 응용프로그램 맞춤형 실행 환경 만들기.pdf** 커스텀 JRE를 만드는 사례를 소개하고, 크기와 실행시간 메모리의 성능이 향상됨을 보였습니다.

자바(Java)는 그 이전 시대에 있었던 프로그래밍 언어에서 한 차원 진화된 개념으로 개발된 가히 혁명적 언어이며 플랫폼입니다. 한 번 작성된 자바 프로그램은 어느 컴퓨터, 어떤 운영체제에서도 실행될 수 있습니다. Write Once Run Anywhere의 세상이 만들어지는 것입니다. 데스크톱, 웹 서버 및 웹 클라이언트, 셋톱 등의 임베디드 장치, 스마트폰을 중심으로 하는 모바일 단말기, 스마트 TV 등의 가전제품 등 생활과 산업의 전 분야에 사용되고 있습니다. 자바는 지난 10여 년 동안 소프트웨어 시장에서 가장 큰 지배력을 뽐내 왔으며, 현재에는 그 지배력이 더욱 두드러져, 미래 창조 시대를 지배할 프로그래밍 전문가들이 알아야 할 필수 언어입니다.

명품 자바는 다양한 독자들이 자바를 배우기 쉽도록 여러 가지 특징을 가지고 있습니다.

첫째, 자바 프로그래밍 개념과 방법을 충실히 정리하고 적절한 예제를 수록하였습니다.

둘째, 많은 그림과 삽화로 개념을 쉽게 이해하도록 하였습니다.

셋째, 각 절마다 Check Time 문제를 두어 배운 내용을 확인할 수 있도록 하였습니다.

넷째, 연습문제는 이론문제와 실습문제로 나누었고, 홀수 번과 짝수 번을 유사한 문제로 꾸며, 반복 연습해 볼 수 있도록 구성하였습니다(짝수 번은 정답을 제공하지 않습니다). 홀짝으로 유사한 문제를 내는 것에 저자는 무척 힘들었습니다.

다섯째, 각 장마다 Open Challenge 문제를 두어 도전하는 과정을 두었습니다.

저자들의 노력과 정성이 우리의 미래가 될 독자들, 그리고 교수님들께 도움이 되었으면 하는 바램입니다. 항상 곁에 있어 행복을 주는 가족과 겸손함으로 머리 숙이게 하시는 하나님께 감사드립니다.

황기태, 김효수

이 · 책 · 의 · 특 · 징

Objectives

- 객체 지향 언어와 절차 지향 언어의 개념을 이해한다.
- 객체 지향 언어의 특성을 안다.
- 자바에서 클래스를 선언하는 방법을 안다.
- 클래스와 객체의 의미를 알고 구분한다.
- 자바에서 객체 생성 방법을 안다.
- 메소드 작성 방법과 호출 방식을 안다.
- 메소드 오버로딩의 개념을 이해하고 오버로딩된 메소드를 호출한다.
- 생성자를 작성하고 생성자의 용도에 대해 안다.
- 가비지의 개념과 가비지 컬렉션을 이해한다.
- 접근 지정자 **default**, **private**, **protected**, **public**을 안다.
- **static**의 의미를 알고, **static** 멤버의 특징을 안다.
- **final**의 의미를 알고 사용할 수 있다.

Objectives

학습 목표로 그 장에서 무엇을 배우는지를 제시하였다.

CHECK TIME

1. **double** 타입의 일차원 배열을 매개변수로 전달받아 배열의 합을 리턴하는 **getSum()** 메소드를 작성하라.
2. 메소드 오버로딩이 성공할 조건을 설명하라.
3. 메소드가 배열을 전달받는 경우 메소드 내에서 배열 원소의 값을 변경하면 원본 배열의 값이 변경되는가?

CHECK TIME

이미 배운 내용을 점검하기 위해 단답형식의 문제를 제시하였다.

Tip **if-else**와 조건 연산자 **'?' ':'**

조건 연산자 **'?' ':'**은 똑같은 결과를 가져오는 **if-else** 문으로 바꿀 수 있다. 다음과 같은 조건 연산자 문이 있을 때,

```
i = a>b?a-b:b-a; // a, b 값의 차이를 i에 저장
```

이 문장은 다음의 **if-else** 문으로 변경할 수 있다.

```
if (a>b)
    i = a - b;
else
    i = b - a;
```

Tip

학습한 내용의 보충 설명이나 참고 사항 등을 정리하였다.

잠깐!

오크란 이름은 선마이크로시스템즈 사무실 앞의 참나무(**oak**)에서 따온 것이라고 한다. 그러나 이미 오크란 상표가 등록되어 있어 이름을 자바로 바꾸었다고 한다. 자바 이름의 유래에는 여러 가지 설이 있는데, 유력한 것으로는 개발자들이 너무 커피를 많이 마셨다는 설과 개발팀의 핵심 멤버인 **James Gosling**, **Arthur Van Hoff**, **Andy Bechtolsheim**의 이니셜을 따왔다는 설이 있다.

잠깐!

지나치기 쉬운 내용들을 환기시키기 위해 주의 사항 등을 설명하였다.

요약 SUMMARY

배운 내용을 정리하기 쉽도록 주요 용어를 중심으로 주요 내용을 요약하였다.

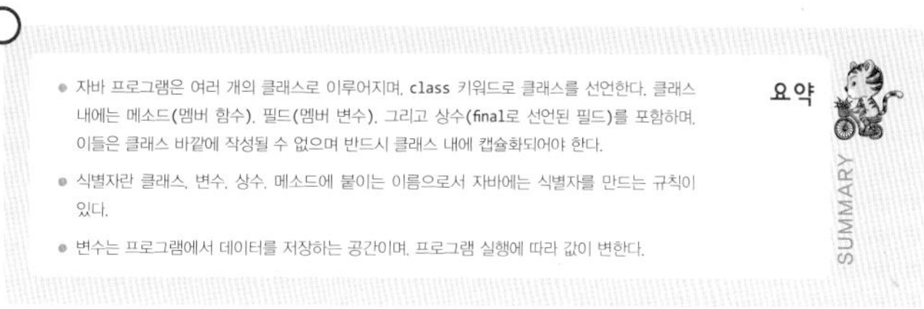
요약

SUMMARY

- 자바 프로그램은 여러 개의 클래스로 이루어지며, class 키워드로 클래스를 선언한다. 클래스 내에는 메소드(멤버 함수), 필드(멤버 변수), 그리고 상수(final로 선언된 필드)를 포함하며, 이들은 클래스 바깥에 작성될 수 없으며 반드시 클래스 내에 캡슐화되어야 한다.
- 식별자란 클래스, 변수, 상수, 메소드에 붙이는 이름으로서 자바에는 식별자를 만드는 규칙이 있다.
- 변수는 프로그램에서 데이터를 저장하는 공간이며, 프로그램 실행에 따라 값이 변한다.

Open Challenge

프로젝트 문제로 그 장에서 학습한 내용을 응용하여 프로그램을 작성할 수 있도록 하였다.

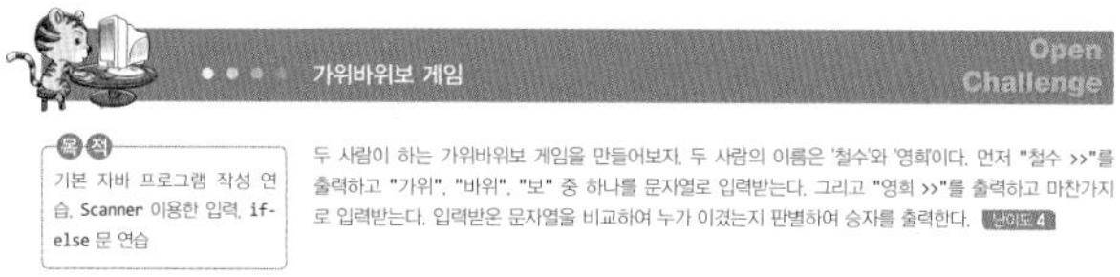
가위바위보 게임 Open Challenge

목적 기본 자바 프로그램 작성 연습, Scanner 이용한 입력, if-else 문 연습

두 사람이 하는 가위바위보 게임을 만들어보자. 두 사람의 이름은 '철수'와 '영희'이다. 먼저 "철수 >>"를 출력하고 "가위", "바위", "보" 중 하나를 문자열로 입력받는다. 그리고 "영희 >>"를 출력하고 마찬가지로 입력받는다. 입력받은 문자열을 비교하여 누가 이겼는지 판별하여 승자를 출력한다. 난이도 4

연습문제 EXERCISE

배운 내용을 정확히 이해하고 있는지 스스로 검토하도록 하기 위한 '이론문제'와 이론을 바탕으로 실전 응용프로그램을 작성해보도록 하는 다양한 '실습문제'를 수록하였다.

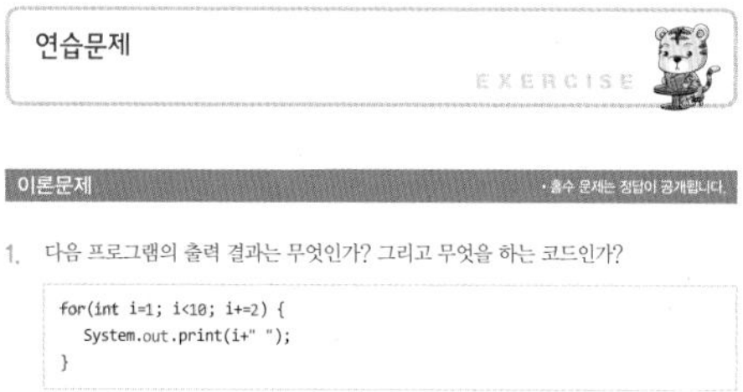
연습문제 EXERCISE

이론문제 • 홀수 문제는 정답이 공개됩니다.

1. 다음 프로그램의 출력 결과는 무엇인가? 그리고 무엇을 하는 코드인가?

```
for(int i=1; i<10; i+=2) {
   System.out.print(i+" ");
}
```

본문을 쉽게 이해하도록 돕는 그림과 삽화

내용을 쉽게 이해하고 지루하지 않도록 그림과 삽화를 다양하게 사용하였다.

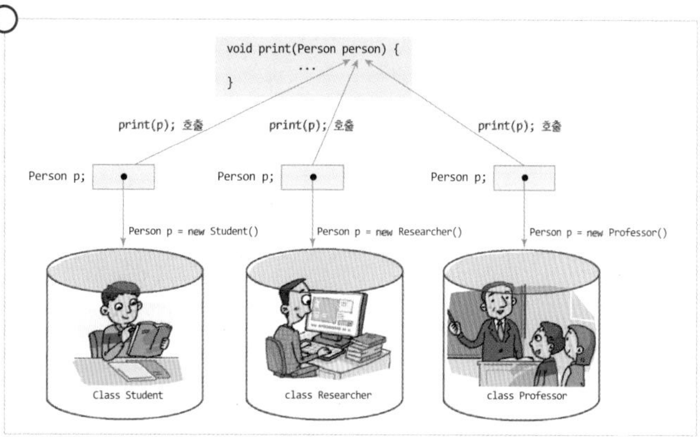

CONTENTS

차례

CONTENTS

CONTENTS

CHAPTER 11 기본적인 스윙 컴포넌트와 활용

CHAPTER 12 그래픽

CONTENTS

CONTENTS

CHAPTER 13 스레드와 멀티태스킹

CHAPTER 14 고급 스윙 컴포넌트

CHAPTER 15

네트워크

홈페이지 제공

CHAPTER 16

JDBC 프로그래밍

CONTENTS

1 자바 시작

Objectives

- 컴퓨터 프로그래밍과 프로그래밍 언어가 왜 필요한지를 이해한다.
- 자바의 출현 배경을 안다.
- 자바의 종류를 알고 발전 과정을 이해한다.
- 자바 언어의 **WORA** 특징과 다른 언어와의 차이점을 이해한다.
- 자바 개발 환경 — **JDK**, 이클립스 — 을 이해한다.
- 이클립스를 이용하여 자바 프로그램을 개발하는 과정을 이해한다.
- 자바 응용프로그램의 종류를 안다.
- 자바의 특징을 이해한다.

JAVA PROGRAMMING

자바 시작

1.1 컴퓨터와 프로그래밍

컴퓨터와 소프트웨어

하드웨어
소프트웨어
프로그램

컴퓨터는 [그림 1-1]과 같이 방 전체를 차지하는 메인 프레임, 친숙한 PC, 최근에 손안의 컴퓨터라고 불리는 태블릿(tablet)이나 스마트폰(smartphone), 더 작게는 장난감에 들어 있는 원 칩 컴퓨터(one-chip com) 등과 같이 다양해졌다. 컴퓨터 하드웨어(hardware)를 작동시켜 쇼핑을 하고 신문을 보고 음악을 듣고 게임을 할 수 있게 하는 것을 소프트웨어(software) 혹은 프로그램(program)이라고 부르기도 한다.

소프트웨어는 과거 CD 등에 담겨 제공되었지만, 최근에는 인터넷에서 직접 다운로드받을 수 있도록 배포한다. 특히 태블릿이나 스마트폰에서 작동하는 소프트웨어를 앱(APP)이라고 부르며 이들은 인터넷 앱 스토어에서 사용자가 바로 구입하기도 한다.

4차 산업

문서 편집, 게임, 정보 검색, 지도, 내비게이션, 모바일 채팅, 인터넷 전화 등은 모두 소프트웨어가 만들어낸 산유물이다. 이제는 빅 데이터, 인공 지능, 무인 자동차, 로봇 등 소프트웨어에 의해 상상과 꿈이 현실화되고 있고, 4차 산업을 이끌 핵심 에너지는 소프트웨어에 있으며 미래는 더욱 소프트웨어가 지배하는 세상이 될 것이다.

[그림 1-1] 컴퓨터와 소프트웨어

프로그래밍 언어

프로그래밍 언어는 컴퓨터가 실행할 프로그램을 작성하는 언어이다. 컴퓨터의 CPU는 이진수(binary code)인 0과 1밖에 이해하지 못하며 이진수 명령어들로 구성된 언어를 기계어(machine language)라고 한다. 사람이 직접 기계어 프로그램을 작성하는 것은 힘들기 때문에, 기계어의 각 명령을 ADD, SUB, MOVE 등 가급적 표현하기 쉬운 상징적인 니모닉 기호(mnemonic symbol)로 일대일 대응시킨 어셈블리어(assembly language)가 만들어졌다. 어셈블리어 역시 사람이 다루기 힘들고, 다양한 프로그램이나 자료를 표현하기에는 한계가 있어, 사람이 이해하기 쉽고, 복잡한 알고리즘이나 프로그램, 자료를 효율적으로 표현할 수 있는 고급 언어가 생겨나게 되었다. 고급 언어는 초기에 절차 지향 언어 형태를 거쳐 지금의 객체 지향 언어로 진화해 왔다. C++, 자바, C#은 대표적인 객체 지향 언어이다. 자바 언어는 C/C++ 언어 구조를 차용하고 보다 강력한 객체 지향 언어로 설계되었다. [그림 1-2]는 프로그래밍 언어의 진화 과정을 보여준다.

기계어
어셈블리어
고급 언어
객체 지향 언어

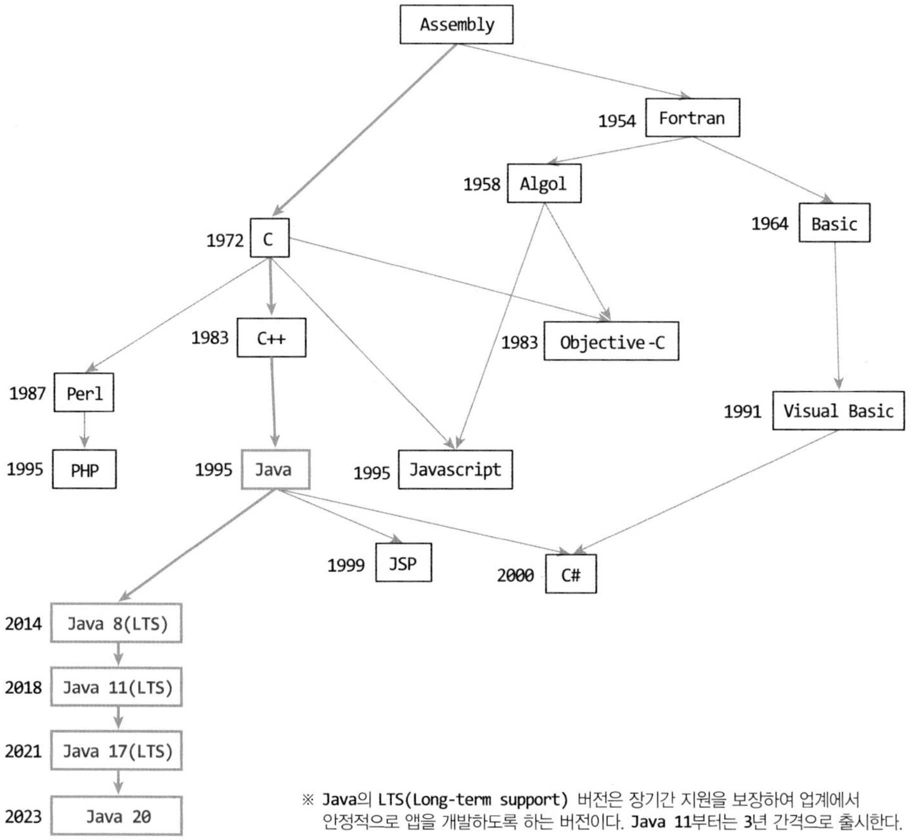

[그림 1-2] 프로그래밍 언어의 진화

프로그램 컴파일과 실행

컴파일
.java
.class

프로그래밍은 컴퓨터 언어로 프로그램 소스(source) 파일(혹은 소스 프로그램이라고 부름)을 작성하는 것으로 시작한다. 컴퓨터는 C/C++, 자바와 같은 고급 언어로 작성된 프로그램은 직접 처리할 수 없기 때문에, **[그림 1-3]**과 같이 컴퓨터가 실행할 수 있는 기계어 코드로 변환하는 컴파일(compile) 과정이 필요하다. 컴파일을 전담하는 소프트웨어를 컴파일러(compiler)라고 하며, 각 언어마다 전용 컴파일러가 있다. 특별히 자바는 소스 프로그램의 확장자가 .java이고, 자바 전용 컴파일러에 의해 .class 파일로 컴파일되며, 클래스 파일은 자바 가상 기계에 의해 실행된다.

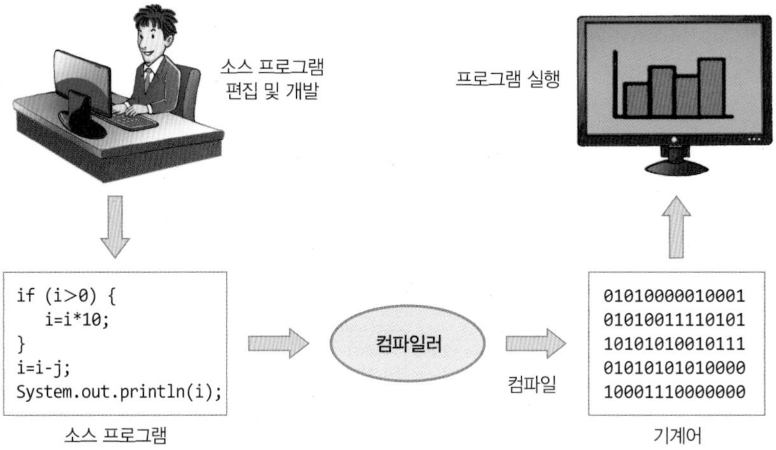

[그림 1-3] 소스 프로그램의 편집과 컴파일 및 실행 과정

잠깐!

자바
자바스크립트
JSP
서블릿

자바(Java)와 **자바스크립트**(Javascript)를 혼동하지 말기 바란다. 이 둘은 완전히 다른 언어이다. 자바는 응용소프트웨어를 개발하는 데 사용되는 범용 언어이지만, 자바스크립트는 컴파일 없이 HTML 페이지에 소스 형태로 내장되어 웹 브라우저에 의해 번역되어 실행되는 스크립트 언어이다. 웹 브라우저에서 키나 마우스 입력을 받아 메뉴를 보여주거나 색을 바꾸는 등 HTML 페이지에 동적인 변화를 주는 보조적인 역할을 한다. 한편, JSP(Java Server Page)는 자바스크립트와는 또 다른 것으로 웹 서버에서 실행되는 스크립트 언어이다. JSP 프로그램은 실행 전에 컴파일되어 **서블릿**(Servlet)이라고 불리는 자바 코드로 변환되어 실행된다.

1.2 자바의 출현과 WORA

자바의 태동

자바는 애초 지금과 같이 일반 컴퓨터나 인터넷 환경에서 사용될 목적으로 설계된 것이 아니었다. 1991년에 선마이크로시스템스(SUN Microsystems)는 제임스 고슬링(James Gosling)이란 걸출한 엔지니어를 중심으로 그린 프로젝트(green project)라는 이름으로 가전제품에 사용할 소프트웨어를 개발하기 시작했다. 기존의 프로그래밍 언어로 작성된 프로그램은 플랫폼(platform) 간에 호환성이 없어 사용자 컴퓨터의 플랫폼에 따라 다시 소스를 컴파일하거나 아예 프로그램을 재작성해야 하는 단점이 있었다. 특히 매우 다양한 플랫폼을 갖는 가전제품을 위해 플랫폼에 독립적인 언어의 필요성이 대두되었다. 또한 가전제품에 들어가는 제어 장치는 매우 적은 양의 메모리를 사용해야 하므로 새로운 언어는 이러한 내장형 시스템(embedded system)의 메모리 요구사항을 충족해야만 했다.

선마이크로시스템스
제임스 고슬링
가전제품

이에 선마이크로시스템스는 플랫폼 독립적(platform independent)이며 메모리 사용량이 적은 새로운 언어와 실행 체계를 개발하였고, 처음에는 이 언어의 이름을 오크(oak)라고 지었다. 이 새로운 언어는 초기에는 별로 알려지지 않았다. 그러나 인터넷과 웹이 엄청난 속도로 발전하면서 이 언어 역시 급속도로 퍼지게 되었다. 웹의 특징이 웹 콘텐츠가 클라이언트의 다양한 플랫폼상의 웹 브라우저에서 실행되도록 하는 것인데, 이 언어의 플랫폼 독립성이 딱 들어맞았기 때문이다. 선마이크로시스템스는 오

플랫폼 독립적
메모리 사용량이 적은

잠깐!

오크란 이름은 선마이크로시스템즈 사무실 앞의 참나무(oak)에서 따온 것이라고 한다. 그러나 이미 오크란 상표가 등록되어 있어 이름을 자바로 바꾸었다고 한다. 자바 이름의 유래에는 여러 가지 설이 있는데, 유력한 것으로는 개발자들이 너무 커피를 많이 마셨다는 설과 개발팀의 핵심 멤버인 James Gosling, Arthur Van Hoff, Andy Bechtolsheim의 이니셜을 따왔다는 설이 있다.

자바(Java)
오라클

크를 인터넷 환경에 적합하도록 발전시켰으며, 마침내 1995년 SunWorld 95에서 자바(Java)라는 이름으로 새로운 기술을 발표하였다. 당시 가장 많이 사용되는 브라우저인 넷스케이프(Netscape)에 자바 기술을 적용하면서 자바는 급격히 퍼졌고, 오늘날 인터넷 시대의 프로그래밍 언어로 자리 매김을 하게 되었다. 데이터베이스로 유명한 오라클 사에서 2009년에 선마이크로시스템스를 인수함으로써 현재는 오라클에서 자바를 제공하고 있다.

WORA(Write Once Run Anywhere)

플랫폼 종속성

C/C++ 등 자바 이전의 프로그래밍 언어들의 컴파일러는 기계어 코드로 변환할 때 프로그램이 실행될 대상 컴퓨터의 CPU와 운영체제에 종속적인 코드로 변환한다. 그러므로 이 코드를 다른 플랫폼(다른 CPU나 운영체제)에서 실행하려면 다시 컴파일하든지 플랫폼에 맞도록 코드를 수정해야 한다. 예를 들어, 소스 프로그램이 Intel CPU에 리눅스가 설치된 환경에서 실행되도록 컴파일 되었다면, 그 기계어 코드는 동일한 Intel CPU에 윈도우가 설치된 컴퓨터에서는 실행되지 않는다. 혹은 리눅스가 설치되었지만 CPU가 다르면 역시 실행되지 않는다. 이러한 특징을 플랫폼 종속성(platform dependence)이라고 한다. [그림 1-4]는 플랫폼 종속성을 보여준다.

자바는 개발 단계에서부터 플랫폼에 독립적으로 설계되었다. 기존 프로그래밍 언어가 가진 플랫폼 종속성을 극복하여, 운영체제나 하드웨어에 상관없이 자바 가상 기계(JVM)가 있으면 어디서나 자바로 작성된 프로그램에 동일한 실행 환경을 제공하며 동

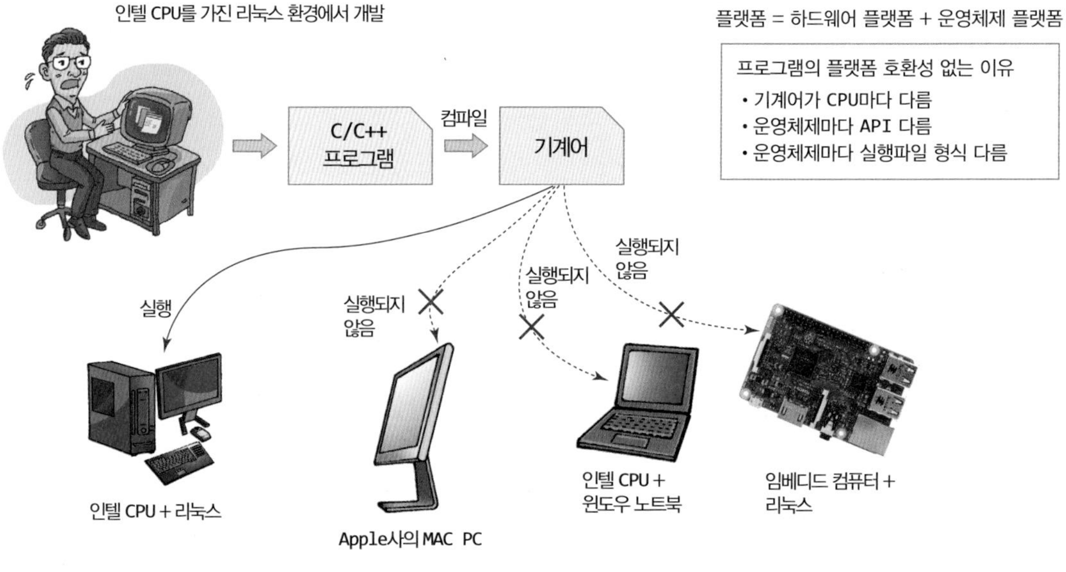

[그림 1-4] 플랫폼 종속성

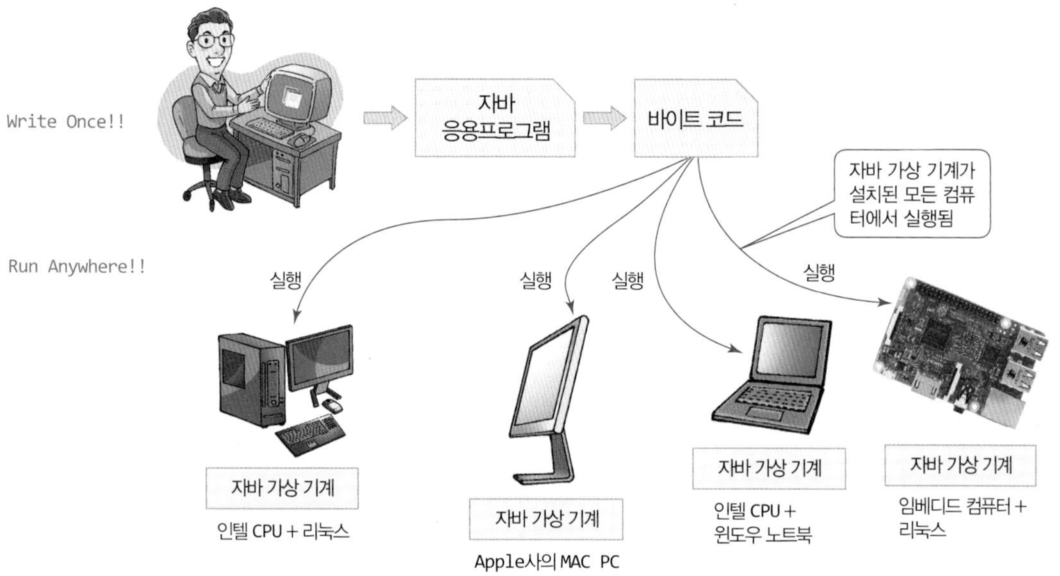

[그림 1-5] 자바의 플랫폼 독립성, WORA(Write Once Run Anywhere)

일한 실행 결과를 기대할 수 있다. 또 자바는 웹 브라우저, 분산 환경의 지원 등으로 네트워크에 연결된 어느 클라이언트에서도 실행이 가능하다. 자바 프로그램은 어디서든 한 번 작성하면, 다시 컴파일하거나 수정하지 않고, 어떤 하드웨어에서나 운영체제에서도 실행시킬 수 있다. 이를 WORA(Write Once Run Anywhere)라고 한다.

WORA

[그림 1-5]는 자바의 플랫폼 독립적인 WORA의 특징을 보여준다. 한 번 작성된 자바 프로그램은 Intel CPU를 탑재한 리눅스 PC에서나, MAC 운영체제가 실행되는 Apple PC에서나, Intel CPU를 탑재한 윈도우 노트북 등 플랫폼에 무관하게 바로 실행 가능하다.

잠깐!

독자들이 소프트웨어 회사를 경영한다면, 어떤 언어를 사용할 것인가? C/C++로 개발하여 윈도우, 리눅스, Mac, IBM, 도시바 등 운영체제마다 따로 개발하고, 버전 별로 업그레이드하는 무지막지한 작업을 할 것인지, 아니면 자바로 한 번 작성하여 전 세계의 모든 컴퓨터에 동시에 판매할 것인지 스스로 대답해보기 바란다.

자바 가상 기계와 바이트 코드

자바 가상 기계
바이트 코드

자바의 플랫폼 독립성을 가능하게 하는 것은 자바 가상 기계와 바이트 코드 때문이다. [그림 1-6]은 Hello.java 소스 코드와 컴파일하여 Hello.class 파일만 만드는 과정을 보여준다. 클래스 파일에는 바이트 코드가 들어 있다.

Hello.java 파일에 저장

```java
public class Hello {
    public static int sum(int i, int j) {
        return i + j; // i와 j의 합을 리턴
    }
    public static void main(String[] args) {
        int i;
        int j;
        char a;
        String b;
        final int TEN = 10;
        i = 1;
        j = sum(i, TEN);
        a = '?';
        b = "Hello";
        java.lang.System.out.println(a); // '?'출력
        System.out.println(b); // "Hello" 출력
        System.out.println(TEN); // 10 출력
        System.out.println(j); // 11 출력
    }
}
```

명령 프롬프트

```
C:\temp>javac Hello.java

C:\temp>javap -c Hello > Helloc.bc

C:\temp>
```

Hello.java를 컴파일하는 명령으로 컴파일되면 Hello.class 파일이 생성된다.

Hello.class 파일을 디어셈블하는 명령으로 디어셈블된 결과 Hello.bc 파일이 생성된다.

[그림 1-6] Hello.java를 컴파일하고 클래스 파일을 다시 디어셈블하여 Hello.bc 파일 생성

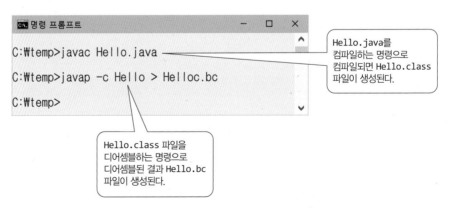

● 바이트 코드

바이트 코드

바이트 코드는 자바 가상 기계에서만 실행되는 기계어로서, 어떤 CPU와도 관계없는 바이너리 코드(binary code)이다. 자바 컴파일러는 자바 소스 프로그램을 컴파일하여 바이트 코드로 된 클래스 파일을 생성한다. 이 클래스 파일은 컴퓨터의 CPU에 의해 직접 실행되지 않고, 자바 가상 기계가 인터프리터 방식으로 실행시킨다. 이 클래스 파일은 어떤 운영체제를 탑재하든 CPU의 종류가 무엇이든, PC이든 노트북이든 대형 컴퓨터이든 상관없이 자바 가상 기계만 있으면, 바로 실행 가능하다. 오라클에서 배포하는 JDK(Java Development Kit)에는 자바 클래스 파일을 디어셈블(disassemble)하여 바이트 코드를 볼 수 있는 도구(javap)를 제공한다. [그림 1-7]은 [그림 1-6]의 자바 프로그램을 컴파일하여 만들어진 클래스 파일(혹은 클래스)을 javap를 이용하여 디어셈블한 바이트 코드를 보여준다. 바이트 코드는 이진수로 되어 있어 읽어도 해석하기 어렵기 때문에 저자는 일부러 디어셈블하였다.

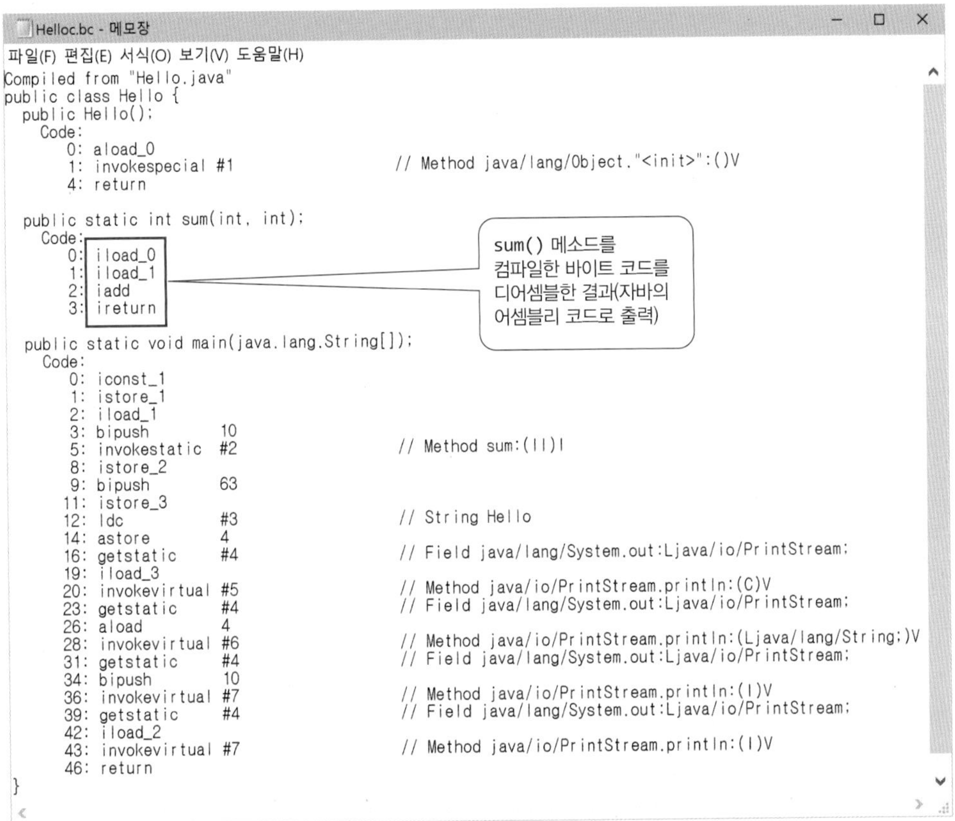


```
Compiled from "Hello.java"
public class Hello {
  public Hello();
    Code:
       0: aload_0
       1: invokespecial #1                  // Method java/lang/Object."<init>":()V
       4: return

  public static int sum(int, int);
    Code:
       0: iload_0
       1: iload_1
       2: iadd
       3: ireturn

  public static void main(java.lang.String[]);
    Code:
       0: iconst_1
       1: istore_1
       2: iload_1
       3: bipush        10
       5: invokestatic  #2                  // Method sum:(II)I
       8: istore_2
       9: bipush        63
      11: istore_3
      12: ldc           #3                  // String Hello
      14: astore        4
      16: getstatic     #4                  // Field java/lang/System.out:Ljava/io/PrintStream;
      19: iload_3
      20: invokevirtual #5                  // Method java/io/PrintStream.println:(C)V
      23: getstatic     #4                  // Field java/lang/System.out:Ljava/io/PrintStream;
      26: aload         4
      28: invokevirtual #6                  // Method java/io/PrintStream.println:(Ljava/lang/String;)V
      31: getstatic     #4                  // Field java/lang/System.out:Ljava/io/PrintStream;
      34: bipush        10
      36: invokevirtual #7                  // Method java/io/PrintStream.println:(I)V
      39: getstatic     #4                  // Field java/lang/System.out:Ljava/io/PrintStream;
      42: iload_2
      43: invokevirtual #7                  // Method java/io/PrintStream.println:(I)V
      46: return
}
```

[그림 1-7] 클래스 파일을 디어셈블한 자바 바이트 코드

● 자바 가상 기계

자바 가상 기계

자바 가상 기계는 소프트웨어로서, 서로 다른 플랫폼에서 자바 프로그램이 실행되는 동일한 환경을 제공한다. 하지만 자바 가상 기계는 플랫폼마다 서로 다르게 작성되어 배포되며 플랫폼 종속적이다. 자바 가상 기계는 자바 개발사인 오라클은 물론이고 IBM, 마이크로소프트 등 다양한 회사에서 제작 공급하고 있다. 자바 프로그램은 어떤 회사의 자바 가상 기계가 설치되어 있든지 상관없이 정상적으로 실행된다.

자바의 실행 환경

자바는 C/C++와 개발 및 실행 환경에 있어 상당한 차이가 있다. 이 차이점이 바로 자바 언어의 차별성이자 장점이기도 하다. 지금부터 이들에 대해 알아보자.

● C/C++ 프로그램의 개발 및 실행

컴파일
링크

C/C++ 프로그램의 개발 과정은 [그림 1-8]과 같다. 개발자는 보통 여러 개의 소스 파일에 나누어 C/C++ 프로그램을 작성한다. 그리고 각 C/C++ 소스 프로그램을 컴파일하여 목적 파일(.obj)을 생성하고, 링크 과정을 통해 목적 파일(.obj)들을 연결하여 하나의 실행 파일(.exe)을 만든다. 링크 과정에서는 C/C++ 프로그램에서 호출한 C/C++ 라이브러리 함수들을 찾고 이 함수들의 목적 코드를 라이브러리 파일에서 꺼내 .exe 파일에 삽입한다. 예를 들면 [그림 1-8]에서 Hello.c에서 printf() 함수를 호출하였다면 C 라이브러리에서 printf() 함수의 목적 코드를 꺼내 .exe에 삽입한다.

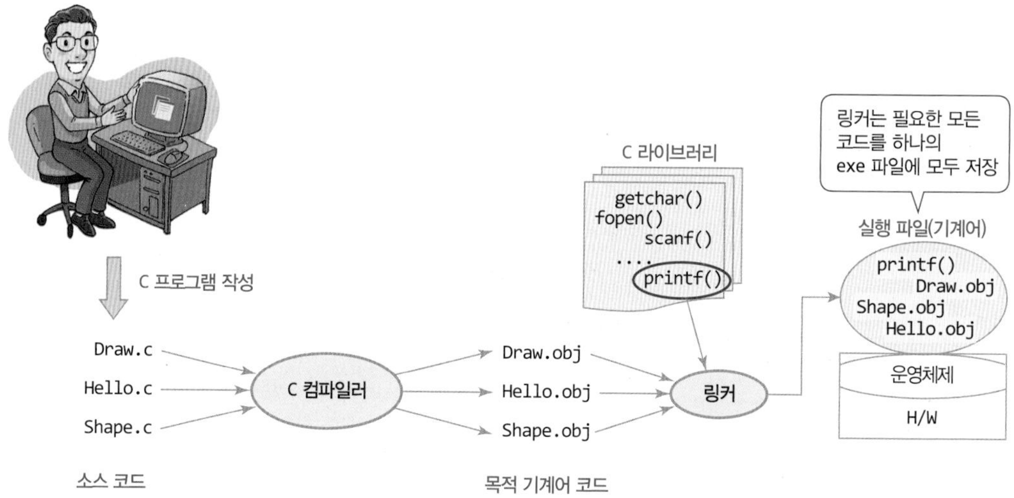

[그림 1-8] C/C++ 프로그램의 개발 과정

이제, 링크의 과정을 통해 만들어진 .exe 실행 파일에는 실행에 필요한 모든 코드가 다 들어 있어 .exe 파일만 있으면 실행에 아무 문제가 없다. 하지만, exe 파일이 매우 큰 경우 적은 량의 메모리를 가진 컴퓨터에서는 처음부터 실행조차 할 수 없는 문제점이 있다.

실행에 필요한 모든 코드
실행조차 할 수 없는 문제점

● 자바 프로그램의 개발 및 실행

이제 **[그림 1-9]**를 보면서 자바 프로그램을 컴파일하고 실행하는 과정을 보자. 자바 프로그램도 보통 여러 소스 파일(.java)로 나누어 작성하며, 자바 컴파일러는 각 소스 파일을 컴파일하여 클래스 파일(.class)을 생성한다. 하지만 자바에서는 이들을 하나의 실행 파일(.exe)로 뭉치는 링크의 과정이 없다. 개발자는 여러 클래스 파일 중 하나를 지정하여 실행을 시작시키면, 자바 가상 기계는 그 클래스 파일을 메모리에 로딩하고 실행한다. 실행 도중 다른 클래스 파일이나 자바 API의 클래스 파일이 필요하면, 자바 가상 기계는 그 때 그 클래스 파일을 로딩하고 실행한다. 이런 방식이라면 처음부터 모든 클래스 파일을 로딩해놓을 필요 없이 당장 실행할 클래스 파일만 로딩하여 실행할 수 있으므로, 적은 량의 메모리를 가진 컴퓨터에서 얼마든지 큰 자바 응용프로그램을 실행할 수 있다. 이것이 바로 플랫폼 독립성과 함께 달성하고자 하는 자바 언어의 본질이다. 메모리가 충분한 PC에서는 실행 중에 클래스 로딩으로 인한 시간을 줄이기 위해, 사용자 클래스 파일과 필요한 자바 클래스 파일을 미리 로딩하여 둔다.

링크의 과정이 없다
클래스 파일을 로딩하고 실행

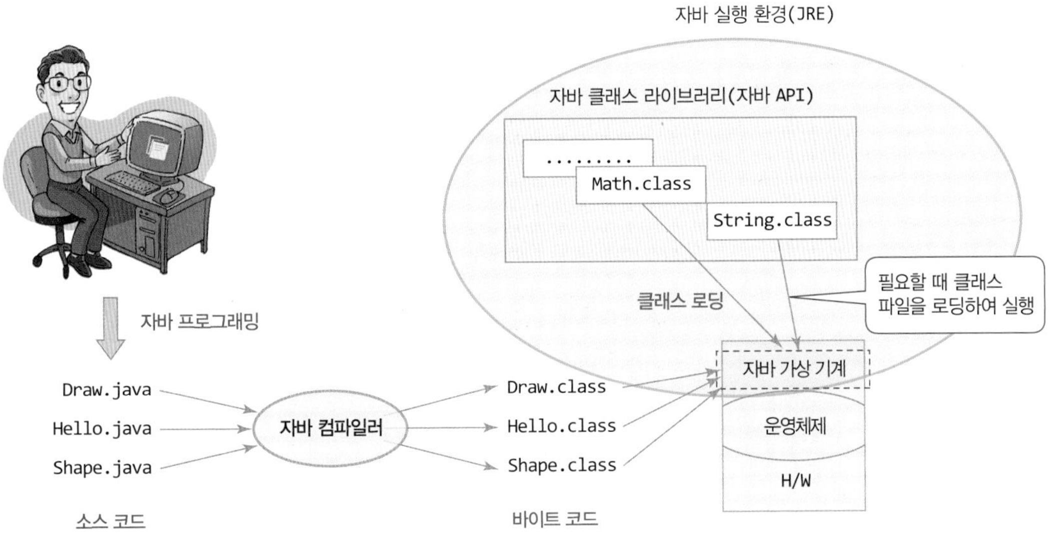

[그림 1-9] 자바 응용프로그램의 개발 및 실행 과정

Tip 자바와 C/C++의 실행 비교

C/C++는 **[그림 1-10]**과 같이 컴파일한 목적 파일을 링크시켜 하나의 실행 파일(**exe**)을 만들며, 이 실행 파일 하나만 있으면 실행이 가능하다. 그리고 이 실행 파일은 컴퓨터의 **CPU**가 바로 실행한다. 그러나 자바의 경우 링크 과정이 없으며 자바 가상 기계가 컴파일된 클래스 파일을 실행한다. 자바는 컴파일된 클래스 파일들이나 이들을 하나로 압축한 **jar** 파일 형태로 배포한다.

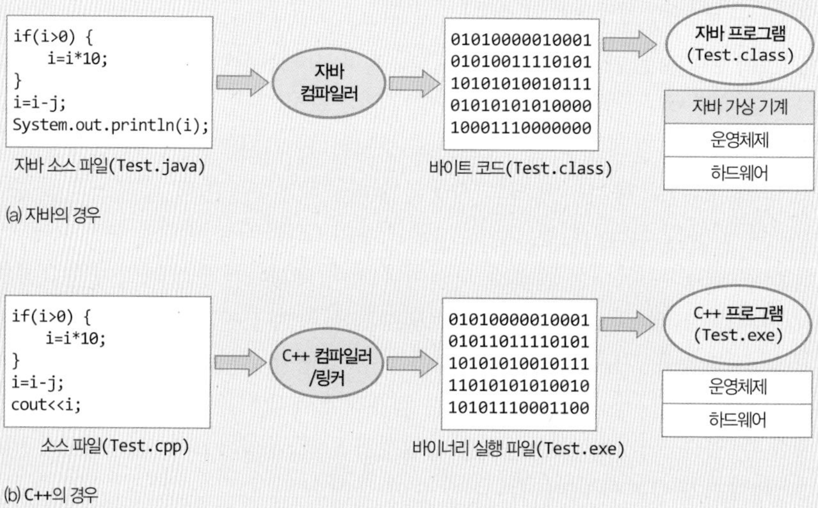

[그림 1-10] 자바와 C/C++의 비교

자바와 **C/C++**의 실행 환경과 실행 과정의 차이점을 정리하면 다음과 같다.

◆ 자바
- 자바는 컴파일러가 바로 바이트 코드를 생성하며, 링크 과정이 없다.
- 바이트 코드는 자바 가상 기계에서만 실행 가능하다.
- 자바는 실행시간에, 필요한 클래스들이 자바 가상 기계에 의해 링크되며 클래스 로더가 필요한 클래스를 동적으로 로딩한다.
- **ClassLoader** 객체를 이용하여 개발자가 직접 클래스를 로딩할 수도 있다.

◆ C/C++
- **C/C++**에서는 컴파일러가 중간 단계인 목적 코드를 생성한 후 링커가 필요한 라이브러리들을 링크하여 최종 실행 가능한 .exe 실행 파일을 만든다.
- 정적 라이브러리의 경우 실행 파일에 포함시키므로 실행 파일 크기가 커진다.
- 동적 라이브러리의 경우 실행 시간에 링크가 일어난다.
- 목적 코드 및 실행 파일은 플랫폼에 따라 다르므로, 플랫폼이 바뀌면 소스 코드를 수정하거나, 컴파일과 링크를 새로 해야 한다.

CHECK TIME

1 자바의 태동 원인이 아닌 것은?

① 가전제품에 사용할 소프트웨어를 만들고자 하였다.
② 플랫폼 독립적인 언어와 실행 환경을 만들고자 하였다.
③ 내장형 시스템에 적합한 언어와 실행 환경을 만들고자 하였다.
④ 효율적인 절차적 언어를 만들고자 하였다.

2 WORA는 무엇의 약자이며 그 뜻은 무엇인가?

3 자바는 링크의 과정이 없다. 어떤 목적을 성취하고자 링크의 과정을 없앴는가?

4 다음 빈칸에 적절한 단어를 기입하라.

> 자바 컴파일러가 자바 소스 프로그램을 컴파일한 기계어를 ____________라고 부르며, 이 코드는 ____________에 의해 번역되어 실행된다.

1.3 개발 도구와 자바 플랫폼

JDK와 JRE

JDK(Java Development Kit)는 자바 개발자를 위한 상업용 소프트웨어로, **[그림 1-11]**과 같이 자바 컴파일러 등의 개발 도구와 JRE(Java Runtime Environment)로 구성된다. JRE는 자바 응용프로그램이 실행될 때 필요한 소프트웨어들로 개발자가 활용할 수 있는 자바 API(이미 컴파일된 다양한 클래스 라이브러리)와 자바 가상 기계를 포함한다. 개발자가 아닌 일반 사용자의 경우 JRE만 필요하며 JRE만 따로 다운받을 수 있다. JDK(Demo와 Samples 포함)나 JRE는 다음 오라클 사이트에서 다운로드받을 수 있다.

JDK(Java Development Kit)
JRE(Java Runtime Environment)

https://www.oracle.com/java/technologies/

자바 학습용으로 JDK를 무료로 사용하려면 무료로 공개된 OpenJDK를 사용하면 된다. OpenJDK를 설치하는 방법은 출판사 홈페이지에서 다운받을 수 있다.

OpenJDK

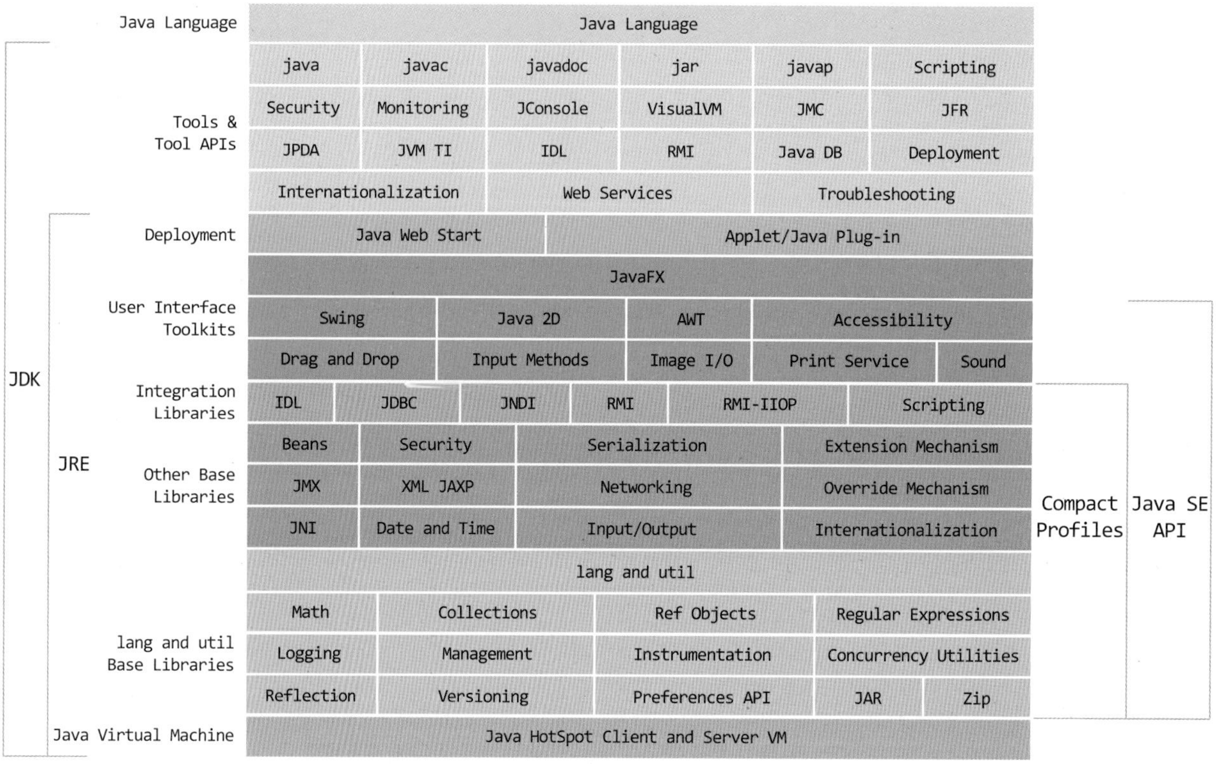

[그림 1-11] Java SE의 JDK 구조(출처: 오라클)

JDK가 사용자 디렉터리에 설치되면 [그림 1-12]와 같이 구성되며, 특히 bin 디렉터리에는 자바 응용프로그램의 개발을 돕는 소프트웨어들이 들어 있다.

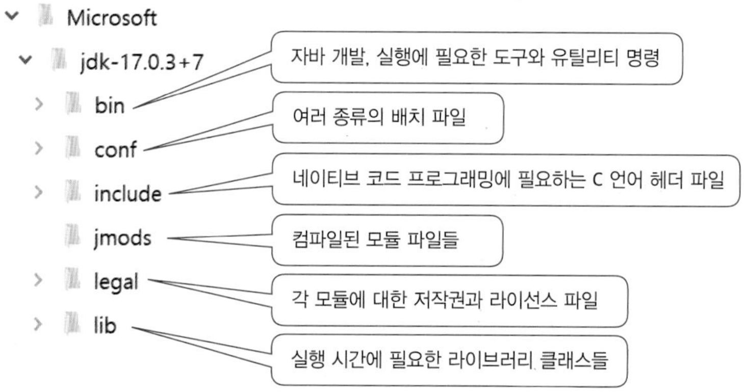

[그림 1-12] JDK 설치 후 사용자 디렉터리 구조(Microsoft OpenJDK를 설치한 경우)

다음은 bin 디렉터리에 들어 있는 주요한 개발 소프트웨어들이다.

- javac: 자바 컴파일러로 자바 소스를 바이트 코드로 변환
- java: 자바 프로그램 실행기. 자바 가상 기계를 작동시켜 자바 프로그램 실행
- javadoc: 자바 소스로부터 HTML 형식의 API 도큐먼트 생성
- jar: 자바 클래스 파일을 압축한 자바 아카이브 파일(.jar) 생성, 관리
- jmod: 자바의 모듈 파일(.jmod)을 만들거나 모듈 파일의 내용 출력
- jlink: 응용프로그램에 맞춘 맞춤형(custom) JRE 생성
- jdb: 자바 응용프로그램의 실행 중 오류를 찾는 데 사용하는 디버거
- javap: 클래스 파일의 바이트 코드를 소스와 함께 보여주는 디어셈블러

자바의 배포판

오라클은 응용에 따라 크고 작은 여러 종류의 JDK를 제공하는데 이를 배포판이라고 부른다. 배포판의 종류는 10여 가지 있지만 대표적인 배포판은 다음과 같다.

- Java SE(Standard Edition) - 자바 표준 배포판으로서, 데스크톱 응용프로그램과 서버 응용프로그램을 개발하기 위한 JDK로 구성은 [그림 1-11]과 같다. 이 책의 모든 예제는 Java SE를 활용하여 작성되었다.
- Java ME(Micro Edition) - 모바일용 배포판으로 IoT, TV, 블루레이, 셋톱박스 등 작은 하드웨어 자원을 갖는 장치에 적합한 JDK이다. 스마트폰이나 고해상도 TV 등은 안드로이드에 자리를 내주고 있어 존폐가 위태롭다.
- Java EE(Enterprise Edition) - 기업용 배포판으로 자바를 이용한 다중 사용자, 대규모 기업 응용프로그램 개발을 위한 JDK이다.

잠깐!

독자들은 자바를 하나의 언어로만 보지 말기 바란다. 언어와 컴파일러, 그리고 자바 가상 기계 등의 실행 환경 모두를 갖춘 플랫폼으로 이해하도록 하라.

Java 9부터 시작된 모듈 프로그래밍

Java 8 이후 오랜 시간이 걸려, 2017년도 9월 21일 Java 9가 세상에 나왔고 Java 9에서는 자바 플랫폼에 큰 변화가 이루어졌는데 바로 모듈화(modularity)이다. 모듈이란 자바 패키지들과 이미지, XML 파일 등의 자원들을 묶은 단위이며, 자바 응용프로그램을 마치 직소 퍼즐(jigsaw)을 연결하듯이 필요한 모듈을 연결하는 방식으로 구성되게 한다.

Java 9
모듈화

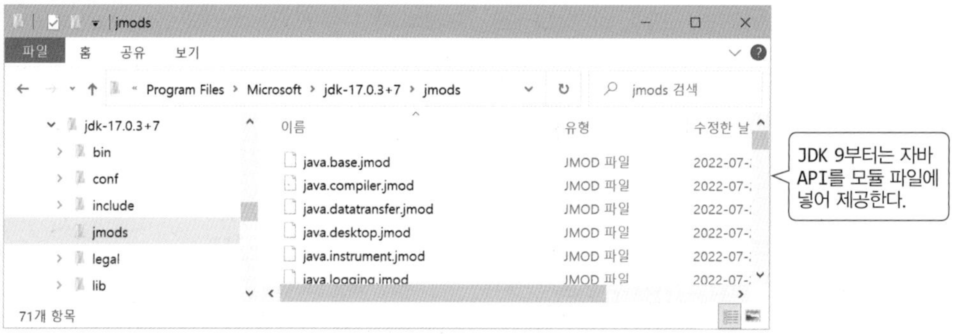

[그림 1-13] 자바 JDK에서 제공하는 전체 모듈 리스트(Java SE)

jmods 디렉터리

이를 위해 Java 9부터는 개발자들이 호출하는 Java SE의 모든 클래스들을 모듈들로 재설계하고 재정리하였다. JDK를 설치하면 **[그림 1-13]**과 같이 jmods 디렉터리 내에 담긴 모듈들을 볼 수 있다.

모듈화의 목적

자바 모듈화의 대표적인 목적은, 세밀한 모듈화를 통해 자바 응용프로그램이 실행되는 데 필요 없는 모듈을 배제하여 작은 크기로 배포할 수 있도록 함에 있다. 이것은 하드웨어가 열악한 소형 IoT 장치에서도 필요한 모듈로만 구성된 작은 크기의 자바 응용프로그램 실행 환경(실행 시간 이미지라고 부름)을 만들어 실행시키고 성능을 유지하게 한다.

잠깐!

모듈 개념에 대해서는 6장에서 추가 설명한다. 모듈을 작성하는 것은 이 책의 범위를 넘어가므로 본문에서는 설명하지 않고 홈페이지의 자료를 통해 간단한 사례를 보인다.

자바 API

자바 API

자바 API(Application Programming Interface)는 개발자들이 사용하도록 미리 만들어놓은 유용한 자바 클래스들의 집합이다. Java 9부터는 모듈화 정책에 따라 모든 자

(사진 출처: 위키백과)

제임스 고슬링(James A. Gosling, 1955. 5. 19. ~)은 캐나다에서 태어난 소프트웨어 개발자이다. 1995년에 자바 프로그래밍 언어를 최초로 개발하였으며, 자바 이외에도 Multi-Processor용 UNIX와 Compiler, Mail System, 데이터 인식 시스템 등을 개발하였다. 제임스 고슬링은 많은 가전제품들이 하나의 거대한 네트워크에 연동될 것으로 예측하였다. 즉, 가전제품의 기능이 향상되어 프로그램이 바뀔 때마다 가전제품

바 API의 클래스들을 서로 관련된 클래스끼리 패키지로 묶고, 다시 패키지들을 모듈로 묶어 계층화해 놓았다. 자바 API는 워낙 광범위하여, 개발자는 이 API를 이용하여 쉽고 빠르게 자바 프로그램을 개발할 수 있다. 자바 API에 대한 설명 문서는 버전에 따라 온라인으로 다음 사이트에서 제공된다.

```
https://docs.oracle.com/en/java/javase/17/docs/api/index.html
```

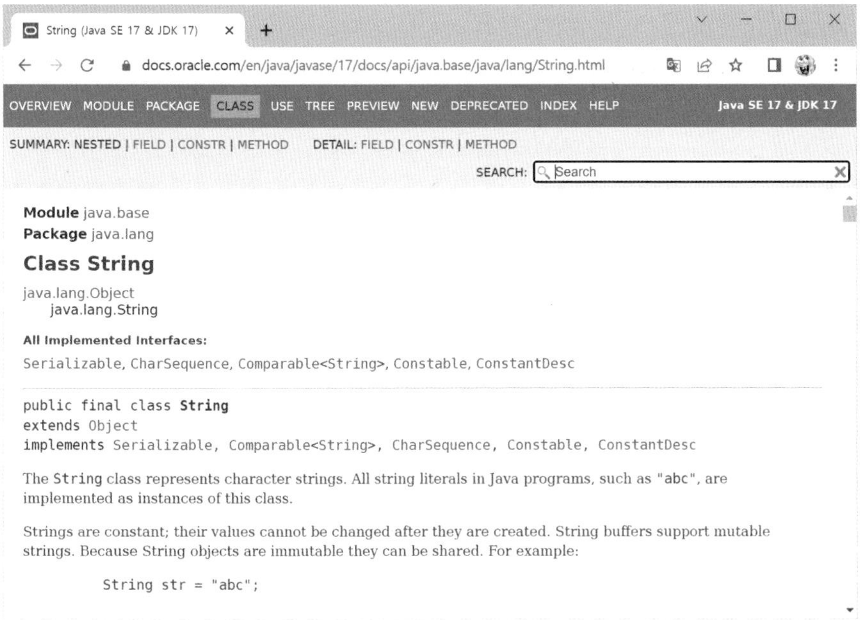

[그림 1-14] 온라인 자바 API 문서

을 공장에 보내어 내장된 프로그램을 교체하는 대신에 네트워크를 통하여 새로운 프로그램을 다운로드받아 가전제품의 기능을 향상시킬 수 있다고 보았다. 그의 예측은 10년도 되지 않아 현실로 이루어져 지금은 휴대폰은 물론이고 TV셋톱박스, 로봇 등에 자바로 만든 프로그램이 탑재되어 폭넓게 쓰이고 있다. '자바의 아버지'라 불리며, 가장 영향력 있는 프로그래머 중 한 사람이 된 그는 인도네시아의 자바 섬에서 나온 커피를 하루에 10여 잔씩 마시는 Java 예찬론자이기도 하다. 그래서 'Java'라는 명칭을 커피 재배지인 자바 섬에서 따왔다고 한다.

Tip javadoc을 이용한 자신만의 API 도큐먼트 HTML 파일 생성

JDK에 포함된 **javadoc** 프로그램을 이용하면 자바 소스 프로그램으로부터 **[그림 1-16]**과 같은 형식의 **API** 도큐먼트 **HTML** 파일을 생성할 수 있다. 이 **HTML** 문서에는 클래스, 인터페이스, 생성자, 메소드, 필드 등에 대한 설명이 들어 있다.
API 도큐먼트 **HTML** 문서를 생성하기 위해 개발자는 자바 소스 파일에 다음과 같이 **/****와 ***/** 사이에 정보를 주어야 한다.

```
/**
    이곳에 기술되는 내용은 javadoc이 API 도큐먼트로 인식함
*/
```

다음은 **Hello.java**에 **API** 도큐먼트 생성을 위한 주석문을 삽입하여 **HelloDoc.java** 파일을 만든 것이다. **[그림 1-15]**는 **javadoc**을 이용하여 자바 소스 파일에서 **API** 도큐먼트를 생성하는 과정이며, **[그림 1-16]**은 생성된 **API** 도큐먼트를 웹 브라우저로 확인하는 그림이다.

주목

주목

```
/**
    * javadoc 사용 예제를 위한 클래스
*/
public class HelloDoc {
    /**
    * 두 정수의 합을 구하는 메소드
    *
    * @param i 합을 구할 첫번째 정수형 인자
    * @param j 합을 구할 두번째 정수형 인자
    * @return 두 정수의 합을 리턴
    */

public static int sum(int i, int j) {
    return i + j;
}

public static void main(String[] args) {
    int i;
    int j;
    char a;
    String b;
    final int TEN = 10;

    i = 1;
    j = sum(i, TEN);
    a = '?';
    b = "Hello";

```

```
29      java.lang.System.out.println(a); // '?' 출력
30      System.out.println(b); // "Hello" 출력
31      System.out.println(TEN); // 10 출력
32      System.out.println(j); // 11 출력
33      }
34  }
```

```
C:\temp>javadoc HelloDoc.java
Loading source file HelloDoc.java...
Constructing Javadoc information...
Standard Doclet version 1.8.0_131
Building tree for all the packages and classes...
Generating .\HelloDoc.html...        ← HelloDoc.html 파일 생성
Generating .\package-frame.html...
Generating .\package-summary.html...
Generating .\package-tree.html...
Generating .\constant-values.html...
Building index for all the packages and classes...
Generating .\overview-tree.html...
Generating .\index-all.html...
Generating .\deprecated-list.html...
Building index for all classes...
Generating .\allclasses-frame.html...
Generating .\allclasses-noframe.html...
Generating .\index.html...
Generating .\help-doc.html...

C:\temp>
```

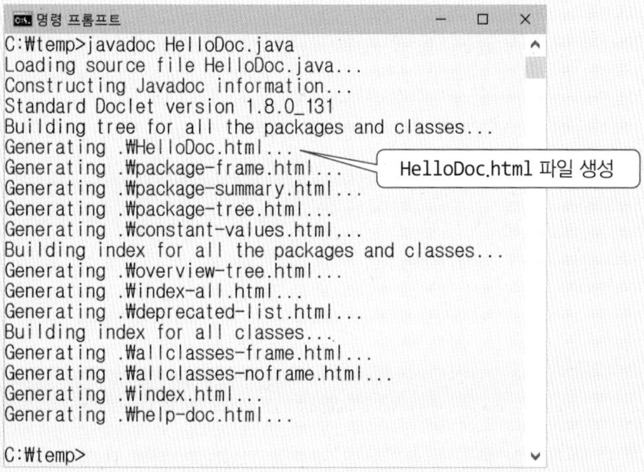

[그림 1-15] javadoc을 이용하여 HelloDoc.java의 API 도큐먼트 HelloDoc.html 생성

```
C:\temp\HelloDoc.html

Class HelloDoc   ← 주목

java.lang.Object
    HelloDoc

public class HelloDoc
extends java.lang.Object

javadoc 사용 예제를 위한 클래스   ← 주목

Constructor Summary

Constructors
Constructor and Description
HelloDoc()

Method Summary

All Methods   Static Methods   Concrete Methods
Modifier and Type   Method and Description
static void         main(java.lang.String[] args)
static int          sum(int i, int j)
                    두 정수의 합을 구하는 메소드   ← 주목
```

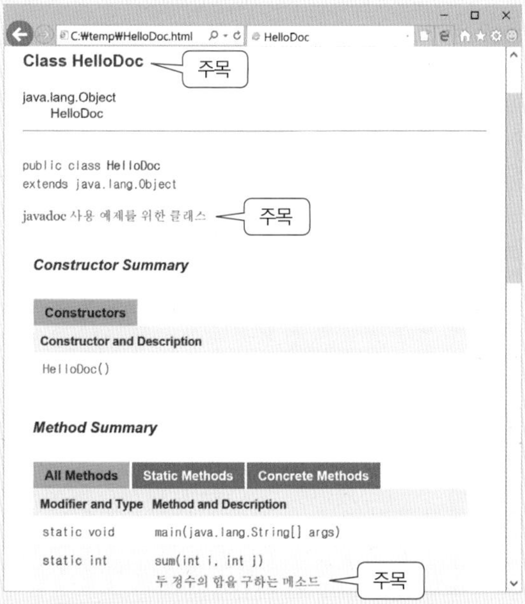

[그림 1-16] HelloDoc 클래스의 API 도큐먼트, HelloDoc.html

[그림 1-14]는 온라인 자바 API 문서의 String 클래스를 설명하는 페이지 예이다. 저자는 자바 프로그램을 개발하는 동안에 이 사이트를 열어놓고 참고한다. 독자들도 이 사이트를 꼼꼼히 읽어가면서 자바 프로그램을 개발하기 바란다.

자바 IDE

IDE
통합 개발 환경
이클립스

IDE(Integrated Development Environment)란 단어가 뜻하는 그대로 소스 코드 편집, 컴파일, 디버깅을 한꺼번에 할 수 있는 통합 개발 환경(소프트웨어)이다. IDE 하면 가장 먼저 떠오르는 것이 마이크로소프트(MS) 사의 비주얼 스튜디오일 것이다. 자바 응용프로그램 개발에 현재 많이 사용되고 있는 IDE로 이클립스(eclipse)가 있다. 이클립스는 자바 언어로 IBM에 의해 만들어진 오픈 소스 소프트웨어로서, https://www.eclipse.org/downloads에서 무료로 다운로드받아 사용할 수 있다. 예제 등 이 책의 모든 자바 프로그램은 이클립스로 개발되었다.

잠깐!

이클립스(Eclipse)는 다양한 프로그래밍 언어의 통합 개발을 지원하기 위해 IBM이 VisualAge라는 소프트웨어를 만드는 과정에서, 자바 언어로 개발하였다. 2004년에 Eclipse 3.0의 배포판을 공급하기 시작하여, UI와 기능을 개선하여 매년 새로운 배포판을 내놓고 있다. 배포판은 처음에 Calisto(2006년), Europa(2007년), Ganymede(2008년), Galileo(2009년) 등 목성의 4개 위성 이름으로 붙이기 시작하여, 2010년에는 Helios(태양), 2011년에는 Indigo(남색 쪽빛), 2012년에는 Juno(로마 신화에 나오는 주피터의 아내 이름)로 명명하였다. 2013년 6월에 독일의 천문학자인 케플러의 이름을 따 Kepler라고 명명하고, 2014년에는 Luna(달)를. 2015년에는 Mars(화성)를, 2016년에는 새롭다는 뜻을 가진 Neon을 출시하였다. 2017년 6월에는 Eclipse Community에서 투표로 이름 붙인 새로운 배포판 Oxygen(산소)을 출시하였고, 2018년 6월에는 광자의 뜻을 가진 Photon을 출시하였다. 이클립스는 Photon을 마지막으로 2021-06과 같이 출시년도와 월로 이름이 만들어져 출시되고 있다. 현재 이클립스는 Ada, C, C++, Perl, PHP, Python, Ruby, Java, Android 등 다양한 언어와, PC, IoT를 포함하는 다양한 환경에서 프로그램 개발을 지원하는 통합 개발 환경으로 사용되고 있다.

CHECK TIME

1. 개발자가 아닌 일반인이 자바 응용프로그램을 실행할 수 있는 환경을 갖추고 싶을 때 설치해야 하는 것이 JDK인가, JRE인가?
2. JDK를 설치하면 src.zip 파일이 있다. 이 zip 파일에는 무엇이 압축되어 들어 있는가?
3. 자바 컴파일러는 어느 디렉터리에 설치되어 있으며 그 이름은 무엇인가?
4. 자바 명령 실행기로서 자바 가상 기계를 가동시키는 프로그램의 이름은 무엇인가? 또 어디에 설치되어 있는가?

1.4 자바 프로그램 개발

"헬로2030"을 출력하는 간단한 자바 프로그램 Hello2030.java를 작성하고 컴파일하여 실행시키는 과정을 알아보자.

자바 소스 편집

먼저 메모장을 이용하여 [그림 1-17]과 같이 작성하고 C:\Temp에 Hello2030.java로 저장한다. 자바에서는 클래스 이름과 소스 파일의 이름이 일치해야 한다. 클래스 이름이 Hello2030이므로 파일 이름은 Hello2030.java로 저장한다. 참고로 자바 소스 파일의 확장자는 .java이며, 클래스 명에 대소문자를 구분하므로 주의하기 바란다.

클래스 이름과 소스 파일의 이름이 일치

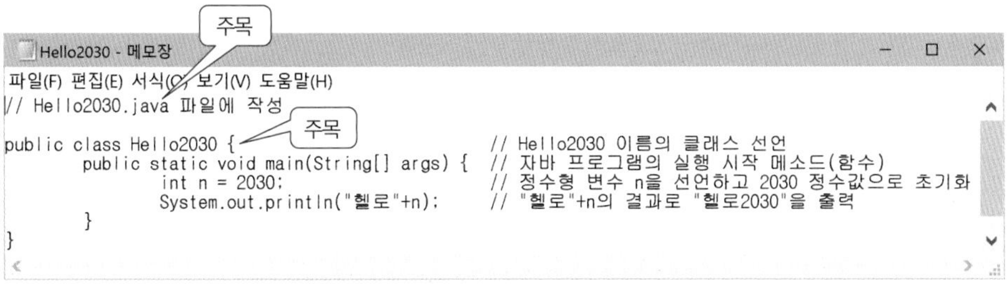


```
// Hello2030.java 파일에 작성

public class Hello2030 {                          // Hello2030 이름의 클래스 선언
        public static void main(String[] args) {  // 자바 프로그램의 실행 시작 메소드(함수)
                int n = 2030;                     // 정수형 변수 n을 선언하고 2030 정수값으로 초기화
                System.out.println("헬로"+n);      // "헬로"+n의 결과로 "헬로2030"을 출력
        }
}
```

[그림 1-17] 메모장으로 Hello2030.java 소스 작성

[그림 1-17]의 자바 프로그램은 "헬로2030" 문자열을 화면에 출력하는 프로그램으로서 간단히 설명하면 다음과 같다.

- public class Hello2030

이름이 Hello2030인 클래스를 선언한다. 모든 클래스는 '{'으로 시작하여 '}'으로 끝난다.

- public static void main(String[] args)

main() 메소드를 선언하는 코드이다. 자바에서는 함수를 메소드라고 부르며, 메소드는 '{'으로 시작하여 '}'으로 끝난다. 자바 클래스는 여러 개의 메소드를 포함할 수 있으며, 프로그램 실행은 반드시 main() 메소드부터 시작한다.

- int n = 2030;

지역 변수 n을 선언하고 2030으로 초기화한다.

- System.out.println("헬로" + n);

"헬로"+n의 결과는 "헬로2030" 문자열이며, "헬로2030"을 출력하는 실행문이다. System.out.println()은 JDK에 포함되어 개발자에게 제공되는 자바 API로서, 개발자는 화면에 숫자와 문자, 문자열 들을 출력한다.

자바 소스 컴파일

javac

[그림 1-18]과 같이 명령창을 실행시켜 Hello2030.java 파일이 저장된 디렉터리로 이동한다. 그리고 나서 JDK에 포함된 javac(자바 컴파일러)를 실행하여 Hello2030.java를 컴파일한다. 컴파일된 바이트 코드는 Hello2030.class 파일에 저장된다.

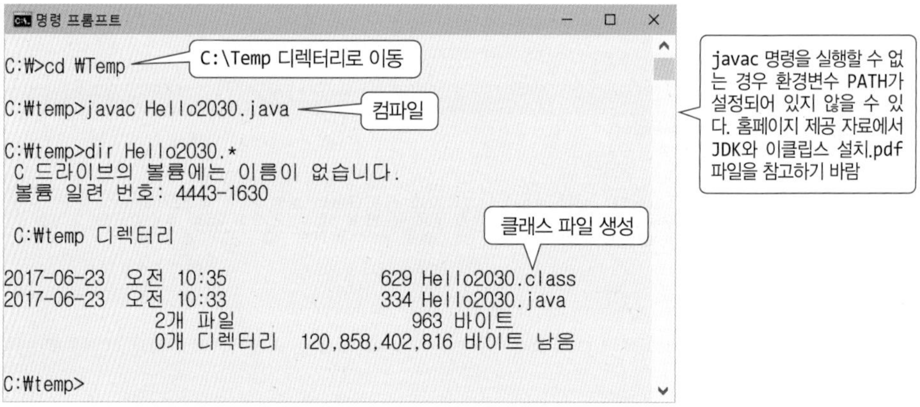

[그림 1-18] Hello2030.java 소스 컴파일, Hello2030.class 클래스 파일 생성

자바 응용프로그램 실행

이제 JDK에서 제공되는 java 명령으로 Hello2030.class를 실행시켜보자. 이때 확장자 .class는 빼고 클래스 이름 Hello2030만 입력하는 것에 주의한다. java는 자바 프로그램 실행기로서 자바 가상 기계를 실행시키고 Hello2030.class 파일을 로딩하고 main() 메소드를 호출하는 식으로 자바 프로그램을 실행한다. Hello2030 응용프로그램의 실행과 결과는 [그림 1-19]와 같다.

java

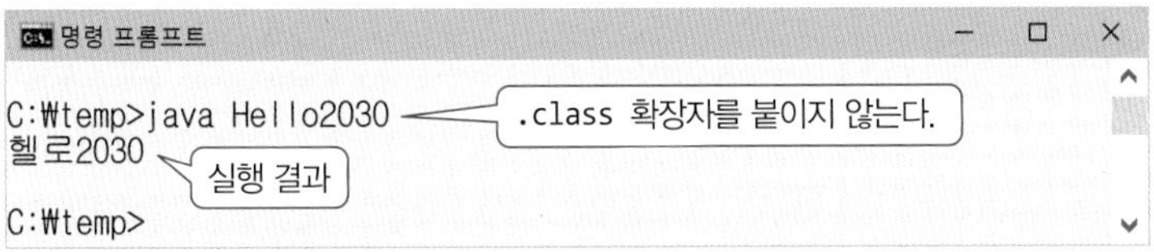

[그림 1-19] Hello2030 응용프로그램 실행

CHECK TIME

1 자바 응용프로그램의 실행이 시작되는 메소드(함수) 이름은?

2 다음 물음에 순서대로 답하라.

(1) 자바 소스 파일 **Hello.java**를 컴파일하는 명령은 무엇인가?

(2) 컴파일한 결과 어떤 파일이 만들어지는가?

(3) 작성한 자바 프로그램을 실행하는 명령은 무엇인가?

3 다음 자바 소스 프로그램에서 빈칸에 적절한 것은 무엇인가? 그리고 이 소스 파일을 어떤 이름으로 저장해야 하는가?

```
public ______ JavaApp {
   public static void main(String[] args) {
      System.out.println("헬로");
   }
}
```

1.5 이클립스를 이용한 자바 프로그램 개발

이 책에서는 특별한 경우를 제외하고는 모든 예제의 작성과 실행은 이클립스를 이용한다. 앞서 만든 Hello2030.java 프로그램을 이클립스를 이용하여 작성하고 실행해 보자.

이클립스 실행

workspace

이클립스를 실행하면 [그림 1-20] (a)의 첫 화면이 보이고 바로 workspace를 묻는 다이얼로그가 출력된다. 이클립스에서 workspace란 개발자가 자바 프로그램을 개발하는 작업 공간으로서 일종의 폴더이다. 독자들은 미리 'C:\자바학습' 폴더를 만들어두고, [그림 1-20] (b)의 윈도우에서 'Browse' 버튼을 눌러 'C:\자바학습' 폴더를 지정한다.

처음으로 이클립스를 사용하면 Welcome 페이지가 출력될 것이다. 이 페이지를 닫으면 [그림 1-21]과 같이 이클립스의 사용자 인터페이스가 보인다.

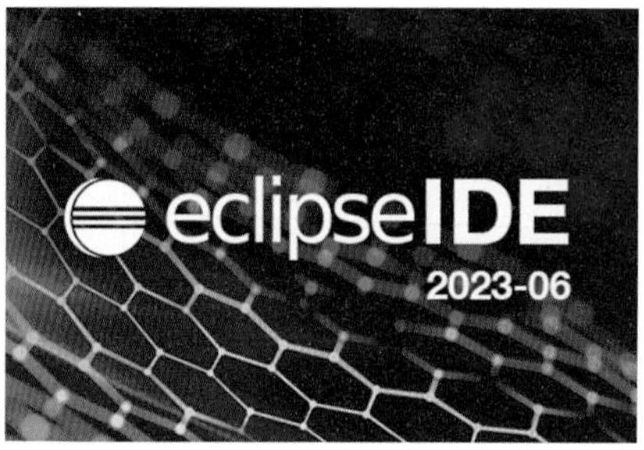

(a) 초기 화면

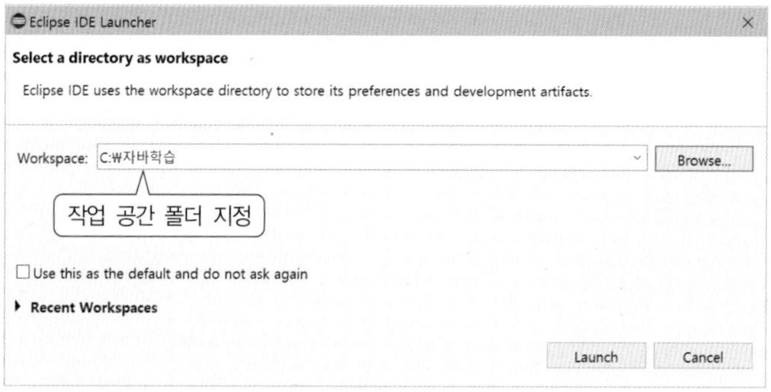

(b) 작업 공간(workspace)을 지정하는 윈도우

[그림 1-20] 이클립스 실행

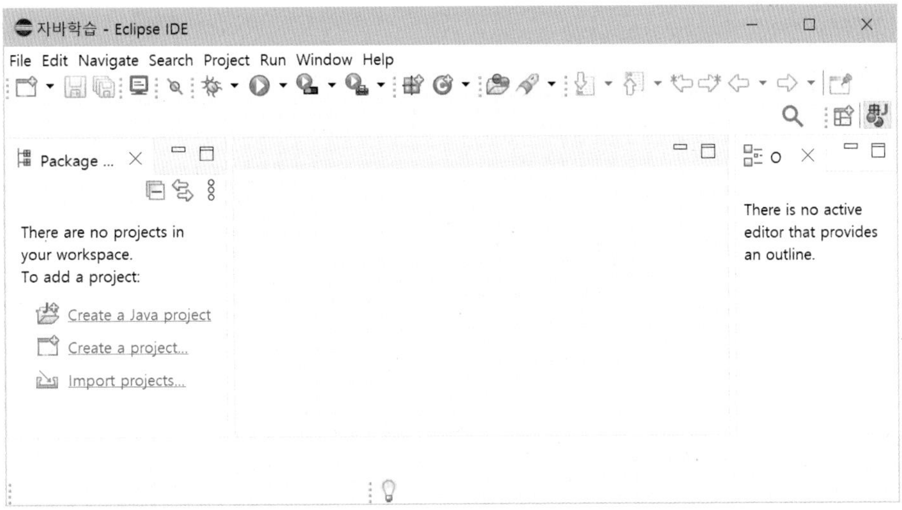

[그림 1-21] 이클립스의 사용자 인터페이스

프로젝트 생성

프로젝트

프로그램을 작성하기에 앞서 프로젝트(project)를 생성한다. 이클립스에서 프로젝트를 생성하려면 [그림 1-22]와 같이 File → New → Project 메뉴를 선택한다. [그림 1-23]과 같이 프로젝트의 종류를 선택하는 윈도우가 나타나고 여기서 Java Project를 선택한다. 이제 [그림 1-24]의 프로젝트 생성 윈도우가 나타난다. Project name 칸에 프로젝트 이름을 입력한다. 이 예에서는 프로젝트의 이름을 SampleProject로 입력하였다. 현재 이 컴퓨터에 JDK 17이 설치되어 있기 때문에 프로젝트 생성 윈도우의 JRE 환경이 JavaSE-17로 설정되어 있는 것을 볼 수 있다. Finish 버튼을 누르면 프로젝트의 생성이 완료된다.

잠깐!

이클립스에서 프로젝트는 하나의 자바 응용프로그램을 개발하기 위해 필요한 자바 소스 파일들과 이미지, 동영상 같은 리소스, 컴파일된 클래스 파일들을 일괄적으로 관리하기 위한 개념이다. 프로젝트가 생성되면 프로젝트 이름의 폴더가 생기고 그 안에 개발자가 만든 소스와 컴파일된 클래스 파일들이 생겨나게 된다.

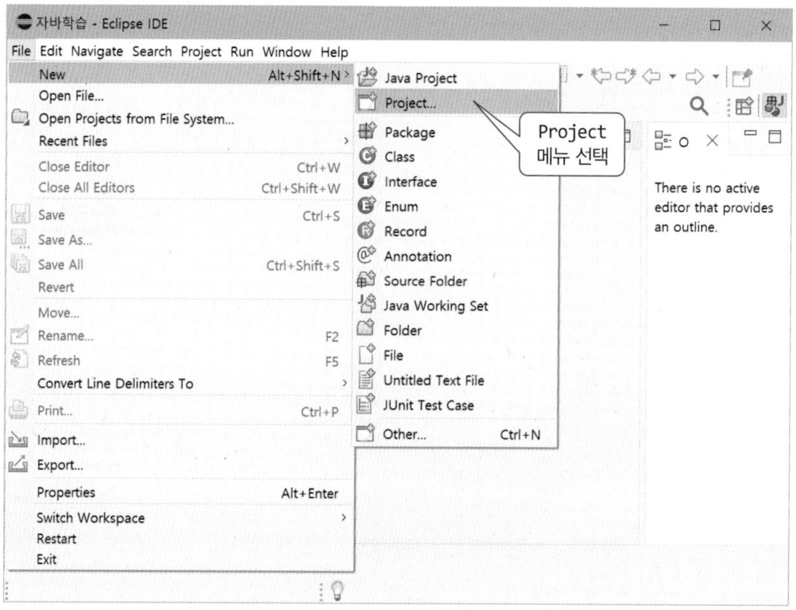

[그림 1-22] 이클립스의 사용자 인터페이스. Project 메뉴 선택

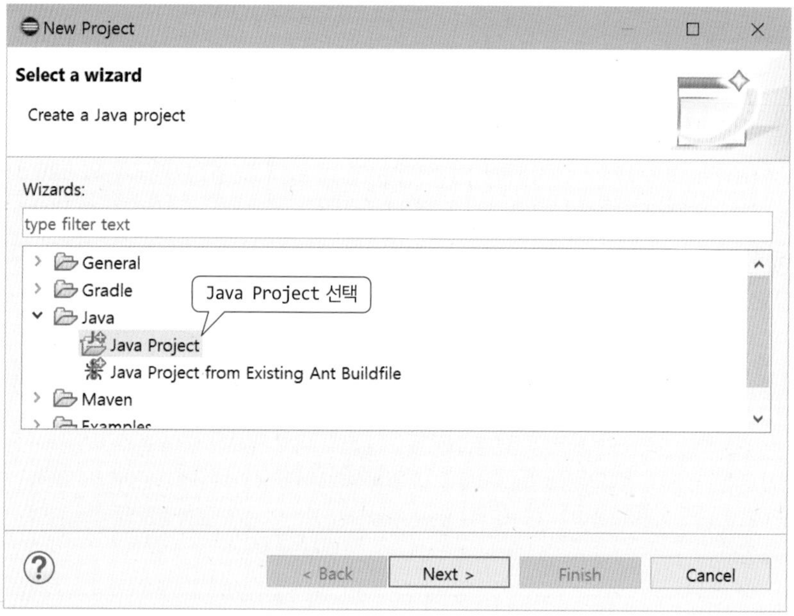

[그림 1-23] 프로젝트의 종류 Java Project 선택

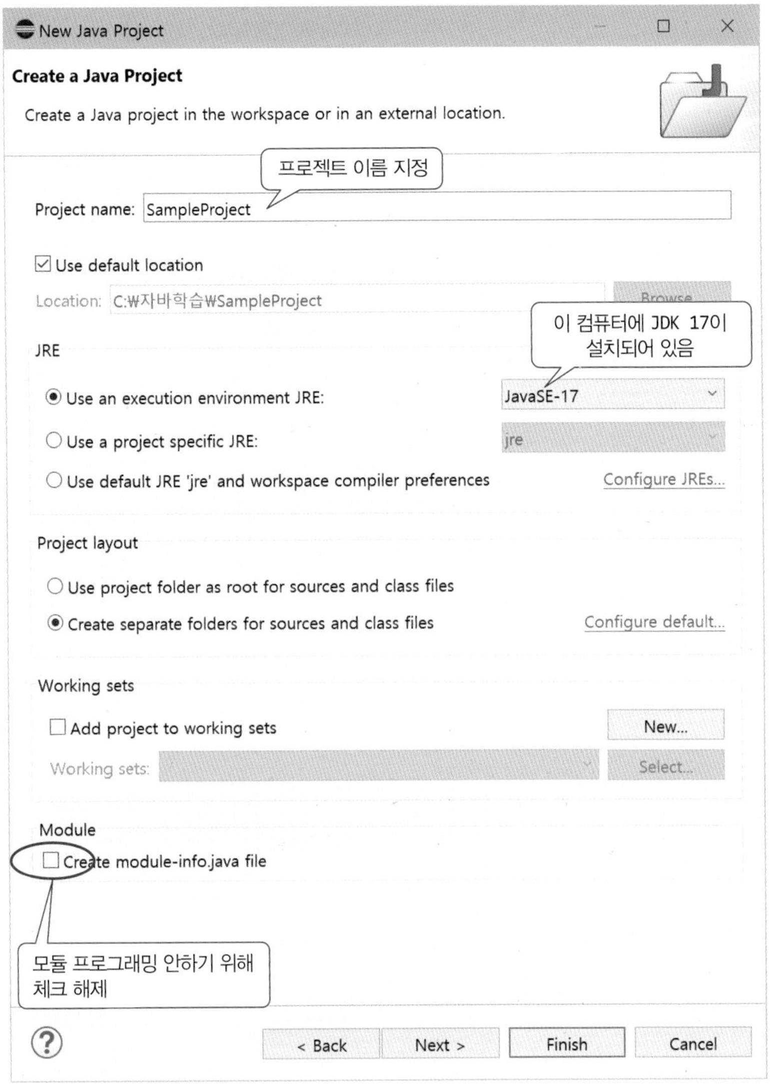

[그림 1-24] 프로젝트 생성 윈도우. 프로젝트 이름을 SampleProject로 입력

클래스 생성

프로젝트를 생성하고 나면, 자바 응용프로그램을 작성하기 위해 클래스를 생성해야 한다. 메뉴에서 File → New → Class를 선택하면 [그림 1-25]의 클래스 생성 윈도우가 나타난다. Name 칸에 클래스 이름 Hello2030을 입력한다. 나머지 옵션은 수정할 필요가 없으므로 Finish 버튼을 눌러 클래스 생성을 마치면, [그림 1-26]과 같이 소스 편집 윈도우에 Hello2030 클래스의 선언을 포함하는 소스가 자동 생성된다.

클래스

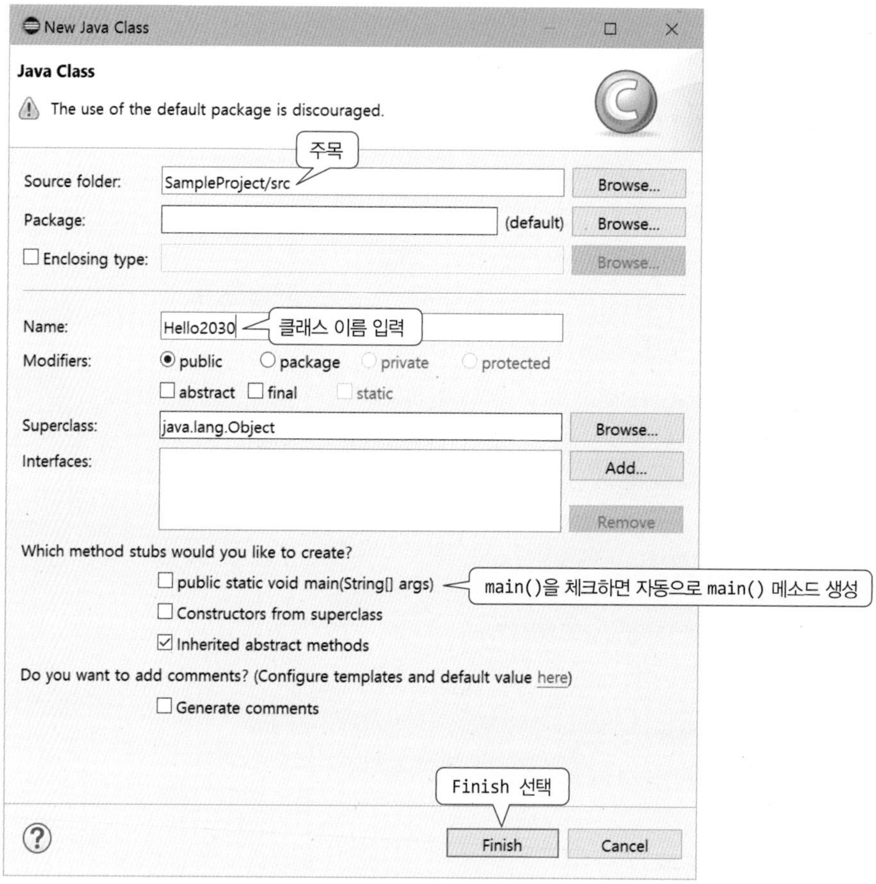

[그림 1-25] 클래스 생성 윈도우. 클래스 이름을 Hello2030으로 입력

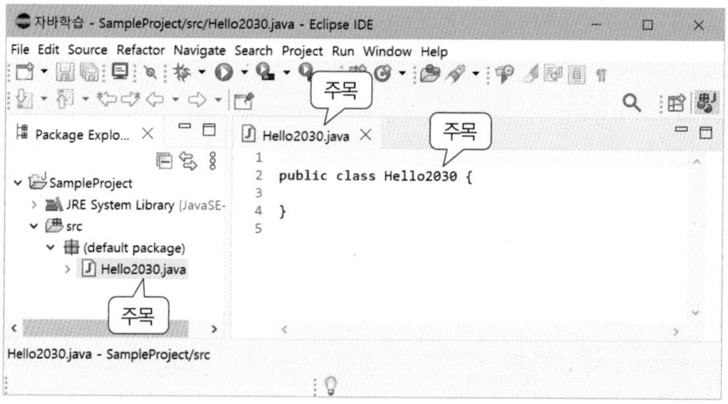

[그림 1-26] 생성된 Hello2030 클래스의 소스 코드. Hello2030.java 파일 생성

소스 편집, 컴파일 및 실행

[그림 1-27]의 소스 편집 윈도우에 [그림 1-17]의 메모장에서 작성한 코드를 입력한다. 이클립스는 코드 입력과 동시에 자동으로 컴파일하기 때문에, 컴파일 과정이 따로 없이 바로 실행할 수 있다. 작성된 자바 프로그램의 실행은 Run → Run 메뉴를 선택하거나 툴바에서 아이콘(▶ ▾)을 클릭하면 된다. 작성된 프로그램을 실행하면 [그림 1-27]과 같이 실행 결과가 콘솔 윈도우에 출력된다.

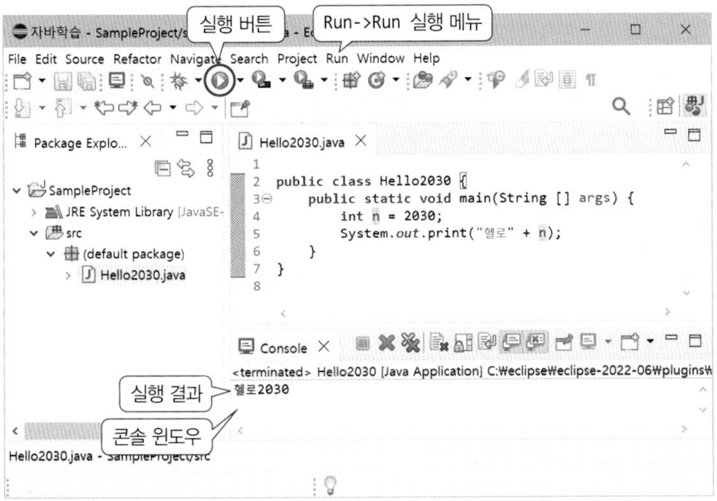

[그림 1-27] 이클립스에서 자바 응용프로그램 실행. "헬로2030" 출력

1.6 자바 언어의 활용

프로그래밍 언어의 인기 순위를 매기는 TIOBE 인덱스(www.tiobe.com)에 따르면 자바는 [그림 1-28]과 같이 최근 10년 동안 다양한 분야에서 가장 많이 사용되는 언어이다. 자바 언어로 개발되는 응용 분야를 살펴보자.

Jul 2019	Jul 2018	Change	Programming Language	Ratings	Change
1	1		Java	15.058%	-1.08%
2	2		C	14.211%	-0.45%
3	4	⌃	Python	9.260%	+2.90%
4	3	⌄	C++	6.705%	-0.91%
5	6	⌃	C#	4.365%	+0.57%
6	5	⌄	Visual Basic .NET	4.208%	-0.04%

[그림 1-28] 프로그래밍 언어의 활용도(www.tiobe.com/tiobe-index 사이트 참고, 2019년 7월 기준)

데스크톱 응용프로그램

PC 등의 데스크톱 컴퓨터에 실행되는 자바 응용프로그램이다. 이클립스도 자바 언어로 개발된 데스크톱 응용프로그램이다. 자바 실행 환경(JRE)이 설치된 어떤 컴퓨터에서도 실행되며 다른 응용프로그램의 도움 없이 단독으로 실행된다. 이 책 역시 데스크톱 응용프로그램의 개발을 다룬다. **[그림 1-29]**는 자바로 개발된 스네이크 게임의 예를 보여준다.

[그림 1-29] 자바 언어로 작성된 자바 데스크톱 프로그램 예

자바 서블릿(servlet) 응용프로그램

서블릿(java servlet)은 웹 서버에서 실행되는 서버용 자바 프로그램으로, **[그림 1-30]**과 같이 쇼핑몰이나 온라인 뱅킹 등을 구현할 때 쓰인다. 서블릿은 웹 브라우저의 요청에 따라 웹 서버에 탑재된 데이터베이스를 검색하거나 요청받은 내용을 처리하고 웹 페이지로 만들어 웹 브라우저에 응답하는 방식으로 작동한다. 서블릿은 웹 브라우저상에서 실행되는 자바 스크립트 코드와 통신하기도 한다. 서블릿은 사용자 인터페이스를 필요로 하지 않으며 웹 서버에 의해 실행이 제어된다.

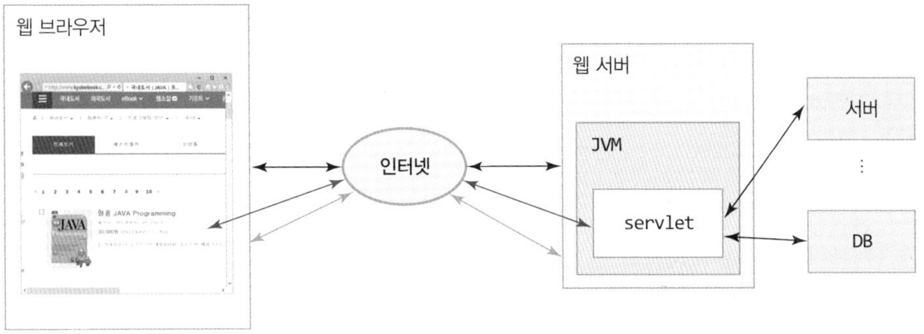

[그림 1-30] 서블릿 응용프로그램 예

안드로이드(Android) 응용프로그램

검색 엔진으로 유명한 구글(Google)의 주도로 여러 모바일 회사가 모여 구성한 OHA(Open Handset Alliance)에서 개발한 무료 모바일 플랫폼을 안드로이드라고 한다. 개발 언어는 자바를 사용하나 오라클 사의 자바 라이선스를 피하기 위해 별도의 개발 도구를 개발하였으며, Dalvik이라는 새로운 자바 가상 기계를 개발하였다. 또한 오라클의 바이트 코드의 효율을 개선한 새로운 바이트 코드 체계를 개발하였으며, 기존 오

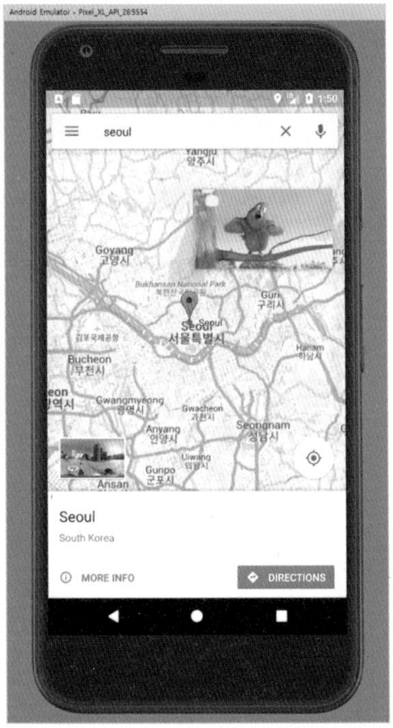

[그림 1-31] 안드로이드 앱의 실행 화면

라클의 바이트 코드와는 호환성이 없어 변환이 필요하다. 안드로이드는 스마트폰뿐 아니라 모바일 학습기기, 태블릿 PC, PMP, 스마트 TV 등 다양한 종류의 모바일 플랫폼으로 확장하고 있다. [그림 1-31]은 안드로이드 에뮬레이터에서 실행되는 안드로이드 앱의 사례를 보여 준다.

1.7 자바의 특징

이제 마지막으로 자바 언어가 가진 다양한 특징에 대해 알아보자.

● 플랫폼 독립성

자바는 하드웨어, 운영체제 등 플랫폼에 종속되지 않는 독립적인 바이트 코드로 컴파일되며 자바 가상 기계만 있으면 하드웨어/운영체제를 막론하고 자바 프로그램의 실행이 가능하다.

● 객체 지향

자바는 객체 지향 언어로서 캡슐화, 상속, 다형성을 지원한다. 객체 지향 프로그램은 해결할 과제를 객체 간의 상호 관계로 모델링하여 인간의 사고에 가깝게 표현한다.

● 클래스로 캡슐화

자바는 객체 지향 언어의 캡슐화(encapsulation) 원칙을 철저히 지켜, 변수나 메소드는 반드시 클래스 내에 구현하도록 한다. 클래스에 속하지 않은 변수나 메소드는 있을 수 없다. 자바는 클래스 안에 새로운 클래스, 즉 내부 클래스를 만들 수 있다.

● 소스와 클래스 파일

클래스 파일(.class)에는 반드시 하나의 자바 클래스만 들어 있다. 그러므로 하나의 자바 소스 파일에 여러 개의 클래스를 작성한 경우, 컴파일하면 클래스마다 별도의 클래스 파일이 생성된다. [그림 1-32]는 A.java에 4개의 클래스를 작성한 예이다. A.java를 컴파일하면 4개의 클래스 파일이 생성된다. 클래스 D는 클래스 C 내에 작성된 내부 클래스(inner class)로서 C$D.class 이름으로 생성된다. 하나의 자바 소스 파일에 작성된 클래스 중 오직 한 클래스만 public으로 선언할 수 있다. 소스 파일 내에 public으로 선언된 클래스의 이름으로 자바 소스 파일을 저장해야 한다.

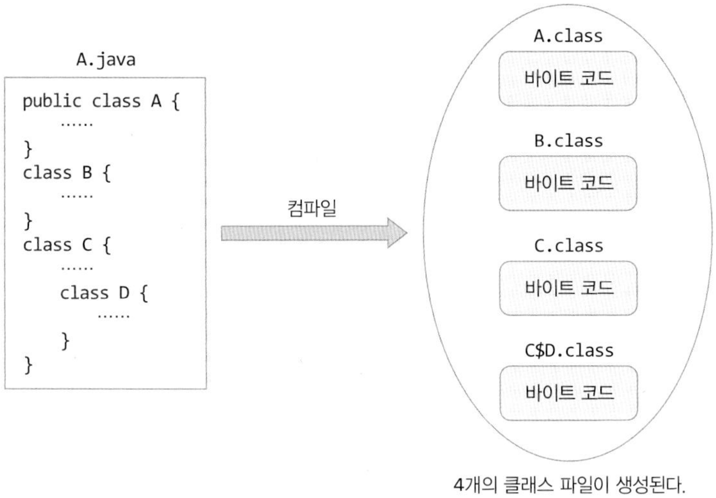

[그림 1-32] 소스 파일과 클래스, 클래스 파일의 관계

● 실행 코드 배포

자바 응용프로그램은 한 개의 클래스 파일 또는 다수의 클래스 파일로 구성된다. 다수의 클래스 파일을 jar 파일 형태로 압축하여 배포하거나 실행할 수 있다. Java 9부터는 자바 응용프로그램을 위한 맞춤형 커스텀 JRE를 만들어 실행시킬 수도 있다. 자바의 실행은 main() 메소드에서 시작되며, 하나의 클래스 파일에 두 개 이상의 main() 메소드가 있을 수 없다. 그러나 각 클래스 파일이 main() 메소드를 가지는 것은 상관없다.

● 패키지

서로 관련 있는 클래스는 패키지로 묶어 관리한다. 패키지는 파일 시스템의 폴더와 같은 개념이다. 예를 들어, java.lang.System 클래스는 java\lang 폴더의 System.class 파일을 나타내며, 여기서 java.lang을 패키지라고 부른다.

● 멀티스레드

하나의 자바 프로그램이 다수의 작업을 처리할 수 있도록 다수의 스레드가 동시에 실행할 수 있는 환경을 지원한다. 보통 멀티스레드 프로그램을 작성하기 위해서는, 운영체제가 멀티스레드를 지원하고 멀티스레드와 관련된 API나 라이브러리를 제공해야만 한다. C/C++ 등 많은 언어들은 자체적으로 멀티스레드를 지원하지 않아 운영체제의 도움을 받는다. 그러나 자바는 운영체제의 도움 없이 멀티스레드 프로그래밍이 가능하기 때문에, 멀티스레드를 지원하지 않는 운영체제에서도 자바를 이용하면 멀티스레드

프로그램을 개발할 수 있다. 멀티스레드 프로그래밍은 13장을 학습하기 바란다.

● 가비지 컬렉션

자바 언어는 메모리를 할당받는 기능은 있지만, 메모리를 반환하는 기능은 없다. 이것은 개발자로 하여금 대단히 기쁜 일이며, 프로그래밍의 부담을 대폭 줄여준다. 프로그램 내에 사용되지 않는 메모리(가비지)는 자바 가상 기계의 가비지 컬렉션 기능에 의해 자동으로 회수된다.

● 실시간 응용 시스템에 부적합

자바 응용프로그램은 실행 도중 예측할 수 없는 시점에 가비지 컬렉션이 실행되므로, 프로그램 실행이 일시적으로 중단된다. 이런 문제로 인해 일정 시간(deadline) 내에 반드시 실행 결과를 내야만 하는 실시간 시스템에는 자바 언어가 적합하지 않다.

● 자바 프로그램은 안전하다.

자바 언어는 타입 체크가 매우 엄격하며, C/C++와 달리 메모리의 물리적 주소를 사용하는 포인터의 개념이 없기 때문에, 잘못된 자바 프로그램으로 인해 컴퓨터 시스템이 중단되는 일은 없다.

● 프로그램 작성이 쉽다.

자바 언어는 C/C++에 있는 포인터 개념이 없기 때문에 프로그램 작성에 부담이 적다. 또한 프로그램 개발을 쉽게 도와주는 다양한 라이브러리와 스윙 등 강력한 GUI 라이브러리를 지원하므로 프로그램 작성이 빠르고 쉽다.

● 실행 속도를 개선하기 위해 JIT 컴파일러가 사용된다.

자바는 자바 가상 기계가 인터프리터 방식으로 바이트 코드를 실행하므로 일반적으로 C/C++로 작성된 프로그램보다 실행이 느리다고 알려져 있지만, 최근에는 실행하는 도중 자바 프로그램을 해당 CPU의 기계어 코드로 컴파일하고 CPU가 바로 기계어를 실행하도록 하는 JIT(Just in Time) 컴파일링 기법을 이용하므로, 실행 성능이 C/C++와 거의 비슷하도록 개선되었다.

CHECK TIME

1. 하나의 자바 클래스 파일에는 몇 개의 컴파일된 클래스가 저장될 수 있는가?
2. 자바 응용프로그램이 실시간 시스템에 부적합한 것의 원인은?
3. 클래스 내에 선언되지 않는 변수와 메소드가 있을 수 있는가? 이것은 어떤 객체 지향 속성과 관련되는가?

요약 SUMMARY

- 프로그램 또는 소프트웨어는 컴퓨터가 이해하고 처리할 수 있는 일련의 명령들이다.
- 소스 파일을 컴퓨터가 이해할 수 있는 기계어로 변환하는 것을 컴파일이라 한다.
- 자바는 1991년 선마이크로시스템스(현재 오라클)의 제임스 고슬링에 의해 개발되기 시작하여 1995년에 발표되었다.
- 자바의 개발 목적은 매우 다양한 플랫폼을 갖는 가전제품을 위해 플랫폼에 독립적인 언어를 개발할 필요성에 있었다. 또한 가전제품에 들어가는 제어 장치는 매우 적은 양의 메모리를 사용하므로, 이러한 내장형 시스템(embedded system)의 메모리 요구 사항을 충족할 수 있는 새로운 언어의 개발 필요성에 있었다.
- 자바는 GPL(GNU General Public License)로 소스를 오픈한 오픈 소스 소프트웨어이다.
- 자바의 배포판은 개발 응용의 실행 환경에 따라 데스크톱이나 서버 응용을 위한 Java SE, 모바일 장치를 위한 Java ME, 대규모 기업용 응용을 위한 Java EE로 나누어진다.
- Java 9부터 모듈(module) 개념이 도입되어 Java SE의 모든 클래스들이 모듈로 나누어 재구성되었다. 모듈화는 대형 프로그램을 작성, 유지관리하기 쉽게 하고 리소스가 제한적인 소형 컴퓨터에서도 자바 응용프로그램이 실행될 수 있게 한다.
- 자바 프로그램을 개발하고 실행하기 위한 환경은 JDK/JRE에서 제공하며, IDE 환경을 제공하는 도구에는 이클립스, 인텔리J 등이 있다.
- 자바에서 제공하는 API는 http://docs.oracle.com/javase/10/docs/api/에서 온라인으로 참조할 수 있다.
- 자바 프로그램은 class 키워드의 클래스 선언으로 시작하며, 클래스 내에서 모든 변수나 메소드를 정의한다. 실행은 main() 메소드부터 시작한다.
- 하드웨어 독립적인 바이트 코드와 이를 실행하는 자바 가상 기계에 의해 한 번 프로그램을 작성하면 어느 플랫폼에서도 자바 프로그램을 실행시킬 수 있는데, 이를 WORA(Write Once Run Anywhere)라고 한다.
- 자바 소스 파일의 확장자는 .java이고 컴파일된 코드의 확장자는 .class이며, 컴파일된 코드를 특별히 바이트 코드(byte code)라고 부른다. 바이트 코드는 자바 가상 기계 상에서만 실행되는 코드로서 특정 CPU에 의존적이지 않기 때문에 WORA를 실현하는 데 기여한다.
- 하나의 클래스 파일에는 반드시 하나의 자바 클래스가 컴파일되어 있다.
- 자바 응용프로그램은 웹 클라이언트, 서버, 웹 스타트, 데스크톱, 모바일 등 광범위한 분야에서 사용되고 있다.
- 자바 언어는 객체 지향, 멀티스레드, 캡슐화, 플랫폼 독립성, 패키지 등을 지원한다.
- 자바 응용프로그램은 jar나 custom JRE 형태로 배포하고 실행이 가능하다.

자신의 이름, 나이, 학과 출력하기

Open Challenge

목적

이클립스를 이용한 프로그램 작성 연습

화면에 자신의 이름, 나이, 학과 등의 정보를 출력하는 자바 응용프로그램을 작성하라. 이클립스를 사용하여 `OpenChallenge1`이라는 이름의 프로젝트를 만들고, 클래스 이름을 `MyInfoApp`로 하라. 그러면 `MyInfoApp.java` 파일로 자동 저장된다. 프로그램을 실행하면 다음과 같이 출력된다. 난이도 2

```
Kitae Hwang
20 years old
Department of Computer Engineering
```

연습문제

EXERCISE

이론문제

• 홀수 문제는 정답이 공개됩니다.

1. C 언어 소스 파일의 확장자는 .c이고 컴파일하면 .obj 파일이 만들어진다. 그러면 자바 소스 파일의 확장자와 컴파일된 파일의 확장자는 무엇인가?

2. 자바 언어를 처음 개발한 사람은?
   ① 제임스 고슬링 ② 빌게이츠
   ③ 팀 버너스 리 ④ 스티브 잡스

3. Java, C, C++, C# 언어를 세상에 나온 순서대로 나열하라.

4. 자바 언어를 처음 개발한 목적은 무엇이었는가?

5. 개발자가 작성한 자바 프로그램을 직접 실행하는 것은 무엇인가?
   ① 자바 가상 기계 ② 운영체제
   ③ CPU가 직접 실행 ④ 이클립스

6. 다음은 자바의 특징을 잘 표현하는 글이다. 이를 간단히 줄여 무엇이라고 하는가?

   > 자바는 한 번 작성하면 하드웨어나 운영체제에 상관없이 어디에서나 실행 가능하다.

7. 자바 언어에 대한 설명 중 틀린 것은?
   ① 자바의 컴파일된 클래스 파일은 바이트 코드이다.
   ② 자바의 클래스 파일은 자바 가상 기계가 설치된 어떤 곳에서도 실행된다.
   ③ 자바는 링크 과정 없이 컴파일러가 바로 바이트 코드를 생성한다.
   ④ 하나의 클래스 파일에는 여러 개의 컴파일된 클래스들을 저장하여 효과적이다.

8. 자바 응용프로그램을 개발하고자 한다면 JDK와 JRE는 중 어떤 것이 필요한가?

9. 다음 중 자바의 특징을 잘못 설명한 것은?
① 가비지 컬렉션의 기능이 있어 스스로 사용하지 않는 메모리를 수거한다.
② 포인터가 없기 때문에 프로그램 작성이 쉽다.
③ 클래스 바깥에 전역 함수와 전역 변수를 둘 수 있어 좋은 점이 있다.
④ 서로 관련 있는 클래스 코드들을 패키지에 모아 배포한다.

10. 다음 자바 소스 프로그램은 어떤 이름의 파일로 저장해야 하는가?

```
public class Shape {
   public static void main(String [] args) {
      System.out.println("Shape");
   }
}
```

11. 다음은 하나의 자바 파일에 저장된 소스 코드이다.

```
public class A {
 ............
      class B {
       ............
      }
}

class C {
 ............
      class D {
      ............
      }
}
```

(1) 이 자바 소스 코드를 저장하는 파일이름은 무엇인가?
(2) 이 자바 소스가 컴파일되면 어떤 클래스 파일이 생성되는가?

12. 다음 용어들 중 거리가 먼 것 하나는?
① 플랫폼 독립적
② 자바 언어는 링크의 과정이 없다.
③ 자바 프로그램은 자바 가상 기계가 있는 곳에는 모두 실행됨
④ WORA

실습문제

• 홀수 문제는 정답이 공개됩니다.

1. 화면에 다음과 같이 "Welcome!!", "자바 세계로 오신 것을 환영합니다."를 출력하는 자바 프로그램을 작성하라. 이클립스를 이용하고, 작업 공간(workspace)은 C:\Temp로 하고, 프로젝트 이름은 1-1로 한다. 클래스 이름은 Welcome으로 한다. 난이도 3

```
Welcome!!
자바 세계로 오신 것을 환영합니다.
```

목적 이클립스로 자바 프로그램 만들기. System.out.println() 써보기

2. 화면에 "Sorry~~", "재밌어서 미안합니다~~"을 출력하는 자바 프로그램을 작성하라. 이클립스를 이용하고, 작업 공간(workspace)은 C:\Temp로 하고, 프로젝트 이름은 1-2로 한다. 클래스 이름은 Sorry로 한다. 난이도 3

```
Sorry~~
재밌어서 미안합니다~~
```

목적 이클립스로 자바 프로그램 만들기. System.out.println() 써보기

2 자바 기본 프로그래밍

Objectives

- 자바 프로그램의 구성 요소를 안다.
- 식별자 규칙과 이름 붙이는 방법을 안다.
- 자바의 기본 데이터 타입을 안다.
- 변수와 상수의 개념을 이해하고 선언하는 방법을 안다.
- 리터럴의 개념과 리터럴을 표현하는 방법을 안다.
- 타입 변환을 이해한다.
- 자바에서 키 입력 방법을 설명한다.
- `Scanner` 객체를 이용하여 키보드 입력을 받을 수 있다.
- 산술 연산자, 비트 연산자, 논리 연산자 등 연산자의 종류와 활용 방법을 안다.
- 프로그램 제어를 위한 `if`, `if-else`, `switch` 조건문을 이해하고 응용한다.

CHAPTER 2

JAVA PROGRAMMING

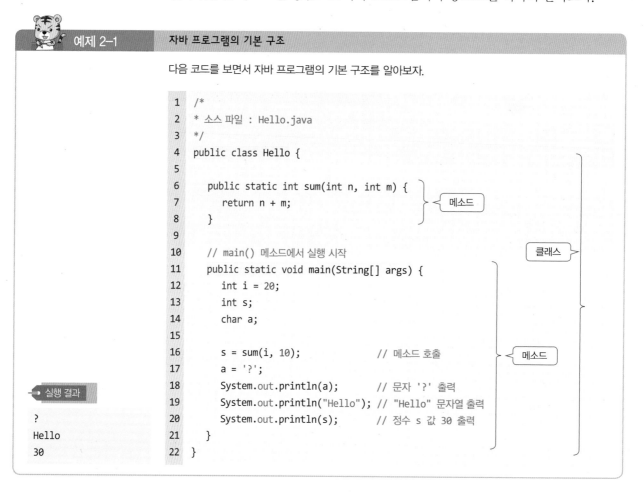

자바 기본 프로그래밍

2.1 자바 프로그램의 구조

자바 프로그램의 기본 구조와 요소들을 설명하기 위해 예제 2-1에 Hello.java 코드를 준비하였다. 이 코드를 중심으로 자바 프로그램의 구성 요소를 하나씩 알아보자.

예제 2-1 자바 프로그램의 기본 구조

다음 코드를 보면서 자바 프로그램의 기본 구조를 알아보자.

```
/*
* 소스 파일 : Hello.java
*/
public class Hello {

   public static int sum(int n, int m) {
      return n + m;
   }

   // main() 메소드에서 실행 시작
   public static void main(String[] args) {
      int i = 20;
      int s;
      char a;

      s = sum(i, 10);              // 메소드 호출
      a = '?';
      System.out.println(a);       // 문자 '?' 출력
      System.out.println("Hello"); // "Hello" 문자열 출력
      System.out.println(s);       // 정수 s 값 30 출력
   }
}
```

메소드 (sum), 메소드 (main), 클래스 (Hello)

실행 결과

```
?
Hello
30
```

● 클래스 만들기

자바 프로그램의 작성에 있어 가장 기본적이면서도 중요한 것은, 클래스를 만들고, 그 안에 변수, 상수, 함수(메소드) 등 모든 프로그램 요소를 작성한다는 점이다. 클래스 바깥에 어떤 것도 작성해서는 안 된다. 다음은 클래스 Hello를 선언하는 코드이다.

클래스

```
public class Hello {
    ...
}
```

class 키워드로 클래스 이름을 선언하고 '{'와 '}' 사이에 필드(변수)와 메소드(함수) 코드를 작성한다. public은 자바의 접근지정자(access specifier)로서 다른 모든 클래스에서 클래스 Hello를 자유롭게 사용할 수 있다는 선언이다.

class
public
접근지정자

● 주석문

주석문은 프로그램의 실행에 영향을 미치지 않으며, 프로그램에 대한 설명이나 특이사항 등을 자유롭게 기록하기 위해 사용한다. 주석문은 다음 두 가지 방법으로 만들 수 있다.

주석문

```
// 한 라인 주석. 행이 끝날 때까지 주석으로 처리
/*
여러 라인 주석으로 /*와 */로 구성
......................
*/
```

● main() 메소드

자바 프로그램은 다음과 같은 형식의 main() 메소드에서부터 실행을 시작한다.

main()

```
public static void main(String[] args) {
    ...
}
```

main()은 반드시 public, static, void 타입으로 선언되어야 하며, 한 클래스에 2개 이상의 main()을 작성하면 안 된다. 자바 응용프로그램이 여러 클래스로 이루어지는 경우, 실행을 시작할 클래스에만 main()을 두면 되므로, 모든 클래스가 main()을 가지지는 않는다.

● 메소드

메소드

클래스의 멤버 함수를 자바에서는 메소드(method)라고 부른다. 메소드의 이름은 개발자가 지정하며, 메소드 개수에는 제한이 없다. 메소드 작성이나 호출 방법은 기본적으로 C/C++의 함수와 같다. 다음은 메소드 sum()을 작성한 사례이다.

```
public static int sum(int n, int m) { // 매개변수 n, m
    return n + m; // n과 m의 합 리턴
}
```

다음은 메소드 sum()을 호출하는 코드이다.

```
int i = 20;
s = sum(i, 10);
```

매개변수

이 코드는 변수 i의 값 20과 정수 10을 sum()의 매개변수 n, m에 각각 전달한다. sum()은 n과 m 값을 더하여 30을 리턴한다. 그 결과 변수 s에는 30이 저장된다. 메소드 호출 과정은 **[그림 2-1]**과 같다.

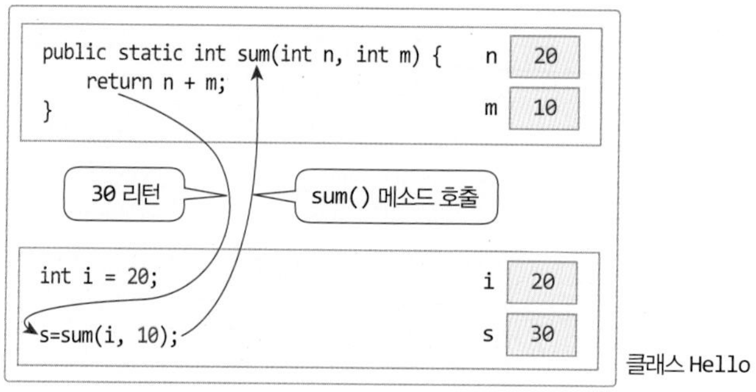

[그림 2-1] sum() 메소드의 호출과 실행

● 변수 선언

변수

변수(variable)란 프로그램 실행 동안 데이터를 저장하는 공간으로 개발자가 이름을 붙이고 다음과 같이 선언한다.

```
int i;
char a;
```

메소드 내에 선언되어 사용되는 변수를 지역변수(local variable)라고 한다. 지역변수는 메소드 내에서만 사용되며, 메소드의 실행이 끝나면 소멸된다. 다음과 같이 선언하면 선언과 동시에 값을 초기화할 수 있다.

지역변수

```
int i=20; // 변수 i의 선언과 동시에 20으로 초기화
```

● 문장

자바에서 모든 문장은 다음과 같이 ';'로 끝나야 한다.

문장

```
int i=20;
s = sum(i, 20);
```

자바 컴파일러는 ';'를 문장의 끝으로 인식하므로 한 문장이 반드시 한 줄에 작성될 필요는 없다. 예를 들어, s = sum(i, 20);을 다음과 같이 작성해도 정상적인 문장으로 인식된다.

```
s = sum(i,
        20);
```

주석문 끝에는 ';'를 붙일 필요가 없다.

● 화면 출력

정수, 문자, 문자열 등 프로그램에서 사용하는 데이터를 화면에 출력하기 위해 System.out.println()이나 System.out.print()를 이용하면 된다. System.out.println()은 출력 후 다음 행으로 이동하지만, System.out.print()는 다음 줄로 넘어가지 않는다. 화면에 출력하는 코드 사례는 다음과 같다.

System.out.println()
System.out.print()

```
System.out.println("Hello");      // "Hello" 문자열 출력
System.out.println(3);            // 3 출력
System.out.println(2*5);          // 10 출력
```

CHECK TIME

1. 자바 클래스 바깥에 선언될 수 있는 것은?
   ① 변수　② 상수　③ 메소드　④ 전역변수
   ⑤ ①~④ 모두 가능　⑥ ①~④ 모두 불가

2. 다음의 `main()` 메소드 코드에서 잘못된 부분은?

```
static void main(String[] args) {
}
```

3. 화면에 `"Hi"` 출력하는 클래스 `Hi`를 작성하라. 클래스 `Hi`와 `main()`을 작성해야 한다.

2.2 식별자

식별자

식별자(identifier)란 클래스, 변수, 상수, 메소드 등에 붙이는 이름을 말한다.

식별자 이름 규칙

자바에서 식별자(이름)를 만들 때 다음 규칙이 준수되어야 한다.

- 특수문자(%, *, &, @, ^ 등), 공백(탭, space 등)은 식별자로 사용할 수 없으나, '_', '$'는 예외로 사용할 수 있다.
- 한글도 식별자로 사용 가능하다.
- `if`, `while`, `class` 등 자바 언어의 키워드는 식별자로 사용할 수 없다.
- 식별자의 첫 번째 문자로 숫자는 사용할 수 없다.
- `true`, `false`, `null`은 자바의 키워드이므로 식별자로 사용할 수 없다.
- '_'와 '$'는 식별자의 첫 번째 문자로 사용할 수 있으나, 일반적으로 잘 사용하지 않는다.
- 대소문자를 구별한다.
- 길이 제한이 없다.

다음은 식별자로 사용할 수 있는 예이다.

```
int     name;
char    student_ID; // '_' 사용 가능
void    $func() { } // '$' 사용 가능
class   Monster3 { } // 숫자 사용 가능
int     whatsYourNameMyNameIsKitae; // 길이 제한 없음
int     barChart; int barchart; // 대소문자 구분. barChart와 barchart는 다른 이름
int     가격; // 한글 식별자 사용 가능
```

다음은 식별자로 사용할 수 없는 예이다.

```
int     3Chapter; // 첫 번째 문자로 숫자 사용 불가
class   if { } // 자바의 예약어 if 사용 불가
char    false; // 자바의 예약어 false 사용 불가
void    null() { } // 자바의 예약어 null 사용 불가
class   %calc { } // 특수문자 '%' 사용 불가
```

자바 키워드

자바 키워드란 자바에서 이미 그 용도가 정해진 것으로 예약어(reserved word)라고도 하며, 식별자의 이름으로 사용할 수 없다. 자바의 예약어는 〈표 2-1〉과 같다.

자바 키워드
예약어

abstract	continue	for	new	switch
assert	default	if	package	synchronized
boolean	do	goto	private	this
break	double	implements	protected	throw
byte	else	import	public	throws
case	enum	instanceof	return	transient
catch	extends	int	short	try
char	final	interface	static	void
class	finally	long	strictfp	volatile
const	float	native	super	while

〈표 2-1〉
자바 키워드(예약어)

좋은 이름 붙이는 관습

개발자들은 클래스, 변수, 메소드의 이름을 붙일 때 좋은 이름을 붙이도록 노력해야 한다. 첫째, 목적에 맞는 이름을 붙이는 것이 좋다. 예를 들어 변수 이름이 sum이라고

프로그래밍을 읽기 쉽게

충분히 긴 이름

언어의 관습

하면 합을 저장하는 변수라는 것을 금방 알지만, s라고 하면 변수 s가 어떤 용도로 사용되는지 알기 어렵다. 좋은 이름은 프로그램을 읽기 쉽게 만든다.

둘째, 이름의 길이에 연연하지 말고 충분히 긴 이름으로 붙이는 것이 좋다. 예를 들어 자판기 클래스를 만드는데 그 이름을 AVM이라고 하면 언뜻 어떤 기능의 클래스인지 알기 어렵다. 이것을 AutoVendingMachine라고 붙이면 클래스의 역할이 쉽게 전달된다. 이처럼 좋은 이름은 주석문의 기능을 가진다.

셋째, 이름을 붙이는 언어의 관습을 따르는 것이 좋다. 예를 들어 다음은 이름을 붙이는 과거의 관습으로 AutoVendingMachine보다 가독성이 높지 않다.

```
autovendingmachine, auto_vending_machine
```

다음은 자바 언어에서 이름을 붙이는 몇 가지 관습을 설명하며, 독자들이 일관된 규칙으로 이름 붙이기를 권한다.

● 클래스 이름

대문자

클래스 이름의 첫 번째 문자는 대문자로 시작하고, 여러 단어가 복합되면 각 단어의 첫 번째 문자만 대문자로 표시한다. 다음은 관습에 따른 클래스 이름 예이다.

```
public class HelloWorld {}
class AutoVendingMachine {}
```

● 변수, 메소드 이름

소문자

변수와 메소드 이름은 첫 단어는 소문자로 표기하고 이후 각 단어의 첫 번째 문자만 대문자로 표기한다. 이렇게 함으로써, 변수와 클래스를 쉽게 구분할 수 있다. 다음은 변수와 메소드의 이름을 붙인 사례이다.

```
int myAge;
boolean isSingle;
public int getAge() {return 20;}
```

● 상수 이름

상수
대문자

상수는 이름 전체를 대문자로 표기하도록 권장한다. 다음은 상수 PI를 선언하는 예이다. 상수는 다음 절에서 설명한다.

```
final double PI = 3.141592;
```

CHECK TIME

1. 다음 중 잘못된 변수 이름은?

   ① `int 내변수;` ② `int 1stVar;` ③ `int var$$;` ④ `int function;`

2. 다음 중 클래스 이름으로 가장 적합한 것은?

   ① `GOODS` ② `person` ③ `MyDocument` ④ `false`

3. 값 `30`을 가지는 정수 타입 상수 `ALPHA`를 선언하는 코드를 작성하라.

2.3 자바의 데이터 타입

데이터 타입(data type)이란 자바에서 다룰 수 있는 데이터의 종류를 말한다. 자바 언어는 다음과 같이 총 9개 타입의 데이터를 다룰 수 있다.

데이터 타입 9개

● 기본 타입(basic type): 8개

- `boolean`
- `char`
- `byte`
- `short`
- `int`
- `long`
- `float`
- `double`

● 레퍼런스 타입(reference type): 1개

레퍼런스 타입은 한 가지이지만 용도는 다음과 같이 3가지이다.

레퍼런스

- 배열에 대한 레퍼런스
- 클래스(`class`)에 대한 레퍼런스
- 인터페이스(`interface`)에 대한 레퍼런스

레퍼런스

레퍼런스란 C/C++의 포인터와 비슷한 개념이다. 그러나 C/C++와 달리 실제 주소 값을 가지지 않는다. 레퍼런스는 지금 다루기에 조금 어려운 개념이므로, '배열에 대한 레퍼런스'는 배열에 대한 주소 값 정도로, '클래스에 대한 레퍼런스'는 객체에 대한 주소 값 정도로 생각하고 넘어가는 것이 좋겠다. 레퍼런스는 뒤에서 클래스나 배열을 다룰 때 자세히 설명한다.

자바의 기본 타입

기본 타입

[그림 2-2]는 자바의 기본 타입과 메모리 공간, 데이터 값의 범위를 보여준다. 정수를 저장하는 타입은 byte, short, int, long의 4개이고, 실수는 float, double의 두 타입을 사용한다. 타입마다 크기가 다르기 때문에 다루는 값의 범위에 따라 적절한 타입을 선택해야 한다. 예를 들어, 날짜는 1~31일의 범위이므로 오늘이 며칠인지를 나타내는 변수 day는 byte 타입이면 충분하지만, 물건의 가격을 나타내는 price 변수는 byte 타입으로는 부족하고 int나 long 타입를 사용하는 것이 좋을 것이다.

2바이트의 유니코드

자바에서 영어든 한글이든 문자 하나는 2바이트의 유니코드(Unicode)로 저장된다. 그러므로 자바에서 문자를 나타내는 char 타입은 크기가 2바이트이다. 이것은 문자를 처리하는데 있어 자바가 가지고 있는 대단한 강점이다. C/C++에서는 영어는 1바이트로 한글은 2바이트로 표현되므로, 한글과 영어가 섞여있는 문자열이나 파일을 다루는 프로그램 작성은 여간 까다롭지 않다.

문자열
String 클래스

한편, 문자열은 자바의 기본 타입에 속하지 않기 때문에, 다음과 같이 자바 라이브러리에서 제공하는 String 클래스를 이용한다.

```
String strName="kitae";
```

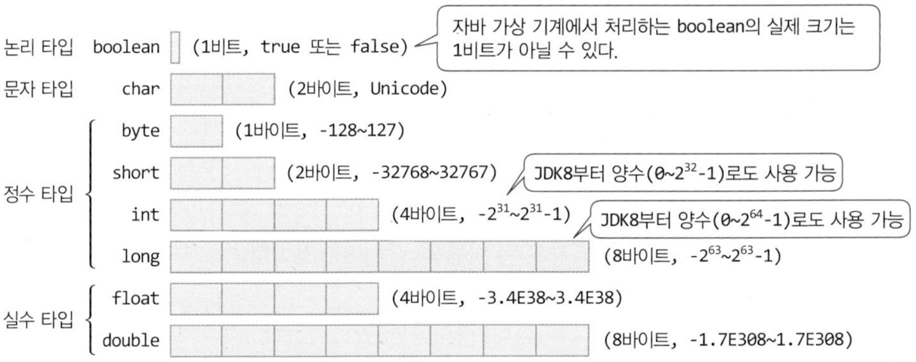

[그림 2-2] 자바의 기본 타입 8개

잠깐!

자바는 플랫폼 독립적인 언어이므로 CPU의 처리 능력이나 운영체제에 따라 데이터가 차지하는 메모리 공간의 크기가 달라질 수 있는 다른 언어와 달리 데이터 타입의 크기가 항상 일정하다. 예를 들면, 자바에서 int 타입은 항상 4바이트로 표현된다. 그러나 C 언어에서의 int 타입은 16비트 CPU에서는 16비트이며, 32비트 CPU에서는 32비트로서 CPU나 운영체제에 따라 변할 수 있다.

문자열

자바에서 문자열은 기본 타입에 속하지 않으며, 다음과 같이 JDK에서 제공하는 String 클래스(6장에서 설명)를 이용한다.

String

```
String toolName="JDK";
```

자바에서는 다음과 같이 문자열과 기본 타입의 + 연산이 실행되면, 기본 타입의 값이 문자열로 바뀌고 두 문자열이 연결된 새로운 문자열이 생성된다.

```
toolName + 1.8              -> "JDK1.8"
"(" + 3 + "," + 5 + ")"    -> "(3,5)"
System.out.println(toolName + "이 출시됨"); // "JDK1.8이 출시됨" 출력
```

변수와 선언

변수는 데이터를 저장하는 공간이다. 변수를 선언하면 타입 크기의 메모리가 할당되며, 프로그램은 실행 중에 값을 쓰고 읽는 공간으로 사용한다.

변수

● 변수 선언

자바에서는 [그림 2-3]과 같이 데이터 타입과 이름으로 변수를 선언한다.

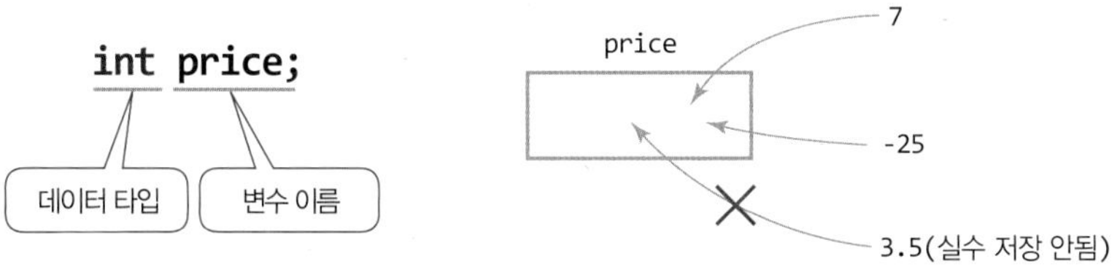

[그림 2-3] 변수 선언과 변수 공간

[그림 2-3]은 price라는 이름의 정수 타입 변수 선언을 보여준다. 그 결과 정수를 저장할 4바이트 공간이 할당되고, 이 공간의 이름을 price로 붙인다. 그 공간에 정수 값을 저장하고 읽어올 수 있다. 정수만 저장하도록 선언하였기 때문에 3.5와 같이 실수 값은 저장할 수 없다.

같은 타입의 변수를 여러 개 선언하려면 다음과 같이 콤마로 분리하면 된다.

```
char c1, c2, c3;   // 3개의 문자 변수 c1, c2, c3 선언
```

● 변수 선언과 동시에 초기화

변수 선언과 동시에 초깃값을 지정할 수 있다. 예를 들면 다음과 같다.

```
int radius = 10;
char c1 = 'a', c2 = 'b', c3 = 'c';
double weight = 75.56;
```

● 변수 읽기와 저장

변수를 선언한 후에는 다음과 같이 변수에 값을 저장하고 읽을 수 있다.

```
radius = 10 * 5;          // 변수 radius에 10x5의 결과 50 저장
c1 = 'r';                 // 변수 c에 문자 'r' 저장
weight = weight + 5.0;   // 변수 weight의 값을 읽고 5.0을 더해 weight에 다시 저장
```

리터럴(literal)

리터럴

리터럴이란 프로그램에 직접 표현한 값을 말한다. 정수, 실수, 문자, 논리, 문자열 타입 모두 리터럴이 있으며, 예를 들면 다음과 같다.

```
34, 42.195, '%', true, "hello"
```

● 정수 리터럴

정수 리터럴

정수 리터럴은 〈표 2-2〉와 같이 4가지 유형이 있으며 변수와 함께 사용하면 다음과 같다.

```
int n = 15;        // 십진수 15
int m = 015;       // 015는 8진수로서 십진수 13
int k = 0x15;      // 0x15는 16진수로서 십진수 21
int b = 0b0101;    // 0b0101은 2진수로서 십진수 5
```

정수 리터럴은 int 타입으로 자동 컴파일된다. 만일 long 타입으로 지정하려면 숫자 뒤에 L 또는 l을 붙이면 된다. 예를 들면 다음과 같다.

```
long g = 24L; // 24L은 24l과 동일
```

〈표 2-2〉

정수 리터럴의 4가지 유형과 사례

유형	설명	사례
10진수	0으로 시작하지 않는 수	15 -> 10진수 15
8진수	0으로 시작하는 수	015 -> 십진수 13(1x8+5=13)
16진수	0x로 시작하는 수	0x15 -> 십진수 21(1x16+5=21)
2진수	0b로 시작하는 수	0b0101 -> 십진수 5

● 실수 리터럴

실수 리터럴

실수 리터럴은 소수점 형태나 지수(exponent) 형태로 다음과 같이 실수를 표현한 값이다.

```
12. 12.0 .1234, 0.1234, 1234E-4
```

실수 리터럴은 double 타입으로 자동 처리되며, 변수와 함께 쓰면 다음과 같다.

```
double d = 0.1234;
double e = 1234E-4; // 1234E-4 = 1234x10^-4이므로 0.1234와 동일
```

숫자 뒤에 f나 F를 붙이면 float, d나 D를 붙이면 double 타입으로 강제 변환할 수 있다.

```
float f = 0.1234f;       // f = 0.1234로 하면 컴파일 오류
double w = .1234D;       // .1234D와 .1234는 동일
```

● 문자 리터럴

문자 리터럴

단일 인용부호('')

문자 리터럴은 단일 인용부호('')로 문자를 표현하거나 \u 다음에 문자의 유니코드 값을 사용하여 표현한다. 예를 들면 다음과 같다.

```
'w', 'A', '가', '*', '3', '글', \u0041
```

문자 리터럴을 변수와 함께 쓰면 다음과 같다.

```
char a = 'A';
char b = '글';
char c = \u0041; // 문자 'A'의 유니코드 값(0041) 사용
char d = \uae00; // 문자 '글'의 유니코드 값(ae00) 사용
```

특수문자 리터럴

특수문자 리터럴도 있다. 백슬래시(\) 다음에 특수 기호를 붙여서 표현한다. 특수문자를 이스케이프 시퀀스(escape sequence)라고도 하며 그 종류는 〈표 2-3〉과 같다.

〈표 2-3〉 특수문자 리터럴

종류	의미	종류	의미
'\b'	백스페이스(backspace)	'\r'	캐리지 리턴(carriage return)
'\t'	탭(tab)	'\"'	이중 인용부호(double quote)
'\n'	라인피드(line feed)	'\''	단일 인용부호(single quote)
'\f'	폼피드(form feed)	'\\'	백슬래시(backslash)

잠깐!

유니코드(Unicode)는 소프트웨어가 다국어를 지원하기 용이하도록, 한 문자를 2바이트(16비트)로 하여 전 세계의 모든 문자 집합을 표현할 수 있도록 만든 산업 표준 코드체계로 유니코드 협회(Unicode Consortium)가 제정한다. 현재 자바, 파이선, 자바스크립트, 안드로이드 등 많은 프로그래밍 언어들이 유니코드를 기본 코드 체계로 사용하고 있다.

● 논리 리터럴과 boolean 타입

논리 리터럴
true
false

논리 리터럴은 true, false 두 개밖에 없으며, boolean 타입의 변수에 직접 치환하거나 조건문에 사용한다. true와 false의 사용 예는 다음과 같다.

```
boolean a = true;
boolean b = 10 > 0; // 10>0가 참이므로 b 값은 true
boolean c = 1;       // 타입 불일치 오류. C/C++와 달리 자바에서 숫자를 참, 거짓으로 사용 불가
while(true) {        // 자바에서 무한 루프. while(1)로 하면 안 됨
    ...
}
```

(오류: boolean c = 1;)

Tip 기본 타입 이외의 리터럴

자바에서 기본 타입 리터럴 외에 자주 사용되는 다음 2가지 리터럴이 있다.

① null 리터럴

null은 기본 타입에 사용될 수 없고 객체 레퍼런스에 대입된다.

오류
```
int n = null;       // 오류. 기본 타입에 null 값을 지정할 수 없다.
String str = null;  // 정상
```

② 문자열(String) 리터럴

문자열 리터럴은 **"Hello"**와 같이 이중 인용부호로 표현하며, 간단히 문자열이라고도 한다.

```
"Good", "Morning", "자바", "3.19", "26", "a"
```

자바에서 문자열 리터럴을 포함하여 모든 문자열은 String 클래스의 객체이다. 그러므로 문자열 리터럴은 다음과 같이 String 객체에 저장한다.

```
String str = "Good";
```

Tip Java 10부터 var 키워드를 사용하면 변수 타입 생략

var 키워드

Java 10부터 지역 변수를 선언할 때 변수의 타입 대신 var **키워드**를 사용할 수 있다. 다음은 Java 9까지의 전형적인 변수 선언의 예이다.

```
int price = 200;
String name = "kitae";
```

var 키워드를 사용하면 다음과 같이 변수 선언이 간편하다.

```
var price = 200;                // price는 int 타입으로 결정
var name = "kitae";             // name은 String 타입으로 결정
var pi = 3.14;                  // pi는 double 타입으로 결정
var point = new Point();        // point는 Point 타입으로 결정(4장 참조)
var v = new Vector<Integer>(); // v는 Vector<integer> 타입으로 결정(7장 참조)
```

하지만, 변수 선언문에 초깃값이 주어지지 않으면 다음과 같이 오류가 발생한다.

오류
```
var name; // 컴파일 오류. 변수 name의 타입을 추론할 수 없음
```

또한, var의 사용은 지역 변수에만 한정된다.

상수

상수
final 키워드

상수를 만드는 방법은 변수 선언 시 final 키워드를 사용하면 된다. 상수는 변수와 달리 실행 중에 값이 바꿀 수 없다. [그림 2-4]는 원주율 3.141592 값을 가진 상수 PI를 선언한 사례이다.

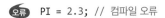

[그림 2-4] 상수 PI 선언

개발자는 프로그램에 3.141592를 사용하는 것보다 PI를 사용하는 것이 훨씬 편하다. 상수는 값이 한 번 초기화되면 더 이상 변경할 수 없다. 그러므로 3.141592의 값을 가진 PI를 다음과 같이 변경하면 컴파일 오류가 발생한다.

오류
```
PI = 2.3; // 컴파일 오류
```

예제 2-2 변수, 리터럴, 상수 활용

상수 PI를 선언하고 원의 면적을 구하는 프로그램을 작성하라.

```
public class CircleArea {
   public static void main(String[] args) {
      final double PI = 3.14; // 원주율을 상수로 선언

      double radius = 10.0; // 원의 반지름
      double circleArea = radius*radius*PI; // 원의 면적 계산

      // 원의 면적을 화면에 출력한다.
      System.out.println("원의 면적 = " + circleArea);
   }
}
```

실행 결과

```
원의 면적 = 314.0
```

타입 변환

타입 변환이란 변수나 상수 혹은 리터럴의 타입을 다른 타입으로 바꾸는 것을 말한다.

타입 변환

● 자동 타입 변환

다음과 같이 치환문(=)이나 수식 내에서 타입이 일치하지 않을 때, 컴파일러는 오류 대신 작은 타입을 큰 타입으로 자동 변환한다.

작은 타입을 큰 타입으로 자동 변환

```
long m = 25;            // 리터럴 25는 int 타입. 25가 long 타입으로 자동 변환
double d = 3.14 * 10;   // 실수 연산을 하기 위해 10이 10.0으로 자동 변환
```

● 강제 타입 변환

강제 타입 변환은 개발자가 강제로 타입 변환을 지시하는 경우이다. 예를 들어 보자. 먼저 다음과 같이 변수 n에 300을 저장한다.

강제 타입 변환

```
int n = 300;
```

그리고 다음과 같이 n 값을 byte 변수 b에 저장해보자.

오류
```
byte b = n;     // 컴파일 오류. int 타입은 byte 타입으로 자동 변환 안 됨
```

변수 n에 저장된 값 300은 byte 타입(0~255 범위)의 범위보다 크기 때문에, 컴파일러가 자동 변환을 하게 되면, b에 300이 저장되지 않고 256을 뺀 나머지(300%256=44) 값 44가 저장된다. 이처럼 큰 타입의 값을 작은 타입의 값으로 변환해야 할 때, 컴파일러는 자동 변환 대신 컴파일 오류를 발생시킨다.

개발자가 이 사실을 알고도 타입 변환을 원한다면, 다음과 같이 () 안에 타입을 명시하여 강제 타입 변환을 지시해야 한다.

강제 타입 변환 지시

```
byte b = (byte)n; // n을 byte 타입으로 강제 변환. b = 44
```

하지만, 강제 변환을 하면 컴파일 오류가 발생하지 않을 뿐 여전히 300에서 256을 초과한 만큼, 즉 44(300%256=44)가 변수 b에 저장되어 데이터 손실이 발생한다.

데이터 손실

강제 타입 변환의 다른 사례로, 다음과 같이 실수를 정수로 강제 변환하면 소수점 이하의 손실이 발생한다.

```
double d = 1.9;
int n = (int)d;      // 강제 타입 변환으로 n은 1이 됨
```

강제 타입 변환을 캐스팅(casting)이라고도 부른다.

예제 2-3 타입 변환

자동 타입 변환과 강제 타입 변환이 들어 있는 코드이다. 실행 결과는 무엇인가?

```
public class TypeConversion {
   public static void main(String[] args) {
      byte b = 127;
      int i = 100;
      System.out.println(b+i); // b가 int 타입으로 자동 변환
      System.out.println(10/4);
      System.out.println(10.0/4); // 4가 4.0으로 자동 변환
      System.out.println((char)0x12340041);
      System.out.println((byte)(b+i));
      System.out.println((int)2.9 + 1.8);
      System.out.println((int)(2.9 + 1.8));
      System.out.println((int)2.9 + (int)1.8);
   }
}
```

정수 나누기이므로 결과는 2

실수 나누기이므로 결과는 2.5

char로 변환된 결과 0x0041로서 문자 'A'

b+i는 227, 16진수 0xE3, 즉 -29

실행 결과

```
227
2
2.5
A
-29
3.8
4
3
```

CHECK TIME

1. 자바의 기본 타입은?
   ① byte ② Double ③ bool ④ String

2. 값이 365인 YEAR, 30인 MONTH, 7인 WEEK를 정수 타입 상수로 선언하라.

3. 다음 중 byte 타입 변수에 대입할 수 없는 값은?

```
256, 127, 0, -99
```

4. 다음 중 기본 타입의 리터럴이 아닌 것은?

```
'가', 012, 0x1A, "a" '\b', true, 0.23E-4
```

5. 다음 수식의 결과 값은?

```
(byte) (128 + 128) + (int) 22.9
```

2.4 자바에서 키 입력

System.in

자바에서 사용자로부터 키 입력을 받는 방법을 알아보자. System.in은 키보드 장치를 직접 제어하고 키 입력을 받는 표준 입력 스트림 객체이다. 자바 응용프로그램은 [그림 2-5]와 같이 System.in을 통해 사용자로부터 키를 입력받을 수 있다.

System.in
표준 입력 스트림

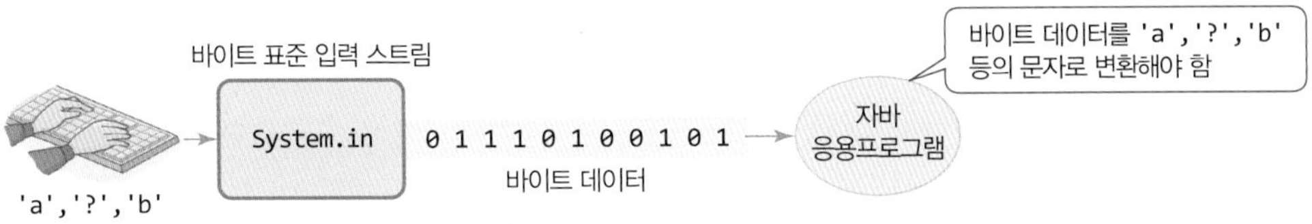

[그림 2-5] System.in과 키보드 장치

하지만, System.in은 입력된 키를 단순한 바이트 정보로 응용프로그램에게 제공하므로, 응용프로그램은 받은 바이트 정보를 문자나 숫자로 변환해야하는 번거로움이 있다. 그러므로 키보드에서 입력된 키를 문자나 정수, 실수, 문자열 등 사용자가 원하는 타입으로 변환해주는 Scanner 클래스를 사용하는 것이 효과적이다.

Scanner를 이용한 키 입력

Scanner

Scanner는 응용프로그램이 키 입력을 쉽게 받을 수 있도록 자바 패키지에서 제공하는 클래스이다. 지금부터 Scanner를 이용하여 키 입력 받는 방법을 알아보자.

● Scanner 객체 생성

우선 다음과 같이 Scanner 객체를 생성한다.

```
Scanner scanner = new Scanner(System.in);
```

이 생성문에 의해 **[그림 2-6]**과 같은 구조가 이루어지고, scanner 객체는 System.in 객체를 이용하여 키보드로부터 일련의 바이트 정보들을 입력받고, 이 바이트들을 정수, 실수, 문자, 문자열 등 자바 응용프로그램이 원하는 타입으로 변환하여 리턴한다.

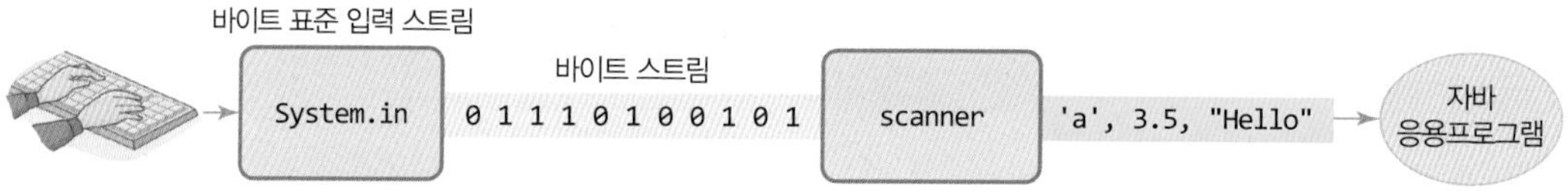

[그림 2-6] scanner 객체, System.in 그리고 자바 응용프로그램 사이의 관계

● import 문 사용

import 문

Scanner를 사용하기 위해서는 프로그램의 맨 앞줄에 다음 import 문이 필요하다.

```
import java.util.Scanner;
```

Scanner 클래스는 자바에서 제공되는 java.util 패키지에 있으므로, 이 import 문을 통해 Scanner의 경로명이 java.util.Scanner 임을 나타낸다. 이 import 문이 없으면 자바 컴파일러가 Scanner 클래스의 코드가 어디에 있는지 찾을 수 없다. 패키지는 6장에서 자세히 다룬다.

● Scanner 클래스로 키 입력받기

Scanner 클래스는 사용자가 입력하는 키 값을 공백 문자(' ', '\t', '\n')를 기준으로 분리하여 토큰 단위로 읽는다. 예를 들어, [그림 2-7]과 같이 사용자가 "Kim Seoul 20 65.1 true"를 입력하면, scanner 객체는 빈칸으로 끊어 "Kim", "Seoul", "20", "65.1", "true"의 토큰 단위로 읽는다.

토큰 단위

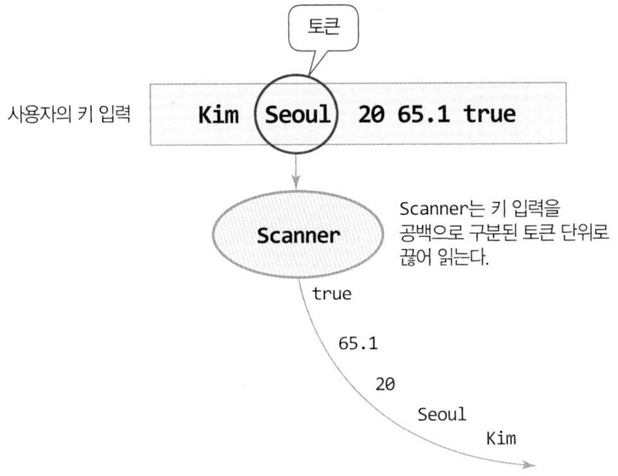

[그림 2-7] Scanner를 이용한 키 입력

Scanner 클래스를 이용하여 키 입력을 받을 때 〈표 2-4〉의 메소드를 사용한다. 다음은 [그림 2-7]과 같이 사용자가 키를 입력하였을 때, Scanner 클래스의 메소드를 사용하여 사용자가 입력한 문자열, 정수, 실수 등을 읽는 코드이다.

```
Scanner scanner = new Scanner(System.in);
String name = scanner.next();            // "Kim"
String city = scanner.next();            // "Seoul"
int age = scanner.nextInt();             // 20
double weight = scanner.nextDouble();    // 65.1
boolean isSingle = scanner.nextBoolean(); // true
```

〈표 2-4〉
Scanner 클래스의 주요 메소드

메소드	설명
String next()	다음 토큰을 문자열로 리턴
byte nextByte()	다음 토큰을 byte 타입으로 리턴
short nextShort()	다음 토큰을 short 타입으로 리턴
int nextInt()	다음 토큰을 int 타입으로 리턴
long nextLong()	다음 토큰을 long 타입으로 리턴
float nextFloat()	다음 토큰을 float 타입으로 리턴
double nextDouble()	다음 토큰을 double 타입으로 리턴
boolean nextBoolean()	다음 토큰을 boolean 타입으로 리턴
String nextLine()	'\n'을 포함하는 한 라인을 읽고 '\n'을 버린 나머지 문자열 리턴
void close()	Scanner의 사용 종료
boolean hasNext()	현재 입력된 토큰이 있으면 true, 아니면 입력 때까지 무한정 대기, 새로운 입력이 들어올 때 true 리턴. crtl-z 키가 입력되면 입력 끝이므로 false 리턴

● nextLine()과 next()

nextLine()
next()

"Seoul Korea"와 같이 공백이 낀 문자열을 입력받기 위해서는 Scanner 클래스의 nextLine()을 이용하면 된다. next()로는 공백이 낀 문자열을 읽을 수 없다. 앞의 경우 next()는 "Seoul"만 문자열로 리턴한다.

<Enter>키

또한 nextLine()은 <Enter>키의 입력을 기다리는 용도로 사용할 수 있다. 다른 입력 없이 <Enter>키만 입력될 때, nextLine()은 빈 문자열("")을 리턴하면서 바로 돌아오지만, next()를 사용하게 되면, <Enter> 키를 계속 입력하여도 문자열이나 숫자 등 다른 키가 입력될 때까지 기다린다. next()는 결코 빈 문자열("")을 리턴하지 않는다.

● Scanner 객체 닫기

scanner 객체의 사용을 종료하려면 다음과 같이 닫아 준다.

scanner.close();

```
scanner.close();
```

scanner 객체가 닫히면, System.in도 함께 닫히므로 더 이상 System.in을 사용하여 키 입력을 받을 수 없다. 다음 코드를 보자.

```
     scanner.close();
오류 scanner = new Scanner(System.in); // scanner를 닫은 후 다시 scanner로 키 입력 받을 수 없음
```

응용프로그램에 scanner를 닫는 코드가 없으면 컴파일 시에 경고(warning)가 발생하지만, 실행하는 데는 특별히 문제가 없다. 프로그램이 종료되면 자동으로 닫힌다.

잠깐!

개발자는 응용프로그램 전체에 Scanner 객체를 하나만 생성하고 공유하는 것이 바람직하다. Scanner 객체를 여러 개 생성해도 이들은 모두 하나뿐인 System.in을 **공유**하므로 한 군데서 Scanner.close()를 호출하여 Scanner 객체를 닫아버리면 System.in도 닫혀버려 응용프로그램 내 다른 Scanner 객체에서 키 입력을 받을 수 없게 된다.

System.in 공유

예제 2-4 Scanner를 이용한 키 입력 연습

Scanner 클래스로 이름, 도시, 나이, 체중, 독신 여부를 입력받고 다시 출력하는 프로그램을 작성하라.

```java
import java.util.Scanner;
public class ScannerEx {
  public static void main(String args[]) {
    System.out.println("이름, 도시, 나이, 체중, 독신 여부를 빈칸으로 분리하여 입력하세요");
    Scanner scanner = new Scanner(System.in);

    String name = scanner.next(); // 문자열 읽기
    System.out.print("이름은 " + name + ", ");

    String city = scanner.next(); // 문자열 읽기
    System.out.print("도시는 " + city + ", ");

    int age = scanner.nextInt(); // 정수 읽기
    System.out.print("나이는 " + age + "살, ");

    double weight = scanner.nextDouble(); // 실수 읽기
    System.out.print("체중은 " + weight + "kg, ");

    boolean isSingle = scanner.nextBoolean(); // 논리값 읽기
    System.out.println("독신 여부는 " + isSingle + "입니다.");
    scanner.close(); // scanner 객체 닫기
  }
}
```

실행 결과

```
이름, 도시, 나이, 체중, 독신 여부를 빈칸으로 분리하여 입력하세요.
Kim Seoul 20 65.1 true
이름은 Kim, 도시는 Seoul, 나이는 20살, 체중은 65.1kg, 독신 여부는 true입니다.
```

키 입력 부분

CHECK TIME

1 `Scanner` 클래스를 사용하기 위해 필요한 `import` 문은 무엇인가?

2 `Scanner`를 이용하여 2개의 정수를 키보드로 입력받아 합을 출력하는 프로그램을 작성하라.

2.5 연산

식과 연산자

식
연산
연산자
피연산자

주어진 식(expression)을 계산하여 결과를 얻어내는 과정을 연산이라고 한다. [그림 2-8]은 3개의 식과 연산자, 피연산자를 보여준다.

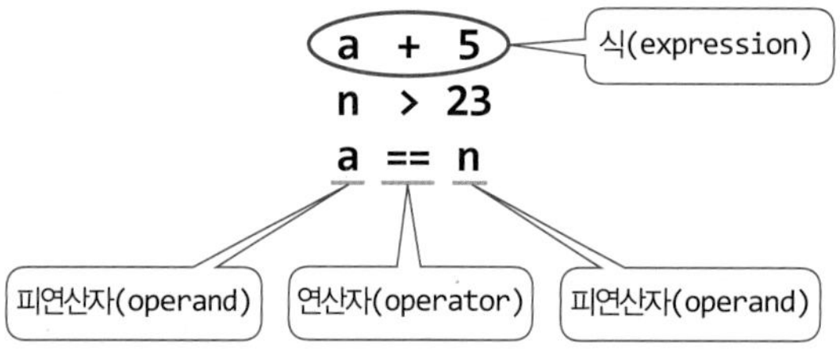

[그림 2-8] 식과 연산자

[그림 2-8]의 식에서 +, >, ==을 연산자(operator), 데이터를 피연산자(operand)라고 한다. 자바에서 연산의 종류 및 연산자는 〈표 2-5〉와 같이 다양하다.

〈표 2-5〉 연산 종류와 연산자

<table>
<tr><th>연산의 종류</th><th>연산자</th><th>연산의 종류</th><th>연산자</th></tr>
<tr><td>증감</td><td>++ --</td><td>비트</td><td>& | ^ ~</td></tr>
<tr><td>산술</td><td>+ - * / %</td><td>논리</td><td>&& || ! ^</td></tr>
<tr><td>시프트</td><td>>> << >>></td><td>조건</td><td>? :</td></tr>
<tr><td>비교</td><td>> < >= <= == !=</td><td>대입</td><td>= *= /= += -= &= ^= |= <<= >>= >>>=</td></tr>
</table>

연산자 우선순위

우선순위

식에 여러 개의 연산자가 있는 경우, 우선순위가 높은 연산자를 먼저 처리한다. 연산자의 우선순위는 **[그림 2-9]**와 같다. 우선순위가 동일하면 왼쪽에서 오른쪽으로 처리하나, 대입 연산자, --, ++, +(양수 부호), -(음수 부호), !, 타입 변환 연산자 등은 오른쪽에서 왼쪽으로 처리한다. 괄호는 항상 최우선적으로 처리한다. 식에 다수의 괄호가 포함된 경우 왼쪽에서 오른쪽으로 처리하며, 괄호가 다시 괄호를 포함한 경우는 안쪽부터 먼저 처리한다. 복잡한 수식의 경우는 괄호로 묶어서 표시하는 것이 코드의 가독성을 높이며 예기치 못한 오류 발생을 줄인다.

높음	++(postfix) --(postfix)
	+(양수 부호) -(음수 부호) ++(prefix) --(prefix) ~ !
	형 변환(type casting)
	* / %
	+(덧셈) -(뺄셈)
	<< >> >>>
	<> <= >= instanceof
	== !=
	& (비트 AND)
	^ (비트 XOR)
	| (비트 OR)
	&& (논리 AND)
	|| (논리 OR)
	? : (조건)
낮음	= += -= *= /= %= &= ^= |= <<= >>= >>>=

[그림 2-9] 연산자 우선순위

산술 연산

산술 연산자

산술 연산자는 더하기(+), 빼기(-), 곱하기(*), 나누기(/), 나머지(%)의 5개로 **〈표 2-6〉**과 같다.

정수 연산에서 /는 몫을, %는 나머지를 구한다. 예를 들어, 69를 이루는 10의 자리수와 1의 자리수를 분리하려면 다음과 같이 하면 된다.

```
69/10 = 6 ← 몫 6
69%10 = 9 ← 나머지 9
```

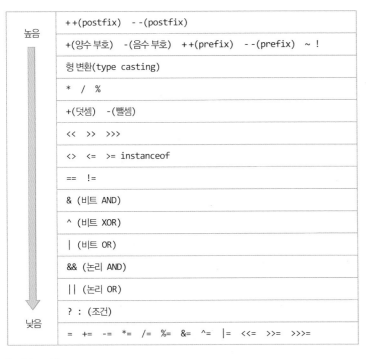

〈표 2-6〉 산술 연산자

연산자	의미	예	결과
+	더하기	25.5 + 3.6	29.1
-	빼기	3 - 5	-2
*	곱하기	2.5 * 4.0	10.0
/	나누기	5/2	2
%	나머지	5%2	1

% 연산자는 다음과 같이 정수 n이 홀수인지 짝수인지 구분할 때 유용하게 활용되며,

```
int r = n % 2;  // n이 홀수이면 r은 1, 짝수이면 r은 0
```

다음과 같이 n 값이 3의 배수인지 확인하기 위해서도 활용된다.

```
int s = n % 3; // n이 3의 배수이면 s는 0
```

예제 2-5 /와 % 산술 연산

초단위의 정수를 입력받고, 몇 시간, 몇 분, 몇 초인지 출력하는 프로그램을 작성하라.

```
import java.util.Scanner;

public class ArithmeticOperator {
   public static void main(String[] args) {
      Scanner scanner = new Scanner(System.in);

      System.out.print("정수를 입력하세요: ");
      int time = scanner.nextInt(); // 정수 입력
      int second = time % 60; // 60으로 나눈 나머지는 초
      int minute = (time / 60) % 60; // 60으로 나눈 몫을 다시 60으로 나눈 나머지는 분
      int hour = (time / 60) / 60; // 60으로 나눈 몫을 다시 60으로 나눈 몫은 시간

      System.out.print(time + "초는 ");
      System.out.print(hour + "시간, ");
      System.out.print(minute + "분, ");
      System.out.println(second + "초입니다.");
      scanner.close();
   }
}
```

실행 결과

```
정수를 입력하세요:5000
5000초는 1시간, 23분,
20초입니다.
```

증감 연산

증감 연산자는 〈표 2-7〉과 같이 ++, --의 두 가지이며, 피연산자의 앞 또는 뒤에 붙어 값을 1 증가시키거나 1 감소시킨다.

증감 연산자
++
--

```
int a = 1;
a++;         // a 값 1 증가. a는 2
++a;         // 다시 a 값 1 증가. a는 3
```

연산자가 변수의 앞에 붙을 때 전위 연산자라고 부르고, 뒤에 붙을 때 후위 연산자라고 부른다. 이 둘은 모두 1 증가시키는 연산을 실행하지만 연산 결과로 반환하는 값은 서로 다르다. [그림 2-10]과 같이 전위 연산자의 경우, ++a가 계산되어 a는 2가 되고 ++a의 연산 결과로 2를 반환하여, a, b 모두 2가 된다. 하지만 a++의 경우, a++가 계산되어 a의 값은 2가 되지만, 증가되기 전 a 값을 반환하여 b의 값이 1이 된다.

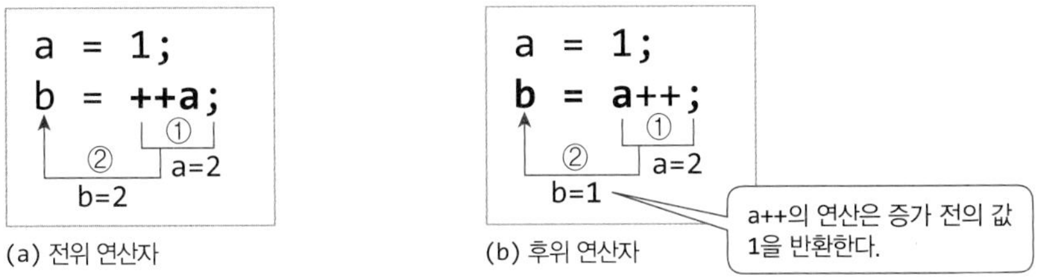

[그림 2-10] 증감 연산 과정

〈표 2-7〉 증감 연산자

연산자	내용	연산자	내용
a++	a를 1 증가하고 증가 전의 값 반환	++a	a를 1 증가하고 증가된 값 반환
a--	a를 1 감소하고 감소 전의 값 반환	--a	a를 1 감소하고 감소된 값 반환

대입 연산

대입 연산자는 〈표 2-8〉과 같으며, 연산자의 오른쪽 식의 결과를 왼쪽에 있는 변수에 대입한다. 대입 연산의 예는 다음과 같다.

대입 연산자

```
int a = 1, b = 3;
a = b;   // b 값을 a에 대입하여 a=3
a += b;  // a = a + b의 연산이 이루어져, a=6. b는 3 그대로
```

〈표 2-8〉 대입 연산자

대입 연산자	내용	대입 연산자	내용
a = b	b의 값을 a에 대입	a &= b	a = a & b와 동일
a += b	a = a + b와 동일	a ^= b	a = a ^ b와 동일
a -= b	a = a - b와 동일	a |= b	a = a | b와 동일
a *= b	a = a * b와 동일	a <<= b	a = a << b와 동일
a /= b	a = a / b와 동일	a >>= b	a = a >> b와 동일
a %= b	a = a % b와 동일	a >>>= b	a = a >>> b와 동일

예제 2-6 대입 연산자와 증감 연산자 사용

다음은 대입 연산자와 증감 연산자를 활용하는 사례이다. 실행 결과는 무엇인가?

```
public class AssignmentIncDecOperator {
   public static void main(String[] args) {
      int a=3, b=3, c=3;
      // 대입 연산자 사례
      a += 3; // a=a+3 = 6
      b *= 3; // b=b*3 = 9
      c %= 2; // c=c%2 = 1
      System.out.println("a=" + a + ", b=" + b + ", c=" + c);

      int d=3;
      // 증감 연산자 사례
      a = d++; // a=3, d=4
      System.out.println("a=" + a + ", d=" + d);
      a = ++d; // d=5, a=5
      System.out.println("a=" + a + ", d=" + d);
      a = d--; // a=5, d=4
      System.out.println("a=" + a + ", d=" + d);
      a = --d; // d=3, a=3
      System.out.println("a=" + a + ", d=" + d);
   }
}
```

d++ 연산으로 d는 4가 되지만 d++는 증가 이전 값 3을 반환하여 a는 3이 된다.

실행 결과

```
a=6, b=9, c=1
a=3, d=4
a=5, d=5
a=5, d=4
a=3, d=3
```

비교 연산과 논리 연산

비교 연산자는 두 개의 피연산자를 비교하여 true 또는 false의 논리 값을 내는 연산자이며, 논리 연산자는 논리 값을 대상으로 AND, OR, XOR, NOT의 논리 연산을 하여 논리 값을 내는 연산자이다. 〈표 2-9〉는 비교 연산자를 〈표 2-10〉은 논리 연산자를 각각 보여준다.

비교 연산자
true
false

〈표 2-9〉 비교 연산자

연산자	내용	예제	결과
a < b	a가 b보다 작으면 true	3<5	true
a > b	a가 b보다 크면 true	3>5	false
a <= b	a가 b보다 작거나 같으면 true	1<=0	false
a >= b	a가 b보다 크거나 같으면 true	10>=10	true
a == b	a가 b와 같으면 true	1==3	false
a != b	a가 b와 같지 않으면 true	1!=3	true

〈표 2-10〉 논리 연산자

연산자	내용	예제	결과
! a	a가 true이면 false, false이면 true	!(3<5)	false
a || b	a와 b의 OR 연산. a와 b 모두 false인 경우에만 false	(3>5)||(1==1)	true
a && b	a와 b의 AND 연산. a와 b 모두 true인 경우에만 true	(3<5)&&(1==1)	true
a ^ b	a와 b의 XOR 연산. a와 b가 서로 다를 때 true	(3>5)^(1==1)	true

비교 연산자와 논리 연산자를 복합하여 사용할 수 있다. age, c, x, y가 모두 변수일 때 복합하여 사용하는 예는 다음과 같다.

```
(age >= 20) && (age < 30)              // 나이(int age)가 20대인 경우
(c >= 'A') && (c <= 'Z')               // 문자(char c)가 대문자인 경우
(x>=0) && (y>=0) && (x<=50) && (y<=50) // (x,y)가 (0,0)과 (50,50)의 사각형 내에 있음
```

위의 첫 번째 코드를 다음과 같이 작성하면 오류이다. 주의하기 바란다.

오류
```
20 <= age < 30   // 오류
```

예제 2-7 비교 연산과 논리 연산

다음은 비교 연산자와 논리 연산자의 사례이다. 실행 결과는 무엇인가?

```java
public class LogicalOperator {
   public static void main (String[] args) {
      // 비교 연산
      System.out.println('a' > 'b');
      System.out.println(3 >= 2);
      System.out.println(-1 < 0);
      System.out.println(3.45 <= 2);
      System.out.println(3 == 2);
      System.out.println(3 != 2);
      System.out.println(!(3 != 2));

      // 비교 연산과 논리 연산 복합
      System.out.println((3 > 2) && (3 > 4));
      System.out.println((3 != 2) || (-1 > 0));
      System.out.println((3 != 2) ^ (-1 > 0));
   }
}
```

실행 결과

```
false
true
true
false
false
true
false
false
true
true
```

조건 연산

조건 연산자
삼항 연산자

조건 연산자는 3개의 피연산자로 구성되어 삼항(ternary) 연산자라고도 하며 형식은 다음과 같다.

```
condition ? opr2 : opr3
```

앞의 식에서 조건문(condition)이 true이면 위 식의 결과 값은 opr2의 값이 되고, false이면 opr3의 값이 된다. opr2나 opr3은 식이 될 수도 있고 값이 될 수도 있다. 다음 코드의 실행 결과 s는 1이 된다.

```
int x = 5;
int y = 3;
int s = (x>y)?1:-1; // x가 y보다 크기 때문에 1이 s에 대입된다.
```

조건 연산 **예제 2-8**

다음은 조건 연산자의 사례이다. 실행 결과는 무엇인가?

```
public class TernaryOperator {
   public static void main (String[] args) {
      int a = 3, b = 5;

      System.out.println("두 수의 차는 " + ((a>b)?(a-b):(b-a)));
   }
}
```

실행 결과

두 수의 차는 2

비트 연산

비트 연산은 비트끼리 AND, OR, XOR, NOT 연산을 하는 비트 논리 연산과, 비트를 오른쪽이나 왼쪽으로 이동시키는 비트 시프트 연산이 있다.

비트 논리 연산
비트 시프트 연산

● 비트 개념

비트 연산자(bit operator)를 설명하기 전에, 비트에 대해 간단히 알아보자. 컴퓨터의 모든 정보는 0과 1 값만 가지는 2진수로 다루어지고 저장된다. 2진수의 한 자리를 비트(bit)라 부르며, 8개의 비트를 바이트(byte)라고 한다. 십진수 10을 한 바이트로 표현하면 00001010이다. [그림 2-11]은 byte 타입의 변수 x에 10이 저장된 모양을 보여준다.

비트
바이트

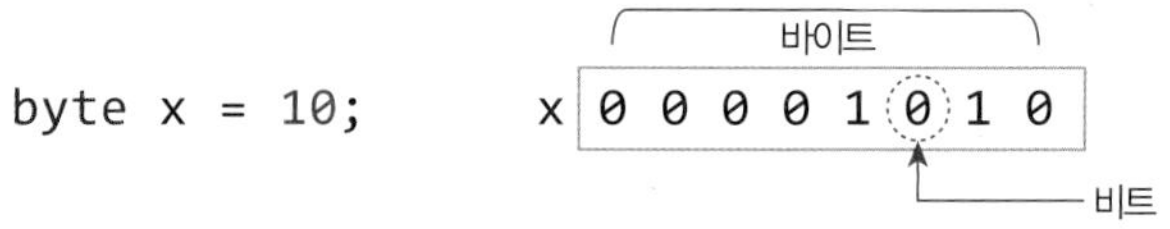

[그림 2-11] 2진수 비트와 바이트

● 비트 논리 연산

비트 논리 연산

비트 논리 연산은 피연산자의 각 비트들끼리 이루어지는 AND, OR, XOR, NOT의 논리 연산으로 〈표 2-11〉과 같이 총 4개의 연산자가 있으며, [그림 2-12]는 비트 논리 연산의 사례를 보여준다.

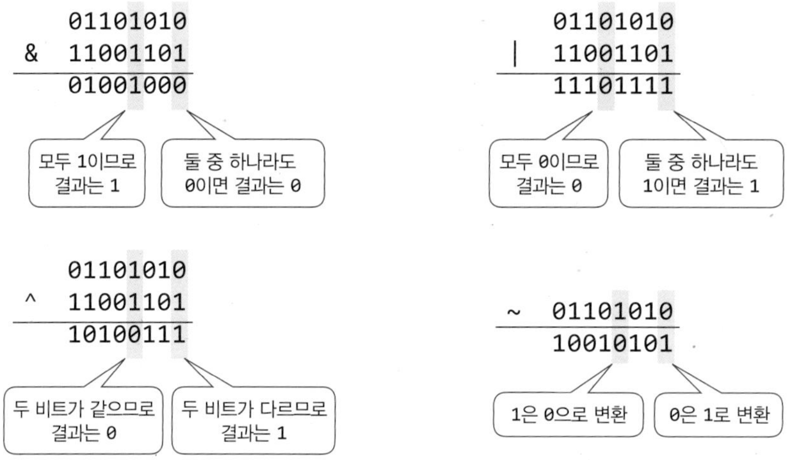

[그림 2-12] 비트 논리 연산 사례

〈표 2-11〉 비트 논리 연산자

연산자	별칭	내용
a & b	AND 연산	두 비트 모두 1이면 1, 그렇지 않으면 0
a | b	OR 연산	두 비트 모두 0이면 0, 그렇지 않으면 1
a ^ b	XOR 연산	두 비트가 다르면 1, 같으면 0
~ a	NOT 연산	1을 0으로, 0을 1로 변환

● 비트 논리 연산 활용 사례

비트 논리 연산자를 활용하는 사례를 한 가지만 들어보자. 어떤 비트가 1인지를 검사할 때 &(AND) 연산자를 이용한다. 예를 들어 [그림 2-13]을 보자. byte 타입의 변수 flag는 냉장고에 있는 8개 센서의 값을 가지고 있고, 0도 이상이면 비트 3이 1이라고 할 때,

냉장고의 온도가 0도 이상인지 판별하는 코드는 다음과 같다.

```
byte flag; // 8개의 각 비트는 8개의 센서 값을 각각 가리킴
...
if(flag & 0b00001000 == 0) System.out.print("온도는 0도 이하");
else System.out.print("온도는 0도 이상");
```

```
온도는 0도 이상
```

flag의 비트 3이 1인지 판별하기 위해 flag와 이진수 00001000을 AND 연산한다. 비트 3을 제외한 나머지 비트들의 AND 연산 결과는 모두 0이 된다. 만일 flag의 비트 3이 0이면 AND 연산 결과 모든 비트가 0이 되어, if 문의 조건이 참이 된다.

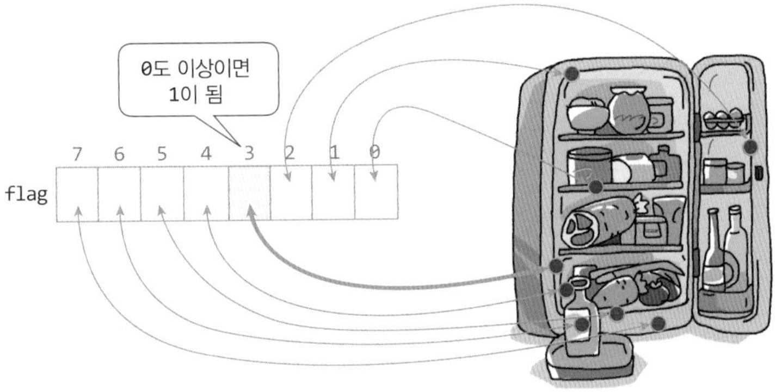

[그림 2-13] 냉장고에 각 센서 값을 byte 타입의 flag 변수에 저장

● 비트 시프트 연산

비트 시프트 연산

우리는 모임에 늦게 도착한 친구를 위해 '옆으로 한 자리씩 이동'한다. 옆으로 한 자리 이동이 바로 시프트(shift)이며, 비트 시프트 연산(shift operator)은 〈표 2-12〉와 같이 3개의 연산자를 이용하여 새로운 비트를 오른쪽이나 왼쪽 끝에 삽입하면서 비트의 자리를 이동시키는 연산이다. 저장 공간의 크기가 정해져 있으므로 시프트되는 방향에 따라 끝에 있는 비트는 사라지게 된다.

〈표 2-12〉 비트 시프트 연산자

시프트 연산자	내용
a >> b	a의 각 비트를 오른쪽으로 b번 시프트한다. 최상위 비트의 빈자리는 시프트 전의 최상위 비트로 다시 채운다. 산술적 오른쪽 시프트라고 한다.
a >>> b	a의 각 비트를 오른쪽으로 b번 시프트한다. 최상위 비트의 빈자리는 항상 0으로 채운다. 논리적 오른쪽 시프트라고 한다.
a << b	a의 각 비트를 왼쪽으로 b번 시프트한다. 최하위 비트의 빈자리는 항상 0으로 채운다. 산술적 왼쪽 시프트라고 한다.

잠깐!

최상위 비트(MSB)란 수를 표현하는 이진수의 제일 높은 자리수를 말하고 최하위 비트(LSB)란 이진수의 제일 낮은 자리수를 말한다. 만일 숫자 21을 8비트의 이진수로 표현하면 00010101이며, 최상위 비트는 0이고 최하위 비트는 1이다.

시프트 연산의 피연산자는 byte, short, int, long, char 타입만 가능하고, float, double, boolean은 사용할 수 없다. [그림 2-14]는 여러 시프트 연산의 실행 과정을 보여준다.

<< 연산자

<< 연산자는 왼쪽 시프트 연산자로서 각 비트를 왼쪽으로 이동시키며, 오른쪽 끝에는 항상 비트 0이 삽입된다. 다음 코드는 a의 각 비트를 왼쪽으로 2번 이동시킨 결과를 변수 b에 저장하며, 그 결과 b의 값은 20이 된다.

```
byte a = 5;
byte b = (byte) (a << 2);    // a 값을 왼쪽으로 2비트 이동. b 값은 20
```

>>> 연산자

>>> 연산자는 비트를 오른쪽으로 이동시키며, 왼쪽 끝에는 항상 비트 0이 삽입된다. 다음 코드는 변수 a의 각 비트들을 2번 오른쪽으로 이동시킨 결과를 변수 b에 저장한다. 그 결과 b 값은 5가 된다.

```
byte a = 20;
byte b = (byte) (a >>> 2);    // a 값을 오른쪽으로 2비트 이동. b 값은 5
```

>> 연산자

>> 연산자는 오른쪽 시프트 연산자이지만 >>>와 달리, 왼쪽 끝의 최상위 비트에는 시프트 이전의 최상위 비트가 그대로 삽입된다. 다음은 >> 연산의 사례이다.

```
byte a = 20;
byte b = (byte) (a >> 2);   // 변수 a 값을 오른쪽으로 2비트 이동. b 값은 5
byte c = (byte) 0xf8;       // 0xf8는 -8을 16진수로 표현한 값
byte d = (byte) (c >> 2);   // 변수 c를 오른쪽으로 2비트 이동. d 값은 0xfe가 된다.
                            // 0xfe는 십진수 -2
```

>> 와 <<는 1비트 시프트 할 때마다 나누기 2, 곱하기 2의 효과가 각각 나타난다.

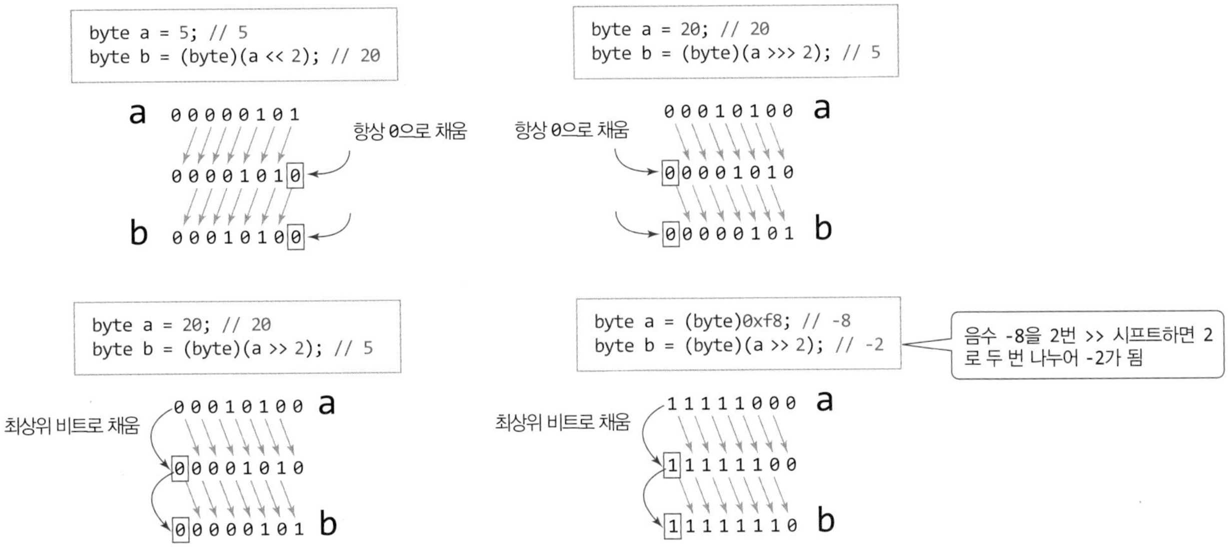

[그림 2-14] 비트 시프트 연산 사례

Tip 산술적 시프트와 논리적 시프트

연산자 >>는 1비트 오른쪽으로 시프트할 때마다 2로 나누기하는 결과가 되기 때문에 **산술적 오른쪽 시프트**라고 부르며, << 연산자는 1비트 왼쪽으로 시프트할 때마다 2로 곱하는 결과가 되기 때문에 **산술적 왼쪽 시프트**라고 부른다. 그러나 >>>는 시프트 시 최상위 비트에 항상 0이 삽입되어 나누기 효과가 나타나지 않기 때문에 **논리적 오른쪽 시프트**라고 부른다.
<< 연산자의 경우 음수(최상위 비트가 1)를 시프트하여 최상위 비트가 0인 양수가 되는 **오버플로(overflow)**가 발생할 수 있으므로 주의하기 바란다. 또한 byte, short, char 타입에 대해서는 시프트 시 int 타입으로 변환되어 연산이 일어나므로 원하지 않는 결과가 발생할 수 있다. 시프트 연산은 CPU의 기본 기능이므로 시프트 연산에 대한 자세한 공부는 논리회로나 컴퓨터 구조 관련 서적을 참고하기 바란다.

산술적 오른쪽 시프트
산술적 왼쪽 시프트
논리적 오른쪽 시프트
오버플로

예제 2-9 비트 논리 연산과 비트 시프트 연산

다음 코드의 실행 결과는 무엇인가?

printf("%04", ...) 메소드는 값을 4자리의 16진수로 출력하고 빈 곳에는 0을 삽입한다.

c에 4를 곱한 결과가 나타난다.

c가 양수이므로 시프트 시에 최상위 비트에 0 삽입. 나누기 4 효과

d가 음수이므로 시프트 시에 최상위 비트에 1 삽입. 나누기 4 효과

시프트 시에 최상위 비트에 0 삽입. 나누기 효과는 나타나지 않음

```
public class BitOperator {
   public static void main(String[] args) {
      short a = (short)0x55ff;
      short b = (short)0x00ff;
      // 비트 논리 연산
      System.out.println("[비트 연산 결과]");
      System.out.printf("%04x\n", (short)(a & b)); // 비트 AND
      System.out.printf("%04x\n", (short)(a | b)); // 비트 OR
      System.out.printf("%04x\n", (short)(a ^ b)); // 비트 XOR
      System.out.printf("%04x\n", (short)(~a)); // 비트 NOT

      byte c = 20; // 0x14
      byte d = -8; // 0xf8
      // 비트 시프트 연산
      System.out.println("[시프트 연산 결과]");
      System.out.println(c << 2); // c를 2비트 왼쪽 시프트
      System.out.println(c >> 2); // c를 2비트 오른쪽 시프트. 0 삽입
      System.out.println(d >> 2); // d를 2비트 오른쪽 시프트. 1 삽입
      System.out.printf("%x\n", (d >>> 2)); // d를 2비트 오른쪽 시프트. 0 삽입
   }
}
```

실행 결과

```
[비트 연산 결과]
00ff
55ff
5500
aa00
[시프트 연산 결과]
80
5
-2
3ffffffe
```

d(0xf8)는 시프트 연산 전에 int 타입으로 바뀌어 32비트의 fffffff8이 된다. 그러고 나서 >>> 연산이 이루어지면 0이 2번 삽입되어 3ffffffe가 된다.

CHECK TIME

1 다음 문장을 수행한 후 z 값은?

```
int x = 2, y = 10, z = 0;
z = x++*2+--y-5+x*(y%2);
```

2 다음 문장을 실행하면 화면에 출력되는 값은?

```
System.out.println(8 >> 2);
System.out.println(-16 >> 2);
```

3 다음 문장을 실행하면 화면에 출력되는 값은?

```
int opr = 4;
System.out.println(opr++);
```

2.6 조건문

조건문
참
거짓

조건문을 이용하면 조건의 참, 거짓에 따라 서로 다른 작업을 수행할 수 있다. 자바의 조건문은 C/C++와 동일하며 다음과 같은 종류가 있다.

```
if 문, if-else 문, switch 문
```

단순 if 문

if 문

단순 if 문의 모양과 실행 과정은 [그림 2-15]와 같다.

```
if (조건식) {
   ...실행 문장... // 조건식이 참인 경우
}
```

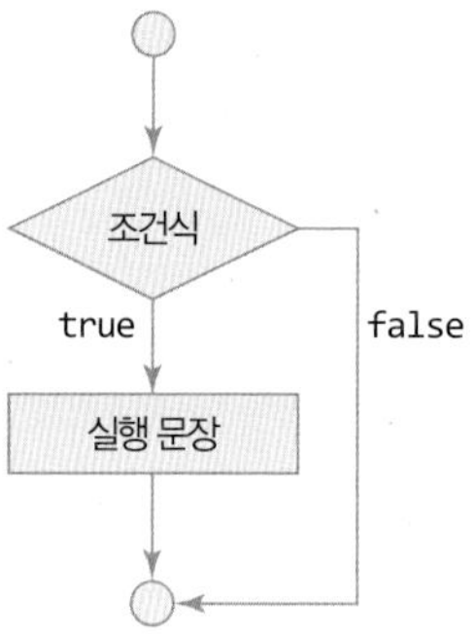

[그림 2-15] 단순 if 문의 모양과 실행 과정

if 문의 조건식은 비교 연산이나 논리 연산이 혼합된 식으로 구성되며, 조건식의 결과는 boolean 값이다. 조건식이 참(true)이면 if 내부의 '실행 문장'이 실행되며, 거짓(false)이면 if 문을 벗어난다. 조건식은 boolean 타입의 변수 하나만으로도 가능하다.

다음은 if 문을 사용하여 정수 n이 짝수인지 판별하는 코드 사례이다. n을 나눈 나머지가 0이면 n은 짝수이다.

```
if(n%2 == 0) {
    System.out.println(n + "은 짝수입니다.");
}
```

또 다른 예로서 조건식이 비교 연산과 논리 연산이 혼합된 경우를 보자. score가 80점 이상 89점 이하이면 학점을 B라고 출력하는 예는 다음과 같다.

```
if((score >= 80) && (score <= 89)) {
   System.out.println("학점은 B입니다");
}
```

if의 실행문이 한 문장인 경우 다음과 같이 중괄호({})를 생략해도 된다.

```
if((score >= 80) && (score <= 89))
   System.out.println("학점은 B입니다");
```

if 문 활용 **예제 2-10**

시험점수가 80점 이상이라면 합격 판별을 하는 프로그램을 작성하라.

```
import java.util.Scanner;
public class SuccessOrFail {
   public static void main (String[] args) {
      Scanner scanner = new Scanner(System.in);

      System.out.print("점수를 입력하시오: ");
      int score = scanner.nextInt();
      if (score >= 80)
         System.out.println("축하합니다! 합격입니다.");

      scanner.close();
   }
}
```

실행 결과

```
점수를 입력하시오: 95
축하합니다! 합격입니다.
```

if-else 문

if-else 문은 if의 조건식이 참인 경우와 거짓인 경우에 각각 실행할 문장을 지시할 수 있다. if-else 문의 구문은 [그림 2-16]과 같다. 조건식이 true이면 실행 문장1을 실행한 후 if-else 문을 벗어나고, false이면 실행 문장2를 실행한 후 if-else 문을 벗어난다.

if-else 문

```
if (조건식) {
   ...실행 문장 1...
}
else {
   ...실행 문장 2...
}
```

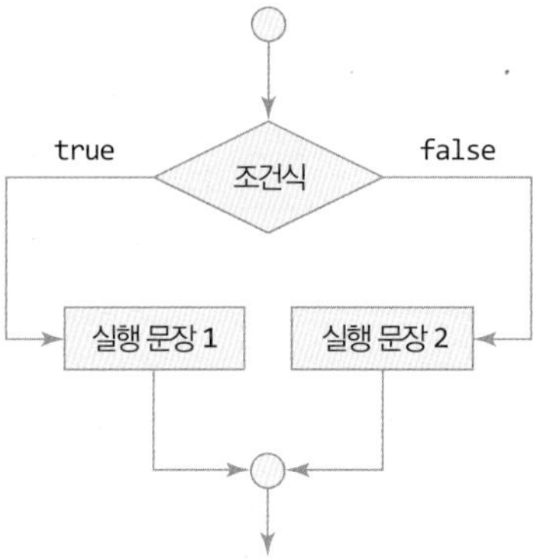

[그림 2-16] if-else 구문과 실행 과정

정수 n이 짝수인지 홀수인지 구분하는 코드를 **if-else** 문으로 작성해보자.

```
if (n%2 == 0) {
    System.out.println(n + "은 짝수입니다.");
}
else {
    System.out.println(n + "은 홀수입니다.");
}
```

if와 else의 실행문이 하나의 문장이면 역시 중괄호({ })를 생략할 수 있다.

예제 2-11 if-else 활용

입력된 수가 3의 배수인지 판별하는 프로그램을 작성하라.

```
import java.util.Scanner;

public class MultipleOfThree {
   public static void main (String[] args) {
      Scanner scanner = new Scanner(System.in);

      System.out.print("수를 입력하시오: ");
      int number = scanner.nextInt(); // 정수를 입력받는다.
      if (number % 3 == 0) // 3으로 나눈 나머지가 0인지 검사
         System.out.println("3의 배수입니다.");
```

```
        else
            System.out.println("3의 배수가 아닙니다.");

        scanner.close();
    }
}
```

실행 결과

```
수를 입력하시오: 129
3의 배수입니다.
```

다중 if-else 문

다중 if-else 문

다중 if-else 문은 if-else가 연속되는 것으로 전형적인 모양은 **[그림 2-17]**과 같다. 위에서부터 '조건식'이 참인 경우, 해당하는 '실행 문장'을 실행한 후 다중 if-else을 벗어난다.

```
if (조건식 1) {
    실행 문장 1; // 조건식 1이 참인 경우
}
else if (조건식 2) {
    실행 문장 2; // 조건식 2가 참인 경우
}
else if (조건식 m) {
    ............ // 조건식 m이 참인 경우
}
else {
    실행 문장 n; // 앞의 모든 조건이 거짓인 경우
}
```

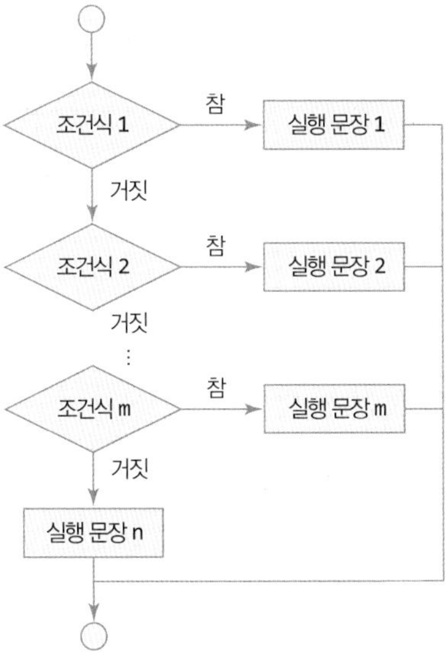

[그림 2-17] 다중 if-else 문의 구성과 실행 과정

예제 2-12 다중 if-else로 학점 매기기

다중 if-else 문을 이용하여 입력받은 성적에 대해 학점을 부여하는 프로그램을 작성하라.

```
import java.util.Scanner;

public class Grading {
   public static void main(String[] args) {
      char grade;
      Scanner scanner = new Scanner(System.in);

      System.out.print("점수를 입력하세요(0~100): ");
      int score = scanner.nextInt(); // 점수 읽기
      if(score >= 90) // score가 90 이상
         grade = 'A';
      else if(score >= 80) // score가 80 이상 90 미만
         grade = 'B';
      else if(score >= 70) // score가 70 이상 80 미만
         grade = 'C';
      else if(score >= 60) // score가 60 이상 70 미만
         grade = 'D';
      else // score가 60 이만
         grade = 'F';
      System.out.println("학점은 " + grade + "입니다.");

      scanner.close();
   }
}
```

실행 결과

```
점수를 입력하세요(0~100): 89
학점은 B입니다.
```

중첩 if-else 문

if 문이나 if-else 문, else 문의 '실행 문장'에, if 문이나 if-else 문을 내포할 수 있다. 예제 2-13을 참고하라.

중첩 if-else 문 사례 **예제 2-13**

점수와 학년을 입력받아 60점 이상이면 합격, 미만이면 불합격을 출력한다. 4학년의 경우 70점 이상이어야 합격이다.

```
import java.util.Scanner;

public class NestedIf {
   public static void main(String[] args) {
      Scanner scanner = new Scanner(System.in);

      System.out.print("점수를 입력하세요(0~100): ");
      int score = scanner.nextInt(); // 점수 읽기
      System.out.print("학년을 입력하세요(1~4): ");
      int year = scanner.nextInt(); // 학년 읽기

      if(score >= 60) { // 60점 이상
         if(year != 4)
            System.out.println("합격!"); // 4학년 아니면 합격
         else if(score >= 70)
            System.out.println("합격!"); // 4학년이 70점 이상이면 합격
         else
            System.out.println("불합격!"); // 4학년이 70점 미만이면 불합격
      }
      else // 60점 미만 불합격
         System.out.println("불합격!");

      scanner.close();
   }
}
```

실행 결과

```
점수를 입력하세요(0~100): 65
학년을 입력하세요(1~4): 4
불합격!
```

Tip if-else와 조건 연산자 '?' ':'

조건 연산자 '?' ':'은 똑같은 결과를 가져오는 **if-else** 문으로 바꿀 수 있다. 다음과 같은 조건 연산자 문이 있을 때,

```
i = a>b?a-b:b-a; // a, b 값의 차이를 i에 저장
```

이 문장은 다음의 **if-else** 문으로 변경할 수 있다.

```
if (a>b)
    i = a - b;
else
    i = b - a;
```

switch 문

switch 문

값에 따라 여러 방향으로 분기하는 경우, if 문보다 switch 문을 사용하면 가독성이 높은 좋은 코드를 작성할 수 있다. switch 문은 **[그림 2-18]**과 같이 구성된다.

```
switch (식) {
   case 값1:
      실행 문장 1;
      break;
   case 값2:
      실행 문장 2;
      break;
   ...
   case 값m:
      실행 문장 m;
      break;
   default:
      실행 문장 n;
}
```

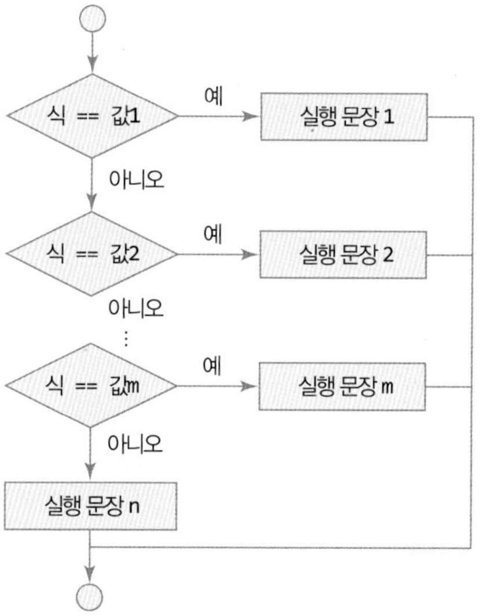

[그림 2-18] switch 문의 구문과 실행 과정

case 문
break

switch 문은 먼저 '식'을 계산하고 그 결과 값과 일치하는 case 문으로 분기한다. case문의 '실행 문장'을 실행한 후 break를 만나면 switch 문을 벗어난다. 만일 어떤

case 문으로도 분기하지 못하는 경우 default 문으로 분기하여 '실행 문장 n'을 실행한다. default 문은 생략 가능하며, 실행 문장은 '{'와 '}'로 둘러싸지 않는다.

default 문

switch 문으로 학점 매기기 예제 2-14

예제 2-12의 학점 매기는 코드를 switch 문으로 다시 작성하라.

```
import java.util.Scanner;

public class GradingSwitch {
  public static void main (String[] args) {
    Scanner scanner = new Scanner(System.in);

    char grade;
    System.out.print("점수를 입력하세요(0~100): ");
    int score = scanner.nextInt();
    switch (score/10) {
      case 10: // score = 100
      case 9: // score는 90~99
        grade = 'A';
        break;
      case 8: // score는 80~89
        grade = 'B';
        break;
      case 7: // score는 70~79
        grade = 'C';
        break;
      case 6: // score는 60~69
        grade = 'D';
        break;
      default: // score는 59 이하
        grade = 'F';
    }
    System.out.println("학점은 " + grade + "입니다");

    scanner.close();
  }
}
```

case 10, case 9의 경우 모두 실행

실행 결과

```
점수를 입력하세요(0~100): 89
학점은 B입니다.
```

● switch 문 내의 break 문

break 문

switch 문에서 break 문은 중요하다. case의 '실행 문장'이 실행되고 만난 break 문장은 switch 문을 벗어나도록 지시한다. 만일 case 문에 break 문이 없다면 break 문을 만날 때까지 아래의 case 문의 '실행 문장'으로 계속 실행한다.

예를 들어보자. 다음 [그림 2-19]의 코드와 같이 case 'A'에서 break 문을 삭제해보자. grade가 'A'이므로 case 'A' 문을 실행하고 break를 만나지 못해 case 'B' 문도 실행하게 된다. case 'B' 문에서 break를 만나 switch 문을 벗어난다.

```
char grade='A';
switch(grade) {
   case 'A':
      System.out.println("90~100점입니다.");
      break;
   case 'B':
      System.out.println("80~89점입니다.");
      break;
   case 'C':
      System.out.println("70~79점입니다.");
      break;
}
```

실행 결과

```
90-100점입니다.
80-89점입니다.
```

[그림 2-19] switch 문에서 break가 생략된 경우

● case 문의 값

정수 리터럴
문자 리터럴
문자열 리터럴

switch 문은 식의 결과 값을 case 문의 값과 비교한다. case 문의 값은 정수 리터럴, 문자 리터럴, 문자열 리터럴만 허용한다. 다음 예를 보자.

```
int b;
switch(b%2) {
   case 1 : ...; break;
   case 2 : ...; break;
}
char c;
switch(c) {
   case '+' : ...; break;
   case '-' : ...; break;
}
String s = "예";
switch(s) {
   case "예" : ...; break;
   case "아니요" : ...; break;
}
```

case 문에는 다음과 같이 변수나 식은 사용할 수 없다.

오류

```
int b;
switch(b) {
   case a : ... ; break; // 오류. 변수 a 사용 안 됨
   case a >3 : ...; break; // 오류. 식(a>3) 사용 안 됨
   case a == 1 : ...; break; // 오류. 식(a==1) 사용 안 됨
}
```

switch 문 활용 — 예제 2-15

switch 문을 이용하여 커피 메뉴의 가격을 알려주는 프로그램을 작성하라. 에스프레소, 카푸치노, 카페라떼는 3500원이고, 아메리카노는 2000원이다.

```
import java.util.Scanner;
public class CoffeePrice {
   public static void main(String[] args) {
      Scanner scanner = new Scanner(System.in);

      System.out.print("무슨 커피 드릴까요? ");
      String order = scanner.next();// 주문 읽기
      int price=0;
      switch (order) {
         case "에스프레소":
         case "카푸치노":
         case "카페라떼":
            price = 3500; break;
         case "아메리카노" :
            price = 2000; break;
         default: System.out.println("메뉴에 없습니다!");
      }
      if(price != 0) System.out.print(order + "는 " + price + "원입니다");
      scanner.close();
   }
}
```

"에스프레소", "카푸치노", "카페라떼" 모두 이 case 문을 실행한다.

실행 결과

```
무슨 커피 드릴까요? 에스프레소
에스프레소는 3500원입니다
```

CHECK TIME

1 다음 문장에서 잘못된 곳은?

```
int i = 1;
if (i=0) {
   System.out.print("0 입니다");
}
```

2 다음 코드의 실행 결과는 무엇인가? i가 6의 배수인 경우 "6의 배수"를, i가 홀수인 경우 "홀수"라고 출력하며, 그 외 경우는 아무것도 출력되지 않게 하고자 한다. 소스를 올바르게 수정하라.

```
int i = 4;
if (i % 2 == 0)
   if (i % 3 == 0)
      System.out.println("6의 배수");
else
   System.out.println("홀수");
```

3 다음 프로그램의 실행 결과는?

```
int option = 1;
switch (option) {
   case 1:
      System.out.println("옵션 1");
   case 2:
      System.out.println("옵션 2");
   case 3:
      System.out.println("옵션 3");
      break;
   default:
      System.out.println("해당 없음");
}
```

4 다음 리터럴 중에서 case 문의 값으로 사용할 수 없는 것은?

① 10 ② "A" ③ 'A' ④ 5.4

요약 SUMMARY

- 자바 프로그램은 여러 개의 클래스로 이루어지며, class 키워드로 클래스를 선언한다. 클래스 내에는 메소드(멤버 함수), 필드(멤버 변수), 그리고 상수(final로 선언된 필드)를 포함하며, 이들은 클래스 바깥에 작성될 수 없으며 반드시 클래스 내에 캡슐화되어야 한다.
- 식별자란 클래스, 변수, 상수, 메소드에 붙이는 이름으로서 자바에는 식별자를 만드는 규칙이 있다.
- 변수는 프로그램에서 데이터를 저장하는 공간이며, 프로그램 실행에 따라 값이 변한다.
- 자바에서 다룰 수 있는 데이터의 타입은 boolean, char, byte, short, int, long, float, double의 8가지와, 클래스에 대한 레퍼런스, 인터페이스에 대한 레퍼런스, 배열에 대한 레퍼런스의 3가지 레퍼런스 타입이 있다.
- 레퍼런스는 C/C++의 포인터와 비슷하게 객체를 가리키지만, 실제 메모리 주소를 가지는 것은 아니다.
- 문자열 타입은 String 클래스 타입으로 자바의 기본 타입이 아니다.
- 작은 데이터 타입에서 큰 타입으로 타입 변환은 문제 없이 자동으로 일어난다.
- 큰 데이터 타입에서 작은 타입으로 타입 변환은 개발자가 명시적으로 지정해야 하며 데이터 손실이 발생할 수 있다.
- 기본 타입의 값이나 문자열을 화면에 출력할 때 System.out.println()나 System.out.print() 문을 사용하면 된다.
- System.in은 키보드로부터 직접 입력받는 자바의 표준 입력 스트림 객체로서, 입력된 키에 해당하는 바이트 정보를 리턴한다.
- Scanner 클래스의 객체를 다음과 같이 생성하여 자바에서 키 입력을 쉽게 할 수 있다. Scanner 클래스는 입력된 키를 숫자, 문자, 문자열 등 원하는 타입으로 변환하여 제공한다.

```
Scanner scanner = new Scanner(System.in);
```

- Scanner 클래스를 사용하려면 Scanner 클래스의 전체 경로명을 알려주는 import java.util.Scanner; 문이 필요하다.
- 연산자는 C/C++와 거의 동일하게 산술/증감/비교/시프트/논리/조건/대입 연산자가 있다.
- 조건문에는 단순 if 문, if-else 문, 다중 if-else 문, 중첩 if-else 문, switch 문이 있으며, switch 문은 값에 따라 여러 실행 경로로 분기하는 경우에 적합하다.
- switch 문의 case에 break; 문이 생략되면 다음 break 문을 만날 때까지 계속 실행된다.
- case 문의 값으로는 리터럴(정수, 문자, 문자열)만 사용 가능하며, 변수나 식은 사용할 수 없다.

가위바위보 게임

Open Challenge

목적

기본 자바 프로그램 작성 연습, Scanner 이용한 입력, if-else 문 연습

두 사람이 하는 가위바위보 게임을 만들어보자. 두 사람의 이름은 '철수'와 '영희'이다. 먼저 "철수 >>"를 출력하고 "가위", "바위", "보" 중 하나를 문자열로 입력받는다. 그리고 "영희 >>"를 출력하고 마찬가지로 입력받는다. 입력받은 문자열을 비교하여 누가 이겼는지 판별하여 승자를 출력한다. 난이도 4

```
가위바위보 게임입니다. 가위, 바위, 보 중에서 입력하세요
철수 >> 가위
영희 >> 보
철수가 이겼습니다.
```

힌트 Hint

- System.out.print("철수 >> ")는 화면 출력 이후 커서를 다음 줄로 옮기지 않는다.
- 문자열을 읽기 위해서는 Scanner 클래스의 next() 메소드를 이용하면 된다.
- 자바에서 문자열 비교는 주의를 기울여야 한다. String var;로 선언한 var와 "가위"를 비교하기 위해서는 if(var == "가위")로 하면 안 된다. if(var.equals("가위"))로 비교하여야 한다 (6장의 String 절에서 자세히 설명).

연습문제

EXERCISE

이론문제

• 홀수 문제는 정답이 공개됩니다.

1. 자바에서 클래스를 선언할 때 사용하는 자바의 키워드는?

2. 다음은 10과 20을 더해 합을 출력하려고 작성한 자바 프로그램이지만 오류가 있다.

```
public class SampleProgram {
      int i;
      int j;
      i = 10;
      j = 20;
      System.out.println(i+j);
}
```

(1) 오류를 찾아내어 고쳐라.
(2) 이 자바 클래스를 저장하는 소스 파일 이름은 무엇인가?
(3) 명령창에서 이 프로그램을 컴파일하는 명령은?
(4) 명령창에서 이 프로그램을 실행하는 명령은?

3. 다음 중 식별자 사용이 잘못된 경우를 모두 골라라.

```
int _i;
int %j;
char 안녕;
double 1var;
char student_ID;
final int abcdefghijklmnopqrstuvwxyz;
```

4. 다음 각 항목이 나타내는 변수를 선언하라.
(1) int형 변수 height
(2) 0.25로 초기화된 double형 변수 size
(3) height 변수의 값과 size 변수의 값을 더한 값으로 초기화된 double형 변수 total
(4) 문자 'a'로 초기화된 char형 변수 c
(5) 자신의 이름으로 초기화된 문자열 변수 name

5. 다음 수식의 결과 값과 타입은?
 (1) 67 + 12.8
 (2) 10/3
 (3) 10.0/3
 (4) 10==9

6. 체온 값 36.5로 초기화된 상수 bodyTemp를 double형으로 선언하라.

7. 다음 각 항목의 코드에서 컴파일 오류를 수정하라
 (1) while(1) { }
 (2) int n = 3.5;
 (3) int b = (3<5)?true:false;
 (4) int score = 85;
  if(80 < score < 90) System.out.print(score);

8. 다음 문장을 조건식으로 나타내라.
 (1) age는 12보다 작거나 같다.
 (2) age는 b보다 작고 c보다 크다.
 (3) age 빼기 5는 10과 같다.
 (4) age는 b와 같지 않거나 c와 같다.

9. 다음 조건문을 조건 연산자를 이용하여 한 문장으로 작성하라.

```
if(sum>100) sum = 100;
else sum = 0;
```

10. 다음 조건문을 조건 연산자를 이용하여 한 문장으로 작성하라.

```
if(n>5) System.out.println(n);
else System.out.println(5);
```

11. System.out.print(text);로 출력할 때 다음과 같이 출력되는 문자열 text는 무엇인가?

```
"를 출력하려면 \ 다음에 "를 붙여 \"과 같이 하면 됩니다.
```

12. 다음 출력문에 의해 출력되는 텍스트는 무엇인가.

```
System.out.print("나는 \"Java를 " + 100 + "%\"" + "사랑해");
```

13. 다음 switch 문이 있을 때, 아래 (1)~(4)의 각 문항에 따라 출력되는 결과는?

```
int sum=0;
switch(grade) {
   case 'A' : sum += 100;
   case 'B' : sum += 50;
   case 'C' : sum += 30;
   case 'D' : sum += 10;
}
System.out.print(sum);
```

(1) grade가 'A'일 때
(2) grade가 'B'일 때
(3) grade가 'C'일 때
(4) grade가 'F'일 때

14. 다음 if 문을 switch 문으로 바꾸어라.

```
if(in.equals("가위"))
   System.out.println(1);
else if(in.equals("바위"))
   System.out.println(2);
else if(in.equals("보"))
   System.out.println(3);
else
   System.out.println(0);
```

in과 "가위"를 비교하기 위해서는 in == "가위"로 하면 안 됨. 문자열 비교는 반드시 in.equals("가위")로 해야 함

실습문제

• 홀수 문제는 정답이 공개됩니다.

목적 Scanner로 키 입력

1. Scanner 클래스를 이용하여 원화를 입력받아 달러로 바꾸어 다음 예시와 같이 출력하는 프로그램을 작성하라. $1=1100원으로 가정하고 계산하라. 난이도 3

```
원화를 입력하세요(단위 원)>>3300
3300원은 $3.0입니다.
```

목적 Scanner, /와 % 연산자

2. Scanner 클래스를 이용하여 2자리의 정수(10~99사이)를 입력받고, 십의 자리와 1의 자리가 같은지 판별하여 출력하는 프로그램을 작성하라. 난이도 4

```
2자리수 정수 입력(10~99)>>77
Yes! 10의 자리와 1의 자리가 같습니다.
```

목적 Scanner와 if 문 연습

3. Scanner 클래스를 이용하여 정수로 된 돈의 액수를 입력받아 오만 원권, 만 원권, 천 원권, 500원짜리 동전, 100원짜리 동전, 50원짜리 동전, 10원짜리 동전, 1원짜리 동전 각 몇 개로 변환되는지 출력하라. 난이도 4

```
금액을 입력하시오>>65376
오만원권 1매
만원권 1매
천원권 5매
백원 3개
오십원 1개
십원 2개
일원 6개
```

목적 Scanner와 if 문 연습

4. Scanner 클래스로 정수 3개를 입력받고 3개의 숫자 중 중간 크기의 수를 출력하라. 평균값을 구하는 것이 아님에 주의하라. 난이도 5

```
정수 3개 입력>>20 100 33
중간 값은 33
```

목적 Scanner와 if 문 연습

5. Scanner를 이용하여 삼각형의 변의 길이를 나타내는 정수를 3개 입력받고 이 3개의 수로 삼각형을 만들 수 있는지 판별하라. 삼각형이 되려면 두 변의 합이 다른 한 변의 합보다 커야 한다. 난이도 4

```
정수 3개를 입력하시오>>4 3 5
삼각형이 됩니다
```

6. 369게임을 간단히 작성해보자. 1~99까지의 정수를 입력받고 정수에 3, 6, 9 중 하나가 있는 경우는 "박수짝"을 출력하고 두 개 있는 경우는 "박수짝짝"을 출력하는 프로그램을 작성하라. 예를 들면, 키보드로 입력된 수가 13인 경우 "박수짝"을, 36인 경우 "박수짝짝"을 출력하면 된다. 난이도 5

목적 연산자와 if 조건문 연습

```
1~99 사이의 정수를 입력하시오>>36
박수짝짝
```

7. 2차원 평면에서 직사각형은 왼쪽 상단 모서리와 오른쪽 하단 모서리의 두 점으로 표현한다. (100, 100)과 (200, 200)의 두 점으로 이루어진 사각형이 있을 때, Scanner를 이용하여 정수 x와 y 값을 입력받고 점 (x, y)가 이 직사각형 안에 있는지를 판별하는 프로그램을 작성하라. 난이도 5

목적 if 조건과 논리 연습

```
점 (x,y)의 좌표를 입력하시오>>150 150
(150,150)는 사각형 안에 있습니다.
```

8. 2차원 평면에서 직사각형은 문제 7번처럼 두 점으로 표현된다. 키보드로부터 직사각형을 구성하는 두 점 (x1, y1), (x2, y2)를 입력받아 (100, 100), (200, 200)의 두 점으로 이루어진 직사각형과 충돌하는지 판별하는 프로그램을 작성하라. 난이도 6

목적 if 조건과 논리 연습

힌트 Hint

다음은 점 (x,y)가 (rectx1, recty1), (rectx2, recty2)의 사각형 안에 있으면 true를 리턴하는 메소드이다. 이 메소드를 활용하라.

```
public static boolean inRect(int x, int y, int rectx1, int recty1,
                                        int rectx2, int recty2) {
  if ((x >= rectx1 && x <= rectx2) && (y >= recty1 && y <= recty2))
      return true;
  else return false;
}
```

9. 원의 중심을 나타내는 한 점과 반지름을 실수 값으로 입력받아라. 그리고 실수 값으로 다른 점 (x, y)를 입력받아 이 점이 원의 내부에 있는지 판별하여 출력하라. 난이도 5

목적 Scanner, if 조건, 산술식

```
원의 중심과 반지름 입력>>10 10 6.5
점 입력>>13 13
점 (13.0, 13.0)는 원 안에 있다.
```

힌트 Hint 중심에서 점 (x, y) 사이의 거리가 반지름보다 작거나 같으면 원의 내부에 있다. 변수 x에 대한 제곱근의 값은 Math.sqrt(x)를 이용하면 된다. Math는 6장에서 설명한다.

목적 Scanner, if 조건, 산술식

10. 원의 정보를 받기 위해 키보드로부터 원의 중심을 나타내는 한 점과 반지름을 입력받는다. 두 개의 원을 입력받고 두 원이 서로 겹치는지 판단하여 출력하라. 난이도 5

```
첫번째 원의 중심과 반지름 입력>>10 10 3
두번째 원의 중심과 반지름 입력>>12 12 2
두 원은 서로 겹친다.
```

목적 if-else와 switch

11. 숫자를 입력받아 3~5는 "봄", 6~8은 "여름", 9~11은 "가을", 12,1,2의 경우 "겨울"을, 그 외 숫자를 입력한 경우 "잘못입력"을 출력하는 프로그램을 작성하라. 난이도 4

```
달을 입력하세요(1~12)>>9
가을
```

(1) if-else 문을 이용하여 프로그램을 작성하라.
(2) switch 문을 이용하여 프로그램을 작성하라.

목적 Scanner로 문자열 입력, if-else와 switch 연습

12. 사칙 연산을 입력받아 계산하는 프로그램을 작성하고자 한다. 연산자는 +, =, *, /의 네 가지로 하고 피연산자는 모두 실수로 한다. 피연산자와 연산자는 실행 사례와 같이 빈 칸으로 분리하여 입력한다. 0으로 나누기 시 "0으로 나눌 수 없습니다."를 출력하고 종료한다. 난이도 5

```
연산>>2 + 4   ← 빈칸으로 분리하여 입력
2+4의 계산 결과는 6
```

(1) 연산 식을 구분할 때 if-else 문을 이용하여 프로그램을 작성하라.
(2) 연산 식을 구분할 때 switch 문을 이용하여 프로그램을 작성하라.

힌트 Hint 연산자는 scanner.next()를 이용하여 문자열로 입력받으면 된다. 문자열 s가 "+"와 같은지 검사하려면 if(s.equals("+"))를 이용하며, true이면 s와 "+"가 같다.

3 반복문과 배열 그리고 예외 처리

Objectives

- 반복문의 필요성에 대해 안다.
- for 문, while 문, do-while 문의 구조를 이해하고 응용한다.
- continue 문과 break 문을 이용한 반복문에서 흐름을 제어하는 기능을 학습한다.
- 자바 배열을 선언하고 사용하는 방법을 안다.
- 2차원 배열, 비정방형 배열을 이해한다.
- 메소드에서 배열을 리턴하는 코드를 작성하고 활용할 수 있다.
- main() 메소드의 인자를 이해한다.
- 자바의 예외 처리를 이해한다.

CHAPTER 3

JAVA PROGRAMMING

반복문과 배열 그리고 예외 처리

3.1 반복문

반복문

프로그램에는 동일한 연산이나 코드 블록을 반복적으로 실행하는 경우가 허다하다. 예를 들면, [그림 3-1]에서와 같이 1에서 100까지 더하기를 하는 경우 덧셈을 100번 반복해야 하고, 점수의 평균을 내고자 할 때 학생 수만큼 반복하여 점수를 더하는 과정이 필요하며, 이름으로 점수를 검색하고자 할 때, 학생 리스트에서 이름이 발견될 때까지 반복적으로 이름을 비교하는 과정이 필요하다. 자바는 이러한 반복 연산을 프로그래밍 할 수 있도록 다음 3가지 종류의 반복문을 제공한다.

```
for 문, while 문, do-while 문
```

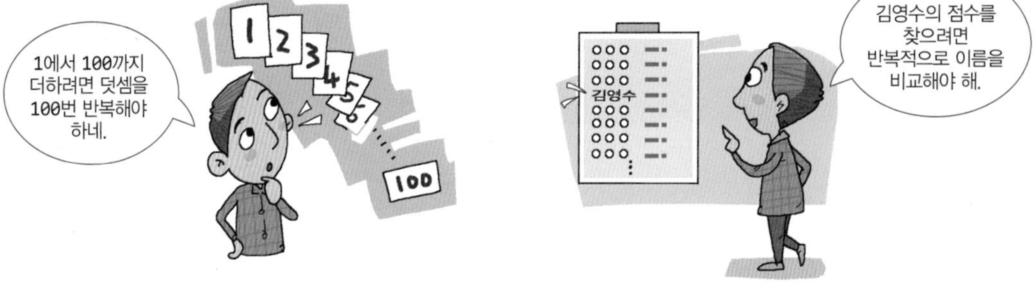

[그림 3-1] 반복문 이용이 필요한 사례

for 문은 처음부터 반복 횟수를 알 수 있는 경우에, while 문과 do-while 문은 반복 횟수를 알 수 없고 조건에 따라 반복이 계속되거나 중단되는 경우에 이용한다. while 문은 반복 조건을 처음부터 따지는 경우에, do-while 문은 반복 조건을 나중에 따지는 경우에 적합하다.

지금부터 각 반복문을 작성하는 방법을 알아보자.

for 문

for 문의 구성과 실행 과정은 **[그림 3-2]**와 같고, 번호는 for 문의 실행 순서이다.

for 문

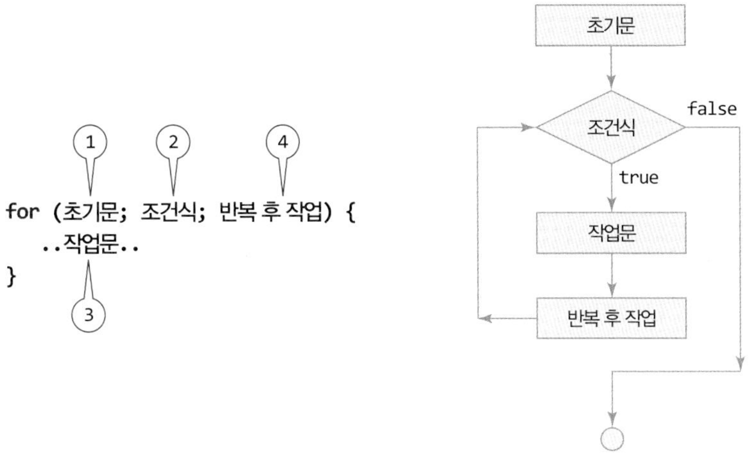

[그림 3-2] for 문의 구조와 실행 과정

● 초기문

for 문에서 초기문은 주로 조건식에서 사용하는 변수를 초기화한다. 초기문의 특징을 나열하면 다음과 같다.

초기문

- 초기문은 시작할 때 한 번만 수행된다.
- 콤마(,)로 분리하여 여러 문장을 나열할 수 있다.
- 초기문은 빈 상태로 두어도 되지만 끝에 세미콜론(;)은 있어야 한다.

● 조건식

조건식에는 논리형 변수나 논리 연산을 사용한다. 조건식의 결과가 true이면 반복이 계속되며 false이면 for 문을 벗어난다. 조건식은 for 문의 작업 문장을 수행하기 전에 검사되므로 조건식이 처음부터 false이면 바로 반복문을 벗어난다.

조건식
논리형 변수
논리 연산

```
for(i=0; i<10; i++) { // i가 0~9까지 10번 반복
    System.out.print(i); // 0에서 9까지 출력
}
```

무한 반복

다음과 같이 조건식에 true가 있거나 비어 있으면 무한 반복(infinite loop)된다.

```
for(초기문; true; 반복 후 작업) { // 무한 반복
    ............
}
for(초기문; ; 반복 후 작업) { // 조건식이 비어 있으면 무한 반복
    ............
}
```

● 반복 후 작업

반복 후 작업문

for 문의 작업문이 실행된 후 '반복 후 작업문'이 실행된다. 다음 코드를 보라.

```
for(i=0; i<10; i+=2) { // i가 0, 2, 4, 6, 8로 변하면서 5번 반복
    ............
}
```

한번 반복할 때마다 i가 2씩 증가(i+=2)하므로 i 값이 0, 2, 4, 6, 8로 변하면서 총 5번 반복한다.

'반복 후 작업문'에는 콤마(,)로 분리하여 여러 문장을 나열할 수 있다. 예를 들면 다음과 같다. 이 코드는 i 값을 증가시키고 증가된 i 값을 화면에 출력한다.

```
for(i=0; i<10; i++, System.out.println(i)) {
    ............
}
```

● 작업문

작업문

작업문은 for 문이 반복되는 동안 반복 실행된다. 작업문이 하나의 문장인 경우 중괄호({ })가 필요 없지만 여러 개의 문장으로 구성되는 경우 반드시 중괄호({ })로 묶어야 한다.

for 문 활용

for 문을 사용하는 예를 알아보자.

● 0에서 9까지 정수 출력

다음은 0부터 9까지 정수를 출력하는 간단한 for 문의 예이다. **[그림 3-3]**은 다음 for 문이 처리되는 과정을 보여준다.

```
for(i=0; i<10; i++) {
    System.out.print(i);
}
```

위의 문장은 다음과 같이 중괄호({ })를 생략해도 된다.

```
for(i=0; i<10; i++)
    System.out.print(i);
```

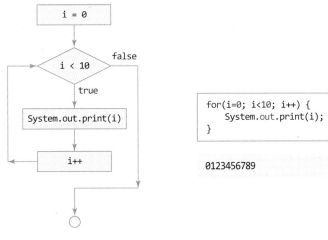

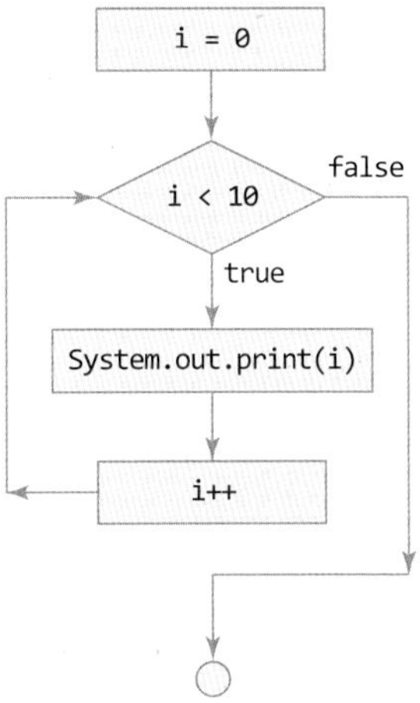


```
for(i=0; i<10; i++) {
    System.out.print(i);
}
```

```
0123456789
```

[그림 3-3] 0에서 9까지 출력하는 for 문 사례

● 반복문에 변수 선언

다음과 같이 변수 i를 for 문 블록 내에서만 사용되는 지역 변수로 선언하여 사용할 수 있다. 이 때 변수 i는 for 문 밖에서는 사용할 수 없다.

지역 변수

```
for(int i=0; i<10; i++) // 변수 i는 for 문 밖에서 사용 불가
    System.out.print(i);
```

● 1에서 100까지의 합 구하기

다음은 1에서 100까지 합을 구하는 for 문을 만든 3가지 사례이다.

```
int sum = 0;
for(int i=1; i<=100; i++) // 1에서 100까지 반복
    sum += i;
```

```
int sum = 0;
for(int i=100; i>=1; i--) // 100에서 1까지 반복
    sum += i;

int i, sum;
for(i=1, sum=0; i<=100; i++) // sum 변수를 0으로 초기화
    sum += i;
```

예제 3-1 for 문을 이용하여 1에서 10까지의 합 출력

for 문을 이용하여 1에서 10까지 덧셈으로 표시하고 합을 출력하라.

```
public class ForSample {
    public static void main(String[] args) {
        int sum=0;

        for(int i=1; i<=10; i++) { // 1~10까지 반복
            sum += i;
            System.out.print(i); // 더하는 수 출력
            if(i<=9) // 1~9까지는 '+' 출력
                System.out.print("+");
            else { // i가 10인 경우
                System.out.print("="); // '=' 출력하고
                System.out.print(sum); // 덧셈 결과 출력
            }
        }
    }
}
```

실행 결과

```
1+2+3+4+5+6+7+8+9+10=55
```

while 문

while 문

while 문은 [그림 3-4]와 같이 구성되며 번호는 실행 순서이다.

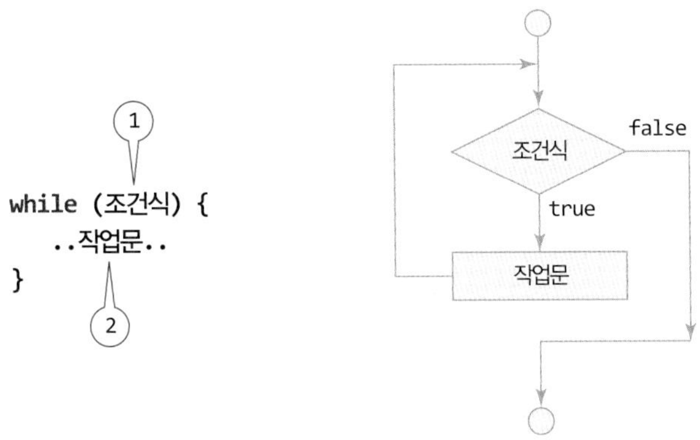

[그림 3-4] while 문의 구조와 실행 과정

조건식

while 문은 반복 횟수를 알 수 없는 경우에 적합하다. while 문의 조건식은 for 문의 경우와 동일하며, true인 동안 작업문의 실행을 반복하고, false가 되면 while 문을 벗어난다. for 문과 달리, while 문에 조건식이 없으면 컴파일 오류가 발생한다.

while 문을 사용하는 경우, 조건식에 사용되는 변수를 while 문 실행 전에 초기화하는 것을 잊지 말아야 한다. 그리고 반복이 진행되면서 조건식이 false가 되어 반복문을 빠져 나올 수 있도록 설계되어야 한다. 그렇지 않으면 무한 반복에 빠지게 된다.

0부터 9까지 출력하는 while 문을 만들면 [그림 3-5]와 같다.

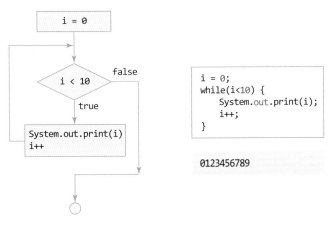

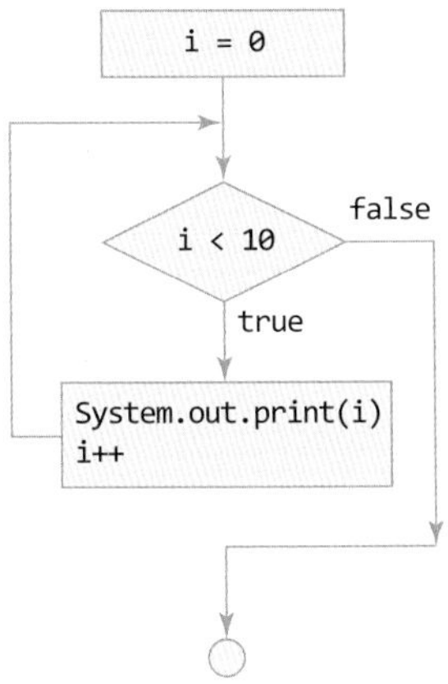


```
i = 0;
while(i<10) {
    System.out.print(i);
    i++;
}
```

```
0123456789
```

[그림 3-5] 0에서 9까지 출력하는 while 문 사례

예제 3-2 -1이 입력될 때까지 입력된 수의 평균 구하기

while 문은 반복 횟수를 알지 못하는 경우에 이용된다고 했다. while 문을 이용하여 -1이 입력될 때까지 정수를 계속 입력받아 합을 구하고 평균을 출력하는 프로그램을 작성하라.

```
import java.util.Scanner;

public class WhileSample {
   public static void main(String[] args) {
      int count=0; // count는 입력된 정수의 개수
      int sum=0; // sum은 합

      Scanner scanner = new Scanner(System.in);
      System.out.println("정수를 입력하고 마지막에 -1을 입력하세요.");

      int n = scanner.nextInt(); // 정수 입력
      while(n != -1) { // -1이 입력되면 while 문 벗어남
         sum += n;
         count++;
         n = scanner.nextInt(); // 정수 입력
      }
      if(count == 0)
         System.out.println("입력된 수가 없습니다.");
      else {
         System.out.print("정수의 개수는 " + count + "개이며 ");
         System.out.println("평균은 " + (double)sum/count + "입니다.");
      }
      scanner.close();
   }
}
```

실행 결과

```
정수를 입력하고 마지막에 -1을 입력하세요.
10
30
-20
40
-1
정수의 개수는 4개이며 평균은 15.0입니다.
```

-1은 입력 끝을 지시

do-while 문

do-while 문의 모양과 실행 과정은 [그림 3-6]과 같고, 번호는 실행 순서이다.

do-while 문

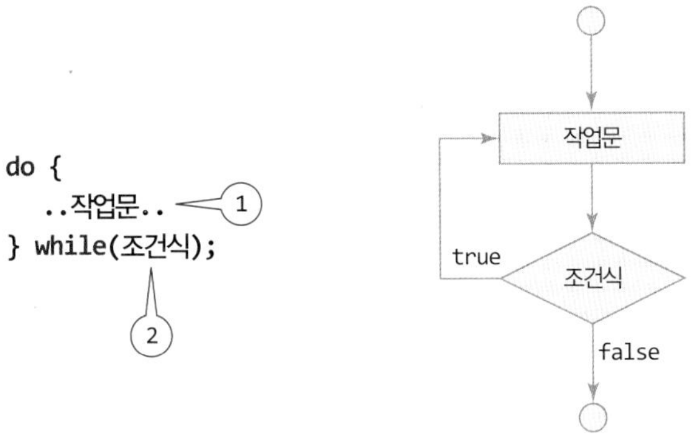

[그림 3-6] do-while 문의 모양과 실행 과정

조건식

do-while 문의 조건식은 while 문과 동일하며 조건식이 없으면 컴파일 오류가 발생한다. 다른 반복문과 달리, do-while 문은 작업문 실행 후 조건식을 검사하므로 작업문이 최초 한 번은 반드시 실행된다.

do-while 문에서도 조건식에 사용되는 변수는 do-while 문 실행 이전에 반드시 초기화가 이루어져야 하며, 무한 반복에 빠지지 않기 위해 반복이 진행되는 동안 조건식을 false로 만들 수 있도록 설계가 되어야 한다.

0부터 9까지 출력하는 do-while 문을 만들면 [그림 3-7]과 같다.

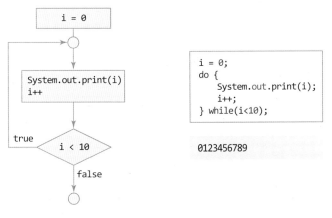

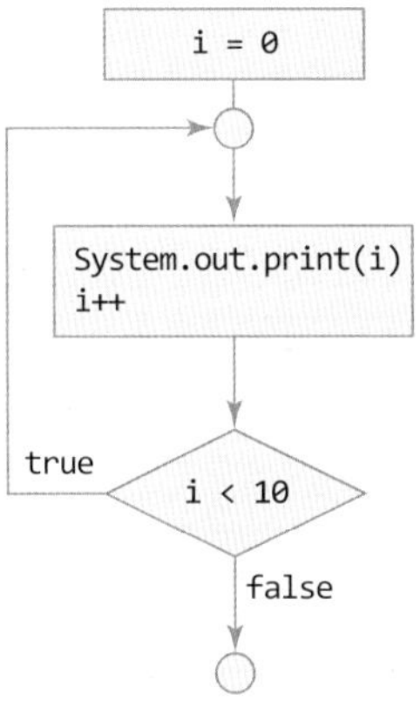


```
i = 0;
do {
    System.out.print(i);
    i++;
} while(i<10);
```

```
0123456789
```

[그림 3-7] 0에서 9까지 출력하는 do-while 문 사례

예제 3-3 a부터 z까지 출력

do-while 문을 이용하여 'a'부터 'z'까지 출력하는 프로그램을 작성하라.

```
public class DoWhileSample {
   public static void main (String[] args) {
      char c = 'a';

      do {
         System.out.print(c);
         c = (char) (c + 1); // 영문의 경우 1을 더하면 다음 문자의 코드 값
      } while (c <= 'z');
   }
}
```

실행 결과

```
abcdefghijklmnopqrstuvwxyz
```

잠깐!

세 가지 반복문은 기능적인 면에서 동일하다. 따라서 각 반복문을 다른 반복문으로 변환할 수 있다. 처음부터 반복의 횟수나 범위가 명확한 경우에는 **for** 문을 많이 사용하고, 반복 횟수를 처음부터 알 수 없고, 반복이 진행되면서 평가되어야 하는 경우에는 **while**이나 **do-while** 문을 사용한다. 다만, 무한 반복에 빠지지 않도록 주의해야 한다.

중첩 반복

반복문 안에 다른 반복문을 만들 수 있다. 이것을 중첩 반복(nested loop)이라 한다. 중첩 반복의 사례를 보자. 학생 10000명이 있는 대학이 100개 있다고 하자. 100개 대학의 모든 학생의 성적 평균을 구하려면 100개 대학 학생들의 성적을 모두 더하여 평균을 내야 한다. 그러기 위해서는 한 학교의 성적을 모두 합치고, 다시 100개 대학의 성적을 모두 합쳐야 한다. [그림 3-8]은 100개 대학의 학생 성적을 모두 더하는 중첩 반복 구조를 보여준다.

중첩 반복

```
for(int i=0; i<100; i++) { // 100개의 학교 성적을 모두 더한다.
    for(int j=0; j<10000; j++) { // 10000명의 학생 성적을 모두 더한다.
        ....
        ....
    }
    ....
}
```

[그림 3-8] for 문을 이용한 2중 중첩 구조

반복은 몇 번이고 중첩 가능하지만, 너무 깊은 중첩 반복은 프로그램 구조를 복잡하게 하므로 2중 또는 3중 중첩 이상하지 않는 것이 바람직하다.

2중 중첩을 이용한 구구단 출력 예제 3-4

2중 중첩 for 문을 사용하여 구구단을 출력하는 프로그램을 작성하라.

한 줄에 한 단씩 출력한다.

```
public class NestedLoop {
   public static void main(String[] args) {
      for(int i=1; i<10; i++) { // 1단에서 9단
         for(int j=1; j<10; j++) { // 각 단의 구구셈 출력
            System.out.print(i + "*" + j + "=" + i*j); // 구구셈 출력
            System.out.print('\t'); // 하나씩 탭으로 띄기
         }
         System.out.println(); // 한 단이 끝나면 다음 줄로 커서 이동
      }
   }
}
```

실행 결과

```
1*1=1  1*2=2   1*3=3   1*4=4   1*5=5   1*6=6   1*7=7   1*8=8   1*9=9
2*1=2  2*2=4   2*3=6   2*4=8   2*5=10  2*6=12  2*7=14  2*8=16  2*9=18
3*1=3  3*2=6   3*3=9   3*4=12  3*5=15  3*6=18  3*7=21  3*8=24  3*9=27
4*1=4  4*2=8   4*3=12  4*4=16  4*5=20  4*6=24  4*7=28  4*8=32  4*9=36
5*1=5  5*2=10  5*3=15  5*4=20  5*5=25  5*6=30  5*7=35  5*8=40  5*9=45
6*1=6  6*2=12  6*3=18  6*4=24  6*5=30  6*6=36  6*7=42  6*8=48  6*9=54
7*1=7  7*2=14  7*3=21  7*4=28  7*5=35  7*6=42  7*7=49  7*8=56  7*9=63
8*1=8  8*2=16  8*3=24  8*4=32  8*5=40  8*6=48  8*7=56  8*8=64  8*9=72
9*1=9  9*2=18  9*3=27  9*4=36  9*5=45  9*6=54  9*7=63  9*8=72  9*9=81
```

3.2 continue 문과 break 문

continue 문
break 문

반복문 내에 continue 문이나 break 문을 이용하면 반복의 흐름을 바꾸거나 반복에서 벗어나게 할 수 있다. break 문은 현재 반복문을 벗어나게 하며, continue 문은 즉시 다음 반복으로 넘어간다.

continue 문

continue 문은 반복문을 빠져나가지 않으면서 즉시 다음 반복으로 넘어가고자할 때 사용된다. continue 문은 다음과 같이 간단히 사용한다.

```
continue;
```

실행 경로 변경

[그림 3-9]는 각 반복문에서 continue 문에 의해 실행 경로가 변경되는 것을 보여준다. for 문에서 continue 문을 만나면 '반복 후 작업'으로 분기하고, while 문이나 do-while 문에서는 조건식을 검사하는 과정으로 분기한다.

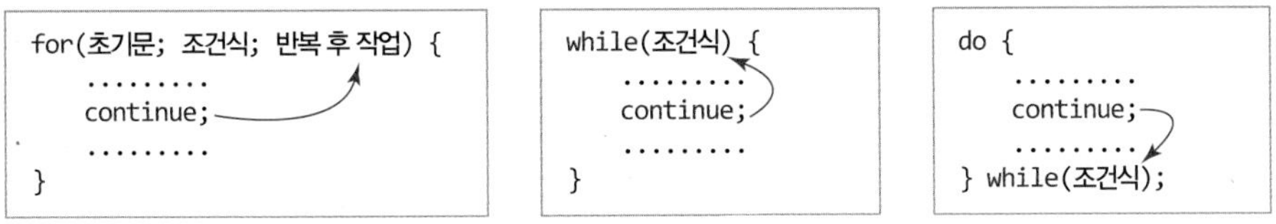
for(초기문; 조건식; 반복 후 작업) {
....
continue;
....
}
while(조건식) {
....
continue;
....
}
do {
....
continue;
....
} while(조건식);

[그림 3-9] continue 문에 의한 반복문의 실행 경로 변경

예제 3-5 continue 문을 이용하여 양수 합 구하기

5개의 정수를 입력받고 그 중 양수들만 합하여 출력하는 프로그램을 작성하라.

입력된 수가 0이나 음수이면 continue 문을 이용하여 합하지 않고 다음 반복으로 넘어간다.

```
import java.util.Scanner;

public class ContinueExample {
   public static void main(String[] args) {
      Scanner scanner = new Scanner(System.in);

      System.out.println("정수를 5개 입력하세요.");
      int sum=0;
      for(int i=0; i<5; i++) {
         int n = scanner.nextInt(); // 키보드에서 정수 입력
         if(n <= 0)
            continue; // 양수가 아닌 경우 다음 반복으로 진행
         else
            sum += n; // 양수인 경우 덧셈
      }
      System.out.println("양수의 합은 " + sum);

      scanner.close();
   }
}
```

실행 결과

```
정수를 5개 입력하세요.
5
-2
6
10
-4
양수의 합은 21
```

break 문

break 문은 하나의 반복문을 즉시 벗어날 때 사용하며 다음과 같이 사용한다.

```
break;
```

반복문 벗어나기

break 문이 실행되면 현재의 반복문을 벗어나 실행이 계속된다. break 문은 하나의 반복문만 벗어나기 때문에, 중첩 반복의 경우 안쪽 반복문에서 break 문이 실행되면, 안쪽 반복문만 벗어나며 바깥 쪽 반복문 내에서 실행이 유지된다. [그림 3-10]은 break 문에 의해 실행 경로가 바뀌는 것을 보여준다.

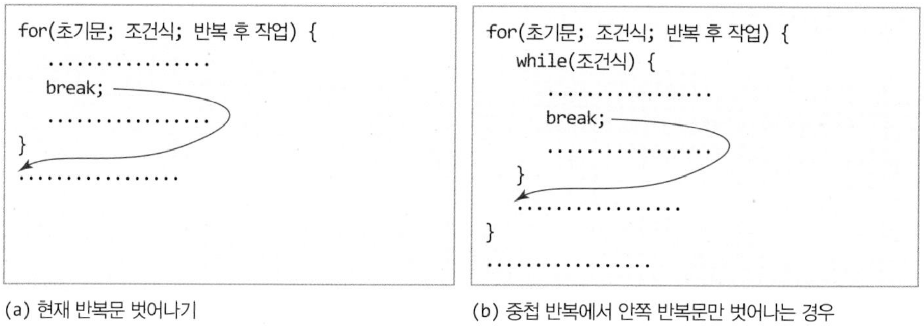

for(초기문; 조건식; 반복 후 작업) {
....
break;
....
}
....
(a) 현재 반복문 벗어나기
for(초기문; 조건식; 반복 후 작업) {
while(조건식) {
....
break;
....
}
....
}
....
(b) 중첩 반복에서 안쪽 반복문만 벗어나는 경우

[그림 3-10] break 문으로 반복문 벗어나기

예제 3-6 break 문을 이용하여 while 문 벗어나기

"exit"이 입력되면 while 문을 벗어나도록 break 문을 활용하는 프로그램을 작성하라.

```
import java.util.Scanner;
public class BreakExample {
   public static void main(String[] args) {
      Scanner scanner = new Scanner(System.in);

      System.out.println("exit을 입력하면 종료합니다.");
      while(true) {
         System.out.print(">>");
         String text = scanner.nextLine(); // 한 라인 읽기
         if(text.equals("exit")) // "exit"이 입력되면 반복 종료
            break; // while 문을 벗어남
      }
      System.out.println("종료합니다...");

```

문자열 비교 시 equals()를 사용해야 함(6장 참고). 문자열이 같으면 equals()는 true 리턴

```
        scanner.close();
    }
}
```

실행 결과

```
exit을 입력하면 종료합니다.
>>edit
>>exit
종료합니다...
```

Tip while 문에서 벗어나기 코딩 노하우

while 문을 만들다보면 벗어나는 조건이 까다로운 경우도 많기 때문에 조건식을 작성하느라 대부분의 학생들이 애를 먹는다. while 문에서 빠져 나오는 코드를 작성하는 저자의 노하우를 소개한다. 입력된 수 n이 5의 배수이거나 음수인 경우 while 문을 벗어난다고 하자. **[그림 3-11]** (a)는 **조건식**을 이용하는 경우이고, (b)는 저자가 잘 사용하는 방법으로 **if 문을 이용하는 방법**이다. 저자는 while 문의 조건식에 true를 주어 무한 반복하는 while 문을 일단 작성한다. 그리고 while 문을 벗어나는 조건을 if 문으로 코딩한다.

조건식
if 문을 이용하는 방법

```
while((n%5 == 0) || (n<0)) {
    ...
}
```

(a) while 문에 조건식을 이용하는 경우

```
while(true) {
    if(n%5 == 0) break;
    if(n<0) break;
    ...
}
```

(b) while 문의 조건식은 true로 하고 if 문으로 벗어나는 조건을 만드는 경우

[그림 3-11] while 문에서 벗어나기 코딩

CHECK TIME

1. 2중 중첩을 사용하여 오른쪽과 같이 출력되도록 for, while, do-while 문으로 각각 프로그램을 작성하라.

```
*****
****
***
**
*
```

2. for (;;);을 실행하면 어떻게 되는가?

3. 1부터 100까지 3의 배수의 합을 구하는 프로그램을 작성하라.

3.3 배열

배열이란?

배열
인덱스

배열(array)은 인덱스(index)와 인덱스에 대응하는 데이터들로 이루어진 연속적인 자료 구조로서, 같은 종류의 데이터들이 순차적으로 저장된다. [그림 3-12]는 10개의 정수 값을 저장하고 합할 때, (1) 10개의 변수를 사용한 경우와 (2) 자바의 배열을 사용한 경우를 대조하여 보여준다.

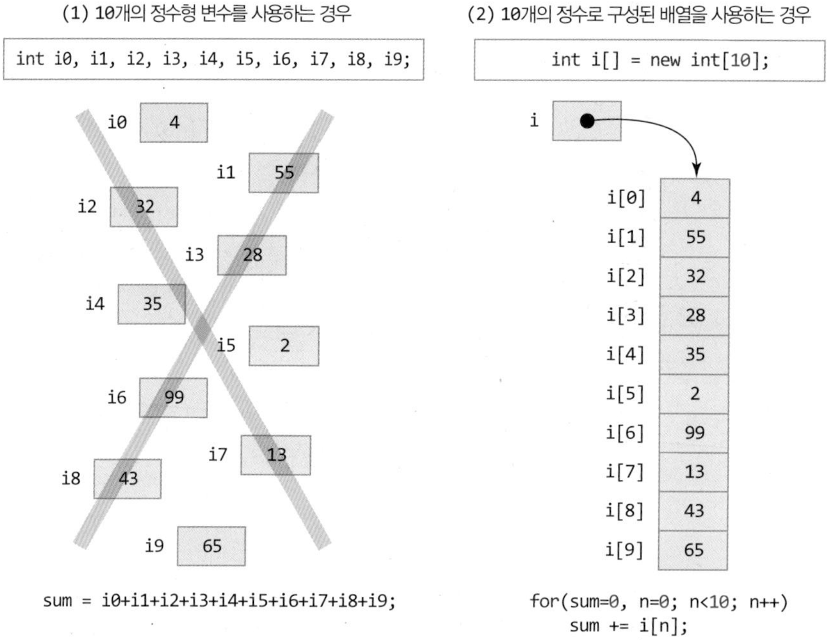

[그림 3-12] 자바의 배열 사례

[그림 3-12]에서 (1)의 경우, 서로 다른 변수의 이름을 10개나 만들어야 하고 합하는 코드 또한 길고 지저분하다. 이런 방법으로 1000개의 정수를 합하는 경우 변수를 1000개나 사용하고, sum을 구하는 코드 역시 다음과 같이 너무 길어 작성이 불가능하다.

```
sum = i0+ i1 +i2 + ... + i998 + i999;
```

그러나 [그림 3-12]의 (2)와 같이 배열을 사용하면, 다음 코드로 간단히 10개의 정수 공간을 가진 배열을 생성할 수 있다.

```
int i [] = new int[10]; // 10개의 정수 공간 배열 생성. 배열의 이름은 i
```

배열을 사용하는 큰 이유 중 하나는 반복문의 활용에 있다. 배열을 사용하면 다음과 같이 for 문으로 10개의 정수 합을 간단히 구할 수 있다.

```
for(sum=0, n=0; n<10; n++)
    sum += i[n];
```

배열 선언 및 생성

자바에서 배열의 생성은 C/C++와 달리 다음 두 단계로 이루어진다.

- 배열에 대한 레퍼런스 변수 선언
- 배열 생성 – 배열의 저장 공간 할당

[그림 3-13]은 5개의 정수 값을 저장하는 배열을 만드는 코드로, (1) 배열에 대한 레퍼런스 변수를 선언하는 단계와, (2) 데이터를 저장할 배열 공간을 할당받는 단계로 구분된다.

레퍼런스 변수
배열 공간

(1) 배열에 대한 레퍼런스 변수 intArray 선언

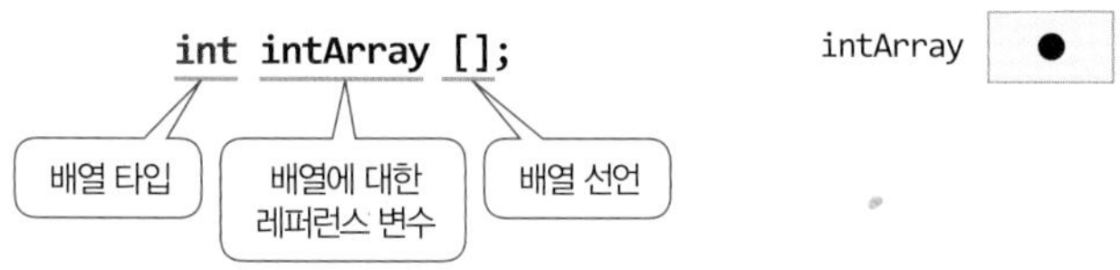

(2) 배열 생성

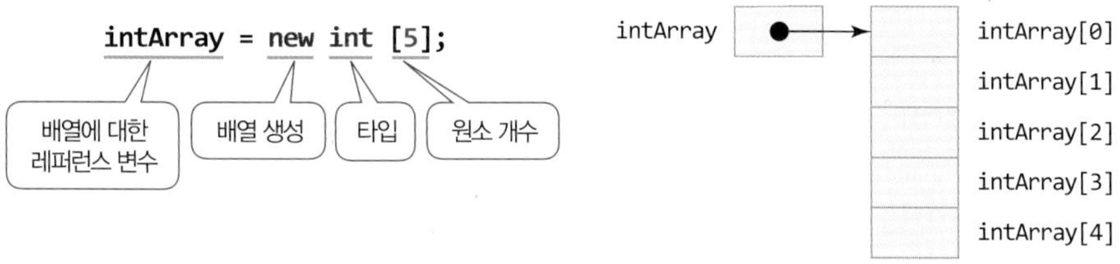

[그림 3-13] 배열의 선언과 생성

● 배열에 대한 레퍼런스 변수 선언

레퍼런스 변수

다음은 배열 선언문으로 레퍼런스 변수 intArray를 선언한다.

```
int intArray[];
```

이 선언만으로 배열 공간이 할당되지 않으며, [그림 3-13](1)과 같이 레퍼런스 변수 intArray만 생성된다. intArray는 배열 공간에 대한 주소 값(레퍼런스 값)을 가지며 그 자체가 배열은 아니다. 아직 정수를 저장할 배열 공간이 생성되지 않았으므로 intArray 값은 null이다. 자바에서는 2장에서 언급한 바와 같이 배열의 주소를 레퍼런스라고 부르며, 배열에 대한 주소 값을 가지는 변수를 레퍼런스 변수라고 부른다.

배열의 타입은 배열을 구성하는 원소의 타입이며, 배열의 레퍼런스 변수는 다음 두 가지 방법으로 선언할 수 있다.

```
int intArray[];
int [] intArray;
```

● 배열 선언 시 []에 크기를 지정하면 안 됨

배열 선언 시 [] 안에 배열의 크기를 지정해서는 안 된다. 다음 문장은 컴파일 오류이다.

오류
```
int intArray[10]; // 컴파일 오류. 배열의 크기를 지정할 수 없음
```

● 배열 생성

배열 생성
new 연산자
[]

배열 생성은 데이터를 저장할 배열 공간을 할당받는 과정이다. 반드시 new 연산자를 이용하여 배열을 생성하며 [] 안에 생성할 원소 개수를 지정한다. 다음 코드는 정수 5개의 배열 공간을 할당받고 이 배열에 대한 레퍼런스 값(주소 값)을 intArray에 저장한다.

```
intArray = new int[5];
```

이제 비로소 intArray를 배열로 사용할 수 있다.

● 배열의 선언과 동시에 생성

다음과 같이 배열의 선언과 생성을 동시에 할 수 있다.

```
int intArray[] = new int[5];
```

● 배열 초기화

배열 선언문에서 { }에 원소를 나열하면 초기화된 배열을 만들 수 있다. 배열을 초기화하는 예를 들면 다음과 같으며 실행 결과는 **[그림 3-14]**와 같은 배열이 생긴다.

```
int intArray[] = {4, 3, 2, 1, 0};
double doubleArray[] = {0.01, 0.02, 0.03, 0.04};
```

intArray 배열의 크기는 자동으로 5가 되며, doubleArray 배열의 크기는 자동으로 4가 된다. 생성되는 배열의 원소 개수는 { }에 나열된 값의 개수로 정해지므로 []에 크기를 주어서는 안 된다.

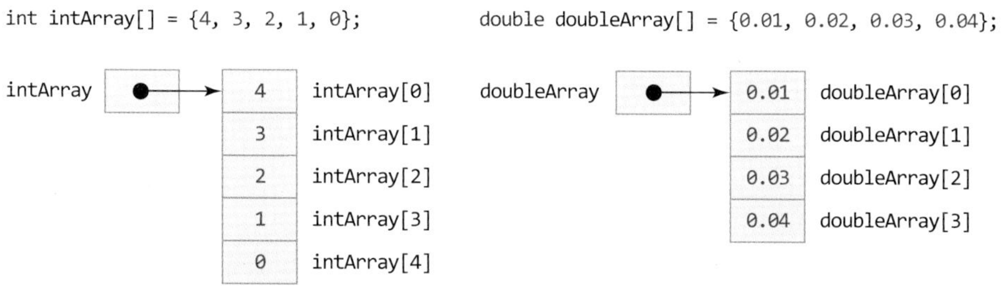

[그림 3-14] 배열을 초기화하여 생성한 결과

배열 인덱스와 배열 원소 접근

배열의 인덱스는 정수만 가능하다. 인덱스는 0부터 시작하며 마지막 원소의 인덱스는 (배열 크기-1)이다. 배열의 원소는 인덱스를 이용하여 접근한다. 예를 들면 다음과 같다.

배열의 인덱스
인덱스는 0부터 시작

```
int intArray[] = new int[5];    // 원소가 5개인 배열 생성. 인덱스는 0~4까지 가능
intArray[0] = 5;                // 원소 0에 5 저장
intArray[3] = 6;                // 원소 3에 6 저장
int n = intArray[3];            // 원소 3의 값을 읽어 n에 저장. n은 6이 됨
```

다음은 음수 인덱스를 사용하거나 배열의 범위를 넘어서 잘못 접근한 사례이다.

```
오류 n = intArray[-2];      // 실행 오류. 인덱스로 음수 사용 불가
     n = intArray[5];       // 실행 오류. 5는 인덱스의 범위(0~4)를 넘었음
```

실행시간 오류

배열의 원소를 접근하려면 반드시 배열이 생성(공간 할당)되어 있어야 한다. 배열이 생성되어 있지 않는 상태에서 배열을 사용하면 배열이 초기화가 되지 않았다는 컴파일 오류가 발생하거나, 실행시간 오류가 발생한다. 다음은 생성하지 않은 배열을 잘못 사용한 사례이다.

```
     int intArray [];       // 배열에 대한 레퍼런스만 선언
오류 intArray[1] = 8;       // 오류. 생성 되지 않은 배열 사용
```

레퍼런스 치환과 배열 공유

배열 공유

자바에서는 레퍼런스 변수와 배열 공간이 분리되어 있기 때문에, 다수의 레퍼런스 변수가 하나의 배열 공간을 가리키는 배열 공유가 쉽게 이루어진다. 다음 코드와 함께 [그림 3-15]를 보면서 배열이 공유되는 것을 알아보자.

```
int intArray[] = new int[5];
int myArray[] = intArray; // 레퍼런스 치환. myArray는 intArray와 동일한 배열 참조
```

치환

앞의 코드에서 두 번째 라인은 레퍼런스 변수 myArray를 생성하고 intArray 변수의 값을 myArray에 치환하는 코드이다. 이 치환으로 intArray 배열이 복사되는 것이 아

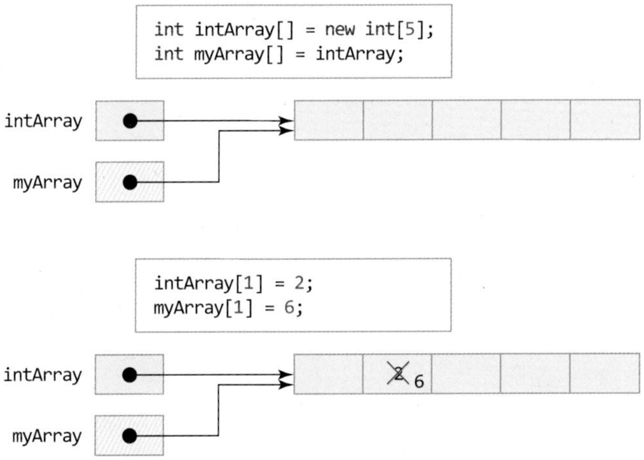

[그림 3-15] 레퍼런스 치환으로 두 레퍼런스가 하나의 배열을 공유

니라, 레퍼런스 즉 배열에 대한 주소만 복사된다. 그 결과 myArray는 intArray와 동일한 레퍼런스 값을 가지게 되어 myArray는 intArray의 배열을 공유하게 되고, myArray로 intArray의 배열 원소를 마음대로 접근할 수 있다.

배열 공유

[그림 3-15]의 윗부분은 intArray가 참조하는 배열을 myArray도 참조하고 있음을 보여준다. intArray와 myArray가 같은 배열을 참조하고 있기 때문에, [그림 3-15]의 아랫부분의 myArray[1]=6;에 의해 먼저 기록된 값 2가 6으로 변경되는 것을 보여준다.

배열에 입력받은 수 중 제일 큰 수 찾기 **예제 3-7**

양수 5개를 입력받아 배열에 저장하고, 제일 큰 수를 출력하는 프로그램을 작성하라.

```
import java.util.Scanner;

public class ArrayAccess {
   public static void main(String[] args) {
      Scanner scanner = new Scanner(System.in);

      int intArray[] = new int[5]; // 배열 생성
      int max=0; // 현재 가장 큰 수
      System.out.println("양수 5개를 입력하세요.");
      for(int i=0; i<5; i++) {
         intArray[i] = scanner.nextInt(); // 입력받은 정수를 배열에 저장
         if(intArray[i] > max) // intArray[i]가 현재 가장 큰 수보다 크면
            max = intArray[i]; // intArray[i]를 max로 변경
      }
      System.out.print("가장 큰 수는 " + max + "입니다.");

      scanner.close();
   }
}
```

실행 결과

```
양수 5개를 입력하세요.
1
39
78
100
99
가장 큰 수는 100입니다.
```

● 배열의 크기, length 필드

배열 객체
length

자바는 배열을 객체로 다룬다. 객체는 4장에서 이해하기로 하고 우선 넘어가자. 배열이 생성되면 [그림 3-16]과 같이 객체가 생성된다. 이 객체에는 배열의 저장 공간과 함께 배열의 크기 값을 가진 length 필드가 존재한다.

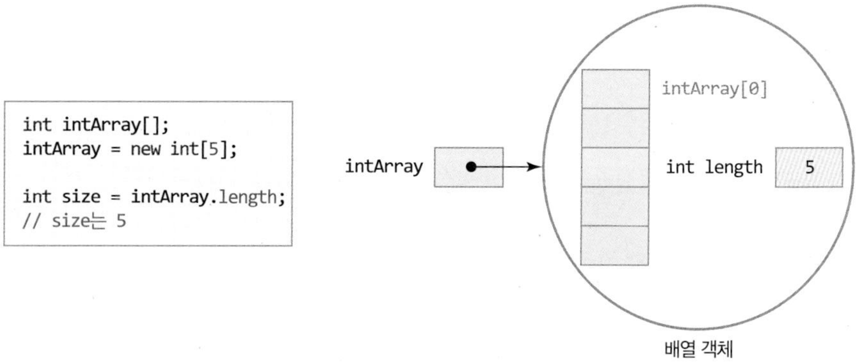
int intArray[];
intArray = new int[5];
int size = intArray.length;
// size는 5
intArray
intArray[0]
int length
5
배열 객체

[그림 3-16] 배열은 객체로 관리됨. 배열의 크기를 가진 멤버는 length 필드

length 필드를 이용하면 배열의 크기를 다음과 같이 간단히 알아낼 수 있다.

```
int intArray [] = new int[5];
int size = intArray.length; // size는 5
```

배열 객체에 length 필드가 있기 때문에, 프로그램에서 배열의 크기를 따로 관리할 필요가 없다. 배열의 크기만큼 반복할 때 length 필드는 매우 유용하다. 다음은 intArray 배열의 모든 값을 출력하는 코드이다.

```
for(int i=0; i<intArray.length; i++) // intArray 배열 크기(5)만큼 반복한다.
    System.out.println(intArray[i]);
```

배열 원소의 평균 구하기 **예제 3-8**

배열의 length 필드를 이용하여 배열 크기만큼 정수를 입력받고 평균을 구하는 프로그램을 작성하라.

```
import java.util.Scanner;

public class ArrayLength {
   public static void main(String[] args) {
      int intArray[] = new int[5]; // 배열의 선언과 생성
      int sum=0;

      Scanner scanner = new Scanner(System.in);
      System.out.print(intArray.length + "개의 정수를 입력하세요>> ");
      for(int i=0; i<intArray.length; i++)
         intArray[i] = scanner.nextInt(); // 키보드에서 입력받은 정수 저장

      for(int i=0; i<intArray.length; i++)
         sum += intArray[i]; // 배열에 저장된 정수 값 더하기

      System.out.print("평균은 " + (double)sum/intArray.length);
      scanner.close();
   }
}
```

실행 결과

```
5개의 정수를 입력하세요>> 2 3 4 5 9
평균은 4.6
```

● 배열과 for-each 문

기존의 for 문을 변형하여, 배열이나 나열(enumeration)의 크기만큼 루프를 돌면서 각 원소를 순차적으로 접근하는데 유용하게 만든 for 문을 for-each 문(오라클에서는 advanced for라고 부름)이라고 부르며, 구조는 [그림 3-17]과 같다.

원소를 순차적으로 접근 for-each 문

```
      ①
for (변수 : 배열레퍼런스) {
      .. 반복작업문 ..
}
          ②
```

[그림 3-17] for-each 문의 구조

배열

배열 n에 들어 있는 모든 정수를 더하는 코드를 for-each 문으로 작성하면 다음과 같다.

```
// 이 for 문을 바꾼 사례이다.
for (int i=0; i<n.length; i++) {
   int k = n[i];
   sum += k;
}
```

```
int [] n = { 1,2,3,4,5 };
int sum = 0;
for (int k : n) { // n.length번 반복. k는 n[0], ..., n[4]로 번갈아 반복
    sum += k;
}
System.out.println("합은 " + sum);
```

앞의 for-each 문은 k=n[0], n[1], n[2], n[3], n[4] 값으로 바꾸면서, 배열 n의 크기만큼 반복한다. 그러므로 sum의 결과는 15가 된다.

문자열 배열

또 다른 예를 들어보자. 문자열 배열에 있는 모든 문자열을 for-each 문으로 출력하는 코드와 실행 결과는 다음과 같다.

```
String names[] = { "사과", "배", "바나나", "체리", "딸기", "포도" } ;
for (String s : names) { // 반복할 때마다 s는 names[0], ..., names[5]로 설정
       System.out.print(s + " ");
}
```

```
사과 배 바나나 체리 딸기 포도
```

나열

배열뿐만 아니라 나열 타입(enum)에 대해서도 다음과 같이 for-each 문이 사용된다.

```
enum Week { 월, 화, 수, 목, 금, 토, 일 }
for (Week day : Week.values()) // 반복될 때마다 day는 월, 화, 수, 목, 금, 토, 일로 설정
       System.out.print(day + "요일 ");
```

```
월요일 화요일 수요일 목요일 금요일 토요일 일요일
```

앞의 코드는 enum 타입 Week를 선언한다. Week 타입은 월, 화, 수, 목, 금, 토, 일의 7개의 값 중 하나만 가지도록 선언되었기 때문에, Week 타입의 객체 day는 이 7개의 값 외 다른 값을 가질 수 없다.

for-each 문 활용 예제 3-9

for-each 문을 활용하는 사례를 보자.

```
public class foreachEx {
  enum Week { 월, 화, 수, 목, 금, 토, 일 }

  public static void main(String[] args) {
    int [] n = { 1,2,3,4,5 };
    String names[] = { "사과", "배", "바나나", "체리", "딸기", "포도" };

    int sum = 0;
    // 아래 for-each에서 k는 n[0], n[1], ..., n[4]로 반복
    for (int k : n) {    for-each 문
      System.out.print(k + " "); // 반복되는 k 값 출력
      sum += k;
    }
    System.out.println("합은" + sum);

    // 아래 for-each에서 s는 names[0], names[1], ..., names[5]로 반복
    for (String s : names)    for-each 문
      System.out.print(s + " ");
    System.out.println();

    // 아래 for-each에서 day는 월, 화, 수, 목, 금, 토, 일 값으로 반복
    for (Week day : Week.values())    for-each 문
      System.out.print(day + "요일 ");
    System.out.println();
  }
}
```

실행 결과

```
1 2 3 4 5 합은 15
사과 배 바나나 체리 딸기 포도
월요일 화요일 수요일 목요일 금요일 토요일 일요일
```

CHECK TIME

1. 10개의 정수를 저장하는 배열 tenArray을 선언하고 생성하는 코드를 작성하라.
2. 배열 tenArray의 크기를 어떻게 알아낼 수 있는가?
3. 배열 tenAarray에 1~10까지 저장한 뒤, 모든 원소의 값을 더하여 출력하는 프로그램을 작성하라.

3.4 다차원 배열

다차원 배열

자바에서 여러 차원의 배열을 만들 수 있다. 3차원 이상의 배열은 특별한 경우에만 사용하기 때문에 이 책에서는 2차원 배열만 다룬다. 자바의 다차원 배열은 C/C++와 달리 독특한 구조를 가지기 때문에 주의하여 학습하기 바란다.

2차원 배열

● 2차원 배열의 선언과 생성

1차원 배열과 마찬가지로 2차원 배열에서도 레퍼런스 변수 선언 후 배열을 생성한다. 2차원 배열의 레퍼런스 변수를 선언하는 방법은 다음 두 가지가 있다.

```
int intArray [][];
char charArray [][];
double doubleArray [][];
```

또는

```
int [][] intArray;
char [][] charArray;
double [][] doubleArray;
```

new 연산자
행
열

이제, 2차원 배열의 저장 공간은 다음과 같이 new 연산자를 이용하여 생성하며, 첫 번째 []는 행의 개수를, 두 번째 []는 열의 개수를 나타낸다.

```
intArray = new int [2][5];          // 2행 5열의 2차원 배열 생성
charArray = new char [5][5];        // 5행 5열의 2차원 배열 생성
doubleArray = new double [5][2];    // 5행 2열의 2차원 배열 생성
```

[그림 3-18]은 new int [2][5]에 의해 생성된 2×5의 2차원 배열 구조를 보여준다. 2차원 배열에서는 행의 각 원소는 1차원 배열에 대한 레퍼런스가 된다.

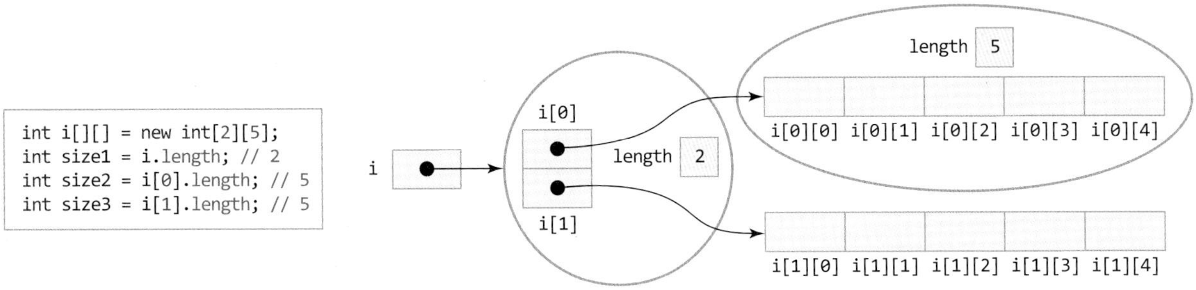
int i[][] = new int[2][5];
int size1 = i.length; // 2
int size2 = i[0].length; // 5
int size3 = i[1].length; // 5
i
i[0]
i[1]
length 2
length 5
i[0][0] i[0][1] i[0][2] i[0][3] i[0][4]
i[1][0] i[1][1] i[1][2] i[1][3] i[1][4]

[그림 3-18] new int [2][5]에 의해 생성된 2차원 배열의 구조

[그림 3-18]에서 2차원 배열의 length 의미를 살펴보면 다음과 같다.

length

- i.length → 2차원 배열의 행의 개수, 2
- i[0].length → 0번째 행에 있는 열의 개수, 5
- i[1].length → 1번째 행에 있는 열의 개수, 5

2차원 배열도 다음과 같이 레퍼런스 변수 선언과 배열 생성을 동시에 할 수 있다.

```
int intArray [][] = new int [2][5];
char charArray [][] = new char [5][5];
double doubleArray [][] = new double [5][2];
```

● 2차원 배열의 초기화

다음과 같이 2차원 배열을 선언할 때 각 원소를 초기화할 수 있다. 그러면 자동으로 원소 개수만한 배열 공간이 할당되고, 원소 값으로 초기화된다.

```
int intArray[][] = { {0,1,2}, {3,4,5}, {6,7,8} };          // 3x3 배열 생성
char charArray[][] = { {'a','b','c'}, {'d','e','f'} };     // 2x3 배열 생성
double doubleArray[][] = { {0.01,0.02}, {0.03,0.04} };     // 2x2 배열 생성
```

예제 3-10 2차원 배열로 4년 평점 구하기

2차원 배열에 학년별로 1, 2학기 성적으로 저장하고, 4년간 전체 평점 평균을 출력하라.

```
public class ScoreAverage {
   public static void main(String[] args) {
      double score[][] = {{3.3, 3.4}, // 1학년 1, 2학기 평점
                          {3.5, 3.6}, // 2학년 1, 2학기 평점
                          {3.7, 4.0}, // 3학년 1, 2학기 평점
                          {4.1, 4.2} }; // 4학년 1, 2학기 평점
      double sum=0;
      for(int year=0; year<score.length; year++) // 각 학년별로 반복
         for(int term=0; term<score[year].length; term++) // 학기별로 반복
            sum += score[year][term]; // 전체 평점 합

      int n = score.length; // 배열의 행 개수, 4(4학년)
      int m = score[0].length; // 배열의 열 개수, 2(2학기)
      System.out.println("4년 전체 평점 평균은 " + sum/(n*m));
   }
}
```

실행 결과

```
4년 전체 평점 평균은 3.725
```

비정방형 배열

정방형 배열
비정방형 배열

지금까지 공부한 배열은 모두 정방형 배열이다. 정방형 배열은 각 행의 열 개수가 모두 동일한 배열을 말하며, 비정방형 배열은 행마다 열의 개수가 서로 다른 배열을 말한다. [그림 3-19]는 모든 행의 열의 개수가 동일한 4×4의 정방형 배열을 보여주며, [그림 3-20]은 행마다 열의 개수가 다른 비정방형 배열을 보여준다.

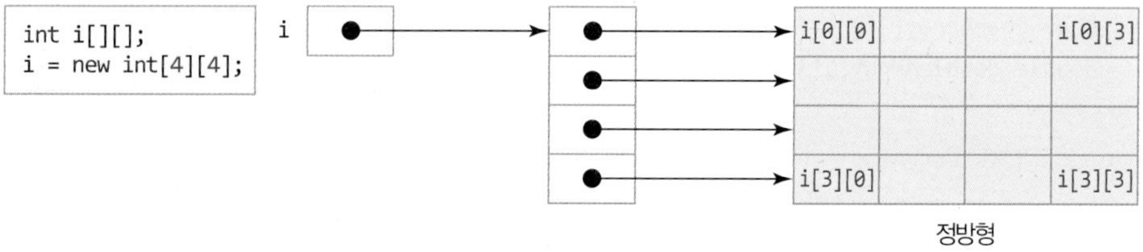

[그림 3-19] 4×4 정방형 배열

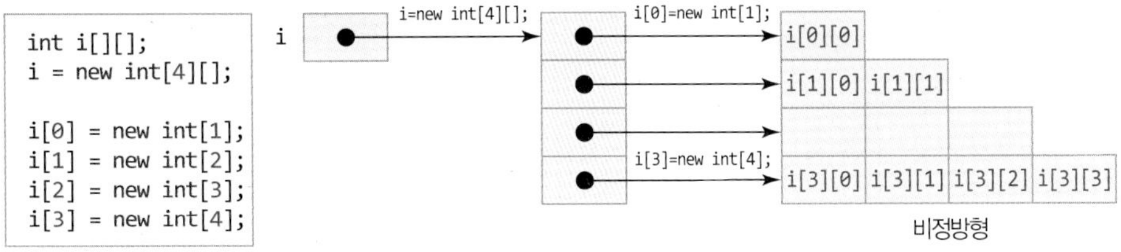

[그림 3-20] 비정방형 배열

비정방형 배열은 다음 코드로 작성한다. [그림 3-20]은 이 과정을 보여준다.

```
int i [][]; // 2차원 배열의 레퍼런스 변수 i 선언
i = new int [4][]; // 각 행을 가리키는 레퍼런스 배열 생성
i[0] = new int [1]; // 첫째 행에 1개 크기의 배열 생성
i[1] = new int [2]; // 둘째 행에 2개 크기의 배열 생성
i[2] = new int [3]; // 셋째 행에 3개 크기의 배열 생성
i[3] = new int [4]; // 넷째 행에 4개 크기의 배열 생성
```

여기서 length 필드의 의미를 살펴보자.

length 필드

- i.length → 2차원 배열의 행의 개수, 4
- i[0].length → 0번째 행의 열의 개수, 1
- i[1].length → 1번째 행의 열의 개수, 2
- i[2].length → 2번째 행의 열의 개수, 3
- i[3].length → 3번째 행의 열의 개수, 4

어떤 메소드가 배열을 매개변수로 받을 때, 배열이 정방형인지 비정방형인지는 표시되지 않기 때문에 항상 length 필드를 사용하여 각 행의 열의 개수를 파악하여야 한다.

배열 생성 시에 초기화를 통해 비정방형 배열을 생성할 수도 있다. 다음 코드는 [그림 3-20]의 비정방형 배열을 생성하고 순서대로 각 원소에 정수 0, 1, 2, …, 9값을 저장하는 코드이다.

```
int intArray[][] = { {0}, {1,2}, {3,4,5}, {6,7,8,9} };
```

잠깐!

정방형 배열 역시 비정방형 배열을 만드는 방법으로 만들 수 있다. **[그림 3-19]**의 4×4의 정방형 배열을 다음과 같이 만들 수 있다.

```
int i [][]; // 2차원 배열 레퍼런스 선언
i = new int [4][]; // 각 행의 레퍼런스 배열 생성
i[0] = new int [4]; // 첫째 행에 4개 정수 배열 생성
i[1] = new int [4]; // 둘째 행에 4개 정수 배열 생성
i[2] = new int [4]; // 셋째 행에 4개 정수 배열 생성
i[3] = new int [4]; // 넷째 행에 4개 정수 배열 생성
```

예제 3-11 비정방형 배열의 생성과 접근

다음 그림과 같은 비정방형 배열을 만들어 값을 초기화하고 출력하라.

10	11	12
20	21	
30	31	32
40	41	

```java
public class SkewedArray {
   public static void main (String[] args) {
      int intArray[][] = new int[4][]; // 각 행의 레퍼런스 배열 생성
      intArray[0] = new int[3]; // 첫째 행의 정수 3개의 배열 생성
      intArray[1] = new int[2]; // 둘째 행의 정수 2개의 배열 생성
      intArray[2] = new int[3]; // 셋째 행의 정수 3개의 배열 생성
      intArray[3] = new int[2]; // 넷째 행의 정수 2개의 배열 생성

      for (int i=0; i<intArray.length; i++) // 행에 대한 반복
         for (int j=0; j<intArray[i].length; j++) // 열에 대한 반복
            intArray[i][j] = (i+1)*10 + j;

      for (int i=0; i<intArray.length; i++) {
         for (int j=0; j<intArray[i].length; j++)
            System.out.print(intArray[i][j] + " ");
         System.out.println(); // 다음 줄로 넘어가기
      }
   }
}
```

실행 결과

```
10 11 12
20 21
30 31 32
40 41
```

3.5 메소드에서 배열 리턴

배열에 대한 레퍼런스만 리턴

메소드가 배열을 리턴하는 경우에 대해 알아보자. 메소드에서 어떤 배열이든지 리턴하면, 배열 공간 전체가 아니라 배열에 대한 레퍼런스만 리턴된다. [그림 3-21]은 int[] 배열을 리턴하는 makeArray() 메소드 코드이다.

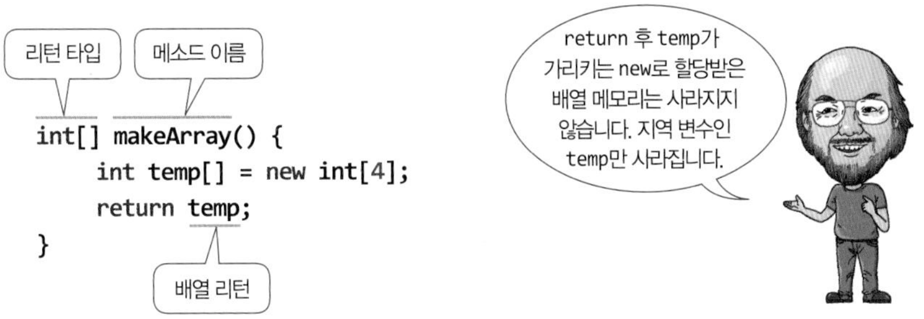
리턴 타입
메소드 이름
int[] makeArray() {
int temp[] = new int[4];
return temp;
}
배열 리턴
return 후 temp가 가리키는 new로 할당받은 배열 메모리는 사라지지 않습니다. 지역 변수인 temp만 사라집니다.

[그림 3-21] int[](배열 레퍼런스)을 리턴하는 메소드

리턴 타입

메소드는 레퍼런스만 리턴하기 때문에, 리턴 타입을 선언할 때 [] 안에 배열의 크기를 지정하지 않는다. 또한 리턴하는 배열의 타입이 리턴받는 레퍼런스 변수의 타입과 일치해야 한다. makeArray() 메소드로부터 배열을 리턴받는 코드를 작성해보자.

```
int [] intArray; // makeArray()의 리턴 타입과 동일한 타입 선언
intArray = makeArray(); // makeArray() 메소드가 리턴하는 배열 받음
```

이 코드의 실행 결과는 [그림 3-22]와 같으며, intArray는 makeArray()가 만들어 리턴한 배열을 가리키게 되어, 다음과 같이 intArray로 배열 원소에 접근 가능하다.

```
intArray[0] = 5;    intArray[1] = 6;    intArray[2] = 7;    intArray[3] = 8;
```

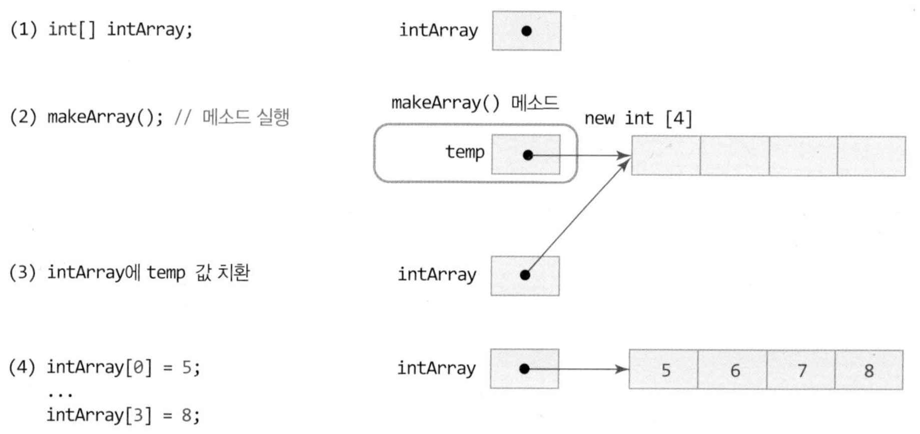

[그림 3-22] makeArray()로부터 배열을 리턴 받는 과정

예제 3-12 배열 리턴

정수 4개를 가지는 일차원 배열을 생성하고 1,2,3,4로 초기화한 다음, 배열을 리턴하는 makeArray()를 작성하고, 이 메소드로부터 배열을 전달받아 값을 출력하는 프로그램을 작성하라.

```
public class ReturnArray {
   static int[] makeArray() { // 정수형 배열을 리턴하는 메소드
      int temp[] = new int[4]; // 배열 생성
      for (int i=0; i<temp.length; i++)
         temp[i] = i; // 배열의 원소를 0, 1, 2, 3으로 초기화
      return temp; // 배열 리턴
   }

   public static void main (String[] args) {
      int intArray[]; // 배열 레퍼런스 변수 선언
      intArray = makeArray(); // 메소드로부터 배열 전달받음
      for (int i=0; i<intArray.length; i++)
         System.out.print(intArray[i] + " "); // 배열 모든 원소 출력
   }
}
```

makeArray()가 종료해도 생성된 배열은 소멸되지 않음

intArray는 makeArray()가 리턴한 배열을 가리킴

실행 결과

```
0 1 2 3
```

잠깐!

2차원 배열을 리턴하는 메소드와 배열을 리턴받는 코드는 다음과 같이 작성할 수 있다. **메소드의 리턴 타입**에 주목하기 바란다.

```
int [][] make2DArray() {
    return new int [3][4]; // 2차원 배열 생성 및 리턴
}
int [][] int2Array = make2DArray(); // 2차원 배열 리턴 받기(레퍼런스만)
```

메소드의 리턴 타입

CHECK TIME

1 다음 중 배열 선언과 생성이 옳은 것은?

① `int [] a = new int [];` ② `int a [5] = new int [5];`
③ `int a [] = new int [5];` ④ `int [5] a = {1,2,3,4,5};`

2 int형 원소를 갖는 2×3 크기의 2차원 배열을 생성하라.

3 다음은 원소 4개로 구성된 일차원 문자 배열을 리턴하는 makeCharArray()를 작성한 코드이다. 빈칸을 채워라.

```
______ makeCharArray() { // 리턴 타입 작성
          char [] c = new char[4];
          ___________; // return 문 작성
}
```

4 다음 그림과 같은 구조와 값을 갖는 비정방형 배열을 생성하라.

0	1	2	3
4			
5			
6	7	8	9

3.6 main() 메소드

main() 메소드의 특징

main() 메소드

main() 메소드는 자바 응용프로그램의 실행이 시작되는 특별한 메소드로서 원형은 [그림 3-23]과 같다.

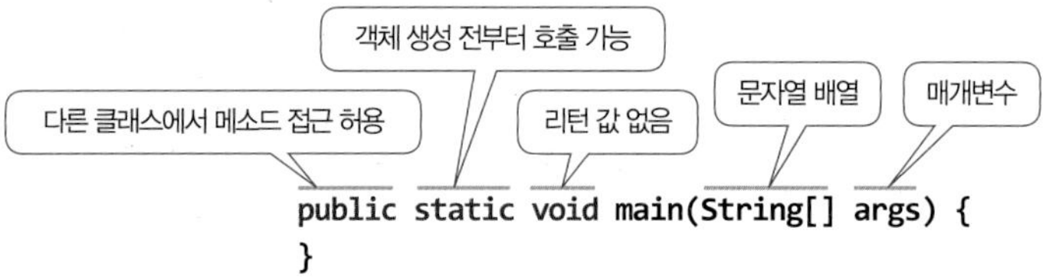

[그림 3-23] main() 메소드의 원형

main() 메소드의 특징을 정리해보자.

- 자바 응용프로그램의 실행은 main() 메소드부터 시작한다.

public

- main() 메소드는 public 속성이다.
  public 속성은 메소드가 다른 클래스에서 호출 가능함을 나타낸다. 자바 응용프로그램이 실행을 시작할 때 자바 가상 기계(JVM)에 의해 호출되어야 하므로 public 속성으로 선언되어야 한다(4장 6절 참고).

static

- main() 메소드는 static 속성이다.
  main() 메소드는 자신을 포함하는 클래스의 객체가 생성되기 전에, 처음부터 자바 가상 기계에 의해 호출되므로 static 속성으로 선언되어야 한다(4장 7절 참고).

void

- main() 메소드의 리턴 타입은 void이다.
  아무 값도 리턴하지 않기 때문에 void 타입이다. main() 메소드를 끝내기 위해 리턴하려면 단순히 return; 문을 사용하면 된다.

문자열 배열(String [])

- main() 메소드에는 **문자열 배열**(String [])이 매개변수로 전달된다.
  자바는 명령행에 입력된 인자들을 문자열 배열로 만들어 main() 메소드에 전달한다.

main() 메소드의 매개변수

자바에서 main() 메소드의 매개변수에 어떤 값이 어떻게 전달되는지 알아보자. 다음은 Hello 클래스를 실행하는 명령의 사례이다.

```
C:\>java Hello option1 option2 ... optionN
```

Hello 클래스의 main()에서 실행 시작

option1, option2, …, optionN을 명령행 인자(command line argument)라고 부르며, 이들은 모두 Hello 클래스의 main() 메소드의 매개변수로 전달된다.

명령행 인자
main() 메소드의 매개변수

이 과정을 구체적으로 설명하면 [그림 3-24]와 같다. 그림에서는 총 3개의 명령행 인자들이 있다. Hello 클래스의 main() 메소드가 시작되기 전, 이 인자들은 각각 문자열로 만들어지고 문자열(String) 배열에 저장된다. 그리고 문자열 배열에 대한 레퍼런스가 main()의 매개변수 args에 전달된다. 이런 방식으로 main() 메소드는 명령행 인자들을 전달받는다.

문자열 배열

args를 이용하여 명령행 인자를 전달받는 코드는 다음과 같이 작성할 수 있다.

```
public static void main(String [] args) {
    String a = args[0]; // a는 "abc"
    String b = args[1]; // b는 "3"
    String c = args[2]; // c는 "5.7"
}
```

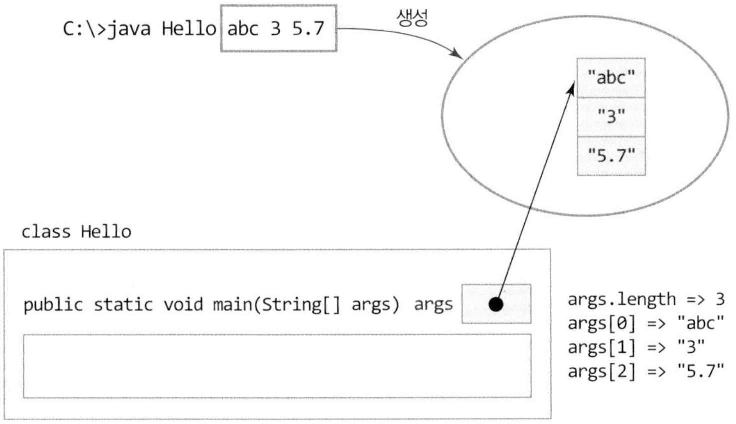

[그림 3-24] main() 메소드의 매개변수로 명령행 인자의 전달

이클립스에서 main() 메소드의 인자 전달

main() 메소드에 인자를 전달하기 위해 일부러 명령창을 열고 "java Hello abc 3 5.7"을 입력하는 수고를 할 필요는 없다. 이클립스에서는 [그림 3-25]와 같이 Run 메뉴의 Run Configurations 메뉴 항목에서 main() 메소드에 전달할 인자를 지정할 수 있다.

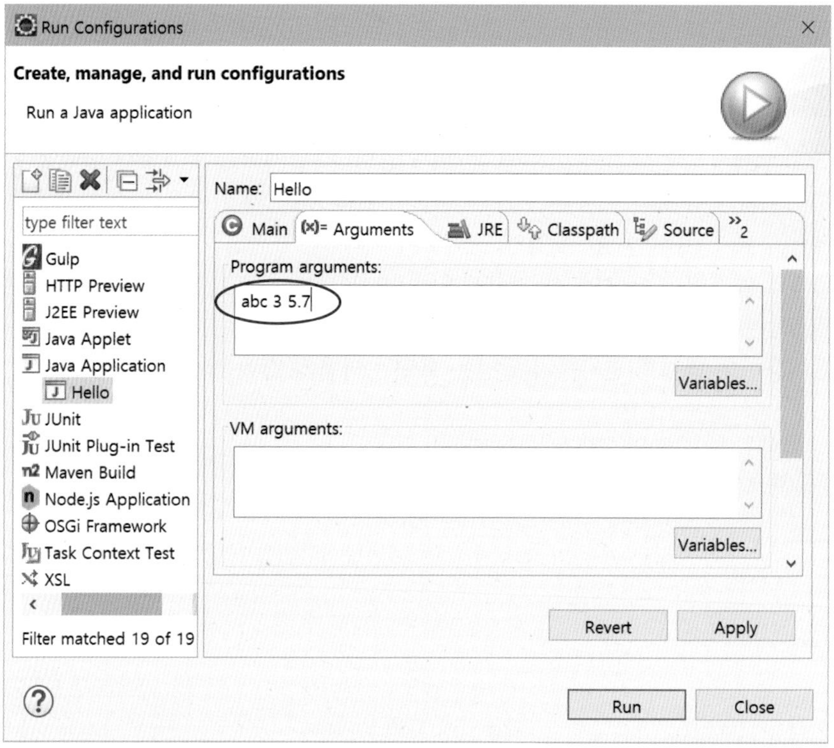

[그림 3-25] 이클립스에서 main() 메소드에 전달한 인자 지정

main()에 명령행 인자를 전달하고 활용하는 예

length 필드

main(String [] args) 메소드에서 args[0], args[1] 등은 모두 String 타입이므로 필요한 경우 다른 타입으로 변환하여 사용해야 한다. 명령행 인자의 개수는 args의 length 필드를 이용하여 알 수 있다.

예제 3-13의 실례를 통해 구체적인 사용법을 익혀보자. 우선 예제 3-13의 소스를 C:\Temp 폴더에 Calc.java 이름으로 저장한다. 그리고 다음과 같이 Calc.java를 컴파일한다.

```
C:\Temp>javac Calc.java
```

컴파일이 성공하면, 다음 명령을 입력하여 Calc를 실행시킨다.

```
C:\Temp>java Calc 2 20.5 88.1
```

Calc 클래스의 main() 메소드에는 "2", "20.5", "88.1" 문자열을 포함하는 배열로 만들어져 전달되고, main() 메소드는 각 문자열을 실수로 변환하여 모두 더한 후 출력한다.

main()에서 명령행 인자의 합 계산 **예제 3-13**

사용자가 명령행에 입력한 실수들을 main() 메소드에서 전달받아 합을 구하는 프로그램을 작성하라.

```
public class Calc {
   public static void main (String[] args) {
      double sum = 0.0;

      for (int i=0; i<args.length; i++) // 인자 개수만큼 반복
         sum += Double.parseDouble(args[i]); // 문자열을 실수(double 타입)로 변환
                                               하여 합산

      System.out.println("sum = " + sum);
   }
}
```

parseDouble()은 문자열을 실수로 변환하여 리턴한다. 예를 들면, Double.parseDouble("20.5")는 실수 20.5를 리턴한다.

명령 프롬프트

```
C:\Temp>javac Calc.java

C:\Temp>java Calc 2 20.5 88.1
sum = 110.6

C:\Temp>
```

명령행 인자 2 20.5 88.1을 모두 합하여 110.6 출력

CHECK TIME

1. main() 메소드의 매개변수 타입은 무엇인가?
2. main() 메소드에서 사용자가 입력한 명령행 인자의 개수를 알아내는 방법은?
3. 명령행 인자를 모두 출력하는 main() 메소드를 작성하라.

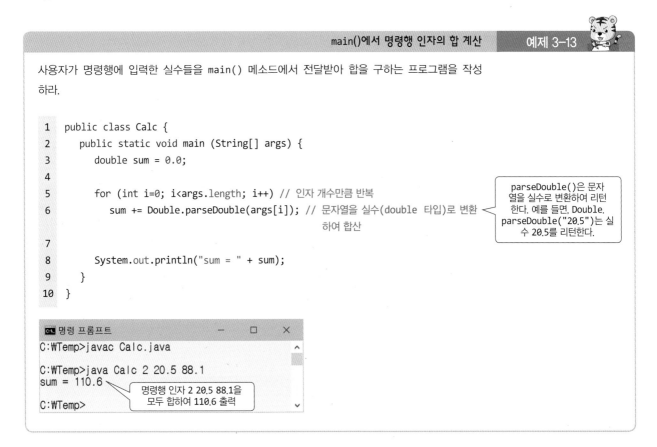

3.7 자바의 예외 처리

예외(Exception)란?

예외
컴파일 오류

자바에서 오동작이나 결과에 악영향을 미칠 수 있는 실행 중 발생한 오류를 예외(exception)라고 한다. 문법에 맞지 않게 작성된 코드는 사전에 컴파일러에 의해 컴파일 오류(compile time error)로 걸러지지만, 예외는 사용자의 잘못된 입력이나 배열의 인덱스가 배열의 크기를 넘어가는 등, 예기치 못한 상황에 의해 프로그램 실행 중에 발생한다. 실행 중에 예외가 발생하는 몇 가지 경우를 나열해보자.

- 정수를 0으로 나누는 경우
- 배열의 크기보다 큰 인덱스로 배열의 원소를 접근하는 경우
- 존재하지 않는 파일을 읽으려고 하는 경우
- 정수 입력을 기다리는 코드가 실행되고 있을 때, 사용자가 문자를 입력한 경우

실행 중에 예외가 발생하면 자바 플랫폼이 가장 먼저 알게 되어, 현재 실행 중인 응용프로그램에게 예외를 전달한다. 만일 응용프로그램이 예외에 대처하는 코드를 가지고 있지 않다면, 자바 플랫폼은 응용프로그램을 곧바로 종료시킨다.

예외 발생 사례

실제 예외가 발생하는 사례를 들어보자. 예제 3-14는 0으로 나누기를 실행할 때 예외가 발생하여 응용프로그램이 강제로 종료되는 경우를 보여준다.

잠깐!

실행시간 오류
예측할 수 없고
멈출 수 없는
예외
recoverable
제어 가능

예외(exception)와 실행시간 오류(run-time error)는 어떻게 다른가? **실행시간 오류**는 조건문이 잘못 작성된 반복문이 무한루프를 실행하거나, recursion을 제어하는 코드를 잘못 작성하여 스택이 계속 쌓여(스택 오버플로) JVM의 메모리가 부족할 때까지 실행되는 등 언제 어디서 발생할지 **예측할 수 없고**, 발생하였을 때 시스템이나 사용자에게 해를 주거나 강제로 프로그램을 종료시키지 않으면 **멈출 수 없는** 경우이다.
하지만, **예외**란 사용자 프로그램에서 **try-catch** 블록을 이용하여 제어할(**handling**) 수 있는 실행시간 오류이다. 파일을 여는 코드나 나누기 하는 코드 등을 작성할 때 파일을 열지 못할 수 있고, 0으로 나누기가 이루어질 수 있음을 알고, 또 이런 상황에 발생하였을 때는 **try-catch** 블록을 이용하여 문제를 바로 잡아(recoverable) 계속 실행되게 하거나, 시스템이나 사용자에게 해를 끼치지 않으면서 정상적인 방법으로 프로그램을 종료시킬 수 있도록 **제어 가능**한 경우이다.

예제 3-14 0으로 나누기 예외 발생으로 프로그램이 강제 종료되는 경우

두 정수를 입력받아 나눗셈을 하고 몫을 구하는 프로그램 코드이다. 사용자가 나누는 수에 0을 입력하면 ArithmeticException 예외가 발생하여 프로그램이 강제 종료된다.

```
1  import java.util.Scanner;
2
3  public class DivideByZero {
4     public static void main(String[] args) {
5        Scanner scanner = new Scanner(System.in);
6        int dividend; // 나뉨수
7        int divisor; // 나눗수
8
9        System.out.print("나뉨수를 입력하시오:");
10       dividend = scanner.nextInt(); // 나뉨수 입력
11       System.out.print("나눗수를 입력하시오:");
12       divisor = scanner.nextInt(); // 나눗수 입력
13       System.out.println(dividend+"를 "+ divisor + "로 나누면 몫은 "
14             + dividend/divisor + "입니다.");
15       scanner.close();
16    }
17 }
```

dividend/divisor에서 divisor가 0이면 예외 발생

실행 결과

```
나뉨수를 입력하시오:100
나눗수를 입력하시오:0
Exception in thread "main" java.lang.ArithmeticException: / by zero
at DivideByZero.main(DivideByZero.java:14)
```

ArithmeticException 예외

예제 3-14를 실행하고 100과 0을 입력하면 라인 14의 dividend/divisor를 실행하는 도중, JVM은 정수를 0으로는 나눌 수 없기 때문에 ArithmeticException 예외를 발생시킨다. 예제 프로그램은 이 예외에 대한 대처 코드가 없기 때문에 자바 플랫폼에 의해 강제 종료된다. 예제 3-14의 실행 오류 메시지는 발생한 예외의 종류가 ArithmeticException임을 알려준다.

사용자가 0을 입력하는 예외 상황은 컴파일 시에 미리 걸러낼 수 없다. 다만, 예외가 발생할 때, 응용프로그램이 이에 적절히 대응함으로써(handling) 강제 종료되지 않고 사용자의 입력을 다시 받는 등 별도의 조치를 취할 수 있다.

이제, 예외가 발행할 때 이에 적절히 대응하는 코드를 작성해보자.

예외 처리, try-catch-finally 문

예외 처리
try-catch-finally 문

예외 처리란, 개발자가 작성한 프로그램의 실행 중에 예외가 발생하면 이에 대응하는 것을 말한다. 자바는 예외 처리를 위해 try-catch-finally 문을 사용한다. 사용법은 다음과 같다.

```
try {
    예외가 발생할 가능성이 있는 실행문(try 블록)
}
catch (처리할 예외 타입 선언) {
    예외 처리문(catch 블록)
}
finally {
    예외 발생 여부와 상관없이 무조건 실행되는 문장(finally 블록)
}
```
(finally 블록: 생략 가능)

try { } 블록
catch { } 블록

예외가 발생할 가능성이 있는 실행문들을 try { } 블록으로 묶고, 예외 처리 코드는 catch { } 블록 내에 작성한다. catch() 문의 () 안에는 처리하고자 하는 예외의 타입을 선언한다. catch { } 블록은 예외마다 하나씩 작성되어야 한다.

[그림 3-26]은 try 블록에서 정상적인 경우와 예외가 발생한 경우, 실행 과정을 대비하여 보여준다. try 블록에서 예외가 발생하면 응용프로그램은 남은 실행문을 실행하지 않고 바로 catch 블록의 예외 처리문으로 점프하여 실행한다. 물론 발생한 예외의 타입과 일치하는 catch() 블록으로 점프한다.

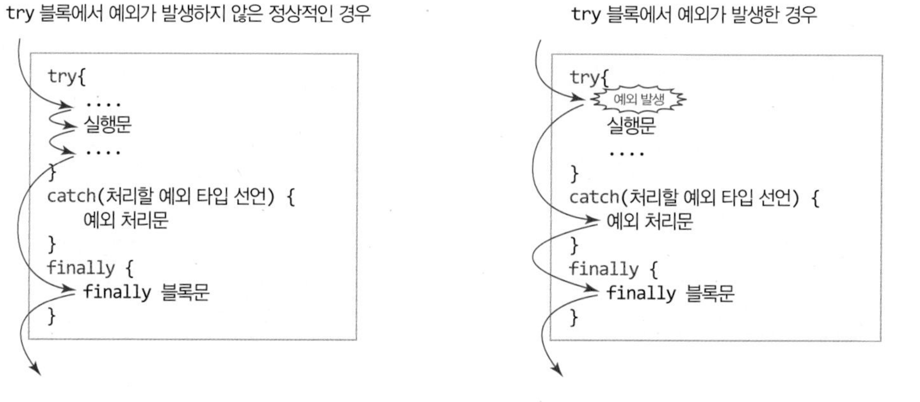

[그림 3-26] 정상적인 경우와 예외가 발생한 경우의 실행 과정 대비

finally { } 블록

finally { } 블록은 생략해도 상관없으며 실제 많은 경우 생략한다. finally 블록은 예외가 발생하든 않든 마지막에 반드시 실행된다.

자바의 예외 클래스

응용프로그램에서는 자바 플랫폼에서 제공하는 예외 클래스를 이용하여 예외 발생을 탐지할 수 있다. 자주 활용되는 예외 클래스는 〈표 3-1〉과 같다.

예외 클래스

실행 중 try 블록 내에서 예외가 발생되면, 자바 플랫폼은 catch() 문의 '처리할 예외 타입 선언'부에 객체로 만들어 전달한다. 예외 객체는 발생한 예외에 대한 정보를 제공한다.

〈표 3-1〉 자주 발생하는 예외

예외 타입(예외 클래스)	예외 발생 경우	패키지
ArithmeticException	정수를 0으로 나눌 때 발생	java.lang
NullPointerException	null 레퍼런스를 참조할 때 발생	java.lang
ClassCastException	변환할 수 없는 타입으로 객체를 변환할 때 발생	java.lang
OutOfMemoryError	메모리가 부족한 경우 발생	java.lang
ArrayIndexOutOfBoundsException	배열의 범위를 벗어난 접근 시 발생	java.lang
IllegalArgumentException	잘못된 인자 전달 시 발생	java.lang
IOException	입출력 동작 실패 또는 인터럽트 시 발생	java.io
NumberFormatException	문자열이 나타내는 숫자와 일치하지 않는 타입의 숫자로 변환 시 발생	java.lang
InputMismatchException	Scanner 클래스의 nextInt()를 호출하여 정수로 입력받고자 하였지만, 사용자가 'a' 등과 같이 문자를 입력한 경우	java.util

다음은 배열의 범위를 벗어나 배열의 원소를 접근할 때 발생하는 ArrayIndexOutOfBoundsException 예외를 처리하는 예이다.

```
int intArray [] = new int[5]; // 인덱스는 0~4까지 가능
try {
    intArray[3] = 2;    // 예외 발생하지 않음
    intArray[6] = 5;    // 예외 발생 <- 이 문장 실행 시 ArrayIndexOutOfBoundsException 예외 발생
}
catch(ArrayIndexOutOfBoundsException e) { // 객체 e에 예외 정보가 넘어옴
    System.out.println("배열의 범위를 초과하여 원소를 접근하였습니다.");
}
```

다수의 예외를 처리하고자 하는 경우에는 여러 개의 catch 블록을 연속적으로 작성할 수 있으며, 발생한 예외와 타입이 일치하는 catch 블록이 실행된다. 만일 발생한 예

catch 블록

System.exit(0)

외 타입과 일치하는 catch 블록이 없으면 프로그램은 강제 종료된다. catch 블록 내에서 System.exit(0)을 호출하면 언제든지 프로그램을 종료할 수 있다.

예제 3-15 0으로 나눌 때 발생하는 ArithmeticException 예외 처리

try-catch 블록을 이용하여 예제 3-14를 수정하여, 정수를 0으로 나누는 경우에 "0으로 나눌 수 없습니다!"를 출력하고 다시 입력 받는 프로그램을 작성하라.

```
import java.util.Scanner;

public class DevideByZeroHandling {
   public static void main(String[] args) {
      Scanner scanner = new Scanner(System.in);

      while (true) {
         System.out.print("나뉨수를 입력하시오:");
         int dividend = scanner.nextInt(); // 나뉨수 입력
         System.out.print("나눗수를 입력하시오:");
         int divisor = scanner.nextInt(); // 나눗수 입력
         try {
            System.out.println(dividend + "를 "+ divisor + "로 나누면 몫은 "
                  + dividend/divisor + "입니다.");
            break; // 정상적인 나누기 완료 후 while 벗어나기
         }
         catch (ArithmeticException e) { // ArithmeticException 예외 처리 코드
            System.out.println("0으로 나눌 수 없습니다! 다시 입력하세요");
         }
      }
      scanner.close();
   }
}
```

divisor가 0인 경우 ArithmeticException 예외 발생

위 프로그램을 실행하여 각각 100, 0을 입력하면 catch 블록에서 예외 처리를 하므로 예제 3-14와 달리 프로그램이 종료되지 않는다. catch 블록 실행 후 다시 while 문을 반복하고, try 블록에서 정상적으로 나누기가 이루어지면 break 문을 이용하여 빠져 나온다.

실행 결과

```
나뉨수를 입력하시오:100
나눗수를 입력하시오:0
0으로 나눌 수 없습니다! 다시 입력하세요
나뉨수를 입력하시오:100
나눗수를 입력하시오:5
100를 5로 나누면 몫은 20입니다.
```

범위를 벗어난 배열의 접근(ArrayIndexOutOfBoundsException) 예제 3-16

배열의 인덱스가 범위를 벗어날 때 발생하는 ArrayIndexOutOfBoundsException을 처리하는 프로그램을 작성하라.

```
public class ArrayException {
   public static void main (String[] args) {
      int[] intArray = new int[5];
      intArray[0] = 0;
      try {
         for (int i=0; i<5; i++) {
            intArray[i+1] = i+1 + intArray[i]; // i=4인 경우 예외 발생
            System.out.println("intArray[" + i + "]" + "=" + intArray[i]);
         }
      }
      catch (ArrayIndexOutOfBoundsException e) {
         System.out.println("배열의 인덱스가 범위를 벗어났습니다.");
      }
   }
}
```

i가 4일 때 ArrayIndexOutOfBoundsException 예외 발생

실행 결과

```
intArray[0]=0
intArray[1]=1
intArray[2]=3
intArray[3]=6
배열의 인덱스가 범위를 벗어났습니다.
```

예제 3-17 입력 오류 시 발생하는 예외(InputMismatchException)

3개의 정수를 입력받아 합을 구하는 프로그램을 작성하라. 사용자가 정수가 아닌 문자를 입력할 때 발생하는 InputMismatchException 예외를 처리하여 다시 입력받도록 하라.

```
import java.util.Scanner;
import java.util.InputMismatchException;

public class InputException {
   public static void main(String[] args) {
      Scanner scanner = new Scanner(System.in);
      System.out.println("정수 3개를 입력하세요");
      int sum=0, n=0;
      for(int i=0; i<3; i++) {
         System.out.print(i+">>");
         try {
            n = scanner.nextInt(); // 정수 입력
         }
         catch(InputMismatchException e) {
            System.out.println("정수가 아닙니다. 다시 입력하세요!");
            scanner.nextLine(); // 현재 입력 스트림에 남아 있는 토큰을 지운다.
            i--; // 인덱스가 증가하지 않도록 미리 감소
            continue; // 다음 루프
         }
         sum += n; // 합하기
      }
      System.out.println("합은 " + sum);
      scanner.close();
   }
}
```

사용자가 정수가 아닌 문자를 입력하면 InputMismatchException 예외 발생

실행 결과

```
정수 3개를 입력하세요
0>>5
1>>R
정수가 아닙니다. 다시 입력하세요!
1>>4
2>>6
합은 15
```

정수가 아닌 문자열을 정수로 변환할 때 예외 발생(NumberFormatException) 예제 3-18

문자열을 정수로 변환할 때 발생하는 NumberFormatException을 처리하는 프로그램을 작성하라.

```
public class NumException {
  public static void main (String[] args) {
    String[] stringNumber = {"23", "12", "3.141592", "998"};

    int i=0;
    try {
      for (i=0; i<stringNumber.length; i++) {
        int j = Integer.parseInt(stringNumber[i]);
        System.out.println("정수로 변환된 값은 " + j);
      }
    }
    catch (NumberFormatException e) {
      System.out.println(stringNumber[i] + "는 정수로 변환할 수 없습니다.");
    }
  }
}
```

"3.141592"를 정수로 변환할 때 NumberFormatException 예외 발생

실행 결과

```
정수로 변환된 값은 23
정수로 변환된 값은 12
3.141592는 정수로 변환할 수 없습니다.
```

CHECK TIME

1. 예외가 발생할 소지가 있는 코드는 try 블록에 두는가, catch 블록에 두는가?

2. 다음 밑줄 친 문장을 실행할 때 발생하는 예외는 무엇인가?

(1) `int ar [] = new int [3];`
`ar[4] = 5;`

(2) `String s = "Java";`
`int n = integer.parseInt(s);`

(3) `int ar [];`
`ar[2] = 4;`

SUMMARY

요약

- 자바의 반복문은 `for` 문, `while` 문, `do-while` 문의 3가지가 있다.
- `do-while` 문은 `for`나 `while` 문과 달리, 조건식이 작업 문장 뒤에 있어 무조건 한 번 이상은 작업문이 수행된다.
- 반복문 내의 작업문에 다시 반복문을 사용할 수가 있으며, 이를 중첩 반복이라 한다. 중첩은 여러 번 가능하다.
- `continue` 문은 반복문 내에서 다음 반복으로 진행한다.
- `break` 문은 속해 있는 반복문 하나를 완전히 빠져나갈 때 사용한다.
- 배열은 같은 타입의 데이터들이 순차적으로 저장된 자료 구조이다.
- 배열을 만드는 과정은 배열 레퍼런스 변수의 선언과 배열 생성의 두 과정으로 나뉜다. 배열 레퍼런스 변수의 선언은 배열 객체의 주소 값을 가질 변수에 대한 선언이고, 배열의 생성은 배열 원소에 대한 순차적 저장 공간을 확보하는 것이다.
- 정수 4개를 저장하는 배열은 다음과 같이 만든다.

```
int [] array = new int [4]; 혹은 int array [] = new int [4];
```

- 배열 원소에 대한 접근은 배열 레퍼런스 변수명과 `[]` 사이에 원소의 인덱스를 적어 접근한다.
- 배열은 자바에서 객체로 다루어진다.
- 배열의 크기는 배열 객체의 `length` 필드에 저장되어 있으며, 배열의 첫 번째 원소의 인덱스는 `0`, 마지막 원소의 인덱스는 `length-1`이 된다.
- 배열의 크기를 넘어서 접근하면 `ArrayIndexOutOfBoundsException` 예외가 발생한다.
- 자바에서 `main()` 메소드에 인자 전달은 `String` 타입의 배열을 이용한다.
- 자바 프로그램의 실행 중에 발생하는 오류로서 응용프로그램에서 `try-catch` 블록으로 잡아 처리할 수 있는 것을 예외(`exception`)라고 부른다. 예외가 발생하면 자바 응용프로그램에게 전달된다.
- 자바 응용프로그램이 발생한 예외를 처리하는 코드를 작성해두지 않았으면 프로그램은 강제 종료된다.
- 자바 응용프로그램은 발생한 예외를 처리하기 위해 `try-catch-finally` 문을 사용한다. `try { }` 블록은 예외가 발생한 가능성이 있는 코드를 두고, `catch() { }` 블록에는 예외가 발생하였을 때 처리하는 코드를 작성해 둔다. 예외가 발생하든 않든 최종적으로 실행하고자 하는 코드는 `finally { }` 블록에 작성한다. `finally { }` 블록은 생략할 수 있다.

Open Challenge 카드 번호 맞추기 게임(up & down 게임)

숨겨진 카드의 수를 맞추는 게임을 만들어보자. 0에서 99까지의 임의의 수를 가진 카드를 한 장 숨기고 이 카드의 수를 맞추는 게임이다. 아래의 화면과 같이 카드 속의 수가 77인 경우를 보자. 수를 맞추는 사람이 55라고 입력하면 "더 높게", 다시 70을 입력하면 "더 높게"라는 식으로 범위를 좁혀가면서 수를 맞춘다. 게임을 반복하기 위해 y/n을 묻고, n인 경우 종료된다. 난이도 5

목적
while 반복문(이중 반복문), if 문, Scanner로 실전 응용 연습

```
수를 결정하였습니다. 맞추어 보세요
0-99
1>>55
더 높게
55-99
2>>70
더 높게
70-99
3>>85
더 낮게
70-85
4>>78
더 낮게
70-78
5>>74
더 높게
74-78
6>>76
더 높게
76-78
7>>77
맞았습니다.
다시하시겠습니까(y/n)>>y
수를 결정하였습니다. 맞추어 보세요
0-99
1>>52
더 높게
52-99
2>>70
더 낮게
52-70
3>>60
맞았습니다.
다시하시겠습니까(y/n)>>n
```

힌트 Hint

- 컴퓨터가 숨길 수를 임의로 선택하기 위해서는 다음과 같이 Random 클래스를 이용한다.

```
import java.util.Random;
Random r = new Random();
int k = r.nextInt(100); // 0-99까지 임의의 정수 생성
```

- 임의의 수를 발생시키는 방법은 Random 클래스를 사용하는 방법 외에 Math.random() 메소드를 이용할 수 있다. 자세한 것은 6.10 Math 클래스 절을 참고하기 바란다.
- "다시하시겠습니까(y/n)>>"에 대한 답으로 사용자가 "y"나 "n"을 입력하며, 입력받은 문자열을 다음 코드를 이용하여 비교한다.

```
String text = scanner.next(); // 사용자로부터 "y"나 "n" 문자열 입력
if(text.equals("n")) {
    // 종료하도록 작성한다.
}
```

연습문제

EXERCISE

이론문제

• 홀수 문제는 정답이 공개됩니다.

1. 다음 프로그램의 출력 결과는 무엇인가? 그리고 무엇을 하는 코드인가?

```
for(int i=1; i<10; i+=2) {
   System.out.print(i+" ");
}
```

2. 다음 for 문의 실행 결과 sum 값이 다른 하나는?

① for(int i=0; i<10; i++) sum += i;

② for(int i=9; i>0; i--) sum += i;

③ for(int i=0; i>10; i++) sum++;

④ for(int i=0; i<10; sum+=i, i++);

3. 1에서 100까지 3의 배수를 더하는 while 문이다. 빈칸에 적절한 코드를 삽입하라.

```
int sum=0, i=1;
while (i < 100) {
   if(i%3 != 0) {
      i++;
      ___________;
   }
   else sum += i;
   i++;
}
```

4. 1에서 50까지의 합을 더하는 while 문이다. 빈칸에 적절한 코드를 삽입하라.

```
int sum=0, i=1;
while (true) {
   if(_________) break;
   sum += i;
   i++;
}
```

5. 다음 배열 선언이 잘못된 것은

① int [] n = {1,2,3,4,5}; ② int n [] = { 0 };

③ int [] n = new int [3]; ④ int n[3] = new int [3];

6. 다음 코드에 대해 실행 중 오류가 발생하는 것은?

```
int array[] = { 1,2,3,4,5 };
```

① array[0] = -1; ② int list [] = array;

③ System.out.println(array[4]); ④ array[array.length] = 100;

7. 배열을 선언하고 생성하는 다음 물음에 답하라.

(1) 10개의 문자를 가지는 배열 c를 생성하는 코드를 한 줄로 쓰라.

(2) 0에서 5까지 정수 값으로 초기화된 정수 배열 n을 선언하라.

(3) '일', '월', '화', '수', '목', '금', '토'로 초기화된 배열 day를 선언하라.

8. 배열을 선언하고 생성하는 다음 물음에 답하라.

(1) 4개의 논리 값을 가진 배열 bool을 선언하고 true, false, false, true로 초기화하라.

(2) 5행 4열 크기의 2차원 실수 배열 d를 선언하라.

(3) 1에서 12까지 순서대로 초기화되는 4행 3열의 2차원 배열 val을 선언하라.

9. 다음 자바 코드에 대해 답하라.

```
int myArray[];
myArray[0] = 1;
myArray[1] = myArray[0] + 1;
```

(1) 어느 부분에 컴파일 오류가 있으며, 오류의 발생 원인은 무엇인가?

(2) 오류를 수정하라.

10. 배열 alpha를 모두 출력하고자 한다. 빈칸에 적절한 코드를 삽입하라.

(1)

```
char [] alpha = { 'a', 'b', 'c', 'd' };
for(____________________)
   System.out.print(alpha[i]);
```

(2)

```
char [] alpha = { 'a', 'b', 'c', 'd' };
for(____________________)
   System.out.print(c);
```

11. 다음 소스의 출력 결과는?

```
int n[][] = {{1}, {1,2,3}, {1}, {1,2,3,4}, {1,2}};
for (int j=0; j<n.length; j++)
   System.out.print(n[j].length + " ");
```

12. 다음 그림과 같은 구조를 가지는 double 타입의 2차원 배열을 선언하고, 값을 직접 배열에 삽입하는 방법으로 그림에 있는 값으로 초기화하는 코드를 작성하라.

1.1	1.2	1.2	1.4
2.1	2.2		
3.1	3.2	1.2	
4.1			

13. 다음 중 main() 메소드에 대한 설명 중 틀린 것은?
① 원형은 public abstract void main(String []args)이다.
② 자바 프로그램은 main() 메소드에서부터 실행을 시작한다.
③ 명령행이 java Hello abc 5이면, "abc"와 "5"가 문자열 배열로 만들어져 Hello 클래스 안에 있는 main() 메소드에 전달된다.
④ 명령행이 java Hello abc 5일 때, Hello 클래스에 main() 메소드가 없으면 실행 시작 후 바로 오류를 내면서 종료한다.

14. 다음 문장에서 빈 칸에 적절한 단어를 찾아 삽입하라.

자바 프로그램이 문법에 맞지 않게 작성되었을 때, ______는 컴파일 오류를 발생시킨다. ______는 컴파일 오류가 없는 자바 프로그램이 실행 중에 발생한 오류를 말하며, 프로그램이 이 오류에 대한 대처가 없다면 ______된다. 이런 오류가 발생할 가능성이 있는 코드들을 ______ 블록에 넣고, 오류가 발생하면 처리할 코드는 ______ 블록에 넣는다. ________ 블록은 생략 가능하다.

보기

JVM(자바 가상 기계), try, 로더, catch, 예외, finally, System, 이벤트, Class, 바로 종료, 다시 실행, 일시 중단, 컴파일러

실습문제

• 홀수 문제는 정답이 공개됩니다.

목적 for, while, do while 반복문 작성 연습

1. 다음 프로그램에 대해 물음에 답하라? 난이도 4

```
int sum=0, i=0;
while (i < 100) {
   sum = sum + i;
   i += 2;
}
System.out.println(sum);
```

(1) 무엇을 계산하는 코드이며 실행 결과 출력되는 내용은?
(2) 위의 코드를 main() 메소드로 만들고 WhileTest 클래스로 완성하라.
(3) for 문을 이용하여 동일하게 실행되는 ForTest 클래스를 작성하라.
(4) do-while 문을 이용하여 동일하게 실행되는 DoWhileTest 클래스를 작성하라.

목적 2차원 배열 다루기

2. 다음 2차원 배열 n을 출력하는 프로그램을 작성하라. 난이도 4

```
int n [][] = {{1}, {1,2,3}, {1}, {1,2,3,4}, {1,2}};
```

```
1
1 2 3
1
1 2 3 4
1 2
```

목적 2중 중첩 반복문 연습

3. Scanner를 이용하여 정수를 입력받고 다음과 같이 *를 출력하는 프로그램을 작성하라. 다음은 5를 입력받았을 경우이다. 난이도 4

```
정수를 입력하시오>>5
*****
****
***
**
*
```

4. Scanner를 이용하여 소문자 알파벳을 하나 입력받고 다음과 같이 출력하는 프로그램을 작성하라. 다음은 e를 입력받았을 경우이다. 난이도 5

목적 2중 중첩 반복문 연습

```
소문자 알파벳 하나를 입력하시오>>e
abcde
abcd
abc
ab
a
```

힌트 Scanner는 문자를 입력받는 기능이 없다. 그러므로 문자열을 입력받아야 한다. 다음 코드를 참고하라.

```
String s = scanner.next(); // 문자열 읽기
char c = s.charAt(0); // 문자열의 첫 번째 문자
```

5. 양의 정수를 10개 입력받아 배열에 저장하고, 배열에 있는 정수 중에서 3의 배수만 출력하는 프로그램을 작성하라. 난이도 4

목적 배열과 반복문 연습

```
양의 정수 10개를 입력하시오>>1 5 99 22 345 154 2346 55 32 85
3의 배수는 99 345 2346
```

6. 배열과 반복문을 이용하여 프로그램을 작성해보자. 키보드에서 정수로 된 돈의 액수를 입력받아 오만 원권, 만 원권, 천 원권, 500원짜리 동전, 100원짜리 동전, 50원짜리 동전, 10원짜리 동전, 1원짜리 동전이 각 몇 개로 변환되는지 예시와 같이 출력하라. 이때 반드시 다음 배열을 이용하고 반복문으로 작성하라. 난이도 5

목적 배열과 반복문 연습

```
int [] unit = {50000, 10000, 1000, 500, 100, 50, 10, 1}; // 환산할 돈의 종류
```

```
금액을 입력하시오>>65123
50000원 짜리 : 1개
10000원 짜리 : 1개
1000원 짜리 : 5개
100원 짜리 : 1개
10원 짜리 : 2개
1원 짜리 : 3개
```

목적 배열과 반복문 연습

7. 정수를 10개 저장하는 배열을 만들고 1에서 10까지 범위의 정수를 랜덤하게 생성하여 배열에 저장하라. 그리고 배열에 든 숫자들과 평균을 출력하라. 난이도 5

```
랜덤한 정수들 : 10 5 2 9 1 4 1 5 1 5
평균은 4.3
```

힌트 1에서 10까지 범위의 정수를 랜덤하게 생성할 때는 다음 코드를 이용하라.

```
int i = (int)(Math.random()*10 + 1);
```

목적 배열과 반복문, 까다로운 조건 연습

8. 정수를 몇 개 저장할지 키보드로부터 개수를 입력받아(100보다 작은 개수) 정수 배열을 생성하고, 이곳에 1에서 100까지 범위의 정수를 랜덤하게 삽입하라. 배열에는 같은 수가 없도록 하고 배열을 출력하라. 난이도 7

```
정수 몇개?24
48 33 74 94 17 39 55 8 59 81
72 31 63 90 75 2 85 19 84 24
98 32 86 58
```

목적 2차원 배열과 반복문 연습

9. 4×4의 2차원 배열을 만들고 이곳에 1에서 10까지 범위의 정수를 랜덤하게 생성하여 정수 16개를 배열에 저장하고, 2차원 배열을 화면에 출력하라. 난이도 5

```
6    10   1    8
1    3    7    2
8    4    5    1
1    8    4    4
```

목적 2차원 배열과 반복문, 까다로운 조건 연습

10. 4×4의 2차원 배열을 만들고 이곳에 1에서 10까지 범위의 정수를 10개만 랜덤하게 생성하여 임의의 위치에 삽입하라. 동일한 정수가 있어도 상관없다. 나머지 6개의 숫자는 모두 0이다. 만들어진 2차원 배열을 화면에 출력하라. 난이도 6

```
5    0    8    6
0    7    9    5
2    4    0    8
0    0    0    8
```

11. 다음과 같이 작동하는 Average.java를 작성하라. 명령행 인자는 모두 정수만 사용되며 정수들의 평균을 출력한다. 다음 화면은 컴파일된 Average.class 파일을 c:\Temp 디렉터리에 복사한 뒤 실행한 경우이다. 원본 Average.class 파일은 이클립스의 프로젝트 폴더 밑에 bin 폴더에 있다. 난이도 4

목적 main()의 매개변수 처리와 Integer.parseInt()

명령 프롬프트

```
C:\Temp>java Average 2 3 4
3          ← 2 3 4의 평균

C:\Temp>
```

힌트 Hint

문자열을 정수로 변환할 때 다음 코드를 이용하라.

```
int i = Integer.parseInt("10"); // i는 10
```

12. 다음과 같이 작동하는 Add.java를 작성하라. 명령행 인자 중에서 정수 만을 골라 합을 구하라. 다음 화면은 Add.class 파일을 c:\Temp 디렉터리에 복사한 뒤 실행한 경우이다. 원본 Add.class 파일은 이클립스 프로젝트 폴더 밑에 bin 폴더에 있다. 난이도 5

목적 main()의 매개변수 처리와 NumberFormatException

명령 프롬프트

```
C:\Temp>java Add 2 3 aa 5 6.5   ← 2 3 aa 5 6.5 중 정수만 더하여 출력
10

C:\Temp>java Add Hell 3 4 4.3 c
7

C:\Temp>
```

13. 반복문을 이용하여 369게임에서 박수를 쳐야 하는 경우를 순서대로 화면에 출력해보자. 1부터 시작하며 99까지만 한다. 실행 사례는 다음과 같다. 난이도 6

목적 반복문과 조건문 연습

```
3 박수 짝
6 박수 짝
9 박수 짝
13 박수 짝
16 박수 짝
19 박수 짝
23 박수 짝
26 박수 짝
```

```
29 박수 짝
30 박수 짝
31 박수 짝
32 박수 짝
33 박수 짝짝
34 박수 짝
35 박수 짝
36 박수 짝짝
37 박수 짝
...........
```

목적 배열과 반복문 응용

14. 다음 코드와 같이 과목과 점수가 짝을 이루도록 2개의 배열을 작성하라.

```
String course [] = { "Java", "C++", "HTML5", "컴퓨터구조", "안드로이드" };
int score [] = {95, 88, 76, 62, 55};
```

그리고 다음 예시와 같이 과목 이름을 입력받아 점수를 출력하는 프로그램을 작성하라. "그만"을 입력받으면 종료한다. 난이도 5

```
과목 이름>>Jaba
없는 과목입니다.
과목 이름>>Java
Java의 점수는 95
과목 이름>>안드로이드
안드로이드의 점수는 55
과목 이름>>그만
```

course[] 배열에서 "Java"는 인덱스 0에 있으므로 score[0]의 값 95 출력

힌트

문자열을 비교하기 위해서는 String 클래스의 equals() 메소드를 이용해야 한다.

```
String name; // 사용자가 입력한 과목명
if(course[i].equals(name)) { // 과목명이 course[i]의 문자열과 같은 경우
   int n = score[i];
   ...
}
```

15. 다음은 2개의 정수를 입력 받아 곱을 구하는 Multiply 클래스이다.

목적 InputMismatchException 예외 처리

```
import java.util.Scanner;
public class Multiply {
   public static void main(String[] args) {
      Scanner scanner = new Scanner(System.in);
      System.out.print("곱하고자 하는 두 수 입력>>");
      int n = scanner.nextInt();
      int m = scanner.nextInt();
      System.out.print(n + "x" + m + "=" + n*m);
      scanner.close();
   }
}
```

다음과 같이 실행할 때 프로그램은 10과 5를 곱해 50을 잘 출력한다.

```
곱하고자 하는 두 수 입력>>10 5
10x5=50
```

하지만, 다음과 같이 실수를 입력하였을 때, 예외가 발생한다.

```
곱하고자 하는 두 수 입력>>2.5 4
Exception in thread "main" java.util.InputMismatchException
   at java.util.Scanner.throwFor(Unknown Source)
   at java.util.Scanner.next(Unknown Source)
   at java.util.Scanner.nextInt(Unknown Source)
   at java.util.Scanner.nextInt(Unknown Source)
   at Multiply.main(Multiply.java:6)  ← 라인 6에서 예외 발생
```

다음과 같이 실수가 입력되면 정수를 다시 입력하도록 하여 예외 없이 정상적으로 처리되도록 예외 처리 코드를 삽입하여 Multiply 클래스를 수정하라. 난이도 6

```
곱하고자 하는 두 수 입력>>2.5 4
실수는 입력하면 안됩니다.
곱하고자 하는 두 수 입력>>4 3.5
실수는 입력하면 안됩니다.
곱하고자 하는 두 수 입력>>4 3
4x3=12
```

힌트 InputMismatchException 예외를 처리할 try-catch 코드를 작성하고, catch 블록에서 Scanner에 이미 입력된 키를 모두 제거하기 위해 Scanner의 nextLine()을 호출하라.

목적 배열, 조건문, 반복문, 문자열 등의 종합 응용

16. 컴퓨터와 독자 사이의 가위 바위 보 게임을 만들어보자. 예시는 다음 그림과 같다. 독자부터 먼저 시작한다. 독자가 가위 바위 보 중 하나를 입력하고 <Enter>키를 치면, 프로그램은 가위 바위 보 중에서 랜덤하게 하나를 선택하고 컴퓨터가 낸 것으로 한다. 독자가 입력한 값과 랜덤하게 선택한 값을 비교하여 누가 이겼는지 판단한다. 독자가 가위 바위 보 대신 "그만"을 입력하면 게임을 끝난다. 난이도 7

```
컴퓨터와 가위 바위 보 게임을 합니다.
가위 바위 보!>>바위
사용자 = 바위 , 컴퓨터 = 가위, 사용자가 이겼습니다.
가위 바위 보!>>가위
사용자 = 가위 , 컴퓨터 = 가위, 비겼습니다.
가위 바위 보!>>그만
게임을 종료합니다...
```

<Enter>키를 입력할 때 자동으로 컴퓨터의 가위, 바위, 보 중 하나 결정

힌트

다음과 같은 문자열 배열을 만든다.

```
String str[] = {"가위", "바위", "보"};
```

컴퓨터가 내는 것을 랜덤하게 선택하기 위해서는 다음 코드를 이용한다.

```
int n = (int)(Math.random()*3); // n은 0, 1, 2 중에서 랜덤하게 결정
```

컴퓨터가 낸 것이 "바위" 인지 비교하는 코드는 다음과 같이 한다.

```
if(str[n].equals("바위")) // 컴퓨터가 낸 것이 "바위"인지 비교하는 문
```

4 클래스와 객체

Objectives

- 객체 지향 언어와 절차 지향 언어의 개념을 이해한다.
- 객체 지향 언어의 특성을 안다.
- 자바에서 클래스를 선언하는 방법을 안다.
- 클래스와 객체의 의미를 알고 구분한다.
- 자바에서 객체 생성 방법을 안다.
- 메소드 작성 방법과 호출 방식을 안다.
- 메소드 오버로딩의 개념을 이해하고 오버로딩된 메소드를 호출한다.
- 생성자를 작성하고 생성자의 용도에 대해 안다.
- 가비지의 개념과 가비지 컬렉션을 이해한다.
- 접근 지정자 `default`, `private`, `protected`, `public`을 안다.
- `static`의 의미를 알고, `static` 멤버의 특징을 안다.
- `final`의 의미를 알고 사용할 수 있다.

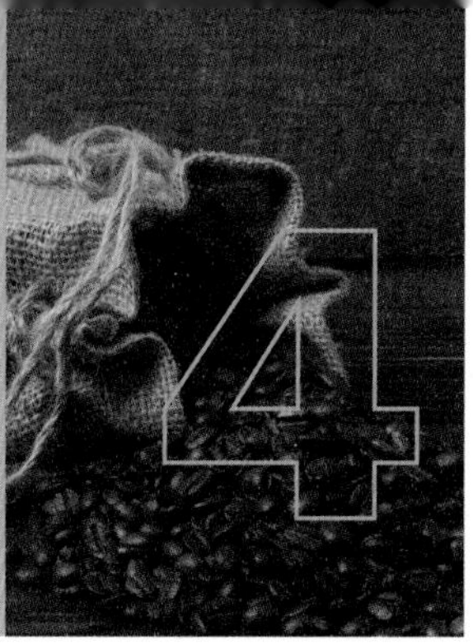

CHAPTER 4 클래스와 객체

4.1 객체 지향과 자바

세상 모든 것이 객체

객체

자바뿐 아니라 객체 지향 언어를 배울 때마다, 당면하는 어려움이 객체(object)에 대한 이해이다. 객체는 어려운 개념이 아니다. 실세계에서 [그림 4-1]과 같이 우리 주변에 있는 모든 것이 객체이다. TV, 컴퓨터, 책, 건물, 의자, 사람 등 실세계는 객체들의 집합이다. 실세계의 객체들은 자신만의 고유한 특성(state)과 행동(behavior)을 가지며 다른 객체들에게 행동을 요청하거나 정보를 주고받는 등 상호 작용하면서 존재한다. 컴퓨터 프로그램에 등장하는 객체의 예를 들면, 테트리스 게임에 나오는 블록들, 한글 프로그램의 메뉴나 버튼들이다.

[그림 4-1] 우리 주변의 객체

객체 지향 언어의 특성

객체 지향 언어는 실세계의 객체를 프로그램 내에 표현하기 위해 클래스와 객체 개념을 도입하였다. 객체 지향 언어는 다음과 같은 특성을 가진다.

캡슐화
내부를 보호

● 캡슐화(Encapsulation)

캡슐화란 객체를 캡슐로 싸서 내부를 보호하고 볼 수 없게 하는 것으로 객체의 가장 본질적인 특징이다. 캡슐 약을 생각하면 이해하기 쉽다. 캡슐에 든 약은 어떤 색인지, 어떤 성분인지 보이지 않으며, 외부의 접근으로부터 안전하다. [그림 4-2]는 실세계의 객체가 자신만의 방식으로 캡슐화 되어 있는 사례를 보여준다. TV에 케이스가 없다면 외부의 접촉으로부터 보호할 수 없으며, 사람이 피부나 근육으로 캡슐화 되어 있지 않다면, 혈관, 장기, 뇌 등이 노출되어 상상조차 싫은 끔찍한 일이 일어날 것이다.

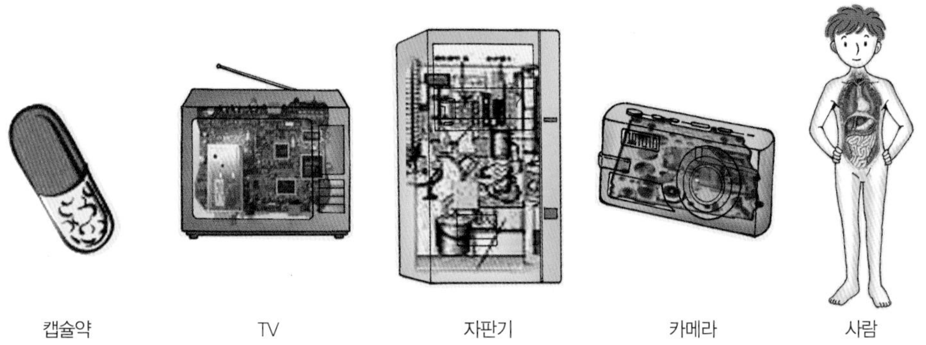

[그림 4-2] 실세계의 객체와 캡슐화 사례

공개 노출

객체는 캡슐화가 기본 원칙이지만 외부와의 접속을 위해 몇 부분만 공개 노출한다. TV는 [그림 4-3]과 같이 내부를 캡슐화하고 On/Off 버튼, 밝기 조절 버튼, 채널 버튼, 음량 버튼, 리모컨과 통신하는 부분은 노출시킨다.

[그림 4-3] TV의 공개된 인터페이스

클래스
필드
메소드

실세계와 달리 자바에서 객체는 [그림 4-4]의 예와 같이 클래스(class)라는 캡슐을 사용하며, 필드(멤버 변수)와 메소드(멤버 함수)로 구성된다. [그림 4-4]는 동물을

Animal 클래스로 작성한 사례와 Animal 클래스의 lion 객체와 bear 객체가 생성된 모양을 보여준다.

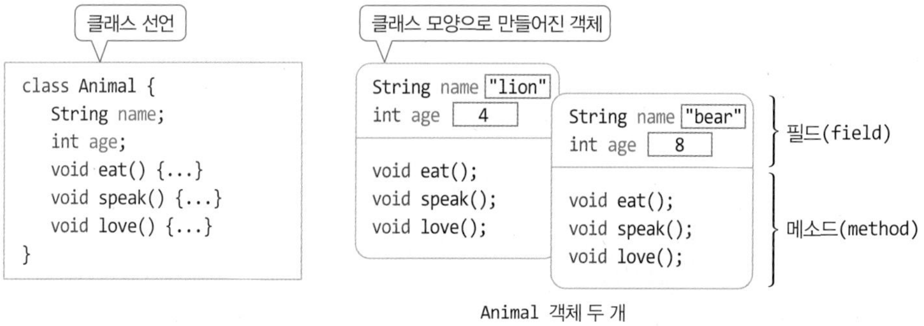

[그림 4-4] 자바에서 클래스로 객체 캡슐화

● 상속(Inheritance)

상속

실세계에서 상속은 상위 개체의 속성이 하위 개체에 물려져서, 하위 개체가 상위 개체의 속성을 모두 가지는 관계이다. [그림 4-5]는 실세계에서의 상속 사례이다. 이 그림에서 '동물'은 '생물'의 속성을 물려받고 있으며, '어류'는 '동물'의 속성과 '생물'의 속성을 모두 물려받고 있고, '나무'는 '식물'의 속성과 '생물'의 속성을 모두 물려받고 있음을 나타낸다.

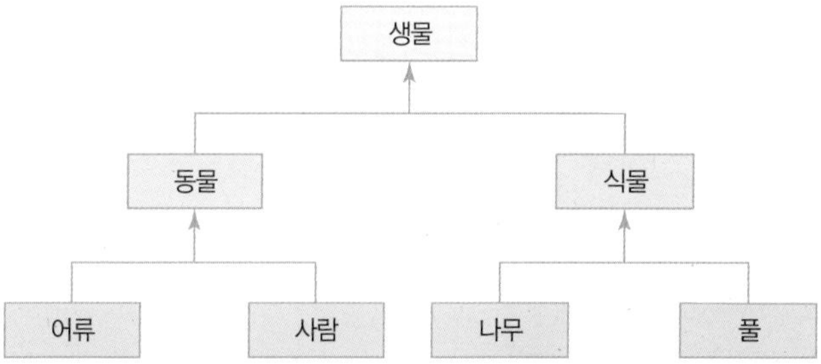

[그림 4-5] 생물 분류. 생물 사이의 유전적 상속 관계

확장(extends)
슈퍼 클래스
서브 클래스

자바의 상속은 자식 클래스가 부모 클래스의 속성을 물려받고 기능을 추가하여 확장(extends)하는 개념이다. 자바에서 부모 클래스를 슈퍼 클래스(super class)라고 부르며 자식 클래스를 서브 클래스(sub class)라고 부른다. 상속은 슈퍼 클래스의 필드와 메소드를 물려받아 코드를 재사용함으로써, 코드 작성에 드는 시간과 비용을 줄인다.

[그림 4-6]은 Animal 클래스를 물려받은 Human 클래스를 작성한 사례이다. [그림 4-6]은 상속 관계에 있는 Animal 클래스의 객체와 Human 클래스의 객체 모양을 보여준다. Animal 클래스의 객체는 Animal 클래스에 선언된 name, age 필드와 eat(), speak(), love()의 5개의 속성으로 구성된다. 한편, Human 클래스의 객체는 Animal 클래스를 물려받기 때문에, Animal 클래스의 5개 속성에다 hobby, job, work(), cry(), laugh() 등 Human 클래스에서 추가로 작성한 속성을 모두 가진다.

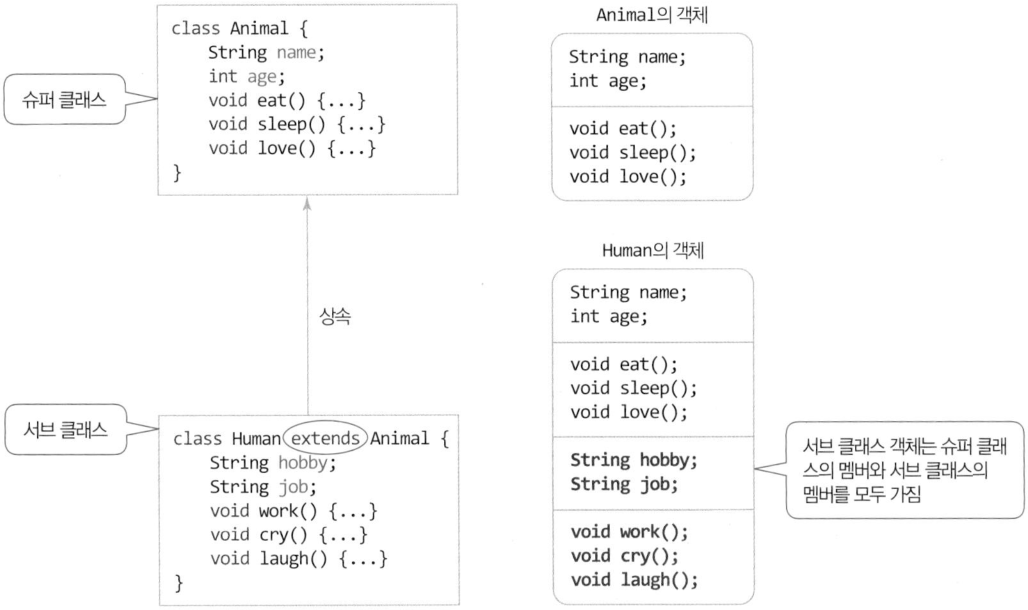

[그림 4-6] Animal 클래스를 상속받은 Human 클래스와 객체 관계

● 다형성(Polymorphism)

다형성은 같은 이름의 메소드가 클래스 혹은 객체에 따라 다르게 동작하도록 구현되는 것을 말한다. [그림 4-7]은 상속 관계의 다형성을 보여주는 예로서, 강아지, 고양이, 닭 클래스는 Animal 클래스를 상속받고, '소리내기(speak())' 메소드를 각각 다르게 구현하였다. 이것은 슈퍼 클래스(부모 클래스)에 구현된 메소드를, 서브 클래스(자식 클래스)에서 동일한 이름으로 자신의 특징에 맞게 다시 구현하는 이른바 메소드 오버라이딩(overriding)으로 불린다. 다형성의 또 다른 사례는 클래스 내에서 이름이 같지만 서로 다르게 동작하는 메소드를 여러 개 만드는 메소드 오버로딩(overloading)이 있다. 오버로딩과 오버라이딩은 5장에서 다룬다.

다형성
오버라이딩(overriding)
오버로딩(overloading)

[그림 4-7] 상속에서 나타나는 다형성

객체 지향 언어의 목적

객체 지향 언어
절차 지향 언어

객체 지향 언어(Object Oriented Language)가 출현할 당시 범용으로 사용되는 언어는 절차 지향 언어(Structured Procedural Programming Language)였다. 객체 지향 언어는 절차 지향 언어의 단점을 보완하고 다음의 목적을 달성하기 위해 탄생하였다.

● 소프트웨어의 생산성 향상

소프트웨어 재사용

컴퓨터 산업이 발전함에 따라 소프트웨어가 시장에 나와서 사라지는 주기(life cycle)가 짧아지고, 새로운 소프트웨어의 필요성이 빈번히 나타났고, 따라서 짧은 시간 내에 소프트웨어를 만들어야만 했다. 그러므로 이러한 목적을 충족시키기 위해, 객체, 캡슐화, 상속, 다형성 등 소프트웨어의 재사용을 위한 여러 기법들을 가진 객체 지향 언어가 탄생하게 되었다. 객체 지향 언어는 상속을 통해 이미 작성된 코드를 재사용하기 쉬우며, 부분 수정을 통해 소프트웨어를 다시 만드는 부담을 대폭 줄일 수 있게 한다. 결국 객체 지향 언어는 소프트웨어의 생산성을 향상시킨다.

● 실세계에 대한 쉬운 모델링

수학 계산이나 통계 처리 등이 주류를 이루는 과거에는 데이터의 처리 과정이나 계산의 절차를 잘 표현하는 절차 지향 언어가 적합하였지만, 점점 컴퓨터가 산업 전반에 활용됨에 따라 실세계의 일을 프로그래밍 해야 하는 경우가 더욱 많아지게 되었다. 하지만 실세계에서 일어나는 일을 절차 지향 언어를 이용하여 일련의 절차로 묘사하는 것은 힘든 작업이다. 실세계의 일은 절차나 처리 과정보다는 일과 관련된 많은 물체(객체)들의 상호 작용으로 묘사하는 것이 더 적합하다. 이에 실세계의 일을 보다 쉽게 프로그래밍하기 위해 객체를 중심으로 하는 객체 지향 언어가 부각되게 되었다. 게임을 예로 들어보자. 게임은 하나의 흐름도(flow chart)에 의해 진행되지 않는다. 게임에 등장하는 인물, 무기, 배경 등이 각각 실존하며, 사용자의 입력이나 타이머에 의해 이들이 상호 작용하면서 프로그램이 실행되어 간다. 객체 지향 언어는 게임에 등장하는 각 요소를 객체로 만들고, 객체 사이의 상호 작용을 표현하는 방법으로 효과적인 프로그래밍을 할 수 있게 한다.

절차 지향 프로그래밍과 객체 지향 프로그래밍

C 프로그래밍처럼 실행하고자 하는 절차를 정하고, 이 절차대로 프로그래밍하는 방법을 절차 지향 프로그래밍이라고 부른다. 절차 지향 프로그래밍은 목적을 달성하기 위한 일의 흐름에 중점을 둔다. 자판기 소프트웨어를 구현하는 경우를 보자. 절차 지향 프로그래밍은 [그림 4-8]과 같이 흐름도를 설계하고 흐름도상의 동작들을 함수로 작성하며, 흐름도에 따라 일련의 동작들이 순서대로 실행되도록 작성한다.

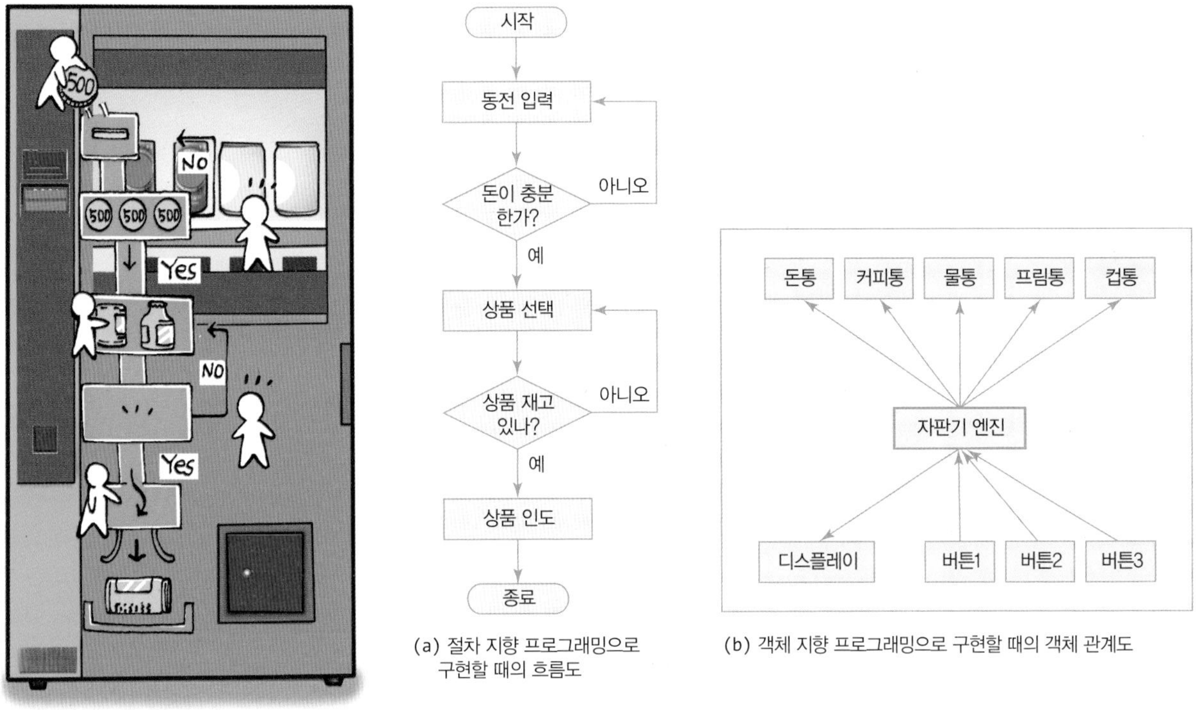

(a) 절차 지향 프로그래밍으로 구현할 때의 흐름도

(b) 객체 지향 프로그래밍으로 구현할 때의 객체 관계도

[그림 4-8] 자판기 소프트웨어의 설계 비교

그러나 객체 지향 개념은 프로그램을 보다 실제 세상에 가깝게 모델링(modeling)하여 실제 세상의 물체를 객체로 표현하고, 객체들의 관계, 상호 작용을 설계한 뒤, 각 객체를 클래스로 작성하면 프로그램이 완성된다. 자판기를 객체 지향 프로그래밍으로 구현하면, [그림 4-8]과 같이 자판기를 이루는 여러 통들과 버튼들, 그리고 이들을

제어하는 자판기 엔진, 디스플레이 객체들을 추출하고, 이 객체들 사이의 관계를 설계한 뒤, 각 객체를 메소드와 필드로 작성하고 클래스로 캡슐화하면 된다. 14장 Open Challenge에서 자판기 응용프로그램을 직접 작성해보기 바란다.

CHECK TIME

1 다음 중 자바의 객체 지향 개념에 포함되지 않는 것은?
① 상속 ② 흐름도 ③ 캡슐화 ④ 다형성

2 캡슐화, 상속, 다형성 중에서 코드의 재사용과 가장 관계 깊은 객체 지향 특성은?

3 다음 예는 어떤 객체 지향 특성과 관계있는가?
(1) 메뚜기는 생물이다.
(2) TV는 튼튼한 플라스틱의 외형 때문에 내부 회로는 안전하다.
(3) 볼펜, 만년필, 연필은 쓰는 도구이지만, 쓰는 방법이 각기 다르다.

4.2 자바 클래스 만들기

클래스와 객체

클래스
객체
인스턴스

자바를 비롯한 객체 지향 언어에서, 클래스는 객체를 만들어 내기 위한 설계도 혹은 틀이며, 클래스 모양 그대로 생성된 실체가 객체이다. 이러한 연유로 객체를 클래스의 인스턴스(instance)라고도 부른다. 클래스와 객체의 사례를 들어보면, 소나타는 클래스이고, 공장에서 생산된 소나타 차 각각이 객체이며, 사람은 클래스이고 나, 너, 친구들, 윗집 사람, 아랫집 사람 등 살아있는 모든 사람이 바로 사람 객체이다. **[그림 4-9]**는 붕어빵 틀과 붕어빵 객체 사이의 관계를 통해 클래스와 객체 관계를 보여준다. 자바로 말하자면 붕어빵 틀은 자바 클래스이며, 붕어빵은 자바 객체이다.

클래스는 하나이지만 객체들은 수 없이 많이 생성될 수 있다. 객체들은 클래스의 모양대로 모두 동일한 속성을 가지고 탄생하지만, 자신만의 고유한 값을 가짐으로써 구분된다. **[그림 4-10]**은 사람 클래스의 객체, 황수연, 이미녀, 김미남을 보여준다. 이들은 모두 이름, 직업, 나이, 성별, 혈액형 등 모두 사람의 속성을 동일하게 가지고 있지만, 값은 서로 다르다. 객체마다 속성들의 값은 서로 다르다.

붕어빵 틀은 클래스이며, 이 틀의 형태로 구워진 붕어빵은 바로 객체입니다. 붕어빵은 틀의 모양대로 만들어지지만 서로 조금씩 다릅니다. 치즈붕어빵, 크림붕어빵, 앙코붕어빵 등이 있습니다. 그래도 이들은 모두 붕어빵입니다.

[그림 4-9] 클래스(붕어빵틀)와 객체(붕어빵)의 관계

[그림 4-10] 한 클래스의 객체들은 모두 동일한 속성을 가지지만 속성 값은 서로 다름

클래스 구성

class 키워드
필드
메소드

이제 자바 클래스를 만들어 보자. 자바 클래스는 class 키워드를 사용하여 선언한다. 클래스의 구성 요소를 멤버라고 부르며, 멤버는 필드(멤버 변수)와 메소드(멤버 함수)의 두 가지이다. [그림 4-11]은 원을 추상화한 클래스 Circle을 작성한 코드를 보여준다. 구체적으로 알아보자.

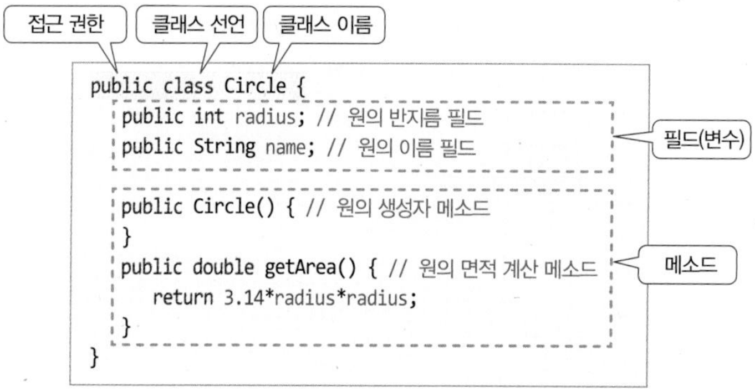
접근 권한
클래스 선언
클래스 이름
public class Circle {
public int radius; // 원의 반지름 필드
public String name; // 원의 이름 필드
public Circle() { // 원의 생성자 메소드
}
public double getArea() { // 원의 면적 계산 메소드
return 3.14*radius*radius;
}
}
필드(변수)
메소드

[그림 4-11] 클래스 구성

● 클래스 선언, class Circle

class

이 코드는 이름이 Circle인 클래스를 선언한다. class 키워드와 클래스 이름으로 선언하고 중괄호({ }) 안에 필드(field)와 메소드(method)를 모두 작성한다. 클래스 외부에는 어떤 필드나 메소드를 둘 수 없다. 캡슐화의 원칙 때문이다.

● 필드와 메소드

객체 내에 값을 저장할 멤버 변수를 필드라고 부른다. Circle 클래스에는 radius와 name의 두 필드가 있다. 메소드는 함수이며 객체의 행동을 구현한다. getArea() 메소드는 Circle 객체의 반지름 정보(radius)를 이용하여 면적을 계산하여 알려준다.

● 접근 지정자, public

public
디폴트

Circle이나 필드, 메소드에 붙은 public을 접근 지정자(access specifier)라고 한다. public은 다른 클래스에서 활용하거나 접근할 수 있음을 선언한다. 접근 지정자를 생략할 때 디폴트 접근이라고 부르며, 접근 지정자는 뒤에서 자세히 다룬다.

● 생성자(constructor)

생성자

클래스의 이름과 동일한 메소드를 특별히 생성자(constructor)라고 한다. 생성자는 객체가 생성될 때 자동으로 호출되는 특별한 메소드이다. 뒤에서 자세히 설명한다.

new 연산자와 객체 생성, 그리고 레퍼런스 변수

이제, 앞서 작성한 Circle 클래스의 객체를 생성하고 활용해보자. 코드 예는 다음과 같으며, [그림 4-12]는 이 코드의 실행에 따른 변수와 객체의 변화를 보여준다.

```
public static void main (String args[]) {
    Circle pizza;                  // Circle 객체에 대한 레퍼런스 변수 pizza 선언
    pizza = new Circle();          // Circle 객체 생성

    pizza.radius = 10;             // radius 필드에 10 저장
    pizza.name = "자바피자";          // name 필드에 "자바피자" 저장
    double area = pizza.getArea(); // pizza 객체의 면적 알아내기
}
```

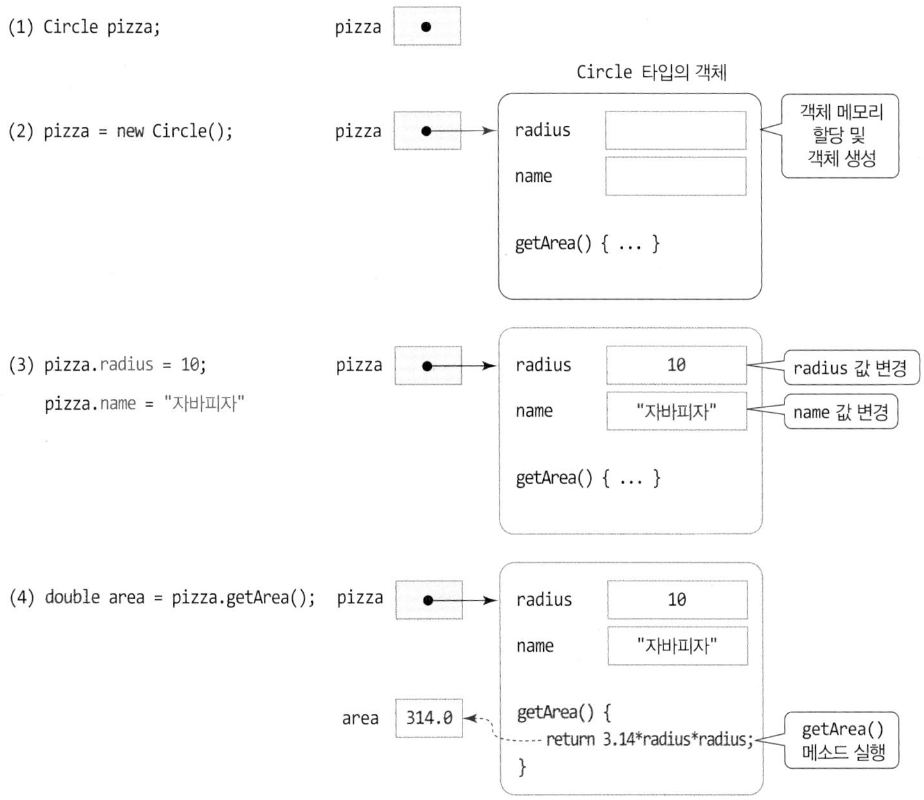

[그림 4-12] 객체 생성 및 객체 접근

● 레퍼런스 변수 선언

레퍼런스 변수

객체를 생성하기 전, 객체를 가리킬 레퍼런스 변수를 먼저 선언한다. 다음은 Circle 타입의 객체를 가리킬 레퍼런스 변수 pizza를 선언하는 문장이다.

```
Circle pizza; // 레퍼런스 변수 pizza 선언
```

이 선언문으로는 Circle 타입의 객체가 생성되지 않는다. 변수 pizza는 Circle 클래스의 객체에 대한 주소, 정확히 말해 레퍼런스를 가지는 변수일 뿐 객체 자체는 아니다. 따라서 아직 객체가 생성된 것이 아니며, **[그림 4-12]**(1)과 같이 레퍼런스 변수만 생기고 null로 초기화된다.

잠깐!

자바와 달리, C++에서는 Circle pizza;로 객체가 생성되며 pizza는 그 자체가 객체이다. 자바에서 이 문장은 레퍼런스 변수 pizza만 선언하며, new Circle();과 같이 반드시 new 키워드를 통해서만 객체가 생성한다. C++ 개발자들이 자바를 배울 때 주의해야한다.

● 객체 생성, new 연산자 이용

new 연산자

자바에서는 반드시 new 연산자를 사용하여 다음과 같이 객체를 생성한다.

```
pizza = new Circle();
```

이 문장의 실행 결과는 **[그림 4-12]** (2)와 같다. 생성된 Circle 객체의 주소 즉 레퍼런스를 pizza 변수에 대입한다. new 연산자에 의해 객체가 생성되는 과정은 다음과 같다.

- Circle 타입 크기의 메모리 할당
- Circle() 생성자 코드 실행

이 결과 **[그림 4-12]**(2)에 보이는 바와 같이 pizza 객체는 radius와 name 필드가 초기화되지 않은 상태로 생성되었다. 객체가 생성될 때 필드를 초기화하거나 생성 당시에 꼭 필요한 작업을 위해 두는 것이 생성자인데, 현재 Circle() { } 생성자에는 아무 코드가 작성되지 않아 아무 작업도 실행되지 않았다.

레퍼런스 변수 선언과 객체 생성은, 다음과 같이 동시에 할 수도 있다.

```
Circle pizza = new Circle();
```

객체 멤버 접근

객체의 멤버에 접근할 때는 다음과 같이 레퍼런스 변수 뒤에 점(.) 연산자를 붙인다.

점(.) 연산자

```
객체 레퍼런스.멤버
```

예를 들어, 다음 코드는 pizza 객체의 radius 필드에 10을 대입한다.

```
pizza.radius = 10;
```

이 코드의 실행 결과 [그림 4-12](3)과 같이 radius 필드 값이 10으로 바뀌었다. pizza 객체의 radius 필드 값을 읽을 경우 다음과 같이 하면 된다.

```
int r = pizza.radius;
```

다음 코드는 pizza 객체의 getArea() 메소드를 호출하여 면적을 알아낸다.

```
double area = pizza.getArea();
```

Circle 클래스의 객체 생성 및 활용 **예제 4-1**

반지름과 이름을 가진 Circle 클래스를 작성하고, Circle 클래스의 객체를 생성하라. 그리고 객체가 생성된 모습을 그려보라.

```
public class Circle {
   int radius;    // 원의 반지름 필드
   String name;   // 원의 이름 필드

   public Circle() { } // 생성자

   public double getArea() { // 원의 면적 계산 메소드
      return 3.14*radius*radius;
   }
```

```
    public static void main(String[] args) {
        Circle pizza;                              // 레퍼런스 변수 pizza 선언
        pizza = new Circle();                      // Circle 객체 생성
        pizza.radius = 10;                         // 피자의 반지름을 10으로 설정
        pizza.name = "자바피자";                    // 피자의 이름 설정
        double area = pizza.getArea();             // 피자의 면적 알아내기
        System.out.println(pizza.name + "의 면적은 " + area);

        Circle donut = new Circle();               // Circle 객체 생성
        donut.radius = 2;                          // 도넛의 반지름을 2로 설정
        donut.name = "자바도넛";                    // 도넛의 이름 설정
        area = donut.getArea();                    // 도넛의 면적 알아내기
        System.out.println(donut.name + "의 면적은 " + area);
    }
}
```

실행 결과

```
자바피자의 면적은 314.0
자바도넛의 면적은 12.56
```

이 예제가 실행되면 [그림 4-13]과 같이 2개의 객체가 생성된다.

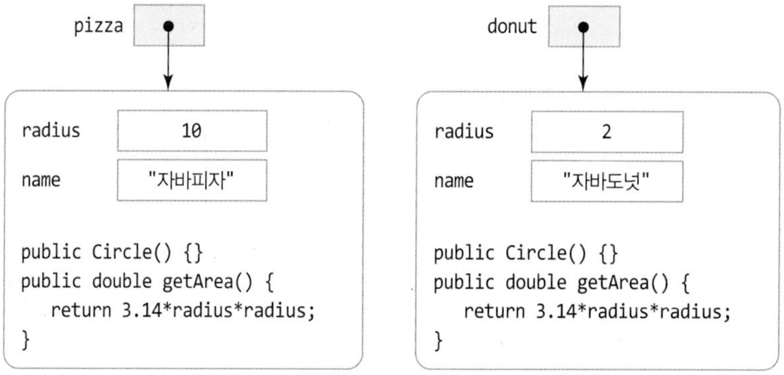
pizza
radius
10
name
"자바피자"
public Circle() {}
public double getArea() {
return 3.14*radius*radius;
}
donut
radius
2
name
"자바도넛"
public Circle() {}
public double getArea() {
return 3.14*radius*radius;
}

[그림 4-13] pizza와 donut 객체

Rectangle 클래스 만들기 연습 | 예제 4-2

너비와 높이를 입력받아 사각형의 합을 출력하는 프로그램을 작성하라. 너비(width)와 높이(height) 필드, 그리고 면적 값을 제공하는 getArea() 메소드를 가진 Rectangle 클래스를 만들어 활용하라.

```java
1   import java.util.Scanner;
2
3   class Rectangle {
4       int width;
5       int height;
6       public int getArea() {
7           return width*height;
8       }
9   }
10
11  public class RectApp {
12      public static void main(String[] args) {
13          Rectangle rect = new Rectangle(); // 객체 생성
14          Scanner scanner = new Scanner(System.in);
15          System.out.print(">> ");
16          rect.width = scanner.nextInt();
17          rect.height = scanner.nextInt();
18          System.out.println("사각형의 면적은 " + rect.getArea());
19          scanner.close();
20      }
21  }
```

→ 실행 결과

```
>> 4 5
사각형의 면적은 20
```

객체는 new 연산자로
생성하고, 점(.) 연산자로
멤버를 접근하는 거야.

4.3 생성자

생성자의 개념과 목적

객체 초기화

생성자(constructor)는 객체가 생성될 때 객체의 초기화를 위해 실행되는 메소드이다. 생성자의 이해를 돕기 위해 [그림 4-14]의 예를 보자. 얼굴 클래스로 얼굴 객체를 만들어낼 수 있다. 만약 생성자 없이 객체가 생성된다면, 생성된 얼굴 객체는 맨 얼굴일 것이다. 하지만, 생성자를 실행하여 얼굴의 각 부위를 화장(초기화)하게 한다면, 예쁘게 화장된 얼굴 객체로 생성될 것이다. 또한 화장하는 얼굴 부분이나 색을 다르게 하는 생성자가 있다면, 서로 다른 모양의 얼굴 객체를 생성할 수 있다.

생성자는 자바, C++, C#, Python 등 모든 객체 지향 언어에 존재한다.

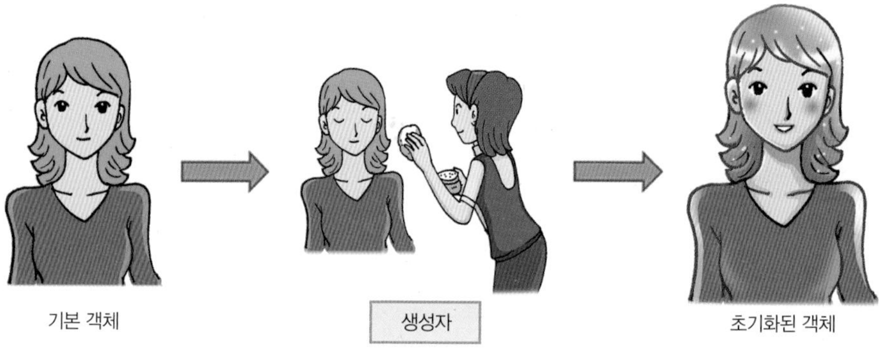

[그림 4-14] 생성자 개념

생성자 선언 및 활용

자동 호출

생성자는 객체가 생성되는 순간에 자동으로 호출되는 메소드로서, 객체에 필요한 초기화를 실행하는 코드를 담아야 한다. 예제 4-3은 예제 4-1의 Circle 클래스에 2개의 생성자를 작성하고 활용하는 코드를 보여준다.

두 개의 생성자를 가진 Circle 클래스 예제 4-3

다음 코드는 2개의 생성자를 가진 Circle 클래스이다. 실행 결과는 무엇인가?

```
public class Circle {
   int radius;
   String name;

   public Circle() { // 매개 변수 없는 생성자
      radius = 1; name = ""; // 필드 초기화
   }

   public Circle(int r, String n) { // 매개 변수를 가진 생성자
      radius = r; name = n; // 매개 변수로 필드 초기화
   }

   public double getArea() {
      return 3.14*radius*radius;
   }

   public static void main(String[] args) {
      Circle pizza = new Circle(10, "자바피자"); // 객체 생성. 반지름을 10으로,
                                                   이름을 "자바피자"로 초기화
      double area = pizza.getArea();
      System.out.println(pizza.name + "의 면적은 " + area);

      Circle donut = new Circle(); // 객체 생성. 반지름을 1, 이름을 ""로 초기화
      donut.name = "도넛피자"; // 이름 변경
      area = donut.getArea();
      System.out.println(donut.name + "의 면적은 " + area);
   }
}
```

생성자 이름은 클래스 이름과 동일

생성자는 리턴 타입 없음

생성자는 radius와 name 필드 초기화

실행 결과

```
자바피자의 면적은 314.0
도넛피자의 면적은 3.14
```

예제 4-3의 코드를 보면서 생성자의 특징을 정리해보자.

● 생성자의 이름은 클래스 이름과 동일하다

생성자의 이름은 반드시 클래스 이름과 동일하게 작성해야 한다.

```
public class Circle {
    public Circle(int r, String n) { ... } // 생성자
}
```

● 생성자는 여러 개 작성(오버로딩)할 수 있다

매개변수의 개수와 타입만 다르다면, 클래스 내에 생성자를 여러 개 둘 수 있다. Circle 클래스 역시 매개변수의 개수가 다른 2개의 생성자가 작성되어 있다.

```
public class Circle {
    public Circle() {...}                      // 매개 변수 없는 생성자
    public Circle(int r, String n) {...}       // 2개의 매개 변수를 가진 생성자
}
```

● 생성자는 new를 통해 객체를 생성할 때 한 번만 호출된다

객체 생성은 반드시 new를 통해서만 이루어지며, 생성자는 이 때 자동으로 한번만 호출된다. 호출하고 싶을 때 아무 때나 호출할 수 있는 메소드가 아니다.

```
Circle pizza = new Circle(10, "자바피자");  // 생성자 Circle(int r, String n) 호출
Circle donut = new Circle();               // 생성자 Circle() 호출
```

● 생성자에 리턴 타입을 지정할 수 없다

생성자는 어떤 값도 리턴하지 않기 때문에 다음과 같이 리턴 타입을 선언해서는 안 된다.

```
public Circle() {...} // 리턴 타입 선언하지 않음
```

리턴 값이 없다고 해서, void를 리턴 타입으로 지정하면 안 된다.

```
오류 public void Circle() {...} // 오류. void를 리턴 타입으로 사용할 수 없음
```

하지만, 생성자에서 return 문을 사용할 수 없다는 뜻은 아니다. return 문은 메소드의 실행을 끝내고 호출한 곳으로 돌아가라는 명령이므로, 생성자의 실행을 끝내고자 하면 생성자 코드 내 어디서든 return; 문을 사용하면 된다.

● 생성자의 목적은 객체가 생성될 때, 필요한 초기 작업을 위함이다

다음 객체 생성 문은 Circle(int r, String n) 생성자를 호출하여 pizza 객체의 radius를 10으로, name을 "자바피자"로 초기화한다.

```
Circle pizza = new Circle(10, "자바피자"); // 생성자 Circle(int r, String n) 호출
```

이렇게, 생성자는 객체가 생성될 때, 필드 초기화, 필요한 메모리 확보, 파일 열기, 네트워크 연결 등 객체가 활동하기 전에 필요한 초기 준비를 하는데 이용된다.

예제 4-4 생성자 선언 및 활용 연습

제목과 저자를 나타내는 title과 author 필드를 가진 Book 클래스를 작성하고, 생성자를 작성하여 필드를 초기화하라.

```
public class Book {
   String title;
   String author;

   public Book(String t) { // 생성자
      title = t;
      author = "작자미상";
   }

   public Book(String t, String a) { // 생성자
      title = t;
      author = a;
   }

   public static void main(String [] args) {
      Book littlePrince = new Book("어린왕자", "생텍쥐페리");
                                          // 생성자 Book(String t, String a) 호출
      Book loveStory = new Book("춘향전"); // 생성자 Book(String t) 호출
      System.out.println(littlePrince.title + " " + littlePrince.author);
      System.out.println(loveStory.title + " " + loveStory.author);
   }
}
```

실행 결과

```
어린왕자 생텍쥐페리
춘향전 작자미상
```

기본 생성자

기본 생성자
디폴트 생성자

기본 생성자(default constructor)란 매개변수와 실행 코드가 없어 아무 일도 하지 않고 단순 리턴하는 생성자이다. 디폴트 생성자라고도 부르며 예를 들면 다음과 같다.

```
class Circle {
    public Circle() { }    // 기본 생성자. 매개변수 없고 아무 일 없이 단순 리턴
}
```

● 기본 생성자가 자동으로 생성되는 경우

생성자가 없는 클래스는 있을 수 없다. 객체가 생성될 때 반드시 생성자가 실행되기 때문이다. 그러므로 생성자가 하나도 없는 경우, 컴파일러는 기본 생성자를 자동으로 생성한다.

예를 들어보자. **[그림 4-15]**는 개발자가 생성자를 만들어 놓지 않은 클래스이다. 그럼에도 main() 메소드의 다음 new 문은 버젓이 매개변수 없는 Circle() 생성자를 호출하고 있다.

```
Circle pizza = new Circle(); // 생성자 Circle() 호출
```

컴파일러
기본 생성자 삽입

Circle 클래스에 생성자가 없기 때문에 이 문장은 컴파일 오류가 나는 것이 마땅하지만, 자바 컴파일러는 **[그림 4-16]**과 같이 기본 생성자를 삽입하여, new Circle()이 실행될 때 생성자 Circle()이 호출되도록 한다. 컴파일러가 기본 생성자를 자동으로 생성한다고 해서 Circle.java 소스 파일이 **[그림 4-16]**으로 변하는 것은 아니다.

```
public class Circle {
    int radius;
    void set(int r) { radius = r; }
    double getArea() { return 3.14*radius*radius; }

    public static void main(String [] args){
        Circle pizza = new Circle();  // 정상적으로 컴파일됨. 그 이유는 [그림 4-16]과 같음
        pizza.set(3);
    }
}
```

[그림 4-15] 생성자가 하나도 만들어져 있지 않은 클래스

```java
public class Circle {
    int radius;
    void set(int r) { radius = r; }
    double getArea() { return 3.14*radius*radius; }

    public Circle() {}

    public static void main(String [] args){
        Circle pizza = new Circle();
        pizza.set(3);
    }
}
```

컴파일러에 의해 자동 삽입된 기본 생성자. 사용자의 눈에 보이지 않게 삽입된다.

호출

[그림 4-16] 자바 컴파일러에 의해 자동으로 기본 생성자 삽입

● 기본 생성자가 자동으로 생성되지 않은 경우

생성자가 하나라도 존재하는 클래스에는 컴파일러가 기본 생성자를 삽입해 주지 않는다. **[그림 4-17]**은 이미 생성자가 있는 Circle 클래스와 Circle의 객체를 생성하는 두 가지 경우를 보여준다. 먼저 다음 new 문장을 보자.

```java
Circle pizza = new Circle(10);     // Circle(int r) 호출
```

이 new 문장은 매개변수를 가진 다음 생성자를 호출한다.

```java
public Circle(int r) {
    radius = r;
}
```

그러나 다음 new 문장을 위한 생성자 Circle()은 작성되어 있지 않다.

오류
```java
Circle donut = new Circle();       // 컴파일 오류. 생성자 Circle() 없음
```

Circle 클래스에는 매개변수를 가진 생성자가 작성되어 있기 때문에, 컴파일러는 기본 생성자를 만들어주지 않는다. 그러므로 앞의 new 문장은 컴파일 오류를 발생시킨다.

```
public class Circle {
    int radius;
    void set(int r) { radius = r; }
    double getArea() { return 3.14*radius*radius; }

    public Circle(int r) {
        radius = r;
    }

    public static void main(String [] args){
        Circle pizza = new Circle(10);
        System.out.println(pizza.getArea());

        Circle donut = new Circle();
        System.out.println(donut.getArea());
    }
}
```

컴파일러가 기본 생성자를 자동 생성하지 않음

public Circle() {}

호출

오류

오류 메시지 : The constructor Circle() is undefined

[그림 4-17] 컴파일러가 기본 생성자를 자동으로 삽입하지 않은 경우

잠깐!

자바 컴파일러는 생성자가 있는 클래스에 기본 생성자를 왜 자동 생성해주지 않는 것일까? 그것은 클래스를 만든 개발자의 의도를 지켜주기 위함이다. **[그림 4-17]**의 코드를 가지고 설명해보자. Circle 클래스에 Circle(int r) 생성자가 있다는 것은, 객체를 생성할 때 new Circle(10)과 같이 반드시 반지름 값으로 초기화하도록 강제하고 있다는 의미이다. 즉 반지름 값 없이 new Circle()로 객체를 생성하지 말라는 개발자의 뜻이다. 자바 컴파일러는 Circle 클래스의 의도를 훼손하지 않기 위해 기본 생성자를 자동으로 생성해주지 않는다.

this 레퍼런스

this는 자바의 중요한 키워드로서 단어 뜻 그대로 객체 자신을 가리키는 레퍼런스이다.

● this의 기초 개념

this
객체 자신에 대한 레퍼런스

this는 현재 객체 자신에 대한 레퍼런스이다. 보다 정확히 말하면 현재 실행되고 있는 메소드가 속한 객체에 대한 레퍼런스이다. this는 컴파일러에 의해 자동 관리되므로 개발자는 this를 사용하기만 하면 된다. 다음 코드는 this를 사용하는 전형적인 예이다.

```
public class Circle {                    멤버 radius
    int radius;
    public Circle(int r) { this.radius = r; }
    public int getRadius() { return radius; }
}
```

this는 현재 객체에 대한 레퍼런스이므로, this.radius는 현재 객체의 멤버 radius를 접근한다.

● this의 필요성

앞의 Circle 클래스에서 메소드 getRadius()는 다음과 같이 this를 사용하지 않았다. 클래스 내에서 멤버 radius를 접근할 때 굳이 this.radius로 할 필요가 없다.

```
return radius; // return this.radius;와 동일
```

그렇다면 this는 언제 필요한가? 매개변수의 이름은 그 자체로서 코드를 읽는 사람에게 그 용도를 나타내므로, 적합한 이름을 붙이는 것은 매우 중요하다. 그래서 Circle(int r) 생성자의 매개변수를 r 대신 다음과 같이 radius로 변경하는 것이 좋다.

```
public Circle(int radius) { radius = radius;}
```

하지만 이렇게 변경하면 어떤 일이 발생할까? 이 질문은 의외로 까다로운 질문이다. 생성자의 코드를 보자.

```
radius = radius; // 여기서 2개의 radius는 모두 매개변수 radius를 접근한다.
```

이 코드에서 2개의 radius는 모두 Circle(int radius)의 매개변수 radius를 접근하기 때문에, 멤버 radius를 변경하지 못한다. 자바에서는 이 경우처럼 매개변수의 이름을 멤버 변수와 같은 이름으로 붙이고자 하는 경우가 허다한데, 이때 다음과 같이 this를 이용하면 된다.

```
public Circle(int radius) { this.radius = radius;}
                       멤버 radius    매개변수 radius
```

또 메소드가 객체 자신의 레퍼런스를 리턴해야 하는 경우가 있는데, 이때 다음과 같이 this를 리턴하면 된다.

```
public Circle getMe() { return this; } // getMe() 메소드는 객체 자신의 레퍼런스 리턴
```

이 경우에 대해서는 구체적인 설명을 생략한다. 프로그래밍에 대한 경력이 쌓여가면서 스스로 이해하게 될 것이다.

● this의 상세 설명

[그림 4-18]의 코드와 함께 this에 대해 조금 더 알아보자. 이 코드에서 main()은 3개의 Circle 객체를 생성한다. 객체가 있어야 this를 사용할 수 있다. ob1, ob2, ob3 객체에서 this는 각각 자기가 속한 객체에 대한 레퍼런스이다. ob1.set()이 실행될 때 this는 ob1 객체에 대한 레퍼런스이며, ob2.set()이 실행될 때 this는 ob2 객체에 대한 레퍼런스이다.

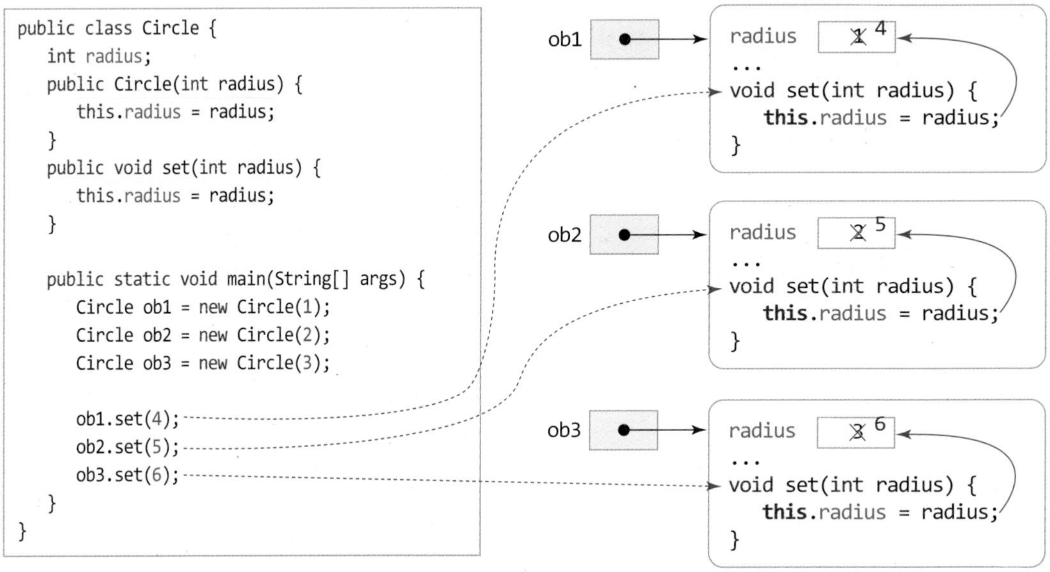

[그림 4-18] 각 객체 속에서의 this

this()로 다른 생성자 호출

this()는 클래스 내에서 생성자가 다른 생성자를 호출할 때 사용하는 자바 코드이다. 예제 4-5는 3개의 생성자를 가진 Book 클래스에서 this()를 활용하는 코드 사례를 보여준다. 이 사례를 보면서 this()에 대해 알아보자.

this()
생성자가 다른 생성자 호출

this()로 다른 생성자 호출 예제 4-5

예제 4-4에서 작성한 Book 클래스의 생성자를 this()를 이용하여 수정하라.

```
public class Book {
   String title;
   String author;

   void show() { System.out.println(title + " " + author); }

   public Book() {
      this("", "");
      System.out.println("생성자 호출됨");
   }

   public Book(String title) {
      this(title, "작자미상");
   }

   public Book(String title, String author) {
      this.title = title;
      this.author = author;
   }

   public static void main(String [] args) {
      Book littlePrince = new Book("어린왕자", "생텍쥐페리");
      Book loveStory = new Book("춘향전");
      Book emptyBook = new Book();
      loveStory.show();
   }
}
```

title = "춘향전",
author = "작자미상"

실행 결과

```
생성자 호출됨
춘향전 작자미상
```

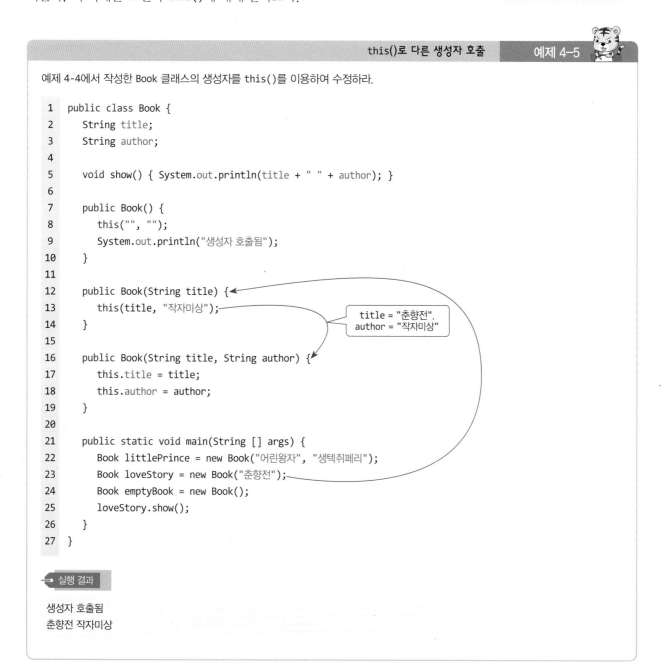

예제 4-5의 main()에서 다음 객체 생성 문에 주목해보자.

```
Book loveStory = new Book("춘향전");
```

new가 실행될 때 Book(String title) 생성자가 호출되며, title에는 "춘향전"이 전달된다. 그리고 생성자는 바로 다음 this() 문을 실행한다.

```
this(title, "작자미상");
```

이 this() 문은 2개의 매개변수를 가진 다음 생성자를 다시 호출한다.

```
public Book(String title, String author) {
    ...
}
```

이 생성자에 의해 멤버 title과 author는 각각 "춘향전", "작자미상"으로 초기화 된다.

● this 사용 시 주의할 점

this() 사용 시 다음과 같이 주의할 사항이 있다.

- this()는 반드시 생성자 코드에서만 호출할 수 있다.
- this()는 반드시 같은 클래스 내 다른 생성자를 호출할 때 사용된다.
- this()는 반드시 생성자의 첫 번째 문장이 되어야 한다.

this()의 호출은 생성자 코드의 첫 번째 문장이 되어야 하므로 Book 클래스의 다음 생성자에는 컴파일 오류가 발생한다.

```
public Book() {
    System.out.println("생성자 호출됨");
오류    this("", "");  // 컴파일 오류. this()는 생성자의 첫 번째 문장이어야 함
}
```

객체 치환 시 주의할 점

= 연산자로 객체를 치환하면 어떤 결과가 될까? **[그림 4-19]**의 코드와 결과를 보자. 객체의 치환은 객체를 복사하는 것이 아니다. main() 메소드에서 다음과 같이 Circle 객체를 2개 생성하였다.

= 연산자
객체 치환

```
Circle ob1 = new Circle(1);
Circle ob2 = new Circle(2);
```

그러고 나서 다음 라인을 실행하면, ob2의 레퍼런스가 레퍼런스 s에 치환(대입)되어 s는 ob2가 가리키는 객체를 함께 가리키게 된다.

```
s = ob2;
```

다음 객체 치환 문장을 실행해보자.

```
ob1 = ob2;
```

역시 ob1의 레퍼런스가 ob2의 레퍼런스와 동일하게 되어 ob2의 객체를 함께 가리키게 된다. 그러고 나면 원래 ob1이 가리키던 객체는 아무도 가리키지 않게 되어 프로그램에서 접근할 수 없는 상태가 되었다. 이 객체를 가비지(garbage)라고 부른다. 가비지는 자바 가상 기계에 의해 자동으로 수거되어 재사용되며 4.5절에서 다룬다.

가비지

```
public class Circle {
   int radius;
   public Circle(int radius) { this.radius = radius; }
   public void set(int radius) { this.radius = radius; }
   public static void main(String [] args) {
      Circle ob1 = new Circle(1);
      Circle ob2 = new Circle(2);
      Circle s;

      s = ob2;
      ob1 = ob2; // 객체 치환
      System.out.println("ob1.radius=" + ob1.radius);
      System.out.println("ob2.radius=" + ob2.radius);
   }
}
```

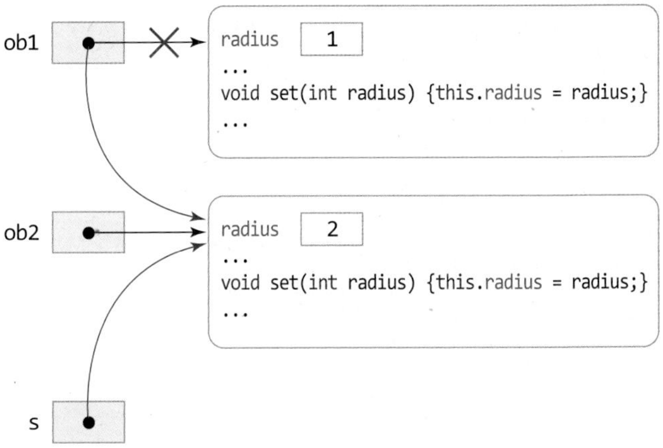

실행 결과

```
ob1.radius=2
ob2.radius=2
```

[그림 4-19] 객체의 치환 사례

CHECK TIME

1 다음 코드에서 잘못된 부분이 3군데 있다. 모두 수정하라.

```
class Samp {
   int id;
   public void Samp(int x) {
      this.id = x;
   }
   public void Samp() {
      System.out.println("생성자 호출");
      this(0);
   }
}
```

CHECK TIME

2 다음 코드는 오류를 포함하고 있다. 이유를 설명하고 올바르게 수정하라.

```
class ConstructorExample{
   int x;
   public void setX(int x) { this.x = x; }
   public int getX() { return x; }
   public ConstructorExample(int x) {
      this.x = x;
   }
   public static void main(String [] args) {
      ConstructorExample a = new ConstructorExample();
      int n = a.getX();
   }
}
```

3 this와 this()의 차이를 설명하라.

4.4 객체 배열

객체 배열

자바에서는 기본 타입 데이터뿐 아니라, 객체를 원소로 하는 객체 배열도 만들 수 있다. C/C++와 달리, 자바의 객체 배열은 객체에 대한 레퍼런스를 원소로 갖는 배열이다. 만드는 방법 또한 다르므로 집중하여 학습하기 바란다.

객체 배열

다음 코드를 이용하여 객체 배열을 만들고 활용하는 방법을 알아보자.

```
Circle [] c;                 ← Circle 배열에 대한 레퍼런스 변수 c 선언
c = new Circle[5];           ← 레퍼런스 배열 생성

for(int i=0; i<c.length; i++) // c.length는 배열 c의 크기로서 5
   c[i] = new Circle(i);     ← 배열의 각 원소 객체 생성
```

앞의 코드는 5개의 Circle 객체들을 원소로 저장하는 배열을 만든 사례이며, 다음은 배열에 들어 있는 모든 Circle 객체의 면적을 출력하는 코드 사례이다.

```
for(int i=0; i<c.length; i++) // 배열에 있는 모든 Circle 객체의 면적 출력
    System.out.print((int)(c[i].getArea()) + " ");
```

배열의 원소 객체 사용

이제, [그림 4-20]과 함께 더 구체적으로 객체 배열에 대해 알아보자.

배열 선언 및 생성

객체 배열을 만들기 위해서는 다음의 3단계가 필요하다.

● 배열에 대한 레퍼런스 선언

다음은 Circle 클래스의 배열에 대한 레퍼런스 변수 c를 선언한다.

```
Circle [] c;
```

이 선언문은 [그림 4-20]과 같이 레퍼런스 변수 c만 선언할 뿐, 배열을 생성하는 것은 아니다. 그러므로 다음과 같이 배열의 원소 개수를 지정해서는 안 된다.

오류
```
Circle[5] c; // 오류. 배열의 크기를 지정하면 컴파일 오류 발생
```

● 레퍼런스 배열 생성

두 번째로 5개의 레퍼런스를 원소로 하는 배열을 생성한다. 배열의 원소는 객체가 아니라 레퍼런스이다.

```
c = new Circle[5]; // Circle 객체에 대한 레퍼런스 5개 생성
```

이 코드의 실행 결과 [그림 4-20]과 같이 Circle 객체에 대한 레퍼런스 배열이 생성되며, 변수 c가 이를 가리킨다. Circle 객체들은 아직 존재하지 않는다.

● 객체 생성

이제 다음 코드를 이용하여 Circle 객체를 하나씩 생성하여 배열 c[]의 각 레퍼런스에 대입한다.

```
for(int i=0; i<c.length; i++) // c.length는 배열 c의 크기로서 5
    c[i] = new Circle(i); // i 번째 Circle 객체 생성
```

배열의 크기만큼 Circle 객체를 생성하여 레퍼런스 배열에 하나씩 대입한다. 이렇게 하면 비로소 [그림 4-20]과 같은 Circle 객체 배열이 생성된다.

[그림 4-20]의 배열 구조는 다소 어려운 감이 있지만 자바의 전문가가 되기 위해서는 꼭 필요한 지식임을 알기 바란다.

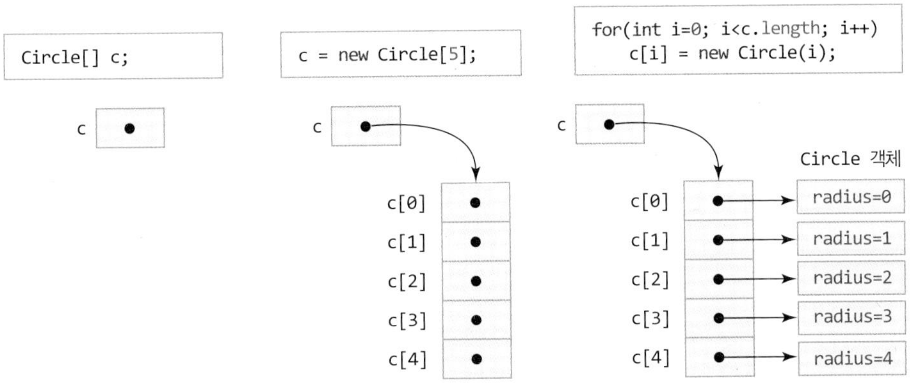

[그림 4-20] Circle 객체 배열의 생성 과정

배열의 원소 객체 접근

배열 c의 i번째 객체에 접근하기 위해서는 c[i] 레퍼런스를 사용하면 된다. 다음 코드는 배열 c에 들어 있는 모든 Circle 객체의 면적을 출력한다.

```
for(int i=0; i<c.length; i++)
    System.out.print((int)(c[i].getArea()) + " ");
```

이 코드의 실행 결과는 다음과 같다.

```
0 3 12 28 50
```

예제 4-6 Circle 객체 배열 만들기

반지름이 0~4인 Circle 객체 5개를 가지는 배열을 생성하고, 배열에 있는 모든 Circle 객체의 면적을 출력하라.

```
class Circle {
   int radius;
   public Circle(int radius) {
      this.radius = radius;
   }
   public double getArea() {
      return 3.14*radius*radius;
   }
}

public class CircleArray {
   public static void main(String[] args) {
      Circle [] c; // Circle 배열에 대한 레퍼런스 c 선언
      c = new Circle[5]; // 5개의 레퍼런스 배열 생성

      for(int i=0; i<c.length; i++) // 배열의 개수 만큼
         c[i] = new Circle(i); // i 번째 원소 객체 생성

      for(int i=0; i<c.length; i++) // 배열의 모든 Circle 객체의 면적 출력
         System.out.print((int)(c[i].getArea()) + " ");
   }
}
```

실행 결과

```
0 3 12 28 50
```

객체 배열 만들기 연습 예제 4-7

예제 4-4의 Book 클래스를 활용하여 2개짜리 Book 객체 배열을 만들고, 사용자로부터 책의 제목과 저자를 입력받아 배열을 완성하라.

```
import java.util.Scanner;

class Book {
  String title, author;
  public Book(String title, String author) { // 생성자
    this.title = title;
    this.author = author;
  }
}
public class BookArray {
  public static void main(String[] args) {
    Book [] book = new Book[2];

    Scanner scanner = new Scanner(System.in);
    for(int i=0; i<book.length; i++) { // book.length = 2
      System.out.print("제목>>");
      String title = scanner.nextLine();
      System.out.print("저자>>");
      String author = scanner.nextLine();
      book[i] = new Book(title, author); // 배열 원소 객체 생성
    }

    for(int i=0; i<book.length; i++)
      System.out.print("(" + book[i].title + ", " + book[i].author + ")");

    scanner.close();
  }
}
```

Scanner의 nextLine()으로 한 줄(빈칸 포함)을 하나의 문자열로 읽음

실행 결과

```
제목>>사랑의 기술
저자>>에리히 프롬
제목>>시간의 역사
저자>>스티븐 호킹
(사랑의 기술, 에리히 프롬)(시간의 역사, 스티븐 호킹)
```

CHECK TIME

1. String 타입의 name, int 타입의 age, double 타입의 height, weight 등 네 개의 필드를 갖는 Human 클래스를 작성하라. 생성자를 작성하여 String 타입의 이름을 전달받아 멤버 name에 저장하라.
2. 문제 1에 main() 메소드를 추가하여 레퍼런스 변수명을 aHuman으로 하고 Human 객체를 생성한 후 name 필드를 "홍길동"으로, age는 21, height는 180.5, weight는 73.2를 각각 대입하라.
3. 배열의 크기가 5인 Human 타입의 객체 배열을 생성하라.

4.5 메소드 활용

이 절에서는 메소드의 형식, 인자 전달, 메소드 오버로딩에 대해 설명한다.

메소드 형식

메소드
클래스의 멤버 함수

메소드는 클래스의 멤버 함수로서, **[그림 4-21]**과 같이 메소드 앞에 접근 지정자를 선언한다는 점을 제외하면 C/C++의 함수 작성법과 동일하다. 접근 지정자는 public, private, protected, 디폴트의 4가지 유형으로, 메소드가 다른 클래스에서 호출될 수 있는지 지정하기 위해 사용된다.

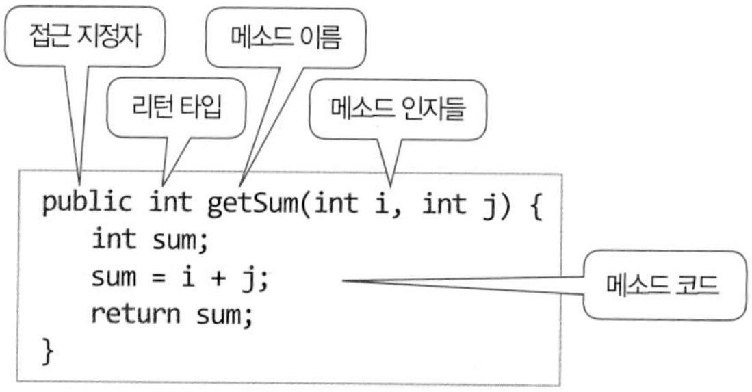
접근 지정자
메소드 이름
리턴 타입
메소드 인자들
public int getSum(int i, int j) {
int sum;
sum = i + j;
return sum;
}
메소드 코드

[그림 4-21] 자바의 메소드 형식

인자 전달

인자 전달
값에 의한 호출

자바의 메소드 호출 시 인자 전달 방식(argument passing)은 '값에 의한 호출'(call-by-value)이다. 호출하는 실인자의 값이 복사되어 메소드의 매개 변수에 전달된다.

● 기본 타입의 값이 전달되는 경우

값이 매개변수에 복사

메소드의 매개변수가 기본 타입(byte, char, short, int, long, float, double, boolean)으로 선언된 경우, 호출자(caller)가 건네는 값이 매개변수에 복사되어 전달된다. [그림 4-22]는 기본 타입의 값이 전달되는 사례이다. 코드의 실행 과정을 알아보자. main()의 다음 코드는 변수 n에 저장된 값 10을 increase() 메소드에 전달한다.

```
int n = 10;
increase(n);
```

increase(int m) 메소드가 호출되면, 매개변수 m이 생성되고 10으로 초기화된다. 그러고 나서 m 값을 1 증가시킨다. increase()에서 리턴하여 main() 메소드로 돌아오면 변수 n 값은 여전히 10으로 남아 있다.

```
public class ValuePassing {
   public static void main(String args[]) {
      int n = 10;

      increase(n);

      System.out.println(n);
   }
```

호출

```
   static void increase(int m) {
      m = m + 1;
   }

}
```

실행 결과

```
10
```

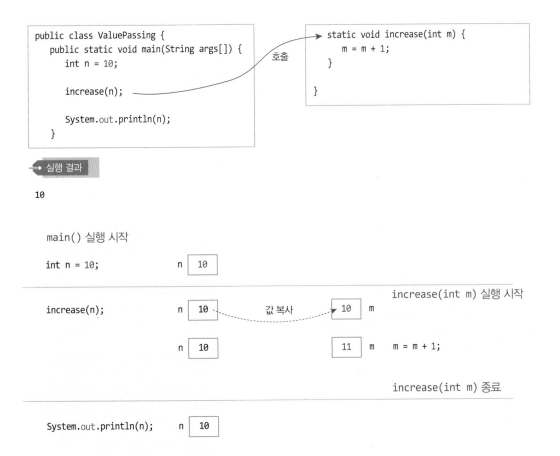

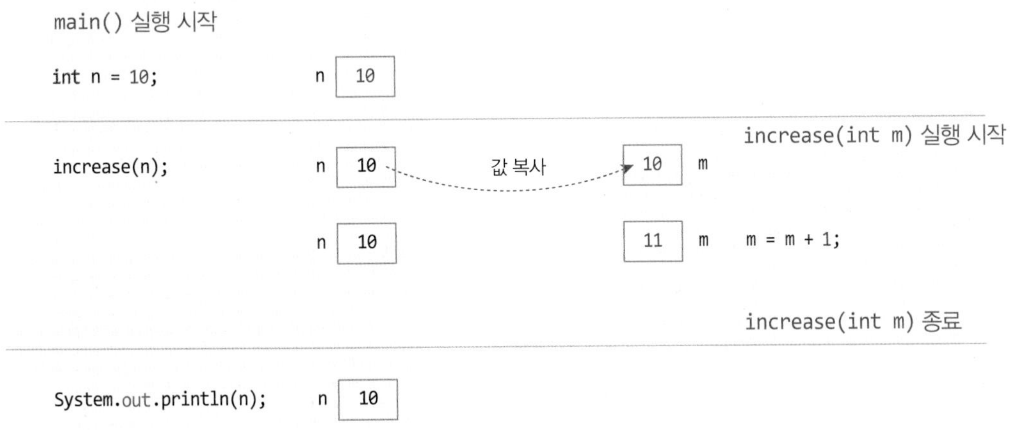

[그림 4-22] 매개변수에 기본 타입의 값이 전달되는 경우 : 값이 복사되어 전달

● 객체가 전달되는 경우

객체의 레퍼런스 전달

메소드의 매개변수가 클래스 타입인 경우, 객체가 아니라 객체의 레퍼런스 값이 전달된다. [그림 4-23]은 객체가 전달되는 코드와 실행 과정을 보여준다. 다음 코드를 보자.

```
increase(pizza);
```

이 호출문에 의해 increase(Circle m)가 호출되면 매개변수 m이 생기고, pizza 변수에 저장된 값(레퍼런스)이 m에 복사되어, m은 pizza가 가리키는 객체를 함께 가리키게 된다. 그러므로 m.radius++;에 의해 radius는 11로 변경되고 increase()가 종료한 후에도 그대로 남는다. 메소드 호출 시 객체가 전달되는 경우, 객체에 대한 레퍼런스만 전달되지 객체가 통째로 복사되지 않는다는 점을 유념하기 바란다.

```
public class ReferencePassing {
   public static void main (String args[]) {
      Circle pizza = new Circle(10);

      increase(pizza);

      System.out.println(pizza.radius);
   }
```

호출

```
static void increase(Circle m) {
   m.radius++;
}

}
```

실행 결과

```
11
```

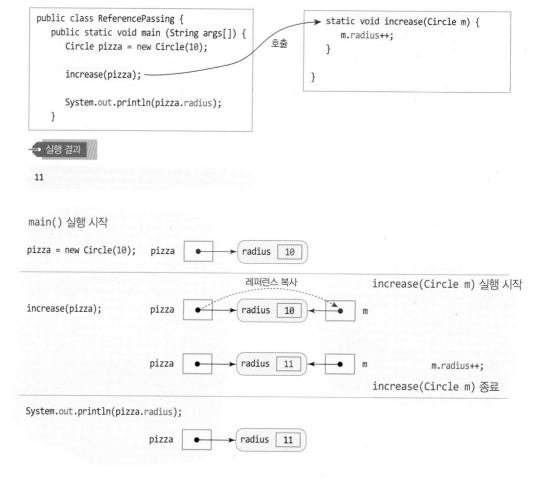

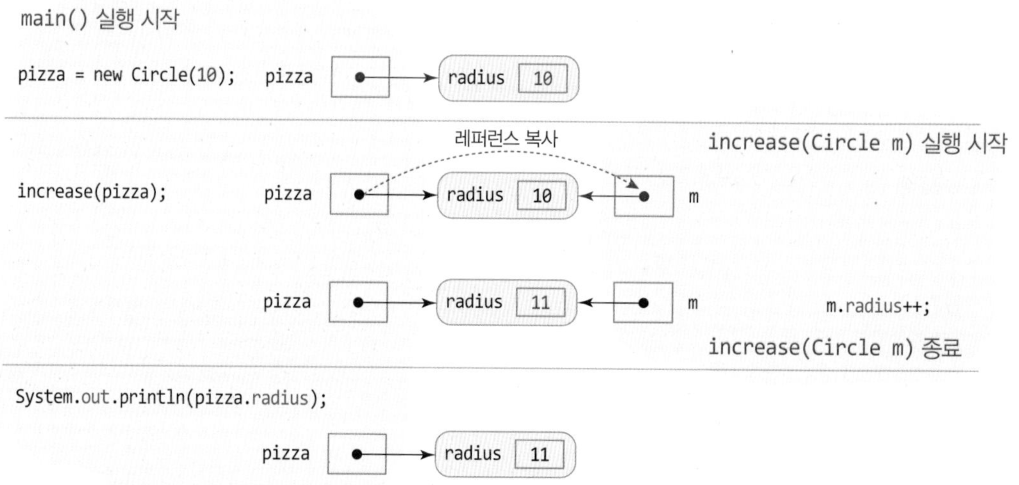

[그림 4-23] 매개변수에 객체가 전달되는 경우 : 레퍼런스가 복사되어 전달

● 배열이 전달되는 경우

배열에 대한 레퍼런스 전달

배열이 메소드에 전달되는 경우도 객체 레퍼런스가 전달되는 경우와 동일하다. 배열이 통째로 전달되는 것이 아니며 배열에 대한 레퍼런스만 전달된다.

[그림 4-24]는 배열이 전달되는 예를 보여준다. main()에서 생성된 배열 a가 increase()에 전달된다. increase(int [] array)의 매개변수 array는 정수형 배열에 대한 레퍼런스로서 배열 a를 가리키게 되어 두 레퍼런스는 하나의 배열을 공유하게 된다. increase() 메소드에서 array 배열의 각 원소를 1씩 증가시키고 리턴한 후, main()에서 배열 a를 출력하면 변경된 값 2 3 4 5 6이 출력된다.

```
public class ArrayPassing {

    public static void main(String args[]) {
        int a[] = {1, 2, 3, 4, 5};


        increase(a);


        for(int i=0; i<a.length; i++)
            System.out.print(a[i]+" ");
    }
```

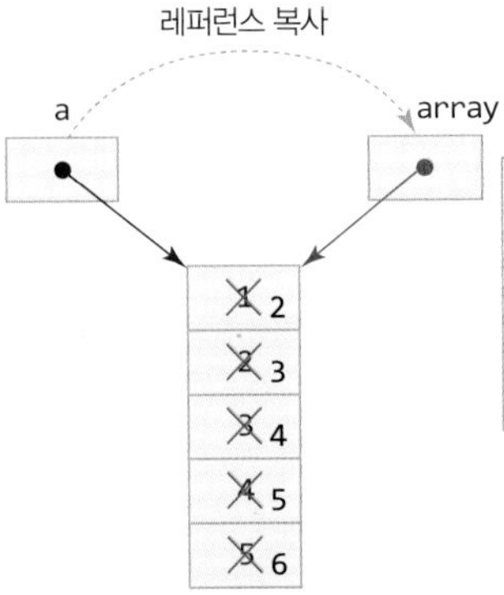


```
    static void increase(int[] array) {
        for(int i=0; i<array.length; i++) {
            array[i]++;
        }
    }
}
```

실행 결과

```
2 3 4 5 6
```

[그림 4-24] 매개변수에 배열이 전달되는 경우 : 레퍼런스가 복사되어 전달

잠깐!

자바에서는 메소드의 매개변수로 객체나 배열을 전달할 때 레퍼런스만 전달하기 때문에, 객체나 배열이 통째로 넘어가지 않는다. 아무리 큰 객체나 배열도 하나의 정수 크기인 레퍼런스만 전달되므로, 매개변수 전달로 인한 시간이나 메모리의 오버헤드가 없는 장점이 있다. 하지만, 메소드에서 전달받은 객체의 필드나 배열의 원소 값을 변경할 수 있기 때문에, 그것이 장점이자 주의할 점이다.

예제 4-8 **인자로 배열이 전달되는 예**

char[] 배열을 전달받아 출력하는 printCharArray() 메소드와 배열 속의 공백(' ') 문자를 ','로 대치하는 replaceSpace() 메소드를 작성하라.

```
public class ArrayPassingEx {
   static void replaceSpace(char a[]) { // 배열 a의 공백문자를 ','로 변경
      for(int i = 0; i <a.length; i++)
         if(a[i] == ' ') // 공백 문자를 ','로 변경
            a[i] = ',';
   }

   static void printCharArray(char a[]) { // 배열 a의 문자들을 화면에 출력
      for(int i = 0; i <a.length; i++)
         System.out.print(a[i]); // 배열 원소 문자 출력
      System.out.println(); // 배열 원소 모두 출력 후 줄바꿈
   }

   public static void main(String args[]) {
      char c[] = {'T','h','i','s',' ','i','s',' ','a',' ','p','e','n','c','i','l','.'};
      printCharArray(c); // 원래 배열 원소 출력
      replaceSpace(c); // 공백 문자 바꾸기
      printCharArray(c); // 수정된 배열 원소 출력
   }
}
```

매개 변수 a는 main()의 배열 c를 가리키게 된다.

실행 결과

```
This is a pencil.
This,is,a,pencil.
```

메소드 오버로딩

메소드 오버로딩
메소드 중복

자바에서는 한 클래스 내에, 이름이 같지만 매개변수의 타입이나 개수가 서로 다른 여러 개의 메소드를 중복 작성할 수 있다. 이것을 메소드 오버로딩(method overloading) 혹은 메소드 중복이라고 부른다. 메소드 오버로딩은 자바 다형성의 한 경우이다. 여러 개의 메소드가 오버로딩되려면 다음 두 조건을 모두 만족하여야 한다.

- 메소드 이름이 동일하여야 한다.
- 매개변수의 개수나 타입이 서로 달라야 한다.

메소드의 리턴 타입이나 접근 지정자는 메소드 오버로딩과 관계없다.

● 메소드 오버로딩 성공 사례

다음은 2개의 getSum() 메소드가 정상적으로 오버로딩된 사례이다. 메소드 이름이 동일하고 매개변수의 개수가 서로 다르기 때문에, 두 메소드는 한 클래스 내에 공존하는데 아무 문제가 없다.

```
class MethodOverloading { // getSum() 메소드의 정상적인 오버로딩 사례
    public int getSum(int i, int j) {
        return i + j;
    }
    public int getSum(int i, int j, int k) {
        return i + j + k;
    }
}
```

● 메소드 오버로딩 실패 사례

메소드 오버로딩은 자바 컴파일러에 의해 판단되며, 컴파일러가 이름이 같은 메소드들을 구분할 수 있으면 메소드 오버로딩이 성공한다. 다음 코드는 오버로딩이 실패한 경우이다.

컴파일러

```
class MethodOverloadingFail { // 메소드 오버로딩이 실패한 사례
    public int getSum(int i, int j) {
        return i + j;
    }
오류 public double getSum(int i, int j) {
        return (double)(i + j);
    }
}
```

위의 getSum() 메소드와 매개변수의 개수, 타입이 모두 같기 때문에 메소드 오버로딩 실패

앞의 코드에서 2개의 getSum() 메소드의 매개변수 개수와 타입이 모두 같다. 그러므로 이 두 메소드는 호출자의 입장에서 구분할 수 없으며 자바 컴파일러는 컴파일 오류를 발생시킨다. 혹은 독자들이 메소드의 리턴 타입이 서로 다르니 두 메소드가 서로 다른 것이라고 생각할 수 있겠지만, 리턴 타입은 메소드를 구분하는 기준으로 사용하지 않는다.

● 오버로딩된 메소드 호출

이제 오버로딩된 메소드를 호출하는 경우에 대해 알아보자. [그림 4-25]에서 MethodSample 클래스에는 3개의 getSum() 메소드가 작성되어 있고 main() 메소드는

getSum()을 호출하는 여러 문장이 있다. 자바 컴파일러는 각 호출문에 대해, 매개변수의 타입과 개수에 일치하는 getSum() 메소드를 찾아낸다.

```
public static void main(String args[]) {
    MethodSample a = new MethodSample();

    int i = a.getSum(1, 2);

    int j = a.getSum(1, 2, 3);

    double k = a.getSum(1.1, 2.2);

}
```

매개 변수의 개수와 타입이 서로 다른 3 함수 호출

```
public class MethodSample {
    public int getSum(int i, int j) {
        return i + j;
    }

    public int getSum(int i, int j, int k) {
        return i + j + k;
    }

    public double getSum(double i, double j) {
        return i + j;
    }
}
```

[그림 4-25] 오버로딩된 메소드 호출

CHECK TIME

1. double 타입의 일차원 배열을 매개변수로 전달받아 배열의 합을 리턴하는 getSum() 메소드를 작성하라.
2. 메소드 오버로딩이 성공할 조건을 설명하라.
3. 메소드가 배열을 전달받는 경우 메소드 내에서 배열 원소의 값을 변경하면 원본 배열의 값이 변경되는가?

4.6 객체의 소멸과 가비지 컬렉션

객체의 소멸

자바에는 객체를 생성하는 new 연산자는 있지만 객체를 소멸시키는 연산자는 없다. 그러므로 자바에서는 개발자가 마음대로 객체를 소멸시킬 수도 없다.

객체 소멸이란 new에 의해 생성된 객체 공간을 자바 가상 기계에게 돌려주어 가용 메모리(available memory)에 포함시키는 것이다. 다른 객체 지향 언어인 C++에는 delete 연산자를 두고 있으며, delete 연산자가 실행되면 객체가 곧 바로 소멸된다. C++의 경우 객체가 소멸될 때 소멸자(destructor) 함수가 호출되어 객체가 사라질 때 필요한 마무리 작업을 수행하도록 한다. 그러나 자바는 delete 연산자도 소멸자도 없다(자바에서 Object 클래스의 finalize()가 소멸자와 유사한 기능). 이것은 개발자에게 매우 다행한 일이다. 할당받은 메모리를 반환해야 하는 골치 아픈 코딩 부담도 없으며 소멸자를 작성할 필요도 없다. 이것이 얼마나 강력한 자바의 장점임을 코딩해본 사람은 누구나 알 것이다.

객체 소멸
finalize()

그러면 자바에서 new로 할당받은 후 사용하지 않게 된 객체 메모리는 어떻게 되는가? 이들을 가비지(garbage)라고 부르며, 자바 가상 기계의 가비지 컬렉터(garbage collector)가 적절한 시점에 자동으로 수집하여 가용 메모리에 반환시킨다.

가비지
가비지 컬렉터

가비지

가비지(garbage)란 자바 응용프로그램에서 더 이상 사용되지 않게 된 객체나 배열 메모리이다. 그러면 자바 플랫폼은 가비지를 어떻게 알아내는가? 참조하는 레퍼런스가 하나도 없는 객체나 배열을 가비지로 판단한다. 왜냐하면 이 객체는 응용프로그램이 더 이상 접근할 수 없기 때문이다.

가비지

[그림 4-26]은 가비지의 발생 사례를 보여준다. 다음 코드를 실행하면 2개의 Person 객체가 생긴다.

```
a = new Person("이몽룡");
b = new Person("성춘향");
```

그러고 나서 다음 라인을 실행해보자.

```
b = a;
```

레퍼런스 b는 a가 가리키던 객체를 가리키게 되고, b가 가리키던 처음 객체는 아무도 참조하지 않게 되어 더 이상 접근할 수 없게 되었다. 이 객체가 바로 가비지이다.

```
Person a, b;
a = new Person("이몽룡");
b = new Person("성춘향");
b = a; // b가 가리키던 객체는 가비지가 됨
```

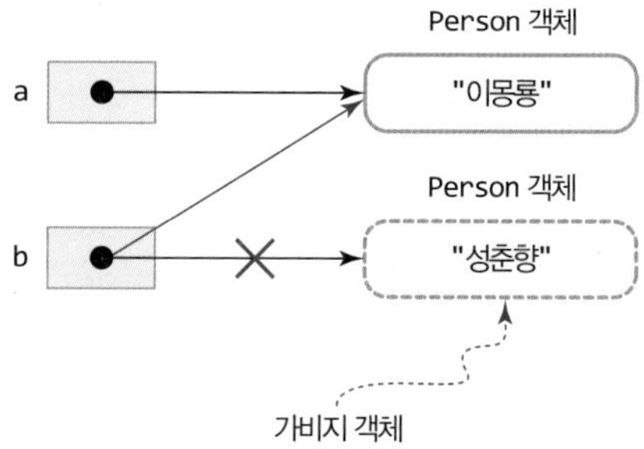

[그림 4-26] 가비지 발생

예제 4-9 가비지의 발생

다음 코드에서 언제 가비지가 발생하는지 설명하라.

```
1  public class GarbageEx {
2     public static void main(String[] args) {
3        String a = new String("Good");
4        String b = new String("Bad");
5        String c = new String("Normal");
6        String d, e;
7        a = null;
8        d = c;
9        c = null;
10    }
11 }
```

위의 코드를 실행하면 다음 그림과 같은 결과가 된다. 그림 (a)는 main()의 라인 6까지 실행된 결과로 3개의 스트링이 생성된 것까지 보여주며, 그림 (b)는 전체 코드의 실행 후를 보여준다. 어떤 레퍼런스도 가리키고 있지 않는 객체나 배열이 가비지가 된다.

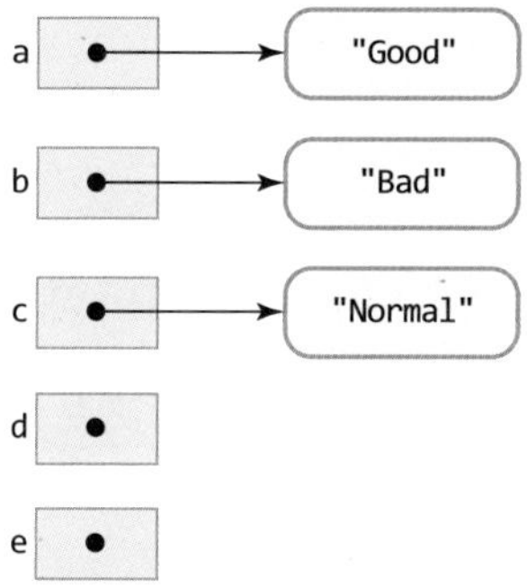

(a) 초기 객체 생성 시(라인 6까지)

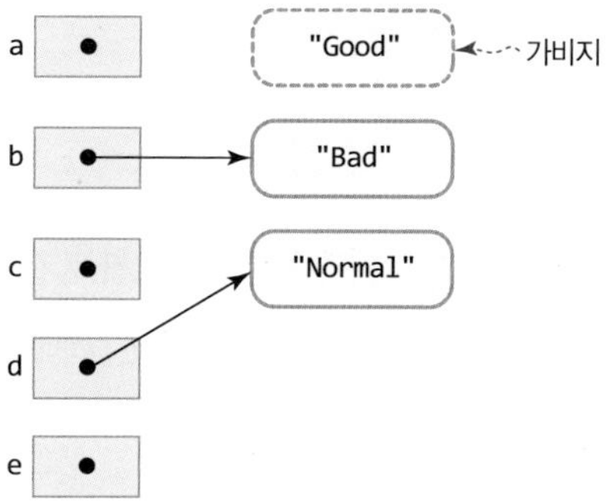

(b) 코드 전체 실행 후

가비지 컬렉션(garbage collection)

가비지는 더 이상 참조되지 않기 때문에 가비지가 차지하고 있는 메모리 공간은 회수되어야 한다. 가비지가 많아지면 자바 플랫폼이 응용프로그램에게 할당해줄 수 있는 가용 메모리 양이 줄어들게 된다. 시간이 지날수록 자연히 가비지가 늘어나게 되며, 최악의 경우 자바 플랫폼의 가용 메모리가 0이 되면 자바 응용프로그램은 더 이상 실행될 수 없게 된다.

가용 메모리

이런 경우를 대비하여 자바 플랫폼은 가용 메모리가 일정 크기 이하로 줄어들면 자동으로 가비지를 회수하여 가용 메모리를 늘린다. 이것을 가비지 컬렉션이라고 부르며, 가비지 컬렉션은 자바 플랫폼에 의해 준비된 가비지 컬렉션 스레드(garbage collection thread)에 의해 처리된다.

가비지 컬렉션
가비지 컬렉션 스레드

PC의 경우 워낙 메모리가 크기 때문에, 가용 메모리가 거의 없어지는 극한 상황은 잘 일어나지 않아 메모리 부족으로 인한 가비지 컬렉션이 작동하는 것을 보기 쉽지 않다. 또한 자바 플랫폼 내부의 판단에 의해 가비지 컬렉션이 수행되므로 언제 가비지 컬렉션이 일어날지 알기 어렵다.

비교적 큰 규모의 자바 프로그램 개발 경험을 가진 개발자들은 가끔 프로그램을 테스트하는 도중 프로그램의 실행이 일시적으로 중단된 것처럼 보이는 경험을 한 적이 있을 것이다. 규모가 큰 자바 프로그램은 실행 중 비교적 많은 양의 가비지를 생산한다. 그러다가 가끔 가용 메모리가 부족해지는 경우가 있는데, 이때 가비지 컬렉터가 실행되며 응용 프로그램은 실행을 멈추고 가비지 컬렉션이 끝나기를 기다리게 되어, 사용자의 눈에는 프로그램이 중단된 것처럼 보인다. 이런 이유로 자바는 실시간 처리 응용에는 부적합한 것으로 알려져 있다.

가비지 컬렉션 강제 요청

응용프로그램에서 System 또는 Runtime 객체의 gc() 메소드를 호출하면 가비지 컬렉션을 요청할 수 있다. 간단히 다음 한 줄의 코드로 가능하다.

System
Runtime
gc()

```
System.gc(); // 가비지 컬렉션 강제 요청
```

그러나 이 문장을 호출한 즉시 가비지 컬렉터가 작동하는 것은 아니다. 이 문장은 가비지 컬렉션이 필요하다는 요청에 불과하다. 가비지 컬렉션은 자바 플랫폼이 전적으로 판단하여 적절한 시점에 작동시킨다.

CHECK TIME

1 자바에서 가비지 컬렉션이 필요한 이유는 무엇인가? 가비지 컬렉션의 장단점은 무엇인가?

2 다음 중 가비지가 발생하는 것은?

①
```
String s1 = "가나다라";
String s2 = s1;
```
②
```
int[] a;
a = new int[10];
```
③
```
String a = new String("철수");
String b = new String("영희");
String c;
c = a;
a = null;
```
④
```
public static void main(String [] args) {
   printHello();
}
public static void printHello() {
   String hello = new String("hello!");
   System.out.println(hello);
}
```

3 다음은 키보드로부터 **10**개의 정수를 읽는 코드이다. 가비지가 발생하는지 답하라.

```
int [] n = new int [10];
for(int i=0; i<10; i++) {
   Scanner s = new Scanner(System.in);
   n[i] = s.nextInt();
}
```

4 자바 플랫폼에게 가비지 컬렉션을 요청하는 코드를 한 줄로 작성하라.

4.7 접근 지정자

우리가 활동하는 [그림 4-27]의 공간들을 보면서 접근 지정에 대해 한 번 생각해보라.

[그림 4-27] 접근 지정

접근 지정자

객체 지향 언어에는 접근 지정자를 두고 있다. 객체를 캡슐화하기 때문에, 객체에 다른 객체가 접근하는 것으로 허용할지, 말지를 지정할 필요가 있기 때문이다.

패키지

패키지
디렉터리 혹은 폴더

자바는 서로 관련 있는 클래스 파일들을 패키지(package)에 저장하여 관리하도록 한다. 패키지는 디렉터리 혹은 폴더와 같은 개념이며, 개발자는 클래스 파일들을 여러 패키지에 분산 관리하는 것이 일반적이며, [그림 4-28]은 개발자가 3개의 패키지로 나누어 응용프로그램을 작성한 사례이다.

패키지를 만드는 것을 포함하여 자세한 것은 6장에서 설명하지만, 지금 패키지에 대해 언급하는 것은, 다음 절에서 설명할 접근 지정이 패키지와 관련이 있기 때문이다.

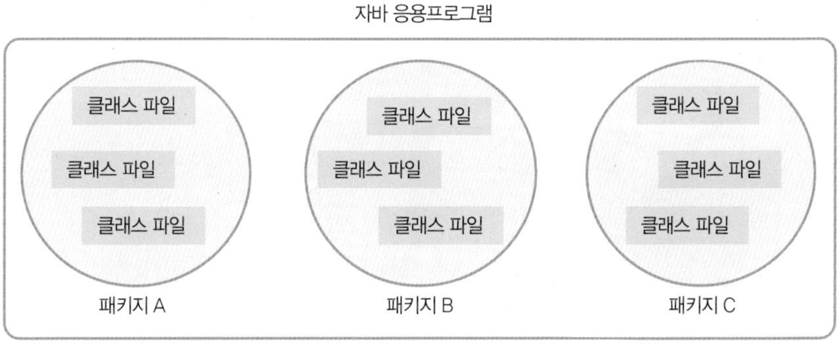

[그림 4-28] 자바 응용프로그램은 여러 개의 패키지로 구성된다.

자바의 4가지 접근 지정자

접근 지정자(access specifier)는 클래스나 멤버들을 다른 클래스에서 접근해도 되는지의 여부를 선언하는 지시어이다. 자바에는 다음 4가지 접근 지정자가 있다.

- private, protected, public, 접근 지정자 생략(디폴트 접근 지정)

잠깐!

객체 지향 특성을 살리기 위해서는 캡슐화의 원칙이 지켜지도록 가능한 한 접근 범위를 작게 하여 접근 지정자를 선정하는 것이 좋다. 특히 필드에 대해서는 특별한 이유가 없는 한 public의 사용은 자제하고 가능한 한 private으로 선언한다. 대신 public 메소드를 만들어 private 필드를 조작하도록 한다. 외부에 공개할 필요가 없는 메소드 역시 public으로 선언하는 것을 자제한다. 다만 이 책에서는 예제를 만드는 편의를 위해 간혹 public을 사용하고 있는 점을 유의하라.

클래스 접근 지정

클래스 접근 지정이란 다른 클래스에서 이 클래스를 활용할 수 있는지 허용 여부를 지정하는 것으로 말한다.

● public 클래스

클래스 이름 앞에 public으로 선언된 클래스로서, 패키지에 상관없이 다른 어떤 클래스에게도 사용이 허용된다. 다음은 클래스 World를 public으로 선언하는 사례이다. 다른 클래스에서 World 클래스의 객체를 생성하는 등 활용할 수 있다.

public 클래스

```
public class World { // public 클래스
    ............
}
```

● 디폴트 클래스(접근 지정자 생략)

접근 지정자 없이 클래스를 선언한 경우, 디폴트(default) 접근 지정으로 선언되었다고 한다. 다음은 클래스 Local을 디폴트 클래스로 선언한다.

```
class Local { // 디폴트 클래스
    ............
}
```

디폴트 클래스는 같은 패키지 내의 클래스들에게만 사용이 허용된다.

디폴트 클래스
같은 패키지

[그림 4-29]를 통해 public 클래스와 디폴트 클래스에 대한 접근 사례를 알아보자. 클래스 B는 public 클래스이기 때문에 패키지 P, Q에 상관없이 어떤 클래스에서도 사용할 수 있다. 클래스 C는 디폴트 클래스이므로 패키지 Q 내에서는 사용이 허용되지만, 패키지 P의 클래스 A에게는 접근(사용)이 허용되지 않는다. 클래스를 접근할 수 없으면 당연히 그 클래스 내의 멤버도 접근할 수 없다.

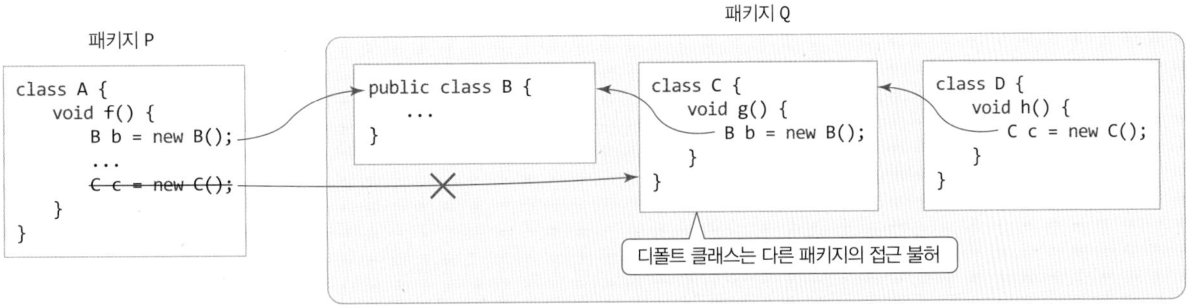

[그림 4-29] public 클래스와 디폴트 클래스의 접근 사례

멤버 접근 지정

이제 클래스 멤버에 대한 접근 지정을 알아보자. 멤버에 대한 접근 지정자는 <표 4-1>과 같으며, private → 디폴트 → protected → public 순으로 공개의 범위가 넓어진다.

<표 4-1>
접근 지정자에 따른 멤버 접근

멤버에 접근하는 클래스	멤버의 접근 지정자			
	private	디폴트 접근 지정	protected	public
같은 패키지의 클래스	×	○	○	○
다른 패키지의 클래스	×	×	×	○
접근 가능 영역	클래스 내	동일 패키지 내	동일 패키지와 자식 클래스	모든 클래스

이 표를 보는 방법을 디폴트 접근 지정 칸을 예로 설명해보자. ○로 표기된 것은 어떤 클래스의 멤버가 디폴트 접근 지정으로 선언된 경우 같은 패키지에 있는 모든 클래스가 이 멤버를 접근할 수 있음을 의미하며, ×의 경우는 다른 패키지의 클래스에서는 접근할 수 없음을 의미한다.

● public 멤버

모든 클래스 접근 가능

public 멤버는 패키지를 막론하고 모든 클래스들이 접근 가능하다. [그림 4-30]은 다른 패키지에 있는 클래스 A나 동일 패키지에 있는 클래스 C가, 클래스 B의 public으로 선언된 n, g()에 접근 가능함을 보여준다.

클래스 B의 public 멤버는 같은 패키지에 있는 클래스 C나 다른 패키지에 있는 클래스 A 등 어떤 곳에서도 접근할 수 있도록 허용됩니다.

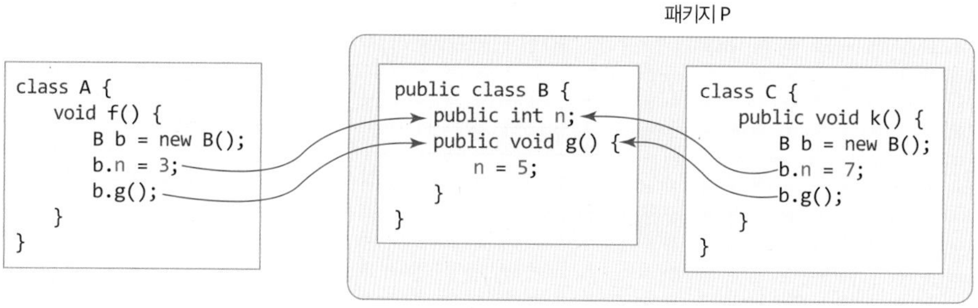

[그림 4-30] public 멤버에 대한 접근

● private 멤버

비공개

private 접근 지정자는 비공개를 지시하는 것으로, private 멤버는 클래스 내의 멤버들에게만 접근이 허용된다. [그림 4-31]은 private 멤버에 대한 접근 불가능 사례를 보여준다. 클래스 B의 private 멤버 n, g()는 클래스 A, C 모두에서 사용될 수 없다.

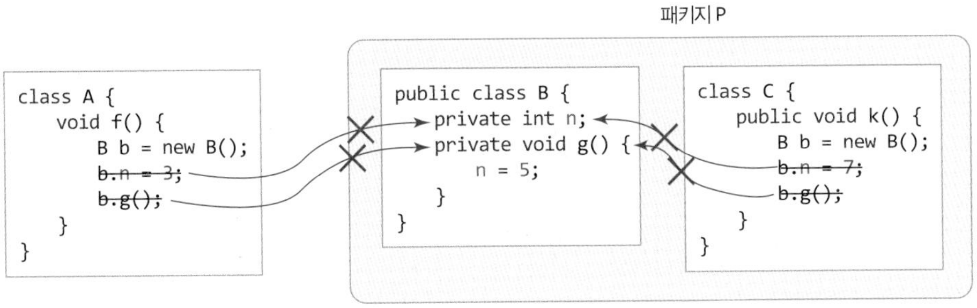

[그림 4-31] private 멤버에 대한 접근

클래스 A와 클래스 B가 같은 패키지에 있든 없든 간에 클래스 B에 private으로 선언된 멤버는 클래스 B의 외부에서는 어떤 누구도 접근이 허용되지 않습니다.

● protected 멤버

protected 접근 지정자는 보호된 공개를 지시하는 것으로, 2가지 유형의 클래스에만 접근을 허용한다. 첫째, 같은 패키지의 모든 클래스에 접근이 허용된다. 둘째, 다른 패키지에 있더라도 자식 클래스의 경우 접근이 허용된다. protected는 상속과 관련되기 때문에 5장에서 다시 다룬다. [그림 4-32]의 예를 보자. 클래스 B의 protected 멤버인 n, g()는 동일한 패키지에 있는 클래스 C와, 다른 패키지에 있지만 클래스 B를 상속받은 클래스 D에게 접근이 허용된다.

같은 패키지
자식 클래스

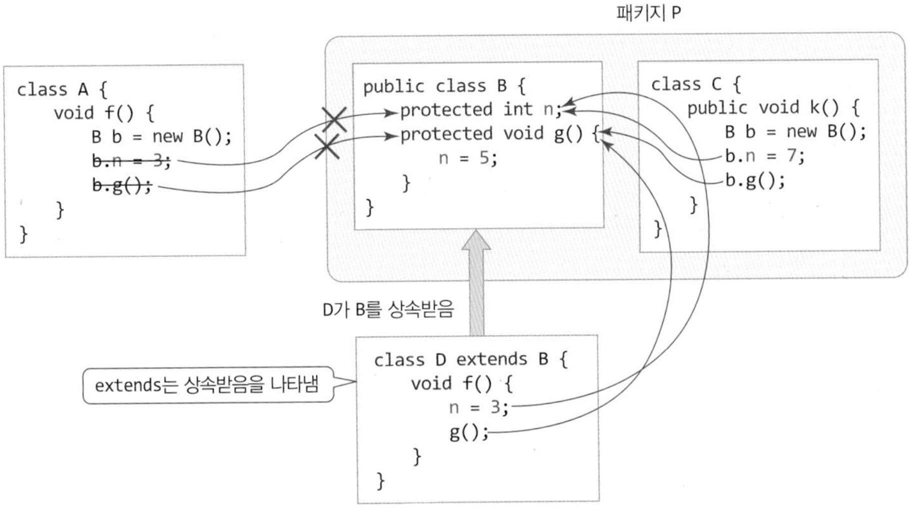

[그림 4-32] protected 멤버에 대한 접근

클래스 B의 protected로 선언된 멤버는 같은 패키지에 속한 클래스 C나 비록 다른 패키지에 속하지만 클래스 B를 상속받은 자식인 클래스 D에게는 접근이 허용됩니다. 그러나 다른 패키지에 있는 클래스 A에서는 접근할 수 없습니다.

● 디폴트 멤버(default 또는 package-private)

접근 지정자가 생략된 멤버의 경우, 디폴트(default) 멤버라고 한다. 동일한 패키지 내에 있는 클래스들만 디폴트 멤버를 자유롭게 접근할 수 있다. [그림 4-33]은 디폴트 멤버

접근 지정자 생략
동일한 패키지

에 대한 접근 사례를 보여준다. 클래스 C는 동일한 패키지에 있는 클래스 B의 디폴트 멤버 n, g()에 대해 접근이 가능하지만 다른 패키지에 있는 클래스 A는 접근이 불가능하다.

클래스 B에 선언된 디폴트 멤버는 같은 패키지에 속한 클래스 C에게는 접근이 허용되지만 다른 패키지에 속한 클래스 A에게는 접근이 허용되지 않습니다.

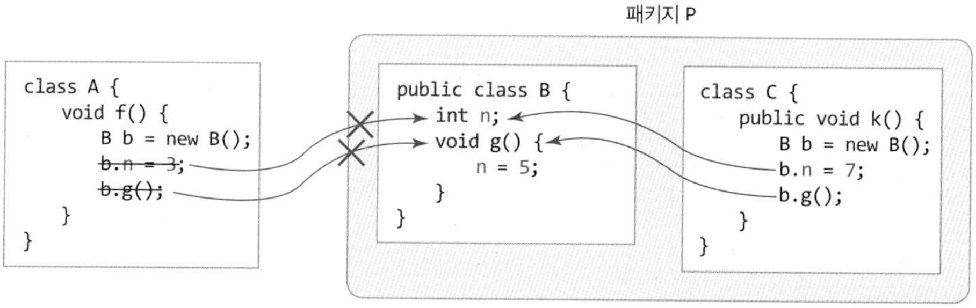

[그림 4-33] 디폴트 멤버에 대한 접근

예제 4-10 멤버의 접근 지정자

다음 코드의 두 클래스 Sample과 AccessEx 클래스는 동일한 패키지에 저장된다. 컴파일 오류를 찾아내고 이유를 설명하라.

```
1  class Sample {
2     public int a;
3     private int b;
4     int c; // 디폴트 접근 지정
5  }
6
7  public class AccessEx {
8     public static void main(String[] args) {
9        Sample sample = new Sample();
10       sample.a = 10;
11       sample.b = 10;
12       sample.c = 10;
13    }
14 }
```

위 소스를 컴파일하면 다음과 같은 오류가 발생한다.

```
Exception in thread "main" java.lang.Error: Unresolved compilation problem:
   The field Sample.b is not visible
   at AccessEx.main(AccessEx.java:11)
```

Sample 클래스의 필드 b는 private 멤버로서 Sample 클래스 외 다른 어떤 클래스에서도 읽고 쓸 수 없기 때문에 라인 11에서 컴파일 오류가 발생한다.

CHECK TIME

1 다음 코드에서 SampleClass 클래스는 패키지 A에, AccessEx 클래스는 패키지 B에 저장된다고 할 때 코드에서 컴파일 오류를 찾아내고 이유를 설명하라.

```
package A; // SampleClass 클래스를 패키지 A에 포함시키도록 지시

class SampleClass {
   public int field1;
}
```

```
package B; // AccessEx 클래스를 패키지 B에 포함시키도록 지시
import A.SampleClass; // 패키지 A에 있는 SampleClass의 경로명 알림

public class AccessEx {
   public static void main(String[] args) {
      SampleClass obj = new SampleClass();
      obj.field1 = 0;
   }
}
```

2 다음 코드에서 SampleClass 클래스와 FieldAccess 클래스는 같은 패키지에 저장된다고 할 때 코드에서 컴파일 오류를 찾아내고 이유를 설명하라.

```
class SampleClass {
   public int field1;
   protected int field2;
   int field3;
   private int field4;
}
public class FieldAccess {
   public static void main(String[] args) {
      SampleClass fa = new SampleClass();
      fa.field1 = 0;
      fa.field2 = 1;
      fa.field3 = 2;
      fa.field4 = 3;
   }
}
```

3 클래스의 필드 멤버는 private, public, 디폴트 중 어떤 것으로 선언하는 것이 좋은가?

4.8 static 멤버

눈은 각 사람마다 있고 공기는 모든 사람이 소유(공유)한다

non-static 멤버
static 멤버

사람은 모두 각자의 눈을 가지고 태어난다. 그리고 각자의 눈은 각 사람의 개별적 소유이다. 눈은 사람 없이 존재할 수 없다. 사람의 탄생과 함께 존재하게 되는 것이다. 사람이 죽으면 그 사람이 소유한 눈도 사라진다. 한편 공기는 각 사람이 태어나기 이전부터 있었으며 각 사람이 태어나 숨을 쉬면서부터 신체를 구성하는 일부분이 되어 자신의 것이 된다([그림 4-34]). 공기를 자신의 소유인 것처럼 들이마시고 내뱉으며 사용할 수 있다. 그렇지만 공기는 모든 사람이 공유한다. 사람이 있기 전부터 공기는 있었으며 사람이 죽는다 해도 공기는 사라지지 않고 여전히 존재한다. 눈과 공기 모두 각 사람이 소유하는 요소라는 공통점이 있지만, 눈은 각 사람마다 있고 공유하지 않지만, 공기는 오직 하나만 있어서 모든 사람이 공유한다는 차이점이 있다. 지금까지 설명한 내용은 객체의 non-static 멤버와 static 멤버의 이해를 돕기 위해서이다. 결론적으로 말하면 눈은 사람이라는 객체의 non-static 멤버이며 공기는 static 멤버이다.

사람은 모두 각자 눈을 가지고 태어난다.

세상에는 이미 공기가 있으며 태어난 사람은 모두 공기를 공유한다. 그리고 공기 역시 각 사람의 것이다.

[그림 4-34] 개별 소유인 사람의 눈과 모든 사람이 공유하는 공기

static 멤버의 선언

이 절에서는 static으로 선언된 멤버의 특성과 활용을 설명하고자 한다. static 멤버는 다음과 같이 static을 붙여 선언한다.

```
class StaticSample {
    int n;                    // non-static 필드
    void g() {...}            // non-static 메소드

    static int m;             // static 필드
    static void f() {...}     // static 메소드
}
```

static으로 선언된 멤버는 non-static 멤버와 매우 다른 특성을 가진다.

non-static 멤버와 static 멤버의 차이점

이제 non-static 멤버와 static 멤버의 차이점을 살펴보자. static 멤버는 객체를 생성하지 않고도 사용할 수 있는 멤버이다. 이들의 차이점은 <표 4-2>에 요약하였다. static 멤버는 클래스당 하나만 생성되는 멤버로서 동일한 클래스의 모든 객체들이 공유한다. 그리고 main() 메소드가 실행되기 전에 이미 생성된다. static 멤버는 static 멤버가 포함된 객체를 생성하기 전에도 사용할 수 있다.

공유

반면 non-static 멤버는 객체가 생길 때 객체마다 생기며, 다른 객체들과 공유하지 않는다. 객체가 사라지면 non-static 멤버도 함께 사라지고 더 이상 접근할 수 없다. static 멤버는 클래스당 하나씩 생긴다고 해서 클래스 멤버라고도 부르며, non-static 멤버는 각 객체마다 하나씩 생긴다고 해서 인스턴스 멤버라고 부른다.

static 멤버
클래스 멤버
non-static 멤버
인스턴스 멤버

<표 4-2>

non-static 멤버와 static 멤버의 차이

	non-static 멤버	static 멤버

선언	class Sample {
	  int n;
	  void g() {...}
	}
		class Sample {
		  static int m;
		  static void f() {...}
		}

공간적 특성	멤버는 객체마다 별도 존재 • 인스턴스 멤버라고 부름	멤버는 클래스당 하나 생성 • 멤버는 객체 내부가 아닌 별도의 공간(클래스 코드가 적재되는 메모리)에 생성 • 클래스 멤버라고 부름
시간적 특성	객체 생성 시에 멤버 생성됨 • 객체가 생길 때 멤버도 생성 • 객체 생성 후 멤버 사용 가능 • 객체가 사라지면 멤버도 사라짐	클래스 로딩 시에 멤버 생성 • 객체가 생기기 전에 이미 생성 • 객체가 생기기 전에도 사용 가능 • 객체가 사라져도 멤버는 사라지지 않음 • 멤버는 프로그램이 종료될 때 사라짐
공유의 특성	공유되지 않음 • 멤버는 객체 내에 각각 공간 유지	동일한 클래스의 모든 객체들에 의해 공유됨

static 멤버의 생성과 활용 1: 객체.static 멤버

static 멤버를 가진 클래스의 객체가 생성되는 과정을 통해 static 멤버와 non-static 멤버에 대해 보다 자세히 알아보자. [그림 4-35]의 StaticSample 클래스는 2개의 static 멤버를 가지고 있다.

● static 멤버의 생성

[그림 4-35]에서 static 멤버가 생성되는 시점은 StaticSample이 사용되기 시작하는 시점(StaticSample 클래스가 로딩되는 시점)이다. 다음 코드가 실행되는 시점에는 static 멤버 m과 f()는 이미 존재하며 사용이 가능하다.

```
StaticSample s1, s2;
```

다음 코드는 2개의 StaticSample 객체를 생성하는 코드이다.

```
s1 = new StaticSample();
s2 = new StaticSample();
```

static 멤버 m과 f()는 이들 두 객체가 생성되기 이전에 이미 생성되어 있으므로, s1과 s2 객체가 생성될 때 인스턴스 멤버인 n, g(), h()만 객체마다 생성된다.

● static 멤버 접근

static 멤버도 멤버이기 때문에 다음과 같이 non-static 멤버와 사용 방법이 동일하다.

객체.static필드
객체.static메소드

```
객체.static필드
객체.static메소드
```

다음 코드는 s1, s2 객체의 static 멤버를 접근한다.

```
s1.m = 50;
s2.f();
```

● static 멤버의 공유

[그림 4-35]에서 객체 s1과 객체 s2는 static 멤버 m과 f()를 공유하고 또한 자신의 멤버라고 생각한다. g(), h()에서도 static 멤버 m을 공유하고 있는 것을 볼 수 있다.

```
class StaticSample {
    public int n;
    public void g() {
        m = 20;
    }
    public void h() {
        m = 30;
    }
    public static int m;
    public static void f() {
        m = 5;
    }
}

public class Ex {
    public static void main(String[] args) {
        StaticSample s1, s2;
        s1 = new StaticSample();
        s1.n = 5;
        s1.g();
        s1.m = 50; // static
        s2 = new StaticSample();
        s2.n = 8;
        s2.h();
        s2.f(); // static
        System.out.println(s1.m);
    }
}
```

실행 결과

```
5
```

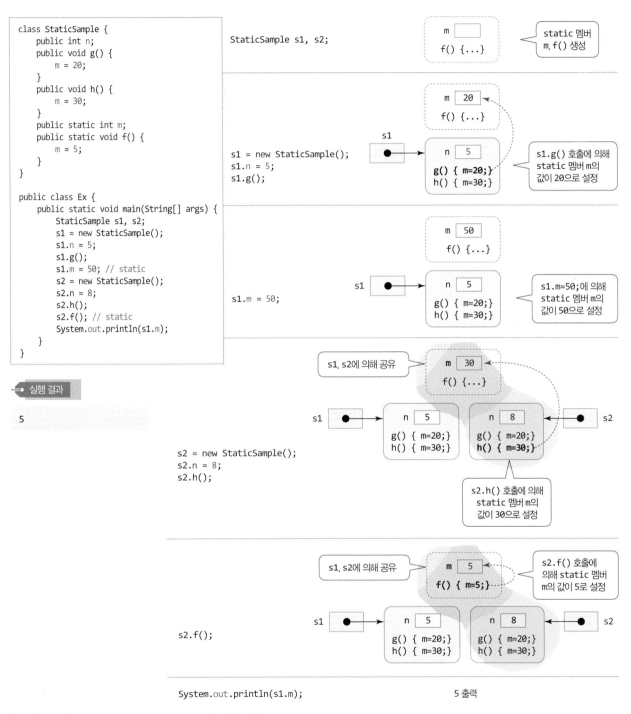

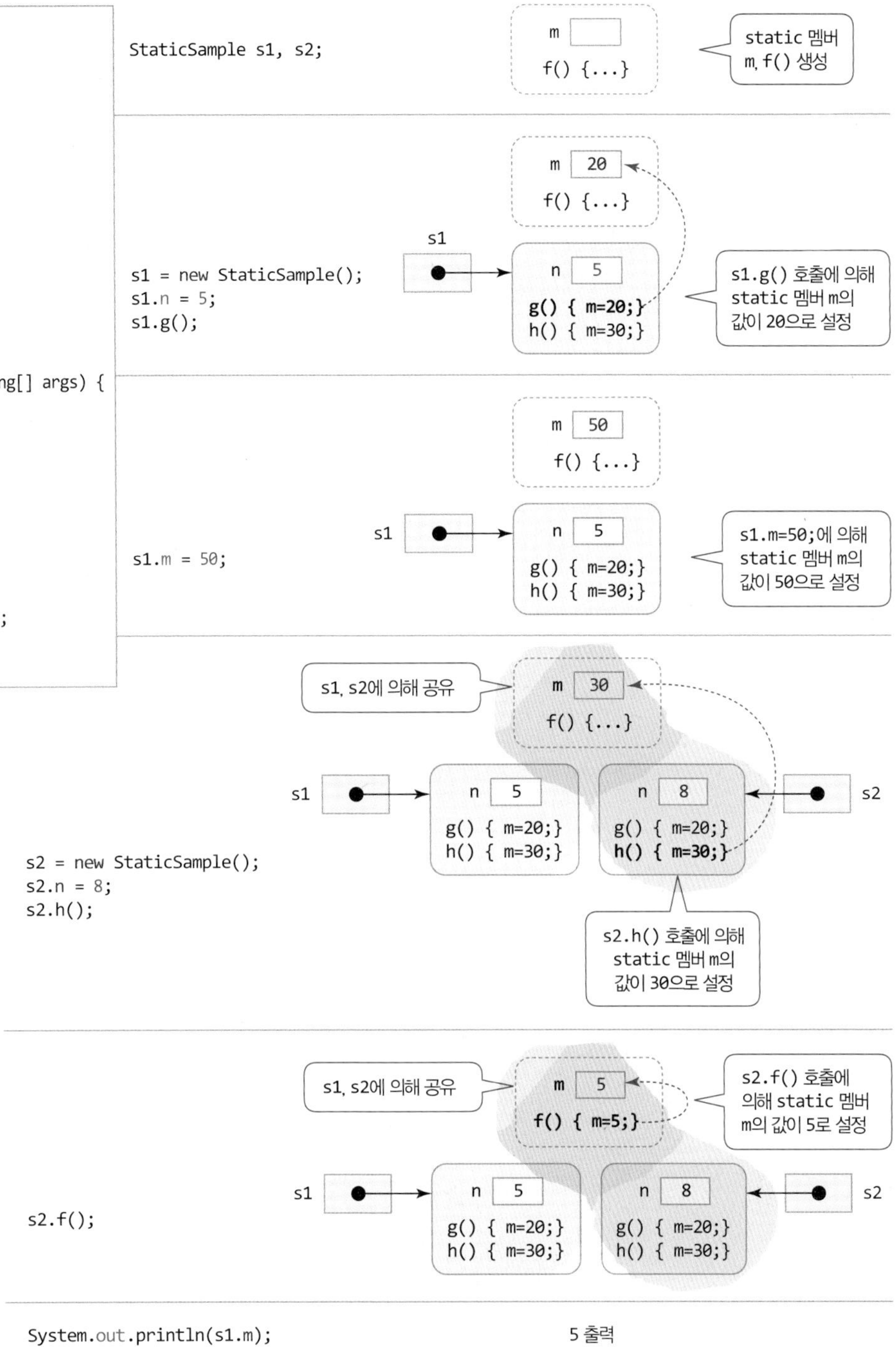

[그림 4-35] static 멤버를 객체의 멤버로 접근하는 경우

static 멤버의 생성 및 활용 2: 클래스명.static 멤버

클래스 이름 접근

static 멤버를 접근하는 또 다른 방법이 있다. static 멤버는 클래스당 하나만 있기 때문에 다음과 같이 클래스 이름으로 바로 접근할 수 있다.

클래스명.static멤버

```
클래스명.static멤버
```

[그림 4-35]의 코드를 [그림 4-36]과 같이 수정해보았다. main() 메소드의 다음 코드는 '클래스명.static멤버'를 사용하는 실례를 보여주며, new에 의해 객체가 생기기 전에 static 멤버를 접근할 수 있음을 보여준다.

```
StaticSample.m = 10;
```

static 메소드도 다음과 같이 2가지 방법으로 모두 접근 가능하다.

```
s1.f();             // 객체 레퍼런스로 static 멤버 f() 호출
StaticSample.f();   // 클래스명을 이용하여 static 멤버 f() 호출
```

그러나 다음 코드는 틀린 것이다. non-static 메소드는 클래스 이름으로 접근할 수 없다.

오류
```
StaticSample.h();  // h()는 non-static이므로 오류
StaticSample.g();  // g()는 non-static이므로 오류
```

static 멤버는
클래스 이름으로
바로 접근하는구나!

```
class StaticSample {
    public int n;
    public void g() {
        m = 20;
    }
    public void h() {
        m = 30;
    }
    public static int m;
    public static void f() {
        m = 5;
    }
}

public class Ex {
    public static void main(String[] args) {
        StaticSample.m = 10;

        StaticSample s1;
        s1 = new StaticSample();
        System.out.println(s1.m);
        s1.f();
        StaticSample.f();
    }
}
```

실행 결과

```
10
```

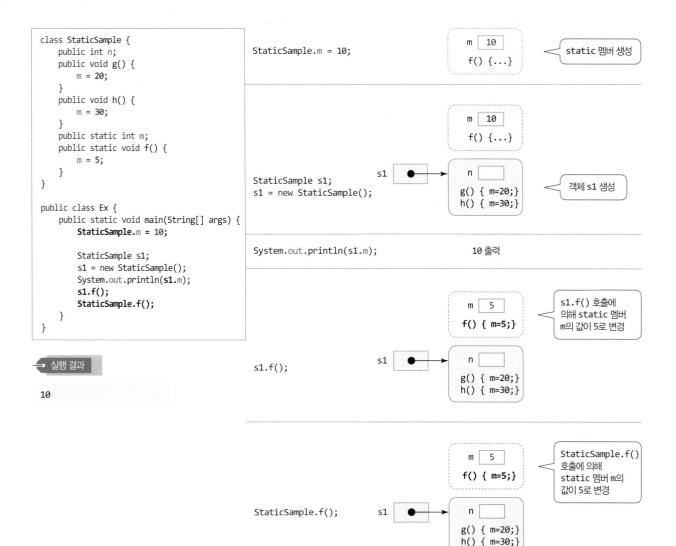

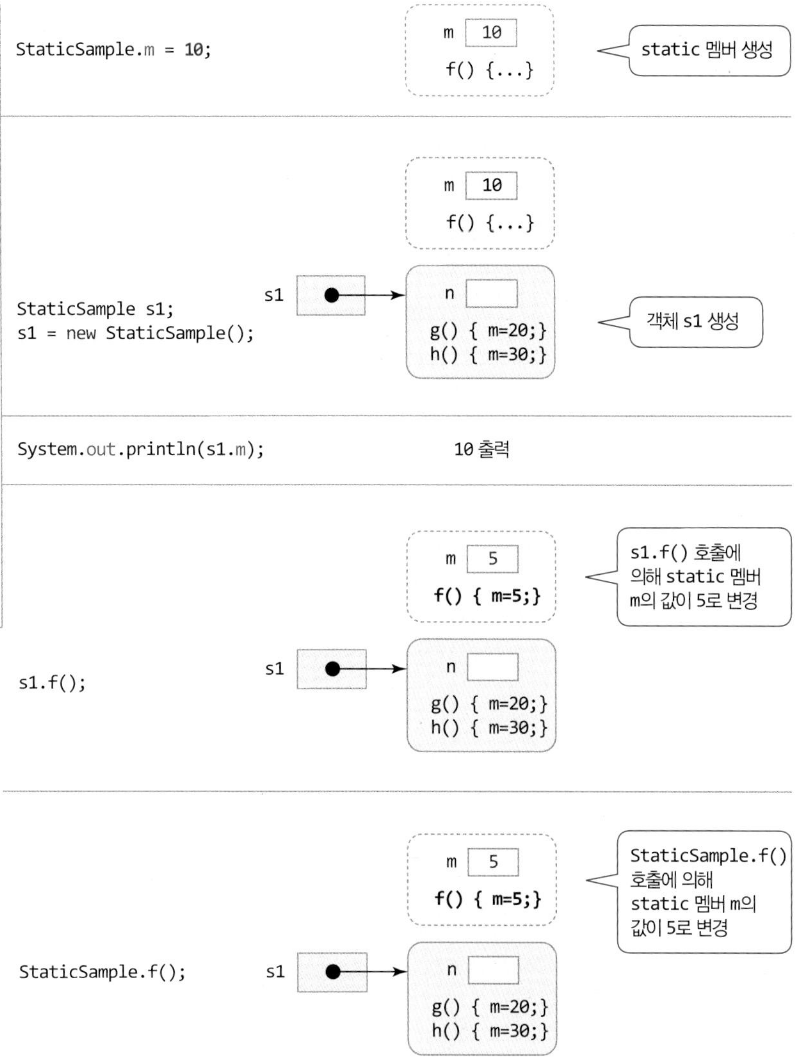

[그림 4-36] static 멤버를 클래스 이름으로 접근

잠깐!

실제 static 멤버의 생성 시점은 자바 가상 기계에 따라 다를 수 있다. 그러나 일반적으로 static 멤버가 포함된 클래스가 로딩될 때 static 멤버의 메모리가 할당된다. PC와 같이 메모리가 풍부한 컴퓨터에서, 자바 가상 기계는 처음부터 대부분의 클래스를 로딩하기 때문에 static 멤버의 생성 시점은 자바 가상 기계가 시작되는 시점이라고 할 수 있다.

static의 활용

● 전역 변수와 전역 함수를 만들 때 활용

전역 변수
전역 함수

자바에서는 C++와 달리 어떤 변수나 함수도 클래스 바깥에 존재할 수 없으며 클래스의 멤버로 존재하여야 한다. 이는 자바의 캡슐화 원칙 때문이다. 한편, 응용프로그램 작성 시 모든 클래스에서 공유하는 전역 변수(global variable)나 모든 클래스에서 호출할 수 있는 전역 함수(global function)가 필요한 경우가 있다. static은 이런 문제에 대한 해결책이다.

java.lang.Math

static 멤버를 가진 대표적인 클래스로 java.lang.Math 클래스가 있다. 이 클래스는 다음과 같이 객체를 생성하지 않고 바로 호출할 수 있는 static 타입의 멤버를 제공한다.

```
public class Math {
    public static int abs(int a);
    public static double cos(double a);
    public static int max(int a, int b);   // 모든 멤버 static
    public static double random();
    ...
}
```

응용프로그램에서 Math의 멤버들을 사용하기 위해 다음과 같이 하지 않는다.

오류
```
Math m = new Math(); // 오류. 생성자 Math()는 private으로 선언되어 있어 객체 생성 안 됨
int n = m.abs(-5);
```

대신 다음과 같이 클래스 이름 Math로 static 멤버를 직접 호출한다.

```
int n = Math.abs(-5); // 바른 사용
```

● 공유 멤버를 만들고자 할 때 활용

static으로 선언된 필드나 메소드는 하나만 생성되어 클래스의 객체들 사이에서 공유된다.

static 멤버를 가진 Calc 클래스 작성 **예제 4-11**

전역 함수로 작성하고자 하는 abs, max, min의 3개 함수를 static 메소드로 작성하고 호출하는 사례를 보여라.

```
class Calc {
   public static int abs(int a) { return a>0?a:-a; }
   public static int max(int a, int b) { return (a>b)?a:b; }
   public static int min(int a, int b) { return (a>b)?b:a; }
}

public class CalcEx {
   public static void main(String[] args) {
      System.out.println(Calc.abs(-5));
      System.out.println(Calc.max(10, 8));
      System.out.println(Calc.min(-3, -8));
   }
}
```

Calc 클래스는 static 메소드만 가진 클래스

실행 결과

```
5
10
-8
```

static 메소드의 제약 조건

static 메소드는 일반 메소드와 달리 다음 두 가지 제약 사항이 있다.

● static 메소드는 static 멤버만 접근할 수 있다

static 메소드는, 객체 없이도 존재하기 때문에, 객체와 함께 생성되는 non-static 멤버를 사용할 수 없고 static 멤버들만 사용 가능하다. 반면 non-static 메소드는 static 멤버들을 사용할 수 있다. 다음 예를 통해 확인해보자.

```
class StaticMethod {
    int n;
    void f1(int x) {n = x;} // 정상
    void f2(int x) {m = x;} // 정상
```

```
        static int m;
오류    static void s1(int x) {n = x;} // 컴파일 오류. static 메소드는 non-static 필드
                                        사용 불가
오류    static void s2(int x) {f1(3);} // 컴파일 오류. static 메소드는 non-static 메소드
                                        사용 불가

        static void s3(int x) {m = x;} // 정상. static 메소드는 static 필드 사용 가능
        static void s4(int x) {s3(3);} // 정상. static 메소드는 static 메소드 호출 가능
    }
```

● static 메소드는 this를 사용할 수 없다

static 메소드는, 객체 없이도 존재하기 때문에, this를 사용할 수 없다. 다음 예를 통해 확인해보자.

```
    class StaticAndThis {
        int n;
        static int m;
        void f1(int x) {this.n = x;}
        void f2(int x) {this.m = x;} // non-static 메소드에서는 static 멤버 접근 가능
오류    static void s1(int x) {this.n = x;} // 컴파일 오류. static 메소드는 this 사용 불가
오류    static void s2(int x) {this.m = x;} // 컴파일 오류. static 메소드는 this 사용 불가
    }
```

예제 4-12 static을 이용한 환율 계산기

static 멤버를 이용하여 달러와 원화를 변환 해주는 환율 계산기를 만들어보자.

```
import java.util.Scanner;

class CurrencyConverter {
   private static double rate; // 1$에 대한 원화
   public static double toDollar(double won) {
      return won/rate; // 원화를 달러로 변환
   }
   public static double toKWR(double dollar) {
      return dollar * rate; // 달러를 원화로 변환
   }
   public static void setRate(double r) {
      rate = r; // 환율 설정. 원/$1
   }
```

```
}

public class StaticMember {
   public static void main(String[] args) {
      Scanner scanner = new Scanner(System.in);
      System.out.print("환율(1달러)>> ");
      double rate = scanner.nextDouble();
      CurrencyConverter.setRate(rate); // 미국 달러 환율 설정
      System.out.println("백만원은 $" + CurrencyConverter.toDollar(1000000) +
                         "입니다.");
      System.out.println("$100는 " + CurrencyConverter.toKWR(100) + "원입니다.");
      scanner.close();
   }
}
```

실행 결과

```
환율(1달러)>> 1121
백만원은 $892.0606601248885입니다.
$100는 112100.0원입니다.
```

CHECK TIME

1 static 멤버와 인스턴스 멤버(non-static) 중 객체마다 생성되는 것은 어떤 것인가?

2 static 메소드에서 인스턴스 멤버(non-static)를 접근할 수 없는 이유를 설명하라.

3 다음 코드에서 잘못된 부분을 찾고 이유를 설명하라.

```
public class Sample{
   static int a;
   public static void setA(int x) {
      this.a = x;
   }
}
```

CHECK TIME

4 static 멤버 사용에 있어 아래 소스의 main()에서 문법적으로 틀린 부분을 모두 찾아 고쳐라. 틀린 라인을 수정하거나 삭제할 수도 있다. 수정 후 예상되는 출력 결과는 무엇인가?

```
public class StaticCheck {
   int s;
   static int t;
   public static void main(String [] args) {
      StaticCheck.t = 10;
      StaticCheck.s = 20;
      StaticCheck obj = new StaticCheck();
      obj.s = 30;
      obj.t = 40;
      System.out.println(obj.s);
      System.out.println(obj.t);
   }
}
```

4.9 final

final 키워드는 3군데에서 사용된다. 이들에 대해 각각 알아보자.

final 클래스

final 클래스

final이 클래스 이름 앞에 사용되면 클래스를 상속받을 수 없음을 지정한다. 다음 코드에서 FinalClass를 상속받아 SubClass를 만들 수 없다.

```
final class FinalClass { // 이 클래스는 상속 불가
    .....
}
class SubClass extends FinalClass { // 컴파일 오류 발생. FinalClass 상속 불가
    .....
}
```

오류

final 메소드

final로 메소드를 선언하면 오버라이딩할 수 없는 메소드임을 선언한다. 자식 클래스가 부모 클래스의 특정 메소드를 오버라이딩하지 못하게 하고 무조건 상속받아 사용하도록 하고자 한다면 다음과 같이 final로 지정하면 된다.

final 메소드

```
public class SuperClass {
    protected final int finalMethod() { ... } // finalMethod()는 자식이 오버라이딩 불가
}
class SubClass extends SuperClass { // SubClass가 SuperClass 상속
    protected int finalMethod() { ... } // 컴파일 오류. finalMethod() 오버라이딩 안 됨
}
```

오류

final 필드

final로 필드를 선언하면 필드는 상수가 된다. 예를 들면 다음과 같다.

final 필드
상수

```
public class FinalFieldClass {
    final int ROWS = 10; // 상수 선언. 초깃값(10) 지정
    void f() {
        int[] intArray = new int[ROWS]; // 상수 활용
        ROWS = 30; // 컴파일 오류. final 필드 값은 변경할 수 없다.
    }
}
```

오류

상수 필드는 한 번 초기화되면 값을 변경할 수 없다. final 키워드를 public static과 함께 선언하면, 프로그램 전체에서 사용할 수 있는 상수가 된다. π를 모든 클래스에서 공유할 수 있는 상수로 선언하면 다음과 같다.

```
class SharedClass {
    public static final double PI = 3.14;
}
```

SharedClass 내에서는 다음과 같이 그냥 PI로 사용되지만,

```
double area = PI*radius*radius;
```

다른 클래스에서는 다음과 같이 사용하면 된다.

```
double area = SharedClass.PI*radius*radius;
```

SUMMARY

요약

- 객체 지향 언어는 실세계를 모델링하여 객체, 객체 간의 관계, 객체 간의 상호 작용을 나타내는 언어로 캡슐화, 상속, 다형성의 특징을 갖는다.
- 클래스는 객체를 생성하기 위한 설계도 또는 틀이며, 객체는 틀로써 찍어낸 실체이다. 객체를 실체를 뜻하는 인스턴스라고도 부른다.
- 클래스는 객체들의 특성과 행동에 대한 절차나 방법을 구현하며, `class` 키워드를 사용하여 선언한다. 클래스는 필드(멤버 변수)와 메소드(멤버 함수)로 구성된다.
- 자바에서는 반드시 `new` 키워드를 사용하여 객체를 생성한다.
- 객체의 배열에서 배열의 원소는 객체가 아니며 객체에 대한 레퍼런스이다. 그러므로 객체 배열 생성 후 다시 원소의 개수만큼 객체를 생성해서 배열의 각 원소에 지정해야 한다.
- 자바의 메소드 호출 시 기본 타입은 '값에 의한 호출'(`call by value`)로 전달되고, 객체나 배열을 인자로 전달할 때는 객체나 배열의 레퍼런스만 전달된다.
- 메소드 오버로딩은 한 클래스 내에서 이름은 같지만 매개변수의 개수나 타입이 다른 여러 개의 메소드를 작성하는 것을 뜻한다.
- `this`는 현재 객체를 가리키는 레퍼런스이다.
- 생성자는 `new`를 통해 객체를 생성할 때 호출되며 주로 객체의 필드를 초기화한다.
- `this()`는 생성자에서 다른 생성자를 호출하는 문장이며, 생성자의 첫 번째 코드로만 사용할 수 있다.
- 더 이상 참조되지 않는 객체를 가비지라 하며, 가용 메모리가 일정 수준 이하로 줄어들면 가비지 컬렉션이 자동으로 실행된다.
- 클래스 접근 지정자로는 `public`과 디폴트(`default`)가 사용된다.
- 멤버의 접근 지정자로는 `private`, `protected`, 디폴트(`default`), `public`이 있다.
- 객체를 생성하지 않고도 사용할 수 있는 필드, 메소드를 `static` 필드, `static` 메소드라고 하며 동일한 클래스의 객체들 사이에 공유된다.
- 클래스의 `static` 멤버들은 클래스당 하나만 생성되며, 프로그램이 시작될 때 이미 생성되어 객체를 생성하지 않고도 사용할 수 있다.
- `final`로 선언된 클래스는 상속되지 않으며, `final` 메소드는 더 이상 오버라이딩될 수 없고, `final`로 선언된 필드는 상수로서 초기화 이후 값을 수정할 수 없다.

Open Challenge 끝말잇기 게임 만들기

목적
여러 클래스 작성, 객체 배열 만들기

n명이 참가하는 끝말잇기 게임을 만들어보자. 처음 단어는 "아버지"이다. n명의 참가자들은 순서대로 자신의 단어를 입력하면 된다. 끝말잇기에서 끝말이 틀린 경우 게임을 끝내고 게임에서 진 참가자를 화면에 출력한다. 프로그램에서는 시간 지연을 구현하지 않아도 된다. 그렇지만 참가자들이 스스로 시간을 재어 보는 것도 좋겠다. 이 문제의 핵심은 여러 개의 객체와 배열 사용을 연습하기 위한 것으로, main()을 포함하는 WordGameApp 클래스와 각 선수를 나타내는 Player 클래스를 작성하고, 실행 중에는 WordGameApp 객체 하나와 선수 숫자만큼의 Player 객체를 생성하는데 있다. 문제에 충실하게 프로그램을 작성하여야 실력이 늘게 됨을 알기 바란다. 난이도 6

```
끝말잇기 게임을 시작합니다...
게임에 참가하는 인원은 몇명입니까>>3
참가자의 이름을 입력하세요>>황기태
참가자의 이름을 입력하세요>>이재문
참가자의 이름을 입력하세요>>한원선
시작하는 단어는 아버지입니다
황기태>>지우게
이재문>>게다리
한원선>>리본
황기태>>본죽
이재문>>족발
이재문이 졌습니다.
```

힌트 Hint

- WordGameApp, Player의 두 클래스를 작성하는 것을 추천한다. WordGameApp 클래스에는 생성자, main(), 게임을 전체적으로 진행하는 run() 메소드를 둔다. run()에서는 선수 숫자 만큼의 Player 객체를 배열로 생성한다.
- Player 클래스는 게임 참가자의 이름 필드와 사용자로부터 단어를 입력받는 getWordFromUser() 메소드, 끝말잇기의 성공여부와 게임을 계속하는지를 판별하는 checkSuccess() 메소드를 두면 좋겠다.
- 문자열의 마지막 문자와 첫 번째 문자는 다음과 같이 알아낼 수 있다.

```
String word = "아버지";
int lastIndex = word.length() - 1;          // 마지막 문자에 대한 인덱스
char lastChar = word.charAt(lastIndex);     // 마지막 문자
char firstChar = word.charAt(0);            // 첫 번째 문자
```

연습문제

EXERCISE

이론문제

• 홀수 문제는 정답이 공개됩니다.

1. 자바의 클래스와 객체에 대한 설명 중 틀린 것은?
   ① 클래스 바깥에 전역 변수는 선언할 수 없다.
   ② 클래스는 객체를 생성하기 위한 틀이다.
   ③ 클래스의 멤버 변수를 필드라고 부르며, 클래스는 필드와 메소드로 이루어진다.
   ④ 필드는 클래스 내에서 private 보다 public으로 선언하는 것이 바람직하다.

2. 생성자에 대한 설명 중 틀린 것은?
   ① 생성자가 작성되어 있지 않으면, 컴파일러가 자동으로 기본 생성자를 추가해준다.
   ② 생성자의 이름은 클래스의 이름과 반드시 같아야 한다.
   ③ this()는 생성자 내에서 다른 생성자를 호출하는 코드이다.
   ④ 생성자에서는 아무 값도 리턴하지 않기 때문에 return 문을 사용할 수 없다.

3. 다음 코드 중 오류가 있는 것은?
   ① Power [] p = new Power [10];　　② Power p [] = new Power [10];
   ③ Power p [10] = new Power [10];　　④ Power [] p;

4. 다음 코드에 대해 설명하는 문항 중 틀린 것은?

```
Book [] book = new Book [10];
```

   ① book은 배열에 대한 레퍼런스이다.
   ② Book 객체가 10개 만들어진다.
   ③ for(int i=0; i<book.size; i++) book[i] = new Book(); 로 객체들을 만들어야 비로소 배열이 완성된다.
   ④ book[0], book[1], ..., book[9] 모두 Book 객체에 대한 레퍼런스이다.

5. 다음 중 메소드 오버로딩에 실패한 사례는?

①
```
class A {
  int x;
  void f(int a) { x = a; }
  int f(int b) { return x+b; }
}
```

②
```
class A {
  int x;
  void f(int a) { x = a; }
  void f() { x = 0; }
}
```

③
```
class A {
  int x;
  int f() { return x; }
  int f(int a, int b) { return a+b; }
}
```

④
```
class A {
  static int x=0;
  static int f(int a) { return a+x; }
  static int f() { return 3; }
}
```

6. 다음 코드에 대해 답하라.

```
class TV {
   private int size;
   private String manufacturer;
   public TV() {
      size = 32;
      manufacturer = "LG";
      System.out.println(size + "인치 " + manufacturer);
   }
   public TV(String manufacturer) {
      this.size = 32;
      this.manufacturer = manufacturer;
      System.out.println(size + "인치 " + manufacturer);
   }
   public TV(int size, String manufacturer) {
      this.size = size;
      this.manufacturer = manufacturer;
      System.out.println(size + "인치 " + manufacturer);
   }
}
```

(1) this()를 이용하여 생성자를 수정하라.
(2) new TV();와 new TV("삼성");를 실행하면 실행 결과는 각각 무엇인가?
(3) 65인치 "삼성" TV 객체를 생성하는 코드를 적어라.
(4) this()를 이용하는 장점은 무엇인가?

7. 다음 클래스에는 컴파일 오류가 있다. 오류 부분을 지적하고 오류를 수정할 수 있는 방법을 모두 제시하라. 그리고 그 중 객체 지향 프로그래밍에 가장 적합한 방법을 설명하라.

```
class Person {
   private int age;
}
public class Example {
   public static void main (String args[]) {
      Person aPerson = new Person();
      aPerson.age = 17;
   }
}
```

8. 다음 코드를 객체 지향 프로그래밍 관점에서 바람직한 코드로 수정하라.

```
class Power {
   public int kick;
   public int punch;
}
public class Example {
   public static void main (String args[]) {
      Power robot = new Power();
      robot.kick = 10;
      robot.punch = 20;
   }
}
```

(1) 생성자를 이용하여 수정하라.
(2) 생성자 대신 메소드를 추가하여 수정하라.

9. 다음은 객체 소멸에 대한 설명이다. 보기에서 빈칸에 적절한 말을 삽입하라.

자바에서는 객체를 임의로 ______ 수 없으며, 이것은 개발자에게 매우 ______ 일이다. 참조하는 _______가 하나도 없는 객체를 _______라고 판단하고, 이를 가용 메모리로 자동 수집하는 _________을 진행시킨다. 응용프로그램에서 자바 플랫폼에게 이 과정을 지시하고자 하면 __________ 코드를 호출하면 된다.

보기

생성할, 난처한, 다행한, 소멸시킬, **this**, 레퍼런스, 메소드, 멀티스레드, 메모리 압축, 가비지 컬렉션, **System.rc()**, **System.gc()**, **System.garbage()**, 가비지

10. 다음 코드가 실행될 때 가비지가 발생하는가? 만일 발생한다면 발생하는 위치와 과정을 설명하라.

(1)

```
String s = null;
for(int n=0; n<10; n++) {
  s = new String("Hello"+n);
  System.out.println(s);
}
```

(2)

```
String a = new String("aa");
String b = a;
String c = b;
a=null;
b=null;
```

11. 다음 클래스에서 멤버 함수의 사용이 잘못된 것은?

```
class StaticTest {
  static int a;
  static int getA() { return a; }          // ①
  int b;
  int getB() { return b; }                 // ②
  int f() { return getA(); }               // ③
  static int g() { return getB(); }        // ④
}
```

12. 다음 코드에서 잘못된 문장은?

```
class StaticSample {
  public int x;
  public static int y;
  public static int f() { return y; }
}
public class UsingStatic {
  public static void main(String[] args) {
    StaticSample.x = 5;                  // ①
    StaticSample.y = 10;                 // ②
    int tmp = StaticSample.f();          // ③
    StaticSample a = new StaticSample();
    tmp = a.y;                           // ④
  }
}
```

13. 다음 소스에 틀린 부분이 있는지 판단하라. 만일 있다면 수정하라.

```
class Test {
   public int f(int a, int b) {
      return a + b;
   }
   public static void main(String [] args) {
      int sum = f(2, 4);
   }
}
```

14. 다음 코드에는 final과 관련하여 3가지 잘못된 것이 있다. 잘못된 내용을 설명하라.

```
final class Rect  {
   final protected int x = 5;
   final public void f() {
      x++;
      System.out.print(x);
   }
}
class SpecialRect extends Rect { // SpecialRect는 Rect를 상속받는다.
   public void f() {
      System.out.print(super.x); // super.x는 Rect의 x
   }
}
```

15. 가비지와 가비지 컬렉션은 표준 C나 C++에는 없는 자바 언어의 독특한 특성이다. 가비지란 무엇인지, 자바에서는 왜 가비지 컬렉션이 필요한지, 가비지 컬렉션이 개발자에게 주는 장점과 단점은 무엇인지 설명하라.

16. 다음 표를 완성하라. 멤버가 4가지 접근 지정자로 각각 선언되었을 때, 같은 패키지의 클래스와 다른 패키지의 클래스에서 이 멤버를 접근할 수 있는지 ○, ×로 표기하라.

	default	public	protected	private
같은 패키지 클래스		○		
다른 패키지 클래스		○		

실습문제

• 홀수 문제는 정답이 공개됩니다.

1. 자바 클래스를 작성하는 연습을 해보자. 다음 main() 메소드를 실행하였을 때 예시와 같이 출력되도록 TV 클래스를 작성하라. 난이도 3

목적 간단한 클래스 만들기(필드, 메소드, 생성자)

```
public static void main(String [] args) {
   TV myTV = new TV("LG", 2017, 32); // LG에서 만든 2017년 32인치
   myTV.show();
}
```

```
LG에서 만든 2017년형 32인치 TV
```

2. Grade 클래스를 작성해보자. 3 과목의 점수를 입력받아 Grade 객체를 생성하고 성적 평균을 출력하는 main()과 실행 예시는 다음과 같다. 난이도 4

목적 간단한 클래스 만들기, Scanner 활용

```
public static void main(String [] args) {
   Scanner scanner = new Scanner(System.in);

   System.out.print("수학, 과학, 영어 순으로 3개의 점수 입력>>");
   int math = scanner.nextInt();
   int science = scanner.nextInt();
   int english = scanner.nextInt();
   Grade me = new Grade(math, science, english);
   System.out.println("평균은 " + me.average()); // average()는 평균을 계산하여 리턴

   scanner.close();
}
```

```
수학, 과학, 영어 순으로 3개의 점수 입력>>90 88 96
평균은 91
```

힌트 Hint

Grade 클래스에 int 타입의 math, science, english 필드를 private로 선언하고, 생성자와 세 과목의 평균을 리턴하는 average() 메소드를 작성한다.

목적 주어진 멤버를 가진 클래스, 이를 활용하는 main() 만들기

3. 노래 한 곡을 나타내는 Song 클래스를 작성하라. Song은 다음 필드로 구성된다.

난이도 4

- 노래의 제목을 나타내는 title
- 가수를 나타내는 artist
- 노래가 발표된 연도를 나타내는 year
- 국적을 나타내는 country

또한 Song 클래스에 다음 생성자와 메소드를 작성하라.

- 생성자 2개: 기본 생성자와 매개변수로 모든 필드를 초기화하는 생성자
- 노래 정보를 출력하는 show() 메소드
- main() 메소드에서는 1978년, 스웨덴 국적의 ABBA가 부른 "Dancing Queen"을 Song 객체로 생성하고 show()를 이용하여 노래의 정보를 다음과 같이 출력하라.

```
1978년 스웨덴국적의 ABBA가 부른 Dancing Queen
```

목적 main() 메소드를 참고하여 적합한 클래스 만들기

4. 다음 멤버를 가지고 직사각형을 표현하는 Rectangle 클래스를 작성하라. 난이도 5

- int 타입의 x, y, width, height 필드: 사각형을 구성하는 점과 크기 정보
- x, y, width, height 값을 매개변수로 받아 필드를 초기화하는 생성자
- int square(): 사각형 넓이 리턴
- void show(): 사각형의 좌표와 넓이를 화면에 출력
- boolean contains(Rectangle r): 매개변수로 받은 r이 현 사각형 안에 있으면 true 리턴
- main() 메소드의 코드와 실행 결과는 다음과 같다

```
public static void main(String args[]) {
   Rectangle r = new Rectangle(2, 2, 8, 7);
   Rectangle s = new Rectangle(5, 5, 6, 6);
   Rectangle t = new Rectangle(1, 1, 10, 10);

   r.show();
   System.out.println("s의 면적은 " + s.square());
   if(t.contains(r)) System.out.println("t는 r을 포함합니다.");
   if(t.contains(s)) System.out.println("t는 s를 포함합니다.");
}
```

```
(2,2)에서 크기가 8x7인 사각형   ← r.show()가 출력한 내용
s의 면적은 36
t는 r을 포함합니다.
```

5. 다음 설명대로 Circle 클래스와 CircleManager 클래스를 완성하라. 난이도 5

목적 2개의 클래스 만들기, 객체 배열 만들기

```
import java.util.Scanner;

class Circle {
   private double x, y;
   private int radius;
   public Circle(double x, double y, int radius) {
         ______________________; // x, y, radius 초기화
   }
   public void show() {
         ______________________
   }
}
public CircleManager {
   public static void main(String[] args) {
      Scanner scanner = ____________;
      Circle c [] = ____________; // 3개의 Circle 배열 선언
      for(int i=0; i< ________; i++) {
         System.out.print("x, y, radius >>");
         ______________________; // x 값이 읽기
         ______________________; // y 값이 읽기
         __________________ // 반지름 읽기
         c[i] =________________; // Circle 객체 생성
      }
      for(int i=0; i<c.length; i++) ____________; // 모든 Circle 객체 출력
      scanner.close();
   }
}
```

다음 실행 결과와 같이 3개의 Circle 객체 배열을 만들고 x, y, radius 값을 읽어 3개의 Circle 객체를 만들고 show()를 이용하여 이들을 모두 출력한다.

```
x, y, radius >>3.0 3.0 5
x, y, radius >>2.5 2.7 6
x, y, radius >>5.0 2.0 4
(3.0,3.0)5
(2.5,2.7)6
(5.0,2.0)4
```

목적 2개의 클래스 만들기, 객체 배열 만들기

6. 앞의 5번 문제는 정답이 공개되어 있다. 이 정답을 참고하여 Circle 클래스와 CircleManager 클래스를 수정하여 다음 실행 결과처럼 되게 하라. 난이도 5

```
x, y, radius >>3.0 3.0 5
x, y, radius >>2.5 2.7 6
x, y, radius >>5.0 2.0 4
가장 면적인 큰 원은 (2.5,2.7)6
```

목적 한 클래스에서 다른 클래스의 배열 만들기

7. 하루의 할 일을 표현하는 클래스 Day는 다음과 같다. 한 달의 할 일을 표현하는 MonthSchedule 클래스를 작성하라. 난이도 7

```
class Day {
   private String work; // 하루의 할 일을 나타내는 문자열
   public void set(String work) { this.work = work; }
   public String get() { return work; }
   public void show() {
      if(work == null) System.out.println("없습니다.");
      else System.out.println(work + "입니다.");
   }
}
```

MonthSchedule 클래스에는 Day 객체 배열과 적절한 필드, 메소드를 작성하고 실행 예시처럼 입력, 보기, 끝내기 등의 3개의 기능을 작성하라.

```
이번달 스케쥴 관리 프로그램.
할일(입력:1, 보기:2, 끝내기:3) >>1
날짜(1~30)?1
할일(빈칸없이입력)?자바공부

할일(입력:1, 보기:2, 끝내기:3) >>2
날짜(1~30)?1
1일의 할 일은 자바공부입니다.

할일(입력:1, 보기:2, 끝내기:3) >>3
프로그램을 종료합니다.
```

힌트 Hint

MonthSchedule에는 생성자, input(), view(), finish(), run() 메소드를 만들고 main()에서 다음과 같이 호출하여 실행하고 run()에서 메뉴를 출력하고 처리한다.

```
MonthSchedule april = new MonthSchedule(30); // 4월달의 할 일
april.run();
```

8. 이름(name), 전화번호(tel) 필드와 생성자 등을 가진 Phone 클래스를 작성하고, 실행 예시와 같이 작동하는 PhoneBook 클래스를 작성하라. 난이도 7

목적 2개의 클래스 만들기, 객체 배열 다루기

```
인원수>>3
이름과 전화번호(이름과 번호는 빈 칸없이 입력)>>황기태 777-7777
이름과 전화번호(이름과 번호는 빈 칸없이 입력)>>나명품 999-9999
이름과 전화번호(이름과 번호는 빈 칸없이 입력)>>최자바 333-1234
저장되었습니다...
검색할 이름>>황기순
황기순 이 없습니다.
검색할 이름>>최자바
최자바의 번호는 333-1234 입니다.
검색할 이름>>그만
```

"그만"을 입력하면 프로그램 종료

힌트 PhoneBook 클래스에서 저장할 사람의 수를 입력받고, Phone 객체 배열을 생성한다. 한 사람의 정보는 하나의 Phone 객체에 저장한다. 7번 정답을 참고하기 바란다.
문자열 a와 b가 같은지 비교할 때 a.equals(b)가 참인지로 판단한다.

9. 다음 2개의 static 가진 ArrayUtil 클래스를 만들어보자. 다음 코드의 실행 결과를 참고하여 concat()와 print()를 작성하여 ArrayUtil 클래스를 완성하라. 난이도 6

목적 static 메소드, 배열 다루기, 배열 리턴

```
class ArrayUtil {
   public static int [] concat(int[] a, int[] b) {
            /* 배열 a와 b를 연결한 새로운 배열 리턴 */
   }
   public static void print(int[] a) { /* 배열 a 출력 */ }
}
public class StaticEx {
   public static void main(String [] args){
      int [] array1 = { 1, 5, 7, 9 };
      int [] array2 = { 3, 6, -1, 100, 77 };
      int [] array3 = ArrayUtil.concat(array1, array2);
      ArrayUtil.print(array3);
   }
}
```

```
[ 1 5 7 9 3 6 -1 100 77 ]
```

목적 static 메소드 만들고 호출하기, 배열 다루기

10. 다음과 같은 Dictionary 클래스가 있다. 실행 결과와 같이 작동하도록 Dictionary 클래스의 kor2Eng() 메소드와 DicApp 클래스를 작성하라. 난이도 6

```
class Dictionary {
   private static String [] kor = { "사랑", "아기", "돈", "미래", "희망" };
   private static String [] eng = { "love", "baby", "money", "future", "hope" };
   public static String kor2Eng(String word) { /* 검색 코드 작성 */ }
}
```

```
한영 단어 검색 프로그램입니다.
한글 단어?희망
희망은 hope
한글 단어?아가
아가는 저의 사전에 없습니다.
한글 단어?아기
아기은 baby
한글 단어?그만
```
"그만"을 입력하면 프로그램 종료

목적 여러 개의 클래스와 여러 개의 객체 다루기

11. 다수의 클래스를 만들고 활용하는 연습을 해보자. 더하기(+), 빼기(-), 곱하기(*), 나누기(/)를 수행하는 각 클래스 Add, Sub, Mul, Div를 만들어라. 이들은 모두 다음 필드와 메소드를 가진다.

- int 타입의 a, b 필드: 2개의 피연산자
- void setValue(int a, int b): 피연산자 값을 객체 내에 저장한다.
- int calculate(): 클래스의 목적에 맞는 연산을 실행하고 결과를 리턴한다.

Add	Sub	Mul	Div
int a	int a	int a	int a
int b	int b	int b	int b
setValue()	setValue()	setValue()	setValue()
calculate()	calculate()	calculate()	calculate()

main() 메소드에서는 다음 실행 사례와 같이 두 정수와 연산자를 입력받고 Add, Sub, Mul, Div 중에서 이 연산을 실행할 수 있는 객체를 생성하고 setValue()와 calculate()를 호출하여 결과를 출력하도록 작성하라. (참고: 이 문제는 상속을 이용하여 다시 작성하도록 5장의 실습문제로 이어진다.) 난이도 6

```
두 정수와 연산자를 입력하시오>>5 7 *
35
```

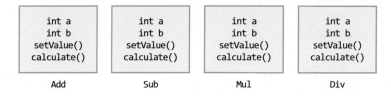

12. 간단한 콘서트 예약 시스템을 만들어보자. 다수의 클래스를 다루고 객체의 배열을 다루기에는 아직 자바 프로그램 개발이 익숙하지 않은 초보자에게 다소 무리가 있을 것이다. 그러나 반드시 넘어야 할 산이다. 이 도전을 통해 산을 넘어갈 수 있는 체력을 키워보자. 예약 시스템의 기능은 다음과 같다. 난이도 9

목적 여러 개의 클래스와 여러 개의 객체를 다루는 종합 응용

- 공연은 하루에 한 번 있다.
- 좌석은 S석, A석, B석으로 나뉘며, 각각 10개의 좌석이 있다.
- 예약 시스템의 메뉴는 "예약", "조회", "취소", "끝내기"가 있다.
- 예약은 한 자리만 가능하고, 좌석 타입, 예약자 이름, 좌석 번호를 순서대로 입력받아 예약한다.
- 조회는 모든 좌석을 출력한다.
- 취소는 예약자의 이름을 입력받아 취소한다.
- 없는 이름, 없는 번호, 없는 메뉴, 잘못된 취소 등에 대해서 오류 메시지를 출력하고 사용자가 다시 시도하도록 한다.

```
명품콘서트홀 예약 시스템입니다.
예약:1, 조회:2, 취소:3, 끝내기:4>>1
좌석구분 S(1), A(2), B(3)>>1
S>> --- --- --- --- --- --- --- --- --- ---        현재 S석 상태
이름>>황기태
번호>>1
예약:1, 조회:2, 취소:3, 끝내기:4>>1
좌석구분 S(1), A(2), B(3)>>2
A>> --- --- --- --- --- --- --- --- --- ---
이름>>김효수
번호>>5
예약:1, 조회:2, 취소:3, 끝내기:4>>2
S>> 황기태 --- --- --- --- --- --- --- --- ---
A>> --- --- --- --- 김효수 --- --- --- --- ---     예약된 모든 좌석 조회
B>> --- --- --- --- --- --- --- --- --- ---
<<<조회를 완료하였습니다.>>>
예약:1, 조회:2, 취소:3, 끝내기:4>>3
좌석 S:1, A:2, B:3>>2
A>> --- --- --- --- 김효수 --- --- --- --- ---
이름>>김효수
예약:1, 조회:2, 취소:3, 끝내기:4>>2
S>> 황기태 --- --- --- --- --- --- --- --- ---
A>> --- --- --- --- --- --- --- --- --- ---        김효수가 삭제된 좌석 상황
B>> --- --- --- --- --- --- --- --- --- ---
<<<조회를 완료하였습니다.>>>
예약:1, 조회:2, 취소:3, 끝내기:4>>4
```

5 상속

Objectives

- 자바에서 상속의 개념을 이해하고 필요성을 안다.
- 상속 관계에 있는 클래스와 객체의 차이점을 안다.
- 상속 관계에서 접근 지정자의 범위를 안다.
- 상속 관계에서 생성자의 정의를 알고 실행한다.
- 다운캐스팅과 업캐스팅의 활용 예를 안다.
- `instanceof`를 사용하여 객체를 구분한다.
- `this`와 `super`, `super()`의 의미를 알고 활용한다.
- 오버라이딩의 의미를 알고 활용한다.
- 오버라이딩과 동적 바인딩의 의미를 알고 활용한다.
- 추상 클래스의 용도를 알고 구현해본다.
- 자바에서의 인터페이스 개념을 알고 구현해본다.

상속

5.1 상속의 개념

상속

현실 세계에서 상속은 부모의 재산을 자식이 물려받는 것이다. 하지만, 객체 지향 언어에서 상속은 [그림 5-1]과 같이 재산 상속이 아니라 부모의 생물학적 특성을 물려받는 유전에 가깝다. 정확히 말하면, 객체 지향에서 상속은 부모 클래스에 만들어진 필드와 메소드를 자식 클래스가 물려받는 것이다. 상속 선언만 하면, 자식 클래스는 부모 클래스에 만들어진 필드와 메소드를 만들지 않고도 만든 것과 같은 효과를 얻는다.

유산 상속 　　　　유전적 상속 : 객체 지향 상속

[그림 5-1] 유산 상속과 객체 지향 언어의 상속 비교

클래스 사이의 상속

한 가지 분명히 짚고 넘어가야할 것은, 상속은 클래스 사이의 상속이지 객체 사이의 상속이 아니라는 점이다. 다시 말해, 자식 객체는 자식 클래스와 부모 클래스에 만들어진 모든 멤버를 가지고 생성된다.

상속의 필요성

자바에서 상속이 필요한 예를 들어보자. 개발자가 [그림 5-2]와 같이 4개의 클래스를 작성한다고 하자. 4개의 클래스에는 '말하기', '먹기', '걷기', '잠자기'의 코드가 공통으로 들어 있다. 만일 '말하기' 멤버에 오류가 있어 수정하게 되면, 4개의 클래스를 모두 수정해야 하고, '걷기' 코드를 개선하고자 하면 역시 4개의 클래스를 모두 수정하여야 한다. 이처럼 코드가 중복되면 클래스의 유지 보수가 여간 번거롭지 않다.

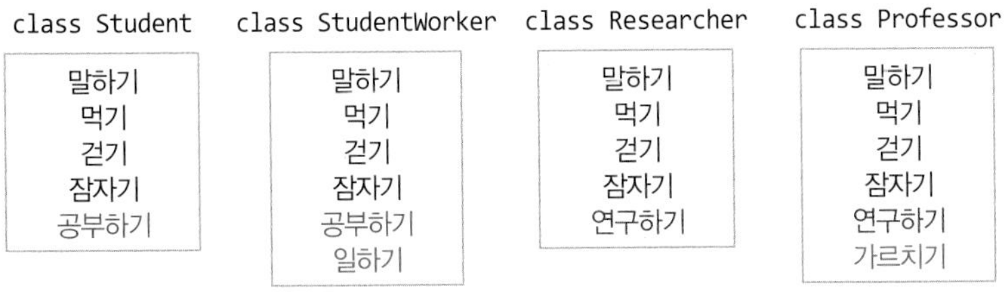

[그림 5-2] 기능이 중복된 4개의 클래스

상속을 이용하면 이 문제는 간단히 해결된다. [그림 5-3]과 같이 공통된 코드를 모아 Person 클래스를 작성하고, 나머지 클래스를 상속 관계로 선언하면 코드를 중복 작성할 필요 없이 물려받기만 하면 된다. 그림에서 화살표(↑)가 위로 향하는 것은 아래 클래스가 위 클래스를 상속 받아 확장함(extend)을 뜻한다. Student 클래스는 Person 클래스를 상속받고 '공부하기' 멤버만 만들면 되고, StudentWorker 클래스는 Student 클래스를 상속받아 '일하기'만 만들면 된다.

이제, 상속을 통해 4개의 클래스가 간결해졌다. '말하기' 코드에 오류가 있다면 Person 클래스만 수정하면 되고, '걷기' 코드를 개선하고자 하면 Person 클래스만 수정하면 된다. 상속은 코드 중복을 제거하여 클래스를 간결하게 구현할 수 있게 한다.

코드 중복 제거
클래스 간결

사실은 처음부터 [그림 5-3]과 같이 Person 클래스를 만들고 이를 상속받아 확장하는 식으로 4개의 클래스를 만들어 가도록 구상해야 한다. 이것이 상속의 핵심이다.

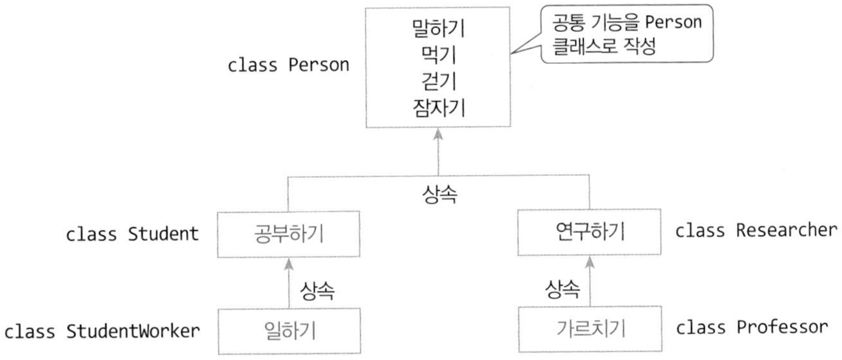

[그림 5-3] 상속을 이용하여 중복을 제거하고 간결하게 작성된 클래스들

객체 지향에서 상속이 가져다주는 장점을 간략히 정리하면 다음과 같다.

- 클래스의 간결화 - 멤버의 중복 작성 불필요
- 클래스 관리 용이 - 클래스들의 계층적 분류
- 소프트웨어의 생산성 향상 - 클래스 재사용과 확장 용이

CHECK TIME

1. 다음 클래스들을 상속을 이용하여 **[그림 5-3]**과 같이 계층 관계로 구성하라.

class MobilePhone	class MusicPhone
전화 걸기 전화 받기 무선 기지국 연결 배터리 충전하기	전화 걸기 전화 받기 무선 기지국 연결 배터리 충전하기 음악 다운로드받기 음악 재생하기

2. **[그림 5-3]**에서 '튜티 지도' 기능을 가진 튜터 학생을 **Tutor** 클래스로 작성하고, '사무 보기' 기능을 가진 행정 직원을 **Staff** 클래스를 작성할 때, 클래스의 계층 구조를 그려라. 이것은 상속의 어떤 장점을 보여주는가?

5.2 클래스 상속과 객체

자바의 상속 선언

슈퍼 클래스
서브 클래스
extends

자바에서는 부모 클래스를 슈퍼 클래스(super class), 상속받는 자식 클래스를 서브 클래스(sub class)라고 부르며, 상속을 선언할 때 확장한다는 뜻을 가진 extends 키워드를 사용한다. **[그림 5-3]**의 상속 관계의 일부를 보이면 다음과 같다.

```
슈퍼 클래스 > public class Person {
                  ...
              }
서브 클래스 > public class Student extends Person { // Person을 상속받는 클래스 Student 선언
                  ...
              }
```

```
public class StudentWorker extends Student {
    // Student를 상속받는 클래스 StudentWorker 선언
    ...
}
```

Student 클래스는 Person 클래스의 멤버를 물려받으므로, Person 클래스에 선언된 필드나 메소드를 다시 반복하여 작성할 필요가 없고, 필드나 메소드를 추가 작성하면 된다. StudentWorker가 Student를 상속받으면 Person 클래스의 멤버도 자동 상속받는다.

상속과 객체

예제 5-1을 통해 상속의 실제 사례와 상속과 객체 사이의 관계를 알아보자.

클래스 상속 만들기 - Point와 ColorPoint 클래스 예제 5-1

(x, y)의 한 점을 표현하는 Point 클래스와 이를 상속받아 색을 가진 점을 표현하는 ColorPoint 클래스를 만들고 활용해보자.

```
class Point {
   private int x, y; // 한 점을 구성하는 x, y 좌표
   public void set(int x, int y) {
      this.x = x; this.y = y;
   }
   public void showPoint() { // 점의 좌표 출력
      System.out.println("(" + x + "," + y + ")");
   }
}

class ColorPoint extends Point { // Point를 상속받은 ColorPoint 선언
   private String color; // 점의 색
   public void setColor(String color) {
      this.color = color;
   }
   public void showColorPoint() { // 컬러 점의 좌표 출력
      System.out.print(color);
      showPoint(); // Point 클래스의 showPoint() 호출
   }
}
```

```

public class ColorPointEx {
    public static void main(String [] args) {
        Point p = new Point(); // Point 객체 생성
        p.set(1, 2); // Point 클래스의 set() 호출
        p.showPoint();

        ColorPoint cp = new ColorPoint(); // ColorPoint 객체 생성
        cp.set(3, 4); // Point 클래스의 set() 호출
        cp.setColor("red"); // ColorPoint 클래스의 setColor() 호출
        cp.showColorPoint(); // 컬러와 좌표 출력
    }
}
```

실행 결과

```
(1,2)
red(3,4)
```

● 상속 선언

Point를 상속받는 ColorPoint 클래스의 상속 선언은 다음과 같다.

```
class ColorPoint extends Point {
    ...
}
```

● 서브 클래스 객체 생성

서브 클래스 객체의 모양

상속에서 일차적으로 이해해야 하는 것은 바로 서브 클래스 객체의 모양이다. 다음은 Point 클래스의 객체와 ColorPoint 클래스의 객체를 생성하는 코드이다.

```
Point p = new Point();
ColorPoint cp = new ColorPoint(); // 서브 클래스 객체 생성
```

[그림 5-4]는 생성된 객체 p와 cp를 보여준다. 이 둘은 서로 별개의 객체이다. 객체 p는 Point 클래스의 멤버만 가지고, cp는 Point 클래스와 ColorPoint 클래스의 멤버를 모두 가진다. 상속은 바로 cp 객체처럼 슈퍼 클래스의 멤버와 서브 클래스의 멤버를 모두 갖고 탄생하게 하는 것이다.

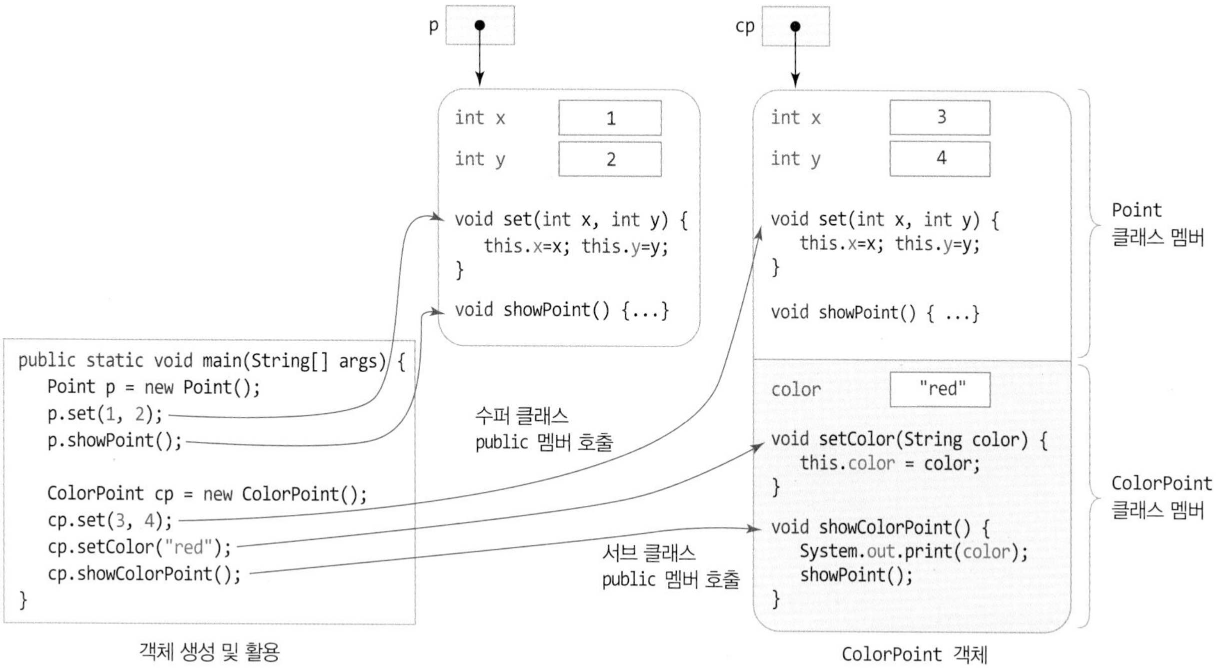

[그림 5-4] Point 객체와 ColorPoint 객체

● 서브 클래스 객체 활용

[그림 5-4]는 다른 클래스에서 Point 객체와 ColorPoint 객체의 멤버를 접근하는 코드 사례를 보여준다. 특히 주목할 부분은 cp 객체에 대한 접근이다. ColorPointEx 클래스의 main() 메소드에서는 cp 객체를 구성하는 ColorPoint 클래스의 public 멤버와 슈퍼 클래스인 Point 클래스의 public 멤버를 모두 접근할 수 있다. 그러나 x, y, color 필드는 private 속성이어서 접근할 수 없다.

오류
```
cp.x = 10;          // private 멤버 x 접근 불가
cp.color = "red";   // private 멤버 color 접근 불가
```

● 서브 클래스에서 슈퍼 클래스 멤버 접근

서브 클래스는 슈퍼 클래스의 private 멤버를 제외하고 모든 멤버를 접근할 수 있다. [그림 5-5]는 ColorPoint 클래스의 showColorPoint()가 슈퍼 클래스의 showPoint()를 호출하는 것을 보여준다. 이들은 모두 cp 객체 내에 있는 코드들임에 주목하기 바란다. 하지만, x, y는 Point의 private 멤버로, 오직 set()과 showPoint()에게만 접근이 허용되므로, ColorPoint 클래스의 메소드들은 접근할 수 없다.

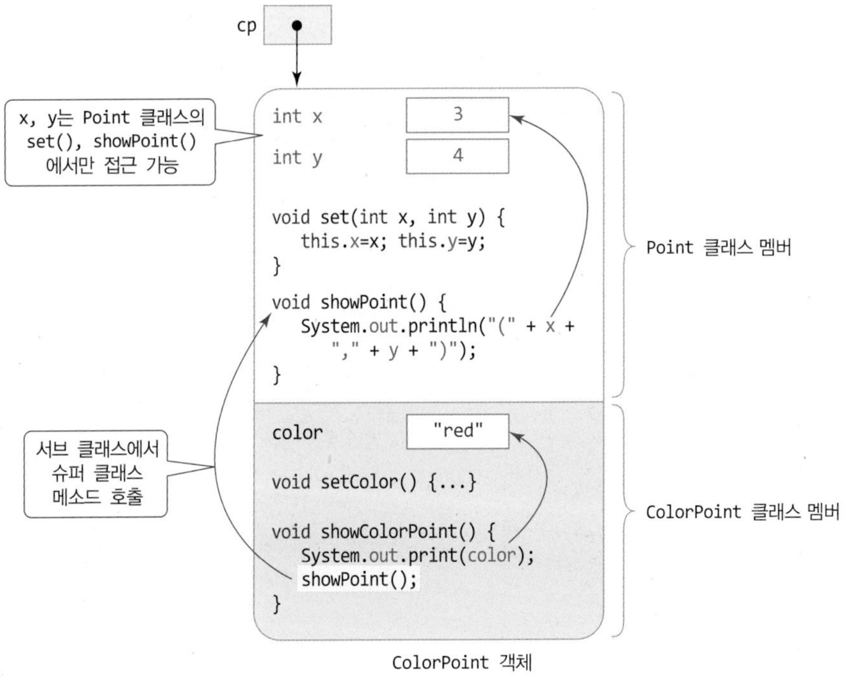

[그림 5-5] 서브 클래스에서 슈퍼 클래스의 멤버 접근

자바 상속의 특징

자바의 상속과 관련하여 몇 가지 특징을 정리하면 다음과 같다.

다중 상속

- 자바에서는 클래스의 다중 상속을 지원하지 않는다.
  자바는 클래스를 여러 개 상속받는 다중 상속(multiple inheritance)을 지원하지 않는다. 그러므로 extends 다음에는 클래스 이름을 하나만 지정할 수 있다.

- 자바에서는 상속의 횟수에 제한을 두지 않는다.

java.lang.Object

- 자바에서 계층 구조의 최상위에 java.lang.Object 클래스가 있다.
  사용자가 만들든 자바패키지에서 제공하든, 자바에서 모든 클래스는 Object 클래스를 자동으로 상속받도록 컴파일된다. Object를 상속받도록 선언하지 않더라도 마찬가지다. 예제 5-1에서 Point 클래스가 다른 클래스를 상속받는다고 선언하지 않았지만, 컴파일이 끝나면 Object를 상속받게 된다. 그러므로 자연스럽게 ColorPoint 클래스도 Object를 상속받게 된다. Object 클래스만이 유일하게 슈퍼 클래스를 가지지 않는다. [그림 5-6]은 모든 클래스의 조상이 java.lang.Object임을 보여준다. Object 클래스는 6장에서 설명한다.

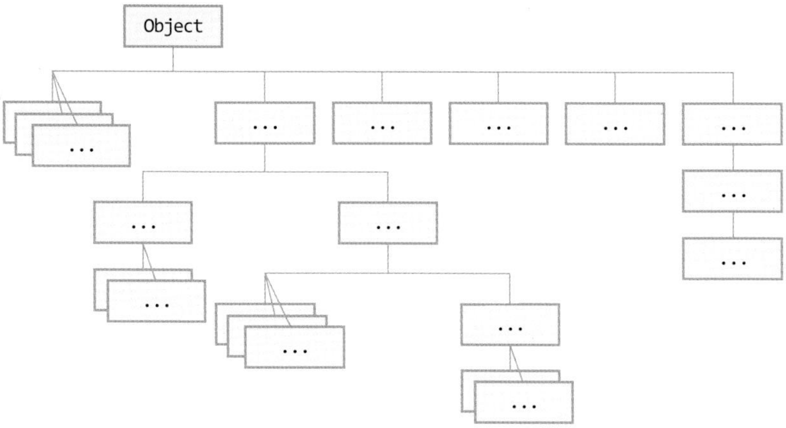

[그림 5-6] 자바의 클래스 계층 구조 (출처: The Java Tutorials)

잠깐!

C++에서는 클래스 다중 상속을 지원한다. 다중 상속은 부모 클래스들이 같은 이름의 함수를 가지고 있는 경우, 함수 호출의 모호성으로 인해 복잡한 문제를 유발시킨다. 자바는 클래스 다중 상속을 없애 원천적으로 이런 문제를 봉쇄했다.

잠깐!

자바(Java)와 자바스크립트(Javascript)를 혼동하는 사람들이 있다. 이 둘은 매우 다른 언어이다. 자바는 다양한 응용소프트웨어를 개발하는 데 사용되는 범용 언어이지만, 자바스크립트는 웹 페이지 개발에 사용되는 언어이다. **자바스크립트**는 컴파일 개념도 없고 HTML 페이지에 소스 코드 형태로 내장되어 웹 브라우저에 의해 번역되어 실행되는 스크립트 언어이다. 웹 브라우저에서 사용자의 키나 마우스 입력에 대해 메뉴를 보여주거나 색을 바꾸는 등 HTML 페이지의 구성 요소를 제어하고 HTML 페이지에 동적인 변화를 주는 기능을 한다. 자바스크립트는 객체 개념을 가지고 있으나 상속 개념이 없기 때문에 객체 지향 언어라고 부르지 않는다. 한편 JSP(Java Server Page)는 자바스크립트 언어와는 또 다른 것으로 웹 서버상에서 실행되는 스크립트 언어이다. JSP는 실행 전에 자바 코드(서블릿)로 변환되어 실행된다.

자바
자바스크립트
JSP

CHECK TIME

1 자바에서 상속을 선언하는 키워드는?

2 슈퍼 클래스를 가지지 않은 유일한 자바 클래스는 무엇인가?

3 서브 클래스에서 슈퍼 클래스에 private으로 선언된 멤버를 접근할 수 있는가?

5.3 상속과 protected 접근 지정자

슈퍼 클래스에 대한 접근 지정

멤버에 대한 접근 지정자는 4장에서 다루었다. 이 절에서는 상속과 관련하여 슈퍼클래스의 멤버 접근 지정에 따라, 서브 클래스나 다른 클래스에서 슈퍼 클래스의 멤버를 접근할 수 있는 지 알아본다. 슈퍼 클래스 멤버에 선언한 4가지 접근 지정에 대해, 다른 클래스에서 어떤 접근이 허용되는지 〈표 5-1〉에 표시하였다.

〈표 5-1〉
슈퍼 클래스 멤버에 대한 접근 지정

슈퍼 클래스 멤버에 접근하는 클래스 종류	슈퍼 클래스 멤버의 접근 지정자			
	private	디폴트	protected	public
같은 패키지에 있는 클래스	×	○	○	○
다른 패키지에 있는 클래스	×	×	×	○
같은 패키지에 있는 서브 클래스	×	○	○	○
다른 패키지에 있는 서브 클래스	×	×	○	○

(○는 접근 가능함을, ×는 접근이 불가함을 뜻함)

● 슈퍼클래스의 private 멤버

private

슈퍼 클래스의 멤버가 private으로 선언되면, 서브 클래스를 포함하여 다른 어떤 클래스에서도 접근할 수 없다. private은 오직 '현재 클래스의 멤버들에게만 접근을 허용한다'라는 뜻이다.

● 슈퍼클래스의 디폴트 멤버

디폴트

슈퍼 클래스의 멤버가 디폴트로 선언되면, 패키지에 있는 모든 클래스가 접근 가능하다. 서브 클래스라도 다른 패키지에 있다면, 슈퍼 클래스의 디폴트 멤버는 접근할 수 없다.

● 슈퍼클래스의 public 멤버

public

슈퍼 클래스의 멤버가 public으로 선언되면, 같은 패키지에 있든 다른 패키지에 있든 모든 클래스에서 접근할 수 있다.

슈퍼 클래스의 protected 멤버

protected
같은 패키지
서브 클래스

protected 멤버에 대해서는 자세히 설명해보자. 슈퍼 클래스의 protected 멤버는 다음 두 가지 경우에 접근을 허용한다.

- 같은 패키지에 속한 모든 클래스들
- 같은 패키지든 다른 패키지든 상속받는 서브 클래스

[그림 5-7](a)는 동일한 패키지에 있는 서브 클래스 B가 슈퍼 클래스 A의 멤버에 접근하는 경우를 보여준다. 클래스 B가 슈퍼 클래스 A의 protected, 디폴트, public 멤버에 모두 접근 가능하지만 private 멤버는 접근할 수 없다.

[그림 5-7](b)에서는 클래스 B가 클래스 A를 상속받지만 서로 다른 패키지에 있다면, 클래스 B는 슈퍼 클래스 A의 private 멤버와 디폴트 멤버를 접근할 수 없음을 보여준다.

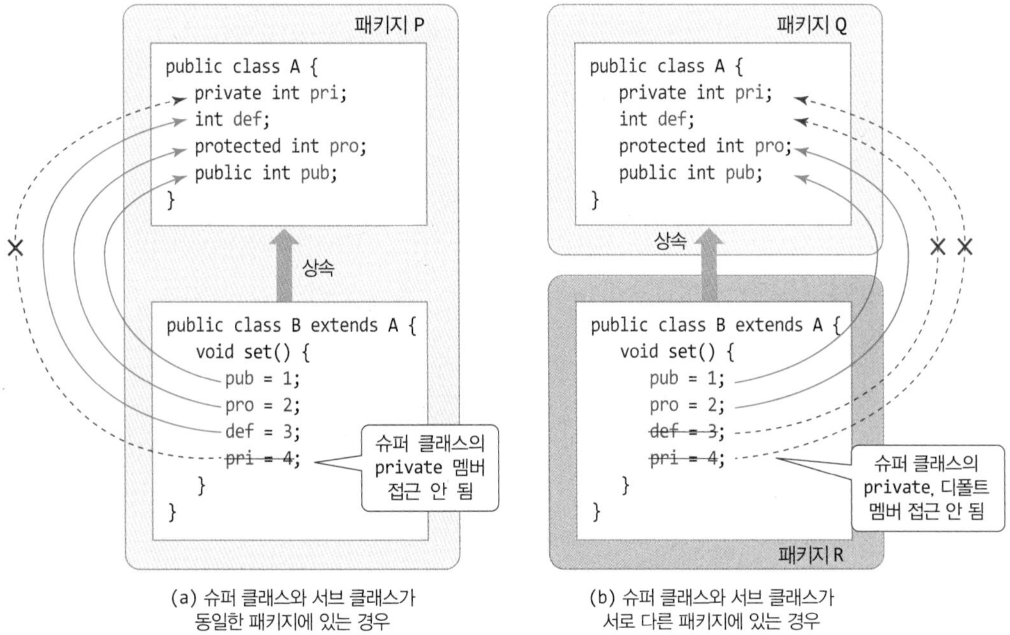

[그림 5-7] 슈퍼 클래스의 멤버에 대한 서브 클래스의 접근

예제 5-2 상속 관계에 있는 클래스 간 멤버 접근

클래스 Person을 아래와 같은 필드를 갖도록 선언하고, 클래스 Student는 Person을 상속받아 각 멤버 필드에 값을 저장하라.

- private int weight;
- int age;
- protected int height;
- public String name;

이 예제에서 Person 클래스의 private 필드인 weight는 Student 클래스에서는 접근이 불가능하여 슈퍼 클래스인 Person의 get, set 메소드를 통해서만 조작이 가능하다.

```
class Person {
   private int weight;     // private 접근 지정. Student 클래스에서 접근 불가
   int age;                // 디폴트 접근 지정. Student 클래스에서 접근 가능
   protected int height;   // protected 접근 지정. Student 클래스에서 접근 가능
   public String name;     // public 접근 지정. Student 클래스에서 접근 가능

   public void setWeight(int weight) {
      this.weight = weight;
   }
   public int getWeight() {
      return weight;
   }
}

class Student extends Person {
   public void set() {
      age = 30;                // 슈퍼 클래스의 디폴트 멤버 접근 가능
      name = "홍길동";          // 슈퍼 클래스의 public 멤버 접근 가능
      height = 175;            // 슈퍼 클래스의 protected 멤버 접근 가능
      // weight = 99;          // 오류. 슈퍼 클래스의 private 멤버 접근 불가
      setWeight(99);           // private 멤버 weight은 setWeight()으로 간접 접근
   }
}

public class InheritanceEx {
   public static void main(String[] args) {
      Student s = new Student();
      s.set();
   }
}
```

private 멤버인 weight를 접근하기 위한 get/set 메소드

오류

CHECK TIME

1 서브 클래스와 슈퍼 클래스가 같은 패키지에 있을 때, 슈퍼 클래스의 멤버가 어떤 접근 지정자로 선언된 경우 서브 클래스에서 접근할 수 없는가?

2 서브 클래스와 슈퍼 클래스가 다른 패키지에 있을 때, 슈퍼 클래스의 멤버가 어떤 접근 지정자로 선언된 경우 서브 클래스에서 접근할 수 있는가?

5.4 상속과 생성자

서브 클래스와 슈퍼 클래스의 생성자 호출 및 실행

생성자

서브 클래스와 슈퍼 클래스는 각각 생성자를 가지고 있다. 이와 관련하여 다음 두 가지 질문에 대답해보기 바란다.

질문 1 서브 클래스 객체가 생성될 때 서브 클래스의 생성자와 슈퍼 클래스의 생성자가 모두 실행되는가? 아니면 서브 클래스의 생성자만 실행되는가?

답 둘 다 실행된다. 서브 클래스의 객체가 생성되면 이 객체 속에 서브 클래스와 멤버와 슈퍼 클래스의 멤버가 모두 들어 있다. 생성자의 목적은 객체 초기화에 있으므로, 서브 클래스의 생성자는 생성된 객체 속에 들어 있는 서브 클래스의 멤버 초기화나 필요한 초기화를 수행하고, 슈퍼 클래스의 생성자는 생성된 객체 속에 있는 슈퍼 클래스의 멤버 초기화나 필요한 초기화를 각각 수행한다.

질문 2 서브 클래스의 생성자와 슈퍼 클래스의 생성자 중 누가 먼저 실행되는가?

답 슈퍼 클래스의 생성자가 먼저 실행된 후 서브 클래스의 생성자가 실행된다.

[그림 5-8]은 상속 관계에 있는 3개의 클래스에 대해 생성자 호출 및 실행 관계를 보여준다. main() 메소드에서 객체 c를 생성하는 다음 코드를 보자.

```
c = new C();
```

컴파일러는 이 new 문장이 실행되면 즉각 생성자 C()를 호출하게 한다. 그러나 생성자 C()는 자신의 코드를 실행하기 전에, 먼저 슈퍼 클래스의 생성자 B()를 호출한다. 생성자 B() 역시 자신의 코드를 실행하기 전에, 슈퍼 클래스인 A의 생성자 A()를 호출한다. 최종적으로 생성자 A()의 코드가 실행되고, 리턴하여 생성자 B()의 코드가 실행되며, 다시 리턴하여 마지막으로 생성자 C()의 코드가 실행된 후 main()으로 돌아온다.

슈퍼 클래스의 생성자가 먼저 실행

서브 클래스의 생성자가 먼저 호출되지만, 결국 슈퍼 클래스의 생성자가 먼저 실행되고 서브 클래스의 생성자가 나중에 실행된다. 컴파일러는 서브 클래스의 생성자에 대해, 슈퍼 클래스의 생성자를 호출한 뒤 자신의 코드를 실행하도록 컴파일한다. 이것은 당연한 조치로서, 슈퍼 클래스가 먼저 초기화된 후, 이를 활용하는 서브 클래스가 초기화되어야 되기 때문이다.

독자들은 생성자가 실행되는 순서만 알면 되지 생성자가 호출된 순서까지 설명하는 이유가 무엇인지 궁금할 것이다. 이유는 뒤에서 super()와 함께 설명하기로 하자.

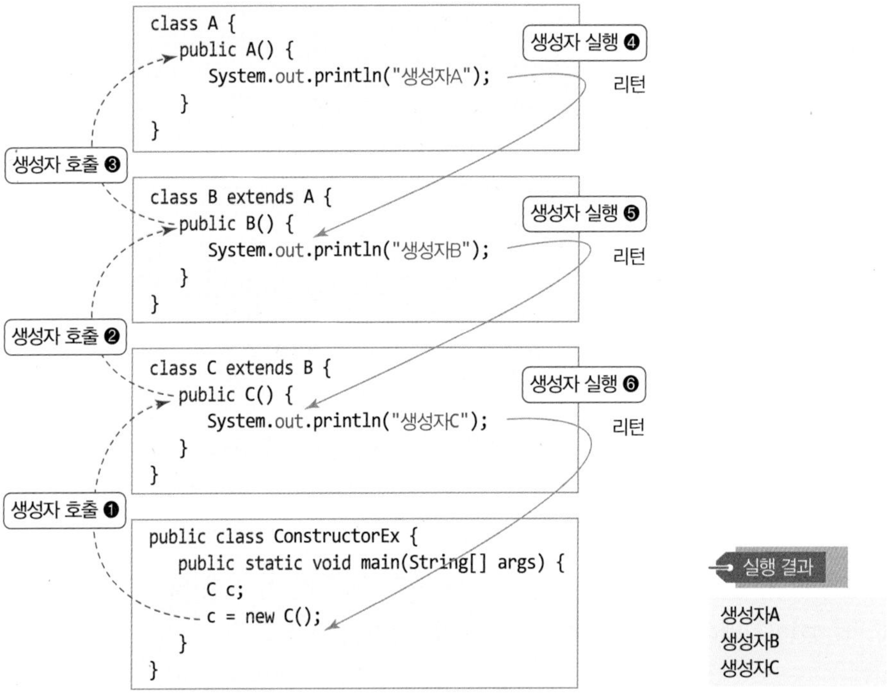

[그림 5-8] 슈퍼 클래스와 서브 클래스의 생성자 간의 호출 및 실행 관계

서브 클래스에서 슈퍼 클래스 생성자 선택

수퍼 클래스에 여러 개의 생성자가 있는 경우, 서브 클래스의 생성자와 함께 실행될 슈퍼 클래스의 생성자는 어떻게 결정되는지 알아보자.

원칙적으로, 서브 클래스의 개발자가 서브 클래스의 각 생성자에 대해, 함께 실행될 슈퍼 클래스의 생성자를 지정하여야 한다. 하지만, 개발자가 슈퍼 클래스의 생성자를 명시적으로 지정하지 않는 경우, 컴파일러는 자동으로 슈퍼 클래스의 기본 생성자를 호출하도록 컴파일한다.

● 슈퍼 클래스의 기본 생성자가 자동 선택되는 경우

기본 생성자
컴파일러

개발자의 명시적 지시가 없으면, 서브 클래스의 생성자가 기본 생성자이든 매개변수를 가진 것이든, 슈퍼 클래스에 만들어진 기본 생성자가 선택된다. 이 선택은 자바 컴파일러에 의해 강제로 이루어진다.

[그림 5-9]의 경우를 살펴보자. 클래스 B는 A를 상속받는다. 클래스 A에는 2개의 생성자가 작성되어 있지만, 클래스 B의 기본 생성자가 호출되면, 슈퍼 클래스의 기본 생성자 A()가 자동으로 호출된다.

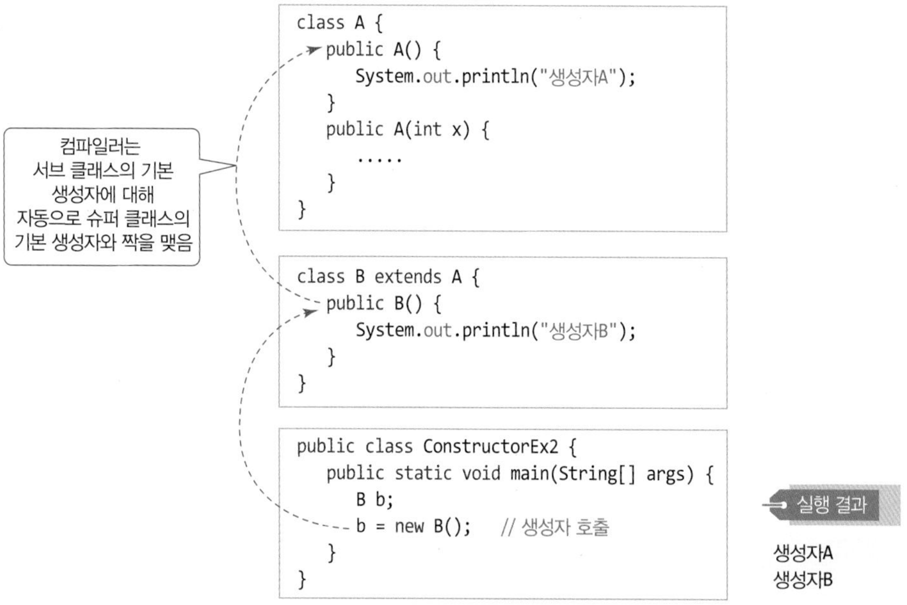

[그림 5-9] 서브 클래스 B의 기본 생성자에 대해 슈퍼 클래스 A의 기본 생성자가 묵시적으로 선택

그렇다면, **[그림 5-10]**과 같이 클래스 A에 기본 생성자 없이 A(int x)만 작성되어 있으면 어떻게 될까?

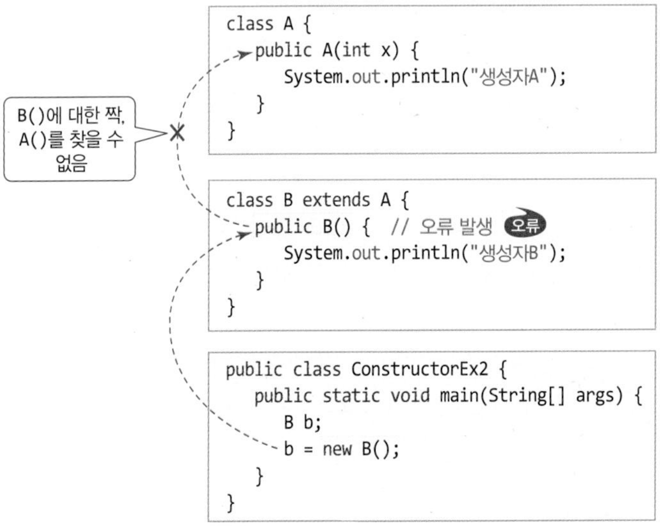
class A {
public A(int x) {
System.out.println("생성자A");
}
}
B()에 대한 짝, A()를 찾을 수 없음
class B extends A {
public B() { // 오류 발생 오류
System.out.println("생성자B");
}
}
public class ConstructorEx2 {
public static void main(String[] args) {
B b;
b = new B();
}
}

[그림 5-10] 슈퍼 클래스 A에 기본 생성자가 없는 경우, 오류 발생

이 경우 클래스 B의 생성자와 짝을 이룰 기본 생성자가 클래스 A에 없기 때문에, 컴파일러는 "Implicit super constructor A() is undefined. Must explicitly invoke another constructor" 오류 메시지를 출력한다. 클래스에 아무 생성자도 선언되지 않은 경우에만 컴파일러에 의해 기본 생성자가 강제로 삽입된다고 4장에서 설명하였다.

서브 클래스에 매개변수를 가진 생성자의 경우를 보자. 이 경우에도 개발자의 특별한 지시가 없으면 슈퍼 클래스의 기본 생성자가 호출된다. **[그림 5-11]**은 이 경우를 보여준다. main()에서 B의 객체를 생성하는 다음 라인을 보자.

```
b = new B(5);
```

이 코드는 매개변수를 가진 생성자 B(int x)를 호출하며, 슈퍼 클래스 A에는 기본 생성자 A()가 호출된다.

```
class A {
   public A() {
      System.out.println("생성자A");
   }
   public A(int x) {
      System.out.println("매개변수생성자A");
   }
}
```

```
class B extends A {
   public B() {
      System.out.println("생성자B");
   }
   public B(int x) {
      System.out.println("매개변수생성자B");
   }
}
```

```
public class ConstructorEx3 {
   public static void main(String[] args) {
      B b;
      b = new B(5);
   }
}
```

실행 결과

```
생성자A
매개변수생성자B
```

[그림 5-11] 서브 클래스 B의 매개변수를 가진 생성자도 슈퍼 클래스 A의 기본 생성자와 짝을 이룸

● super()를 이용하여 명시적으로 슈퍼 클래스의 생성자 선택

서브 클래스의 생성자에서 슈퍼 클래스의 생성자를 명시적으로 선택하는 것이 원칙이다. 지금까지는 개발자가 명시적으로 선택하지 않았을 때, 컴파일러가 자동으로 슈퍼 클래스의 기본 생성자를 호출한 사례를 설명하였다.

서브 클래스의 생성자에서 super()를 이용하면, 슈퍼 클래스 생성자를 명시적으로 선택할 수 있다. super()는 슈퍼 클래스 생성자를 호출하는 코드이다. 괄호 안에 인자를 전달하여 슈퍼 클래스의 생성자를 호출할 수도 있다.

> super()
> 명시적으로
> 슈퍼 클래스 생성자 호출

[그림 5-12]는 super()를 사용하는 사례를 보여준다. main()에서 다음 코드는 B(int x) 생성자를 호출한다.

```
b = new B(5);
```

B(int x)의 생성자는 첫 코드로 다음 코드를 실행하면,

```
super(x); // x 값은 5
```

super(x)는 슈퍼 클래스 A의 다음 생성자를 호출하고, x에 5를 전달한다.

```
A(int x) { ... } // x에 5를 전달받음
```

생성자의 첫 라인

중요한 것은 super()는 반드시 생성자의 첫 라인에 사용되어야 한다는 점이다.

```
class A {
   public A() {
      System.out.println("생성자A");
   }
   public A(int x) {
      System.out.println("매개변수생성자A" + x);
   }
}
```

x에 5 전달

```
class B extends A {
   public B() {
      System.out.println("생성자B");
   }
   public B(int x) {
      super(x);  // 첫 줄에 와야 함
      System.out.println("매개변수생성자B" + x);
   }
}
```

x는 5

```
public class ConstructorEx4 {
   public static void main(String[] args) {
      B b;
      b = new B(5);
   }
}
```

실행 결과

```
매개변수생성자A5
매개변수생성자B5
```

[그림 5-12] 클래스 B에서 super()를 이용하여 명시적으로 슈퍼 클래스 A의 생성자 선택

super()를 활용한 ColorPoint 작성 예제 5-3

super()를 이용하여 ColorPoint 클래스의 생성자에서 슈퍼 클래스 Point의 생성자를 호출하는 예를 보인다.

```java
class Point {
   private int x, y; // 한 점을 구성하는 x, y 좌표
   public Point() {
      this.x = this.y = 0;
   }
   public Point(int x, int y) {
      this.x = x; this.y = y;
   }
   public void showPoint() { // 점의 좌표 출력
      System.out.println("(" + x + "," + y + ")");
   }
}

class ColorPoint extends Point { // Point를 상속받은 ColorPoint 선언
   private String color; // 점의 색
   public ColorPoint(int x, int y, String color) {
      super(x, y); // Point의 생성자 Point(x, y) 호출
      this.color = color;
   }
   public void showColorPoint() { // 컬러 점의 좌표 출력
      System.out.print(color);
      showPoint(); // Point 클래스의 showPoint() 호출
   }
}

public class SuperEx {
   public static void main(String[] args) {
      ColorPoint cp = new ColorPoint(5, 6, "blue");
      cp.showColorPoint();
   }
}
```

x=5, y=6 전달

x=5, y=6, color = "blue" 전달

실행 결과

```
blue(5,6)
```

CHECK TIME

1 서브 클래스의 생성자에서 슈퍼 클래스의 생성자를 호출할 때 사용하는 자바의 키워드는?

2 아래의 코드를 실행하면 그 결과는 무엇인가?

```
class A {
   public A() {
      System.out.println("생성자A");
   }
   public A(int x) {
      System.out.println("매개변수생성자A" + x);
   }
}
class B extends A {
   public B() {
      super(30);
      System.out.println("생성자B");
   }
   public B(int x) {
      System.out.println("매개변수생성자B" + x);
   }
}

public class ConstructorEx5 {
   public static void main(String[] args) {
      B b;
      b = new B();
   }
}
```

3 다음은 서브 클래스 B의 생성자 코드이다. 잘못된 부분은?

```
public B() {
   System.out.println("생성자B");
   super(10);
}
```

5.5 업캐스팅과 instanceof 연산자

캐스팅(casting)이란 타입 변환을 말한다. 자바에서 클래스에 대한 캐스팅은 업캐스팅(upcasting)과 다운캐스팅(downcasting)으로 나뉜다.

타입 변환

업캐스팅

업캐스팅의 이해를 돕기 위해 [그림 5-13]의 예를 들어보자. 사람을 생물이라고 불러도 되며, 생물을 넣는 박스에 코끼리나 사람을 넣고 박스 앞에 생물을 가리키는 팻말을 사용해도 무방하다. 왜냐하면, 사람은 생물을 상속 받았기 때문이다.

상속

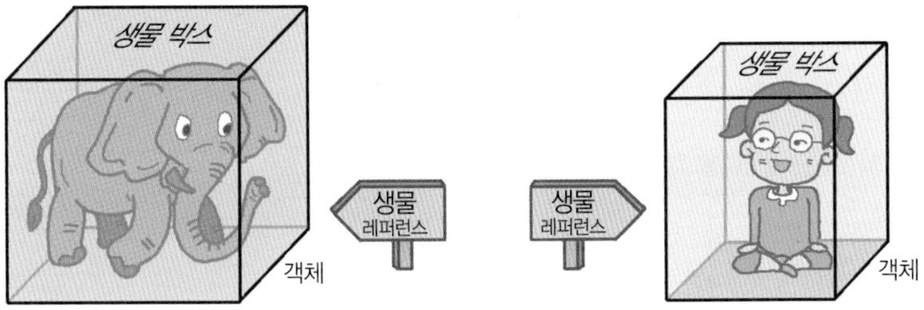

[그림 5-13] 업캐스팅 이해를 돕는 예

이와 비슷하게, 자바에서 서브 클래스는 슈퍼 클래스의 속성을 상속받기 때문에, 서브 클래스의 객체는 슈퍼 클래스의 멤버를 모두 가진다. 그러므로 서브 클래스의 객체를 슈퍼 클래스의 객체로 취급할 수 있다. 서브 클래스의 객체에 대한 레퍼런스를 슈퍼 클래스 타입으로 변환하는 것을 업캐스팅(upcasting)이라고 한다. 업캐스팅은 슈퍼 클래스의 레퍼런스로 서브 클래스의 객체를 가리키게 한다.

업캐스팅(upcasting)

[그림 5-14]의 업캐스팅 사례를 보자. 업캐스팅은 main()의 다음 코드에서 발생한다.

```
Person p;
Student s = new Student();
p = s; // 업캐스팅
```

이 코드에서, 슈퍼 클래스 타입의 레퍼런스 p가 서브 클래스 객체(s)를 가리키도록 치환되는 것이 업캐스팅이다. 업캐스팅을 통해 Person 타입의 p는 Student 객체를 가리킨다. 그러나 레퍼런스 p로는 Person 클래스의 멤버만 접근할 수 있다. 왜냐하면 p는 Person 타입이기 때문이다. grade 필드는 Person 클래스의 멤버가 아니기 때문에 다음 문장은 오류이다.

```
오류 p.grade = "A"; // 컴파일 오류. grade는 Person의 멤버가 아님
```

업캐스팅한 레퍼런스로는 객체 내에 모든 멤버에 접근할 수 없고 슈퍼 클래스의 멤버만 접근할 수 있다. Student 객체가 Person 타입으로 업캐스팅되면, Person 타입의 객체로 취급되며 Student 클래스의 필드나 메소드는 접근할 수 없게 된다.

그리고 업캐스팅은 다음과 같이 명시적 타입 변환을 하지 않아도 된다. 그것은 Student 객체는 Person 타입이기도 하기 때문이다.

```
p = (Person)s; // (Person)을 생략하고, p = s;로 해도 됨
```

```
class Person {
    String name;
    String id;

    public Person(String name) {
        this.name = name;
    }
}

class Student extends Person {
    String grade;
    String department;

    public Student(String name) {
        super(name);
    }
}

public class UpcastingEx {
    public static void main(String[] args) {
        Person p;
        Student s = new Student("이재문");
        p = s; // 업캐스팅

        System.out.println(p.name); // 오류 없음

오류    p.grade = "A"; // 컴파일 오류
        p.department = "Com"; // 컴파일 오류
    }
}
```

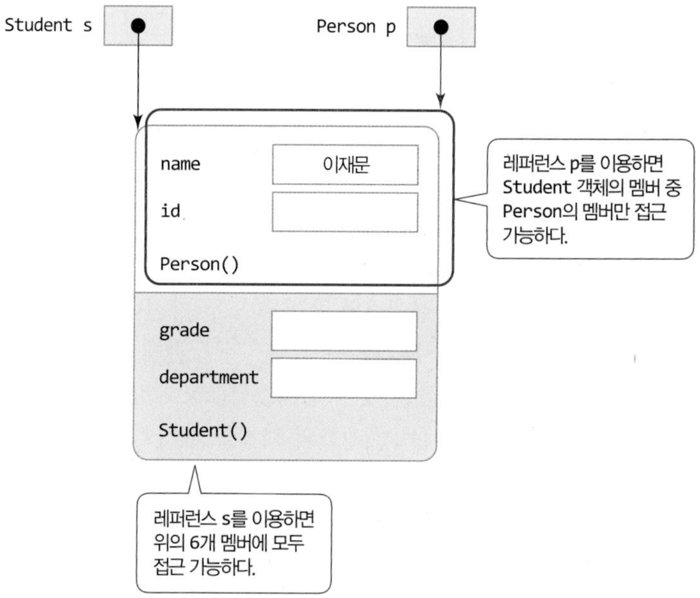

Student s
Person p
name
이재문
id
Person()
grade
department
Student()
레퍼런스 p를 이용하면 Student 객체의 멤버 중 Person의 멤버만 접근 가능하다.
레퍼런스 s를 이용하면 위의 6개 멤버에 모두 접근 가능하다.

실행 결과

```
이재문
```

[그림 5-14] 업캐스팅 사례

다운캐스팅

다운캐스팅(downcasting)

업캐스팅과 반대로 캐스팅하는 것을 다운캐스팅(downcasting)이라고 하고, [그림 5-15]는 다운캐스팅의 사례를 보여준다.

다음은 Student 객체를 Person 타입의 레퍼런스로 가리키는 업캐스팅 코드이다.

```
Person p = new Student("이재문"); // 업캐스팅
```

다운 캐스팅은 이와 반대로 Person 타입의 레퍼런스를 Student 타입의 레퍼런스로 변환하는 것으로, 다음 코드와 같다.

```
Student s = (Student)p; // 다운캐스팅, (Student)의 타입 변환을 반드시 표시
```

명시적으로 타입 변환

이 결과 s를 통해 [그림 5-15]와 같이 Student 객체 전체를 접근할 수 있게 된다. 다운캐스팅은 업캐스팅과 달리 명시적으로 타입 변환을 지정해야 한다.

```
public class DowncastingEx {
   public static void main(String[] args) {
      Person p = new Student("이재문");  // 업캐스팅
      Student s;

      s = (Student)p;  // 다운캐스팅

      System.out.println(s.name);  // 오류 없음
      s.grade = "A";  // 오류 없음
   }
}
```

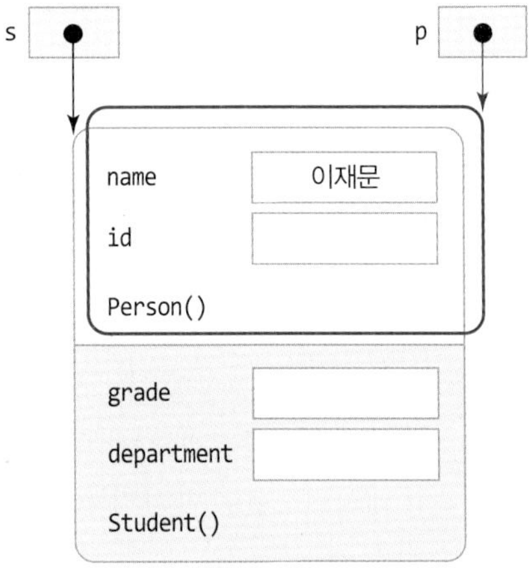

실행 결과

```
이재문
```

[그림 5-15] 다운캐스팅

업캐스팅과 instanceof 연산자

앞의 [그림 5-13]에서 '생물' 팻말(레퍼런스)이 가리키는 박스에 들어 있는 객체의 타입이 무엇인지, 사람인지, 동물인지 팻말만 보고서는 알 수 없는 것처럼, 업캐스팅을 한 경우, 레퍼런스가 가리키는 객체의 진짜 클래스 타입을 구분하기 어렵다.

다음과 같이 Person 클래스와 이를 상속받는 클래스들이 있다고 하자([그림 5-16]).

```
class Person {
    .....
}
class Student extends Person {
    .....
}
class Researcher extends Person {
    .....
}
class Professor extends Researcher {
    .....
}
```

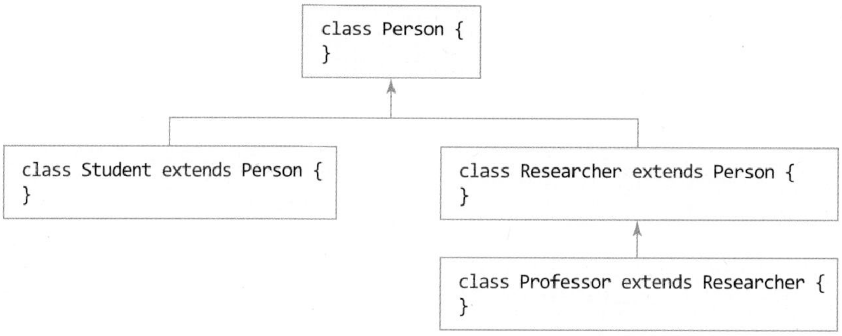

[그림 5-16] Person 클래스와 이를 상속받는 클래스들의 계층 관계

다음 코드들은 Person 클래스를 상속받은 객체들을 업캐스팅을 통해 Person 클래스의 레퍼런스 p로 가리키는 것으로, 모두 정상적인 코드이다.

```
Person p = new Person();
Person p = new Student();        // 업캐스팅
Person p = new Researcher();     // 업캐스팅
Person p = new Professor();      // 업캐스팅
```

그렇다면 Person 타입의 레퍼런스 p가 있을 때, p가 Person 객체를 가리키는지, Student 객체를 가리키는지, Researcher 객체를 가리키는지, Professor 객체를 가리키는지 알 수 없다. [그림 5-17]을 참조해보자. 이 그림에서 print(Person person) 메소드가 호출되면,

```
print(p);
```

print(Person person) 메소드는 매개변수로 전달받은 person에 어떤 클래스의 객체가 전달되어 왔는지 알 수 없다.

```
void print(Person person) {
    // person이 가리키는 객체가 Person 타입일 수도 있고,
    // Student, Researcher, 혹은 Professor 타입일 수도 있다.
    .....
}
```

오직 아는 것은 Person을 상속받은 객체가 업캐스팅되어 넘어왔다는 사실이다. Student 타입의 객체일 수도 있고, Professor 타입이거나 Researcher 타입일 수도 있다.

Person을 상속받은 객체 업캐스팅

그러므로 print(Person person) 메소드에서는 매개변수 person에 전달된 객체가 어떤 클래스의 객체인지 구별할 방법이 필요하다.

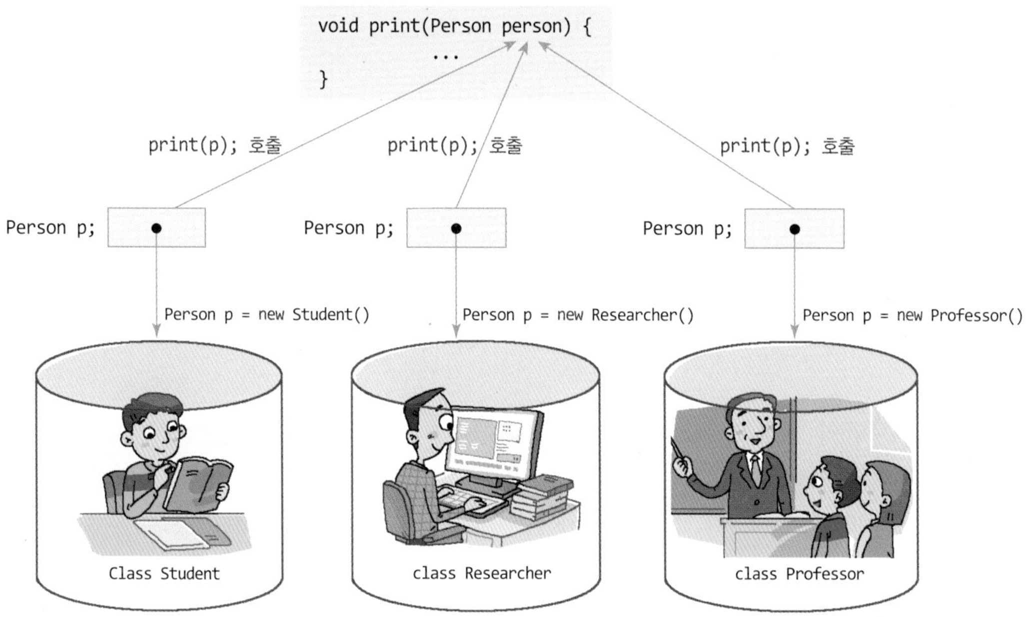

[그림 5-17] Person 타입의 레퍼런스 p가 어떤 타입의 객체를 가리키는지 알 수 없음

● instanceof 연산자 사용

instanceof 연산자

레퍼런스가 가리키는 객체가 어떤 클래스 타입인지 구분하기 위해, 자바에서는 instanceof 연산자를 두고 있다. instanceof는 이항 연산자로서 다음과 같이 사용된다.

```
레퍼런스 instanceof 클래스명
```

instanceof 연산자의 결과 값은 boolean 값으로, '레퍼런스'가 가리키는 객체가 해당 '클래스' 타입의 객체이면 true이고 아니면 false로 계산한다.

이제 [그림 5-16]을 참고하여, 다음 코드를 통해 instanceof를 이해해보자.

```
Person jee= new Student();
Person kim = new Professor();
Person lee = new Researcher();
if (jee instanceof Person)      // jee는 Person 타입이므로 true
if (jee instanceof Student)     // jee는 Student 타입이므로 true
if (kim instanceof Student)     // kim은 Student 타입이 아니므로 false
if (kim instanceof Professor)   // kim은 Professor 타입이므로 true
if (kim instanceof Researcher)  // Professor 객체는 Researcher 타입이기도 하므로 true
if (lee instanceof Professor)   // lee는 Professor 타입이 아니므로 false
```

instanceof는 클래스에만 적용되므로 다음은 오류이다.

오류
```
if(3 instanceof int) // 문법 오류. instanceof는 객체에 대한 레퍼런스만 사용
```

다음 instanceof 연산은 true이다.

```
if("java" instanceof String) // true
```

사람의 예로 instanceof를 적용해보자. 황기태가 사람의 인스턴스인가(황기태 instanceof 사람)라고 하면 "예"이다. 또한 황기태는 생물의 인스런스인가(황기태 instanceof 생물)에 대해서도 "예"이다.

instanceof 연산자 활용 예제 5-4

instanceof 연산자를 이용하여 상속 관계에 따라 레퍼런스가 가리키는 객체의 타입을 알아본다. 실행 결과는 무엇인가?

```
class Person { }
class Student extends Person { }
class Researcher extends Person { }
class Professor extends Researcher { }

public class InstanceOfEx {
  static void print(Person p) {
    if(p instanceof Person)
      System.out.print("Person ");
    if(p instanceof Student)
      System.out.print("Student ");
    if(p instanceof Researcher)
      System.out.print("Researcher ");
    if(p instanceof Professor)
      System.out.print("Professor ");
    System.out.println();
  }
  public static void main(String[] args) {
    System.out.print("new Student() ->\t");      print(new Student());
    System.out.print("new Researcher() ->\t");   print(new Researcher());
    System.out.print("new Professor() ->\t");    print(new Professor());
  }
}
```

실행 결과

```
new Student() -> Person Student
new Researcher() -> Person Researcher
new Professor() -> Person Researcher Professor
```

new Professor() 객체는 Person 타입이기도 하고, Researcher, Professor 타입이기도 함

CHECK
TIME

1 다음 문장 중 틀린 부분을 찾아라.

```
class A {
   int i;
   int j;
}
class B extends A {
   int k;
   int l;
}
public class ClassCastEx {
   public static void main(String[] args) {
      A a = new B();
      B b = (B)a;
      if (a instanceof b)
         System.out.print("GO");
      if (b instanceof A)
         System.out.print("STOP");
   }
}
```

2 다음 그림과 같은 클래스 계층 구조가 있을 때, **instanceof**의 결과가 **false**인 것을 모두 골라라.

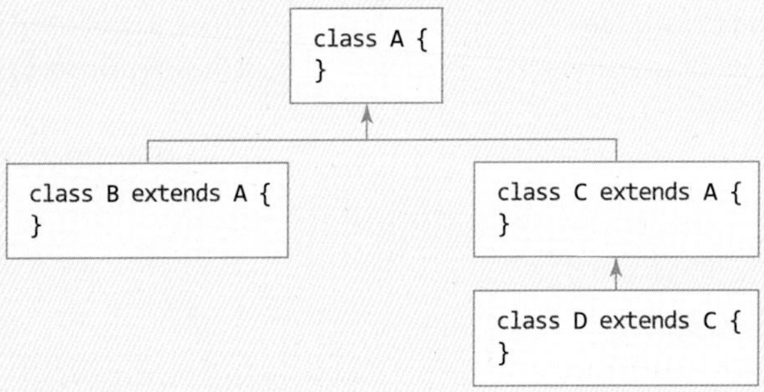
class A {
}
class B extends A {
}
class C extends A {
}
class D extends C {
}

```
A a;
B b = new B();
a = new D();
```

① `if(b instanceof A)`
② `if(a instanceof C)`
③ `if(a instanceof java.lang.Object)`
④ `if((new A()) instanceof D)`
⑤ `if((new C()) instanceof A)`
⑥ `if((new C()) instanceof C)`

5.6 메소드 오버라이딩

메소드 오버라이딩의 개념

메소드 오버라이딩(method overriding)은 슈퍼 클래스와 서브 클래스의 메소드 사이에 발생하는 관계로서, 슈퍼 클래스에 선언된 메소드와 같은 이름, 같은 리턴 타입, 같은 매개 변수 리스트를 갖는 메소드를 서브 클래스에서 재작성하는 것이다. 서브 클래스의 개발자는 슈퍼 클래스에 있는 메소드로 목적하는 바를 이룰 수 없을 때 동일한 이름의 메소드를 서브 클래스에 다시 작성할 수 있다.

메소드 오버라이딩
재작성

[그림 5-18]은 메소드 오버라이딩의 개념을 보여준다. 서브 클래스에서 슈퍼 클래스의 메소드2()를 무시하기 위해 새로 메소드2()를 재작성한 사례이다. 외부에서나 내부에서 메소드2()를 호출하면 슈퍼 클래스의 메소드는 절대로 실행되지 않고 반드시 서브 클래스의 메소드2()가 실행된다.

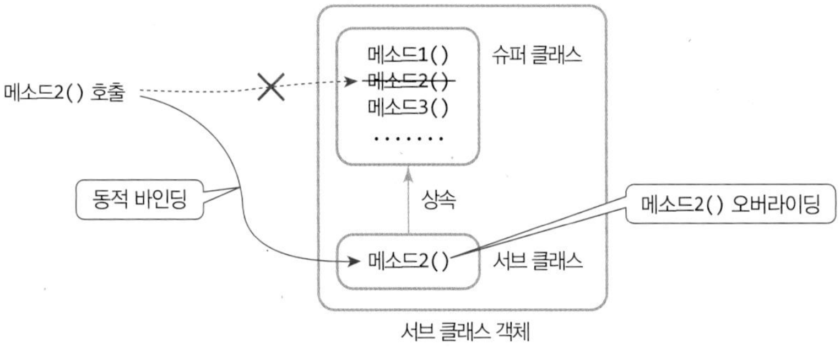

[그림 5-18] 슈퍼 클래스의 메소드2()를 무시하기 위해 서브 클래스에서 메소드2()를 새로 작성한 메소드 오버라이딩

메소드 오버라이딩은 '슈퍼 클래스 메소드 무시하기 혹은 덮어쓰기'로 표현할 수 있다. 이는 슈퍼 클래스의 메소드를 무시하고 서브 클래스에서 오버라이딩된 메소드가 무조건 실행되도록 한다는 것인데, 이런 처리를 동적 바인딩이라고 부르며, 메소드 오버라이딩은 동적 바인딩을 유발시킨다.

동적 바인딩

오버라이딩 사례로 이해하기

오버라이딩의 사례를 구체적으로 알아보자. [그림 5-19]는 Shape 클래스를 상속받은 3개의 클래스 Line, Rect, Circle 클래스를 만들고, Shape의 draw()를 오버라이딩한 사례를 보여준다. 메소드의 이름(draw), 리턴 타입(void), 매개변수 리스트(매개변수 없음)가 모두 동일하게 작성되었다.

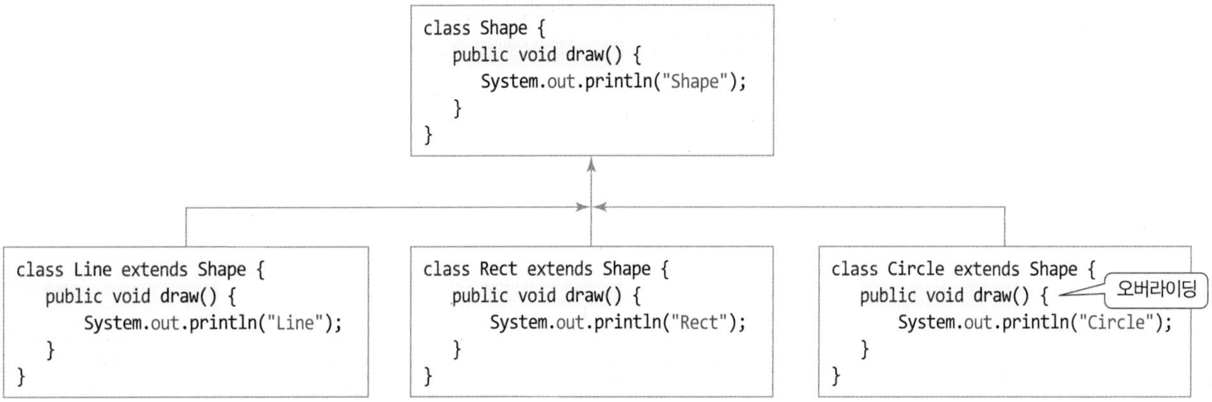

[그림 5-19] Shape 클래스의 draw() 메소드를 Line, Rect, Circle 클래스에서 각각 오버라이딩한 사례

● 오버라이딩된 메소드 호출

Line, Rect, Circle 객체들이 만들어졌을 때, 오버라이딩된 메소드 draw()의 호출에 대해 알아보자. [그림 5-20]은 2가지 경우를 보여준다. 첫째, 다음 코드를 보자.

```
Line line = new Line();
line.draw();
```

new Line()에 의해 생성된 객체에는 2개의 draw() 메소드가 존재하며([그림 5-20] (1)), 레퍼런스 line이 Line 타입이므로, 컴파일러는 당연히 line.draw()가 Line 클래스의 draw() 메소드를 호출하도록 하고 실행 시에도 Line 클래스의 draw()가 호출된다.

하지만, 두 번째의 경우([그림 5-20] (2))를 보자.

```
Shaper shape = new Line(); // 업캐스팅
shape.draw();
```

이 경우에도 new Line()에 의해 생성된 Line 객체에는 2개의 draw() 메소드가 존재하지만, 첫 번째 경우와 다른 것은, 레퍼런스 shape이 Shape 타입이다. 그러므로 shape.draw()를 컴파일할 때, 컴파일러는 Shape 클래스에 draw() 멤버가 있는지 확인하고 Shape의 draw()를 호출하도록 컴파일한다. 하지만, shape.draw()의 실행 시 shape이 가리키는 객체에는 Shape의 draw()를 오버라이딩한 Line의 draw()가 존재하

기 때문에, Shape의 draw()가 아닌 Line의 draw()가 실행된다. 이 과정을 동적 바인딩(dynamic binding)이라고 부른다.

동적 바인딩

[그림 5-20]의 두 코드 사례가 나타내는 것은, 어떻게 호출되든 객체 안에 오버라이딩된 메소드 draw()의 호출이 무조건 보장된다는 점이다. 이것이 오버라이딩의 진정한 목적이며 실현이다.

(1) 서브 클래스 레퍼런스로 오버라이딩된 메소드 호출

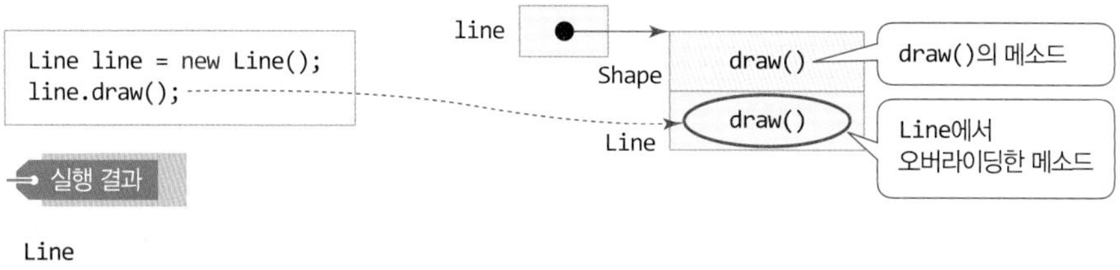

(2) 업캐스팅에 의해 슈퍼 클래스 레퍼런스로 오버라이딩된 메소드 호출(동적 바인딩)

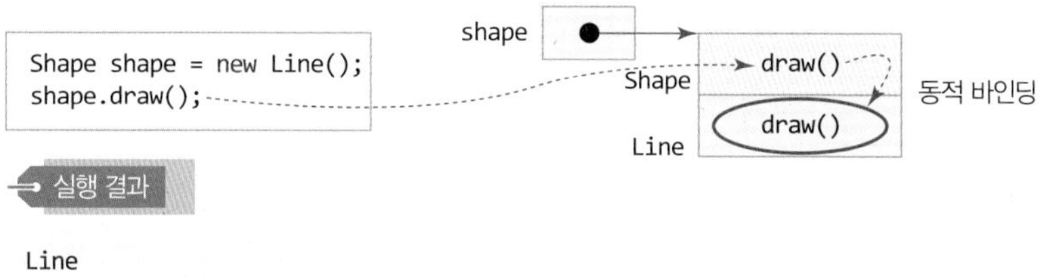

[그림 5-20] 오버라이딩에 의해 서브 클래스의 메소드가 호출되는 경우

오버라이딩의 목적, 다형성 실현

오버라이딩은 수퍼 클래스에 선언된 메소드를, 각 서브 클래스들이 자신만의 내용으로 새로 구현하는 기능이다. [그림 5-20]의 예에서는 Shape에 작성된 draw() 메소드를 각 도형에 맞게 새로 작성하였다. Line 클래스에서는 선을 그리는 기능으로, Circle에서는 원을 그리는 기능으로, Rect은 사각형을 그리는 기능으로. 오버라이딩은 상속을 통해 '하나의 인터페이스(같은 이름)에 서로 다른 내용 구현'이라는 객체 지향의 다형성을 실현하는 도구이다. 예제 5-5는 이 사례를 완전한 프로그램 형태로 보여주며, [그림 5-21]은 예제 5-5에서의 오버라이딩된 메소드 호출을 설명한다.

다형성

예제 5-5 메소드 오버라이딩으로 다형성 실현

Shape의 draw() 메소드를 Line, Circle, Rect 클래스에서 목적에 맞게 오버라이딩하는 다형성의 사례를 보여준다.

```
class Shape { // 슈퍼 클래스
   public Shape next; // 그림 5-22의 코드를 위해 필요한 부분
   public Shape() { next = null; } // 그림 5-22의 코드를 위해 필요한 부분

   public void draw() {
      System.out.println("Shape");
   }
}

class Line extends Shape {
   public void draw() { // 메소드 오버라이딩
      System.out.println("Line");
   }
}

class Rect extends Shape {
   public void draw() { // 메소드 오버라이딩
      System.out.println("Rect");
   }
}

class Circle extends Shape {
   public void draw() { // 메소드 오버라이딩
      System.out.println("Circle");
   }
}

public class MethodOverridingEx {
   static void paint(Shape p) {
      p.draw(); // p가 가리키는 객체 내에 오버라이딩된 draw() 호출. 동적 바인딩
   }
   public static void main(String[] args) {
      Line line = new Line();

      // 다음 호출들은 모두 paint() 메소드 내에서 Shape에 대한 레퍼런스 p로 업캐스팅됨
      paint(line); // Line에 오버라이딩한 draw() 실행, "Line" 출력
      paint(new Shape()); // Shape의 draw() 실행. "Shape" 출력
      paint(new Line()); // Line에 오버라이딩한 draw() 실행, "Line" 출력
      paint(new Rect()); // Rect에 오버라이딩한 draw() 실행, "Rect" 출력
```

Shape을 상속받은 모든 객체들이 매개변수 p로 넘어올 수 있음

주목. 동적 바인딩

```
        paint(new Circle()); // Circle에 오버라이딩한 draw() 실행, "Circle" 출력
    }
}
```

실행 결과

```
Line
Shape
Line
Rect
Circle
```

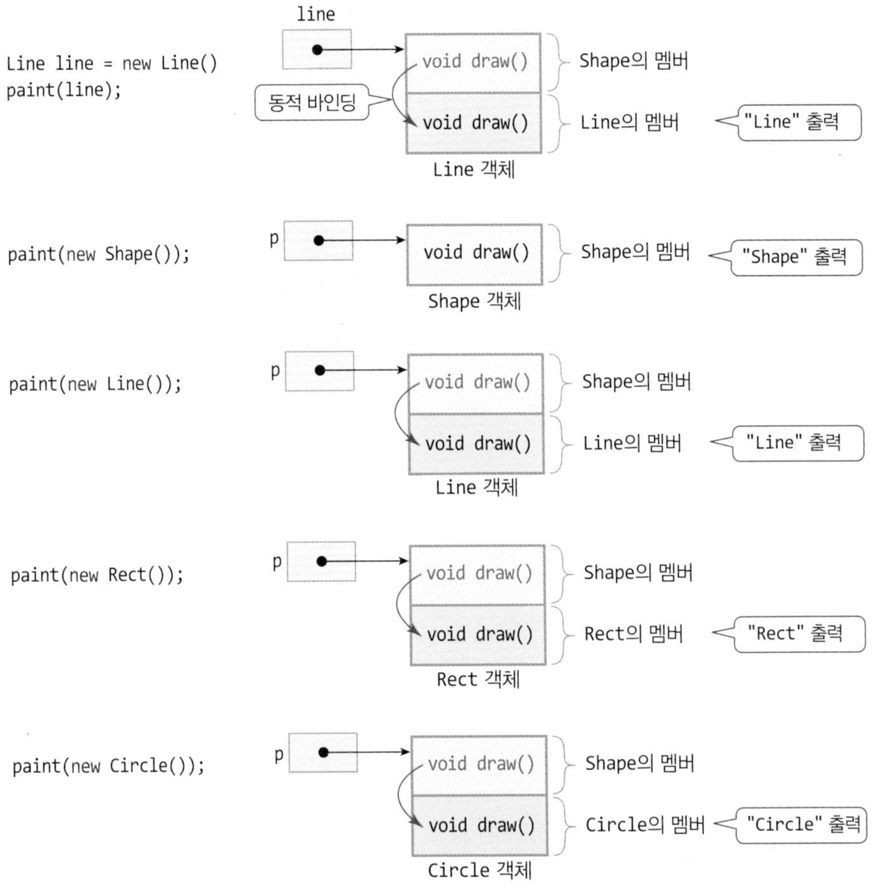

[그림 5-21] 예제 5-5의 오버라이딩된 메소드 호출

Tip @Override

개발자들은 가끔 서브 클래스에서 오버라이딩 메소드를 작성하려다가, 슈퍼 클래스의 메소드 원형과 다르게 작성하는 실수를 범한다. 예를 들면 다음과 같다.

```
class Shape {
    public void draw() { ... }
}
class Line extends Shape {
    public void drow() { ... } // 오류 처리되지 않음. Shape에 drow()가 없으므로
                                  오버라이딩이 아니고, 새로운 메소드 작성으로 처리됨
}
```

문제

컴파일러는 **Line** 클래스에 새로운 메소드 **drow()**가 작성된 것으로 판단하고 컴파일 오류를 발생시키지 않는다. 그러므로 다음 코드를 실행하면 **Shape** 클래스에 **draw()**가 있기 때문에 컴파일 오류 없이 **Shape**의 **draw()**가 호출된다.

```
Line line = new Line();
line.draw(); // Shape의 draw() 호출. 컴파일 오류 없음
```

@Override

개발자는 한참 후에야 자신이 **drow()**로 잘못 코딩한 것을 깨닫게 된다.
자바는 오버라이딩 시, 개발자의 이런 실수를 컴파일할 때 쉽게 발견하기 위해, **JDK 1.5**부터 **@Override**라는 주석문(**annotation**)을 제공하고 있다. **@Override**는 오버라이딩하는 메소드 앞에 붙이는 것으로, 컴파일러에게 오버라이딩이 정확한지 확인하도록 지시한다. 다음과 같이 **@Override**을 사용하면 컴파일 오류가 발생되어, 개발자는 **drow()**로 잘못 타이핑한 실수를 금방 발견할 수 있다.

```
class Shape {
    public void draw() { ... }
}
class Line extends Shape {
    @Override // 다음 오버라이딩이 정확한지 컴파일러에게 확인하도록 지시
    public void drow() { ... } // 컴파일 오류
}
```

오류

오류 메시지: The method drow() of type Line must override or implement a supertype method

잠깐!

필드 오버라이딩이란 용어는 없다. 그러므로 메소드 오버라이딩을 간단히 오버라이딩이라 부른다.

메소드 오버라이딩의 제약 사항

메소드를 오버라이딩할 때 다음 몇 가지 조건을 지켜야 한다.

- 슈퍼 클래스의 메소드와 **동일한 원형**으로 작성한다.
  슈퍼 클래스의 메소드와 동일한 이름, 동일한 매개변수 타입과 개수, 동일한 리턴 타입를 갖는 메소드를 작성해야 한다. 만일 Line 클래스를 아래와 같이 작성한다면 오버라이딩이 실패하고 컴파일 오류가 발생한다.

동일한 원형

오류

```
class Line extends Shape {
    public int draw() { // 컴파일 오류. 리턴 타입이 달라 오버라이딩 실패
        return 5;
    }
}
```

- 슈퍼 클래스 메소드의 접근 지정자보다 **접근의 범위를 좁여** 오버라이딩 할 수 없다.
  접근 지정자는 public, protected, 디폴트, private 순으로 접근의 범위가 좁아진다. 슈퍼 클래스에 protected로 선언된 메소드는 서브 클래스에서 protected나 public으로만 오버라이딩할 수 있고, public으로 선언된 메소드는 서브 클래스에서 public으로만 오버라이딩할 수 있다.

접근의 범위를 좁여

- static이나 private 또는 final로 선언된 메소드는 서브 클래스에서 오버라이딩할 수 없다.

static
private
final

메소드 오버라이딩 활용

메소드 오버라이딩은 서브 클래스 개발자가 슈퍼 클래스의 특정 메소드를 자신의 특성에 맞게 새로 만들어 사용하고자 하는 경우에 활용된다.

메소드 오버라이딩의 활용 예를 들어보자. 예제 5-5에 작성된 Shape, Circle, Rect, Line 클래스를 활용하는 main() 메소드를 [그림 5-22]에 작성하였다. main() 메소드에서는 Line, Rect, Line, Circle 객체들을 생성하여 링크드 리스트로 연결하였다. 생성된 각 도형 객체에는 Shape의 draw()와 오버라이딩한 draw() 메소드가 존재한다. start 변수는 링크드 리스트의 시작 주소(레퍼런스)를 저장하며, last는 링크드 리스트에 연결된 마지막 도형 객체의 주소(레퍼런스)를 저장한다. 그리고 obj는 새로 생긴 도형 객체의 주소(레퍼런스)를 저장한다.

main()에서 다음 코드는 start에서부터 연결된 모든 도형 객체를 방문하면서 draw() 메소드를 호출한다.

```
Shape p = start;
while(p!=null) {
    p.draw(); // p가 가리키는 객체의 오버라이딩된 draw() 메소드 호출
    p = p.next; // p는 다음 객체의 레퍼런스 값을 가짐
}
```

동적 바인딩

레퍼런스는 p의 타입이 Shape이므로 p.draw()는 Shape의 멤버 draw()를 호출하게 될 것 같지만, 실제로는 오버라이딩한 draw() 메소드가 호출된다. 이것을 동적 바인딩이라 하고, 그림에서 빨간색 점선 화살표는 동적 바인딩에 의해 타원으로 둘러싼 draw()가 실행됨을 나타낸다.

```
// 예제 5-5의 Shape, Line, Rect, Circle 클래스 활용

public class UsingOverride {
    public static void main(String [] args) {
        Shape start, last, obj;

        // 링크드 리스트로 도형 생성하여 연결
        start = new Line(); // Line 객체 연결
        last = start;
        obj = new Rect();
        last.next = obj; // Rect 객체 연결
        last = obj;
        obj = new Line(); // Line 객체 연결
        last.next = obj;
        last = obj;
        obj = new Circle(); // Circle 객체 연결
        last.next = obj;

        // 모든 도형 출력
        Shape p = start;
        while(p != null) {
          p.draw();
          p = p.next;
        }
    }
}
```

실행 결과

```
Line
Rect
Line
Circle
```

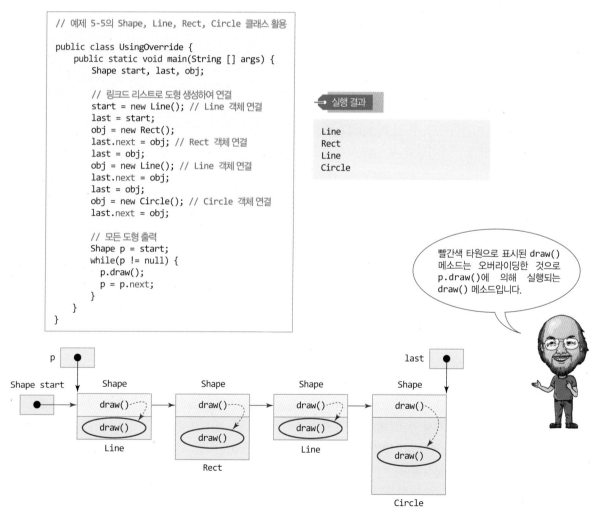

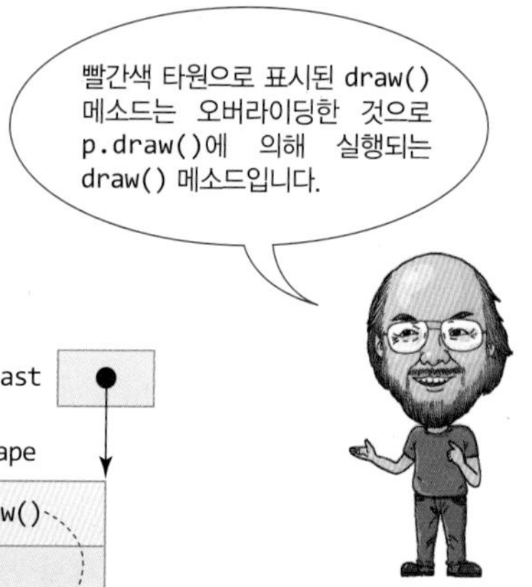

빨간색 타원으로 표시된 draw() 메소드는 오버라이딩한 것으로 p.draw()에 의해 실행되는 draw() 메소드입니다.

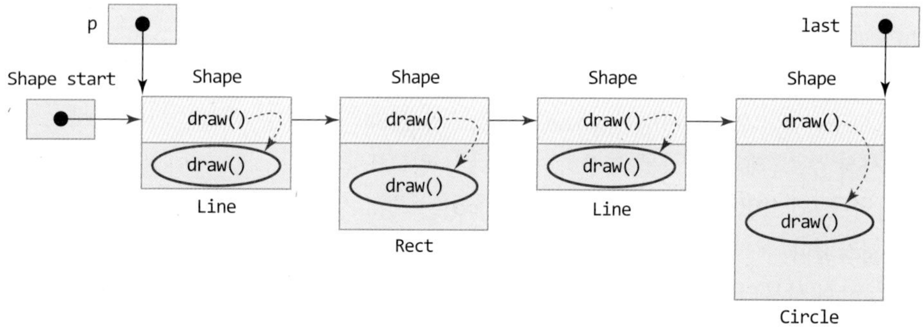

[그림 5-22] 메소드 오버라이딩 활용

동적 바인딩: 오버라이딩된 메소드 호출

동적 바인딩(dynamic binding)은 실행할 메소드를 컴파일 시(compile time)에 결정하지 않고 실행 시(run time)에 결정하는 것을 말한다. 자바에서는 동적 바인딩을 통해 오버라이딩된 메소드가 항상 실행되도록 보장한다.

동적 바인딩
실행 시(run time)

[그림 5-23]은 동적 바인딩의 두 사례를 보여준다. 그림의 왼쪽에서 main()에서 Shape() 객체를 생성하고, paint() 메소드를 호출하면 Shape의 draw()를 호출된다.

```
Shape a = new Shape();
a.paint(); // paint()는 Shape의 draw()를 호출한다.
```

```
public class Shape {
    protected String name;
    public void paint() {
        draw();
    }
    public void draw() {
        System.out.println("Shape");
    }
    public static void main(String [] args) {
        Shape a = new Shape();
        a.paint();
    }
}
```

```
class Shape {
    protected String name;
    public void paint() {
        draw();
    }
    public void draw() {
        System.out.println("Shape");
    }
}
public class Circle extends Shape {
    @Override
    public void draw() {
        System.out.println("Circle");
    }
    public static void main(String [] args) {
        Shape b = new Circle();
        b.paint();
    }
}
```

동적 바인딩

실행 결과

```
Shape
```

실행 결과

```
Circle
```

[그림 5-23] 동적 바인딩: 오버라이딩된 메소드 호출

하지만, [그림 5-23]의 오른쪽 코드를 보자. Circle 클래스에서 Shape의 draw()를 오버라이딩하였다. main()에서 Circle 객체를 생성하고 다음과 같이 b.paint()를 호출하면, 객체 b에 존재하는 2개의 draw() 중 어떤 것을 호출할지 결정하는 동적 바인딩이 일어난다.

```
Shape b = new Circle();
b.paint(); // paint()는 Circle에서 오버라이딩한 draw() 호출
```

그 결과 Shape의 paint() 메소드는 Shape의 draw()가 아닌, Circle의 draw()를 호출한다. Shape에서 호출하든 Circle에서 호출하든, draw()가 호출되면 동적 바인딩을 통해 항상 오버라이딩한 Circle의 draw()가 호출된다.

오버라이딩된 메소드가 무조건 실행

어떤 경우이든 자바에서 오버라이딩된 메소드가 있다면 동적 바인딩을 통해 오버라이딩된 메소드가 무조건 실행된다.

오버라이딩과 super 키워드

super

앞 절에서 메소드가 오버라이딩되어 있는 경우, 동적 바인딩에 의해 항상 서브 클래스에 오버라이딩한 메소드가 호출됨을 설명하였다. 그러면 슈퍼 클래스의 메소드는 이제 더 이상 쓸모없게 된 것인가? 실행하는 방법은 없는가? 아니다. 다음과 같이 서브 클래스에서 super 키워드를 이용하면 정적 바인딩을 통해 슈퍼 클래스의 멤버에 접근할 수 있다.

```
super.슈퍼클래스의멤버
```

슈퍼 클래스에 대한 레퍼런스

super는 자바 컴파일러에 의해 지원되는 것으로 슈퍼 클래스에 대한 레퍼런스이다. super를 이용하면 슈퍼 클래스의 필드와 메소드 모두 접근 가능하다. [그림 5-24]는 super를 활용하는 사례를 보여준다. 특히 Circle 클래스의 다음 draw() 코드에 주목하라.

```
name = "Circle";        // Circle 클래스의 name에 "Circle" 기록
super.name = "Shape";   // Shape 클래스의 name에 "Shape" 기록
super.draw();           // Shape 클래스의 draw() 호출. 정적 바인딩
```

이 코드의 실행 결과 [그림 5-24]와 같이 2개의 name 필드에 각각 다른 문자열이 들어 있는 것을 볼 수 있다.

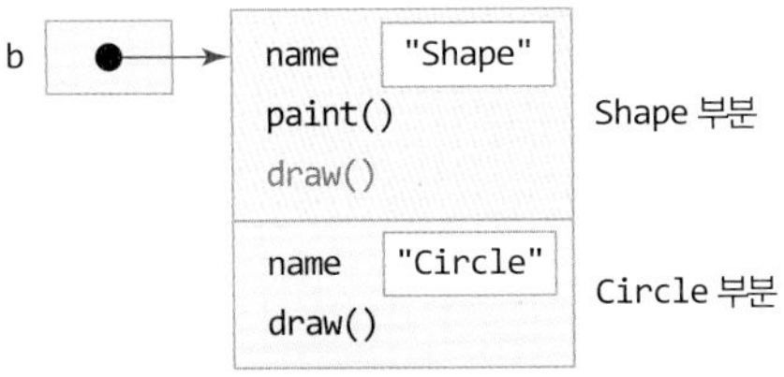


```
class Shape {
    protected String name;
    public void paint() {
        draw();
    }
    public void draw() {
        System.out.println(name);
    }
}
public class Circle extends Shape {
    protected String name;
    @Override
    public void draw() {
        name = "Circle";
        super.name = "Shape";
        super.draw();
        System.out.println(name);
    }
    public static void main(String [] args) {
        Shape b = new Circle();
        b.paint();
    }
}
```

정적 바인딩

실행 결과

```
Shape
Circle
```

[그림 5-24] super를 이용한 슈퍼 클래스 Shape의 멤버 접근

잠깐!

this, this(), super, super()의 사용에 대해서 잠깐 정리해보자. this와 super는 모두 레퍼런스로서 this로는 현재 객체의 모든 멤버를, super로는 현재 객체 내에 있는 슈퍼 클래스 멤버를 접근할 수 있다.

```
this.객체내의멤버
super.객체내의슈퍼클래스의멤버
```

그리고 super로 메소드를 호출하면 정적바인딩을 실행한다. 한편, this()와 super()는 모두 메소드 호출이며, this()는 생성자에서 다른 생성자를 호출할 때 사용하고, super()는 서브 클래스의 생성자에서 슈퍼 클래스의 생성자를 호출할 때 사용한다.

예제 5-6 메소드 오버라이딩

게임에서 무기를 표현하는 Weapon 클래스를 만들고 살상능력을 리턴하는 fire() 메소드를 작성하면 다음과 같다. fire()은 1을 리턴한다.

```
class Weapon {
   protected int fire() {
      return 1;  // 무기는 기본적으로 한 명만 살상
   }
}
```

대포를 구현하기 위해 Weapon을 상속받는 Cannon 클래스를 작성하라. Cannon은 살상능력이 10이다. fire() 메소드를 이에 맞게 오버라이딩하라. main()을 작성하여 오버라이딩을 테스트하라.

```
class Cannon extends Weapon {
   @Override
   protected int fire() { // 오버라이딩
      return 10; // 대포는 한 번에 10명을 살상
   }
}
public class Overriding {
   public static void main(String[] args) {
      Weapon weapon;
      weapon = new Weapon();
      System.out.println("기본 무기의 살상 능력은 " + weapon.fire());

      weapon = new Cannon();
      System.out.println("대포의 살상 능력은 " + weapon.fire());
   }
}
```

실행 결과

```
기본 무기의 살상 능력은 1
대포의 살상 능력은 10
```

오버로딩(overloading)과 오버라이딩(overriding)

오버로딩
오버라이딩

오버로딩과 오버라이딩은 자바에서 다형성을 이루는 방법들이다. 오버라이딩은 슈퍼 클래스의 메소드를 이름, 매개변수 타입과 개수, 리턴 타입을 모두 동일하게 서브 클래스에 재작성하는 경우이며, 오버로딩은 한 클래스나 상속 관계에 있는 클래스들 사이에 메소드의 이름은 같지만, 매개변수 타입이나 개수가 다르게 메소드를 작성하는

경우이다. 오버라이딩은 상속 관계에서만 성립되지만 오버로딩은 동일한 클래스 내 혹은 상속 관계 둘 다 가능하다. 이 둘의 차이점을 〈표 5-2〉에 정리하였다.

〈표 5-2〉

메소드 오버로딩과 메소드 오버라이딩

비교 요소	메소드 오버로딩	메소드 오버라이딩
선언	같은 클래스나 상속 관계에서 동일한 이름의 메소드 중복 작성	서브 클래스에서 슈퍼 클래스에 있는 메소드와 동일한 이름의 메소드 재작성
관계	동일한 클래스 내 혹은 상속 관계	상속 관계
목적	이름이 같은 여러 개의 메소드를 중복 작성하여 사용의 편리성 향상. 다형성 실현	슈퍼 클래스에 구현된 메소드를 무시하고 서브 클래스에서 새로운 기능의 메소드를 재정의하고자 함. 다형성 실현
조건	메소드 이름은 반드시 동일하고, 매개변수 타입이나 개수가 달라야 성립	메소드의 이름, 매개변수 타입과 개수, 리턴 타입이 모두 동일하여야 성립
바인딩	정적 바인딩. 호출될 메소드는 컴파일 시에 결정	동적 바인딩. 실행 시간에 오버라이딩된 메소드 찾아 호출

CHECK TIME

1 private 메소드는 오버라이딩할 수 있는가?

2 다음은 오버로딩인가, 오버라이딩인가, 컴파일 오류인가?

```
class A {
   void f(int x) { }
}
class B extends A {
   void f(char c) { }
}
```

3 다음 프로그램의 실행 결과 화면에 무엇이 출력되는가?

```
class SuperObject {
   public void paint() {
      draw();
   }
   public void draw() {
      draw();
      System.out.println("Super Object");
   }
}
class SubObject extends SuperObject {
```

CHECK TIME

```
    @Override
    public void paint() {
        super.draw();
    }
    @Override
    public void draw() {
        System.out.println("Sub Object");
    }
}
public class sample {
    public static void main(String [] args) {
        SuperObject b = new SubObject();
        b.paint();
    }
}
```

4 앞의 문제 3에서 main()을 다음과 같이 수정한다면 실행 결과 화면에 무엇이 출력되는가?

```
public static void main(String [] args) {
    SubObject b = new SubObject();
    b.paint();
}
```

5.7 추상 클래스

추상 클래스는 상속에서 슈퍼 클래스로 사용된다. 지금부터 추상 메소드와 추상 클래스에 대해 알아보자.

추상 메소드

추상 메소드
abstract 키워드

추상 메소드(abstract method)란 선언은 되어 있으나 코드가 구현되어 있지 않은, 즉 껍데기만 있는 메소드이다. 추상 메소드를 작성하려면 abstract 키워드와 함께 원형만 선언하고 코드는 작성하지 않는다. 다음은 추상 메소드를 선언한 예이다.

```
public abstract String getName();
public abstract void setName(String s);
```

다음은 코드가 작성되어 있기 때문에 추상 메소드가 될 수 없다.

오류
```
public abstract String fail() { return "Good Bye"; } // 컴파일 오류
```

추상 클래스 만들기

추상 클래스(abstract class)가 되는 경우는 다음 2가지로서, 모두 abstract 키워드로 선언해야 한다.

추상 클래스
abstract 키워드

- 추상 메소드를 포함하는 클래스

```
abstract class Shape  { // 추상 클래스 선언
    public Shape() { }
    public void paint() { draw(); }
    abstract public void draw(); // 추상 메소드 선언
}
```

- 추상 메소드가 없지만 abstract로 선언한 클래스

```
abstract class MyComponent { // 추상 클래스 선언
    String name;
    public void load(String name) {
        this.name = name;
    }
}
```

앞의 Shape과 MyComponent 모두 추상 클래스이다. Shape은 추상 메소드를 가진 추상 클래스이며, MyComponent는 추상 메소드 없는 추상 클래스이다.

추상 메소드를 가지고 있으면 반드시 추상 클래스로 선언되어야 한다. 다음은 추상 클래스로 선언되지 않는 잘못된 코드이다.

오류
```
class Fault { // 오류. 추상 클래스로 선언되지 않았음
    abstract public void f(); // 추상 메소드
}
```

추상 클래스는 객체를 생성할 수 없다

응용프로그램은 추상 클래스의 객체(인스턴스)를 생성할 수 없다. 추상 클래스는 본디 객체를 생성할 목적으로 만드는 클래스가 아니다. 추상 클래스에는 실행 코드가 없는 미완성 상태인 추상 메소드가 있을 수 있기 때문에, 다음과 같이 추상 클래스의 객체를 생성하는 코드에는 컴파일 오류가 발생한다.

```
public class AbstractError {
    public static void main(String [] args) {
        Shape shape;
오류    shape = new Shape(); // 컴파일 오류. 추상 클래스 Shape의 객체를 생성할 수 없다.
        ...
    }
}
```

이클립스에서 위의 코드를 컴파일하면 다음과 같은 오류가 발생한다.

```
Exception in thread "main" java.lang.Error: Unresolved compilation problem:
        Cannot instantiate the type Shape

        at chap5.AbstractError.main(AbstractError.java:4)
```

이 오류는 추상 클래스는 객체를 생성할 수 없다는 뜻이다. 앞의 코드를 자세히 보면 main()의 다음 코드에는 오류가 발생하지 않는다.

```
Shape shape; // 오류 아님
```

추상 클래스의 레퍼런스 변수를 선언하는 것은 오류가 아니다. 다음 절에서 추상 클래스에 대한 레퍼런스 변수를 어떻게 활용하는지 설명하겠다.

추상 클래스의 상속

추상 클래스 상속

추상 클래스를 단순히 상속받는 서브 클래스는 추상 클래스가 된다. 추상 클래스의 추상 메소드를 그대로 상속받기 때문이다. 그러므로 서브 클래스에 abstract를 붙여 추상 클래스임을 명시해야 컴파일 오류가 발생하지 않는다. 다음과 같이 추상 클래스 Shape을 상속받는 Line 클래스에서 추상 메소드인 draw()를 오버라이딩하지 않으면 자동으로 추상 클래스가 되므로, Line은 abstract 키워드를 사용하여 추상 클래스임을 명시해야 한다.

```
abstract class Shape  { // 추상 클래스
    public Shape() { }
    public void paint() { draw(); }
    abstract public void draw(); // 추상 메소드
}
abstract class Line extends Shape { // 추상 클래스. draw()를 상속받기 때문
    public String toString() { return "Line"; }
}
```

추상 클래스의 구현과 목적

추상 클래스 구현

추상 클래스의 구현이란, 슈퍼 클래스에 선언된 모든 추상 메소드를 서브 클래스에서 오버라이딩하여 실행 가능한 코드로 구현하는 것을 말한다. [그림 5-25]는 [그림 5-19]의 코드에서 Shape을 추상 클래스로 수정하고, draw()를 추상 메소드로 수정하였다. Shape을 추상 클래스로 바꾸어도 나머지 Line, Rect, Circle 클래스를 수정할 필요는 없다.

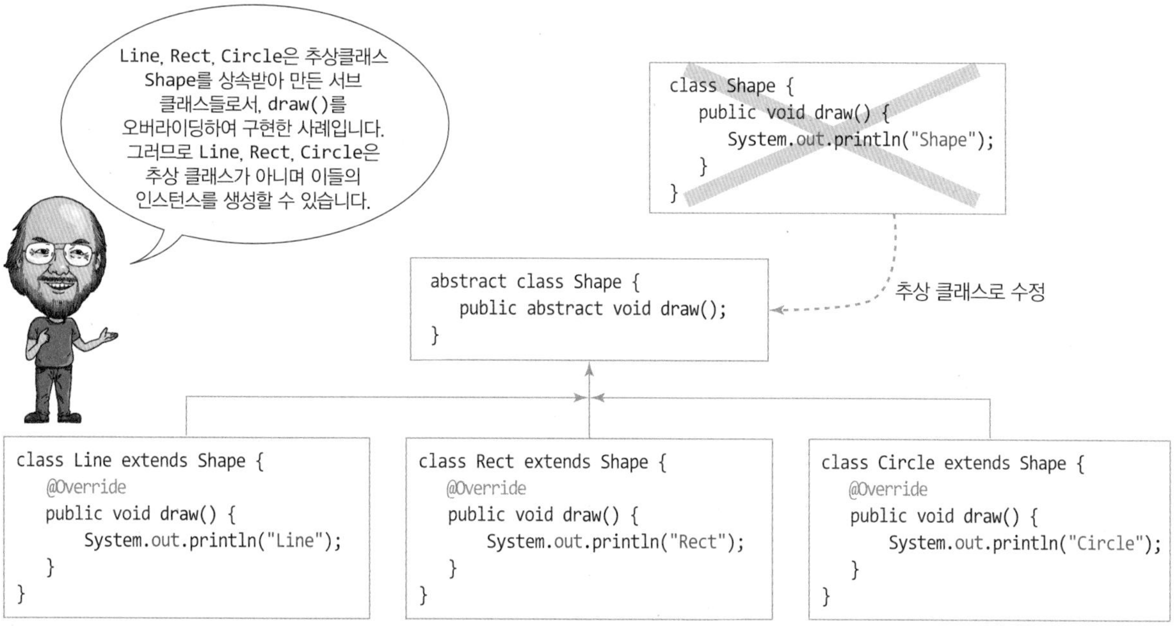

[그림 5-25] 추상 클래스 Shape을 상속받아 구현한 Line, Rect, Circle 클래스들

그러면 [그림 5-19]와 [그림 5-25] 중 어떤 것이 더 바람직할까? [그림 5-19]에서는 Shape 클래스의 draw() 메소드가 추상 메소드가 아니므로, Line, Rect, Circle 클래스에서 draw()를 오버라이딩하지 않아도 무관하다. 혹은 draw() 대신에 drow()라고 잘못 코딩하여도 컴파일 오류가 없다. 하지만, [그림 5-25]에서는 Shape의 draw() 메소

드가 추상 메소드이기 때문에 이를 상속받는 Line, Rect, Circle 클래스에서는 반드시 draw()를 오버라이딩을 해야만 한다. 오버라이딩하지 않거나 이름을 잘못 작성하여 drow()라고 한다면 컴파일 오류가 발생한다.

인터페이스
다형성

추상 클래스는 추상 메소드를 통해 서브 클래스가 구현할 메소드를 명료하게 알려주는 인터페이스의 역할을 하고, 서브 클래스는 추상 메소드를 목적에 맞게 구현하는 다형성을 실현할 수 있다.

추상 클래스의 용도

설계와 구현 분리
계층적 상속 관계

추상 클래스를 상속받은 서브 클래스는 개발자에 따라 다양하게 구현된다. 그러나 한 가지 분명한 것은 모든 개발자들이 서브 클래스에서 추상 클래스에 선언된 추상 메소드를 모두 구현해야 한다는 사실이다. 추상 클래스를 책의 목차에 비유하면, 서브 클래스는 목차에 따라 작성된 책과 같다. 책을 쓸 때도 목차를 잡아놓고 책을 쓰면 훨씬 쉽고 빠르며 방향이 흐트러지지 않는 것처럼 추상 클래스를 이용하면 응용프로그램의 설계와 구현을 분리할 수 있다. 추상 클래스로 기본 방향을 잡아놓고 서브 클래스에서 구현하면 구현 작업이 쉬워진다. 또한 추상 클래스는 계층적 상속 관계를 가지는 클래스들의 구조를 만들 때 적합하다.

예제 5-7 추상 클래스의 구현 연습

다음 추상 클래스 Calculator를 상속받은 GoodCalc 클래스를 구현하라.

```
abstract class Calculator {
   public abstract int add(int a, int b);          // 두 정수의 합을 구하여 리턴
   public abstract int subtract(int a, int b);  // 두 정수의 차를 구하여 리턴
   public abstract double average(int[] a);     // 배열에 저장된 정수의 평균 리턴
}
```

추상 클래스인 Calculator는 add(), subtract(), average() 메소드를 추상 메소드로 선언하였을 뿐 어떻게 구현할지는 지시하지 않는다. 어떤 인자가 전달되고 어떤 타입의 값이 리턴되는지만 지정할 뿐이다. 구현은 서브 클래스의 몫이다. 다음과 같은 답을 만들어보았다.

```
public class GoodCalc extends Calculator {
   @Override
   public int add(int a, int b) { // 추상 메소드 구현
      return a + b;
   }
   @Override
   public int subtract(int a, int b) { // 추상 메소드 구현
      return a - b;
   }
```

```java
    @Override
    public double average(int[] a) { // 추상 메소드 구현
        double sum = 0;
        for (int i = 0; i <a.length; i++)
            sum += a[i];
        return sum/a.length;
    }
    public static void main(String [] args) {
        GoodCalc c = new GoodCalc();
        System.out.println(c.add(2,3));
        System.out.println(c.subtract(2,3));
        System.out.println(c.average(new int [] { 2,3,4 }));
    }
}
```

실행 결과

```
5
-1
3.0
```

CHECK TIME

1 다음 코드에서 틀린 부분이 있으면 고쳐라.

(1)

```java
class A {
    void f();
}
```

(2)

```java
abstract class A {
    void f() {}
}
class B extends A { }
```

(3)

```java
abstract class A {
    void f() {}
}
public class B extends A {
    void f() {}
    public static void main(String [] args) {
        A a = new A();
        a.f();
        B b = new B();
        b.f();
    }
}
```

2 추상 클래스의 객체를 생성할 수 있는가?

5.8 인터페이스

인터페이스
규격

인터페이스(interface)는 RS-232 인터페이스, USB 인터페이스, SATA 인터페이스 하드디스크 등 컴퓨터 주변 장치에서 많이 사용하는 용어이다. 여기서 인터페이스는 서로 다른 하드웨어 장치들이 상호 데이터를 주고받을 수 있는 규격을 의미한다.

그러면 이런 규격이 왜 필요할까? 컴퓨터 메인 보드를 만드는 회사와 주변 장치를 만드는 회사 사이에는 약속이 필요하기 때문이다. 메인 보드와 주변 장치를 기계적으로 그리고 전기적으로 접속하는 규격과 데이터를 주고받는 규격을 정해놓고, 이것만 지킨다면 메인 보드를 누가 만들 건, 주변 장치를 누가 만들건 문제없이 결합될 수 있다. 인터페이스는 컴퓨터뿐만 아니라 규격화된 부품을 사용하여 조립하는 자동차 등, 주변에서 다양한 사례를 찾을 수 있다.

[그림 5-26]은 인터페이스의 필요성을 보여준다. 110V 전원 아울렛에 대한 규격, 즉 인터페이스가 정해져 있다. 그러므로 다양한 회사들이 이 규격에 맞추어 제품을 만들 수 있으며 A, B, C사의 제품처럼 규격에 맞기만 하면 전원 연결은 언제나 가능하다. 그러나 D사 제품처럼 규격에 맞지 않는 제품은 연결이 불가능하다.

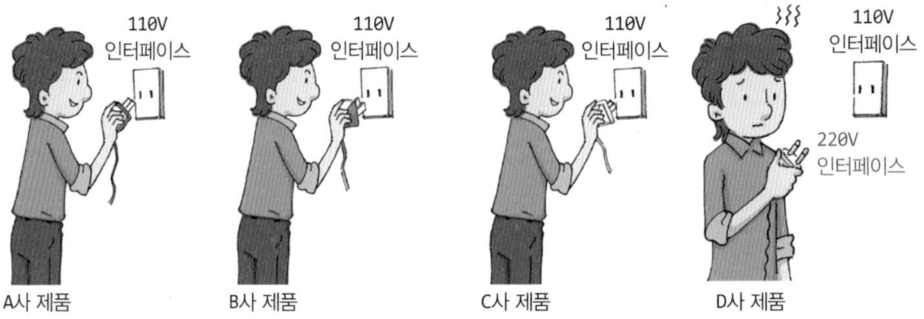

[그림 5-26] 인터페이스의 필요성

인터페이스의 개념은 소프트웨어에도 적용된다. 소프트웨어를 규격화된 모듈로 만들고, 서로 인터페이스가 맞는 모듈을 조립하듯이 응용프로그램을 작성할 수 있다.

자바의 인터페이스

자바의 인터페이스
interface 키워드

자바에도 인터페이스의 개념이 있다. 자바의 인터페이스는 interface 키워드를 사용하여 클래스를 선언하듯이 선언한다. 다음은 전화기의 규격을 묘사하는 PhoneInterface 인터페이스를 선언하는 예이다.

```
interface PhoneInterface { // 인터페이스 선언
    public static final int TIMEOUT = 10000; // 상수 필드. public static final 생략 가능
    public abstract void sendCall(); // 추상 메소드. public abstract 생략 가능
    public abstract void receiveCall();  // 추상 메소드. public abstract 생략 가능
    public default void printLogo() { // default 메소드. public 생략 가능
        System.out.println("** Phone **");
    }; // 디폴트 메소드
}
```

● 인터페이스 구성

Java 10이 출시된 지금 인터페이스는 다음 5종류의 멤버로 구성되며, 필드(멤버 변수)를 만들 수 없다.

- 상수와 추상 메소드(Java 7까지)
- default 메소드(Java 8부터)
- private 메소드(Java 9부터)
- static 메소드(Java 9부터)

필드(멤버 변수)를 만들 수 없다

추상 메소드는 public abstract로 정해져 있으며, 생략될 수 있고, 다른 접근 지정으로 지정될 수 없다. default, private, static 메소드들은 모두 인터페이스 내에 코드가 작성되어 있어야 한다. default 메소드의 접근 지정은 public으로 고정되어 있다. private 메소드는 인터페이스 내에서만 호출 가능하다. static 메소드의 경우 접근 지정이 생략되면 public이며, private으로 지정될 수 있다.

추상 메소드
default 메소드
private 메소드
static 메소드

● 인터페이스는 객체를 생성할 수 없다

인터페이스에 구현되지 않은 추상 메소드를 가질 수 있기 때문에 객체를 생성할 수 없다. 다음 문장은 오류이다.

오류
```
new PhoneInterface(); // 오류. 인터페이스 PhoneInterface 객체 생성 불가
```

● 인터페이스 타입의 레퍼런스 변수는 선언 가능하다

예를 들면 다음과 같다.

```
PhoneInterface galaxy; // galaxy는 인터페이스에 대한 레퍼런스 변수
```

● 인터페이스끼리 상속된다

인터페이스는 다른 인터페이스를 상속할 수 있다. 인터페이스 상속은 다음 절에서 다룬다.

● 인터페이스를 상속받아 클래스를 작성하면 인터페이스의 모든 추상 메소드를 구현하여야 한다

자바의 인터페이스는 상속받을 서브 클래스에게 구현할 메소드들의 원형을 모두 알려주어, 클래스가 스스로의 목적에 맞게 메소드를 구현하도록 하는 것이 목적이다.

인터페이스 구현

인터페이스 구현
implements

인터페이스 구현이란 implements 키워드를 사용하여 인터페이스의 모든 추상 메소드를 구현한 클래스를 작성하는 것을 말한다. 다음은 PhoneInterface를 구현한 SamsungPhone 클래스를 작성한 사례이다.

```
class SamsungPhone implements PhoneInterface { // 인터페이스 구현
    // PhoneInterface의 모든 추상 메소드 구현
    public void sendCall() { System.out.println("띠리리리링"); }
    public void receiveCall() { System.out.println("전화가 왔습니다."); }

    // 메소드 추가 작성
    public void flash() { System.out.println("전화기에 불이 켜졌습니다."); }
}
```

SamsungPhone 클래스에는 PhoneInterface 인터페이스의 모든 추상 메소드를 구현하고, flash() 메소드를 추가 작성하였으며, PhoneInterface에 이미 구현되어 있는 default 메소드 printLogo()는 그대로 물려받는다. 예제 5-8은 전체 코드와 활용 사례를 보여준다.

예제 5-8 인터페이스 구현

PhoneInterface 인터페이스를 구현하고 flash() 메소드를 추가한 SamsungPhone 클래스를 작성하라.

```
interface PhoneInterface {     // 인터페이스 선언
  final int TIMEOUT = 10000;   // 상수 필드 선언
  void sendCall();             // 추상 메소드
  void receiveCall();          // 추상 메소드
  default void printLogo() {   // default 메소드
    System.out.println("** Phone **");
```

```
	}
}

class SamsungPhone implements PhoneInterface { // 인터페이스 구현
	// PhoneInterface의 모든 추상 메소드 구현
	@Override
	public void sendCall() {
		System.out.println("띠리리리링");
	}
	@Override
	public void receiveCall() {
		System.out.println("전화가 왔습니다.");
	}

	// 메소드 추가 작성
	public void flash() { System.out.println("전화기에 불이 켜졌습니다."); }
}

public class InterfaceEx {
	public static void main(String[] args) {
		SamsungPhone phone = new SamsungPhone();
		phone.printLogo();
		phone.sendCall();
		phone.receiveCall();
		phone.flash();
	}
}
```

실행 결과

```
** Phone **
띠리리리링
전화가 왔습니다.
전화기에 불이 켜졌습니다.
```

인터페이스 상속

클래스는 인터페이스를 상속받을 수 없고, 인터페이스끼리만 상속이 가능하다. 상속을 통해 기존 인터페이스에 새로운 규격을 추가한 새로운 인터페이스를 만들 수 있으며, 인터페이스의 상속은 extends 키워드를 사용한다. 다음은 PhoneInterface 인터페이스 상속받아 MobilePhoneInterface 인터페이스를 작성한 사례이다.

인터페이스의 상속 extends

```
interface MobilePhoneInterface extends PhoneInterface {
    void sendSMS(); // 추상 메소드
    void receiveSMS(); // 추상 메소드
}
```

인터페이스의 다중 상속

이렇게 함으로써, MobilePhoneInterface 인터페이스는 TIMEOUT, sendCall(), receiveCall(), printLogo(), sendSMS(), receiveSMS()의 총 6개의 멤버를 가지게 된다. 자바는 인터페이스의 다중 상속을 허용하는데, 다음 MP3Interface 인터페이스가 있을 때,

```
interface MP3Interface {
    void play(); // 추상 메소드
    void stop(); // 추상 메소드
}
```

다음과 같이 다중 상속하여 인터페이스를 작성할 수 있다.

```
interface MusicPhoneInterface extends MobilePhoneInterface, MP3Interface { // 다중 상속
    void playMP3RingTone(); // 추상 메소드
}
```

MusicPhoneInterface은 MobilePhoneInterface와 MP3Interface 인터페이스를 모두 상속받고, playMP3RingTone()이라는 추상 메소드를 추가하여, 총 9개의 멤버를 가진 인터페이스가 된다.

인터페이스의 목적

인터페이스 목적
구현한 내용은 서로 다를 것
다형성

자바에서 인터페이스를 두는 진정한 목적은 무엇일까? **[그림 5-27]**과 앞의 모바일 전화기를 표현한 MobilePhoneInterface를 가지고 설명해보자. MobilePhoneInterface 인터페이스는 모바일 전화기가 가지고 있어야 하는 기능(메소드)을 명시하며, 삼성은 MobilePhoneInterface 인터페이스를 구현하여 SamsungPhone 클래스를 만들고, LG는 LGPhone 클래스를 만든다. SamsungPhone과 LGPhone 클래스는 모두 MobilePhoneInterface 인터페이스에 나열된 메소드와 동일한 이름의 메소드를 구현하겠지만, 삼성과 LG가 구현한 내용은 서로 다를 것이다. 인터페이스로 인한 다형성이 실현되는 것이다.

한편, 모바일 단말기의 응용 소프트웨어 개발자는 SamsungPhone과 LGPhone 클래스에는 MobilePhoneInterface 인터페이스의 메소드가 모두 구현되어 있을 것이므로, 이들 메소드를 호출하여 SamsungPhone과 LGPhone 클래스를 쉽게 제어할 수 있다. 간단히 말하면, 인터페이스는 스펙을 주어 클래스들이 그 기능을 서로 다르게 구현할 수 있도록 하는 클래스의 규격 선언이며, 클래스의 다형성을 실현하는 도구이다.

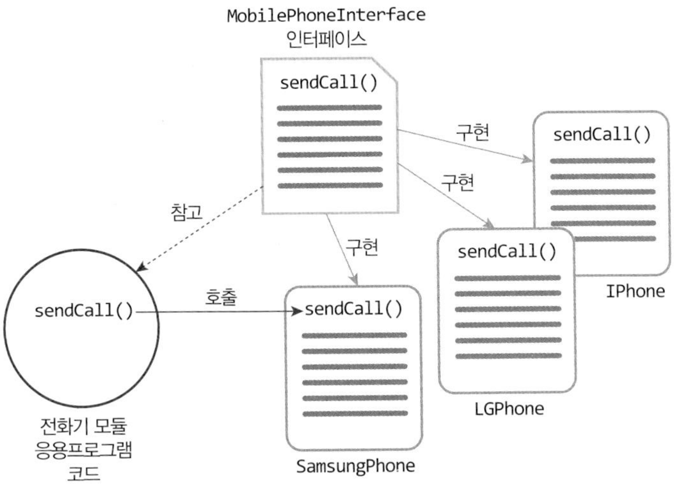

[그림 5-27] 인터페이스는 다형성을 실현하고 다른 코드와의 연결을 보장한다.

다중 인터페이스 구현

클래스는 하나 이상의 인터페이스를 구현할 수 있다. 이 경우 콤마로 각 인터페이스를 구분하여 나열하며, 각 인터페이스에 선언된 모든 추상 메소드를 구현하여야 한다. 그렇지 않으면 컴파일 오류가 발생한다. 다음은 AIInterface와 MobilePhoneInteface를 모두 구현한 AIPhone 클래스를 작성한 사례이다.

모든 추상 메소드 구현

```
interface AIInterface {
    void recognizeSpeech(); // 음성 인식
    void synthesizeSpeech(); // 음성 합성
}
class AIPhone implements MobilePhoneInterface, AIInterface { // 인터페이스 구현
    // MobilePhoneInterface의 모든 메소드를 구현한다.
    public void sendCall() { ... }
    public void receiveCall() { ... }
    public void sendSMS() { ... }
    public void receiveSMS() { ... }

    // AIInterface의 모든 메소드를 구현한다.
    public void recognizeSpeech() { ... } // 음성 인식
    public void synthesizeSpeech() { ... } // 음성 합성
    // 추가적으로 다른 메소드를 작성할 수 있다.
    public int touch() { ... }
}
```

클래스에서 인터페이스의 메소드를 구현할 때 public을 생략하면 오류 발생

클래스 상속과 함께 인터페이스 구현

클래스를 상속 받으면서 동시에 인터페이스를 구현할 수 있다. 예제 5-9에 그 사례를 보인다. 다중 상속, 다중 인터페이스 구현은 유용하나 자칫 너무 남용하면 클래스, 인터페이스 간의 관계가 너무 복잡해져 프로그램 전체 구조를 파악하기 어려울 수 있으므로 주의하는 것이 좋다.

예제 5-9 인터페이스를 구현하고 동시에 슈퍼 클래스를 상속받는 사례

```
interface PhoneInterface {    // 인터페이스 선언
   final int TIMEOUT = 10000; // 상수 필드 선언
   void sendCall();           // 추상 메소드
   void receiveCall();        // 추상 메소드
   default void printLogo() { // default 메소드
      System.out.println("** Phone **");
   }
}
interface MobilePhoneInterface extends PhoneInterface { // 인터페이스 상속
   void sendSMS();
   void receiveSMS();
}
interface MP3Interface { // 인터페이스 선언
   public void play();
   public void stop();
}
class PDA { // 클래스 작성
   public int calculate(int x, int y) {
      return x + y;
   }
}

// SmartPhone 클래스는 PDA를 상속받고,
// MobilePhoneInterface와 MP3Interface 인터페이스에 선언된 추상 메소드를 모두 구현한다.
class SmartPhone extends PDA implements MobilePhoneInterface, MP3Interface {
   // MobilePhoneInterface의 추상 메소드 구현
   @Override
   public void sendCall() {
      System.out.println("따르릉따르릉~~");
   }
   @Override
   public void receiveCall() {
      System.out.println("전화 왔어요.");
   }
```

```
    @Override
    public void sendSMS() {
        System.out.println("문자갑니다.");
    }
    @Override
    public void receiveSMS() {
        System.out.println("문자왔어요.");
    }

    // MP3Interface의 추상 메소드 구현
    @Override
    public void play() {
        System.out.println("음악 연주합니다.");
    }
    @Override
    public void stop() {
        System.out.println("음악 중단합니다.");
    }

    // 추가로 작성한 메소드
    public void schedule() {
        System.out.println("일정 관리합니다.");
    }
}

public class InterfaceEx {
    public static void main(String [] args) {
        SmartPhone phone = new SmartPhone();
        phone.printLogo();
        phone.sendCall();
        phone.play();
        System.out.println("3과 5를 더하면 " + phone.calculate(3,5));
        phone.schedule();
    }
}
```

실행 결과

```
** Phone **
따르릉따르릉~~
음악 연주합니다.
3과 5를 더하면 8
일정 관리합니다.
```

인터페이스와 추상 클래스 비교

슈퍼 클래스
다형성

인터페이스와 추상 클래스는 다음 점에서 유사하다.

- 객체를 생성할 수 없고, 상속을 위한 슈퍼 클래스로만 사용된다.
- 클래스의 다형성을 실현하기 위한 목적이다.

하지만 이 둘은 <표 5-4>와 같이 여러 면에서 다르다.

<표 5-4>
추상 클래스와 인터페이스의 차이

비교	목적	구성
추상 클래스	추상 클래스는 서브 클래스에서 필요로 하는 대부분의 기능을 구현하여 두고 서브 클래스가 상속받아 활용할 수 있도록 하되, 서브 클래스에서 구현할 수밖에 없는 기능만을 추상 메소드로 선언하여, 서브 클래스에서 구현하도록 하는 목적(다형성)	• 추상 메소드와 일반 메소드 모두 포함 • 상수, 변수 필드 모두 포함
인터페이스	인터페이스는 객체의 기능을 모두 공개한 표준화 문서와 같은 것으로, 개발자에게 인터페이스를 상속받는 클래스의 목적에 따라 인터페이스의 모든 추상 메소드를 만들도록 하는 목적(다형성)	• 변수 필드(멤버 변수)는 포함하지 않음 • 상수, 추상 메소드, 일반 메소드, default 메소드, static 메소드 모두 포함 • protected 접근 지정 선언 불가 • 다중 상속 지원

CHECK TIME

1 자바 인터페이스의 객체를 생성할 수 있는가?

2 인터페이스를 구현하여 클래스를 만들 때 사용되는 키워드는?

① implements ② extends ③ builds ④ makes

3 다음 인터페이스 선언에서 틀린 부분을 찾아라.

```
interface MouseDriver {
   final int BUTTONS = 3;
   int VERSION;
   void move();
   public int click();
   protected int out();
   static public void drag();
   default void drop() { System.out.println("drop"); }
}
```

요약

SUMMARY

- 자바에서 상속은 부모 클래스의 필드와 메소드를 자식 클래스에게 물려주는 것이다. 부모 클래스를 슈퍼 클래스, 자식 클래스를 서브 클래스라고 한다.
- 자바는 클래스의 다중 상속을 지원하지 않는다.
- 자바에서 상속의 선언은 `extends` 키워드를 사용한다.
- 서브 클래스의 객체에는 슈퍼 클래스의 필드와 메소드가 포함되어 있으나 슈퍼 클래스의 `private` 멤버는 서브 클래스에서 접근할 수 없다. 그리고 슈퍼 클래스의 `protected` 멤버는 패키지 소속과 상관없이 서브 클래스에서 접근이 가능하며 동일한 패키지 내의 클래스에서도 접근이 가능하다.
- 서브 클래스의 인스턴스가 생성되면 항상 서브 클래스의 생성자 한 개와 슈퍼 클래스의 생성자 한 개가 실행된다.
- 서브 클래스 객체는 슈퍼 클래스 타입으로 자동 타입 변환이 가능하며 이를 업캐스팅(`upcasting`)이라고 하며, 다시 원래의 타입으로 강제 타입 변환하는 것을 다운캐스팅(`downcasting`)이라고 한다.
- `instanceof` 연산자는 결과 값이 `boolean` 타입이며 객체가 어떤 클래스 타입인지 판별할 수 있다.
- 슈퍼 클래스에 정의된 메소드를 서브 클래스에서 재정의하는 것을 메소드 오버라이딩(`overriding`)이라고 한다.
- 서브 클래스에서 슈퍼 클래스의 메소드를 오버라이딩하게 되면 서브 클래스의 인스턴스는 동일한 이름의 메소드를 두 개 가지게 된다. 이때 오버라이딩된 서브 클래스의 메소드가 항상 실행된다.
- 호출된 메소드를 실행 시간에 찾아서 실행하는 것을 동적 바인딩이라고 부르며 오버라이딩된 메소드는 동적 바인딩 방식으로 호출되고 실행된다.
- 추상 메소드(`abstract method`)는 메소드의 프로토타입만 있고 실행 코드를 작성하지 않은 미완성의 메소드이다. 추상 메소드를 정의하려면 메소드 이름 앞에 `abstract`라고 선언하여야 한다.
- 추상 클래스(`abstract class`)는 `abstract` 키워드로 선언된 클래스이며 한 개 이상의 추상 메소드(`abstract`)를 포함하는 경우 반드시 추상 클래스로 선언하여야 한다. 그러나 추상 메소드를 하나도 가지고 있지 않은 경우라도 추상 클래스로 선언하는 것이 가능하다.
- 추상 클래스의 객체 혹은 인스턴스는 생성될 수 없다.
- 인터페이스(`interface`)는 일종의 추상 클래스로서 변수 멤버를 가지지 못한다.
- 인터페이스를 정의하기 위해 `interface`라는 키워드를 사용한다.
- 클래스가 인터페이스를 구현할 때 `implements` 키워드를 사용한다. 그리고 인터페이스에 정의된 모든 메소드를 구현하여야 한다.

Bear의 Fish 먹기 게임 만들기

Open Challenge

목적

추상 클래스 이해 및 상속 구현

이 게임에는 **Bear**와 **Fish** 객체가 등장하며, 이들은 **10**행 **20**열의 격자판에서 각각 정해진 규칙에 의해 움직인다. **Bear**는 사용자의 키에 의해 왼쪽(**a** 키), 아래(**s** 키), 위(**d** 키), 오른쪽(**f** 키)으로 한 칸씩 움직이고, **Fish**는 다섯 번 중 세 번은 제자리에 있고, 나머지 두 번은 **4**가지 방향 중 랜덤하게 한 칸씩 움직인다. 게임은 **Bear**가 **Fish**를 먹으면(**Fish**의 위치로 이동) 성공으로 끝난다. 다음은 각 객체의 이동을 정의하는 move()와 각 객체의 모양을 정의하는 **getShape()**을 추상 메소드로 가진 추상 클래스 **GameObject**이다. **GameObject**를 상속받아 **Bear**와 **Fish** 클래스를 작성하라. 그리고 전체적인 게임을 진행하는 **Game** 클래스와 main() 함수를 작성하고 프로그램을 완성하라. 난이도 7

```
public abstract class GameObject { // 추상 클래스
   protected int distance; // 한 번 이동 거리
   protected int x, y; // 현재 위치(화면 맵 상의 위치)
   public GameObject(int startX, int startY, int distance) { // 초기 위치와 이동 거리 설정
      this.x = startX;
      this.y = startY;
      this.distance = distance;
   }
   public int getX() { return x; }
   public int getY() { return y; }
   public boolean collide(GameObject p) { // 이 객체가 객체 p와 충돌했으면 true 리턴
      if(this.x == p.getX() && this.y == p.getY())
         return true;
      else
         return false;
   }
   protected abstract void move(); // 이동한 후의 새로운 위치로 x, y 변경
   protected abstract char getShape(); // 객체의 모양을 나타내는 문자 리턴
}
```

키가 입력될 때마다 **Bear**와 **Fish** 객체의 **move()**가 순서대로 호출된다. 게임이 진행되는 과정은 다음 그림과 같으며, 게임의 종료 조건에 일치하면 게임을 종료한다.

```
** Bear의 Fish 먹기 게임을 시작합니다.**
B-------------------
--------------------
--------------------
--------------------
--------------------          B : Bear
-----@--------------          @ : Fish
--------------------
--------------------
--------------------
--------------------
왼쪽(a), 아래(s), 위(d), 오른쪽(f) >> s  <Enter> 키
--------------------
B-------------------
--------------------
--------------------
--------------------
-----@--------------
--------------------
--------------------
--------------------
--------------------
왼쪽(a), 아래(s), 위(d), 오른쪽(f) >> s  <Enter> 키
--------------------
--------------------
B-------------------
--------------------
--------------------
-----@--------------
--------------------
--------------------
--------------------
--------------------
왼쪽(a), 아래(s), 위(d), 오른쪽(f) >> s  <Enter> 키
<------------------------------ 중간 과정 생략 -------------------------------->
--------------------
--------------------
--------------------
--------------------
--------------------
----B@--------------
--------------------
--------------------
--------------------
--------------------
왼쪽(a), 아래(s), 위(d), 오른쪽(f) >> f  <Enter> 키
--------------------
--------------------
--------------------
--------------------
--------------------
-----B--------------
--------------------
--------------------          Bear가 Fish
--------------------          먹었음
--------------------
Bear Wins!!
```

연습문제

EXERCISE

이론문제

• 홀수 문제는 정답이 공개됩니다.

1. 다음 클래스에 대해 물음에 답하라.

```
class A {
  private int a;
  public void set(int a) { this.a = a; }
}
class B extends A {
  protected int b, c;
}
class C extends B {
  public int d, e;
}
```

(1) A objA = new objA();에 의해 생성되는 객체 objA의 멤버들을 모두 나열하라.

(2) B objB = new objB();에 의해 생성되는 객체 objB의 멤버들을 모두 나열하라.

(3) C objC = new objC();에 의해 생성되는 객체 objC의 멤버들을 모두 나열하라.

(4) 클래스 D를 다음과 같이 작성하였을 때, 오류가 발생하는 라인을 모두 찾아라.

```
class D extends C {
  public void f() {
    a = 1;      // ①
    set(10);    // ②
    b = 20;     // ③
    d = 30;     // ④
  }
}
```

2. 자바의 모든 클래스가 반드시 상속받게 되어 있는 클래스는?

① Object ② Java ③ Class ④ Super

3. 상속을 이용하여 다음 클래스들을 간결한 구조로 재작성하라.

```
class SharpPencil { // 사프펜슬
  private int width; // 펜의 굵기
  private int amount; // 남은 량
  public int getAmount() { return amount; }
  public void setAmount(int amount) { this.amount = amount; }
}
class BallPen { // 볼펜
  private int amount; // 남은 량
  private String color; // 볼펜의 색
  public int getAmount() { return amount; }
  public void setAmount(int amount) { this.amount = amount; }
  public String getColor() { return color; }
  public void setColor(String color ) { this.color = color; }
}
class FountainPen  { // 만년필
  private int amount; // 남은 량
  private String color; // 만년필의 색
  public int getAmount() { return amount; }
  public void setAmount(int amount) { this.amount = amount; }
  public String getColor() { return color; }
  public void setColor(String color ) { this.color = color; }
  public void refill(int n) { amount = n; } // 남은 량 보충
}
```

4. 다음 중 설명에 적절한 단어를 기입하라.

자바에서 상속받는 클래스를 ________라고 부르며, _________ 키워드를 이용하여 상속을 선언한다. 상속받은 클래스에서 상속해준 클래스의 멤버를 접근할 때 ________ 키워드를 이용한다. 한편, 객체가 어떤 클래스의 타입인지 알아내기 위해서는 ________ 연산자를 이용하며, 인터페이스는 클래스와 달리 _________ 키워드를 이용하여 선언한다.

5. 상속에 관련된 접근 지정자에 대한 설명이다. 틀린 것은?

① 슈퍼 클래스의 private 멤버는 서브 클래스에서 접근할 수 없다.
② 슈퍼 클래스의 protected 멤버는 같은 패키지에 있는 서브 클래스에서만 접근할 수 있다.
③ 슈퍼 클래스의 public 멤버는 모든 다른 클래스에서 접근할 수 있다.
④ 슈퍼 클래스의 디폴트 멤버는 같은 패키지에 있는 모든 다른 클래스에서 접근 가능하다.

6. 다음 빈칸에 적절한 한 줄의 코드를 삽입하라.

```
class TV {
   private int size;
   public TV(int n) {size = n;}
}
class ColorTV _________ TV {
   private int colors;
   public ColorTV(int colors, int size) {
      _____________
      this.colors = colors;
   }
}
```

7. 상속에 있어 생성자에 대해 묻는 문제이다. 실행될 때 출력되는 내용은 무엇인가?

```
class A {
   public A() { System.out.println("A"); }
   public A(int x) { System.out.println("A:" + x); }
}
class B extends A {
   public B() { super(100); }
   public B(int x) { System.out.println("B:" + x); }
}
public class Example {
   public static void main(String[] args) {
      B b = new B(11);
   }
}
```

8. 다음 코드에서 생성자로 인한 오류를 찾아내어 이유를 설명하고 오류를 수정하라.

```
class A {
   private int a;
   protected A(int i) { a = i; }
}
class B extends A {
   private int b;
   public B() { b = 0; }
}
```

9. 다음 추상 클래스의 선언이나 사용이 잘못된 것을 있는 대로 가려내고 오류를 지적하라.

①
```
abstract class A {
     void f();
}
```

②
```
abstract class A {
  void f() { System.out.println("~"); }
}
```

③
```
abstract class B {
     abstract void f();
}
class C extends B {
}
```

④
```
abstract class B {
     abstract int f();
}
class C extends B {
   void f() { System.out.println("~"); }
}
```

10. 추상 클래스를 구현하는 문제이다. 실행 결과와 같이 출력되도록 클래스 B를 완성하라.

```
abstract class OddDetector {
   protected int n;
   public OddDetector (int n) {
      this.n = n;
   }
   public abstract boolean isOdd(); // 홀수이면 true 리턴
}
public class B extends OddDetector {
   public B(int n) {
      super(n);
   }
   public static void main(String [] args) {
      B b = new B(10);
      System.out.println(b.isOdd()); // B가 짝수이므로 false 출력
   }
}
```

```
false
```

11. 다음 상속 관계의 클래스들이 있다.

```
class A {
  int i;
}
class B extends A {
  int j;
}
class C extends B {
  int k;
}
class D extends B {
  int m;
}
```

(1) 다음 중 업캐스팅을 모두 골라라?

① A a = new A(); ② B b = new C(); ③ A a = new D(); ④ D d = new D();

(2) 다음 코드를 실행한 결과는?

```
A x = new D();
System.out.println(x instanceof B);
System.out.println(x instanceof C);
```

(3) 다음 코드를 실행한 결과는?

```
System.out.println(new D() instanceof Object);
System.out.println("Java" instanceof Object);
```

12. 동적 바인딩에 관한 문제이다. 다음 코드가 있을 때 질문에 답하라.

```
class Shape {
  public void draw() { System.out.println("Shape"); }
}
class Circle extends Shape {
  public void paint() {
    ____________________________
  }
  public void draw() { System.out.println("Circle"); }
}
```

(1) Shape s=new Circle(); s.draw()가 호출되면 출력되는 내용은?
(2) s.paint()가 호출되면 "Circle"이 출력되도록 빈 칸에 적절한 코드를 삽입하라.
(3) s.paint()가 호출되면 "Shape"이 출력되도록 빈 칸에 적절한 코드를 삽입하라.

13. 동적 바인딩에 대해 다음에 답하라.

```
abstract class Shape {
   public void paint() { draw(); }
   abstract public void draw();
}
abstract class Circle extends Shape {
   private int radius;
   public Circle(int radius) { this.radius = radius; }
   double getArea() { return 3.14*radius*radius; }
}
```

(1) 다음 중 오류가 발생하는 것을 있는 대로 골라라.
① Shape s; ② Shape s = new Shape();
③ Circle c; ④ Circle c = new Circle(10);

(2) 다음 코드의 실행 결과 "반지름=10"이 출력되도록 Circle 클래스를 수정하라.

```
Circle p = new Circle(10);
p.paint();
```

14. 다형성에 대한 설명 중 틀린 것은?
① 추상 메소드를 두는 이유는 상속 받는 클래스에서 다형성을 실현하도록 하기 위함이다.
② 인터페이스도 구현하는 클래스에서 다형성을 실현하도록 하기 위함이다.
③ 다형성은 서브클래스들이 수퍼 클래스의 동일한 메소드를 서로 다르게 오버라이딩 하여 이루어진다.
④ 자바에서 다형성은 모호한(ambiguous) 문제를 일으키므로 사용하지 않는 것이 바람직하다.

15. 다음 중 인터페이스의 특징이 아닌 것은?
① 인터페이스의 객체는 생성할 수 없다.
② 인터페이스는 클래스와 같이 멤버 변수(필드)의 선언이 가능하다.
③ 인터페이스의 추상 메소드는 자동으로 public이다.
④ 클래스에서 인터페이스를 구현할 때 implements 키워드를 이용하며, 모든 추상 메소드를 작성하여야 한다.

16. 빈칸을 적절히 채우고, 실행 예시와 같이 출력되도록 클래스 TV에 필요한 메소드를 추가 작성하라.

```
__________ Device {
   void on();
   void off();
}
public class TV ____________ Device {
   public static void main(String [] args) {
      TV myTV = new TV();
      myTV.on();
      myTV.watch();
      myTV.off();
   }
}
```

```
켜졌습니다.
방송중입니다.
종료합니다.
```

실습문제

• 홀수 문제는 정답이 공개됩니다.

[1~2] 다음 TV 클래스가 있다.

```
class TV {
   private int size;
   public TV(int size) { this.size = size; }
   protected int getSize() { return size; }
}
```

목적 super() 사용과 서브 클래스 만들기

1. 다음 main() 메소드와 실행 결과를 참고하여 TV를 상속받은 ColorTV 클래스를 작성하라. 난이도 3

```
public static void main(String [] args) {
   ColorTV myTV = new ColorTV(32, 1024);
   myTV.printProperty();
}
```

```
32인치 1024컬러
```

2. 다음 main() 메소드와 실행 결과를 참고하여 문제 1의 ColorTV를 상속받는 IPTV 클래스를 작성하라. 난이도 3

목적 서브 클래스 만들기

```
public static void main(String[] args) {
  IPTV iptv = new IPTV("192.1.1.2", 32, 2048); // "192.1.1.2" 주소에 32인치,
                                                     2048 컬러
  iptv.printProperty();
}
```

```
나의 IPTV는 192.1.1.2 주소의 32인치 2048컬러
```

[3~4] 다음은 단위를 변환하는 추상 클래스 Converter이다.

```
import java.util.Scanner;
abstract class Converter {
  abstract protected double convert(double src); // 추상 메소드
  abstract protected String getSrcString(); // 추상 메소드
  abstract protected String getDestString(); // 추상 메소드
  protected double ratio; // 비율

  public void run() {
    Scanner scanner = new Scanner(System.in);
    System.out.println(getSrcString() + "을 " + getDestString() + "로 바꿉니다.");
    System.out.print(getSrcString() + "을 입력하세요>> ");
    double val = scanner.nextDouble();
    double res = convert(val);
    System.out.println("변환 결과: " + res + getDestString() + "입니다");
    scanner.close();
  }
}
```

목적 추상 클래스를 상속받아 서브 클래스 만들기

3. Converter 클래스를 상속받아 원화를 달러로 변환하는 Won2Dollar 클래스를 작성하라. main() 메소드와 실행 결과는 다음과 같다. 난이도 4

```
public static void main(String args[]) {
   Won2Dollar toDollar = new Won2Dollar(1200); // 1달러는 1200원
   toDollar.run();
}
```

```
원을 달러로 바꿉니다.
원을 입력하세요>> 24000
변환 결과: 20.0달러입니다
```

목적 추상 클래스를 상속받아 서브 클래스 만들기

4. Converter 클래스를 상속받아 Km를 mile(마일)로 변환하는 Km2Mile 클래스를 작성하라. main() 메소드와 실행 결과는 다음과 같다. 난이도 4

```
public static void main(String args[]) {
   Km2Mile toMile = new Km2Mile(1.6); // 1마일은 1.6Km
   toMile.run();
}
```

```
Km을 mile로 바꿉니다.
Km을 입력하세요>> 30
변환 결과: 18.75mile입니다
```

[5~8] 다음은 2차원 상의 한 점을 표현하는 Point 클래스이다.

```
class Point {
   private int x, y;
   public Point(int x, int y) { this.x = x; this.y = y; }
   public int getX() { return x; }
   public int getY() { return y; }
   protected void move(int x, int y) { this.x = x; this.y = y; }
}
```

5. Point를 상속받아 색을 가진 점을 나타내는 ColorPoint 클래스를 작성하라. 다음 main() 메소드를 포함하고 실행 결과와 같이 출력되게 하라. 난이도 5

목적 서브 클래스의 생성자와 메소드 작성 연습

```
public static void main(String[] args) {
   ColorPoint cp = new ColorPoint(5, 5, "YELLOW");
   cp.setXY(10, 20);
   cp.setColor("RED");
   String str = cp.toString();
   System.out.println(str + "입니다.");
}
```

생성자, setXY(), setColor(), toString() 작성 필요

```
RED색의 (10,20)의 점입니다.
```

6. Point를 상속받아 색을 가진 점을 나타내는 ColorPoint 클래스를 작성하라. 다음 main() 메소드를 포함하고 실행 결과와 같이 출력되게 하라. 난이도 5

목적 서브 클래스의 생성자와 메소드 작성 연습

```
public static void main(String[] args) {
   ColorPoint zeroPoint = new ColorPoint(); // (0,0) 위치의 BLACK 색 점
   System.out.println(zeroPoint.toString() + "입니다.");

   ColorPoint cp = new ColorPoint(10, 10);  // (10,10) 위치의 BLACK 색 점
   cp.setXY(5, 5);
   cp.setColor("RED");
   System.out.println(cp.toString() + "입니다.");
}
```

```
BLACK색의 (0,0)의 점입니다.
RED색의 (5,5)의 점입니다.
```

7. Point를 상속받아 3차원의 점을 나타내는 Point3D 클래스를 작성하라. 다음 main() 메소드를 포함하고 실행 결과와 같이 출력되게 하라. 난이도 5

목적 서브 클래스에 필요한 생성자 및 메소드 작성 연습, super 활용

```
public static void main(String[] args) {
   Point3D p = new Point3D(1,2,3); // 1, 2, 3은 각각 x, y, z축의 값.
   System.out.println(p.toString() + "입니다.");

   p.moveUp(); // z 축으로 위쪽 이동
   System.out.println(p.toString() + "입니다.");
```

```
    p.moveDown(); // z 축으로 아래쪽 이동
    p.move(10, 10); // x, y 축으로 이동
    System.out.println(p.toString() + "입니다.");

    p.move(100, 200, 300); // x, y, z 축으로 이동
    System.out.println(p.toString() + "입니다.");
}
```

```
(1,2,3)의 점입니다.
(1,2,4)의 점입니다.
(10,10,3)의 점입니다.
(100,200,300)의 점입니다.
```

목적 서브 클래스 생성자 및 메소드 작성, super 활용

8. Point를 상속받아 양수의 공간에서만 점을 나타내는 PositivePoint 클래스를 작성하라. 다음 main() 메소드를 포함하고 실행 결과와 같이 출력되게 하라. 난이도 5

```
public static void main(String[] args) {
    PositivePoint p = new PositivePoint();
    p.move(10, 10);
    System.out.println(p.toString() + "입니다.");

    p.move(-5, 5); // 객체 p는 음수 공간으로 이동되지 않음
    System.out.println(p.toString() + "입니다.");

    PositivePoint p2 = new PositivePoint(-10, -10);
    System.out.println(p2.toString() + "입니다.");
}
```

```
(10,10)의 점입니다.
(10,10)의 점입니다.
(0,0)의 점입니다.
```

힌트 Point 클래스의 move()를 PositivePoint 클래스에서 오버라이딩하여 재작성하고 적절히 super.move()를 호출해야 한다. PositivePoint의 2 개의 생성자에서도 적절히 super() 생성자와 super.move()를 호출해야 한다.

9. 다음 Stack 인터페이스를 상속받아 실수를 저장하는 StringStack 클래스를 구현하라.

목적 인터페이스에 대한 이해 및 클래스 구현 활용

```
interface Stack {
   int length(); // 현재 스택에 저장된 개수 리턴
   int capacity(); // 스택의 전체 저장 가능한 개수 리턴
   String pop(); // 스택의 톱(top)에 실수 저장
   boolean push(String val); // 스택의 톱(top)에 저장된 실수 리턴
}
```

그리고 다음 실행 사례와 같이 작동하도록 StackApp 클래스에 main() 메소드를 작성하라. 난이도 6

```
총 스택 저장 공간의 크기 입력 >> 3
문자열 입력 >> hello
문자열 입력 >> sunny
문자열 입력 >> smile
문자열 입력 >> happy
스택이 꽉 차서 푸시 불가!
문자열 입력 >> 그만        "그만"을 입력하면 프로그램 종료
스택에 저장된 모든 문자열 팝 : smile sunny hello
```

10. 다음은 키와 값을 하나의 아이템으로 저장하고 검색 수정이 가능한 추상 클래스가 있다.

목적 추상 클래스의 구현과 활용 연습

```
abstract class PairMap {
   protected String keyArray []; // key 들을 저장하는 배열
   protected String valueArray []; // value 들을 저장하는 배열
   abstract String get(String key); // key 값을 가진 value 리턴. 없으면 null 리턴
   abstract void put(String key, String value); // key와 value를 쌍으로 저장. 기존에
                                                   key가 있으면, 값을 value로 수정
   abstract String delete(String key); // key 값을 가진 아이템(value와 함께) 삭제.
                                          삭제된 value 값 리턴
   abstract int length(); // 현재 저장된 아이템의 개수 리턴
}
```

PairMap을 상속받는 Dictionary 클래스를 구현하고, 이를 다음과 같이 활용하는 main() 메소드를 가진 클래스 DictionaryApp도 작성하라. 난이도 7

```
public static void main(String[] args) {
   Dictionary dic = new Dictionary(10);
   dic.put("황기태", "자바");
   dic.put("이재문", "파이선");
   dic.put("이재문", "C++"); // 이재문의 값을 C++로 수정
   System.out.println("이재문의 값은 " + dic.get("이재문"));   이재문 아이템 출력
   System.out.println("황기태의 값은 " + dic.get("황기태"));   황기태 아이템 출력
   dic.delete("황기태"); // 황기태 아이템 삭제
   System.out.println("황기태의 값은 " + dic.get("황기태")); // 삭제된 아이템 접근
}
```

```
이재문의 값은 C++
황기태의 값은 자바
황기태의 값은 null
```

목적 추상 클래스, 오버라이딩, 동적바인딩

11. 철수 학생은 다음 3개의 필드와 메소드를 가진 4개의 클래스 Add, Sub, Mul, Div를 작성하려고 한다(4장 실습문제 11 참고).

- int 타입의 a, b 필드: 2개의 피연산자
- void setValue(int a, int b): 피연산자 값을 객체 내에 저장한다.
- int calculate(): 클래스의 목적에 맞는 연산을 실행하고 결과를 리턴한다.

Add	Sub	Mul	Div
int a int b setValue() calculate()	int a int b setValue() calculate()	int a int b setValue() calculate()	int a int b setValue() calculate()

곰곰 생각해보니, Add, Sub, Mul, Div 클래스에 공통된 필드와 메소드가 존재하므로 새로운 추상 클래스 Calc를 작성하고 Calc를 상속받아 만들면 되겠다고 생각했다. 그리고 main() 메소드에서 다음 실행 사례와 같이 2개의 정수와 연산자를 입력받은 후, Add, Sub, Mul, Div 중에서 이 연산을 처리할 수 있는 객체를 생성하고 setValue()와 calculate()를 호출하여 그 결과 값을 화면에 출력하면 된다고 생각하였다. 철수처럼 프로그램을 작성하라. 난이도 5

```
두 정수와 연산자를 입력하시오>>5 7 +
12
```

12. 텍스트로 입출력하는 간단한 그래픽 편집기를 만들어보자. 본문 5.6절과 5.7절에서 사례로 든 추상 클래스 Shape과 Line, Rect, Circle 클래스 코드를 잘 완성하고 이를 활용하여 아래 시행 예시처럼 "삽입", "삭제", "모두 보기", "종료"의 4가지 그래픽 편집 기능을 가진 클래스 GraphicEditor을 작성하라. 난이도 7

목적 상속을 이용한 응용 만들기

```
그래픽 에디터 beauty을 실행합니다.
삽입(1), 삭제(2), 모두 보기(3), 종료(4)>>1
Line(1), Rect(2), Circle(3)>>2
삽입(1), 삭제(2), 모두 보기(3), 종료(4)>>1
Line(1), Rect(2), Circle(3)>>3
삽입(1), 삭제(2), 모두 보기(3), 종료(4)>>3
Rect
Circle
삽입(1), 삭제(2), 모두 보기(3), 종료(4)>>2
삭제할 도형의 위치>>3
삭제할 수 없습니다.
삽입(1), 삭제(2), 모두 보기(3), 종료(4)>>4
beauty을 종료합니다.
```

힌트 Hint

Shape을 추상 클래스로 작성한 사례는 다음과 같다.

```
public abstract class Shape {
   private Shape next;
   public Shape() { next = null; }
   public void setNext(Shape obj) { next = obj; } // 링크 연결
   public Shape getNext() { return next; }
   public abstract void draw(); // 추상 메소드
}
```

13. 다음은 도형의 구성을 묘사하는 인터페이스이다. 난이도 6

목적 인터페이스에 대한 이해와 클래스 구현

```
interface Shape {
   final double PI = 3.14;          // 상수
   void draw();                     // 도형을 그리는 추상 메소드
   double getArea();                // 도형의 면적을 리턴하는 추상 메소드
   default public void redraw() {  // 디폴트 메소드
      System.out.print("--- 다시 그립니다. ");
      draw();
   }
}
```

다음 main() 메소드와 실행 결과를 참고하여, 인터페이스 Shape을 구현한 클래스 Circle를 작성하고 전체 프로그램을 완성하라.

```
public static void main(String [] args) {
  Shape donut = new Circle(10); // 반지름이 10인 원 객체
  donut.redraw();
  System.out.println("면적은 " + donut.getArea());
}
```

```
--- 다시 그립니다. 반지름이 10인 원입니다.
면적은 314.0
```

목적 인터페이스에 대한 이해와 클래스 구현

14. 다음 main() 메소드와 실행 결과를 참고하여, 문제 13의 Shape 인터페이스를 구현한 클래스 Oval, Rect를 추가 작성하고 전체 프로그램을 완성하라. 난이도 7

```
static public void main(String [] args) {
   Shape [] list = new Shape[3];   // Shape을 상속받은 클래스 객체의 레퍼런스 배열
   list[0] = new Circle(10);       // 반지름이 10인 원 객체
   list[1] = new Oval(20, 30);     // 20x30 사각형에 내접하는 타원
   list[2] = new Rect(10, 40);     // 10x40 크기의 사각형

   for(int i=0; i<list.length; i++) list[i].redraw();
   for(int i=0; i<list.length; i++) System.out.println("면적은 " + list[i].getArea());
}
```

```
--- 다시 그립니다. 반지름이 10인 원입니다.
--- 다시 그립니다. 20x30에 내접하는 타원입니다.
--- 다시 그립니다. 10x40크기의 사각형 입니다.
면적은 314.0
면적은 1884.0000000000002
면적은 400.0
```

6 모듈과 패키지 개념, 자바 기본 패키지

Objectives

- 모듈의 개념을 안다.
- 패키지의 개념을 이해하고 필요성을 안다.
- 패키지를 만들고 활용할 수 있다.
- import와 클래스의 경로에 대해 이해한다.
- 자바 플랫폼의 모듈화를 이해한다.
- 모듈 기반의 실행 환경을 안다.
- JDK의 패키지 구조를 이해한다.
- JDK의 주요 패키지들을 안다.
- JDK의 주요 클래스를 활용해본다.
- Object 클래스를 이해한다.
- Integer, Double, Boolean 등의 Wrapper 클래스에 대해 이해한다.
- String 클래스를 이해하고 활용할 줄 안다.
- StringBuffer 클래스를 이해하고 활용할 줄 안다.
- StringTokenizer 클래스를 이해하고 활용할 줄 안다.
- Math 클래스를 이해하고 활용할 줄 안다.
- Calendar 클래스를 이해하고 활용할 줄 안다.

JAVA PROGRAMMING

모듈과 패키지 개념, 자바 기본 패키지

6.1 패키지(Package)

패키지의 개념과 필요성

패키지

패키지(package)의 개념과 필요성을 이해하기 위해 **[그림 6-1]**을 보자. 하나의 자바 응용프로그램을 개발하기 위해 3명의 개발자가 작업을 분담한다. 개발자 A는 FileIO 부분을, 개발자 B는 Graphic 부분을, 개발자 C는 사용자 인터페이스를 위한 UI 부분을 각각 개발한다.

[그림 6-1] 3명이 작업을 나누어 하나의 응용프로그램을 개발하는 경우

그런데 개발자 A와 C가 Tools라는 동일한 이름의 클래스를 작성하게 되는 경우, 3명이 작성한 클래스 파일을 모두 하나의 디렉터리에 합쳐 놓게 되면, Tools.class 파일이 중복되는 문제가 발생한다. 3명이 개발한 클래스 파일들을 합칠 때 어떻게 하면 좋을까?

파일 중복

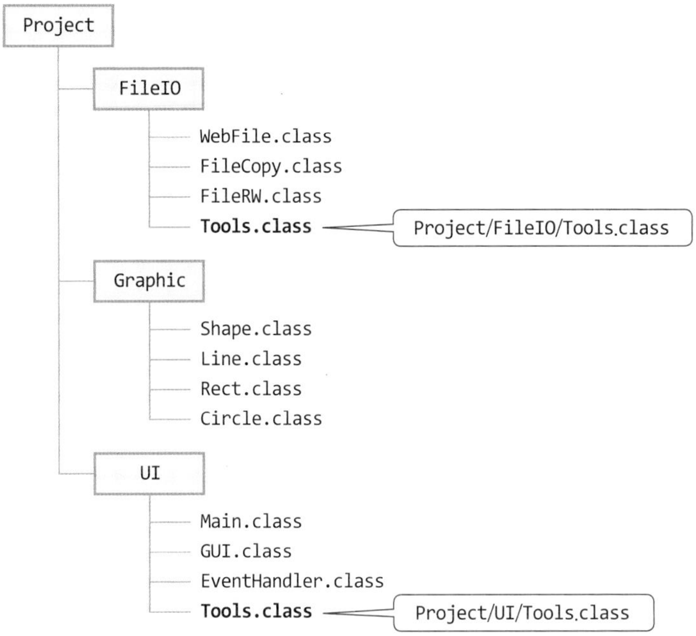

[그림 6-2] 3명이 개발한 클래스 파일들을 각각 다른 디렉터리(패키지)에 저장하여 관리

[그림 6-2]와 같이 FileIO, Graphic, UI 디렉터리를 만들고, 개발자마다 자신의 디렉터리에 저장한다면, Tools.class 파일의 경로명이 다음과 같이 서로 달라 다른 파일로 인식된다.

```
Project/FileIO/Tools.class
Project/UI/Tools.class
```

[그림 6-2]의 FileIO, Graphic, UI 디렉터리를 자바에서는 패키지(package)라고 부르고, Tools.class 파일의 경로명은 다음과 같이 점(.)을 찍어 표현한다.

패키지(package)
점(.)

```
Project.FileIO.Tools.class
Project.UI.Tools.class
```

그러므로 [그림 6-1]은 3개의 패키지를 가진 응용프로그램인 셈이다.

자바의 모듈과 패키지, 클래스 경로명

패키지

이제 자바의 모듈, 패키지, 그리고 클래스의 관계에 대해 구체적으로 알아보자. 자바에서 패키지(package)란 서로 관련 있는 클래스나 인터페이스의 컴파일된 클래스(.class) 파일들을 한 곳에 묶어 놓은 것이다. 그러므로 패키지는 디렉터리와 연관되는데, 하나의 패키지는 관련된 클래스 파일들이 들어 있는 디렉터리로 보면 된다.

모듈

자바 JDK는 개발자들에게 많은 클래스들을 패키지 형태로 제공하는데, JDK 9부터는 패키지들을 모듈(module)이라는 단위로 묶어, 100개에 가까운 모듈을 제공한다. 모듈은 JDK 설치 디렉터리 밑의 jmods 디렉터리에 .jmod 확장자를 가진 압축 파일 형태(ZIP 포맷)로 제공된다([그림 6-13] 참고).

모듈 중 가장 기본이 되면서 응용프로그램에 많이 사용되는 클래스들을 담고 있는 것이 java.base 모듈이다. [그림 6-3]은 java.base.jmod 파일로부터 java.base 모듈을 풀어 놓은 디렉터리를 보여준다. 모듈의 클래스들은 classes 디렉터리 밑에 패키지 형태로 들어 있는데, 그림에 보이는 io, lang, util 등의 디렉터리가 바로 패키지이다.

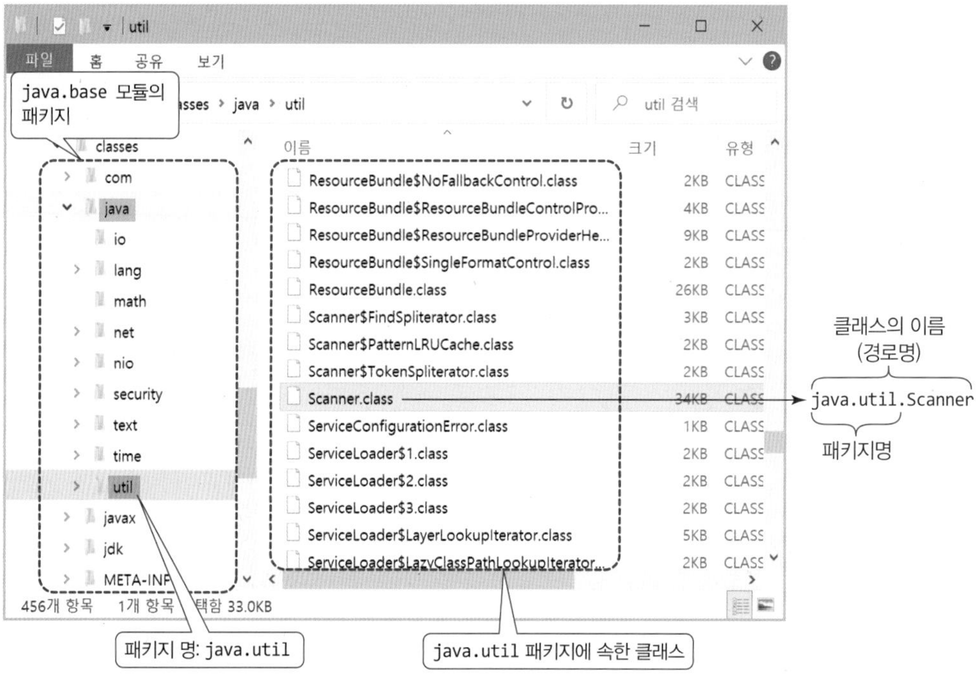

▲OpenJDK 17의 java.base 모듈에 속한 패키지들과 클래스들을 보여준다.

[그림 6-3] JDK의 java.base 모듈에 들어 있는 여러 패키지와, util 패키지에 들어 있는 클래스 리스트

클래스를 지칭할 때는 모듈명은 사용하지 않고, 패키지명을 포함하는 경로명으로 나타낸다. 예를 들면, **[그림 6-3]**의 Scanner 클래스의 경우 패키지와 클래스 이름 사이에 점(.)을 찍어 다음과 같이 표현한다.

```
java.util.Scanner
```

6.2 import와 클래스 경로

패키지 사용하기, import 문

응용프로그램에서 다른 패키지에 있는 클래스를 사용하고자 한다면 패키지명을 포함하는 경로명을 사용하여야 한다. 그것은 컴파일러로 하여금 클래스 파일의 위치를 정확히 찾을 수 있도록 하기 위해서이다. 다음은 JDK에 포함된 Scanner 클래스를 사용하는 코드 예이다.

```
public class ImportExample {
    public static void main(String[] args) {
        java.util.Scanner scanner = new java.util.Scanner(System.in);
        System.out.println(scanner.next());
    }
}
```

Scanner 클래스를 사용하기 위해서는, 완전 경로명인 java.util.Scanner를 사용한다. 만일 완전 경로명을 사용하지 않는다면 컴파일러가 Scanner 클래스가 어느 디렉터리(어느 패키지)에 있는지 찾을 수 없다. 그러나 Scanner를 사용하는 코드마다 java.util.Scanner의 긴 경로명을 사용하면 번거롭고 타이핑 실수도 많아진다.

import 문을 사용하면 이런 불편함을 해소할 수 있다. import 문은 다른 패키지의 클래스를 사용할 때, 컴파일러에게 그 클래스의 경로명을 알려주는 문으로 2가지 방법으로 사용할 수 있다.

import 문

첫째, 다음과 같이 클래스마다 경로명을 알려줄 수 있다.

```
import 패키지.클래스; // 클래스의 경로명을 컴파일러에게 알려주는 문
```

import 문은 반드시 소스 코드의 앞부분에 작성되어야 한다. 앞의 코드를 import 문을 사용하여 수정하면 다음과 같다.

```
import java.util.Scanner;
public class ImportExample {
    public static void main(String[] args) {
        Scanner scanner = new Scanner(System.in);
        System.out.println(scanner.next());
    }
}
```

import 문을 사용함으로써 코드가 간단명료해졌다.

둘째, 한 패키지에 있는 여러 클래스를 import 하고자 하는 경우, 다음과 같이 *를 사용하여 한 번에 선언할 수 있다.

```
import 패키지.*;
```

예를 들어 java.util 패키지에서 Scanner 클래스뿐만 아니라 다른 클래스도 사용한다고 하면 일일이 클래스마다 import 문으로 지정할 필요 없이 다음과 같이 작성하면 된다.

```
import java.util.*;
public class ImportExample {
    public static void main(String[] args) {
        Scanner scanner = new Scanner(System.in);
        System.out.println(scanner.next());
    }
}
```

6.3 패키지 만들기

패키지 선언

자바 소스 파일(.java)이 컴파일되어 생기는 클래스 파일(.class 파일)은 반드시 패키지에 소속되어야 한다. 클래스가 소속될 패키지 명은 다음과 같이 package 키워드를 이용하여 소스 파일의 첫 줄에 선언한다.

패키지 명
package 키워드
소스 파일의 첫 줄에 선언

```
package 패키지명;
```

예를 들어 Tools 클래스(Tools.class 파일)를 작성하여 UI 패키지(UI 디렉터리)에 저장하고자 하면 다음과 같이 하면 된다.

```
package UI; // Tools 클래스를 컴파일하여 UI 패키지에 저장할 것을 지시

public class Tools { // 이제 이 클래스의 경로명은 UI.Tools가 된다.
    .........
}
```

Tools.java 파일이 컴파일된 Tools.class 파일은 UI 디렉터리에 저장되며, Tools 클래스(Tools.class 파일)의 경로명은 다음과 같다.

```
UI.Tools
```

그러므로 다른 패키지에 있는 클래스에서 Tools 클래스를 사용하고자 하면, 다음 import 문이 필요하다.

```
import UI.Tools;
```

예를 들면, Tools 클래스를 사용하는 Line 클래스는 다음과 같이 작성한다.

```
package Graphic; // Line 클래스를 Graphic 패키지에 저장

import UI.Tools; // Tools 클래스의 경로명 알림
```

```
public class Line {
    public void draw() {
        Tools t = new Tools();
    }
}
```

이클립스로 쉽게 패키지 만들기

이클립스와 같은 자바 통합 개발 도구의 도움을 받으면 패키지를 쉽게 만들 수 있다. 이클립스를 이용하여 응용프로그램을 여러 패키지로 나누어 작성해보자. 설명을 위해 Calculator와 GoodCalc의 두 클래스를 가진 다음 소스 코드를 준비하였다.

```
abstract class Calculator {                        lib 패키지에
    public abstract int add(int a, int b);
    public abstract int subtract(int a, int b);
    public abstract double average(int[] a);
}

public class GoodCalc extends Calculator {         app 패키지에
    public int add(int a, int b) {
        return a + b;
    }
    public int subtract(int a, int b) {
        return a - b;
    }
    public double average(int[] a) {
        double sum = 0;
        for (int i = 0; i <a.length; i++)
            sum += a[i];
        return sum/a.length;
    }
    public static void main(String [] args) {
        Calculator c = new GoodCalc();
        System.out.println(c.add(2,3));
        System.out.println(c.subtract(2,3));
        System.out.println(c.average(new int [] { 2,3,4 }));
    }
}
```

먼저, PackageEx 이름의 프로젝트를 만들고 lib 패키지와 app 패키지를 생성한다. 그러고 나서 Calculator 클래스를 Calculator.java로, GoodCalc 클래스를 GoodCalc.java로 각각 작성하여 Calculator.class는 lib 패키지에, GoodCalc.class는 app 패키지에 저장한다. 이 과정을 하나씩 따라해 보자.

● 예제 프로젝트 만들기

[그림 6-4]와 같이 PackageEx 프로젝트를 만든다.

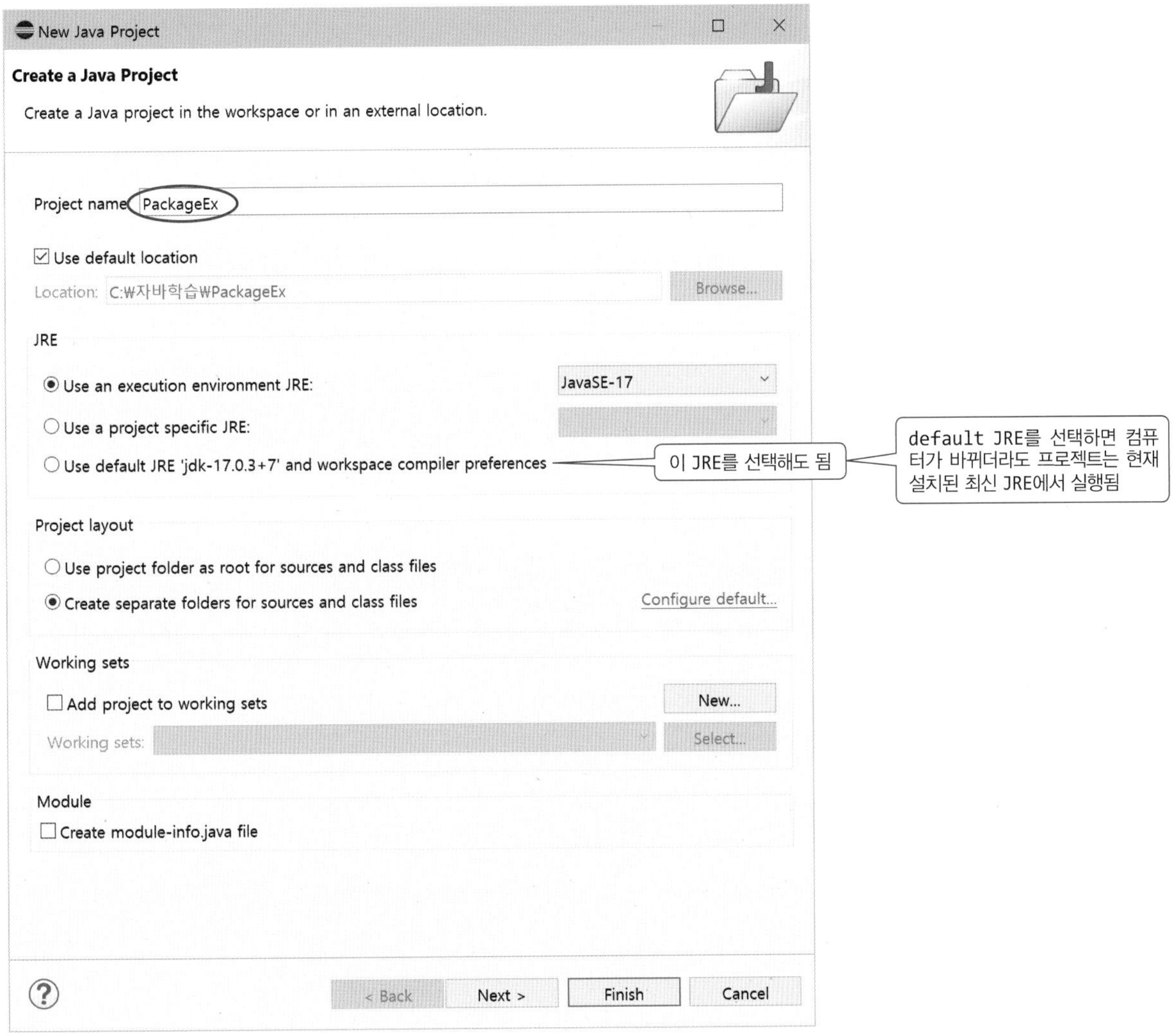

[그림 6-4] PackageEx 프로젝트 생성

● lib와 app 패키지 만들기

[그림 6-5]와 같이 File/New/Package 메뉴를 선택하여 lib와 app 패키지를 각각 만든다.

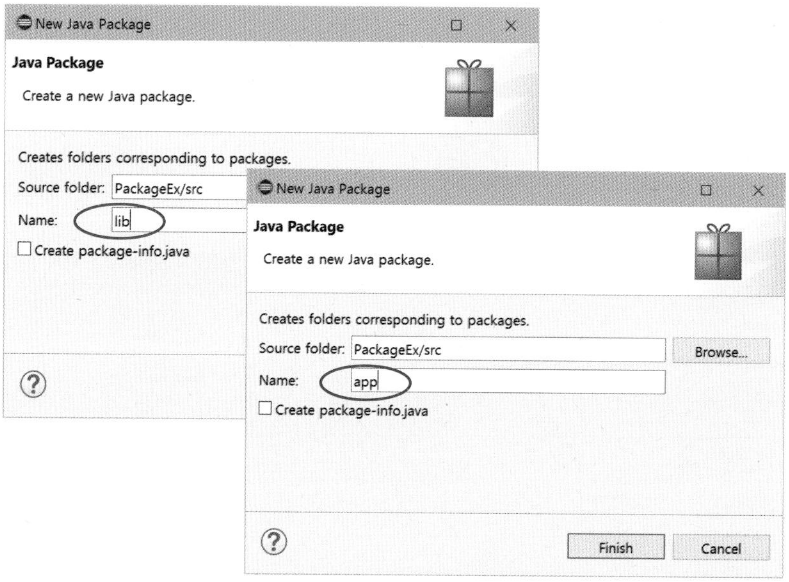

[그림 6-5] File/New/Package 메뉴로 lib와 app 패키지 생성

그 결과 [그림 6-6]과 같이 lib와 app 패키지가 생성된 것을 볼 수 있다.

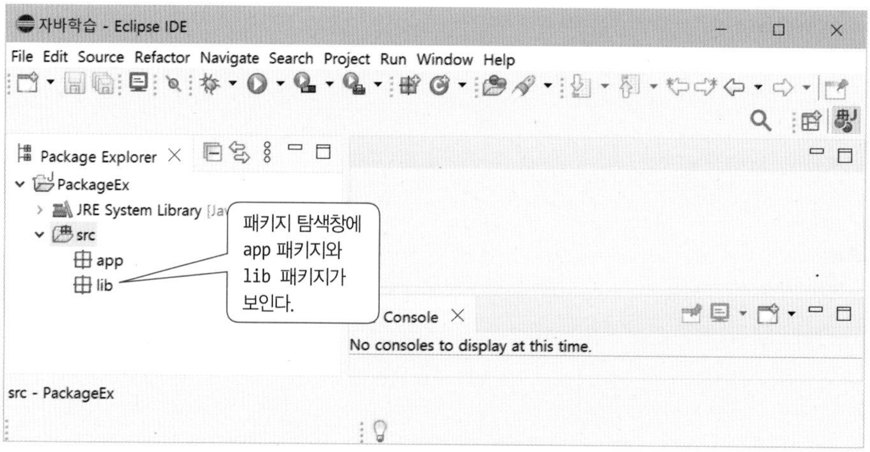

[그림 6-6] PackageEx 프로젝트에 lib와 app 패키지가 생성된 모습

● Calculator.java와 GoodCalc.java 작성

이제 Calculator.java와 GoodCalc.java를 작성해보자. 먼저 Calculator.java를 작성하기 위해 [그림 6-7]과 같이 File/New/Class 메뉴를 선택하고 패키지를 선택하기 위해 Package: 항목의 Browse 버튼을 선택하고 lib를 선택한다. 그러고 나서 클래스 이름 Calculator를 입력한다.

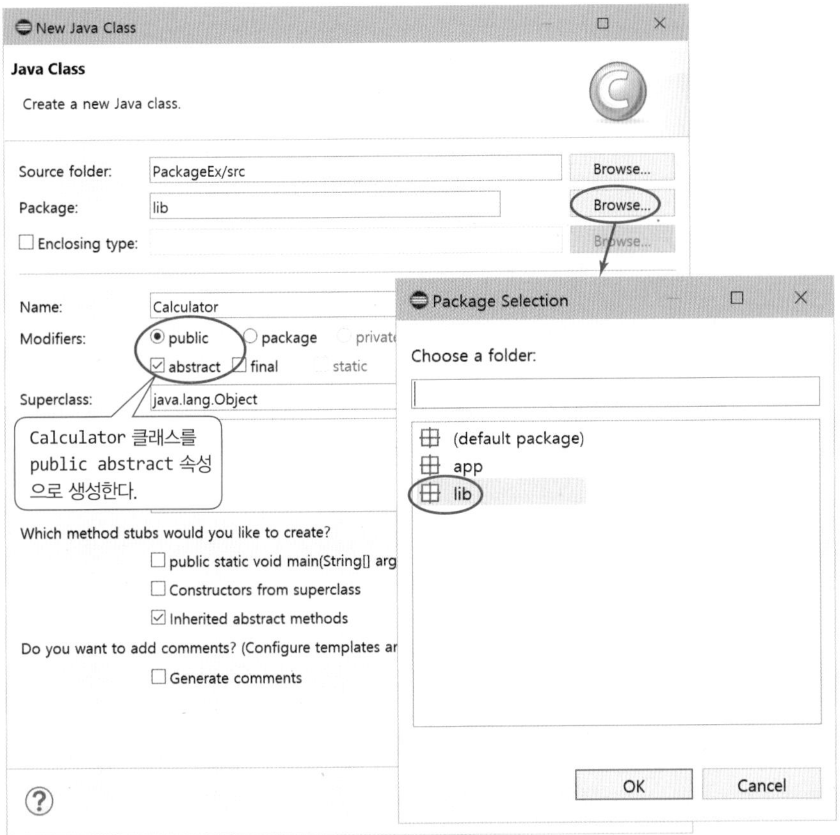

[그림 6-7] lib 패키지에 Calculator 클래스 만들기

자동으로 Calculator.java 파일이 생성되고, Calculator 클래스에는 다음과 같이 package lib; 문이 자동으로 추가되었다.

```
package lib;   // 주목: Calculator.java를 컴파일하여 Calculator.class를 lib 폴더에 저장하라는 지시

public abstract class Calculator {

}
```

이제 Calculator.java 파일을 수정하여 [그림 6-8]과 같이 완성한다. 한 가지 주의할 점으로, 다른 패키지에서 Calculator 클래스를 접근할 수 있도록, Calculator의 접근 지정자를 public으로 선언하는 점이다.

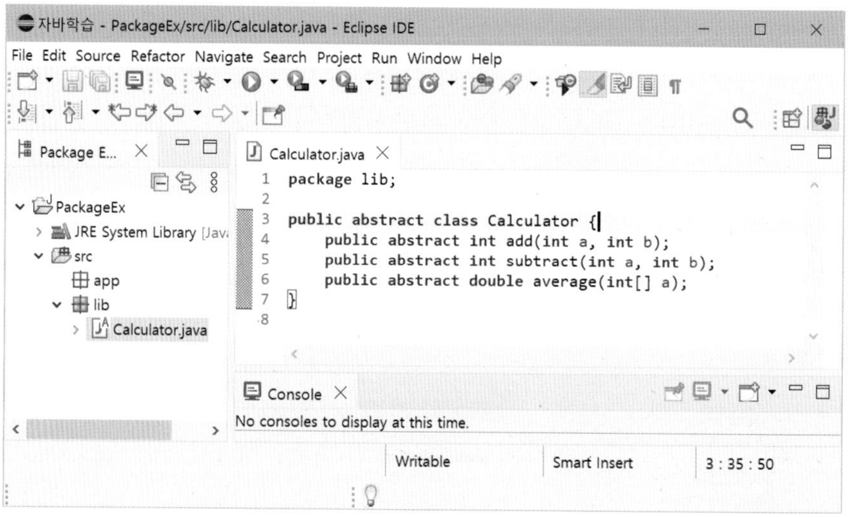

[그림 6-8] lib 패키지에 Calculator.java 작성

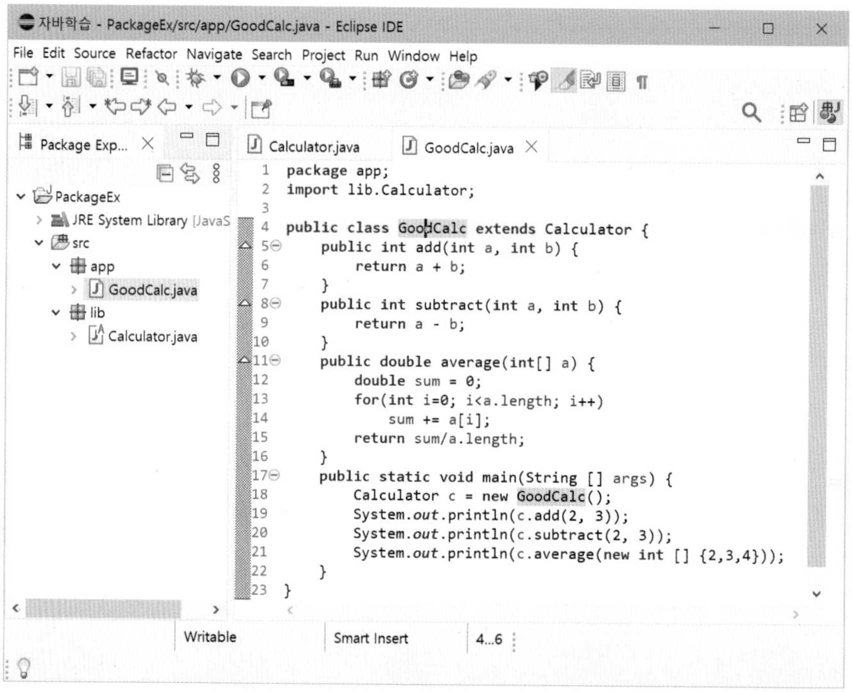

[그림 6-9] app 패키지에 GoodCalc.java 작성

같은 방법으로 app 패키지 밑에 [그림 6-9]와 같이 GoodCalc.java를 작성한다. 이때 소스의 서두에 다음 import 문장을 넣어야 함을 잊어서는 안 된다.

```
import lib.Calculator;
```

import 문장은 다른 패키지에 있는 클래스를 사용하고자 할 때, 컴파일러에게 패키지명을 포함하는 클래스명을 알려주는 문장으로, 이 import 문은 GoodCalc 클래스에서 사용하는 Calculator의 경로명이 lib.Calculator을 알려준다.

● 예제 응용프로그램 실행

마지막으로 PackageEx 응용프로그램을 실행해보자. [그림 6-10]과 같이 Run Configurations 메뉴를 실행하고 Main class에 app.GoodCalc를 입력하고 Run 버튼을 누른다. 실행 결과는 [그림 6-11]과 같이 이클립스의 콘솔 창에 출력된다.

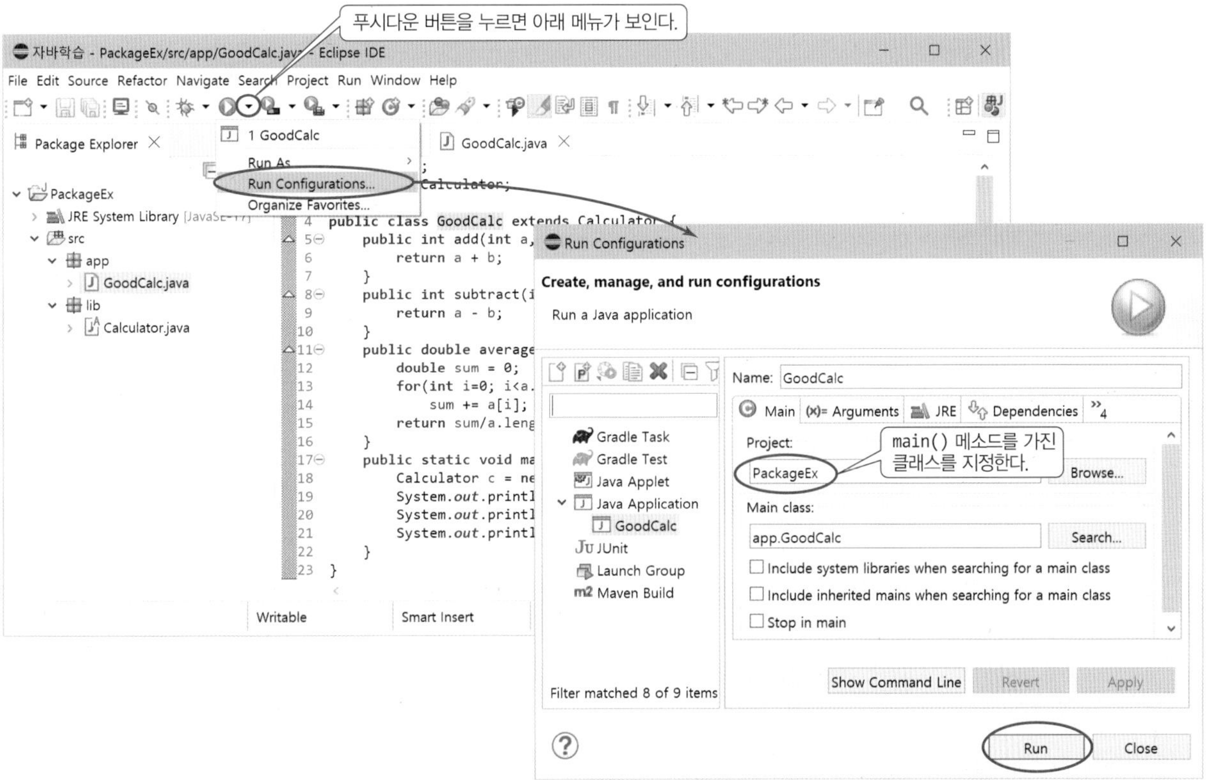

[그림 6-10] 실행을 위한 Run Configurations 만들기

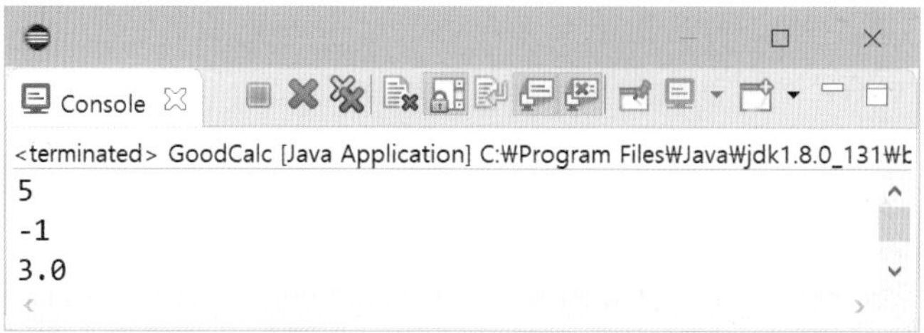

[그림 6-11] PackageEx 응용프로그램의 실행 결과

디폴트 패키지(default package)

디폴트 패키지
현재 디렉터리

5장까지의 예제에서는 클래스 작성 시 package 선언을 사용하지 않았다. 이런 경우 클래스는 어떤 패키지에 속하는 것일까? package 선언문을 사용하지 않고 자바 클래스나 인터페이스를 작성하면, 자바 컴파일러는 클래스나 인터페이스를 디폴트 패키지(default package)에 소속시킨다. 디폴트 패키지는 현재 디렉터리이다.

패키지의 특징

자바 패키지의 특징을 정리하여 나열해보자.

● 패키지 계층 구조

계층화

여행과 사진 찍기를 좋아하는 독자의 사진 파일이 500개 있다고 가정해보자. 500개의 사진을 일자별로 혹은 여행 장소별로 디렉터리를 만들어 저장하면 찾기도 편하고 관리하기도 쉽다. 마찬가지로 JDK 패키지 역시 디렉터리 계층 구조로 만들어진다. 독자들도 클래스 파일들을 분류하여 패키지 계층 구조로 만들면 좋을 것이다. 상속 관계에 있는 클래스나 인터페이스의 경우, 서브 클래스 파일을 슈퍼 클래스 파일이 저장된 패키지의 서브 디렉터리에 패키지를 만들어 저장하여 계층화시키면 더욱 관리하기 쉽다.

● 패키지별 접근 제한

접근 권한의 범위

디폴트(default) 접근 지정으로 선언된 클래스나 멤버는 동일 패키지 내의 클래스들이 자유롭게 접근하도록 허용한다. 패키지에 포함된 클래스들끼리는 자유롭게 접근하게 하고, 다른 패키지의 클래스들은 접근을 막음으로써 패키지를 접근 권한의 범위로도 이용할 수 있다.

클래스 파일들을 분류하여 디렉터리를 만들어 관리하면 좋겠다.

● 동일한 이름의 클래스를 다른 패키지에 작성 가능

같은 패키지 내에서는 동일한 이름을 가진 클래스나 인터페이스가 존재할 수 없다. 그러나 다른 패키지에서는 가능하다. 클래스 이름은 패키지명을 포함한 전체 경로명을 사용하기 때문이다. 이것은 파일 시스템이 같은 이름을 가진 파일이 다른 디렉터리에 있으면 서로 다른 파일로 인지하는 것과 같다.

● 소프트웨어의 높은 재사용성

클래스와 인터페이스를 잘 분류하여 패키지로 관리하면, 나중에 같거나 유사한 기능을 수행하는 클래스나 인터페이스는 재작성할 필요 없이 프로그램에 포함하여 쉽게 사용할 수 있다. 큰 규모의 프로젝트 수행 시 큰 도움이 되며, 소프트웨어 회사에서 이러한 패키지들은 큰 자산이다.

CHECK TIME

1 Cost 클래스를 Book 패키지에 속하게 하고자 한다. 빈 칸에 적절한 코드를 삽입하라.

```
____________________
public class Cost {
   public int sum(int a, int b) { return a + b; }
}
```

2 다음 UsingCost 클래스는 Using 패키지에 속하며, 문제 1에서 작성한 Cost 클래스를 사용한다. 다음 코드의 빈칸을 채워라.

```
_______________
_______________
public class UsingCost {
   public static void main(String[] args) {
      Cost c = new Cost(); // 문제 1에서 만든 Cost 클래스
      System.out.println(c.sum(1, 2));
   }
}
```

6.4 모듈 개념

모듈

모듈
패키지들을 담는 컨테이너

모듈(module)은 Java 9에서 처음 도입된 개념으로, 패키지(package)는 서로 관련 있는 클래스나 인터페이스의 컴파일된 클래스(.class) 파일들을 한 곳에 담는 컨테이너이고, 모듈은 패키지들을 담는 컨테이너로 모듈 파일(.jmod)로 저장한다.

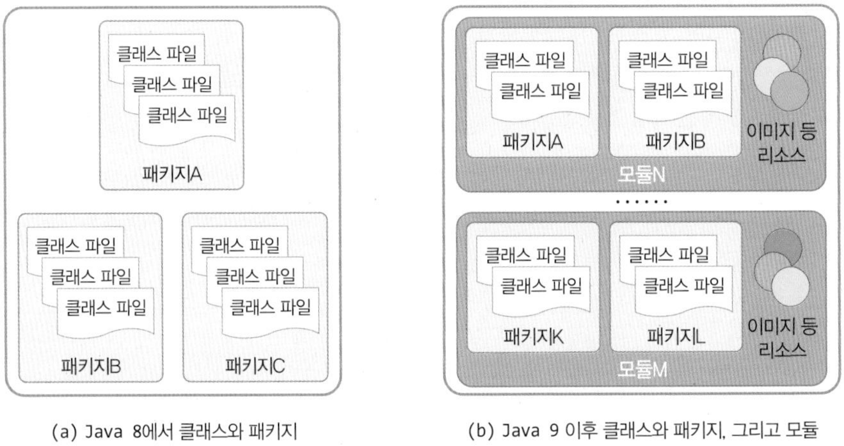

[그림 6-12] 모듈과 패키지 개념

자바 플랫폼의 모듈화

Java 9
jmods 디렉터리

오라클은 Java 9의 도입과 함께 자바 플랫폼 전체를 모듈화하였다. 자바 플랫폼이란 자바 프로그램의 개발 환경과 실행 환경을 함께 지칭하는 것으로, JDK/JRE 형태로 자바 개발자에게 제공된다. 오라클은 자바 API(사용자에게 제공하는 많은 클래스 라이브러리)를 모듈화하여, 패키지의 계층 구조로만 되어 있든 클래스들을 수십 개의 작은 모듈들로 재구성하였다. 모듈들은 개발자가 다운받은 JDK 안의 jmods 디렉터리에 들어 있다. [그림 6-13]은 Microsoft 사의 OpenJDK 17의 jmods 디렉터리 안에 들어 있는 모듈들을 보여준다.

java.base 모듈

모듈들 중에서 꼭 필요한 기본 모듈이 java.base 모듈이며 java.base.jmod 파일에 들어 있다. 이 모듈에는 자바 응용프로그램에서 가장 많이 사용되는 패키지와 클래스들이 들어 있다. .jmod 파일은 ZIP 포맷으로 압축된 것으로 JDK의 bin 디렉터리에 있는 jmod 프로그램을 이용하여 풀 수 있다. 명령창에서 풀어 놓고자 하는 디렉터리로 이동한 후 다음 명령을 입력하면 java.base 모듈이 현재 디렉터리에 풀린다.

```
jmod extract "C:\Program Files\Microsoft\jdk-17.0.3+7\jmods\java.base.jmod"
```

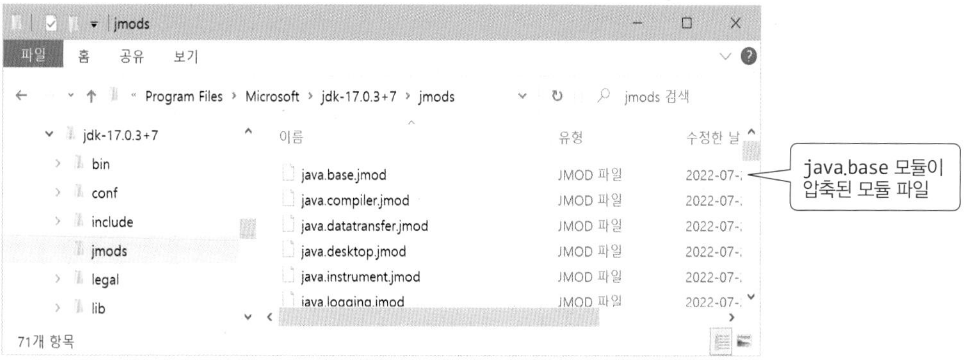

[그림 6-13] Microsoft에서 제공하는 OpenJDK 17의 모듈들

java.base 모듈

[그림 6-14]는 java.base.jmod를 푼 결과 java.base 모듈에 담겨 있는 패키지와 클래스들, 그리고 나머지 정보들을 보여준다. 모듈 내 classes 디렉터리에 com, java, javax 디렉터리가 있고 그 아래에는 패키지들이 있다. 그림에 보이는 io, lang, math, util 등은 모두 패키지들이며, 패키지의 이름은 디렉터리 경로명을 붙여 다음과 같이 부른다.

java.io 패키지, java.lang 패키지, java.math 패키지, java.util 패키지

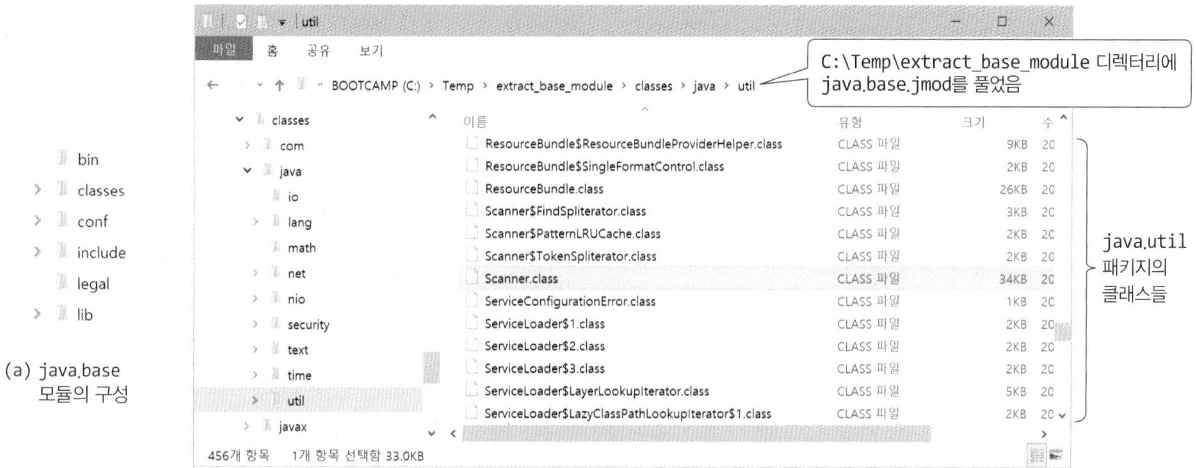

(a) java.base 모듈의 구성

(b) 모듈 내 classes 디렉터리에 담겨 있는 패키지들과 클래스들

[그림 6-14] java.base 모듈 내 클래스들 목록(java.base.jmod 파일을 풀었음)

모듈 기반의 자바 실행 환경

자바 실행 환경
자바 API 클래스
자바 가상 기계

자바 실행 환경(java run time environment)이란 자바 응용프로그램이 실행되는데 필요한 제반 환경으로서, 응용프로그램이 실행 중에 사용하는 자바 API 클래스와 자바 가상 기계(JVM) 등으로 이루어진다.

Java 9 이전까지 자바 API의 모든 클래스들은 rt.jar라는 하나의 단일체(monolithic)로 구성되었고, 자바 가상 기계는 응용프로그램 실행 도중, 필요한 클래스 파일을 rt.jar에서 풀어 메모리에 로딩하고 실행하였다. 자바 응용프로그램이 일부 클래스만 사용하더라도 rt.jar 전체가 설치되는 구조였다.

rt.jar
커스텀 JRE

Java 9에서는 rt.jar를 버렸다. 대신, 자바 API를 많은 수의 모듈로 분할하여, 자바 응용프로그램을 컴파일할 때 실행에 필요한 모듈들만으로 조립하여 구성하도록 하였다. [그림 6-15]는 Java 9 이전과 이후에 자바 응용프로그램의 실행 환경을 대비하여 보여준다. Java 9 이상에서는 [그림 6-15](b)와 같이 modules(109MB 정도 크기)라는 비공개 파일을 가지고, JVM이 자바 응용프로그램을 실행할 때, 여기서 필요한 모듈을 끌어내어 실행 환경을 만든다. [그림 6-15](c)는 자바 응용프로그램을 컴파일한 후, JDK에 있는 jlink 프로그램을 이용하여, 실행에 필요한 모듈만을 묶어 커스텀 modules 파일을 만든 사례이다(커스텀 JRE). 저자가 실험해본 결과 디스크 사용량과 실행 시간 메모리가 30% 정도 감소하였다(홈페이지에 jlink 사용법과 코드 제공). 이것이 모듈의 장점이다.

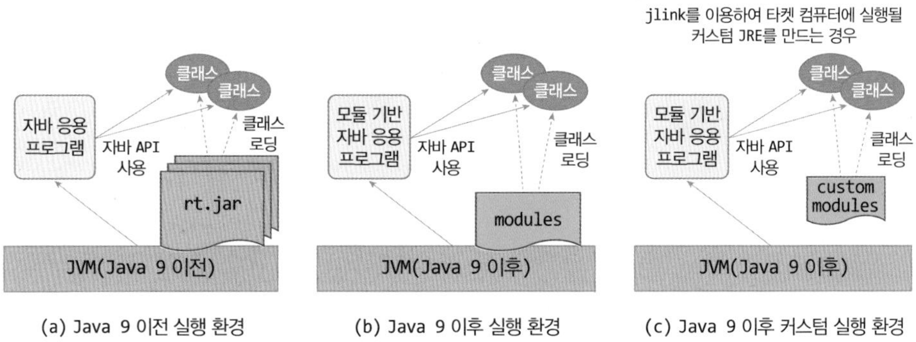

[그림 6-15] 자바 실행 환경

자바 모듈화의 목적

소형 IoT 장치

자바 모듈화는 여러 목적이 있지만, 자바 컴포넌트들을 필요에 따라 조립하여 사용하기 위함이다. 세밀한 모듈화를 통해, 필요 없는 모듈이 로드되지 않게 하여, 컴퓨터 시스템에 불필요한 부담을 줄인다. 특히 하드웨어가 열악한 소형 IoT 장치에서도 자바 응용프로그램이 실행되고 성능을 유지하게 한다.

6.5 자바 JDK에서 제공하는 패키지

JDK
모듈
자바 API

자바를 설치하면 자바 개발 도구인 JDK(Java Development Kit)가 설치되며 이곳에는 개발자들이 사용할 수 있는 많은 클래스들이 패키지에 담기고 다시 모듈에 담겨 제공된다. 자바에서 제공하는 이 기본 클래스들을 자바 API라고 한다.

JDK의 표준 패키지
jmods

지금까지 화면에 문자열을 출력하기 위해 사용하였던 System.out.println()에서 System은 JDK의 java.lang 패키지에 속한 클래스이다. 이러한 자바 API가 없다면 개발자가 화면 출력, 키 입력, 네트워킹 등 모든 기능을 직접 구현해야 한다. JDK의 표준 패키지는 모듈로 나누어져 JDK를 설치한 디렉터리 밑의 jmods 디렉터리에 담겨 있는데 [그림 6-13]을 참고하기 바란다.

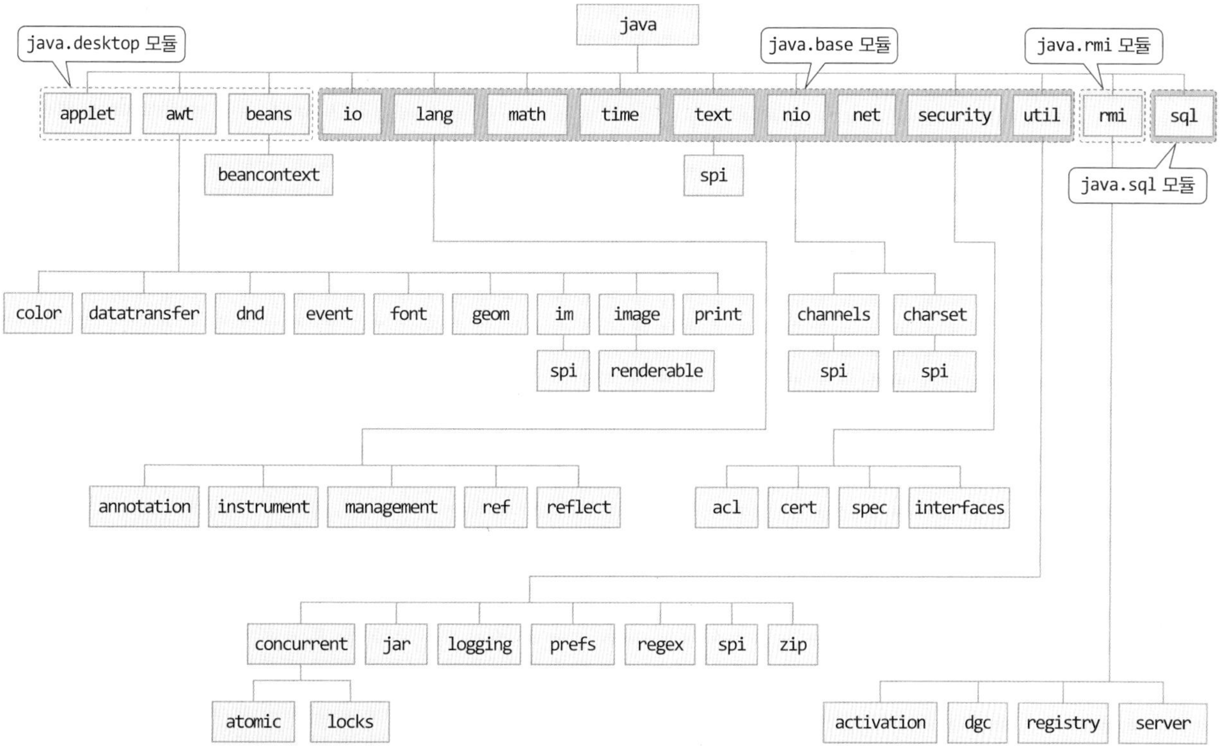

[그림 6-16] JDK 표준 패키지 계층 구조

주요 패키지

JDK 패키지 중에서 비교적 많이 사용되는 패키지를 간단히 소개한다.

● java.lang

자동 임포트

이 패키지에는 System을 비롯하여 문자열, 수학 함수, 입출력 등과 같이 자바 프로그래밍에 필요한 기본적인 클래스와 인터페이스를 제공한다. 이 패키지의 클래스들은 특별히 import 문을 사용하지 않아도 자동으로 임포트된다.

● java.util

날짜, 시간, 벡터, 해시맵 등 다양한 유틸리티 클래스와 인터페이스를 제공한다.

● java.io

키보드, 모니터, 프린터, 파일 등에 입출력 하는 클래스와 인터페이스를 제공한다.

● java.awt와 javax.swing

자바 AWT(Abstract Windowing Toolkit)와 swing 패키지로서 GUI 프로그래밍에 필요한 클래스와 인터페이스를 제공한다.

자바 API 참조

자바 API에 대한 자세한 정보는 [그림 6-17]과 같이 버전에 따라 Oracle Technology Network(https://docs.oracle.com/en/java/javase/17/docs/api/index.html)에서 온라인으로 얻을 수 있다.

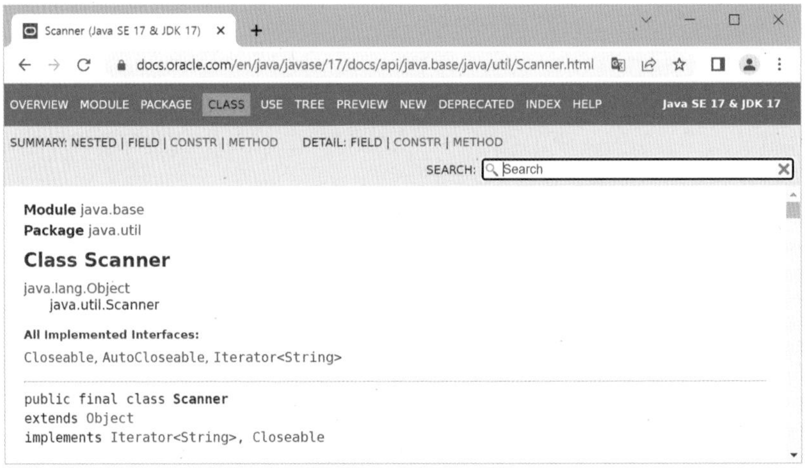

[그림 6-17] 자바 API 온라인 문서

잠깐!

개발자는 자바 JDK의 클래스가 가진 메소드를 다 기억하거나 이해할 수 없기 때문에 항상 자바 API 문서를 열어놓고 작업하는 것이 좋다.

6.6 Object 클래스

Object 생성과 특징

Object는 java.lang 패키지에 속한 클래스이며, 모든 클래스에 강제로 상속된다. Object 만이 아무 클래스도 상속받지 않는 유일한 클래스로 계층 구조 상 최상위 클래스이다. 그러므로 Object 클래스에는 모든 클래스에서 상속받아 사용할 공통 기능이 구현되어 있다. Object 클래스의 객체를 생성하여 사용하는 일은 많지 않지만 다음과 같이 생성한다.

```
Object obj = new Object();
```

Object의 주요 메소드는 〈표 6-1〉과 같다.

〈표 6-1〉 Object 클래스의 주요 메소드

메소드	설명
boolean equals(Object obj)	obj가 가리키는 객체와 현재 객체를 비교하여 같으면 true 리턴
Class getClass()	현 객체의 런타임 클래스를 리턴
int hashCode()	현 객체에 대한 해시 코드 값 리턴
String toString()	현 객체에 대한 문자열 표현을 리턴
void notify()	현 객체에 대해 대기하고 있는 하나의 스레드를 깨운다.
void notifyAll()	현 객체에 대해 대기하고 있는 모든 스레드를 깨운다.
void wait()	다른 스레드가 깨울 때까지 현재 스레드를 대기하게 한다.

객체 속성

Object는 모든 객체에게 공통적으로 있어야 할 메소드를 포함한다. Object의 getClass(), hashCode(), toString() 메소드를 이용하는 코드 사례를 예제 6-1을 통해 알아보자.

예제 6-1 **Object 클래스로 객체의 속성 알아내기**

객체 레퍼런스만으로 객체의 클래스명, 해시코드 값, 객체의 문자열을 출력해보자.

```
class Point {
   private int x, y;
   public Point(int x, int y) {
      this.x = x;
      this.y = y;
   }
}

public class ObjectPropertyEx {
   public static void print(Object obj) {
      System.out.println(obj.getClass().getName()); // 클래스 이름
      System.out.println(obj.hashCode()); // 해시 코드 값
      System.out.println(obj.toString()); // 객체를 문자열로 만들어 출력
      System.out.println(obj); // 객체 출력
   }

   public static void main(String [] args) {
      Point p = new Point(2,3);
      print(p);
   }
}
```

obj가 가리키는 객체의 클래스 이름 출력

obj가 가리키는 객체의 해시코드 출력

obj가 가리키는 객체를 문자열로 출력

실행 결과

```
Point
366712642
Point@15db9742
Point@15db9742
```

해시코드의 16진수 값. 실행할 때마다 달라질 수 있음

getClass()

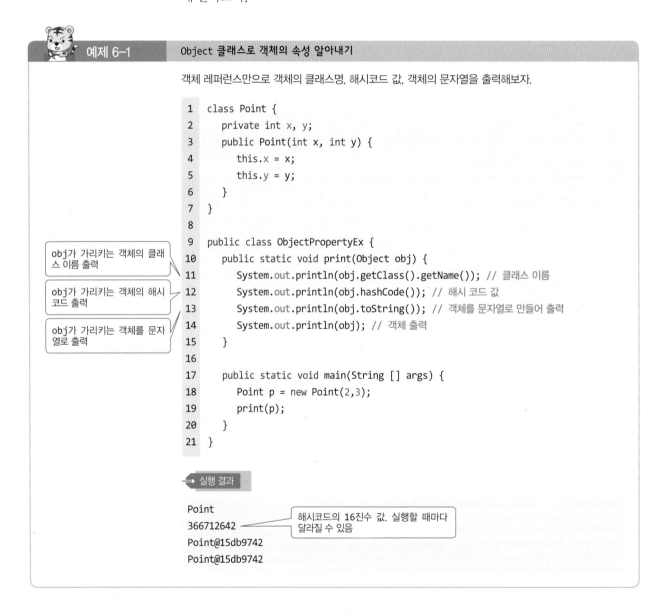

Class 클래스는 주어진 객체의 클래스에 관한 정보를 담는 클래스이다. Object의 getClass() 메소드를 호출하면 바로 이 Class 객체를 리턴하는데, 다음과 같이 Class getName()

객체의 getName() 메소드를 이용하면 obj 레퍼런스가 가리키는 객체의 클래스 타입을 알아낼 수 있다.

```
System.out.println(obj.getClass().getName());
```

hashCode()

객체는 생성될 때 객체를 유일하게 구분할 수 있는 정수 id 값이 할당된다.이 값을 해시코드라고 부르고, Object의 hashCode() 메소드는 객체 안에 담겨진 해시코드 값을 리턴한다.

toString()

Object의 toString()은 객체를 문자열로 변환하여 리턴하는 메소드로 다음 절에서 자세히 설명한다.

객체를 문자열로 변환, toString() 메소드

toString()

객체를 문자열로 변환하는 메소드가 Object의 toString()이다. JDK의 원본 Object.java 소스에는 다음과 같이 작성되어 있다.

```
public String toString() {
    return getClass().getName() +"@" + Integer.toHexString(hashCode());
}
```

Object의 toString() 메소드는 객체의 클래스의 이름을 얻어 와서 '@'를 연결하고 다시 객체의 해시코드 값을 16진수로 변환하여 연결한 문자열을 리턴한다.

그러므로 예제 6-1에서 다음 코드가 실행되면

```
Point a = new Point(2,3);
System.out.println(a.toString());
```

출력 결과는 다음과 같이 된다.

```
Point@15db9742
```

클래스명 / 해시코드 16진수

또한 '객체 + 문자열' 연산이나 객체를 출력하는 경우, toString()이 자동으로 호출된다. 다음 코드를 참고하라.

```
Point p = new Point(2,3);
System.out.println(p); // System.out.println(p.toString()); 으로 자동 변환
String s = p + "점";   // String s = p.toString() + "점"; 으로 자동 변환
```

클래스에 toString() 만들기

개발자는 클래스를 작성할 때, Object의 toString()을 오버라이딩하여 자신만의 문자열을 리턴할 수 있다.

```
public String toString(); // public으로 선언해야 함에 특히 주의
```

예제 6-2는 Point 클래스에 toString()을 작성한 예이다.

예제 6-2 Point 클래스에 toString() 작성

Point 클래스에 Point 객체를 문자열로 리턴하는 toString() 메소드를 작성하라.

```
class Point {
  private int x, y;
  public Point(int x, int y) {
    this.x = x;
    this.y = y;
  }
  public String toString() {
    return "Point(" + x + "," + y + ")";
  }
}

public class ToStringEx {
  public static void main(String [] args) {
    Point p = new Point(2,3);
    System.out.println(p.toString());
    System.out.println(p); // p는 p.toString()으로 자동 변환
    System.out.println(p + "입니다."); // p.toString() + "입니다"로 자동 변환
  }
}
```

Point 객체를 문자열로 리턴하는 toString() 작성

실행 결과

```
Point(2,3)
Point(2,3)
Point(2,3)입니다.
```

객체 비교와 equals() 메소드

프로그램을 작성하다보면 두 객체가 같은지 비교할 경우가 자주 있다. 기본 타입의 값을 비교하기 위해서는 == 연산자를 사용하지만, 객체 비교를 위해서는 반드시 equals() 메소드를 사용해야 한다. 지금부터 == 연산자와 equals()의 차이점을 알아보자.

● == 연산자

== 연산자

객체 비교에 == 연산자를 사용하면 어떤 결과가 나타나는지 알아보자. 예제 6-1, 6-2에서 작성한 Point 클래스를 예로 들어보자. Point 객체를 == 로 비교하는 다음 코드를 실행하면 그 결과를 어떻게 될까?

```
Point a = new Point(2,3);
Point b = new Point(2,3);
Point c = a;
if(a == b) // false
    System.out.println("a==b"):
if(a == c) // true
    System.out.println("a==c"):
```

이 코드의 실행 결과는 다음과 같다.

```
a==c
```

이 코드가 실행되면 [그림 6-18]과 같이 2개의 Point 객체가 생성되고, 레퍼런스 a와 b는 이들을 각각 가리킨다. 당연히 a와 b의 레퍼런스 값이 다르기 때문에 a == b의 결과도 false이다. c에는 a의 레퍼런스가 대입되므로, a == c의 결과는 true이다.

레퍼런스 비교

== 연산자는 두 객체의 내용물이 같은지 비교하는 것이 아니라, 두 레퍼런스가 같은지, 즉 두 레퍼런스가 동일한 객체를 가리키는지 비교한다.

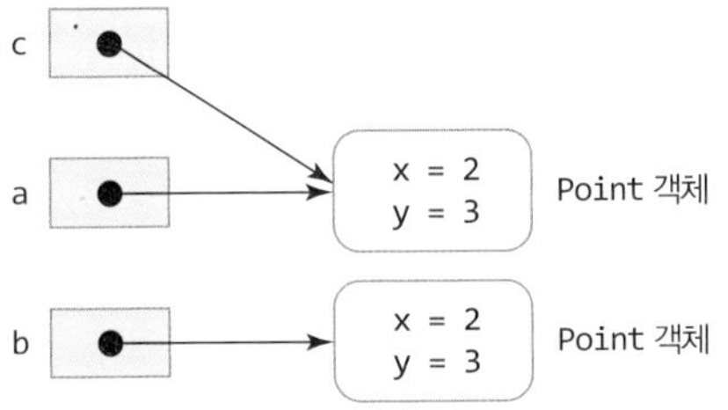

[그림 6-18] 실행 중 객체와 레퍼런스 관계

● boolean equals(Object obj)

equals()

[그림 6-18]을 봐서 알겠지만 a와 b가 서로 다른 객체를 가리키지만, 이 두 객체의 내용은 동일하다. Object의 equals(Object obj)는 인자로 건네진 객체 obj와 자기 자신을 비교하여 두 객체의 내용이 같은지를 비교하는 메소드이다. 사실, 내용의 동일성은 전적으로 클래스 작성자가 정의할 문제이기 때문에, 클래스 작성자가 클래스에 equals() 메소드를 오버라이딩 하는 것이 원칙이다.

String 클래스의 객체를 비교하는 다음 예를 보자.

```
String a = new String("Hello");
String b = new String("Hello");
if (a == b) // false
    System.out.println("a==b");
if (a.equals(b)) // true
    System.out.println("a와 b는 둘 다 Hello입니다.");
```

이 코드의 실행 결과는 다음과 같다.

```
a와 b는 둘 다 Hello입니다.
```

a와 b는 서로 다른 객체를 가리키므로 두 레퍼런스는 서로 다르며, 따라서 a==b의 결과도 false이다. 하지만, a와 b가 가리키는 문자열은 같기 때문에 a.equals(b)의 결과는 true이다.

잠깐!

Object의 equals(Object obj) 메소드는 obj와 this(자기자신)의 레퍼런스를 ==로 단순 비교하여 결과를 리턴하도록 만들어져 있으며, 내용에 대해서는 비교하지 않는다. String 클래스는 두 문자열이 같은지 비교하는 equals() 메소드를 오버라이딩하여 가지고 있다.

그러면 2개의 Point 객체를 비교하는 equals(Object) 메소드를 작성해보자. 예제 6-3은 Point 클래스에서 equals() 메소드를 오버라이딩 한 것을 보여준다.

Point 클래스에 equals() 작성 **예제 6-3**

Point 클래스에 두 점의 좌표가 같으면 true를 리턴하는 equals()를 작성하라.

```java
class Point {
   private int x, y;
   public Point(int x, int y) {
      this.x = x;    this.y = y;
   }
   public boolean equals(Object obj) { // equals() 오버라이딩
      Point p = (Point)obj; // 객체 obj를 Point 타입으로 다운 캐스팅
      if(x == p.x && y == p.y) return true;
      else return false;
   }
}

public class EqualsEx {
   public static void main(String[] args) {
      Point a = new Point(2,3);
      Point b = new Point(2,3);
      Point c = new Point(3,4);
      if(a == b) // false
         System.out.println("a==b");
      if(a.equals(b)) // true
         System.out.println("a is equal to b");
      if(a.equals(c)) // false
         System.out.println("a is equal to c");
   }
}
```

실행 결과

```
a is equal to b
```

예제 6-3에서 Point 객체들은 [그림 6-19]와 같으며, 객체 a와 b의 내용이 서로 동일하다.

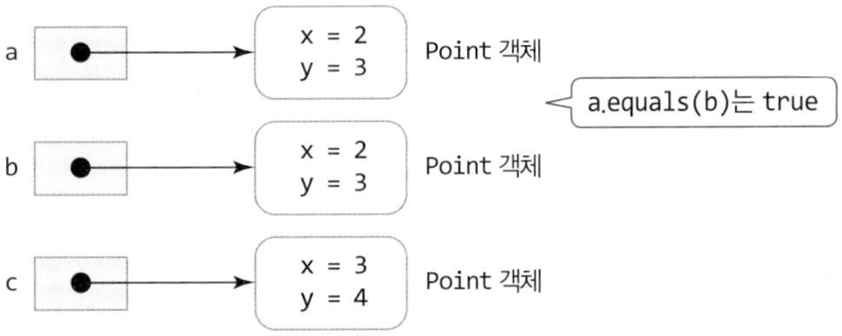

[그림 6-19] 예제 6-3의 실행 과정 동안 생성된 Point 객체와 레퍼런스

예제 6-4 Rect 클래스와 equals() 만들기 연습

int 타입의 width(너비)와 height(높이) 필드를 가지는 Rect 클래스를 작성하고, 면적이 같으면 두 Rect 객체가 같은 것으로 판별하는 equals()를 작성하라. 생성자에서 너비와 높이를 받아 width, height 필드를 초기화하라.

```
class Rect {
   private int width;
   private int height;
   public Rect(int width, int height) {
      this.width = width;
      this.height = height;
   }
   public boolean equals(Object obj) { // 사각형 면적 비교
      Rect p = (Rect)obj; // obj를 Rect로 다운 캐스팅
      if (width*height == p.width*p.height) return true;
      else return false;
   }
}

public class RectEqualsEx {
   public static void main(String[] args) {
      Rect a = new Rect(2,3);
      Rect b = new Rect(3,2);
      Rect c = new Rect(3,4);
      if(a.equals(b)) System.out.println("a is equal to b");
      if(a.equals(c)) System.out.println("a is equal to c");
      if(b.equals(c)) System.out.println("b is equal to c");
   }
}
```

equals() 오버라이딩

실행 결과

```
a is equal to b
```

a와 b는 면적이 같으므로 equals()는 true 리턴

CHECK TIME

1 자바로 작성하는 모든 클래스가 반드시 자동으로 상속받는 클래스는?

2 다음 소스의 실행 결과는?

```
public class StringEqualsEx {
   public static void main(String[] args) {
      String a = new String("This is a pencil");
      String b = new String("This is a pencil");
      String c = a;
      if(a == b)
         System.out.println("a==b");
      if(a == c)
         System.out.println("a==c");
      if(a.equals(b))
         System.out.println("a is equal to b");
   }
}
```

6.7 Wrapper 클래스

Wrapper 클래스 개념

Wrapper 클래스

이름이 Wrapper인 클래스는 존재하지 않는다. 다만 int, char, double 등 8개의 기본 타입을 객체로 다루기 위해 JDK에 만들어진 <표 6-2>의 8개 클래스를 통칭하여 Wrapper 클래스라 한다. Byte, Short, Integer, Long, Character, Double, Float, Boolean 클래스가 기본 타입에 해당되는 값을 객체로 다룰 수 있게 하는 Wrapper 클래스이다.

기본 타입의 값을 객체로

Wrapper 클래스들은 어디에 사용될까? 자바는 객체 지향 언어이므로 객체를 대상으로 처리하는 경우가 많다. JDK의 어떤 클래스는 객체만을 다루기 때문에 3, 'a' 등 기본 타입의 데이터는 사용할 수 없다. 이런 문제점을 해결하기 위해 기본 타입의 값을 객체로 만들어 사용할 수 있도록 Wrapper 클래스를 제공한다. Wrapper 클래스들은 java.lang 패키지에서 제공된다.

〈표 6-2〉 기본 타입과 그에 대응하는 Wrapper 클래스

기본 타입	byte	short	int	long	char	float	double	boolean
Wrapper 클래스	Byte	Short	Integer	Long	Character	Float	Double	Boolean

Wrapper 클래스의 객체 생성

8개의 Wrapper 클래스들은 거의 비슷하다. Wrapper 객체는 기본 타입의 값을 인자로 하여 다음 예와 같이 정적 메소드인 valueOf()를 호출하여 생성한다.

```
Integer i = Integer.valueOf(10);          // 정수 10의 객체화
Character c = Character.valueOf('c');     // 문자 'c'의 객체화
Double d = Double.valueOf(3.14);          // 실수 3.14의 객체화
Boolean b = Boolean.valueOf(true);        // 불린 값 true의 객체화
```

Character를 제외한 나머지 Wrapper 클래스의 경우, 다음과 같이 문자열로 Wrapper 객체를 생성할 수도 있다.

```
Integer i = Integer.valueOf("10");
Double d = Double.valueOf("3.14");
```

잠깐!

JDK 9부터는 Wrapper 클래스의 객체를 생성할 때 생성자를 이용하는 방법(new Integer(10), new Double(3.14))를 폐기(deprecated)시켰다. 대신 공간과 속도에 있어 성능이 높은 valueOf() 정적 메소드를 이용하도록 하였다.

```
Integer ten = Integer.valueOf(10);
```

Wrapper 클래스의 활용

static 타입

Wrapper 클래스는 많은 메소드를 제공하나, 대부분은 기본 타입 값을 문자열로 변환하거나, 문자열을 기본 타입 값으로 변환하는 것들이 주를 이루고 있다. 가장 많이 사용되는 Integer 클래스의 주요 메소드는 〈표 6-3〉과 같으며, 많은 메소드가 static 타입이다.

〈표 6-3〉 Integer 클래스의 주요 메소드

메소드	설명
static int bitCount(int i)	정수 i의 이진수 표현에서 1의 개수 리턴
float floatValue()	float 타입으로 값 리턴
int intValue()	int 타입으로 값 리턴

long longValue()	long 타입으로 값 리턴
short shortValue()	short 타입으로 값 리턴
static int parseInt(String s)	문자열 s를 10진 정수로 변환한 값 리턴
static int parseInt(String s, int radix)	문자열 s를 지정된 진법의 정수로 변환한 값 리턴
static String toBinaryString(int i)	정수 i를 이진수 표현으로 변환한 문자열 리턴
static String toHexString(int i)	정수 i를 16진수 표현으로 변환한 문자열 리턴
static String toOctalString(int i)	정수 i를 8진수 표현으로 변환한 문자열 리턴
static String toString(int i)	정수 i를 문자열로 변환하여 리턴
static Integer valueOf(int i)	정수 i를 담은 Integer 객체 리턴
static Integer valueOf(String s)	문자열 s를 정수로 변환하여 담고 있는 Integer 객체 리턴

● Wrapper 객체에 들어 있는 기본 타입 값 알아내기

Wrapper 객체에 들어 있는 기본 타입의 값을 알아내기 위해 다음 코드를 이용한다.

```
Integer i = Integer.valueOf(10);
int ii = i.intValue(); // ii = 10

Double d = Double.valueOf(3.14);
double dd = d.doubleValue(); // dd = 3.14

Boolean b = Boolean.valueOf(true);
boolean bb = b.booleanValue(); // bb = true
```

● 문자열을 기본 타입으로 변환

Wrapper 클래스는 다음과 같이 문자열을 기본 타입의 값으로 변환하는 메소드를 제공한다.

```
int i = Integer.parseInt("123");             // i = 123
boolean b = Boolean.parseBoolean("true");   // b = true
double d = Double.parseDouble("3.14");       // d = 3.14
```

parseInt(), parseBoolean(), parseDouble() 메소드는 모두 static 타입이므로 Wrapper 클래스의 이름으로 바로 메소드를 호출한다. Wrapper 클래스는 해당 타입으로 변환하는 메소드만을 제공한다. 예를 들어 Integer 클래스는 parseBoolean()이나 parseDouble()은 제공하지 않는다.

static 타입
Wrapper 클래스의 이름으로 호출

● 기본 타입 값을 문자열로 변환

Wrapper 클래스는 다음 예와 같이 기본 타입 값을 문자열로 변환하는 메소드를 제공한다.

```
String s1 = Integer.toString(123);         // 정수 123을 문자열 "123"으로 변환
String s2 = Integer.toHexString(123);      // 정수 123을 16진수의 문자열 "7b"로 변환
String s3 = Double.toString(3.14);         // 실수 3.14를 문자열 "3.14"로 변환
String s4 = Character.toString('a');       // 문자 'a'를 문자열 "a"로 변환
String s5 = Boolean.toString(true);        // 불린 값 true를 문자열 "true"로 변환
```

예제 6-5 Wrapper 클래스 활용

다음은 Wrapper 클래스를 활용하는 예이다. 다음 프로그램의 결과는 무엇인가?

```
public class WrapperEx {
   public static void main(String[] args) {
      System.out.println(Character.toLowerCase('A')); // 'A'를 소문자로 변환

      char c1='4', c2='F';
      if(Character.isDigit(c1)) // 문자 c1이 숫자이면 true
         System.out.println(c1 + "는 숫자");
      if(Character.isAlphabetic(c2)) // 문자 c2가 영문자이면 true
         System.out.println(c2 + "는 영문자");

      System.out.println(Integer.parseInt("-123")); // "-123"을 10진수로 변환
      System.out.println(Integer.toHexString(28)); // 정수 28을 2진수 문자열로 변환
      System.out.println(Integer.toBinaryString(28)); // 28을 16진수 문자열로 변환
      System.out.println(Integer.bitCount(28)); // 28에 대한 2진수의 1의 개수

      Double d = Double.valueOf(3.14);
      System.out.println(d.toString()); // Double을 문자열 "3.14"로 변환
      System.out.println(Double.parseDouble("3.14")); // 문자열을 실수 3.14로 변환

      boolean b = (4>3); // b는 true
      System.out.println(Boolean.toString(b)); // true를 문자열 "true"로 변환
      System.out.println(Boolean.parseBoolean("false")); // 문자열을 false로 변환
   }
}
```

음수로 변환됨

실행 결과

```
4는 숫자
F는 영문자
-123
1c
11100
3
3.14
3.14
true
false
```

박싱(boxing)과 언박싱(unboxing)

기본 타입의 값을 Wrapper 객체로 변환하는 것을 박싱(boxing)이라 하고, 반대의 경우를 언박싱(unboxing)이라고 하며, 코드 사례는 [그림 6-20]과 같다.

박싱
언박싱

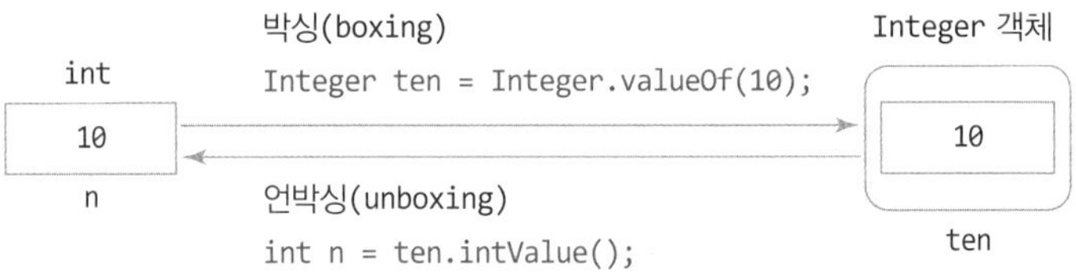

[그림 6-20] 박싱과 언박싱

박싱과 언박싱은 JDK 1.5부터 자동으로 이루어지며, 이를 자동 박싱(auto boxing), 자동 언박싱(auto unboxing)이라고 부른다. 예를 들면 다음과 같다.

자동 박싱
자동 언박싱

```
Integer ten = 10;  // 자동 박싱. Integer ten = Integer.valueOf(10);로 자동 처리됨
int n = ten;       // 자동 언박싱. int n = ten.intValue();로 자동 처리됨
```

예제 6-6 박싱과 언박싱

다음 코드에 대한 결과는 무엇인가?

```
public class AutoBoxingUnBoxingEx {
    public static void main(String[] args) {
        int n = 10;
        Integer intObject = n; // auto boxing
        System.out.println("intObject = " + intObject);

        int m = intObject + 10; // auto unboxing
        System.out.println("m = " + m);
    }
}
```

```
Integer intObject =
Integer.valueOf(n);
```

```
m = intObject.intValue()
+ 10;
```

실행 결과

```
intObject = 10
m = 20
```

CHECK TIME

1. char 타입의 문자를 객체화하는 Wrapper 클래스 이름은?

2. 다음 코드를 실행한 후 문자열 s는?

```
String s = Integer.toHexString(100);
```

3. 다음 코드의 실행 결과는?

```
System.out.println(Integer.toBinaryString(1024));
```

4. 다음 코드의 실행 결과는? 코드의 어느 부분에서 자동 박싱과 자동 언박싱이 발생하는가?

```
Integer n = 100;
Integer m = 10;
System.out.println(n + m);
```

6.8 String 클래스

String의 특징과 객체 생성

java.lang 패키지에 포함된 클래스로서 String 클래스는 문자열을 나타낸다. 스트링 리터럴은 자바 컴파일러에 의해 모두 String 객체로 처리된다. String 클래스는 〈표 6-4〉와 같이 다양한 생성자를 통해 여러 가지 방법으로 String 객체를 생성할 수 있게 한다. 예를 들면 다음과 같다.

문자열

```
// 스트링 리터럴로 String 객체 생성
String str1 = "abcd";

// String 클래스의 생성자를 이용하여 String 객체 생성
char data[] = {'a', 'b', 'c', 'd'};
String str2 = new String(data);
String str3 = new String("abcd"); // str2와 str3은 모두 "abcd" 문자열
```

생성자	설명
String()	빈 스트링 객체 생성
String(char[] value)	char 배열에 있는 문자들을 스트링 객체로 생성
String(String original)	매개변수로 주어진 문자열과 동일한 스트링 객체 생성
String(StringBuffer buffer)	매개변수로 주어진 스트링 버퍼의 문자열을 스트링 객체로 생성

〈표 6-4〉

String 클래스 주요 생성자

● 스트링 리터럴과 new String()

문자열을 다루는 데에 있어 한 가지 중요한 점이 있다. 스트링 리터럴과 new String()으로 생성된 스트링 객체는 서로 다르게 관리된다. 스트링 리터럴은 자바 내부에서 리터럴 테이블로 특별히 관리하여, 동일한 리터럴을 공유시킨다. 하지만, new String()으로 생성된 스트링은 new를 이용하여 생성되는 다른 객체와 동일하게 힙 메모리에 생성된다.

스트링 리터럴
리터럴 테이블
new String()
힙 메모리

[그림 6-21]의 다음 코드를 보자. 코드에서 a, b, c는 스트링 리터럴이고, d, e, f는 new String()으로 생성된다.

```
String a = "Hello";
String b = "Java";
String c = "Hello";
String d = new String("Hello");
String e = new String("Java");
String f = new String("Java");
```

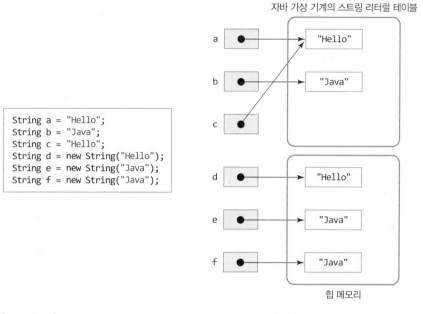

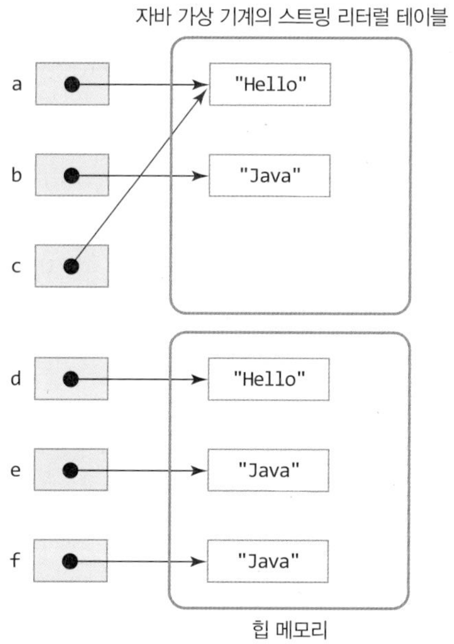

[그림 6-21] 스트링 리터럴과 new String()으로 생성된 스트링 객체 비교

공유
독립

스트링 리터럴 "Hello"와 "Java"는 자바 가상 기계의 스트링 리터럴 테이블에 생성되며 각각 a, b가 가리키고, c는 리터럴 테이블에서 a와 "Hello"를 공유한다. 그러나 new String()에 의해 생성된 스트링 객체 d, e, f는 모두 힙 메모리에 독립적으로 생성된다.

리터럴을 공유시키는 이유는 스트링을 생성하는 실행 시간을 줄이기 위해서이지만, 스트링 리터럴을 공유하면 문제가 없을까? 다음 절에서 문제와 답을 알아보자.

● 스트링 객체는 수정이 불가능하다

수정 불가능

또 한 가지 중요한 것으로서, 리터럴이든 new String()으로 생성했던, 일단 생성된 스트링 객체는 수정이 불가능하다. 다음 코드를 보자.

```
String s = new String("Hello");
String t = s.concat("Java"); // 스트링 s에 "Java"를 덧붙인 새로운 스트링 객체 리턴
```

이 코드의 실행 결과 다음과 같이 s.concat()는 "Hello"에 "Java"를 결합한 새로운 "HelloJava"를 리턴하며 t가 가리킨다. 하지만 s는 변함없이 "Hello" 그대로이다.

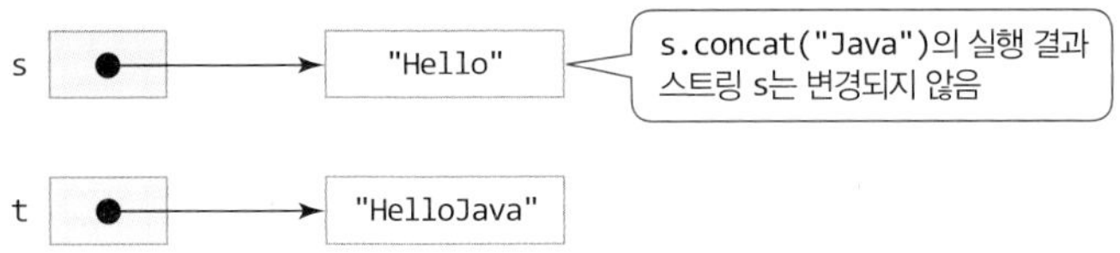

한번 만들어진 스트링은 수정이 불가능하기 때문에, [그림 6-21]에서 스트링이 공유되어도 문제가 발생하지 않는다. 만일 concat()로 문자열 s를 변경하려면 다음과 같이 해야 한다.

```
s = s.concat("Java"); // s는 새로 리턴된 "HelloJava"를 가리킴
```

s는 s.concat("Java")가 리턴한 새로운 "HelloJava" 스트링 객체를 가리킨다.

String 활용

스트링은 자바에서 많이 사용되므로 String 클래스의 활용은 중요하다. String 클래스의 주요 메소드는 〈표 6-5〉와 같다.

〈표 6-5〉

String 클래스의 주요 메소드

메소드	설명
char charAt(int index)	index 인덱스에 있는 문자 값 리턴
int codePointAt(int index)	index 인덱스에 있는 유니코드 값 리턴
int compareTo(String anotherString)	두 스트링을 사전 순으로 비교하여 두 스트링이 같으면 0, 현 스트링이 anotherString보다 먼저 나오면 음수, 아니면 양수 리턴
String concat(String str)	현재 스트링 뒤에 str 스트링을 덧붙인 새로운 스트링 리턴
boolean contains(CharSequence s)	s에 지정된 문자들을 포함하고 있으면 true 리턴
int length()	스트링의 길이(문자 개수) 리턴
String replace(Charsequence target, Charsequence replacement)	target이 지정하는 일련의 문자들을 replacement가 지정하는 문자들로 변경한 스트링 리턴
String[] split(String regex)	정규식 regex에 일치하는 부분을 중심으로 스트링을 분리하고, 분리된 스트링들을 배열로 저장하여 리턴
String subString(int beginIndex)	beginIndex 인덱스부터 시작하는 서브 스트링 리턴
String toLowerCase()	소문자로 변경한 스트링 리턴
String toUpperCase()	대문자로 변경한 스트링 리턴
String trim()	스트링 앞뒤의 공백 문자들을 제거한 스트링 리턴

● 문자열 비교: int compareTo(String anotherString)

사전 순으로 비교

compareTo() 메소드는 현재 스트링과 매개변수로 주어진 anotherString의 스트링을 사전 순으로 비교하여, 두 문자열이 같으면 0, 현재 문자열이 anotherString의 문자열보다 사전에서 먼저 나오면 음수를, 뒤에 나오면 양수를 리턴한다. 예를 들면 다음과 같다.

```
String java= "Java";
String cpp = "C++";
int res = java.compareTo(cpp);
if(res == 0)
   System.out.println("the same");
else if(res <0)
   System.out.println(java + " < " + cpp);
else
   System.out.println(java + " > " + cpp);
```

실행 결과

```
Java > C++
```

"Java"가 "C++"보다 사전에서 뒤에 나오므로 res는 양수가 되어, 앞과 같이 출력된다. 문자열이 같은지만 비교한다면 앞 절에서 다룬 equals() 메소드를 쓰는 것이 좋다.

● 문자열 연결: String concat(String str)

+ 연산자

자바에서는 + 연산자로 문자열을 연결할 수 있다. + 연산은 피연산자에 문자열이 하나라도 있으면 문자열 연결로 처리한다. 예를 들어, 다음 문장을 실행해보자.

```
System.out.print("abcd" + 1 + true + 3.13e-2 + 'E' + "fgh";
```

실행 결과는 다음과 같다.

```
abcd1true0.0313Efgh
```

예제 6-2(p + "입니다.")와 같이 + 연산의 피연산자에 객체가 있는 경우는 '객체.toString()' 메소드를 호출하여 객체를 문자열로 변환한 후, 문자열 연결을 실행한다. 만일 + 연산의 피연산자로 기본 타입의 값이 있는 경우 이 값을 문자열로 변환한 후, 문자열 연결을 실행한다.

String 클래스의 concat() 메소드를 이용해도 문자열을 연결할 수도 있다. 예를 들어 다음 코드를 실행하면,

concat()

```
"I love ".concat("Java.")
```

concat()는 다음 결과를 리턴한다.

```
"I Love Java."
```

● 공백 제거: String trim()

trim()은 문자열 앞뒤에 있는 공백 문자를 제거한 새로운 문자열을 리턴한다. 예를 들면 다음과 같다.

trim()
공백 문자 제거

```
String a = "    abcd    def    ";
String b = "    xyz\t";
String c = a.trim(); // c = "abcd    def". 문자열 중간에 있는 공백은 제거되지 않음
String d = b.trim(); // d = "xyz". 스페이스와 '\t' 제거됨
```

● 문자열의 문자: char charAt(int index)

charAt() 메소드를 이용하면 특정 위치에 있는 문자를 알아낼 수 있다. 예를 들면 다음과 같다.

charAt()

```
String a = "class";
char c = a.charAt(2); // c = 'a'
```

charAt()을 다음과 같이 이용하면 "class"에 's' 문자가 몇 개 있는지 알 수 있다.

```
int count = 0;
String a = "class";
for(int i=0; i<a.length(); i++) { // a.length()는 5
    if(a.charAt(i) == 's')
        count++;
}
System.out.println(count); // 2 출력
```

예제 6-7 String 클래스 메소드 활용

String 클래스의 다양한 메소드를 활용하는 예를 살펴보자.

```
public class StringEx {
  public static void main(String[] args) {
    String a = new String(" C#");
    String b = new String(",C++ ");
                                                       3
    System.out.println(a + "의 길이는 " + a.length()); // 문자열의 길이(문자 개수)
    System.out.println(a.contains("#")); // 문자열의 포함 관계 < true

    a = a.concat(b); // 문자열 연결 < a = " C#, C++ "
    System.out.println(a);

    a = a.trim(); // 문자열 앞 뒤의 공백 제거 < a = "C#,C++"
    System.out.println(a);

    a = a.replace("C#","Java"); // 문자열 대치 < a = "Java,C++"
    System.out.println(a);

    String s[] = a.split(","); // 문자열 분리 < s[0] = "Java"
                                                s[1] = "C++"
    for (int i=0; i<s.length; i++)
      System.out.println("분리된 문자열" + i + ": " + s[i]);

    a = a.substring(5); // 인덱스 5부터 끝까지 서브 스트링 리턴 < a = "C++"
    System.out.println(a);

    char c = a.charAt(2); // 인덱스 2의 문자 리턴 < '+'
    System.out.println(c);
  }
}
```

실행 결과

```
 C#의 길이는 3
true
 C#,C++
C#,C++
Java,C++
분리된 문자열0: Java
분리된 문자열1: C++
C++
+
```

[그림 6-22]는 앞의 예제 6-7의 실행 과정을 보여준다.

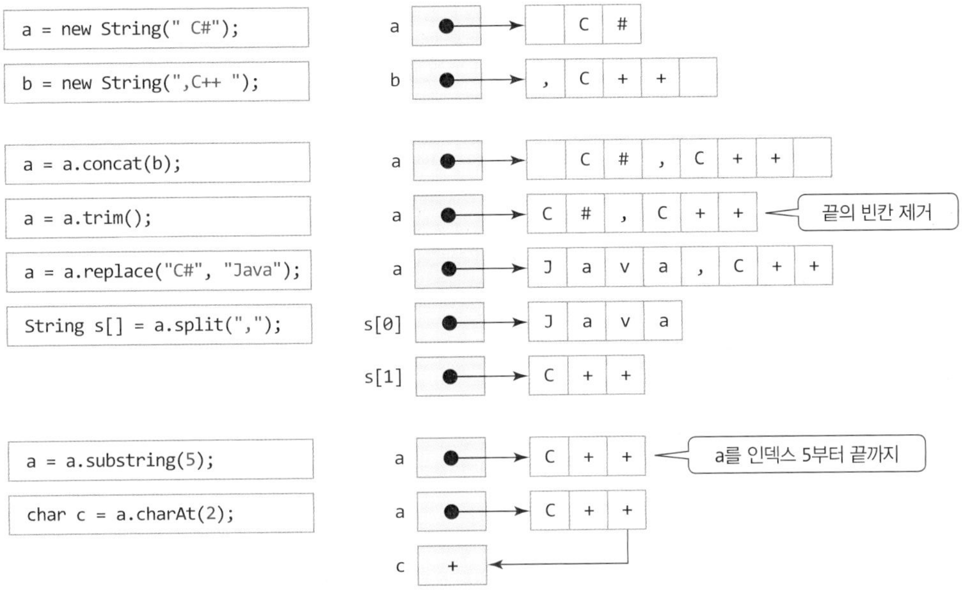

[그림 6-22] 예제 6-7의 실행 과정

CHECK TIME

1. "My name is Tom."에 포함된 공백 문자의 개수를 세는 코드 부분만 간단히 작성하라.

2. 다음 코드의 실행 결과는?

```
String s = "AbCDEFg";
System.out.println(s.toLowerCase());
```

3. 다음 코드의 실행 결과는?

```
String s = "abcdefg12345";
System.out.print(s.charAt(3));
```

4. 다음 중 String 객체 생성 방법으로 잘못된 것은?

```
char data[] = {'a', 'b', 'c', 'd'};
String str1 = new String(data);
String str2 = "abcd";
String str3 = new String(str1);
String str4 = 'a';
```

5. System.out.print("자바" + 3.14 + false + 'a')의 실행 결과는?

6.9 StringBuffer 클래스

StringBuffer의 생성과 특징

StringBuffer
문자열의 수정 가능

StringBuffer 클래스도 java.lang 패키지에 포함되어 있으며, String 클래스와 같이 문자열을 다룬다. String 객체의 경우 내부의 문자열을 수정할 수 없지만, StringBuffer 객체는 문자열을 저장하는 가변 버퍼를 가지고 있기 때문에 저장된 문자열의 수정이 가능하다. 문자열의 크기가 늘어나면 내부 버퍼 크기를 자동 조절한다. StringBuffer 클래스의 생성자는 〈표 6-6〉과 같으며, StringBuffer 객체를 생성하는 예는 다음과 같다.

```
StringBuffer sb = new StringBuffer("java");
```

〈표 6-6〉
StringBuffer 클래스 생성자

생성자	설명
StringBuffer()	초기 버퍼의 크기가 16인 스트링 버퍼 객체 생성
StringBuffer(charSequence seq)	seq가 지정하는 일련의 문자들을 포함하는 스트링 버퍼 생성
StringBuffer(int capacity)	지정된 초기 크기를 갖는 스트링 버퍼 객체 생성
StringBuffer(String str)	지정된 스트링으로 초기화된 스트링 버퍼 객체 생성

StringBuffer의 활용

StringBuffer 클래스는 문자열에 대한 다양한 조작을 할 수 있는 〈표 6-7〉의 메소드를 제공하며, [그림 6-23]은 메소드의 사용 예를 보여준다. 그림에서 볼 수 있는 바와 같이 StringBuffer 내에 문자열을 저장하는 버퍼의 크기가 자동으로 조절된다.

잠깐!

String과 StringBuffer 클래스는 언제 사용하면 좋을까? 간단한 문자열을 처리하는 것은 String 클래스를 이용하고, 문자열의 길이가 길거나 문자열이 수시로 변하는 경우 StringBuffer 클래스를 이용하는 것이 적합하다.

〈표 6-7〉 StringBuffer 클래스의 주요 메소드

메소드	설명
StringBuffer append(String str)	str 스트링을 스트링 버퍼에 덧붙인다.
StringBuffer append(StringBuffer sb)	sb 스트링 버퍼를 현재의 스트링 버퍼에 덧붙인다. 이 결과 현재 스트링 버퍼의 내용이 변한다.
int capacity()	스트링 버퍼의 현재 크기 리턴
StringBuffer delete(int start, int end)	start 위치에서 end 위치 앞까지 부분 문자열 삭제
StringBuffer insert(int offset, String str)	str 스트링을 스트링 버퍼의 offset 위치에 삽입
StringBuffer replace(int start, int end, String str)	스트링 버퍼 내의 start 위치의 문자부터 end가 지정하는 문자 앞의 서브 스트링을 str로 대치
StringBuffer reverse()	스트링 버퍼 내의 문자들을 반대 순서로 변경
void setLength(int newLength)	스트링 버퍼 내 문자열 길이를 newLength로 재설정, 현재 길이보다 큰 경우 널 문자('')로 채우며 작은 경우는 기존 문자열이 잘린다.

* 표에서 start, offset, end는 스트링 버퍼 내 위치를 나타내는 정수로, 위치는 0부터 시작한다.

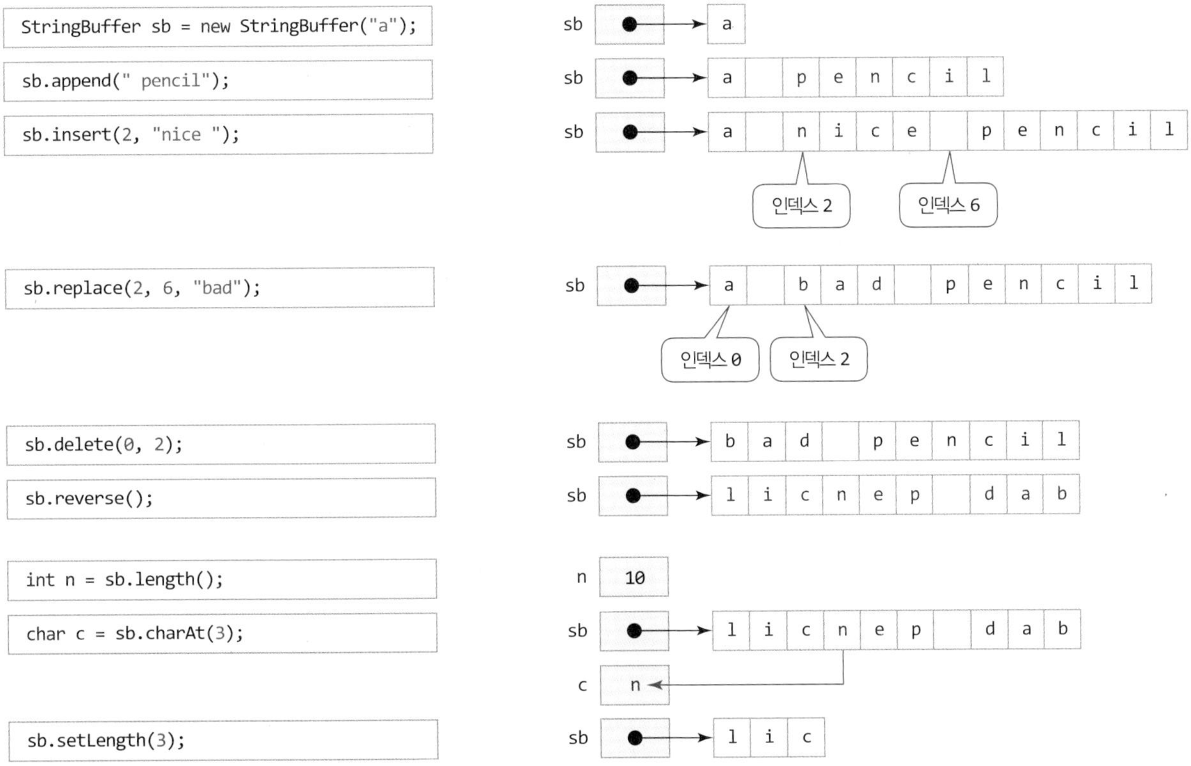

[그림 6-23] StringBuffer의 메소드 활용

예제 6-8 StringBuffer 클래스 메소드 활용

StringBuffer를 이용하여 문자열을 조작하는 다음 코드의 실행 결과는 무엇인가?

```
public class StringBufferEx {
  public static void main(String[] args) {
    StringBuffer sb = new StringBuffer("This");

    sb.append(" is pencil"); // 문자열 덧붙이기
    System.out.println(sb);

    sb.insert(7, " my"); // "my" 문자열 삽입
    System.out.println(sb);

    sb.replace(8, 10, "your"); // "my"를 "your"로 변경
    System.out.println(sb);

    sb.delete(8, 13); // "your " 삭제
    System.out.println(sb);

    sb.setLength(4); // 스트링 버퍼 내 문자열 길이 수정
    System.out.println(sb);
  }
}
```

sb.toString()으로 자동 바뀜

실행 결과

```
This is pencil
This is my pencil
This is your pencil
This is pencil
This
```

1 다음 중 StringBuffer 클래스에 대해 잘못 설명한 것은?

① java.lang에 포함되어 있다.
② StringBuffer 객체에 저장된 문자열은 변경할 수 없다.
③ StringBuffer의 reverse() 메소드 실행 결과 문자열은 거꾸로 바뀐다.
④ 지정된 문자열로 초기화된 스트링 버퍼를 생성할 수 있다.

2 다음 코드의 실행 결과는?

```
StringBuffer sb = new StringBuffer("My name");
sb.append(" is Tom");
sb.append(".");
System.out.println(sb);
```

3 다음 결과와 같이 출력되도록 빈 칸에 코드를 삽입하라.

```
StringBuffer sb = new StringBuffer("I am your man.");
______________________________
System.out.println(sb); // "I am not your man." 출력
```

6.10 StringTokenizer 클래스

StringTokenizer의 생성과 특징

StringTokenizer 클래스는 java.util 패키지에 포함되어 있으며, 하나의 문자열을 여러 개의 문자열로 분리하기 위해 사용된다. 문자열을 분리할 때 사용되는 기준 문자를 구분 문자(delimiter)라고 하고, 구분 문자로 분리된 문자열을 토큰(token)이라고 한다. 오라클에서는 StringTokenizer를 사용하지 말고, String 클래스의 split() 메소드를 이용하여 문자열을 분리하도록 강권하고 있지만, StringTokenizer는 사용하기 편리하여 여전히 많이 사용되고 있다.

여러 개의 문자열로 분리
구분 문자
토큰

〈표 6-8〉, 〈표 6-9〉는 StringTokenizer 클래스의 생성자와 메소드를 각각 보여준다. StringTokenizer 클래스의 생성자를 통해 문자열이 전달되며, 생성자에서 문자열 분리가 바로 이루어진다.

예를 들어, 다음은 '&' 문자를 기준으로 문자열 "name=kitae&addr=seoul&age=21"을 여러 토큰으로 분리하는 코드이다.

```
String query = "name=kitae&addr=seoul&age=21";
StringTokenizer st = new StringTokenizer(query, "&");
```

이 코드의 실행 결과 [그림 6-24]의 위쪽 그림과 같이, 객체 st는 분리된 3개의 문자열 토큰을 내장하고 있다. "&" 대신 "&="으로 주게 되면 [그림 6-24]의 아래 그림과 같이 6개의 문자열 토큰으로 분리한다. "&="은 '&'와 '='를 모두 구분 문자로 사용한다는 의미이다.

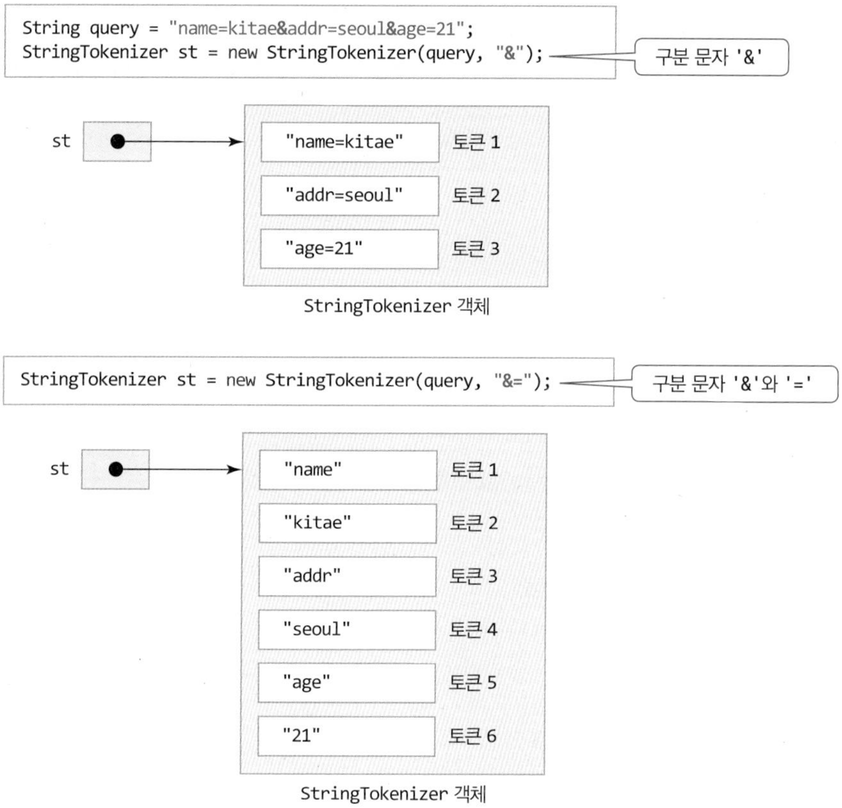

[그림 6-24] StringTokenizer 객체 생성 시 문자열 분리

이제 StringTokenizer 객체에 의해 분리된 토큰을 하나씩 알아내는 작업을 해보자. 우선 몇 개의 토큰으로 분리되었는지 다음과 같이 알아낸다.

```
int count = st.countTokens();
```

countTokens()

그리고 토큰을 하나씩 얻기 위해 다음과 같이 nextToken() 메소드를 이용한다.

nextToken()

```
String token = st.nextToken();
```

이제, 토큰을 모두 출력하는 코드를 작성해보면 다음과 같다.

```
String query = "name=kitae&addr=seoul&age=21";
StringTokenizer st = new StringTokenizer(query, "&");
int n = st.countTokens();
System.out.println("token 개수=" + n);
for(int i=0; i<n; i++) {
    String token = st.nextToken();
    System.out.println(token);
}
```

실행 결과

```
token 개수=3
name=kitae
addr=seoul
age=21
```

〈표 6-8〉 StringTokenizer 클래스 생성자

생성자	설명
StringTokenizer(String str)	str 스트링의 각 문자를 구분 문자로 문자열을 분리하는 스트링 토크나이저 생성
StringTokenizer(String str, String delim)	str 스트링과 delim 구분 문자로 문자열을 분리하는 스트링 토크나이저 생성
StringTokenizer(String str, String delim, boolean returnDelims)	str 스트링과 delim 구분 문자로 문자열을 분리하는 스트링 토크나이저 생성. returnDelims가 true이면 delim이 포함된 문자도 토큰에 포함된다.

〈표 6-9〉 StringTokenizer 클래스 주요 메소드

메소드	설명
int countTokens()	스트링 토크나이저가 분리한 토큰의 개수 리턴
boolean hasMoreTokens()	스트링 토크나이저에 다음 토큰이 있으면 true 리턴
String nexToken()	스트링 토크나이저에 들어 있는 다음 토큰 리턴

예제 6-9 StringTokenizer 클래스 메소드 활용

"홍길동/장화/홍련/콩쥐/팥쥐" 문자열을 '/'를 구분 문자로 하여 토큰을 분리하고 각 토큰을 출력하라.

```
import java.util.StringTokenizer;
public class StringTokenizerEx {
   public static void main(String[] args) {
      StringTokenizer st = new StringTokenizer("홍길동/장화/홍련/콩쥐/팥쥐",
                                                 "/"); // 구분자로 '/' 사용
      while (st.hasMoreTokens()) // 토큰이 있는 동안
         System.out.println(st.nextToken());
   }
}
```

실행 결과

```
홍길동
장화
홍련
콩쥐
팥쥐
```

CHECK TIME

1. "냉장고,세탁기,에어컨,TV,오디오" 문자열을 ','로 분리하여 토큰을 출력하는 코드를 작성하라.
2. StringTokenizer를 이용하여 문자열 **"2+3+5+66+88+323"**의 합을 계산하는 코드를 작성하라.

6.11 Math 클래스

Math의 특징

Math 클래스는 java.lang 패키지에 포함되어 있으며 기본적인 산술 연산을 제공한다. 모든 멤버 메소드는 static 타입이므로 다음과 같이 클래스 이름으로 바로 사용하면 된다.

static 타입

```
double d = Math.random();
double pi = Math.PI; // 3.141592 원주율
```

Math 클래스의 주요 메소드는 〈표 6-10〉과 같다.

〈표 6-10〉 Math 클래스의 주요 메소드

메소드	설명
static double abs(double a)	실수 a의 절댓값 리턴
static double cos(double a)	실수 a의 cosine 값 리턴
static double sin(double a)	실수 a의 sine 값 리턴
static double tan(double a)	실수 a의 tangent 값 리턴
static double exp(double a)	e^a 값 리턴
static double ceil(double a)	올림. 실수 a보다 크거나 같은 수 중에서 가장 작은 정수를 실수 타입으로 리턴
static double floor(double a)	내림. 실수 a보다 작거나 같은 수 중에서 가장 큰 정수를 실수 타입으로 리턴
static double max(double a, double b)	두 수 a, b 중에서 큰 수 리턴
static double min(double a, double b)	두 수 a, b 중에서 작은 수 리턴
static double random()	0.0보다 크거나 같고 1.0보다 작은 임의의 실수 리턴
static long round(double a)	반올림. 실수 a를 소수 첫째 자리에서 반올림한 정수를 long 타입으로 반환
static double sqrt(double a)	실수 a의 제곱근 리턴

Math 클래스를 활용한 난수 발생

Math 클래스에서 가장 많이 사용하는 메소드는 난수를 발생하는 random()이다. 이 메소드는 0.0보다 크거나 같고 1.0보다 작은 임의의 double 값을 리턴한다. random()을 이용하여 1에서 100까지(100 포함)의 정수 난수를 10개 발생시키는 코드는 다음과 같다.

random()

```
for(int x=0; x<10; x++) {
    int n = (int)(Math.random()*100 + 1); // n은 [1~100] 사이의 랜덤 정수
    System.out.println(n);
}
```

Math.random()*100은 0.0~99.9999... 사이의 실수이고, 여기에 1을 더하면 1.0~100.9999... 사이의 랜덤한 실수이다. 다시 이 값을 (int)로 강제 타입 변환하면 소수점 이하가 떨어져 나가므로 1~100까지 정수 값을 얻을 수 있다.

잠깐!

java.util.Random 클래스를 활용해도 난수를 발생할 수 있다.

```
Random r = new Random();
int n = r.nextInt(); // 음수, 양수, 0을 포함하여 자바의 정수 범위(-2^31~2^31-1)의 난수 발생
int m = r.nextInt(100); // 0~99사이(0과 99 포함)의 정수 난수 발생
```

예제 6-10 Math 클래스 메소드 활용

Math 클래스의 다양한 메소드 활용 예를 살펴보자.

```
public class MathEx {
    public static void main(String[] args) {
        System.out.println(Math.PI); // 원주율 상수 출력
        System.out.println(Math.ceil(a)); // ceil(올림)
        System.out.println(Math.floor(a)); // floor(내림)
        System.out.println(Math.sqrt(9)); // 제곱근
        System.out.println(Math.exp(2)); // e의 2승
        System.out.println(Math.round(3.14)); // 반올림

        // [1, 45] 사이의 정수형 난수 5개 발생
        System.out.print("이번주 행운의 번호는 ");
        for(int i=0; i<5; i++)
            System.out.print((int)(Math.random()*45 + 1) + " "); // 난수 발생
    }
}
```

실행 결과

```
3.141592653589793
4.0
3.0
3.0
7.38905609893065
3
이번주 행운의 번호는 15 31 9 7 5
```

CHECK TIME

1 다음 코드의 실행 결과는?

```
System.out.println(Math.floor(Math.PI));
```

2 다음 코드의 실행 결과는?

```
System.out.println(Math.min(-10.5, -11.0));
```

6.12 Calendar 클래스

Calendar 클래스의 특징

Calendar
시간과 날짜 정보 저장

Calendar 클래스는 java.util 패키지에 있는 추상 클래스로서 년, 월, 일, 요일, 시간, 분, 초, 밀리초까지 프로그램이 실행되는 동안 개발자가 기억하고자 하는 시간과 날짜 정보를 저장하고, 〈표 6-11〉과 같은 필드를 인자로 하여 set(), get() 메소드를 이용하여 날짜나 시간을 알아내거나 설정한다. 주의할 점은 Calendar로 컴퓨터의 현재 시간을 알아낼 수는 있지만, Calendar 객체에 날짜와 시간을 설정한다고 해서 현재 컴퓨터의 시간을 바꾸지는 못한다는 것이다. 개발자는 프로그램 실행 동안에 자신이 기억하고 싶은 날짜와 시간을 관리하기 위해 Calendar 객체를 이용할 뿐이다.

〈표 6-11〉

Calendar 클래스의 get(), set() 에 사용되는 static 상수

필드	의미	필드	의미
YEAR	년도	DAY_OF_MONTH	한 달의 날짜
MONTH	달(0~11)	DAY_OF_WEEK	한 주의 요일
HOUR	시간(0~11)	AM_PM	오전인지 오후인지 구분
HOUR_OF_DAY	24시간을 기준으로 한 시간	MINUTE	분
SECOND	초	MILLISECOND	밀리초

Calendar 객체 생성 – 현재 날짜와 시간

getInstance()

Calendar 클래스는 추상 클래스이므로, new Calendar()를 사용하지 않고 getInstance() 메소드를 통해 다음과 같이 Calendar 객체를 생성한다.

```
Calendar now = Calendar.getInstance();
```

getInstance()가 리턴한 now 객체는 현재 날짜와 시간 정보를 가진다. now를 이용하여 현재의 년도와 달, 시간 정보를 알아낼 수 있다.

날짜와 시간 알아내기

get()

Calendar 객체에서 날짜와 시간을 알아내기 위해서는 get() 메소드에 〈표 6-11〉의 필드를 이용한다. 예들 들면, 현재의 년도와 달은 다음과 같이 알아낸다.

```
int year = now.get(Calendar.YEAR);          // 현재 년도
int month = now.get(Calendar.MONTH) + 1;    // 현재 달
```

get(Calendar.MONTH)는 1월 달이면 0을 리턴하기 때문에 month에 1을 더한다. 날짜와 시간의 다른 요소도 마찬가지 방법으로 알아낼 수 있다. Calendar 클래스에는 요일, 월 등을 구분하는 많은 상수들이 있다. SUNDAY에서 SATURDAY, JANUARY에서 DECEMBER까지 이들 상수와 비교하여 현재 요일과 월을 구분하면 된다. 예제 6-11을 통해 확인하기 바란다.

날짜와 시간 설정하기

set()

set() 메소드는 Calendar 객체에 날짜와 시간을 설정하는 메소드이다. 다음은 Calendar 객체에 처음으로 이성 친구와 데이트한 날짜와 시간을 저장한다.

```
Calendar firstDate = Calendar.getInstance();
firstDate.clear();      // 현재 날짜와 시간 정보를 모두 지운다.
firstDate.set(2016, 11, 25);                  // 2016년 12월 25일. 12월은 11로 설정
firstDate.set(Calendar.HOUR_OF_DAY, 20);      // 저녁 8시로 설정
firstDate.set(Calendar.MINUTE, 30);           // 30분으로 설정
```

Calendar를 활용하여 현재 날짜와 시간 알아내기/날짜 시간 설정하기 예제 6-11

Calendar를 이용하여 현재 날짜와 시간을 알아내는 방법과 개발자가 저장하고자 하는 날짜와 시간을 기억하는 방법을 알아본다.

```
import java.util.Calendar;
public class CalendarEx {
  public static void printCalendar(String msg, Calendar cal) {
      int year = cal.get(Calendar.YEAR);
      int month = cal.get(Calendar.MONTH) + 1; // get()은 0~30까지의 정수 리턴
      int day = cal.get(Calendar.DAY_OF_MONTH);
      int dayOfWeek = cal.get(Calendar.DAY_OF_WEEK);
      int hour = cal.get(Calendar.HOUR);
      int hourOfDay = cal.get(Calendar.HOUR_OF_DAY);
      int ampm = cal.get(Calendar.AM_PM);
      int minute = cal.get(Calendar.MINUTE);
      int second = cal.get(Calendar.SECOND);
      int millisecond = cal.get(Calendar.MILLISECOND);
      System.out.print(msg + year + "/" + month + "/" + day + "/");

      switch(dayOfWeek) {
         case Calendar.SUNDAY : System.out.print("일요일"); break;
         case Calendar.MONDAY : System.out.print("월요일"); break;
         case Calendar.TUESDAY : System.out.print("화요일"); break;
         case Calendar.WEDNESDAY : System.out.print("수요일"); break;
         case Calendar.THURSDAY : System.out.print("목요일"); break;
         case Calendar.FRIDAY: System.out.print("금요일"); break;
         case Calendar.SATURDAY : System.out.print("토요일"); break;
      }
      System.out.print("("+ hourOfDay + "시)");
      if(ampm == Calendar.AM)
       System.out.print("오전");
      else
       System.out.print("오후");

      System.out.println(hour + "시 " + minute + "분 " + second + "초 " +
```

```
                                        millisecond + "밀리초");
    }

    public static void main(String[] args) {
        Calendar now = Calendar.getInstance();
        printCalendar("현재 ", now);

        Calendar firstDate = Calendar.getInstance();
        firstDate.clear();
        firstDate.set(2016, 11, 25); // 2016년 12월 25일. 12월을 표현하기 위해
                                        month에 11로 설정
        firstDate.set(Calendar.HOUR_OF_DAY, 20); // 저녁 8시
        firstDate.set(Calendar.MINUTE, 30); // 30분
        printCalendar("처음 데이트한 날은 ", firstDate);
    }
}
```

실행 결과

```
현재 2017/3/29/수요일(19시)오후7시 59분 51초 892밀리초
처음 데이트한 날은 2016/12/25/일요일(20시)오후8시 30분 0초 0밀리초
```

요약 SUMMARY

- 패키지란 클래스 또는 인터페이스들을 서로 관련 있는 것들끼리 묶어 놓은 것이다.
- 모듈은 재사용을 위해 디자인된 패키지들을 묶어놓은 것이다.
- 패키지 간의 접근에 제한을 두어 패키지 간 무단 접근을 방지할 수 있다.
- 패키지를 활용하여 불필요한 코딩 작업을 줄여 소프트웨어의 재사용성을 높여준다.
- 자바 소스 파일의 첫 줄에 package 키워드를 이용하여 클래스가 어떤 패키지에 속할지 선언한다. 다음 코드가 컴파일되면 Hello.class는 lib 패키지(lib 디렉터리)에 저장된다.

```
package lib;
public class Hello {...}
```

- 패키지 선언문이 없는 경우 클래스는 기본 패키지에 속하며, 현재 디렉터리에 저장된다.
- 다른 패키지의 클래스를 사용할 때는 import 문을 이용하여 클래스의 경로명을 지정한다.

```
import lib.Hello; // Hello 클래스의 경로명 지정
System.out.println(Hello.sum(1, 2));
```

- 한 패키지의 여러 클래스의 경로명을 한 번에 지정하려면, import 패키지.*;로 하면 된다.
- 자바에서는 다양한 클래스들을 패키지로 묶은 표준 패키지를 제공한다.
- Object 클래스는 java.lang 패키지에 포함되어 있으며 개발자가 작성하는 모든 클래스는 묵시적으로 Object를 상속받는다.
- Object 클래스에는 toString() 메소드가 있으며, 개발자는 클래스에 이를 오버라이딩하여 객체를 문자열로 리턴할 수 있다.
- == 연산자는 두 레퍼런스가 같은 지 비교하며, 각 레퍼런스가 가리키는 객체의 내용이 같은지 비교하려면, 클래스 내에 equals() 메소드를 작성해야 한다.
- 자바는 int, char 등 기본 타입의 값을 객체로 다룰 수 있도록 Wrapper 클래스를 제공한다. Wrapper 클래스에는 Byte, Short, Integer, Long, Character, Float, Double, Boolean이 있다. 기본 타입의 값을 Wrapper 객체로 바꾸는 것은 박싱, 그 반대를 언박싱이라고 부른다.
- String은 문자열을 쉽게 다루도록 지원하는 클래스이다. 하지만, 한 번 만들어진 문자열(String 객체)은 변경할 수 없다.
- StringBuffer 클래스는 변경가능한 문자열을 다루는데 이용되며, StringTokenizer 클래스는 문자열을 분할하는데 매우 유용하다.
- Math 클래스는 다양한 산술 연산 메소드를 제공하며, Calendar 클래스는 시간, 날짜 등의 정보를 저장하고 나타내는데 활용된다. Calendar 객체로 현재 시간을 알아낼 수도 있다.

영문자 히스토그램 만들기

Open Challenge

목적

String, StringBuffer, Scanner 다루기

텍스트를 키보드로 입력받아 알파벳이 아닌 문자는 제외하고 영문자 히스토그램을 만들어보자. 대문자와 소문자는 모두 같은 것으로 간주하고, 세미콜론(;)만 있는 라인을 만나면 입력의 끝으로 해석한다. 난이도 7

```
영문 텍스트를 입력하고 세미콜론을 입력하세요.
It's now or never, come hold me tight
Kiss me my darling, be mine tonight
Tomorrow will be too late
It's now or never, my love won't wait
When I first saw you, with your smile so tender
My heart was captured, my soul surrendered
I spent a lifetime, waiting for the right time
Now that your near, the time is here, at last
It's now or never, come hold me tight
Kiss me my darling, be mine tonight
Tomorrow will be too late
It's now or never, my love won't wait.
;

히스토그램을 그립니다.
A----------------
B----
C---
D--------
E-------------------------------------------
F---
G--------
H--------------
I-------------------------------
J
K--
L----------------
M--------------------
N-----------------------
O-----------------------------------
P--
Q
R---------------------------
S------------------
T---------------------------------------
U------
V------
W------------------
X
Y---------
Z
```

키보드로 입력한 텍스트, 키 입력을 쉽게 하려면 텍스트를 복사하여 붙여넣기하면 된다.

세미콜론(;)과 <Enter> 키를 입력하면 입력 끝으로 처리

힌트

키보드로부터 텍스트를 입력받아 하나의 문자열로 리턴하는 코드는 다음을 이용하라. 이 코드는 한 라인이 세미콜론(;)과 <Enter> 키로 입력되면, 입력이 끝난 것으로 판단한다.

```
String readString() {
    StringBuffer sb = new StringBuffer(); // 키 입력을 받을 스트링버퍼 생성
    Scanner scanner = new Scanner(System.in);
    while(true) {
        String line = scanner.nextLine(); // 텍스트 한 라인을 읽는다.
        if(line.equals(";")) // ';'만 있는 라인이면
            break; // 입력 끝
        sb.append(line); // 읽은 라인 문자열을 스트링버퍼에 추가한다.
    }
    return sb.toString(); // 스트링버퍼의 문자열을 스트링으로 리턴
}
```

어떤 글자가 가장 많이
있는지 알려면
히스토그램을 만들어야 해.

연습문제

EXERCISE

이론문제

• 홀수 문제는 정답이 공개됩니다.

1. import에 대한 다음 질문에 답하라.
   (1) import 문은 언제 사용하며, import 문이 의미하는 바는 무엇인가?
   (2) import java.util.Random;과 import java.util.*;의 의미는 각각 무엇인가?
   (3) import 문을 사용하지 않고도 자바 프로그램을 작성할 수 있는가?
   (4) 어떤 패키지에 속한 클래스는 import 문 없이도 사용할 수 있는가?

2. 패키지에 대한 설명 중 잘못된 것은?
   ① package 키워드를 이용하여 패키지를 선언한다.
   ② 서로 관련된 클래스와 인터페이스들을 하나의 디렉터리에 묶어 놓은 것이다.
   ③ 패키지는 컴파일된 클래스 파일들을 저장하는 위치를 지정한다.
   ④ 자바 JDK는 클래스들을 모두 하나의 패키지에 담아 제공한다.

[3-4] 다음은 코드와 실행 결과이다.

```
import java.util.StringTokenizer;
public class Example {
    public static void main(String[] args) {
        StringTokenizer st = new StringTokenizer("a=3,b=5,c=6", ",");
        while (st.hasMoreTokens())
            System.out.println(st.nextToken());
    }
}
```

```
a=3
b=5
c=6
```

3. import 문을 사용하지 않도록 Example 클래스를 다시 작성하라.

4. 다음과 같이 출력되도록 코드를 수정하라.

```
a
3
b
5
c
6
합은 14
```

5. 다음 물음에 답하라.

(1) 다음 클래스를 device 패키지에 속하게 하고자 한다. 빈칸에 적합한 코드를 작성하라.

```
________________________;
public class TV {
    private int size;
    public TV(int size) { this.size = size; }
}
```

(2) 앞에서 작성한 TV 클래스를 활용하는 Home 클래스를 작성한다. Home 클래스를 app 패키지에 저장하고자 할 때 빈칸에 적합한 코드를 작성하라.

```
________________________;
________________________;
public class Home {
    public Home() { TV myTv = new TV(65); }
}
```

(3) TV 클래스와 Home 클래스를 컴파일한 TV.class와 Home.class의 경로명은?

6. Wrapper 클래스에 대한 질문이다. 다음 물음에 답하여라.

(1) 정수 20을 문자열 변수 s1에 "20"으로 저장하는 코드를 작성하라.

(2) 문자열 "35.9"를 double 타입 변수 d에 실수 값 35.9로 저장하는 코드를 작성하라.

(3) "true" 문자열을 boolean 타입 변수 b에 불린 값 true로 저장하는 코드를 작성하라.

(4) 정수 30을 이진수의 문자열로 변환하여 s2에 저장하는 한 줄의 코드를 작성하라.

(5) 문자 'c'를 문자열 "c"로 변환하여 변수 c에 저장하는 한 줄의 코드를 작성하라.

7. 다음 코드의 실행 결과와 실행 결과의 이유를 말하라.

```
String a = "가나다라";
System.out.println(a == "가나다라");
String b = new String(a);
System.out.println(a == b);
```

8. 다음 코드가 실행된 후 a, b, c 문자열은 무엇인가?

```
String a = new String("     Oh, Happy    ");
String b = a.trim();
String c = b.concat(" Day.");
```

9. 다음 코드에 대해 물음에 답하여라.

```
String a = "Hello";
String b = "Hello";
String c = "Java";
String d = new String("Hello");
String e = new String("Java");
String f = new String("Java");
```

(1) a와 == 연산을 수행하였을 때 true가 되는 문자열을 b~f 중 모두 골라라.
(2) f와 equals() 연산을 수행하였을 때 true가 되는 문자열을 a~e 중 모두 골라라.

10. 다음 중 자동 박싱과 자동 언박싱이 있는 부분을 파악하라.
(1) Double PI = 3.14;
(2) double pi = PI;
(3) System.out.println(3 + Integer.valueOf(5));
(4) if('c' == Character.valueOf('c'))

11. 100에서 255까지(255 포함)의 난수를 10개 발생시키는 코드이다.

```
for(int i=0; i<10; i++) {
    System.out.print(________________________________);
    System.out.print(" ");
}
```

```
192 207 131 249 204 120 132 207 194 236
```

(1) Math 클래스를 활용하여 빈칸에 적절한 코드를 작성하라.
(2) Random 클래스로 난수를 발생시키도록 코드 전체를 재작성하라.

12. 다음은 2020년 12월 25일의 약속을 저장하기 위해 Calendar 클래스를 활용하는 코드이다. 주석문에 맞도록 코드를 작성하라.

```
Calendar date = ______________ ; // Calendar 객체 생성
date. ______________________ ; // 현재 Calendar 객체에 저장된 정보를 모두 지운다.
date. ______________________ ; // Calendar 객체에 2020년의 년도 저장
date. ______________________ ; // Calendar 객체에 12월의 달 저장
date. ______________________ ; // Calendar 객체에 25일의 날짜 저장
System.out.println("약속 날짜는 " + date. ____________ + "년 " +
        (date. __________ + 1) + "월 " + date. ____________ + "일");
```

```
약속 날짜는 2020년 12월 25일
```

실습문제

• 홀수 문제는 정답이 공개됩니다.

1. 다음 main()이 실행되면 아래 예시와 같이 출력되도록 MyPoint 클래스를 작성하라.

난이도 4

목적 클래스, 생성자, toString(), equals() 만들기

```
public static void main(String [] args) {
    MyPoint p = new MyPoint(3, 50);
    MyPoint q = new MyPoint(4, 50);
    System.out.println(p);
    if(p.equals(q))
        System.out.println("같은 점");
    else
        System.out.println("다른 점");
}
```

```
Point(3,50)
다른 점
```

목적 클래스, 생성자, toString(), equals() 만들기

2. 중심을 나타내는 정수 x, y와 반지름 radius 필드를 가지는 Circle 클래스를 작성하고자 한다. 생성자는 3개의 인자(x, y, radius)를 받아 해당 필드를 초기화하고, equals() 메소드는 두 개의 Circle 객체의 중심이 같으면 같은 것으로 판별하도록 한다. 난이도 4

```
public static void main(String[] args) {
    Circle a = new Circle(2,3,5); // 중심 (2,3)에 반지름 5인 원
    Circle b = new Circle(2,3,30); // 중심 (2,3)에 반지름 30인 원
    System.out.println("원 a : " + a);
    System.out.println("원 b : " + b);
    if(a.equals(b))
        System.out.println("같은 원");
    else
        System.out.println("서로 다른 원");
}
```

```
원 a : Circle(2,3)반지름5
원 b : Circle(2,3)반지름30
같은 원
```

목적 2개의 패키지 만들기, package와 import 연습

3. 다음 코드를 수정하여, Calc 클래스는 etc 패키지에, MainApp 클래스는 main 패키지로 분리 작성하라. 난이도 4

```
class Calc {
    private int x, y;
    public Calc(int x, int y) { this.x = x; this.y = y; }
    public int sum() { return x+y; }
}

public class MainApp {
    public static void main(String[] args) {
        Calc c = new Calc(10, 20);
        System.out.println(c.sum());
    }
}
```

4. 다음 코드를 수정하여 Shape 클래스는 base 패키지에, Circle 클래스는 derived 패키지에, GraphicEditor 클래스는 app 패키지에 분리 작성하라. 난이도 5

목적 3개의 패키지 만들기, package와 import 연습

```java
class Shape {
    public void draw() { System.out.println("Shape"); }
}
class Circle extends Shape {
    public void draw() { System.out.println("Circle"); }
}
public class GraphicEditor {
    public static void main(String[] args) {
        Shape shape = new Circle();
        shape.draw();
    }
}
```

5. Calendar 객체를 생성하면 현재 시간을 알 수 있다. 프로그램을 실행한 현재 시간이 새벽 4시에서 낮 12시 이전이면 "Good Morning"을, 오후 6시 이전이면 "Good Afternoon"을, 밤 10시 이전이면 "Good Evening"을, 그 이후는 "Good Night"을 출력하는 프로그램을 작성하라. 난이도 5

목적 Calendar 객체 다루기

```
현재 시간은 10시 22분입니다.
Good Morning
```

6. 경과시간을 맞추는 게임을 작성하라. 다음 예시를 참고하면, <Enter> 키를 입력하면 현재 초 시간을 보여주고 여기서 10초에 더 근접하도록 다음 <Enter> 키를 입력한 사람이 이기는 게임이다. 난이도 6

목적 Calendar로 현재 시간 알아내기, Math.abs() 사용, 객체 만들기

```
10초에 가까운 사람이 이기는 게임입니다.
황기태 시작 <Enter>키>>     <Enter> 키
    현재 초 시간 = 42
10초 예상 후 <Enter>키>>    <Enter> 키
    현재 초 시간 = 50
이재문 시작 <Enter>키>>     <Enter> 키
    현재 초 시간 = 51
10초 예상 후 <Enter>키>>    <Enter> 키
    현재 초 시간 = 4
황기태의 결과 8, 이재문의 결과 13, 승자는 황기태
```

힌트 <Enter> 키를 입력받기 위해서는 Scanner.nextLine()을 호출하면 된다.

목적 Scanner의 nextLine()과 String 클래스 연습

7. Scanner를 이용하여 한 라인을 읽고, 공백으로 분리된 어절이 몇 개 들어 있는지 "그만"을 입력할 때까지 반복하는 프로그램을 작성하라. 난이도 4

```
>>I love Java.
어절 개수는 3
>>자바는 객체 지향 언어로서 매우 좋은 언어이다.
어절 개수는 7
>>그만
종료합니다...
```

(1) StringTokenizer 클래스를 이용하여 작성하라.
(2) String 클래스의 split() 메소드를 이용하여 작성하라.

힌트 Scanner.nextLine()을 이용하면 빈칸을 포함하여 한 번에 한 줄을 읽을 수 있다.

목적 String 클래스 연습, substring() 메소드 활용

8. 문자열을 입력받아 한 글자씩 회전시켜 모두 출력하는 프로그램을 작성하라. 난이도 5

```
문자열을 입력하세요. 빈칸이나 있어도 되고 영어 한글 모두 됩니다.
I Love you
 Love youI
Love youI
ove youI L
ve youI Lo
e youI Lov
 youI Love
youI Love
ouI Love y
uI Love yo
I Love you
```

힌트 Scanner.nextLine()을 이용하면 빈칸을 포함하여 한 번에 한 줄을 읽을 수 있다.

9. 철수와 컴퓨터의 가위바위보 게임을 만들어보자. 가위, 바위, 보는 각각 1, 2, 3 키이다. 철수가 키를 입력하면, 동시에 프로그램도 Math.Random()을 이용하여 1, 2, 3 중에 한 수를 발생시키고 이것을 컴퓨터가 낸 것으로 한다. 그런 다음 철수와 컴퓨터 중 누가 이겼는지 판별하여 승자를 출력하라. 난이도 7

목적 응용프로그램 완성

```
철수[가위(1), 바위(2), 보(3), 끝내기(4)]>>1
철수(가위) : 컴퓨터(바위)
컴퓨터가 이겼습니다.
철수[가위(1), 바위(2), 보(3), 끝내기(4)]>>3
철수(보) : 컴퓨터(바위)
철수가 이겼습니다.
철수[가위(1), 바위(2), 보(3), 끝내기(4)]>>4
```

10. 갬블링 게임을 만들어보자. 두 사람이 게임을 진행한다. 이들의 이름을 키보드로 입력받으며 각 사람은 Person 클래스로 작성하라. 그러므로 프로그램에는 2개의 Person 객체가 생성되어야 한다. 두 사람은 번갈아 가면서 게임을 진행하는데 각 사람이 자기 차례에서 <Enter> 키를 입력하면, 3개의 난수가 발생되고 이 숫자가 모두 같으면 승자가 되고 게임이 끝난다. 난수의 범위를 너무 크게 잡으면 3개의 숫자가 일치하게 나올 가능성이 적기 때문에 숫자의 범위는 1~3까지로 한다. 난이도 7

목적 응용프로그램 완성

```
1번째 선수 이름>>수희
2번째 선수 이름>>연수
[수희]:<Enter>  <Enter> 키 입력
        3  1  1  아쉽군요!
[연수]:<Enter>
        3  1  3  아쉽군요!
[수희]:<Enter>
        2  2  1  아쉽군요!
[연수]:<Enter>
        1  1  2  아쉽군요!
[수희]:<Enter>
        3  3  3  수희님이 이겼습니다!
```

목적 StringBuffer 클래스 활용

11. StringBuffer 클래스를 활용하여 명령처럼 문자열을 수정하라. 아래 실행 예시에서 love!LOVE는 love를 찾아 LOVE로 수정하라는 명령이다. 첫 번째 만난 문자열만 수정한다. 난이도 6

```
>>우리는 love Java Programming.
명령: 우리는!We  ← "우리는"을 "We"로 수정하는 명령
We love Java Programming.
명령: LOV!사랑
찾을 수 없습니다!
명령: !Java
잘못된 명령입니다!
명령: love!LOVE
We LOVE Java Programming.
명령: 그만  ← "그만"이 입력되면 프로그램 종료
종료합니다
```

목적 객체 배열, Math.random()을 이용한 종합 응용

12. 문제 10의 갬블링 게임을 n명이 하도록 수정하라. 실행 예시와 같이 게임에 참여하는 선수의 수를 입력받고 각 선수의 이름을 입력받도록 수정하라. 난이도 8

```
갬블링 게임에 참여할 선수 숫자>>3
1번째 선수 이름>>황
2번째 선수 이름>>이
3번째 선수 이름>>김
[황]:<Enter>  ← <Enter> 키 입력
        2   3   3   아쉽군요!
[이]:<Enter>
        1   2   2   아쉽군요!
[김]:<Enter>
        2   2   3   아쉽군요!
[황]:<Enter>
        3   2   2   아쉽군요!
[이]:<Enter>
        1   1   3   아쉽군요!
[김]:<Enter>
        2   2   1   아쉽군요!
[황]:<Enter>
        2   2   2   황님이 이겼습니다!
```

7 제네릭과 컬렉션

Objectives

- 컬렉션의 개념을 이해한다.
- 컬렉션을 구현한 클래스의 활용 방법을 안다.
- Vector<E>, ArrayList<E>, HashMap<K, V> 컬렉션을 활용할 수 있다.
- Iterator를 활용하여 컬렉션의 모든 요소를 검색할 수 있다.
- Collections 클래스를 활용할 수 있다.
- 제네릭의 개념을 이해한다.
- 제네릭 클래스와 인터페이스를 작성할 수 있다.
- 제네릭 메소드를 작성할 수 있다.

7 제네릭과 컬렉션

7.1 컬렉션과 제네릭

컬렉션의 개념

컬렉션
제네릭

컬렉션(collection)은 안드로이드를 비롯한 자바 프로그램을 작성하는데 빼놓을 수 없는 중요한 도구이다. 자바의 JDK는 소위 자료 구조 과목에서 배운 많은 자료 구조들을 컬렉션으로 만들어 제공하기 때문에 개발자는 이 장을 잘 이해할 필요가 있다. 또한 컬렉션은 제네릭(generics)이라는 기법으로 구현되어 있기 때문에 컬렉션을 공부하기 위해서는 제네릭에 대한 공부도 필요하다.

배열은 여러 개의 데이터를 다루는 데 편리한 자료 구조이지만, 삽입 삭제가 빈번하고, 데이터의 크기를 예측할 수 없는 응용프로그램에서 사용하기에는 불편하다. 예를 들어 많은 사람의 이름과 전화번호를 저장되고 삽입 삭제가 빈번한 전화번호부 관리 프로그램, 선, 원, 타원, 사각형 등 빈번한 도형 생성과 삭제를 관리하는 그래픽 편집기, 블록들이 새로 생성되고 움직이며 위치를 바꾸고 어떤 조건을 만나면 사라지기도 하는 테트리스 게임 등에 고정 크기의 배열을 사용한다면 프로그램 작성에 상당한 어려움을 겪을 것이다.

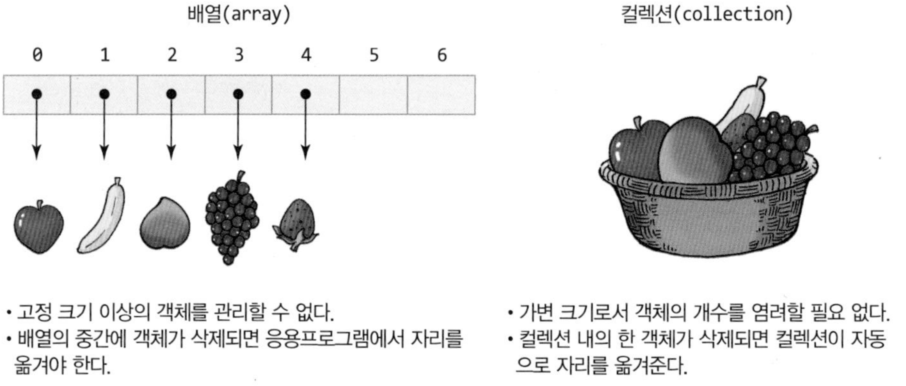

배열(array)
0 1 2 3 4 5 6
컬렉션(collection)
• 고정 크기 이상의 객체를 관리할 수 없다.
• 배열의 중간에 객체가 삭제되면 응용프로그램에서 자리를 옮겨야 한다.
• 가변 크기로서 객체의 개수를 염려할 필요 없다.
• 컬렉션 내의 한 객체가 삭제되면 컬렉션이 자동으로 자리를 옮겨준다.

[그림 7-1] 배열과 컬렉션의 개념 차이

컬렉션은 배열이 가진 고정 크기의 단점을 극복하기 위해 객체들을 쉽게 삽입, 삭제, 검색할 수 있는 가변 크기의 컨테이너(container)이다. [그림 7-1]은 배열과 컬렉션의 개념적 차이를 비교하여 보여준다.

컬렉션을 위한 자바 인터페이스와 클래스

java.util 패키지는 다양한 컬렉션 인터페이스와 컬렉션 클래스를 제공한다. 핵심적인 컬렉션 인터페이스와 클래스를 정리하면 [그림 7-2]와 같다.

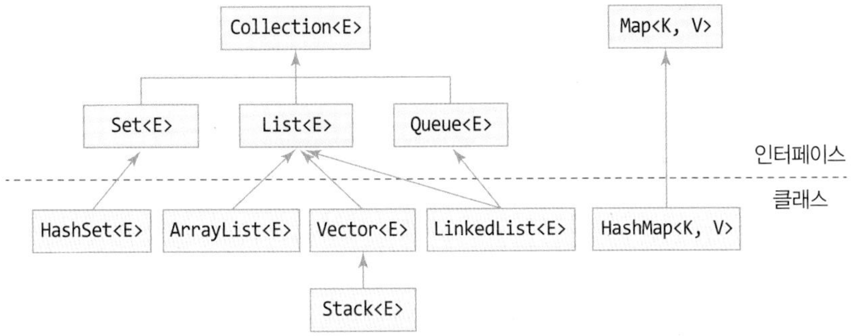

[그림 7-2] 컬렉션 인터페이스와 클래스

컬렉션 클래스는 개발자가 바로 사용할 수 있는 것들로서, Vector<E>와 ArrayList<E>는 가변 크기의 배열을 구현하며, LinkedList<E>는 노드들이 링크로 연결되는 리스트를 구현한다. Stack<E>는 스택을 구현하며, HashSet<E>은 집합을 구현한다. 이들은 모두 Collection<E>를 상속받고, 단일 클래스의 객체만을 요소로 다루는 공통점이 있다.

이와 달리 HashMap<K, V>는 '키(K)'와 '값(V)'의 쌍으로 이루어지는 데이터를 저장하고, '키'로 쉽게 검색하도록 만든 컬렉션이다.

컬렉션의 특징

컬렉션을 이해하기 위해 컬렉션의 중요한 특징을 알아보자.

첫째, 컬렉션은 제네릭(generics)이라는 기법으로 만들어져 있다. 컬렉션 클래스의 이름에는 [그림 7-2]와 같이 <E>, <K>, <V> 등이 항상 포함된다. 이들은 '타입 매개변수'라고 하며, Vector<E>에서 E 대신 Integer와 같이 구체적인 타입을 지정하면, Vector<Integer>는 정수 값만 저장하는 벡터로, Vector<String>은 문자열만 저장하는 벡터로 사용할 수 있다. 특정 타입만 다루지 않고 여러 종류의 타입으로 변신할 수 있도록, 컬렉션을 일반화시키기 위해 <E>를 사용하는 것이다. 그러므로 E를 일반화시

제네릭
타입 매개변수

킨 타입 혹은 제네릭 타입(generic type)이라고 부른다. 컬렉션은 여러 타입의 값을 다룰 수 있도록 변신이 가능한 자료 구조이지만, 컬렉션을 사용할 때는 지정된 특정 타입의 값만 저장 가능하다.

객체들만 가능

둘째, 컬렉션의 요소는 객체들만 가능하다. int, char, double 등의 기본 타입의 데이터는 원칙적으로 컬렉션의 요소로 불가능하다. 다음 코드를 참고하라.

오류
```
Vector<int> v = new Vector<int>();          // 컴파일 오류. int는 사용 불가
Vector<Integer> v = new Vector<Integer>(); // 정상 코드
```

하지만, 기본 타입의 값이 삽입되면 자동 박싱(auto boxing)에 의해 Wrapper 클래스 타입으로 변환되어 객체로 저장한다. 자동 박싱은 6.6절을 참고하기 바란다.

제네릭의 기본 개념

템플릿
일반화(generic)

제네릭(generics)은 JDK 1.5 버전부터 도입되었다. 제네릭은 모든 종류의 타입을 다룰 수 있도록, 클래스나 메소드를 타입 매개변수(generic type)를 이용하여 선언하는 기법이다. 자바의 제네릭은 C++의 템플릿(template)과 동일하다. 템플릿이란 국어사전에서 '형판'이란 뜻이다. 다른 말로 '본 떠 찍어내기 위해 만들어진 틀'이다. 자바의 제네릭은 클래스 코드를 찍어내듯이 생산할 수 있도록 일반화(generic)시키는 도구이다.

Stack<E> 클래스의 예를 들어보자. Stack<E> 클래스는 제네릭 타입 <E>를 가진 제네릭 클래스이며 그 모양은 다음과 같고, **[그림 7-3]**은 JDK의 API 레퍼런스 페이지를 캡처한 내용이다.

```
class Stack<E> {
    ...
    void push(E element) { ... }
    E pop() { ... }
    ...
}
```

구체화

Stack<E>에서 E에 구체적인 타입을 지정하면, 지정된 타입만 다룰 수 있는 구체화된(specialized) 스택이 된다. 예를 들어, Stack<Integer>는 Integer 타입만 다루는 스택이 되고, Stack<Point>는 Point 타입의 객체만 푸시(push)하고 팝(pop)할 수 있는 스택이 된다. **[그림 7-4]**는 제네릭 Stack<E>를 구체화한 사례를 보여준다.

7.3절에서는 개발자가 스스로 제네릭 클래스나 제네릭 메소드를 만드는 방법을 소개한다. 개발자가 필요한 웬만한 컬렉션 클래스들은 이미 JDK에 제네릭으로 만들어져 있기 때문에, JDK에 있는 컬렉션을 사용하는 방법을 아는 것이 보다 바람직하다.

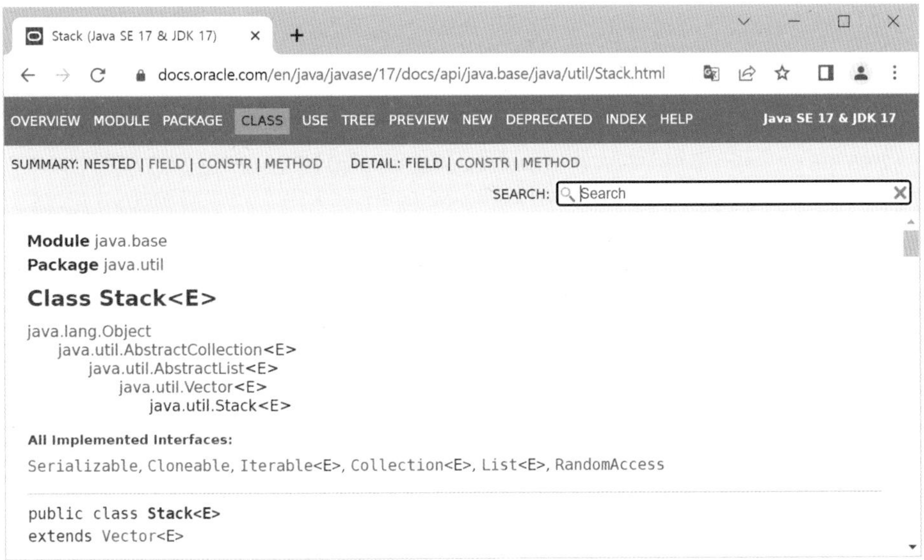

[그림 7-3] 제네릭 Stack<E> 클래스

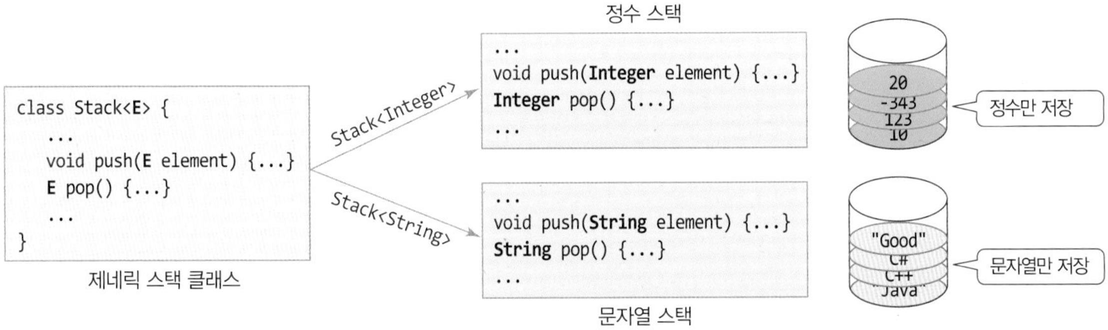

[그림 7-4] 제네릭 Stack<E>를 특정 타입으로 구체화(specialization)한 경우

제네릭 타입 매개변수

컬렉션 클래스에서 타입 매개변수로 사용하는 문자는 다른 변수와 혼동을 피하기 위해 일반적으로 하나의 대문자를 사용한다. 다음은 관례적으로 사용하는 문자이다.

하나의 대문자

- E: Element를 의미하며 컬렉션에서 요소임을 나타냄
- T: Type을 의미
- V: Value를 의미
- K: Key를 의미

잠깐!

2000년도 초반부터 제네릭 프로그래밍(generic programming)이라는 새로운 프로그래밍 패러다임이 도입되었다. 동일한 프로그램 코드에 다양한 데이터 타입을 적용할 수 있도록 클래스와 함수들을 일반화시켜 제네릭 함수와 제네릭 클래스를 만들고, 제네릭 함수나 제네릭 클래스에 개발자가 원하는 데이터 타입으로 구체화시켜 함수나 클래스의 프로그램 코드를 틀에서 찍어내는 듯이 생산하는 기법이다.

C++의 경우 제네릭은 템플릿(template)으로도 불리는데, 2003년 C++ 표준위에서는 입출력 라이브러리를 모두 제네릭 클래스와 제네릭 함수로 표준화하였으며, 자바의 컬렉션에 해당하는 컨테이너, 알고리즘 등을 일반화시킨 라이브러리를 STL(Standard Template Library)로 제공하는 등 대부분의 C++ 라이브러리는 제네릭으로 구성되어 있다.

자바는 뒤이어 2004년 JDK 1.5 beta 버전에서부터 제네릭을 도입하였다. 제네릭은 현재, 자바뿐만 아니라 C++, C#, Visual Basic, Delphi 등 다양한 언어에 도입되어 있으며, 점점 그 사용이 확산되고 있다. 개발자들은 더 이상 지체하지 말고 제네릭 개념과 제네릭을 이용한 제네릭 프로그래밍을 학습하기 바란다.

스택, 큐, 리스트, 링크드 리스트, 벡터, 해시맵, 셋(set) 등 웬만한 자료 구조나 알고리즘은 대부분의 언어에서 제네릭으로 구현되어 있기 때문에, 개발자의 입장에서 이들을 잘 알고 잘 사용하여 프로그래밍 생산성을 높이는 것이 좋을 듯하다.

CHECK TIME

1. 컬렉션이 배열보다 좋은 점은 무엇인가?

2. 다음 중 컬렉션이 아닌 것은?

   ① Vector　② ArrayList　③ StringBuffer　④ HashMap

3. 아래 빈칸에 적절한 말을 넣어라.

   Stack<E>는 스택을 일반화시킨 ________으로서 E를 ________라고 부르며, E에 Integer, String, Point 등 특정 타입을 지정하여 특정 타입만 다루는 스택을 만들 수 있다. 예를 들어, Stack<E>가 실수만 다루는 스택이 되도록 구체화하면 __________로 표현한다.

7.2 제네릭 컬렉션 활용

Vector〈E〉

Vector<E>

Vector<E>(이하 Vector 또는 벡터)는 배열을 가변 크기로 다룰 수 있게 하고, 객체의 삽입, 삭제, 이동이 쉽도록 구성한 컬렉션 클래스이다. 벡터는 삽입되는 요소의 개수에 따라 자동으로 크기를 조절하고, 요소의 삽입과 삭제에 따라 자동으로 요소들의 자리를 이동한다. 〈표 7-1〉은 Vector<E> 컬렉션의 주요 메소드를 보여준다.

● 벡터 생성

벡터를 생성할 때, Vector<E>의 E에 요소로 사용할 타입을 지정해야 한다. 예를 들어, 정수 값만 삽입 가능한 벡터를 만들고자 하면 다음과 같이 E에 Integer를 지정하여 벡터를 생성한다.

```
Vector<Integer> v = new Vector<Integer>();
```

벡터 v는 [그림 7-5]와 같이 구성되며, int, char, double 등의 기본 타입은 E에 사용할 수는 없다.

오류
```
Vector<int> v = new Vector<int>();          // 오류. int는 사용 불가
```

레퍼런스 변수 선언과 벡터 생성을 분리하여 코드를 만들 수 있으며, 문자열만 다루는 벡터는 다음과 같이 생성할 수 있다.

```
Vector<String> stringVector;                // 제네릭 컬렉션에 대한 레퍼런스 변수 선언
StringVector = new Vector<String>();        // 문자열 벡터 생성
```

만일 Vector<E>에서 E에 구체적인 타입을 지정하지 않고 Vector로만 사용하면, 컴파일러가 [그림 7-6]과 같은 경고 메시지를 출력한다.

개발자는 생성된 벡터의 용량을 굳이 알 필요 없다. 컬렉션은 자신의 용량을 스스로 조절하기 때문이다. 만일, 용량을 초기에 설정하고자 한다면 다음과 같이 생성자에 용량을 지정하면 된다.

```
Vector<Integer> v = new Vector<Integer>(5);    // 초기 용량이 5인 벡터 생성
```

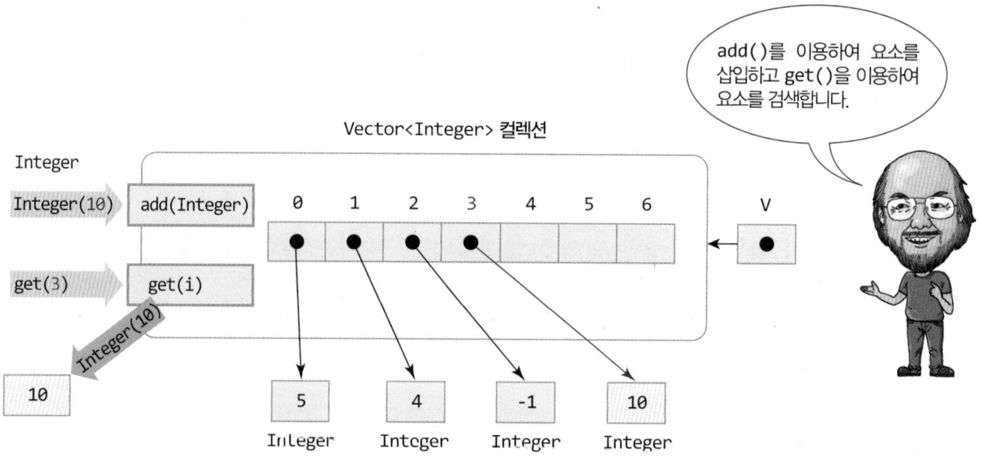

[그림 7-5] Vector<Integer> v = new Vector<Integer>() 벡터 생성

〈표 7-1〉

Vector<E> 클래스의 주요 메소드

메소드	설명
boolean add(E element)	벡터의 맨 뒤에 element 추가
void add(int index, E element)	인덱스 index에 element를 삽입
int capacity()	벡터의 현재 용량 리턴
boolean addAll(Collection<? extends E> c)	컬렉션 c의 모든 요소를 벡터의 맨 뒤에 추가
void clear()	벡터의 모든 요소 삭제
boolean contains(Object o)	벡터가 지정된 객체 o를 포함하고 있으면 true 리턴
E elementAt(int index)	인덱스 index의 요소 리턴
E get(int index)	인덱스 index의 요소 리턴
int indexOf(Object o)	o와 같은 첫 번째 요소의 인덱스 리턴, 없으면 -1 리턴
boolean isEmpty()	벡터가 비어 있으면 true 리턴
E remove(int index)	인덱스 index의 요소 삭제
boolean remove(Object o)	객체 o와 같은 첫 번째 요소를 벡터에서 삭제
void removeAllElements()	벡터의 모든 요소를 삭제하고 크기를 0으로 만듦
int size()	벡터가 포함하는 요소의 개수 리턴
Object[] toArray()	벡터의 모든 요소를 포함하는 배열 리턴

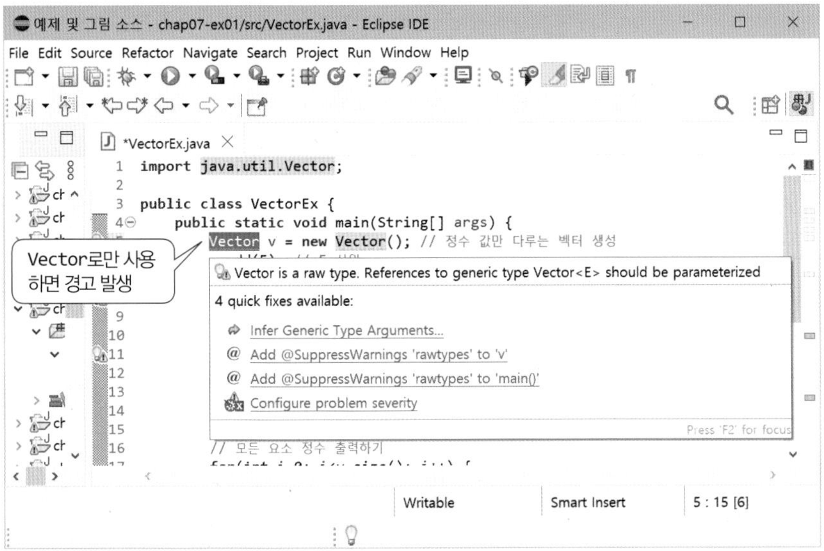

[그림 7-6] Vector<E>에 E 대신 구체적인 타입을 지정하지 않은 경우 경고 발생

● 벡터에 요소 삽입

add()

add() 메소드를 이용하면 벡터의 끝이나 중간에 요소를 삽입할 수 있다. 다음은 정수 5, 4, -1을 순서대로 벡터의 맨 뒤에 삽입하는 예로서, 정수를 Integer 객체를 만들어 삽입한다.

```
v.add(Integer.valueOf(5));
v.add(Integer.valueOf(4));
v.add(Integer.valueOf(-1));
```

자동 박싱 기능을 활용하면 앞의 코드는 다음과 같이 해도 된다.

```
v.add(5);  // 5 -> new Integer(5)로 자동 박싱됨
v.add(4);
v.add(-1)
```

자동 박싱

자동 박싱에 의해 int 타입의 정수는 자동으로 Integer 객체로 변환되어 삽입된다. 그러나 벡터 v에는 Integer 외의 다른 타입의 객체를 삽입할 수 없다. 다음은 오류 코드이다.

오류
```
v.add("hello");           // 컴파일 오류
v.add(3.5);               // 컴파일 오류
v.add(new Person());      // 컴파일 오류
```

null

벡터에는 null도 삽입할 수 있기 때문에, 벡터를 검색할 때 null이 존재할 수 있음을 염두에 두어야 한다.

```
v.add(null);
```

벡터의 중간 삽입

add()를 이용하여 벡터의 중간에 객체를 삽입할 수 있다. 예를 들어, 인덱스 2의 위치에 정수 100을 삽입하는 코드는 다음과 같다.

```
v.add(2, 100);
```

이 코드는 인덱스 2의 위치에 정수 100을 삽입하고 기존의 인덱스 2와 그 뒤에 있는 요소들을 모두 한 자리씩 뒤로 이동시킨다. 하지만, 벡터에 1개의 요소(인덱스 0의 위치)만 들어있는 상태라면 이 코드가 실행될 때 예외가 발생한다. 인덱스 1이 빈 공간이 되기 때문이다.

● 벡터 내의 요소 알아내기

get()
elementAt()

벡터 내에 존재하는 요소를 알아내기 위해서는 get()이나 elementAt() 메소드를 이용한다. 다음과 같이 벡터에 3개의 정수가 들어 있다고 하자.

```
Vector<Integer> v = new Vector<Integer>();
v.add(5);
v.add(4);
v.add(-1);
```

get()이나 elementAt() 메소드는 인자로 주어진 인덱스에 있는 Integer 객체를 리턴한다. 다음은 벡터 v의 인덱스 1 위치에 있는 정수 값을 읽는 코드이다.

```
Integer obj = v.get(1);  // 벡터의 1번째 Integer 객체를 얻어낸다.
int i = obj.intValue();   // obj에 있는 정수를 알아냄. 이 값은 4
```

앞의 두 문장은 다음 한 문장으로 써도 된다.

```
int i = v.get(1);  // 자동 언박싱
```

자동 언박싱에 의해 v.get(1)이 리턴하는 Integer 객체의 정수 값(4)이 변수 i에 저장된다.

● 벡터의 크기와 용량 알아내기

size()

벡터의 크기란 벡터에 들어 있는 요소의 개수를 말하며, 벡터의 용량이란 수용할 수 있는 크기를 말한다. 벡터의 크기는 다음과 같이 size() 메소드를 호출한다.

```
int len = v.size();  // 벡터의 크기. 벡터에 존재하는 요소 객체의 수
```

capacity()

벡터의 용량은 다음 capacity() 메소드를 호출한다.

```
int cap = v.capacity();  // 벡터의 용량
```

● 벡터에서 요소 삭제

remove()

벡터 내에 임의의 인덱스에 있는 요소를 삭제할 수 있다. 다음과 같이 remove() 메소드를 이용한다.

```
v.remove(1);  // 인덱스 1의 위치에 있는 요소 삭제
```

이 코드는 인덱스 1의 위치에 있는 요소를 삭제한다. 코드의 실행 결과 뒤에 있는 요소들이 한 자리씩 앞으로 이동한다. 다음과 같이 객체 레퍼런스를 이용하여 remove()를 호출할 수도 있다.

```
Integer m = Integer.valueOf(100); // m은 객체 레퍼런스
v.add(m);
...
v.remove(m);  // 레퍼런스 m의 요소 삭제
```

removeAllElements()

벡터의 모든 요소를 삭제하려면, 다음과 같이 removeAllElements()를 호출한다.

```
v.removeAllElements();
```

벡터를 생성하고 활용하는 코드와 과정을 **[그림 7-7]**에 자세히 표현하였다.

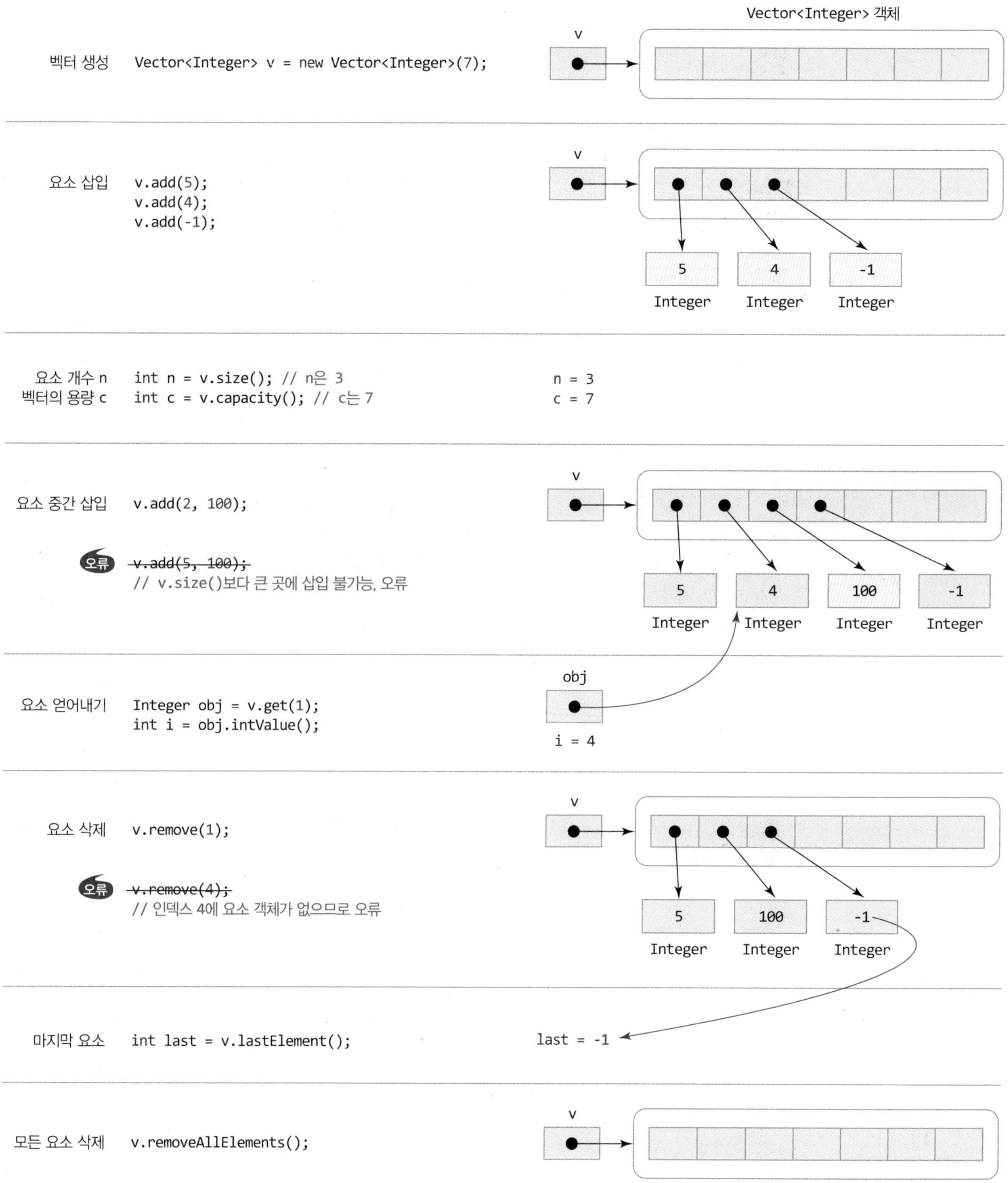

[그림 7-7] Vector<Integer> 생성 및 삽입 삭제 사례

컬렉션과 자동 박싱/언박싱

컬렉션은 객체들만 요소(element)로 다룬다고 설명하였다. 그러므로 기본 타입의 값은 Wrapper 클래스로 객체화하여 삽입한다. 다음은 정수를 Integer 객체로 만들어 저장하는 사례이다.

```
Vector<Integer> v = new Vector<Integer>();
v.add(Integer.valueOf(4));
v.add(Integer.valueOf(-1));
```

그러나 자동 박싱(auto boxing)에 의해 int 타입을 값을 사용하면 자동으로 Integer 객체로 변환되어 삽입된다. 자동 박싱을 이용하여 위 코드를 수정하면 다음과 같다.

자동 박싱

```
v.add(4);  // 정수 4가 Integer(4)로 자동 박싱됨
v.add(-1); // 정수 -1이 Integer(-1)로 자동 박싱됨
```

컬렉션으로부터 값을 얻어내는 과정에서는 자동 언박싱(auto unboxing)이 일어난다. 다음 코드는 자동 언박싱을 활용하여 벡터로부터 정수 값을 바로 얻어내는 코드이다.

자동 언박싱

```
int k = v.get(0); // k = 4
```

자동 박싱/언박싱은 모든 컬렉션 클래스에서 작동한다.

예제 7-1 정수만 다루는 Vector<Integer> 컬렉션 활용

정수만 다루는 벡터를 생성하고, 활용하는 기본 사례를 보인다.

```java
import java.util.Vector;

public class VectorEx {
   public static void main(String[] args) {
      Vector<Integer> v = new Vector<Integer>(); // 정수 값만 다루는 벡터 생성
      v.add(5); // 5 삽입
      v.add(4); // 4 삽입
      v.add(-1); // -1 삽입

      // 벡터 중간에 삽입하기
      v.add(2, 100); // 4와 -1 사이에 정수 100 삽입

      System.out.println("벡터 내의 요소 객체 수 : " + v.size()); // 크기 3
      System.out.println("벡터의 현재 용량 : " + v.capacity()); // 벡터 용량 10

      // 모든 요소 정수 출력하기
      for(int i=0; i<v.size(); i++) {
         int n = v.get(i); // 벡터의 i 번째 정수
         System.out.println(n);
      }

      // 벡터 속의 모든 정수 더하기
      int sum = 0;
      for(int i=0; i<v.size(); i++) {
         int n = v.elementAt(i); // 벡터의 i 번째 정수
         sum += n;
      }
      System.out.println("벡터에 있는 정수 합 : " + sum);
   }
}
```

실행 결과

```
벡터 내의 요소 객체 수 : 4
벡터의 현재 용량 : 10
5
4
100
-1
벡터에 있는 정수 합 : 108
```

Point 클래스만 다루는 Vector<Point> 컬렉션 활용 예제 7-2

점 (x, y)를 표현하는 Point 클래스를 만들고, Point의 객체만 다루는 벡터를 작성하라.

```java
import java.util.Vector;

class Point {
  private int x, y;
  public Point(int x, int y) {
    this.x = x; this.y = y;
  }
  public String toString() {
    return "(" + x + "," + y + ")";
  }
}

public class PointVectorEx {
  public static void main(String[] args) {
    Vector<Point> v = new Vector<Point>(); // Point 객체를 요소로 다루는 벡터 생성

    // 3 개의 Point 객체 삽입
    v.add(new Point(2, 3));
    v.add(new Point(-5, 20));
    v.add(new Point(30, -8));

    v.remove(1); // 인덱스 1의 Point(-5, 20) 객체 삭제

    // 벡터에 있는 Point 객체 모두 검색하여 출력
    for(int i=0; i<v.size(); i++) {
      Point p = v.get(i); // 벡터의 i 번째 Point 객체 얻어내기
      System.out.println(p); // p.toString()을 이용하여 객체 p 출력
    }
  }
}
```

실행 결과

```
(2,3)
(30,-8)
```

컬렉션을 매개변수로 받는 메소드 만들기

컬렉션을 매개변수로 전달받는 메소드를 선언하는 법을 알아보자. Integer 벡터를 매개변수로 받아 원소를 모두 출력하는 printVector() 메소드는 다음과 같이 작성하며,

```
public void printVector(Vector<Integer> v) {
   for(int i=0; i<v.size(); i++) {
      int n = v.get(i); // 벡터의 i 번째 정수
      System.out.println(n);
   }
}
```

이 메소드를 호출하는 코드는 다음과 같이 작성한다.

```
Vector<Integer> v = new Vector<Integer>(); // Integer 벡터 생성
printVector(v); // 메소드 호출
```

자바의 타입 추론 기능의 진화, Java 7, Java 10

다음은 제네릭 컬렉션을 사용하여 객체를 생성하는 전형적인 문법이다.

```
Vector<Integer> v = new Vector<Integer>(); // Java 7 이전
```

Java 7부터 제네릭의 객체 생성부의 <> 내(다이어몬드 연산자)에 타입 매개변수를 생략하면 컴파일러가 추론하여 타입 매개변수를 찾아주도록 하였다.

```
Vector<Integer> v = new Vector<>(); // Java 7부터
```

var 키워드

Java 10은 아예 var 키워드를 도입하여 컴파일러에게 변수 타입을 추론하도록 하는 기능을 더하였는데, var를 사용하면 앞의 코드를 다음과 같이 작성할 수 있다.

```
var v = new Vector<Integer>(); // Java 10부터
```

ArrayList<E>

ArrayList<E>

ArrayList<E>(이하 ArrayList)는 가변 크기의 배열을 구현한 컬렉션 클래스로서 경로명은 java.util.ArrayList이며, Vector 클래스와 거의 동일하다. 크게 다른 점은 ArrayList는 스레드 간에 동기화를 지원하지 않기 때문에, 다수의 스레드가 동시에

ArrayList에 요소를 삽입하거나 삭제할 때 ArrayList의 데이터가 훼손될 우려가 있다. 하지만 멀티스레드 동기화를 위한 시간 소모가 없기 때문에, ArrayList는 Vector보다 속도가 빨라, 단일 스레드 응용에는 더 효과적이다.

[그림 7-8]은 ArrayList 객체의 내부 구성을 보여준다. 내부에 배열을 가지고 있으며 이 배열을 가변 크기로 관리한다. ArrayList는 인덱스로 요소를 접근할 수 있으며, 인덱스는 0부터 시작한다. 〈표 7-2〉는 ArrayList 클래스의 주요 메소드를 보여준다.

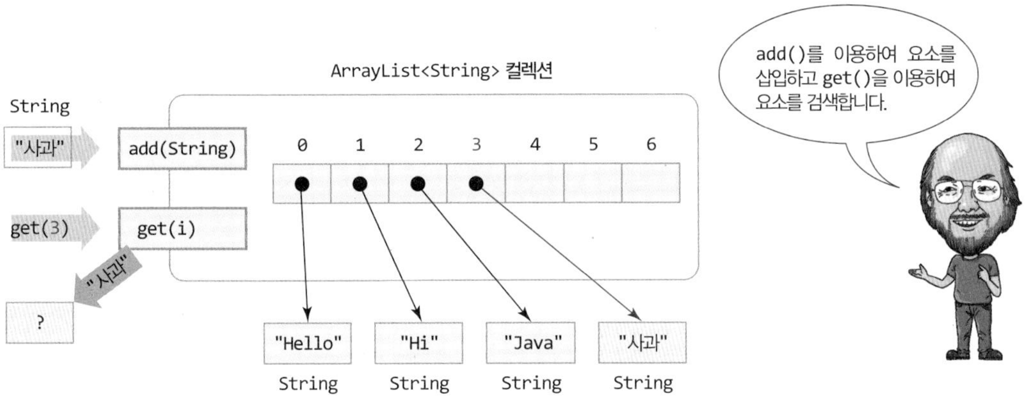

[그림 7-8] ArrayList<String> al = new ArrayList<String>() 객체의 내부 구성

〈표 7-2〉

ArrayList<E> 클래스의 주요 메소드

메소드	설명
boolean add(E element)	ArrayList의 맨 뒤에 element 추가
void add(int index, E element)	인덱스 index 위치에 element 삽입
boolean addAll(Collection<? extends E> c)	컬렉션 c의 모든 요소를 ArrayList의 맨 뒤에 추가
void clear()	ArrayList의 모든 요소 삭제
boolean contains(Object o)	ArrayList가 지정된 객체를 포함하고 있으면 true 리턴
E elementAt(int index)	index 인덱스의 요소 리턴
E get(int index)	index 인덱스의 요소 리턴
int indexOf(Object o)	o와 같은 첫 번째 요소의 인덱스 리턴, 없으면 -1 리턴
boolean isEmpty()	ArrayList가 비어있으면 true 리턴
E remove(int index)	index 인덱스의 요소 삭제
boolean remove(Object o)	o와 같은 첫 번째 요소를 ArrayList에서 삭제
int size()	ArrayList가 포함하는 요소의 개수 리턴
Object[] toArray()	ArrayList의 모든 요소를 포함하는 배열 리턴

● ArrayList의 생성

문자열만 다루는 ArrayList를 생성해보자.

```
ArrayList<String> a = new ArrayList<String>();
      // Java 7부터 ArrayList<String> a = new ArrayList<>();로 간략히 쓸 수 있음
      // Java 10부터 var a = new ArrayList<String>();로 간략히 쓸 수 있음
```

a는 문자열만 삽입하고 검색할 수 있는 ArrayList 객체이다. ArrayList는 스스로 용량을 조절하기 때문에 용량에 대해 신경 쓸 필요가 없다.

● ArrayList에 요소 삽입

add()

add() 메소드를 사용하여 다음과 같이 3개의 문자열을 삽입해보자.

```
a.add("Hello");
a.add("Hi");
a.add("Java");
```

a에 삽입할 수 있는 요소는 String 타입의 문자열만 가능하다. a에 문자열이 아닌 객체나 값을 삽입하면 다음과 같이 오류가 발생한다.

오류

```
a.add(5); // 컴파일 오류. 정수 삽입 불가
a.add(new Point(3,5)); // 컴파일 오류. Point 객체 삽입 불가
```

null

ArrayList에도 Vector와 마찬가지로 null을 삽입할 수 있다.

```
a.add(null);
```

add() 메소드를 이용하면 ArrayList의 중간에 요소를 삽입할 수 있다. 다음은 인덱스 2의 위치에 "Sahni"를 삽입하는 코드이다.

```
a.add(2, "Sahni");
```

"Sahni"를 인덱스 2에 삽입하고 기존의 인덱스 2와 그 뒤에 있는 요소들을 한 자리씩 뒤로 이동시킨다. 하지만, 이 코드의 실행 전, ArrayList에 들어 있는 요소의 개수가 2보다 작으면 예외가 발생한다. add()는 끝이나 중간에만 요소를 삽입한다.

● ArrayList 내의 요소 알아내기

get()이나 elementAt() 메소드를 이용하면 ArrayList 내의 요소를 알아낼 수 있다. 다음 코드는 인덱스 1의 위치에 있는 요소를 리턴한다.

get()
elementAt()

```
String str = a.get(1); // "Hi" 리턴
```

● ArrayList의 크기 알아내기

size() 메소드를 호출하면 현재 ArrayList에 들어 있는 요소의 개수를 알아낼 수 있다.

size()

```
int len = a.size(); // ArrayList에 들어 있는 요소의 개수
```

ArrayList는 벡터와는 달리 현재 용량을 리턴하는 메소드가 없다.

● ArrayList에서 요소 삭제

remove() 메소드를 이용하면 ArrayList 내 임의의 인덱스에 있는 요소를 삭제할 수 있다. 다음 코드는 인덱스 1의 위치에 있는 요소를 삭제한다. 이 결과 뒤에 있는 요소들이 한 자리씩 앞으로 이동한다.

remove()

```
a.remove(1); // 인덱스 1의 위치에 있는 요소 삭제
```

다음과 같이 객체 레퍼런스를 이용하여 remove()를 호출할 수도 있다.

```
String s = new String("bye");
a.add(s);
...
a.remove(s); // a에서 문자열 s 삭제
```

ArrayList에 있는 모든 요소를 삭제하려면 다음과 같이 clear()를 호출한다.

clear()

```
a.clear();
```

ArrayList 컬렉션의 생성, 요소 삽입, 삭제 등 ArrayList를 다루는 과정을 [그림 7-9]에 표현하였다.

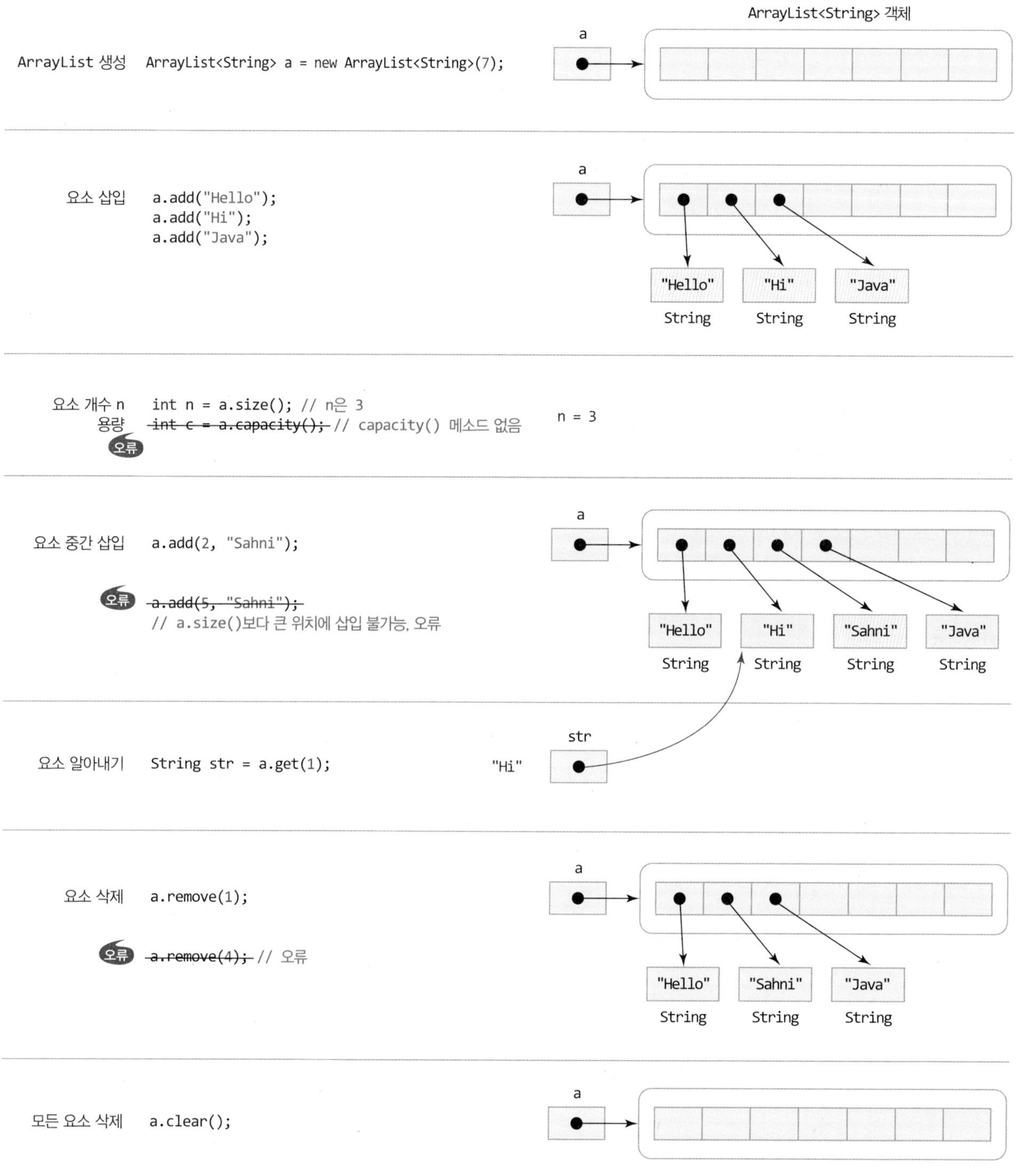

[그림 7-9] ArrayList<String>의 생성 요소 삽입 삭제 사례

문자열 입력받아 ArrayList에 저장 예제 7-3

이름을 4개 입력받아 ArrayList에 저장하고 모두 출력한 후 제일 긴 이름을 출력하라.

```
import java.util.*;

public class ArrayListEx {
  public static void main(String[] args) {
    // 문자열만 삽입 가능한 ArrayList 생성
    ArrayList<String> a = new ArrayList<String>();

    // 키보드로부터 4개의 이름 입력받아 ArrayList에 삽입
    Scanner scanner = new Scanner(System.in); // Scanner 객체 생성
    for(int i=0; i<4; i++) {
      System.out.print("이름을 입력하세요>>");
      String s = scanner.next(); // 키보드로부터 이름을 입력
      a.add(s); // ArrayList 컬렉션에 삽입
    }

    // ArrayList에 들어 있는 모든 이름 출력
    for(int i=0; i<a.size(); i++) {
      String name = a.get(i); // ArrayList의 i 번째 문자열 얻어오기
      System.out.print(name + " ");
    }

    // 가장 긴 이름 출력
    int longestIndex = 0; // 현재 가장 긴 이름이 있는 ArrayList 내의 인덱스
    for(int i=1; i<a.size(); i++) {
      if(a.get(longestIndex).length() < a.get(i).length()) // 이름 길이 비교
        longestIndex = i; // i 번째 이름이 더 긴 이름임
    }
    System.out.println("\n가장 긴 이름은 : " + a.get(longestIndex));
    scanner.close();
  }
}
```

ArrayList<String> a = new ArrayList<>();나 var a = new ArrayList<String>();로 간략히 쓸 수 있음

실행 결과

```
이름을 입력하세요>>Mike
이름을 입력하세요>>Jane
이름을 입력하세요>>Ashley
이름을 입력하세요>>Helen
Mike Jane Ashley Helen
가장 긴 이름은 : Ashley
```

컬렉션의 순차 검색을 위한 Iterator

순차 검색
Iterator<E> 인터페이스

Vector, ArrayList, LinkedList, Set과 같이 요소가 순서대로 저장된 컬렉션에서 요소를 순차 검색할 때 java.util 패키지의 Iterator<E> 인터페이스를 사용하면 편리하다. 여기서 <E>에는 컬렉션의 매개변수와 동일한 타입을 지정해야 한다. Iterator<E>의 메소드는 〈표 7-3〉과 같이 간단하지만 매우 강력하다. 다음 벡터가 있다고 하자.

```
Vector<Integer> v = new Vector<Integer>(); // 요소가 Integer 타입인 벡터
```

iterator()

다음과 같이 벡터 v의 iterator()를 호출하여, 벡터 v의 각 요소를 순차적으로 검색할 수 있는 Iterator 객체를 얻어낸다. Iterator 객체를 반복자라고 부른다.

```
Iterator<Integer> it = v.iterator(); // 벡터 v의 요소를 순차 검색할 Iterator 객체 리턴
```

벡터 v의 요소 타입(Integer)에 맞추어 Iterator<E>의 <E>에 Integer를 지정하였다. 이제, it 객체를 이용하면 벡터의 각 요소를 순차 검색할 수 있다. [그림 7-10]은 벡터 v와 it의 관계를 보여준다. 다음은 it로 v의 각 요소들을 순차 방문하는 코드이며, 처음 it.next()는 v의 첫 번째 요소를 리턴하고, it는 다음 요소를 가리킨다.

```
while(it.hasNext()) { // it로 벡터의 끝까지 반복
    int n = it.next(); // it가 가리키는 요소 리턴. it의 요소 타입은 Integer이므로 정수 리턴
    ....
}
```

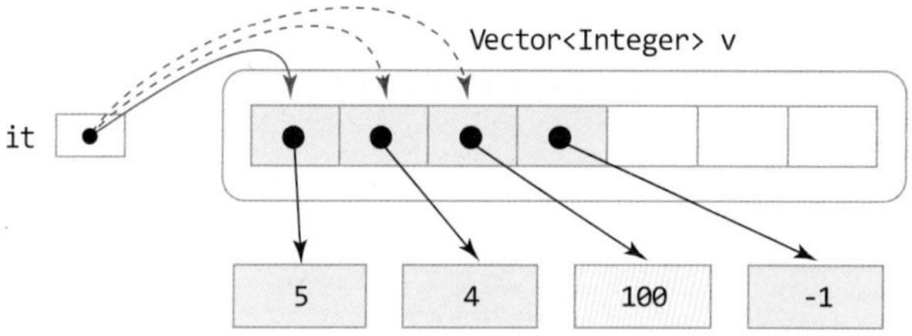

[그림 7-10] Vector<Integer>객체와 Iterator 객체의 관계

〈표 7-3〉
Iterator<E> 인터페이스의 메소드

메소드	설명
boolean hasNext()	방문할 요소가 남아 있으면 true 리턴
E next()	다음 요소 리턴
void remove()	마지막으로 리턴된 요소 제거

Iterator를 이용하여 Vector 속의 모든 요소를 출력하고 합 구하기 — 예제 7-4

예제 7-1의 코드를 Iterator<Integer>를 이용하여 수정하라.

```java
import java.util.*;

public class IteratorEx {
   public static void main(String[] args) {
      // 정수 값만 다루는 제네릭 벡터 생성
      Vector<Integer> v = new Vector<Integer>();
      v.add(5); // 5 삽입
      v.add(4); // 4 삽입
      v.add(-1); // -1 삽입
      v.add(2, 100); // 4와 -1 사이에 정수 100 삽입

      // Iterator를 이용한 모든 정수 출력하기
      Iterator<Integer> it = v.iterator();  // Iterator 객체 얻기
      while(it.hasNext()) {
         int n = it.next();
         System.out.println(n);
      }

      // Iterator를 이용하여 모든 정수 더하기
      int sum = 0;
      it = v.iterator();  // it 다시 설정
      while(it.hasNext()) {
         int n = it.next();
         sum += n;
      }
      System.out.println("벡터에 있는 정수 합 : " + sum);
   }
}
```

Vector<Integer> v = new Vector<>();나 var v = new Vector<Integer>();로 간략히 쓸 수 있음

while 문은 벡터 v의 모든 정수 출력

while 문은 벡터 v의 모든 정수합 계산

실행 결과

```
5
4
100
-1
벡터에 있는 정수 합 : 108
```

HashMap<K, V>

HashMap<K, V>
키(key)
값(value)

HashMap<K, V> 컬렉션은 경로명이 java.util.HashMap이며, '키(key)'와 '값(value)'의 쌍으로 구성되는 요소를 다룬다. K는 '키'로 사용할 데이터 타입을, V는 '값'으로 사용할 데이터 타입의 타입매개변수이다. HashMap(이하 해시맵) 객체의 내부 구성은 [그림 7-11]과 같다. 해시맵은 내부에 '키'와 '값'을 저장하는 자료 구조를 가지고, 다음과 같이 put(), get() 메소드를 이용하여 요소를 삽입하거나 검색한다.

```
HashMap<String, String> h = new HashMap<String, String>(); // 해시맵 생성
h.put("apple", "사과");              // "apple" 키와 "사과" 값의 쌍을 h에 삽입
String kor = h.get("apple");       // "apple" 키로 값 검색. kor는 검색된 값, "사과"
```

put(key, value)
get(key)

[그림 7-11]에서 put(key, value) 메소드는 '키'와 '값'을 받아, '키'를 이용하여 해시 함수(hash function)를 실행하고 해시 함수가 리턴하는 위치에 '키'와 '값'을 저장한다. 반대로 get(key)은 다시 '키'를 이용하여 동일한 해시 함수를 실행하여 '값'이 저장된 위치를 알아내어 '값'을 리턴한다. 해시맵은 해시 함수를 통해 '키'와 '값'이 저장되는 위치를 결정하므로, 사용자는 그 위치를 알 수 없고, 삽입되는 순서와 들어 있는 위치 또한 관계가 없다. HashMap 컬렉션의 주요 메소드는 〈표 7-4〉와 같다.

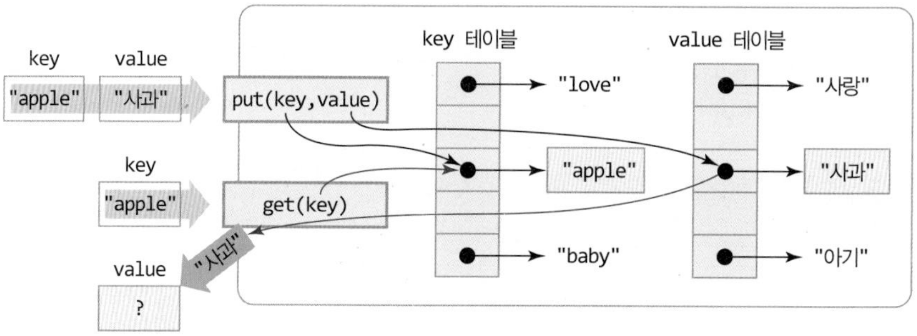

[그림 7-11] HashMap<String, String> 컬렉션의 내부 구성과 put(), get() 메소드

● 해시맵의 장단점

해시맵은 List<E> 인터페이스를 상속받은 Vector<E>나 ArrayList<E>와는 다른 점이 있다.

삽입, 삭제 매우 빠르다

첫째, 요소의 삽입, 삭제 시간이 매우 빠르다. 요소의 위치를 결정하는 해시 함수가 간단한 코드로 이루어지며, Vector<E>나 ArrayList<E>와 달리 요소의 삽입 삭제 시 다른 요소들의 위치 이동이 필요 없기 때문이다.

둘째, 요소 검색은 더욱 빠르다. 해시맵의 get(key) 메소드가 호출되면 해시 함수가 key가 저장된 위치를 단번에 찾아내므로, Vector<E>나 ArrayList<E>에서처럼 모든 요소들을 하나씩 비교하는 시간 낭비가 전혀 없기 때문이다.

검색 빠르다

셋째, 하지만 해시맵은 인덱스를 이용하여 요소에 접근할 수 없고 오직 '키'로만 검색해야 한다. 그러므로 해시맵은 빠른 삽입과 검색이 필요한 응용에 적합하다.

'키'로만 검색

〈표 7-4〉

HashMap<K, V> 클래스의 주요 메소드

메소드	설명
void clear()	해시맵의 모든 요소 삭제
boolean containsKey(Object key)	지정된 키(key)를 포함하고 있으면 true 리턴
boolean containsValue(Object value)	지정된 값(value)에 일치하는 키가 있으면 true 리턴
V get(Object key)	지정된 키(key)의 값 리턴, 키가 없으면 null 리턴
boolean isEmpty()	해시맵이 비어 있으면 true 리턴
Set<K> keySet()	해시맵의 모든 키를 담은 Set<K> 컬렉션 리턴
V put(K key, V value)	key와 value 쌍을 해시맵에 저장
V remove(Object key)	지정된 키(key)를 찾아 키와 값 모두 삭제
int size()	HashMap에 포함된 요소의 개수 리턴

● 해시맵 생성

해시맵은 HashMap<K, V>에서 K에는 '키'로, V에는 '값'으로 사용할 구체적인 타입을 지정하여 생성한다. 다음은 (영어, 한글) 단어 사전을 만들기 위해 K와 V를 모두 String 타입으로 지정한 사례이다.

```
HashMap<String, String> h = new HashMap<String, String>();
        // Java 7부터 HashMap<String, String> h = new HashMap<>();로 간략히 쓸 수 있음
        // Java 10부터 var h = new HashMap<String, String>();로 간략히 쓸 수 있음
```

● 해시맵에 요소 삽입

요소를 삽입할 때는 put() 메소드에 '키'와 '값'을 전달한다.

put()

```
h.put("baby", "아기"); // "baby"는 키, "아기"는 값
h.put("love", "사랑");
h.put("apple", "사과");
```

● '키'로 '값' 읽기

다음과 같이 get() 메소드에 '키'를 전달하면, '값'을 얻을 수 있다.

```
String kor1 = h.get("love"); // kor1 = "사랑"
```

get()

만일, 해시맵에 없는 '키'로 get()을 호출하면 null을 리턴한다. 다음과 같이 "babo"라는 문자열은 현재 h에 없는 '키'이므로 get("babo")는 null을 리턴한다.

```
String kor3 = h.get("babo"); // kor3 = null
```

● '키'로 요소 삭제

remove()

'키'를 이용하여 요소를 삭제할 때 다음과 같이 remove() 메소드를 이용한다.

```
h.remove("apple"); // put("apple", "사과")로 삽입한 요소 삭제
```

● 요소 개수 알아내기

size()

요소의 개수는 다음과 같이 size() 메소드를 호출하면 된다.

```
int n = h.size(); // 현재 h 내에 있는 요소의 개수 리턴
```

[그림 7-12]는 HashMap<String, String> 컬렉션의 생성, 입력, 검색 등의 과정을 보여준다. 그림에서 볼 수 있듯이 요소들은 해시맵에 삽입된 순서로 저장되지 않는다.

● 해시맵의 전체 검색

keySet()

해시맵에 들어 있는 요소들을 모두 알아내어 보자. 해시맵의 모든 '키'를 알아낸 후, 각 '키'에 대해 하나씩 '값'을 알아내는 방식으로 작성하면 된다. HashMap의 keySet() 메소드는 모든 '키'를 Set 컬렉션으로 만들어 리턴한다. 코드는 다음과 같다.

```
Set<String> keys = h.keySet(); // 해시맵 h에 있는 모든 키를 Set 컬렉션으로 리턴
Iterator<String> it = keys.iterator(); // Set의 각 문자열을 순차 검색하는 Iterator 리턴
while(it.hasNext()) {
    String key = it.next(); // 키
    String value = h.get(key); // 값
    System.out.println("(" + key + "," + value + ")"); // 키와 값의 쌍 출력
}
```

[그림 7-12] HashMap<String, String> 컬렉션의 생성 및 삽입 삭제 사례

HashMap은 '키'와 '값'으로
구성되는 쌍의 정보를 저장하지.
그리고 '키'를 이용하여 필요할 때
'값'을 검색하는 거야.

예제 7-5 HashMap을 이용하여 (영어, 한글) 단어 쌍의 저장 검색

(영어, 한글) 단어를 쌍으로 해시맵에 저장하고 영어로 한글을 검색하는 프로그램을 작성하라. "exit"이 입력되면 프로그램을 종료한다.

```
import java.util.*;
public class HashMapDicEx {
   public static void main(String[] args) {
      HashMap<String, String> dic = new HashMap<String, String>(); // 해시맵 생성
            // var dic = new HashMap<String, String>();로 간략히 써도 됨

      // 3개의 (key, value) 쌍을 dic에 저장
      dic.put("baby", "아기"); // "baby"는 key, "아기"은 value
      dic.put("love", "사랑");
      dic.put("apple", "사과");

      // 사용자로부터 영어 단어를 입력받고 한글 단어 검색. "exit" 입력받으면 종료
      Scanner scanner = new Scanner(System.in);
      while(true) {
         System.out.print("찾고 싶은 단어는?");
         String eng = scanner.next();
         if(eng.equals("exit")) {
            System.out.println("종료합니다...");
            break;
         }
         // 해시맵에서 '키' eng의 '값' kor 검색
         String kor = dic.get(eng);
         if(kor == null)
            System.out.println(eng + "는 없는 단어 입니다.");
         else
            System.out.println(kor);
      }
      scanner.close();
   }
}
```

"exit"가 입력되면 프로그램 종료

eng가 해시맵에 없으면 null 리턴

실행 결과

```
찾고 싶은 단어는?apple
사과
찾고 싶은 단어는?babo
babo는 없는 단어 입니다.
찾고 싶은 단어는?exit
종료합니다...
```

HashMap을 이용하여 자바 과목의 이름과 점수 관리 예제 7-6

해시맵을 이용하여 학생의 이름과 자바 점수를 기록 관리하는 프로그램을 작성하라.

```
import java.util.*;
public class HashMapScoreEx {
   public static void main(String[] args) {
      // 이름과 점수를 저장할 HashMap 컬렉션 생성
      HashMap<String, Integer> scoreMap = new HashMap<String, Integer>();
            // var scoreMap = new HashMap<String, Integer>();로 간략히 써도 됨

      // 5개의 점수 저장
      scoreMap.put("김성동", 97);
      scoreMap.put("황기태", 88);
      scoreMap.put("김남윤", 98);
      scoreMap.put("이재문", 70);
      scoreMap.put("한원선", 99);

      System.out.println("HashMap의 요소 개수 :" + scoreMap.size());

      // 모든 사람의 점수 출력. scoreMap에 들어 있는 모든 (key, value) 쌍 출력
      Set<String> keys = scoreMap.keySet();  // 모든 key를 가진 Set 컬렉션 리턴
      Iterator<String> it = keys.iterator();  // Set에 있는 모든 key를 순서대로 검
                                                 색하는 Iterator 리턴
      while(it.hasNext()) {
         String name = it.next();          // 다음 키. 학생 이름
         int score = scoreMap.get(name);  // 점수 알아내기
         System.out.println(name + " : " + score);
      }
   }
}
```

이름은 String, 점수는 Integer로 구성된 해시맵

while 문은 모든 점수 출력

실행 결과

```
HashMap의 요소 개수 :5
이재문 : 70
한원선 : 99
김남윤 : 98
김성동 : 97
황기태 : 88
```

출력된 결과는 삽입된 순서와 다르다는 점을 기억하기 바란다.

예제 7-7 HashMap에 객체 저장, 학생 정보 관리

id와 tel(전화번호)로 구성되는 Student 클래스를 만들고, 이름을 '키'로 하고 Student 객체를 '값'으로 하는 해시맵을 작성하라.

```
import java.util.*;
class Student {
   private int id;
   private String tel;
   public Student(int id, String tel) { this.id = id; this.tel = tel; }
   public int getId() { return id; }
   public String getTel() { return tel; }
}

public class HashMapStudentEx {
   public static void main(String[] args) {
      // (학생 이름, Student 객체)를 저장하는 해시맵 생성
      HashMap<String, Student> map = new HashMap<String, Student>();
      map.put("황기태", new Student(1, "010-111-1111")); // 3명의 학생 저장
      map.put("이재문", new Student(2, "010-222-2222"));
      map.put("김남윤", new Student(3, "010-333-3333"));

      Scanner scanner = new Scanner(System.in);
      while(true) {
         System.out.print("검색할 이름?");
         String name = scanner.nextLine(); // 사용자로부터 이름 입력
         if(name.equals("exit"))
            break; // while 문을 벗어나 프로그램 종료
         Student student = map.get(name);  // 이름에 해당하는 Student 객체 검색
         if(student == null)
            System.out.println(name + "은 없는 사람입니다.");
         else
            System.out.println("id:" + student.getId() + ", 전화:" + student.getTel());
      }
      scanner.close();
   }
}
```

이름과 Student 객체를 쌍으로 저장

실행 결과

```
검색할 이름?이재문
id:2, 전화:010-222-2222
검색할 이름?김남윤
id:3, 전화:010-333-3333
검색할 이름?
```

LinkedList〈E〉

LinkedList<E>는 List<E> 인터페이스를 구현한 클래스로서 경로명이 java.util.LinkedList이다. LinkedList는 요소들을 양방향으로 연결하여 관리한다는 점을 제외하고 Vector, ArrayList와 거의 같다. [그림 7-13]은 add() 메소드와 get() 메소드를 가진 LinkedList 객체의 내부 구성을 보여준다. LinkedList는 맨 앞과 맨 뒤를 가리키는 head, tail 레퍼런스를 가지고 있어, 맨 앞이나 맨 뒤, 중간에 요소의 삽입이 가능하며 인덱스를 이용하여 요소에 접근할 수도 있다.

LinkedList<E>

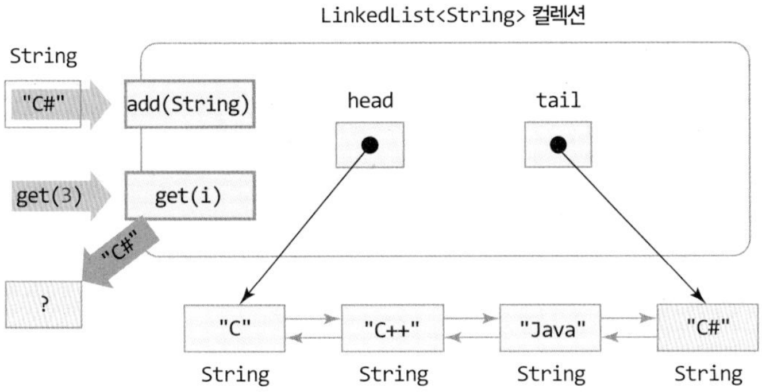

[그림 7-13] LinkedList<String>의 내부 구성과 add(), get() 메소드

Collections 클래스 활용

java.util 패키지에 포함된 Collections 클래스는 다음과 같이 컬렉션을 다루는 유용한 여러 메소드를 지원한다.

Collections

- sort() - 컬렉션에 포함된 요소들의 정렬
- reverse() - 요소를 반대 순으로 정렬
- max(), min() - 요소들의 최댓값과 최솟값 찾아내기
- binarySearch() - 이진 검색

Collections 클래스의 메소드는 모두 static 타입이므로 Collections 객체를 생성할 필요는 없다. 이 유틸리티 메소드들은 인자로 컬렉션 객체를 전달받아 처리하며, 예제 7-8은 이들을 활용하는 사례를 보여준다. 예제에서 sort(), reverse(), binarySearch() 메소드의 활용을 주목하여 보기 바란다.

static 타입

예제 7-8 Collections 클래스의 활용

Collections 클래스를 활용하여 문자열 정렬, 반대로 정렬, 이진 검색을 실행하는 사례를 살펴보자.

```
import java.util.*;

public class CollectionsEx {
	static void printList(LinkedList<String> l) { // 리스트의 요소를 모두 출력하는 메소드
		Iterator<String> iterator = l.iterator(); // Iterator 객체 리턴
		while (iterator.hasNext()) { // Iterator 객체에 요소가 있을 때까지 반복
			String e = iterator.next(); // 다음 요소 리턴
			String separator;
			if (iterator.hasNext())
				separator = "->"; // 마지막 요소가 아니면 → 출력
			else
				separator = "\n"; // 마지막 요소이면 줄바꿈
			System.out.print(e+separator);
		}
	}

	public static void main(String[] args) {
		LinkedList<String> myList = new LinkedList<String>(); // 빈 리스트 생성
		myList.add("트랜스포머");
		myList.add("스타워즈");
		myList.add("매트릭스");
		myList.add(0,"터미네이터");
		myList.add(2,"아바타");

		Collections.sort(myList);  // 요소 정렬
		printList(myList); // 정렬된 요소 출력

		Collections.reverse(myList);  // 요소의 순서를 반대로 구성
		printList(myList); // 요소 출력

		int index = Collections.binarySearch(myList, "아바타") + 1;
		System.out.println("아바타는 " + index + "번째 요소입니다.");
	}
}
```

sort()는 static 메소드이므로 클래스 이름으로 바로 호출한다.

binarySearch()를 이용하여 "아바타"의 인덱스 검색

실행 결과

```
매트릭스->스타워즈->아바타->터미네이터->트랜스포머
트랜스포머->터미네이터->아바타->스타워즈->매트릭스
아바타는 3번째 요소입니다.
```

소팅된 순서대로 출력

거꾸로 출력

잠깐!

본래 Collections 클래스는 java.lang.Comparable을 상속받는 element에 대해서만 작동한다. int, char, double 등의 기본 타입과 String 클래스는 이 조건을 충족하지만, 사용자가 클래스를 작성하는 경우 java.lang.Comparable을 상속받아야 한다.

CHECK TIME

1 다음 코드를 실행할 때 인덱스 2에 있는 요소는?

```
ArrayList<Integer> a = new ArrayList<Integer>();
a.add(1);
a.add(2);
a.add(3);
a.add(4);
```

2 다음 코드에서 컴파일 오류가 발생하는 라인은?

```
Vector<Integer> v = new Vector<Integer>();
v.add(5);                          // ①
v.add(Integer.valueOf(10));        // ②
v.add("100");                      // ③
int n = v.get(0);                  // ④
```

3 다음 빈칸에 적절한 코드를 삽입하라.

```
______________ m = new ______________ ;
m.put(10, "ten");
String val = m.get(10);
```

4 다음은 Iterator를 이용하여 벡터에 삽입된 모든 요소를 출력하는 프로그램이다. 빈칸에 적절한 코드를 삽입하라.

```
Vector<Integer> v = new Vector<Integer>();
Iterator<___________> it = v.___________; // Iterator 객체를 얻어온다.
while(it.________) { // 요소를 모두 방문할 때까지 루프
   System.out.println(it._______); // 다음 요소 출력
}
```

7.3 제네릭 만들기

지금까지 JDK에 제네릭으로 구현된 컬렉션을 사용하는 방법을 알아보았다. 이 절에서는 독자가 제네릭 클래스를 만드는 과정에 대해 설명한다.

제네릭 클래스

제네릭 클래스

제네릭 클래스를 작성하는 방법은 기존의 클래스 작성 방법과 유사한데, 클래스 이름 다음에 일반화된 타입(generic type)의 매개변수를 <와 > 사이에 추가한다는 차이가 있다. 간단한 제네릭 클래스를 작성해보자.

● 제네릭 클래스 작성

타입 매개변수 T를 가진 제네릭 클래스 MyClass는 다음과 같이 작성한다.

```
public class MyClass<T> { // 제네릭 클래스 Myclass, 타입 매개변수 T
    T val; // 변수 val의 타입은 T
    void set(T a) {
        val = a; // T 타입의 값 a를 val에 지정
    }
    T get() {
        return val; // T 타입의 값 val 리턴
    }
}
```

● 제네릭 클래스에 대한 레퍼런스 변수 선언

제네릭 클래스의 레퍼런스 변수를 선언할 때 다음과 같이 타입 매개변수에 구체적인 타입을 적는다.

```
MyClass<String> s;  // <T>를 String으로 구체화
List<Integer> li;   // <E>를 Integer로 구체화
Vector<String> vs;  // <E>를 String으로 구체화
```

● 제네릭 객체 생성 – 구체화(specialization)

구체화

제네릭 클래스에 구체적인 타입을 대입하여 구체적인 객체을 생성하는 과정을 구체화라고 부르며, 이 과정은 자바 컴파일러에 의해 이루어진다. MyClass<T>에서 T에 구체적인 타입을 지정하여 객체를 생성하는 예는 다음과 같다.

```
MyClass<String> s = new MyClass<String>(); // 제네릭 타입 T를 String으로 구체화
s.set("hello");
System.out.println(s.get()); // "hello" 출력

MyClass<Integer> n = new MyClass<Integer>(); // 제네릭 타입 T를 Integer로 구체화
n.set(5);
System.out.println(n.get()); // 숫자 5 출력
```

MyClass<String>은 String만 다루는 구체적인 클래스가 되며, MyClass<Integer>는 정수만 다루는 구체적인 클래스가 된다. 구체화된 MyClass<String>의 코드는 [그림 7-14]와 같다.

```
public class MyClass<String> {
    String val; // 변수 val의 타입은 String
    void set(String a) {
        val = a; // String 타입의 문자열 a를 val에 지정
    }
    String get() {
        return val; // String 타입의 문자열 val 리턴
    }
}
```

[그림 7-14] 컴파일러에 의해 String으로 구체화된 MyClass<String>

제네릭의 구체화에는 기본 타입은 사용할 수 없음에 유의해야 한다.

오류
```
Vector<int> vi = new Vector<int>();  // 컴파일 오류. int는 사용 불가
Vector<Integer> vi = new Vector<Integer>();  // 정상 코드
```

● 타입 매개변수

제네릭 클래스 내에서 제네릭 타입을 가진 객체의 생성은 허용되지 않는다. 예를 들면 다음 코드는 허용되지 않는다.

오류
```
public class MyVector<E> {
    E create() {
        E a = new E(); // 컴파일 오류. 제네릭 타입의 객체 생성 불가
        return a;
    }
}
```

컴파일러가 MyVector<E> 클래스의 new E() 라인을 컴파일할 때, E에 대한 구체적인 타입을 알 수 없어, 호출될 생성자를 결정할 수 없고, 또한 객체 생성 시 어떤 크기의 메모리를 할당해야 할 지 전혀 알 수 없기 때문이다.

예제 7-9 제네릭 스택 만들기

스택 자료 구조를 제네릭 클래스로 선언하고, String과 Integer 스택을 각각 사용하는 예를 보여라.

```
class GStack<T> { // 제네릭 스택 선언. 제네릭 타입 T
   int tos;
   Object [] stck; // 스택에 요소를 저장할 공간 배열
   public GStack() {
      tos = 0;
      stck = new Object [10];
   }
   public void push(T item) {
      if(tos == 10) // 스택이 꽉 차서 더 이상 요소를 삽입할 수 없음
         return;
      stck[tos] = item;
      tos++;
   }
   public T pop() {
      if(tos == 0) // 스택이 비어 있어 꺼낼 요소가 없음
         return null;
      tos--;
      return (T)stck[tos]; // 타입 매개변수 타입으로 캐스팅
   }
}

public class MyStack {
   public static void main(String[] args) {
      GStack<String> stringStack = new GStack<String>(); // String 타입의 GStack 생성
      stringStack.push("seoul");
      stringStack.push("busan");
      stringStack.push("LA");

      for(int n=0; n<3; n++)
         System.out.println(stringStack.pop()); // stringStack 스택에 있는 3 개의 문자열 팝

      GStack<Integer> intStack = new GStack<Integer>(); // Integer 타입의 GStack 생성
```

제네릭 매개변수로 객체를 생성하거나 배열을 생성할 수 없으므로 Object 배열을 생성하여 실제 타입의 객체를 요소로 삽입한다.

주목

```
33        intStack.push(1);
34        intStack.push(3);
35        intStack.push(5);
36
37        for(int n=0; n<3; n++)
38          System.out.println(intStack.pop()); // intStack 스택에 있는 3 개의 정수 팝
39    }
40 }
```

실행 결과

```
LA
busan
seoul
5
3
1
```

예제 7-9에서 주의할 부분은 6행의 stck = new Object [10]과 18행의 return (T) stck[tos]이다. 제네릭 클래스 내에서 제네릭 타입의 객체를 생성할 수 없는 것과 같은 이유로 배열도 생성할 수 없으므로 Object의 배열로 생성하였다. 만일, 다음과 같이 쓰면 오류가 발생한다.

오류
```
stck = new T[10]; // 컴파일 오류. 제네릭에서는 T 타입의 배열을 생성할 수 없다.
```

데이터를 저장해둘 배열을 Object[] 배열로 선언하였으므로 아래와 같이 타입 매개변수의 타입으로 강제 캐스팅하여 리턴해야 한다.

```
return (T)stck[tos]; // 타입 매개변수 T 타입으로 캐스팅
```

제네릭과 배열

배열에 대한 제한

제네릭에서는 배열에 대한 제한을 두고 있다. 제네릭 클래스 또는 인터페이스 타입의 배열은 선언할 수 없다.

오류
```
GStack<Integer>[] gs = new GStack<Integer>[10]; // 컴파일 오류
```

그러나 제네릭 타입의 배열 선언은 허용된다.

```
public void myArray(T[] a) {....} // 정상
```

제네릭 메소드

클래스의 일부 메소드만 제네릭으로 구현할 수도 있다. toStack() 메소드를 제네릭으로 구현한 예는 다음과 같다.

```
class GenericMethodEx {
    static <T> void toStack(T[] a, GStack<T> gs) {
        for (int i = 0; i < a.length; i++) {
            gs.push(a[i]);
        }
    }
}
```

타입 매개변수는 메소드의 리턴 타입 앞에 선언된다. 위의 toStack()에서 <T>가 타입 매개변수의 선언이다. 제네릭 메소드를 호출할 때는 컴파일러가 메소드의 인자를 통해 타입을 유추할 수 있어 제네릭 클래스나 인터페이스와는 달리 타입을 명시하지 않아도 된다.

다음 코드는 컴파일러가 toStack()의 호출문으로부터 타입 매개변수 T를 Object로 유추하는 경우이다.

```
Object[] oArray = new Object[100];
GStack<Object> objectStack = new GStack<Object>();
GenericMethodEx.toStack(oArray, objectStack); // 타입 매개변수 T를 Object로 유추함
```

또 다른 경우로, 아래의 코드는 컴파일러가 toStack()의 호출문으로부터 타입 매개변수 T를 String으로 유추하는 경우이다.

```
String[] sArray = new String[100];
GStack<String> stringStack = new GStack<String>();
GenericMethodEx.toStack(sArray, stringStack); // 타입 매개변수 T를 String으로 유추함
```

다음의 경우는 타입 매개변수 T를 Object로 유추한다.

```
GenericMethodEx.toStack(sArray, objectStack);
```

여기서 sArray는 String [] 타입이며, objectStack은 GStack<Object>이다. Object가 String의 슈퍼 클래스이므로 컴파일러는 Object 타입으로 유추한다.

스택의 내용을 반대로 만드는 제네릭 메소드 만들기 예제 7-10

예제 7-9의 GStack을 이용하여 매개변수로 주어진 스택의 내용을 반대로 만드는 제네릭 메소드 reverse()를 작성하라.

```
public class GenericMethodEx {
   public static <T> GStack<T> reverse(GStack<T> a) { // T가 타입 매개변수인 제네릭 메소드
      GStack<T> s = new GStack<T>(); // 스택 a를 반대로 저장할 목적 GStack 생성
      while (true) {
         T tmp;
         tmp = a.pop(); // 원래 스택에서 요소 하나를 꺼냄
         if (tmp == null) // 스택이 비었음
            break; // 거꾸로 만드는 작업 종료
         else
            s.push(tmp); // 새 스택에 요소를 삽입
      }
      return s; // 새 스택을 리턴
   }

   public static void main(String[] args) {
      GStack<Double> gs = new GStack<Double>(); // Double 타입의 GStack 생성

      for (int i=0; i<5; i++) { // 5개의 요소를 스택에 push
         gs.push(new Double(i));
      }
      gs = reverse(gs);
      for (int i=0; i<5; i++) {
         System.out.println(gs.pop());
      }
   }
}
```

컴파일러는 제네릭 메소드 reverse()의 타입 매개변수를 Double로 유추

이 예제를 실행하기 위해서는 예제 7-9의 GStack 클래스가 필요함

실행 결과

```
0.0
1.0
2.0
3.0
4.0
```

0.0 1.0 2.0 3.0 4.0 순으로 푸시된 스택의 내용을 팝하면 4.0 3.0 2.0 1.0 1.0으로 출력되어야 하지만 스택을 반대순으로 뒤집었기 때문에 0.0, 1.0 2.0 3.0 4.0 순으로 팝되었음

제네릭의 장점

제네릭은 다음과 같은 장점이 있다.

- 동적으로 타입이 결정되지 않고 컴파일 시에 타입이 결정되므로 보다 안전한 프로그래밍 가능
- 런타임 타입 충돌 문제 방지
- 개발 시 타입 캐스팅 절차 불필요
- ClassCastException 방지

CHECK TIME

1. 다음 **LinkedList**를 생성하는 문장에서 잘못된 부분을 지적하고 이유를 설명하라.

```
LinkedList<int> myList = new LinkedList<int>();
```

2. 타입 매개변수가 **T**이며, **T** 타입의 인자를 전달받고 **void**를 리턴하는 **add** 이름의 메소드와, 매개변수 없이 **T** 타입을 리턴하는 **get** 이름의 메소드를 가진 제네릭 인터페이스 **MyList**를 작성하라.

3. 다음 코드에서 잘못된 부분을 찾고 이유를 설명하라.

```
public class MyManager<E> {
   E newElement() {
      E a = new E();
      return a;
   }
}
```

4. 앞의 예제 **7-10**을 활용하여 예제 **7-9**에서 작성한 **GStack**의 모든 원소를 출력하는 **printStack** 메소드를 작성하라.

요약

SUMMARY

- 컬렉션은 요소들의 리스트나 집합을 관리하는 자료 구조로서 크기를 자동 조절하여 크기에 구애받지 않고 요소의 추가, 삭제, 검색 등을 쉽게 할 수 있어 배열보다 용이하다.
- 주요한 컬렉션 클래스에는 Vector<E>, ArrayList<E>, HashMap<K, V>, LinkedList<E>, Stack<E> 등이 있다.
- Vector나 ArrayList 등은 요소 객체들이 리스트 형식으로 순차적으로 저장되며, 인덱스로 검색할 수 있어 배열을 대신할 때 매우 효과적이다.
- HashMap 컬렉션에는 '키'와 '값'의 쌍으로 저장되고, '키'를 이용하여 요소가 검색된다. 삽입, 삭제, 검색 속도가 매우 빠른 장점이 있고, 요소의 순서가 필요 없고 '키'를 이용하여 삽입하고 검색하는 응용에 매우 적합하다.
- 컬렉션은 JDK 1.5 버전 이후 제네릭 기법으로 만들어져 있다.
- 제네릭은 일반화시킨 타입을 사용하여 특정 타입에 종속되지 않도록 클래스나 인터페이스, 메소드를 일반화시키는 기법이다. 그러므로 제네릭에 구체적인 타입을 지정하여 특정 타입으로 변신하여 사용할 수 있다.
- 컬렉션은 다음과 같이 구체적인 타입을 지정하여 사용한다.

```
Vector<Integer> v = new Vector<Integer>();
```

- 컬렉션의 요소로는 객체들만 사용된다.
- int, char, double 등의 기본 타입을 컬렉션의 요소로 삽입하려면 Wrapper 클래스를 이용하여 기본 타입을 객체로 만들어 사용하면 된다.
- JDK 1.5부터는 자동 박싱 기능에 의해 기본 타입의 값이 컬렉션에 삽입될 때 자동으로 Wrapper 클래스로 포장되어 삽입되고, 추출될 때 자동 언박싱 기능에 의해 기본 타입의 값으로 자동 변환된다.
- Collection<E> 인터페이스를 구현한 컬렉션의 경우 iterator() 메소드를 호출하면 Iterator 객체를 리턴하며, 이 객체를 이용하여 인덱스 없이 컬렉션의 요소에 대해 순차 검색이 가능하다.
- Collections 클래스는 컬렉션에 대해 요소 정렬, 검색, 최대 최솟값 구하기 등 다양한 유틸리티 메소드를 제공한다.
- 제네릭을 이용하면 컴파일 시에 타입이 결정되어 불필요한 오류를 방지하므로 안전한 프로그래밍이 가능하다.
- 제네릭 클래스 또는 인터페이스 선언은 타입 매개변수를 클래스나 인터페이스 이름 다음에 추가하여 선언한다.
- 제네릭 타입으로 제네릭 클래스 내에서 객체와 배열을 생성할 수 없다.

영어 단어 테스트 프로그램 만들기

Open Challenge

목적

Vector 컬렉션 활용

영어 단어 뜻 맞추기 게임을 만들어 보자. 영어 단어와 한글 단어로 구성되는 Word 클래스를 작성하고, 프로그램 내에서 미리 여러 개의 Word 객체를 Vector<Word> 컬렉션에 삽입해둔다. 그리고 다음 결과와 같이 랜덤하게 사용자에게 문제를 던진다. 벡터 내에 정답이 아닌 단어를 랜덤하게 3개 선택하고 정답과 함께 4개의 보기를 출력한다. 난이도 7

```
"명품영어"의 단어 테스트를 시작합니다. -1을 입력하면 종료합니다.
현재 17개의 단어가 들어 있습니다.
painting?
(1)그림 (2)감정 (3)아기 (4)오류 :>1
Excellent !!
bear?
(1)사회 (2)인형 (3)감정 (4)곰 :>4
Excellent !!
eye?
(1)아기 (2)보기 (3)눈 (4)거래 :>3
Excellent !!
picture?
(1)거래 (2)보기 (3)사진 (4)인간 :>2
No. !!
bear?
(1)조각상 (2)곰 (3)인간 (4)사회 :>1
No. !!
society?
(1)조각상 (2)눈 (3)사회 (4)거래 :>3
Excellent !!
human?
(1)인간 (2)눈 (3)인형 (4)거래 :>-1    -1이 입력되면 종료
"명품영어"를 종료합니다...
```

힌트

- Word 클래스와 WordQuiz 클래스를 작성하고 WordQuiz 클래스에 main() 메소드를 둔다.
- WordQuiz 클래스에서 다음과 같이 벡터를 만들고 미리 여러 개의 Word 객체를 삽입하는 코드를 작성한다. 참고로 저자는 총 17개의 단어를 이런 방식으로 삽입해 두었다.

```
Vector<Word> v = new Vector<Word>();
v.add(new Word("love", "사랑"));
v.add(new Word("animal", "동물"));
```

연습문제

EXERCISE

이론문제

• 홀수 문제는 정답이 공개됩니다.

1. 컬렉션에 관한 설명으로 틀린 것은?
   ① 가변 크기라서 배열보다 사용하기 편리하다.
   ② 삽입 삭제 시 원소의 위치를 컬렉션이 자동 조절하므로 편하다.
   ③ 객체들만 삽입되므로 int와 같은 기본 타입의 값을 저장하는 방법이 없어 아쉽다.
   ④ 컬렉션은 모두 제네릭(generics)으로 만들어져 있다.

2. 다음 빈칸에 적절한 단어를 기입하라.

클래스, 인터페이스, 메소드를 특정 타입에 종속되지 않게 _______시켜 작성하는 기술을 ______이라 한다. Vector<E>에서 E는 제네릭 타입 혹은 _______라고 부른다. E에 Integer 등과 같이 객체 타입을 지정하여 특정 타입의 데이터만 다루도록 만드는 작업을 ______라고 한다. 제네릭 기능은 C++에서 먼저 만들어졌으며 C++에서는 ______이라고 부른다.

보기

추상화, 템플릿, 일반화, 구체화, 제네릭, 컬렉션, 상속, 제네릭 객체, 타입 매개변수, 다형성, 상수

3. 다음 코드에 대한 설명으로 틀린 것은?

```
Vector<Integer> v = new Vector<Integer>(30);
```

   ① Integer 타입 객체만 저장할 수 있는 구체화된 벡터를 생성하는 코드이다.
   ② 벡터 v는 원소를 30개만 저장할 수 있는 벡터이다.
   ③ v.add(10)를 호출하여 정수 10을 벡터에 삽입할 수 있다.
   ④ 벡터 v에는 실수 값을 삽입할 수 없다.

4. 다음 물음에 적합한 코드를 간단히 작성하라.
(1) 문자열만 저장할 수 있는 벡터 sv 생성
(2) '키'가 문자열이고 '값'이 실수인 해시맵 h 생성
(3) Person 타입의 객체를 10개 저장할 공간을 갖춘 ArrayList 컬렉션 pa 생성
(4) 나라 이름과 인구를 저장하고 관리하는 해시맵 pop 생성

5. 다음 코드에서 맞는 것은?
① Stack<String> ss;
② ArrayList<E> ar = new ArrayList<E>();
③ HashMap<String> h = new HashMap<String>();
④ Set<Integer> s = new Set<Integer>(100);

6. 다음 코드에서 자동 박싱과 자동 언박싱이 일어나는 곳을 지적하라.

```
Vector<Double> v = new Vector<Double>();
v.add(3.14);
double d = v.get(0);
```

7. 다음 프로그램은 초기에 벡터의 크기를 3으로 설정하였다. for 문을 실행하고 벗어났을 때 벡터의 용량이 어떻게 변했는지 확인하라. 벡터는 용량이 모자랄 때, 한 번에 얼마만큼씩 용량을 늘리는가?

```
Vector<Integer> v = new Vector<Integer>(3);     // 현재 벡터 용량은 3
for (int i=0; i<10; i++) v.add(i);              // 정수를 10개 벡터에 삽입
System.out.println(v.capacity());               // 벡터에 변한 용량은 얼마?
```

8. 주석문을 참고하여 빈칸에 적절한 코드로 채워라.

```
ArrayList<String> a = ____________________; // 초기 용량이 10인 ArrayList 생성
_________________________________________ // a의 맨 끝에 "Java" 삽입
_________________________________________ // a의 맨 앞에 "C++" 삽입
_________________________________________ // a에 현재 삽입된 개수 출력
_________________________________________ // a의 마지막에 있는 문자열 삭제
```

9. 다음에서 밑줄친 부분과 동일하게 작동하도록 Iterator를 이용하여 다시 작성하라.

```
Vector<Integer> v = new Vector<Integer>();
for(int i=0; i<10; i++) v.add(i);
for(int i=0; i<v.size(); i++)
    System.out.print(v.get(i) + " ");
```

10. 다음은 해시맵 h를 만들고, func(h) 메소드를 호출하여 h에 들어 있는 원소의 개수를 리턴받아 출력하는 코드이다. func() 메소드를 작성하라.

```
HashMap<String, Integer> h = new HashMap<String, Integer>();
h.put("a", 10);
h.put("b", 20);
System.out.println(func(h)); // 해시맵 h에 들어 있는 원소 개수 출력
```

11. 다음 제네릭 클래스에 대해 아래 문항에 답하라.

```
class JGeneric<W> {
    private W x, y;
    public JGeneric(W x, W y) { this.x = x; this.y = y; }

    ________________________ // (3) 여러 줄로 작성 가능

    ________________________ // (4) 여러 줄로 작성 가능

    ________________________ // (5) 여러 줄로 작성 가능
}
```

(1) JGeneric의 타입 매개변수는 몇 개이며, 무엇인가?
(2) String으로 구체화한 JGeneric 객체를 생성하는 코드를 작성하라.
(3) 첫 번째 값 x를 리턴하는 메소드 first()를 작성하라.
(4) 두 번째 값 y를 리턴하는 메소드 second()를 작성하라.
(5) equal() 메소드를 작성하라. equal()는 필드 x와 y를 비교하여 같으면 true, 아니면 false를 리턴한다.
(6) <W>를 String으로 구체화한 JGeneric 객체를 활용하는 예를 들어라.

12. 다음 질문에 답하라.

```
class JClass {
    static String take(String s[], int index) {
        if (index > s.length) {
            System.out.println("인덱스가 범위를 벗어났습니다.");
            return null;
        }
        return s[index];
    }
}
```

(1) JClass의 take() 메소드는 무엇을 처리하는 코드인가?
(2) JClass의 take() 메소드가 임의의 타입에 대해 동작하도록 제네릭 메소드로 수정하여 JGenClass를 작성하라.
(3) JGenClass를 활용하는 코드 사례를 보여라.

실습문제

• 홀수 문제는 정답이 공개됩니다.

목적 Vector<Integer> 연습

1. Scanner 클래스로 -1이 입력될 때까지 양의 정수를 입력받아 벡터에 저장하고 벡터를 검색하여 가장 큰 수를 출력하는 프로그램을 작성하라. 난이도 4

```
정수(-1이 입력될 때까지)>> 10 6 22 6 88 77 -1
가장 큰 수는 88
```

목적 ArrayList<Character>

2. Scanner 클래스를 사용하여 6개 학점('A', 'B', 'C', 'D', 'F')을 문자로 입력받아 ArrayList에 저장하고, ArrayList를 검색하여 학점을 점수(A=4.0, B=3.0, C=2.0, D=1.0, F=0)로 변환하여 평균을 출력하는 프로그램을 작성하라. 난이도 5

```
6개의 학점을 빈 칸으로 분리 입력(A/B/C/D/F)>>A C A B F D
2.3333333333333335
```

3. "그만"이 입력될 때까지 나라 이름과 인구를 입력받아 저장하고, 다시 나라 이름을 입력받아 인구를 출력하는 프로그램을 작성하라. 다음 해시맵을 이용하라. 난이도 5

목적 HashMap<String, Integer> 다루기

```
HashMap<String, Integer> nations = new HashMap<String, Integer>();
```

```
나라 이름과 인구를 입력하세요.(예: Korea 5000)
나라 이름, 인구 >> Korea 5000
나라 이름, 인구 >> USA 1000000
나라 이름, 인구 >> Swiss 2000
나라 이름, 인구 >> France 3000
나라 이름, 인구 >> 그만      ← 입력 종료
인구 검색 >> France
France의 인구는 3000
인구 검색 >> 스위스
스위스 나라는 없습니다.
인구 검색 >> 그만      ← 프로그램 종료
```

4. Vector 컬렉션을 이용하여 강수량의 평균을 유지 관리하는 프로그램을 작성하라. 강수량을 입력하면 벡터에 추가하고 현재 입력된 모든 강수량과 평균을 출력한다. 난이도 5

목적 Vector<Integer> 활용

```
강수량 입력 (0 입력시 종료)>> 5
5
현재 평균 5
강수량 입력 (0 입력시 종료)>> 80
5 80
현재 평균 42
강수량 입력 (0 입력시 종료)>> 53
5 80 53
현재 평균 46
강수량 입력 (0 입력시 종료)>> 22
5 80 53 22
현재 평균 40
강수량 입력 (0 입력시 종료)>> 0
```

목적 ArrayList<E>에 객체 저장 및 검색

5. 하나의 학생 정보를 나타내는 Student 클래스에는 이름, 학과, 학번, 학점 평균을 저장하는 필드가 있다.

(1) 학생마다 Student 객체를 생성하고 4명의 학생 정보를 ArrayList<Student> 컬렉션에 저장한 후에, ArrayList<Student>의 모든 학생(4명) 정보를 출력하고 학생 이름을 입력받아 해당 학생의 학점 평균을 출력하는 프로그램을 작성하라.

난이도 6

```
학생 이름,학과,학번,학점평균 입력하세요.
>> 황기태, 모바일, 1, 4.1
>> 이재문, 안드로이드, 2, 3.9
>> 김남윤, 웹공학, 3, 3.5
>> 최찬미, 빅데이터, 4, 4.25          ← 4명의 학생 저장됨
---------------------------
이름:황기태
학과:모바일
학번:1
학점평균:4.1
---------------------------
이름:이재문
학과:안드로이드
학번:2
학점평균:3.9
---------------------------          ← ArrayList<Student>의 모든 학생 (4명) 정보 출력
이름:김남윤
학과:웹공학
학번:3
학점평균:3.5
---------------------------
이름:최찬미
학과:빅데이터
학번:4
학점평균:4.25
---------------------------
학생 이름 >> 최찬미          ← 이름을 입력받고 학생 정보 출력
최찬미, 빅데이터, 4, 4.25
학생 이름 >> 이재문
이재문, 안드로이드, 2, 3.9
학생 이름 >> 그만
```

목적 동일한 프로그램을 HashMap으로 작성, 두 방법 비교

(2) ArrayList<Student> 대신, HashMap<String, Student> 해시맵을 이용하여 다시 작성하라. 해시맵에서 키는 학생 이름으로 한다. 난이도 6

6. 도시 이름, 위도, 경도 정보를 가진 Location 클래스를 작성하고, 도시 이름을 '키'로 하는 HashMap<String, Location> 컬렉션을 만들고, 사용자로부터 입력 받아 4개의 도시를 저장하라. 그리고 도시 이름으로 검색하는 프로그램을 작성하라.

난이도 6

목적 HashMap에 객체 저장 연습

```
도시,경도,위도를 입력하세요.
>> 서울, 37, 126
>> LA, 34, -118
>> 파리, 2, 48
>> 시드니, 151, -33
---------------------------
서울  37   126
LA    34   -118
파리  2    48
시드니 151  -33
---------------------------
도시 이름 >> 피리
피리는 없습니다.
도시 이름 >> 파리
파리  2  48
도시 이름 >> 그만
```

4개의 도시를 입력받아 해시맵에 저장

해시맵에 있는 모든 도시 출력

도시 이름으로 검색

7. 이름과 학점(4.5만점)을 5개 입력받아 해시맵에 저장하고, 장학생 선발 기준을 입력받아 장학생 명단을 출력하라. 난이도 6

목적 HashMap의 전체 검색 연습

```
미래장학금관리시스템입니다.
이름과 학점>> 적당히 3.1
이름과 학점>> 나탈락 2.4
이름과 학점>> 최고조 4.3
이름과 학점>> 상당히 3.9
이름과 학점>> 고득점 4.0
장학생 선발 학점 기준 입력>> 3.2
장학생 명단 : 최고조 상당히 고득점
```

3.2 이상 학생

힌트 HashMap의 전체 요소를 검색하여 학점이 3.2 이상인 학생을 알아내야 한다. 예제 7-6은 해시맵 전체를 검색하는 코드 사례를 보여준다.

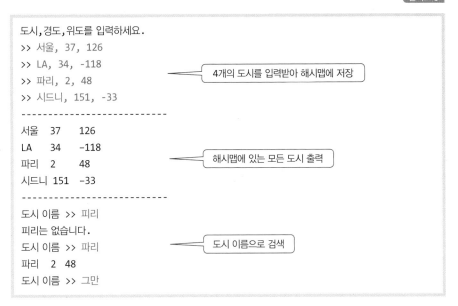

목적 HashMap의 요소 값을 수정하는 연습

8. 고객의 이름과 포인트 점수를 관리하는 프로그램을 해시맵을 이용하여 작성하라. 프로그램은 고객의 이름과 포인트를 함께 저장 관리하는데, 포인트는 추가될 때마다 누적하여 저장된다. 난이도 6

```
** 포인트 관리 프로그램입니다 **
이름과 포인트 입력>> 이재문 40
(이재문,40)
이름과 포인트 입력>> 황기태 50
(이재문,40)(황기태,50)
이름과 포인트 입력>> 황기태 60
(이재문,40)(황기태,110)   ← 황기태의 포인트 점수 증가
이름과 포인트 입력>> 김남윤 30
(이재문,40)(김남윤,30)(황기태,110)
이름과 포인트 입력>> 이재문 20
(이재문,60)(김남윤,30)(황기태,110)
이름과 포인트 입력>> 그만
```

목적 제네릭 클래스 작성 연습

9. 다음 IStack 인터페이스가 있다.

```
interface IStack<T> {
   T pop();
   boolean push(T ob);
}
```

IStack<T> 인터페이스를 구현(implements)하는 MyStack<T> 클래스를 작성하라. 스택의 원소는 Vector<E>를 이용하여 저장하라. 다음은 MyStack<Integer>로 구체화한 정수 스택을 생성하고 활용하는 코드와 실행 결과이다. 난이도 6

```
public class StackManager {
    public static void main (String[] args) {
        IStack<Integer> stack = new MyStack<Integer>();
        for (int i=0; i<10; i++) stack.push(i); // 10개의 정수 푸시
        while (true) { // 스택이 빌 때까지 pop
            Integer n = stack.pop();
            if(n == null) break; // 스택이 빈 경우
            System.out.print(n + " ");
        }
    }
}
```

```
9 8 7 6 5 4 3 2 1 0
```

10. Vector<Shape>의 벡터를 이용하여 그래픽 편집기를 만들어보자. 본문 5.6절과 5.7절에서 사례로 든 추상 클래스 Shape과 Line, Rect, Circle 클래스 코드를 잘 완성하고 이를 활용하여 "삽입", "삭제", "모두 보기", "종료"의 4가지 그래픽 편집 기능을 프로그램을 작성하라. 6장 실습문제 6번을 Vector<Shape>을 이용하여 재작성하는 연습이다. Vector를 이용하면 6장 실습문제 6번보다 훨씬 간단히 작성됨을 경험할 수 있다. 난이도 7

목적 Vector의 진정한 편리성 경험하기

```
그래픽 에디터 beauty을 실행합니다.
삽입(1), 삭제(2), 모두 보기(3), 종료(4)>>1
Line(1), Rect(2), Circle(3)>>2
삽입(1), 삭제(2), 모두 보기(3), 종료(4)>>1
Line(1), Rect(2), Circle(3)>>3
삽입(1), 삭제(2), 모두 보기(3), 종료(4)>>3
Rect
Circle
삽입(1), 삭제(2), 모두 보기(3), 종료(4)>>2
삭제할 도형의 위치>>3
삭제할 수 없습니다.
삽입(1), 삭제(2), 모두 보기(3), 종료(4)>>4
beauty을 종료합니다.
```

11. 나라와 수도 맞추기 게임의 실행 예시는 다음과 같다. 난이도 7

목적 컬렉션의 실전 응용 경험하기

```
**** 수도 맞추기 게임을 시작합니다. ****
입력:1, 퀴즈:2, 종료:3>> 1        ← 입력 메뉴 선택
현재 9개 나라와 수도가 입력되어 있습니다.
나라와 수도 입력10>> 한국 서울
나라와 수도 입력11>> 그리스 아테네
그리스는 이미 있습니다!
나라와 수도 입력11>> 호주 시드니
나라와 수도 입력12>> 이탈리아 로마
나라와 수도 입력13>> 그만         ← 입력 종료
입력:1, 퀴즈:2, 종료:3>> 2        ← 퀴즈 메뉴 선택
호주의 수도는? 시드니
정답!!
독일의 수도는? 하얼빈
아닙니다!!
멕시코의 수도는? 멕시코시티
정답!!
이탈리아의 수도는? 로마
정답!!
한국의 수도는? 서울
```

```
정답!!
영국의 수도는? 런던
정답!!
중국의 수도는? 그만 < 퀴즈 종료
입력:1, 퀴즈:2, 종료:3>> 3 < 게임 종료
게임을 종료합니다.
```

(1) 나라 이름(country)과 수도(capital)로 구성된 Nation 클래스를 작성하고 Vector<Nation> 컬렉션을 이용하여 프로그램을 작성하라.

(2) 이 프로그램을 HashMap<String, String>을 이용하여 작성하라. '키'는 나라 이름이고 '값'은 수도이다.

목적 컬렉션의 실전 응용 경험하기

12. Open Challenge를 수정하여 사용자가 단어를 삽입할 수 있도록 기능을 추가하라.

난이도 8

```
**** 영어 단어 테스트 프로그램 "명품영어" 입니다. ****
단어 테스트:1, 단어 삽입:2. 종료:3>> 1
현재 17개의 단어가 들어 있습니다. -1을 입력하면 테스트를 종료합니다.
eye?
(1)눈 (2)동물 (3)사랑 (4)감정 :>1
Excellent !!
human?
(1)인간 (2)감정 (3)거래 (4)그림 :>2
No. !!
fault?
(1)오류 (2)감정 (3)사회 (4)조각상 :>1
Excellent !!
emotion?
(1)그림 (2)사랑 (3)거래 (4)감정 :>ㅁ러미 < 잘못 입력한 경우
숫자를 입력하세요 !!
painting?
(1)거래 (2)눈 (3)애인 (4)그림 :>4
Excellent !!
animal?
(1)사회 (2)그림 (3)동물 (4)눈 :>-1 < 단어 테스트 종료

단어 테스트:1, 단어 삽입:2. 종료:3>> 2 < 단어 삽입 메뉴
영어 단어에 그만을 입력하면 입력을 종료합니다.
영어 한글 입력 >> flag 깃발
영어 한글 입력 >> friend 친구
영어 한글 입력 >> computer 컴퓨터 < 단어 삽입
영어 한글 입력 >> imagine 상상
```

```
영어 한글 입력 >> smile 웃음
영어 한글 입력 >> 그만

단어 테스트:1, 단어 삽입:2. 종료:3>> 1   ← 단어 테스트 시작
현재 22개의 단어가 들어 있습니다. -1을 입력하면 테스트를 종료합니다.
smile?
(1)상상 (2)사회 (3)웃음 (4)주식 :>3
Excellent !!
friend?
(1)오류 (2)친구 (3)자기 (4)사진 :>2
Excellent !!
dall?
(1)컴퓨터 (2)인형 (3)상상 (4)사랑 :>-1   ← 단어 테스트 종료

단어 테스트:1, 단어 삽입:2. 종료:3>> 3
"명품영어"를 종료합니다.
```

13. Bonus 명령을 실행하는 소프트웨어를 작성하라. 명령은 다음과 같이 mov, add, sub, jn0, prt로 구성되며 mov sum 0는 sum 변수에 0을 삽입하고, add sum i는 sum 변수에 i 값을 더하며, sub n 1은 n 변수의 값을 1 감소시키고, jn0 n 3은 변수 n의 값이 0이 아니면 3 번째 명령(실제 4번째 줄)으로 돌아가도록 처리하고, prt sum 0은 sum 변수의 값을 출력하고 프로그램을 종료한다. prt에서 마지막 0은 특별한 의미가 없다. go는 지금까지 입력한 프로그램을 처음부터 실행하도록 하는 지시어이다.
참고로, 실행 예시에서 첫 번째 프로그램은 5에서 15까지 더하는 프로그램이다.

목적 컬렉션의 실전 응용 경험하기

난이도 9

```
수퍼컴이 작동합니다. 프로그램을 입력해주세요. GO를 입력하면 작동합니다.
>> mov sum 0
>> mov i 5
>> mov n 10
>> add sum i
>> add i 1        ← 5에서 15까지 더하는 사용자 프로그램 입력
>> sub n 1
>> jn0 n 3
>> prt sum 0
>> go             ← 입력된 프로그램 실행 지시
[prt sum 0]
I:15 SUM:95  N:0
출력할 결과는 95. 프로그램 실행 끝
>> mov n 100
>> mov m 20
```

```
>> add n m      ← n = 120
>> sub n 5      ← n = 115
>> prt n 0      ← n 값 출력
>> go           ← 작성된 프로그램 실행 지시
[prt n 0]
M:20 N:115
출력할 결과는 115. 프로그램 실행 끝
>>
```

8 입출력 스트림과 파일 입출력

Objectives

- 입출력 스트림의 특성에 대해 이해한다.
- 자바의 바이트 스트림과 문자 스트림의 개념을 이해한다.
- 문자 스트림을 이용하여 문자 단위로 입출력할 수 있다.
- 바이트 스트림을 이용하여 바이트 단위로 입출력할 수 있다.
- 버퍼 스트림을 이해하고 활용 방법을 안다.
- `File` 클래스와 파일 입출력 응용프로그램을 작성할 수 있다.
- 텍스트 파일을 복사하는 프로그램을 작성할 수 있다.
- 이미지 등의 바이너리 파일을 복사하는 프로그램을 작성할 수 있다.
- `File` 클래스를 이용하여 파일의 크기, 이름, 경로명 등을 알아낼 수 있다.
- `File` 클래스를 이용하여 파일의 이름을 변경하거나, 디렉터리에 있는 모든 파일의 이름을 알아낼 수 있다.

JAVA PROGRAMMING

CHAPTER 8

입출력 스트림과 파일 입출력

8.1 자바의 입출력 스트림

스트림 입출력이란?

스트림
소프트웨어 모듈

영어 단어로 스트림(Stream)이란 흐르는 시냇물을 뜻하며, 컴퓨터 공학에서 스트림은 연속적인 데이터의 흐름 혹은 데이터를 전송하는 소프트웨어 모듈을 일컫는다. 시냇물에 띄어진 종이배가 순서대로 흘러가듯이, 컴퓨터에서 스트림은 도착한 순서대로 데이터를 흘러 보낸다.

입출력 스트림

자바에서 입출력 스트림은 **[그림 8-1]**과 같이 응용프로그램과 입출력 장치를 연결하는 소프트웨어 모듈이다. 그림에서 응용프로그램은 입력 스트림과 연결하며, 입력 스트림은 키보드 장치를 제어하여 사용자의 키 입력을 받아 응용프로그램에게 전달한다. 또한 응용프로그램은 출력 스트림에 연결하고 출력 스트림에 출력하면, 출력 스트림은 다른 끝단에 연결된 출력 장치를 제어하여 출력을 완성한다. 스트림 입출력 방식

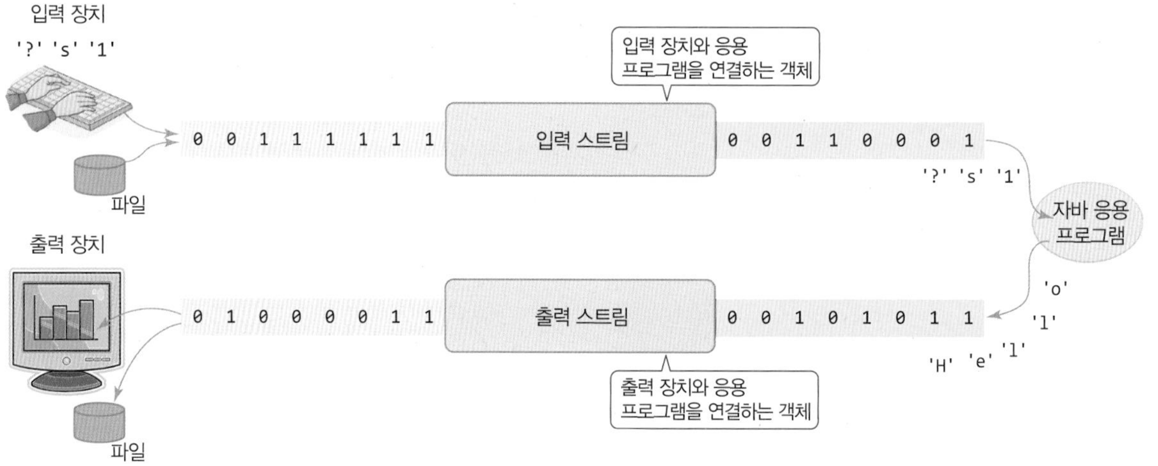

[그림 8-1] 입출력 스트림의 역할

에서, 자바 응용프로그램은 입출력 장치를 직접 제어하는 대신, 입출력 스트림 객체와 연결하여 쉽게 데이터 입출력을 실행한다.

스트림을 사용하지 않고 자바 응용프로그램이 입출력 장치를 직접 제어하는 코드를 작성하여 입출력을 실행하려 한다면, 응용프로그램 작성이 매우 어렵고, 하드웨어 구조나 제어가 다양한 입출력 장치를 모두 수용할 수 없게 될 것이다. 이제, 입출력 스트림의 특징을 간단히 정리해보자.

- **스트림의 양끝에는 입출력 장치와 자바 응용프로그램이 연결된다**

자바 응용프로그램은 입력 스트림과 출력 스트림과만 연결하고, 입출력 스트림이 입출력 장치를 제어하고 실질적인 입출력을 담당한다.

- **스트림은 단방향이다**

입력 스트림은 입력 장치에서 응용프로그램으로 데이터를 전송하며, 출력 스트림은 응용프로그램으로부터 받은 데이터를 출력 장치로 전송한다. 두 가지 기능을 모두 가진 스트림은 없다.

- **스트림을 통해 흘러가는 기본 단위는 바이트나 문자이다**

자바의 스트림 객체는 바이트를 단위로 입출력하는 바이트 스트림과 문자 단위로 입출력하는 문자 스트림으로 나뉜다.

- **스트림은 선입선출, 즉 FIFO 구조이다**

입력 스트림에 먼저 들어온 데이터가 응용프로그램에 먼저 전달되고, 출력 스트림은 응용프로그램이 출력한 순서대로 출력 장치에 보낸다.

바이트 스트림과 문자 스트림

자바에서 입출력 스트림은 문자 스트림(character stream)과 바이트 스트림(byte stream)의 2종류로 나눈다. 문자 스트림은 문자만 다루기 때문에, 문자가 아닌 데이터가 출력되면 보이지 않거나 엉뚱한 기호가 출력되며, 문자가 아닌 정보가 입력되면 응용프로그램에게 엉뚱한 문자가 전달되는 오류가 발생한다. 참고로 자바에서 char 타입, 즉 문자 하나의 크기는 2바이트이다.

문자 스트림
바이트 스트림

한편, 바이트 스트림은 바이트를 단위로 다루는 스트림으로, 스트림에 들어오고 나가는 정보를 단순 바이너리(비트들)로 다루기 때문에, 문자이든 이미지 바이트든 상관없이 흘려보낸다.

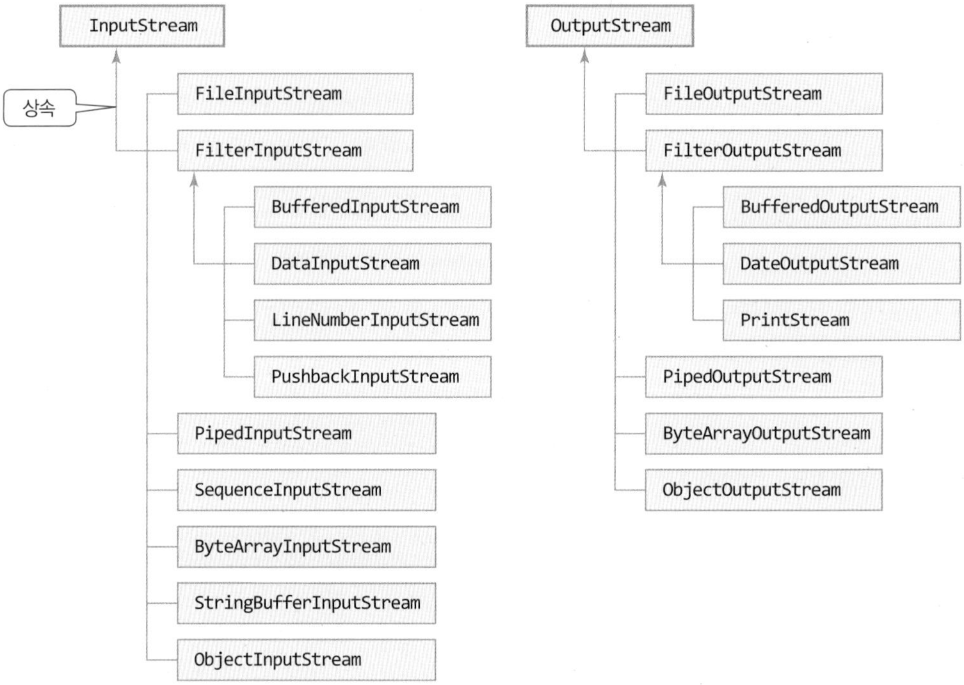

(a) 바이트 스트림 클래스 계층 구조

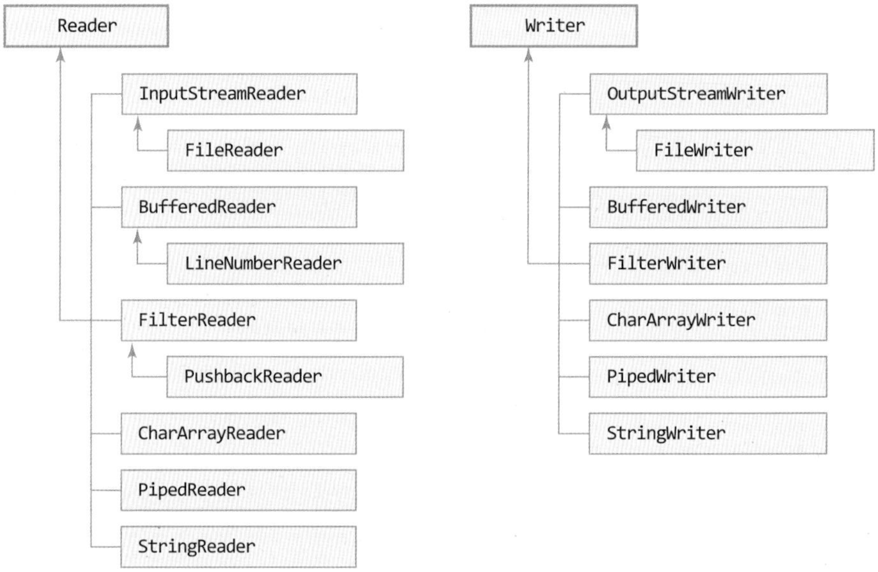

(b) 문자 스트림 클래스 계층 구조

[그림 8-2] JDK에서 제공하는 자바의 입출력 스트림 클래스 계층 구조

자바 플랫폼은 [그림 8-2]와 같이 응용프로그램에서 바이트 단위나 문자 단위로 스트림 입출력을 할 수 있는 다양한 클래스들을 제공하며, 이들은 모두 java.io 패키지에 포함되어 있다. 바이트 스트림을 다루는 클래스는 공통적으로 이름 뒤에 Stream을 붙이고, 문자 스트림을 다루는 클래스는 Reader/Writer를 붙여 구분한다.

Stream
Reader/Writer

메모장으로 작성된 텍스트 파일이나 자바 소스 파일 같이 문자들로만 이루어진 파일을 읽고 쓰는 경우, 문자 스트림 클래스(FileReader, FileWriter)나 바이트 스트림 클래스(FileInputStream, FileOutputStream) 모두 사용 가능하지만, 이미지나 오디오/비디오 파일의 데이터는 문자가 아닌 바이너리 정보들이므로, 이들을 읽거나 쓰는 경우 반드시 바이트 스트림 클래스(FileInputStream, FileOutputStream)를 사용해야 한다.

스트림 연결

스트림은 서로 연결될 수 있다. 이해를 돕기 위해 [그림 8-3]과 같이 쿠키를 굽는 시스템을 생각해보자. 반죽된 밀가루는 적당한 크기로 잘려 컨베이어 벨트에 실려 보내진다. 하나의 스트림인 셈이다. 그리고 다시 반죽을 적당한 크기로 잘라 보내는 커팅 스트림이 있고, 다시 반죽 조각은 별 모양으로 바뀌어 쿠키 스트림을 따라 이동한다.

자바 응용프로그램에서 바이트 스트림과 문자 스트림을 연결하여 사용해보자. 다음은 키보드로부터 문자를 입력받기 위해 표준 입력 스트림인 System.in과 InputStreamReader 스트림 객체를 연결하는 코드이다.

System.in
InputStreamReader 연결

```
InputStreamReader rd = new InputStreamReader(System.in);
```

이 코드는 [그림 8-4]와 같이 문자 스트림 rd를 생성하고, 키보드와 연결된 표준 입력 스트림인 System.in을 연결한다. System.in은 InputStream 타입으로 바이트 입력 스트림이다. 이렇게 두 스트림이 연결되면, System.in은 사용자의 키 입력을 받아 바이트 스트림으로 내보내며, rd는 들어오는 바이트 스트림을 문자로 구성하여 응용프로그램에게 전달한다. 자바 응용프로그램은 다음과 같이 rd.read()를 통해 사용자가 입력한 문자를 읽을 수 있다.

```
int c = rd.read(); // 입력 스트림으로부터 키 입력. c는 입력된 키의 문자 값
```

예를 들어, [그림 8-4]에서 사용자가 a, ? 키를 순서대로 입력하면 System.in은 a와 ? 키를 읽고 바이트 정보를 내보낸다. rd는 연속적으로 들어오는 바이트들을 문자로 변환하고 'a', '?' 문자를 응용프로그램에게 전달해 준다. 스트림은 몇 개라도 연결할 수 있다.

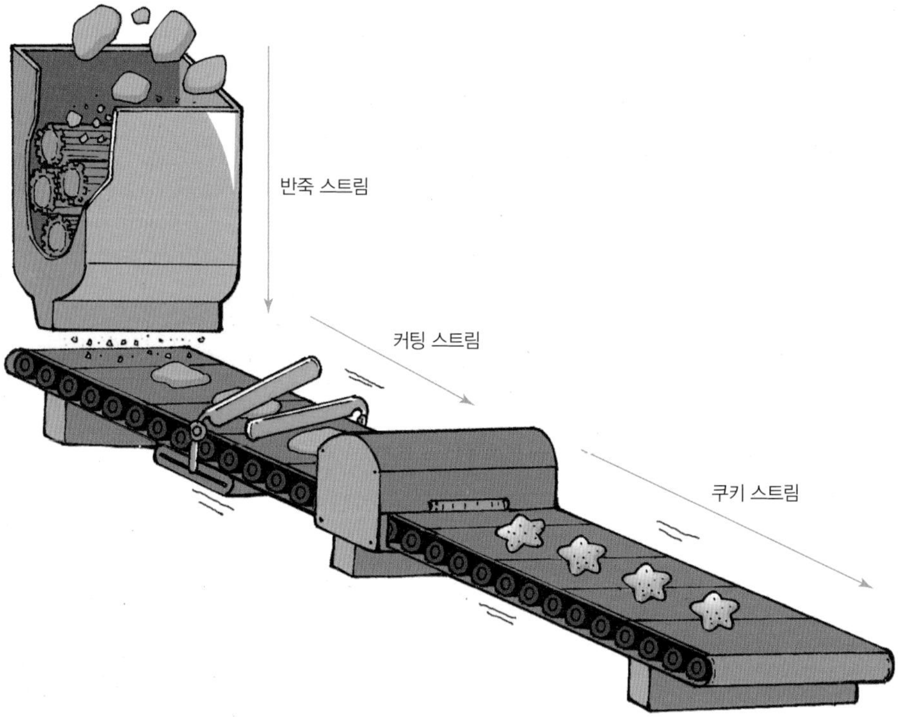

[그림 8-3] 별 모양 쿠키를 굽는 스트림. 3개의 스트림이 연결되어 있음

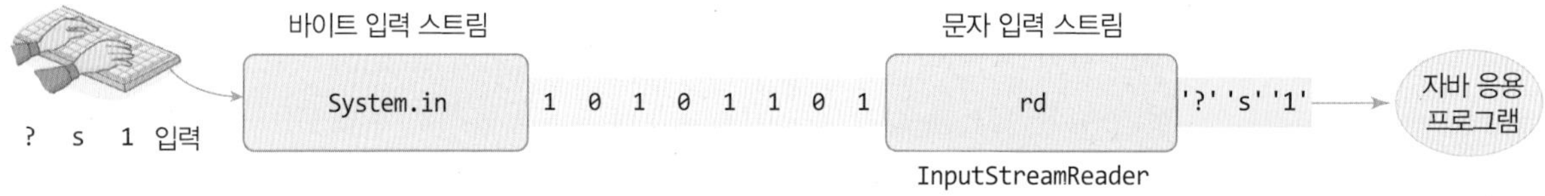

[그림 8-4] 표준 입력 스트림 System.in과 문자 스트림 InputStreamReader의 연결

CHECK TIME

1 다음 파일을 읽을 때 바이트 스트림 클래스와 문자 스트림 클래스 중 더 적합한 것은?

(1) 동영상 파일(.avi) (2) 메모장으로 작성한 파일(.txt)
(3) 자바 클래스 파일(.class) (4) HTML 파일(.html)

2 JDK에서 제공하는 스트림 클래스 중 문자 스트림 클래스의 이름에 공통적으로 들어가는 단어는 무엇인가?

8.2 문자 스트림과 파일 입출력

문자 스트림 클래스

문자 스트림은 2바이트의 유니코드 문자를 단위로 입출력하는 스트림이다. 문자화되지 않는 바이너리 바이트 값들은 문자 스트림 클래스에서 처리할 수 없다. 따라서 이미지와 같은 바이너리 정보는 처리할 수 없다. 문자 입력 스트림은 바이트들을 전달받고, 이 바이트들을 '로컬 문자 집합'에 있는 문자인지 비교하여 문자로 변환한다. 만일 '로컬 문자 집합'에서 찾을 수 없는 경우, 문자가 아니거나 다른 언어의 문자들 혹은 문자 집합이 잘못 설정되어 있는 경우이다. 이제, 문자 스트림 클래스를 활용해보자.

2바이트의 유니코드 문자

FileReader를 이용한 텍스트 파일 읽기

〈표 8-1〉와 〈표 8-2〉는 텍스트 파일을 읽는데 사용되는 FileReader 클래스의 생성자와 메소드를 보여준다.

● 파일 입력 스트림 생성

먼저 파일 입력 스트림을 생성하고 스트림을 파일과 연결한다. 다음은 FileReader로 파일 입력 스트림을 생성하고, c:\test.txt 파일을 연결하는 코드이다.

FileReader

```
FileReader fin = new FileReader("c:\\test.txt");
```

FileReader의 생성자는 c:\test.txt 파일을 찾아 열고, 파일과 스트림을 연결한다. c:\test.txt 파일은 문자들로만 구성된 텍스트 파일이다.

파일과 스트림 연결

● 파일 읽기

이제 파일 입력 스트림(fin)을 이용하여 파일을 읽어보자. fin.read()는 연결된 파일로부터 문자 하나를 읽어 리턴하며, 파일의 끝(EOF)을 만나면 -1을 리턴한다. fin.read()를 이용하여 파일 전체를 읽어 화면에 출력하는 코드는 다음과 같다.

fin.read()

```
int c;
while((c = fin.read()) != -1) { // 문자 하나를 c에 읽어 들인다. 파일 끝까지 반복한다.
    System.out.print((char)c); // 문자 c를 화면에 출력한다.
}
```

c=fin.read()에서 문자를 읽는데 왜 char 타입이 아닌, int 타입의 변수 c를 사용하는지 궁금하다. 그것은 451쪽 잠깐 부분을 참고하기 바란다.

블록 read()

파일이 큰 경우 한 번에 한 문자씩 읽으면 읽는 속도가 너무 느리기 때문에, 다음과 같이 한 번에 한 블록(버퍼 크기)만큼 읽는 read()를 이용하면 된다.

```
char [] buf = new char [1024]; // 1024는 1KB이다.
int n = fin.read(buf); // 한 번에 1024개 문자를 읽어 buf[]에 저장하고 실제 읽은 문자수 리턴
```

버퍼란 읽고 쓸 데이터를 저장하는 배열을 부르는 용어이다. 이 코드에서 파일에 남아 있는 문자의 개수가 1024개보다 작을 때, read()는 실제로 읽은 문자의 개수를 리턴한다. 그러므로 n과 버퍼의 크기인 1024를 비교하여 n이 작다면, 파일의 끝까지 읽은 것으로 판단하면 된다(예제 8-11 참고).

● 스트림 닫기

close()

파일 읽기가 더 이상 필요 없으면 다음과 같이 close() 메소드를 호출하여 파일 입력 스트림을 닫는다. 닫힌 스트림으로부터는 더 이상 읽을 수 없다.

```
fin.close();
```

〈표 8-1〉 FileReader의 생성자

생성자	설명
FileReader(File file)	file로부터 읽는 FileReader 생성
FileReader(String name)	name 이름의 파일로부터 읽는 FileReader 생성

〈표 8-2〉 FileReader, Reader, InputStreamReader의 공통 주요 메소드

메소드	설명
int read()	한 개의 문자를 읽어 정수형으로 리턴
int read(char[] cbuf)	문자들을 읽어 cbuf 배열에 저장하고 읽은 개수 리턴
int read(char[] cbuf, int off, int len)	최대 len 개수의 문자들을 읽어 cbuf 배열의 off 위치부터 저장하고 실제 읽은 개수 리턴
String getEncoding()	스트림이 사용하는 문자 집합의 이름 리턴
void close()	입력 스트림을 닫고 관련된 시스템 자원 해제

잠깐!

일반적으로 경로명을 말할 때 c:\test.txt와 같이 표현하지만, 윈도우에서 경로명을 문자열로 표현할 때는 "c:\\test.txt"라고 명기해야 한다. 자바는 '\'를 특수 문자에 사용하므로, 문자열에 '\' 문자를 사용하고자 하면 '\\'와 같이 백슬래시를 두 번 사용하도록 하고 있다. 만일, "c:\test.txt"라고 기술하면 문자열 중간에 있는 '\t'를 탭(<Tab>) 문자로 잘못 처리한다.

잠깐!

자바는 "c:\\windows\\system.ini"처럼 경로명에 백슬래시를 두 번 사용하는 윈도우 방식뿐만 아니라, "c:/windows/system.ini"와 같이 슬래시를 한 번 사용하는 Unix 표기 방법을 모두 지원한다.

파일 입출력과 예외 처리

파일 입출력 실행 중 예외가 발생할 수 있다. 첫째, 파일의 경로명이 틀린 경우, FileReader 생성자는 FileNotFoundException 예외를 발생시킨다.

FileNotFoundException

```
FileReader fin = new FileReader("c:\\test.txt"); // FileNotFoundException 발생 가능
```

둘째, 파일 읽기, 쓰기, 닫기를 하는 동안 입출력 오류가 발생하면, read(), write(), close() 메소드는 IOException 예외를 발생시킨다.

IOException

```
int c = fin.read(); // IOException 발생 가능
```

그러므로 파일 입출력 코드에 다음과 같은 try-catch 블록이 필요하다.

```
try {
    FileReader fin = new FileReader("c:\\test.txt");
    ..
    int c = fin.read();
    ...
    fin.close();
} catch(FileNotFoundException e) {
    System.out.println("파일을 열 수 없음");
} catch(IOException e) {
    System.out.println("입출력 오류");
}
```

생략 가능. FileNotFoundException은 IOException을 상속받기 때문에 아래의 catch 블록 하나만 있으면 됨

예제 8-1 FileReader로 텍스트 파일 읽기

FileReader를 이용하여 c:\windows\system.ini 파일을 읽어 화면에 출력하는 프로그램을 작성하라. system.ini는 텍스트 파일이다.

```
import java.io.*;

public class FileReaderEx {
   public static void main(String[] args) {
      FileReader fin = null;
      try {
         fin = new FileReader("c:\\windows\\system.ini"); // 문자 입력 스트림 생성
         int c;
         while ((c = fin.read()) != -1) { // 한 문자씩 파일 끝까지 읽는다.
            System.out.print((char)c);
         }
         fin.close();
      }
      catch (IOException e) {
         System.out.println("입출력 오류");
      }
   }
}
```

Unix 스타일의 경로명 방식. "c:/windows/system.ini"로 해도 됨

실행 결과

```
; for 16-bit app support
[386Enh]
woafont=dosapp.fon
EGA80WOA.FON=EGA80WOA.FON
EGA40WOA.FON=EGA40WOA.FON
CGA80WOA.FON=CGA80WOA.FON
CGA40WOA.FON=CGA40WOA.FON

[drivers]
wave=mmdrv.dll
timer=timer.drv

[mci]
```

잠깐!

개발자들은 아래 코드와 같이 파일이나 입력 스트림을 읽는 read() 메소드를 보면서 두 가지 의문을 품을 수 있다.

```
FileInputStream in = new FileInputStream("c:\\test.txt");
int c = in.read(); // in.read()는 한 바이트를 읽어 int 타입으로 리턴한다.
while((c = in.read()) != -1) { // 파일의 끝을 만나면 -1을 리턴한다.
    System.out.print((char)c);
}
```

첫째, read()는 한 바이트나 한 문자를 리턴하므로, 리턴 타입이 byte 혹은 char인 것이 합당한데, int로 선언한 이유는 무엇일까? 둘째, read()가 스트림의 끝 혹은 파일의 끝을 만나면 -1을 리턴하는데, 스트림이나 파일에 -1이 있다면 이 둘은 어떻게 구분할 수 있는가?
이 두 의문의 해답은 모두 스트림 혹은 파일의 끝 처리와 연관되어 있다. 만일 스트림이나 파일에 0xFF 값이 있다고 하면, read()는 0xFF를 리턴한다. 이 때 독자들은 "어! 0xFF는 –1인데, 파일의 끝을 나타내는 –1과 혼동되네!"라고 생각할 수 있다. 그러나 read()는 int 타입으로 리턴하므로, 0xFF를 32비트의 0x000000FF로 리턴한다. 이것은 -1이 아니다. int 타입의 –1은 0xFFFFFFFF이다. 스트림이나 파일에서 read()가 0xFF의 값을 읽어 리턴하는 것과 확연히 구분된다. 이것이 바로 read()의 리턴 타입이 int인 이유이다.

문자 집합과 InputStreamReader를 이용한 텍스트 파일 읽기

문자 집합

InputStreamReader는 스트림에 입력되는 바이트 데이터를 문자 집합을 통해 문자로 변환한다. 이를 위해 InputStreamReader의 생성자에 문자 집합을 지정해야 한다. 만일 읽어 들인 바이트들이 문자 집합에 속하지 않는 경우 해독할 수 없는 글자가 된다.

예제 8-2는 InputStreamReader에 문자 집합을 지정하고 텍스트 파일을 읽는 예를 보인다. InputStreamReader 클래스의 생성자는 〈표 8-3〉과 같고, 메소드는 FileReader와 동일하게 〈표 8-2〉와 같다.

〈표 8-3〉 InputStreamReader 생성자

생성자	설명
InputStreamReader(InputStream in)	in으로부터 읽는 기본 문자 집합의 InputStreamReader 생성
InputStreamReader (InputStream in, Charset cs)	in으로부터 읽는 cs 문자 집합의 InputStreamReader 생성
InputStreamReader (InputStream in, String charsetName)	in으로부터 읽는 charsetName 문자 집합의 InputStreamReader 생성

● InputStreamReader로 문자 입력 스트림 생성

InputStreamReader는 바이트 스트림을 전달받아 문자 정보로 변환하는 스트림 객체이다. 그러므로 우선 텍스트 파일을 읽기 위해서는 다음과 같이 바이트 파일 입력 스트림을 먼저 생성한다.

```
FileInputStream fin = new FileInputStream("c:\\Temp\\hangul.txt");
```

여기서 c:\Temp\hangul.txt는 메모장으로 작성한 한글 텍스트 파일이다. 그리고 나서, 다음과 같이 InputStreamReader 객체를 생성한다.

```
TnputStreamReader in = new InputStreamReader(fin, "MS949");
```

생성자 InputStreamReader()의 두 번째 매개변수에는 fin으로부터 읽어 들인 바이트들을 문자로 인코딩하기 위한 문자 집합을 지정한다.

MS949

윈도우의 메모장에서 한글 텍스트를 입력하면 디폴트로 마이크로소프트(MS)에서 만든 '한글 확장 완성형 문자 집합'에 있는 코드로 저장한다. 윈도우에서 디폴트로 사용하는 문자 집합은 MS949이다. 그러므로 앞의 코드에서 InputStreamReader 생성자에 MS949 문자 집합을 지정하였다.

● 파일 읽기

스트림이 연결된 모양은 [그림 8-5]와 같다. 이제 in 스트림을 이용하여 파일을 읽어 보자. in.read()는 문자 집합의 인코딩 규칙에 따라, fin에게 파일로부터 필요한 바이트들을 읽도록 지시하고, 읽어 들인 바이트들을 MS949 문자 집합에 정의된 문자인지 찾아 한글 문자를 리턴한다. 만일 문자 집합에 없는 바이트들인 경우 정상적이지 않은 값을 리턴한다.

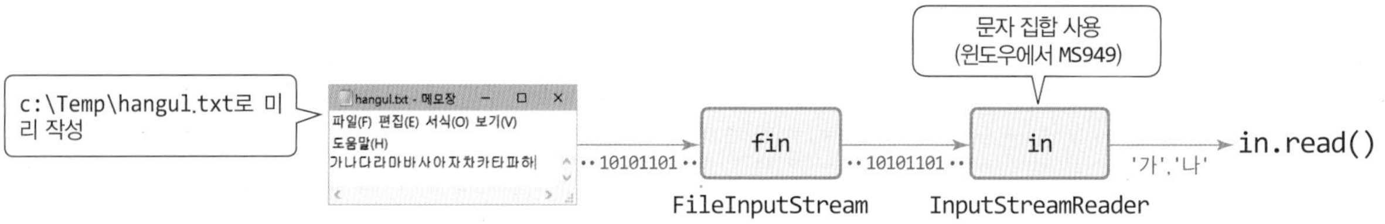

[그림 8-5] FileInputStream 스트림을 연결한 InputStreamReader 스트림

예제 8-2는 InputStreamReader를 이용하여 한글 텍스트 파일을 정상적으로 읽는 예이며, 예제 8-3은 문자 집합을 US-ASCII로 잘못 지정하여 한글 텍스트 파일을 제대로 읽지 못하는 예이다.

InputStreamReader로 한글 텍스트 파일 읽기 예제 8-2

InputStreamReader을 이용하여 MS949 문자 집합으로 한글 텍스트 파일을 읽고 출력하라.

```
import java.io.*;

public class FileReadHangulSuccess {
   public static void main(String[] args) {
      InputStreamReader in = null;
      FileInputStream fin = null;
      try {
         fin = new FileInputStream("c:\\Temp\\hangul.txt");
         in = new InputStreamReader(fin, "MS949"); // 올바른 문자 집합 지정
         int c;

         System.out.println("인코딩 문자 집합은 " + in.getEncoding());
         while ((c = in.read()) != -1) {
            System.out.print((char)c);
         }
         in.close();
         fin.close();
      } catch (IOException e) {
         System.out.println("입출력 오류");
      }
   }
}
```

MS에서 만든 한글 확장 완성형 문자 집합

문자 집합 이름 리턴

실행 결과

```
인코딩 문자 집합은 MS949
가나다라마바사아자차카타파하
```

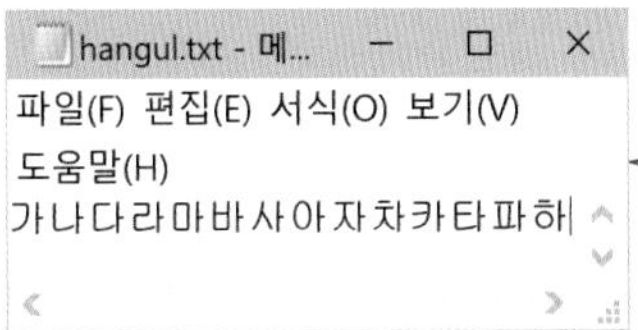

읽을 한글 텍스트 파일 c:\Temp\hangul.txt는 미리 작성되어 있어야 한다.

잠깐!

한글은 영어와 다른 코딩 방식으로 저장된다. 가장 많이 알려진 KSC5601은 1987년에 국가 표준 코드로 지정되었다. 마이크로소프트는 KSC5601을 확장하여 MS949라고도 불리는 코드 체계를 만들고 윈도우에 기본 코드로 사용하고 있다. 자바는 전 세계의 모든 문자를 표현하기 위해 만들어진 유니코드를 사용하므로, 메모장과 같이 윈도우에서 작성된 한글 텍스트 문서를 자바 프로그램에서 읽고자 하면 '문자 집합'을 MS949로 지정하여야 한다.

예제 8-3 한글 텍스트 파일 읽기(문자 집합 지정이 잘못된 경우)

InputStreamReader의 문자 집합을 US-ASCII로 지정하여 한글 파일을 읽고 출력하라.

```
import java.io.*;

public class FileReadHangulFail {
   public static void main(String[] args) {
      InputStreamReader in = null;
      FileInputStream fin = null;
      try {
         fin = new FileInputStream("c:\\Temp\\hangul.txt"); // 파일로부터 바이트
                                                              입력 스트림 생성
         in = new InputStreamReader(fin, "US-ASCII");

         int c;

         System.out.println("인코딩 문자 집합은 " + in.getEncoding()); // 문자집합 출력
         while ((c = in.read()) != -1) { // 문자 단위로 읽는다.
            System.out.print((char)c);
         }
         in.close();
         fin.close();
      } catch (IOException e) {
         System.out.println("입출력 오류");
      }
   }
}
```

문자 집합 지정이 잘못된 예를 보이기 위해 일부러 틀린 문자 집합 지정

읽을 한글 텍스트 파일 hangul.txt의 내용은 다음과 같다.

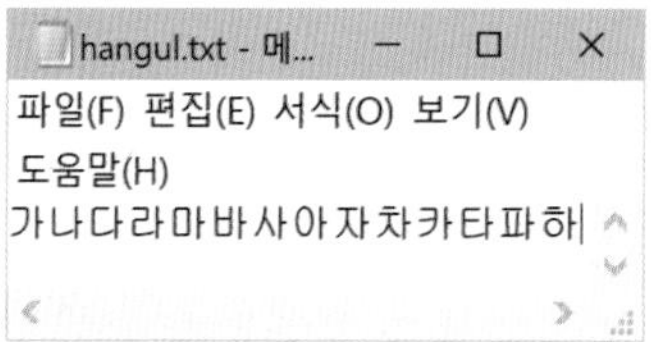

US-ASCII 인코딩으로 지정하여 읽었을 때 다음과 같이 출력 결과는 깨져 나온다.

실행 결과

```
인코딩 문자 집합은 ASCII
????????????????????????????
```

FileWriter를 이용한 텍스트 파일 쓰기

이 절에서는 FileWriter를 이용하여 텍스트를 파일에 저장하는 방법을 알아보자. 〈표 8-4〉는 문자 출력 스트림인 FileWriter와 OutputStreamWriter의 생성자를, 〈표 8-5〉는 Writer, OutputStreamWriter, FileWriter의 주요 공통 메소드를 보여준다.

FileWriter

● 파일 출력 스트림 생성

다음 코드는 c:\Temp\test.txt 파일에 텍스트를 쓰는 출력 스트림을 생성한다.

```
FileWriter fout = new FileWriter("c:\\Temp\\test.txt");
```

FileWriter의 생성자는 c:\Temp\test.txt 파일을 열어 스트림과 연결한다. 파일이 없는 경우 빈 파일을 생성하며, 이미 파일이 있는 경우 파일 내용을 지우고 파일의 처음부터 쓸 준비를 한다.

● 파일 쓰기

fout 스트림의 write() 메소드를 이용하면 문자 단위로 파일에 저장할 수 있다. 다음은 'A'를 파일에 쓰는 코드이다.

write()

```
fout.write('A'); // 문자 'A'를 파일에 저장
```

write()를 다음과 같이 이용하면 한 번에 한 블록씩 쓸 수 있다.

블록

```
char [] buf = new char [1024];
fout.write(buf, 0, buf.length); // buf[] 배열의 처음부터 배열 크기(1024개 문자)만큼 쓰기
```

● 스트림 닫기

텍스트를 모두 파일에 저장하였으면 close()를 호출하여 스트림을 닫는다. 스트림을 닫으면 연결된 파일도 닫힌다.

close()

```
fout.close(); // 스트림을 닫는다. 더 이상 스트림에 기록할 수 없다.
```

〈표 8-4〉 FileWriter와 OutputStreamWriter의 생성자

생성자	설명
OutputStreamWriter(OutputStream out)	out에 출력하는 기본 문자 집합의 OutputStreamWriter 생성
OutputStreamWriter (OutputStream out, Charset cs)	out에 출력하는 cs 문자 집합의 OutputStreamWriter 생성
OutputStreamWriter (OutputStream out, String charsetName)	charsetName 문자 집합의 OutputStreamWriter 생성
FileWriter(File file)	file에 데이터를 저장할 FileWriter 생성
FileWriter(String name)	name 파일에 데이터를 저장할 FileWriter 생성
FileWriter (File file, boolean append)	FileWriter를 생성하며 append가 true이면 파일의 마지막부터 데이터를 저장
FileWriter (String name, boolean append)	FileWriter를 생성하며 append가 true이면 파일의 마지막부터 데이터를 저상

〈표 8-5〉 FileWriter와 OutputStreamWriter의 주요 메소드

메소드	설명
void write(int c)	c를 char로 변환하여 한 개의 문자 출력
void write(String str)	문자열 str 출력
void write(String str, int off, int len)	인덱스 off부터 len개의 문자를 str 문자열에서 출력
void write(char[] cbuf, int off, int len)	인덱스 off부터 len개의 문자를 배열 cbuf에서 출력
void flush()	스트림에 남아있는 데이터 모두 출력
String getEncoding()	스트림이 사용하는 문자 집합의 이름 리턴
void close()	출력 스트림을 닫고 관련된 시스템 자원 해제

예제 8-4 키보드 입력을 파일로 저장하기

Scanner를 이용하여 입력받은 데이터를 c:\Temp\test.txt 파일에 저장하는 프로그램을 작성하라.

```
import java.io.*;
import java.util.*;

public class FileWriterEx {
   public static void main(String[] args) {
      Scanner scanner = new Scanner(System.in);
      FileWriter fout = null;
      int c;
      try {
         fout = new FileWriter("c:\\Temp\\test.txt"); // 파일과 연결된 출력 문자
                                                          스트림 생성
```

```
        while(true) {
          String line = scanner.nextLine(); // 빈칸을 포함하여 한 줄 읽기
          if(line.length() == 0) // 한 줄에 <Enter>키만 입력한 경우
            break;
          fout.write(line, 0, line.length()); // 읽은 문자열을 파일에 저장
          fout.write("\r\n", 0, 2); // 한 줄 띄기 위해 \r\n을 파일에 저장
        }
        fout.close();
      } catch (IOException e) {
        System.out.println("입출력 오류");
      }
      scanner.close();
    }
  }
```

line에는 '\n'이 들어가지 않음

fout.write(line);
fout.write("\r\n");
과 동일

실행 결과

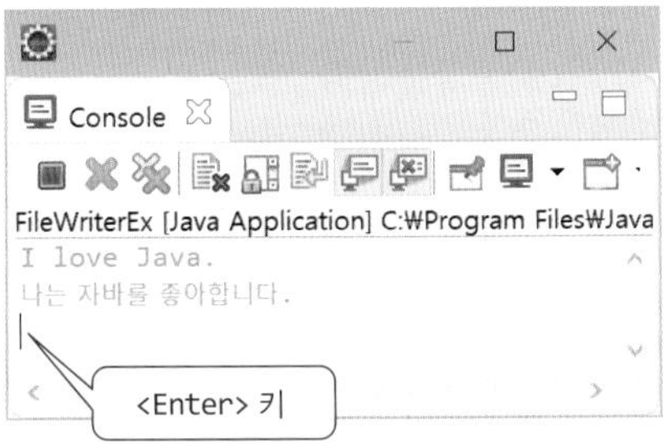

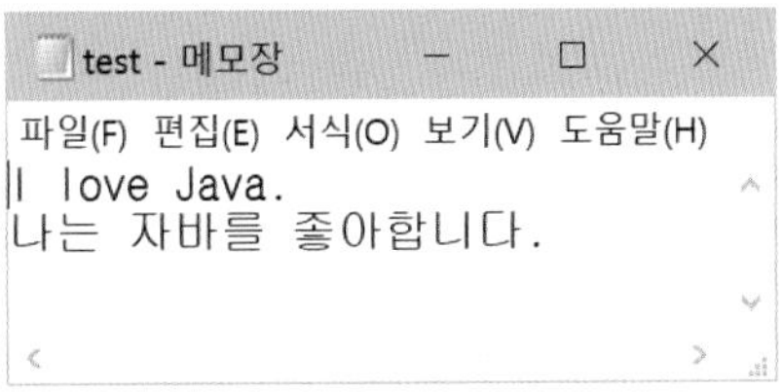

실행 결과 test.txt 파일 생성

8.3 바이트 스트림과 파일 입출력

바이트 스트림 클래스

바이트 스트림은 바이트 단위로 바이너리 데이터가 흐르는 스트림이다. 바이트 스트림은 바이너리 데이터를 있는 그대로 입출력하기 때문에 이미지나 동영상 파일 입출력에 필수적이고, 문자들로 구성된 텍스트 파일도 입출력할 수 있다. 다음은 대표적인 바이트 입출력 스트림 클래스이다.

바이너리 데이터

● InputStream/OutputStream

추상 클래스이며, 바이트 입출력 처리를 위한 공통 기능을 가진 슈퍼 클래스이다.

● FileInputStream/FileOutputStream

파일 입출력을 위한 클래스로서, 파일로부터 바이너리 데이터를 읽거나 파일에 바이너리 데이터를 저장할 수 있다.

● DataInputStream/DataOutputStream

이 스트림을 이용하면 boolean, char, byte, short, int, long, float, double 타입의 값을 바이너리 형태로 입출력한다. 문자열도 바이너리 형태로 입출력한다.

FileOutputStream을 이용한 바이너리 파일 쓰기

바이너리 값

프로그램 내의 변수나 배열에 들어 있는 바이너리 값을 그대로 파일에 저장해야 하는 경우가 있다. 메모리에 있는 이미지 비트들을 그대로 이미지 파일로 저장하는 경우이다. 바이너리 파일은 사람이 읽고 해석하는 것이 거의 불가능하다.

이제, 프로그램 내의 변수나 배열을 c:\Temp\test.out 파일에 바이너리 형태로 그대로 기록하는 예를 통해 바이트 스트림 파일 쓰기를 알아보자.

〈표 8-6〉 FileOutputStream 클래스의 생성자

생성자	설명
FileOutputStream(File file)	file이 지정하는 파일에 출력하는 FileOutputStream 생성
FileOutputStream(String name)	name이 지정하는 파일에 출력하는 FileOutputStream 생성
FileOutputStream (File file, boolean append)	FileOutputStream을 생성하며 append가 true이면 file이 지정하는 파일의 마지막부터 데이터 저장
FileOutputStream (String name, boolean append)	FileOutputStream을 생성하며 append가 true이면 name 이름의 파일의 마지막부터 데이터 저장

〈표 8-7〉 OutputStream과 FileOutputStream의 공통 주요 메소드

메소드	설명
void write(int b)	int 형으로 넘겨진 한 바이트를 출력 스트림으로 출력
void write(byte[] b)	배열 b의 바이트를 모두 출력 스트림으로 출력
void write(byte[] b, int off, int len)	len 크기만큼 off부터 배열 b를 출력 스트림으로 출력
void flush()	출력 스트림에서 남아 있는 바이너리 데이터 모두 출력
void close()	출력 스트림을 닫고 관련된 시스템 자원 해제

바이너리 데이터를 파일에 저장할 때 FileOutputStream 클래스를 이용한다. FileOutputStream의 생성자는 〈표 8-6〉과 같으며, 〈표 8-7〉는 FileOutputStream의 주요 메소드를 보여준다.

● 파일 출력 스트림 생성

c:\Temp\test.out 파일에 바이너리 데이터를 저장하는 출력 스트림은 다음과 같이 생성한다.

```
FileOutputStream fout = new FileOutputStream("c:\\Temp\\test.out");
```

FileOutputStream 생성자는 c:\Temp\test.out 파일을 생성하여 연결한다. 파일이 이미 있으면 그 내용을 지우고 스트림에 연결한다. 쓰기가 이루어지면 c:\Temp\test.out 파일은 바이너리 파일이 된다.

FileOutputStream

● 파일 쓰기

배열을 파일에 저장해보자. write() 메소드를 이용하여 다음과 같이 한 바이트씩 배열 데이터를 기록한다.

write()

```
byte b[] = {7,51,3,4,-1,24};
for(int i=0; i<b.length; i++)
    fout.write(b[i]); // 배열 b[]의 바이트를 바이너리 그대로 파일에 저장
```

for 문 없이 한 번에 배열 b[]를 저장할 수도 있다.

```
fout.write(b); // 배열 b[]의 바이트 모두 파일 저장
```

앞의 코드를 실행한 결과 [그림 8-6]과 같이 c:\Temp\test.out 파일 내부에 바이너리 데이터가 저장된 것은 볼 수 있다.

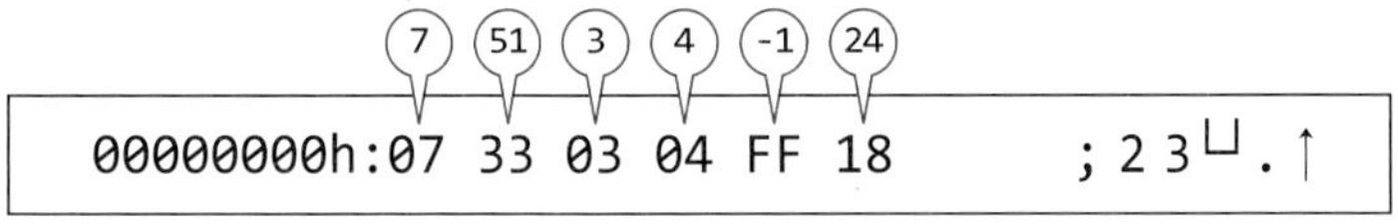

[그림 8-6] c:\Temp\test.out 파일 내부의 바이너리 데이터

예제 8-5 FileOutputStream으로 바이너리 파일 쓰기

FileOutputStream을 이용하여 byte [] 배열 속에 들어 있는 바이너리 값을 c:\Temp\test.out 파일에 저장하라. 이 파일은 바이너리 파일이 되므로 메모장으로 볼 수 없다. 이 파일은 예제 8-6에서 FileInputStream을 이용하여 읽어 다시 출력한다.

```
import java.io.*;

public class FileOutputStreamEx {
   public static void main(String[] args) {
      byte b[] = {7,51,3,4,-1,24};

      try {
         FileOutputStream fout = new FileOutputStream("c:\\Temp\\test.out");
         for(int i=0; i<b.length; i++)
            fout.write(b[i]); // 배열 b의 바이너리를 그대로 기록
         fout.close();
      } catch(IOException e) {
         System.out.println("c:\\Temp\\test.out에 저장할 수 없었습니다. 경로명을 확인해 주세요");
         return;
      }
      System.out.println("c:\\Temp\\test.out을 저장하였습니다.");
   }
}
```

fout.write(b); 한 줄로 코딩할 수 있다.

실행 결과

```
c:\Temp\test.out을 저장하였습니다.
```

FileInputStream을 이용한 바이너리 파일 읽기

바이트 스트림으로 파일을 읽는 스트림 클래스는 FileInputStream이며, 생성자와 주요 메소드는 〈표 8-8〉, 〈표 8-9〉와 같다. 지금부터 예제 8-5에서 배열 byte b[]를 저장한 c:\Temp\test.out 파일을 읽는 코드 예를 통해 파일 읽기를 설명해보자.

〈표 8-8〉 FileInputStream 클래스의 생성자

생성자	설명
FileInputStream(File file)	file이 지정하는 파일로부터 읽는 FileInputStream 생성
FileInputStream(String name)	name이 지정하는 파일로부터 읽는 FileInputStream 생성

메소드	설명
int read()	입력 스트림에서 한 바이트를 읽어 int형으로 리턴
int read(byte[] b)	최대 배열 b의 크기만큼 바이트를 읽음. 읽는 도중 EOF를 만나면 실제 읽은 바이트 수 리턴
int read(byte[] b, int off, int len)	최대 len개의 바이트를 읽어 b 배열의 off 위치부터 저장. 읽는 도중 EOF를 만나면 실제 읽은 바이트 수 리턴
int available()	입력 스트림에서 현재 읽을 수 있는 바이트 수 리턴
void close()	입력 스트림을 닫고 관련된 시스템 자원 해제

〈표 8-9〉

InputStream과 FileInputStream의 공통 주요 메소드

파일 입력 스트림 생성

FileInputStream

FileInputStream 클래스는 파일과 연결한 바이트 스트림을 생성한다. 다음은 c:\Temp\test.out 파일로부터 바이너리 값을 그대로 읽어 들이는 바이트 스트림을 생성하는 코드이다.

```
FileInputStream fin = new FileInputStream("c:\\Temp\\test.out");
```

이 코드를 실행하면 c:\Temp\test.out 파일을 찾아 열고, 이 파일을 연결한 스트림 fin을 생성한다.

● 파일 읽기

read()

fin.read() 메소드를 호출하면 파일 스트림으로부터 한 바이트를 읽어 리턴한다. read() 메소드를 이용하여 파일에 저장된 바이트들을 읽어 배열 byte b[]에 다시 채우는 코드는 다음과 같다.

```
byte b[] = new byte [6]; // 비어있는 배열
int n=0, c;
while((c = fin.read()) != -1) { // 파일 끝(EOF)까지 한 바이트씩 읽기
    b[n] = (byte)c; // 읽은 바이트를 배열에 저장
    n++;
}
```

파일의 끝(EOF)을 만나면 fin.read() 메소드는 -1을 리턴한다. 이 코드의 끝에 있는 다섯 줄은 다음 한 줄로 바꾸어 한 번에 배열로 읽어 들일 수 있다.

```
fin.read(b); // 파일에서 배열 b[]의 크기만큼 바이트 읽기
```

● 스트림 닫기

close()

더 이상 스트림이 필요없을 때 close() 메소드를 호출하여 스트림을 닫는다.

```
fin.close(); // 스트림을 닫는다. 더 이상 스트림으로부터 읽을 수 없다.
```

예제 8-6 FileInputStream으로 바이너리 파일 읽기

FileInputStream을 이용하여 c:\Temp\test.out 파일(예제 8-5에서 저장한 파일)을 읽어 byte [] 배열 속에 저장하고 화면에 출력하라.

```
import java.io.*;

public class FileInputStreamEx {
   public static void main(String[] args) {
      byte b[] = new byte [6]; // 비어 있는 byte 배열
      try {
         // "c:\\Temp\\test.out" 파일을 읽어 배열 b에 저장
         FileInputStream fin = new FileInputStream("c:\\Temp\\test.out");
         int n=0, c;
         while((c = fin.read())!= -1) { // -1은 파일 끝(EOF)
            b[n] = (byte)c; // 읽은 바이트를 배열에 저장
            n++;
         }
         // 배열 b[]의 바이트 값을 모두 화면에 출력
         System.out.println("c:\\Temp\\test.out에서 읽은 배열을 출력합니다.");
         for(int i=0; i<b.length; i++)
            System.out.print(b[i] + " ");
         System.out.println();

         fin.close();
      } catch(IOException e) {
         System.out.println("c:\\Temp\\test.out에서 읽지 못했습니다. 경로명을 체크
                        해보세요");
      }
   }
}
```

fin.read(b);의 한 줄로 코딩할 수 있다.

이 문장의 의미를 다음 페이지의 잠깐에서 설명

실행 결과

```
c:\Temp\test.out에서 읽은 배열을 출력합니다.
7 51 3 4 -1 24
```

잠깐!

c:\Temp\test.out에는 [그림 8-6]과 같이 한 바이트의 -1(FF)이 들어 있다. 예제 8-6의 라인 10에서, fin.read()는 -1(FF)의 한 바이트를 읽어 int 타입의 0x000000FF, 즉 255로 리턴하고 255가 변수 c에 저장된다. 그러고 나서 c(0x000000FF)와 -1(0xFFFFFFFF)을 비교하여 같지 않은 것으로 판단한다. fin.read()가 파일의 끝을 만날 때 비로소 -1(0xFFFFFFFF)을 리턴하여 while 문이 종료된다.

CHECK TIME

1. FileInputStream 클래스를 이용하여 읽을 수 없는 파일은?
   ① JPEG 이미지 파일 ② mp3 오디오 파일 ③ 메모장으로 작성한 텍스트 파일 ④ 없다.

2. 바이트 값을 그대로 파일에 기록할 때 사용하는 스트림 클래스는 무엇인가?

3. c:\Temp\test.dat 파일에 두 개의 정수 3과 5를 기록하고 파일에서 다시 읽어 화면에 출력하는 프로그램을 작성하라. 가능하면 파일 내부를 들여다보기 바란다.

8.4 버퍼 입출력과 파일 입출력

버퍼 입출력의 필요성

입출력 스트림은 운영체제 API를 호출하여 입출력 장치와 프로그램 사이에서 데이터가 전송되도록 한다. 파일 쓰기 메소드는 최종적으로 운영체제 API를 호출하여 파일에 쓰도록 시키고, 운영체제 API는 하드 디스크에게 명령을 내려 파일에 데이터를 기록한다. 자주 운영체제 API가 호출될수록 하드 디스크 장치나 네트워크 장치가 자주 작동하게 되어 시스템의 효율은 나빠지고 프로그램 역시 여러 번 입출력을 진행해야 하므로 입출력의 실행 속도가 떨어진다. 만일 스트림이 버퍼(buffer)를 가지게 되면 보다 효율적으로 작동할 수 있다. 버퍼란 데이터를 일시적으로 저장하기 위한 메모리이다. 파일 출력 스트림이 파일에 쓸 데이터를 버퍼에 모아 두었다가, 한 번에 운영체제 API를 호출하여 파일에 쓰게 하면, 운영체제의 부담을 줄이고 장치를 구동하는 일이 줄어

버퍼

들게 되어 시스템의 속도나 효율이 올라가게 될 것이다.

버퍼 스트림

8.3절까지 다룬 입출력 스트림은 버퍼(buffer)를 가지지 않는 unbuffered I/O 방식이었다. 버퍼 입출력(Buffered I/O)이란 [그림 8-7]과 같이 입출력 스트림이 버퍼를 가지고 보다 효율적으로 입출력을 처리하는 방식이다. 버퍼를 가지는 스트림을 버퍼 스트림(Buffered Stream)이라고 부른다. 버퍼 입력 스트림은 [그림 8-7]에서와 같이 입력 장치로부터 입력된 데이터를 버퍼에 모아서 프로그램으로 보내며, 버퍼 출력 스트림은 프로그램에서 출력한 데이터를 역시 버퍼에 모아 두었다가 한 번에 출력 장치에 출력한다.

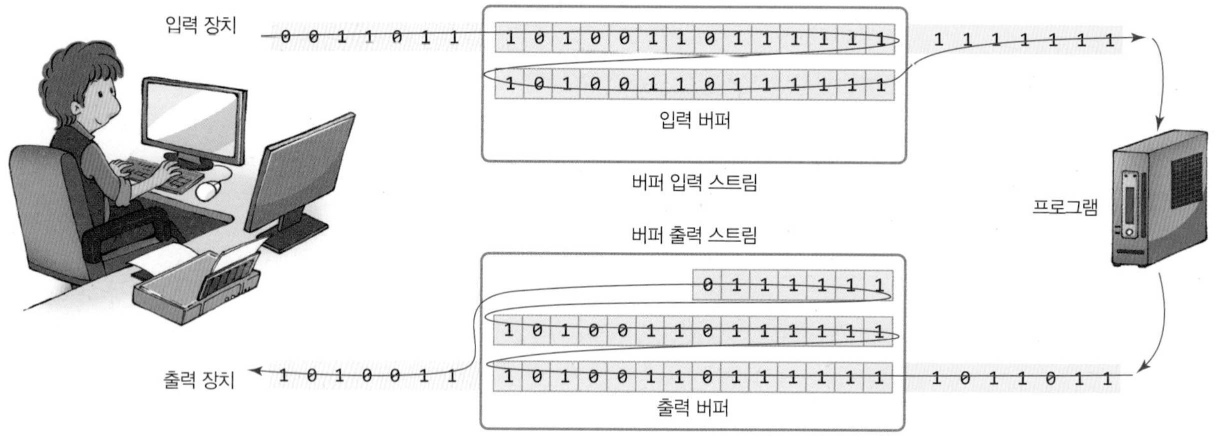

[그림 8-7] 버퍼를 가지는 버퍼 스트림

바이트 버퍼 스트림
문자 버퍼 스트림

버퍼 스트림 역시 데이터의 타입에 따라 바이트 버퍼 스트림과 문자 버퍼 스트림으로 구분된다. 바이트 버퍼 스트림을 구현한 입출력 클래스는 BufferedInputStream과 BufferedOutputStream이 있으며, 문자 버퍼 스트림을 구현한 클래스는 BufferedReader와 BufferedWriter가 있다. 이들을 [그림 8-2]에서 확인해보기 바란다.

버퍼 스트림 생성 및 활용

버퍼 스트림은 내부에 버퍼를 가진다는 사실만 다를 뿐이지 개발자에게 보이는 면은 입출력 스트림과 동일하다.

〈표 8-10〉은 바이트 버퍼 스트림을 구현한 BufferedInputStream과 BufferedOutputStream의 생성자를, 〈표 8-11〉은 문자 버퍼 스트림을 구현한 BufferedReader와 BufferedWriter의 생성자를 각각 보여준다. 두 표에서 볼 수 있듯

이 버퍼 스트림 클래스의 생성자는 모두 바이트 스트림 또는 문자 스트림과 연결하여 사용한다. 그리고 생성자에 버퍼의 크기를 지정한다.

BufferedInputStream과 BufferedOutputStream의 메소드는 〈표 8-7〉, 〈표 8-9〉의 InputStream, OutputStream 클래스와 각각 같으며, BufferedReader와 BufferedWriter의 메소드는 〈표 8-2〉, 〈표 8-5〉의 Reader, Writer 클래스와 각각 같다.

〈표 8-10〉 바이트 버퍼 스트림 클래스의 생성자

생성자	설명
BufferedInputStream(InputStream in)	in을 연결하는 디폴트 크기의 입력 버퍼 스트림 객체 생성
BufferedInputStream (InputStream in, int size)	in을 연결하는 size 크기의 입력 버퍼 스트림 객체 생성
BufferedOutputStream(OutputStream out)	out을 연결하는 디폴트 크기의 출력 버퍼 스트림 생성
BufferedOutputStream (OutputStream out, int size)	out을 연결하는 size 크기의 출력 버퍼 스트림 생성

〈표 8-11〉 문자 버퍼 스트림 클래스의 생성자

생성자	설명
BufferedReader(Reader in)	in을 연결하는 디폴트 크기의 문자 입력 버퍼 스트림 생성
BufferedReader(Reader in, int sz)	in을 연결하는 sz 크기의 문자 입력 버퍼 스트림 생성
BufferedWriter(Writer out)	out을 연결하는 디폴트 크기의 문자 출력 버퍼 스트림 생성
BufferedWriter(Writer out, int sz)	out을 연결하는 sz 크기의 문자 출력 버퍼 스트림 생성

● 버퍼 출력 스트림 생성

BufferedOutputStream 클래스로 화면에 출력하는 버퍼 출력 스트림을 생성해보자.

BufferedOutputStream

```
BufferedOutputStream bout = new BufferedOutputStream(System.out, 20);
                                                        // 20바이트 버퍼
```

앞 라인은 20바이트 크기의 버퍼를 가지고, 표준 출력 스트림(System.out)에 연결하여 화면에 출력하는 버퍼 스트림을 생성한다.

● 스트림 출력

다음은 c:\windows\system.ini 파일을 읽어, 버퍼 출력 스트림을 통해 화면에 출력하는 프로그램 코드를 보여주며, 스트림이 연결되어 있는 모양은 **[그림 8-8]**과 같다.

```
FileReader fin = new FileReader("c:\\windows\\system.ini");
int c;
while ((c = fin.read()) != -1) { // 파일 끝을 만날 때까지 문자들을 하나씩 읽는다.
    bout.write((char)c); // 읽은 문자를 버퍼 출력 스트림에 쓴다. 출력 스트림과 연결된 화면에
                            출력된다.
}
```

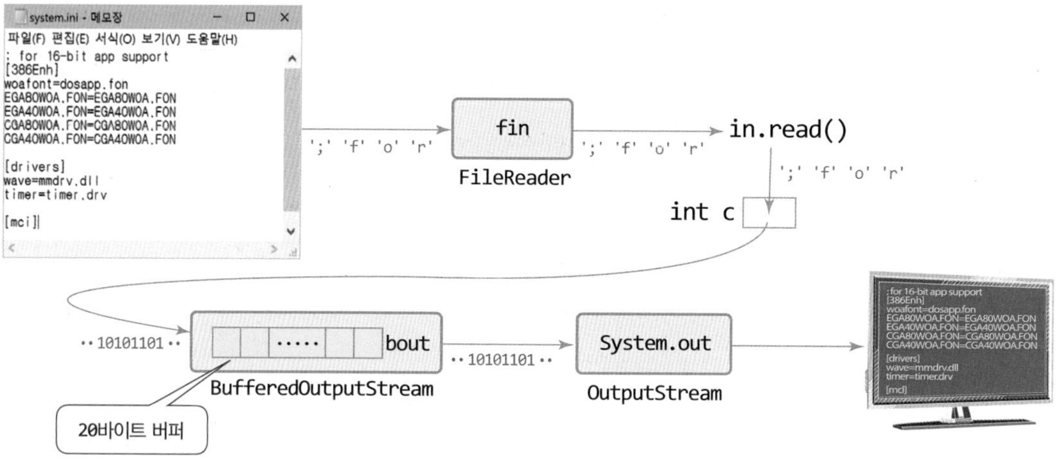

[그림 8-8] 파일을 읽고 버퍼 출력 스트림을 통해 화면에 출력하는 과정

강제 출력
flush()

● 버퍼에 남아 있는 데이터 출력

버퍼 스트림은 버퍼를 가지고 있기 때문에 버퍼가 꽉 찼을 때만 출력되는 특징이 있다. 그러므로 프로그램에서 데이터를 출력하였지만 버퍼에 들어 있어 출력 장치에 보이지 않을 수 있다. 버퍼가 다 차지 않는 상태에서 버퍼에 있는 데이터를 강제로 출력 장치로 보내려면, 다음과 같이 flush() 메소드를 호출하면 된다.

```
bout.flush(); // bout 스트림의 버퍼에 있는 데이터를 모두 장치에 출력
```

● 스트림 닫기

버퍼 스트림을 모두 사용하였다면 다음과 같이 닫아 주어야 한다.

```
bout.close(); // 버퍼 스트림 닫기
fin.close(); // 파일 입력 스트림 닫기
```

버퍼 스트림을 이용한 출력 예제 8-7

버퍼 크기를 5로 하고, 표준 출력 스트림(System.out)과 연결한 버퍼 출력 스트림을 생성하라. c:\Temp\test2.txt 파일을 저장된 영문 텍스트를 읽어 버퍼 출력 스트림을 통해 출력하라.

프로그램이 실행되면 5개의 문자 밖에 출력되지 않을 것이다. 이것은 버퍼의 크기를 5로 잡았기 때문이다. 여기서 <Enter> 키가 입력되면 flush() 메소드를 호출하여 버퍼에 있는 모든 데이터를 출력시키도록 하라.

```java
1  import java.io.*;
2  import java.util.Scanner;
3
4  public class BufferedIOEx {
5      public static void main(String[] args) {
6          FileReader fin = null;
7          int c;
8          try {
9              fin = new FileReader("c:\\Temp\\test2.txt");
10             BufferedOutputStream out = new BufferedOutputStream(System.out, 5);
11             while ((c = fin.read()) != -1) { // 파일 데이터를 모두 스크린에 출력
12                 out.write(c);
13             }
14             // 파일 데이터가 모두 출력된 상태
15             new Scanner(System.in).nextLine(); // <Enter> 키 입력
16             out.flush(); // 버퍼에 남아 있던 문자 모두 출력
17             fin.close();
18             out.close();
19
20         } catch (IOException e) {
21             e.printStackTrace();
22         }
23     }
24 }
```

BufferedOutputStream는 바이트 단위로 출력하므로, ANSI 코드(영어는 한 바이트, 한글은 2바이트)의 영문만 출력할 수 있다. 한글까지 출력하려면 다음과 같이 수정하면 된다.

```java
BufferedWriter out = new BufferedWriter(new OutputStreamWriter(System.out), 5);
```

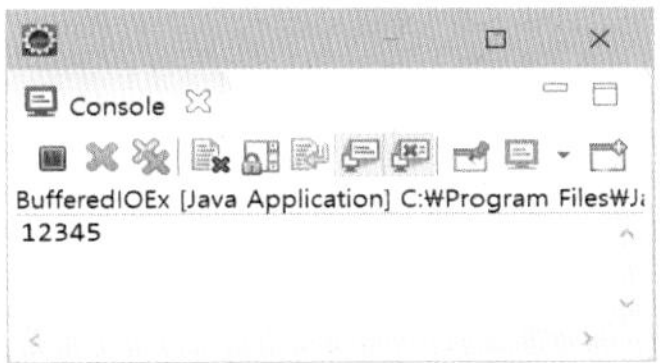

출력 스트림의 버퍼 크기가 5이므로 파일을 읽어 8개의 문자를 출력하였지만 5개의 문자만 출력되고 3개의 문자는 버퍼에 남아 있어 화면에 보이지 않음

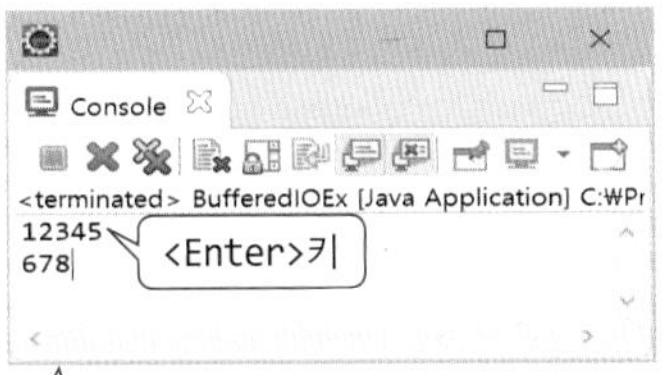

프로그램의 라인 15에서 <Enter>키를 입력받으면 out.flush()를 실행하여 버퍼에 남아 있는 3개의 문자를 강제로 출력시킴

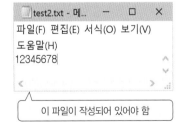

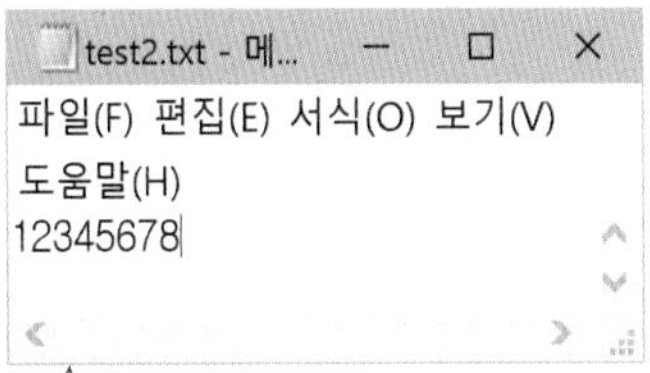

이 파일이 작성되어 있어야 함

CHECK TIME

1. 버퍼를 가진 입출력과 버퍼가 없는 입출력 중 시스템 전체에 이로운 것은 무엇인가?
2. 버퍼에 남아 있는 데이터를 모두 출력시키는 메소드는?
3. 버퍼의 크기를 `2048`바이트로 하고, `FileReader` 스트림을 연결하여 윈도우의 `c:\windows\system.ini` 파일을 읽어 화면에 출력하는 프로그램을 버퍼 스트림을 이용하여 작성하라.

8.5 File 클래스

File 클래스란?

File 클래스
속성 정보
파일 관리

File 클래스는 파일이나 디렉터리에 대해, 경로명, 크기, 타입, 수정 날짜 등의 속성 정보를 제공하고, 파일 삭제, 디렉터리 생성, 파일 이름 변경, 디렉터리 내의 파일 리스트 제공 등 다양한 파일 관리 작업을 지원한다. File 클래스의 경로명은 java.io.File이다. 이름과는 달리, File 클래스에는 파일 입출력 기능은 없다. 파일을 읽고 쓰는 것은 앞서 공부한 FileInputStream, FileOutputStream, FileReader, FileWriter 등 파일 입출력 클래스를 이용해야 한다.

File 객체 생성

File 객체의 생성은 〈표 8-12〉의 생성자를 이용한다. 예를 들어 c:\Temp\test.txt 파일의 File 객체는 다음과 같이 생성한다.

```
File f = new File("c:\\Temp\\test.txt");
File f = new File("c:\\Temp", "test.txt"); // 디렉터리와 파일명을 나누어 전달
```

〈표 8-12〉
File 클래스의 생성자

메소드	설명
File(File parent, String child)	parent 디렉터리에 child 이름의 서브 디렉터리나 파일을 나타내는 File 객체 생성
File(String pathname)	pathname의 완전 경로명이 나타내는 File 객체 생성
File(String parent, String child)	parent 디렉터리에 child 이름의 서브 디렉터리나 파일을 나타내는 File 객체 생성
File(URI uri)	file:URI를 추상 경로명으로 변환하여 File 객체 생성

File 클래스를 이용한 파일 및 디렉터리 관리

File 클래스의 메소드를 이용하면, 파일 크기와 타입을 알아내고, 파일 삭제, 이름 변경, 디렉터리 생성, 디렉터리의 파일 리스트 얻기 등 다양한 파일 관리 작업을 수행할 수 있다. File 클래스의 주요 메소드는 <표 8-13>과 같다. 지금부터 File 클래스를 활용하는 사례를 알아보자.

파일 크기
타입
파일 삭제
이름 변경
디렉터리 생성
파일 리스트 얻기

<표 8-13>
File 클래스의 주요 메소드

메소드	설명
boolean mkdir()	새로운 디렉터리 생성
String[] list()	디렉터리 내의 파일과 서브 디렉터리 리스트를 문자열 배열로 리턴
File [] listFiles()	디렉터리 내의 파일과 서브 디렉터리 리스트를 File [] 배열로 리턴
boolean renameTo(File dest)	dest가 지정하는 경로명으로 파일 이름 변경
boolean delete()	파일 또는 디렉터리 삭제
long length()	파일의 크기 리턴
String getPath()	경로명 전체를 문자열로 변환하여 리턴
String getParent()	파일이나 디렉터리의 부모 디렉터리 이름 리턴
String getName()	파일 또는 디렉터리 이름을 문자열로 리턴
boolean isFile()	일반 파일이면 true 리턴
boolean isDirectory()	디렉터리이면 true 리턴
long lastModified()	파일이 마지막으로 변경된 시간 리턴
boolean exists()	파일 또는 디렉터리가 존재하면 true 리턴

● 파일 크기, length()

length()는 파일이나 디렉터리의 크기를 리턴한다. 예를 들면 다음과 같다.

length()

```
File f = new File("c:\\windows\\system.ini"); // 파일 크기는 219바이트
long size = f.length(); // size = 219
```

파일이 존재하지 않거나, 디렉터리 혹은 운영체제 종속적인 장치 파일의 경우, length()는 운영체제에 따라 0을 리턴하기도 한다.

● 파일의 경로명, getName(), getPath(), getParent()

getName()
getPath()
getParent()

getName()은 파일명만, getPath()는 완전경로명을, getParent()는 부모 디렉터리를 문자열로 리턴한다. 예를 들면 다음과 같다.

```
String filename = f.getName();     // "system.ini"
String path = f.getPath();         // "c:\\windows\\system.ini"
String parent = f.getParent();     // "c:\\windows"
```

isFile()
isDirectory()

● 파일 타입 판별, isFile()과 isDirectory()

isFile()과 isDirectory()는 경로명이 파일인지 디렉터리인지에 따라 true/false를 리턴한다. 예를 들면 다음과 같다.

```
if(f.isFile()) // 파일인 경우
    System.out.println(f.getPath() + "는 파일입니다.");
else if(f.isDirectory())  // 디렉터리인 경우
    System.out.println(f.getPath() + "는 디렉터리입니다.");
```

system.ini는 당연히 파일이므로 아래와 같이 출력된다.

```
c:\windows\system.ini는 파일입니다.
```

서브디렉터리의 리스트
list()
listFiles()

● 디렉터리에 있는 파일 리스트 얻기, listFiles()

File 객체가 디렉터리의 경로명을 가진 경우, 디렉터리의 모든 파일과 서브디렉터리의 리스트를 얻을 수 있다. list()는 파일과 서브디렉터리 경로명을 문자열 배열(String[])로 리턴하는 반면, listFiles()는 파일과 서브디렉터리 경로명을 File[] 배열로 리턴한다. 다음 코드는 listFiles() 메소드를 이용하여 c:\Temp 디렉터리에 있는 모든 파일과 서브디렉터리의 이름을 출력한다.

```
File f = new File("c:\\Temp");
File[] subfiles = f.listFiles(); // c:\Temp 디렉터리의 파일 및 서브디렉터리 리스트 얻기
for(int i=0; i<filenames.length; i++) {
    System.out.print(subfiles[i].getName()); // 파일명 출력
    System.out.println("\t파일 크기: " + subfiles[i].length()); // 파일 크기 출력
}
```

예제 8-8 File 클래스 활용한 파일 관리

File 클래스를 이용하여 파일의 타입을 알아내고, 디렉터리에 있는 파일들을 나열하며, 디렉터리 이름을 변경하는 프로그램을 작성해보자.

```
import java.io.File;
public class FileEx {

  public static void listDirectory(File dir) {
    System.out.println("-----" + dir.getPath() + "의 서브 리스트 입니다.-----");

    File[] subFiles = dir.listFiles(); // 디렉토리에 포함된 파일과 디렉토리 이름의 리스트 얻기
    for(int i=0; i<subFiles.length; i++) { // subFiles 배열의 각 File에 대해 루프
      File f = subFiles[i];
      long t = f.lastModified(); // 마지막으로 수정된 시간
      System.out.print(f.getName());
      System.out.print("\t파일 크기: " + f.length()); // 파일 크기
      System.out.printf("\t수정한 시간: %tb %td %ta %tT\n",t, t, t, t); // 포맷 출력
    }
  }

  public static void main(String[] args) {
    File f1 = new File("c:\\windows\\system.ini");
    System.out.println(f1.getPath() + ", " + f1.getParent() + ", " + f1.getName());

    String res="";
    if(f1.isFile()) res = "파일"; // 파일 타입이면
    else if(f1.isDirectory()) res = "디렉토리"; // 디렉토리 타입이면
    System.out.println(f1.getPath() + "은 " + res + "입니다.");

    File f2 = new File("c:\\Temp\\java_sample"); // 새로 만들고자 하는 디렉터리
    if(!f2.exists()) { // f2 디렉터리가 존재하는지 검사
      f2.mkdir(); // 존재하지 않으면 디렉토리 생성
    }

    listDirectory(new File("c:\\Temp")); // c:\Temp에 있는 파일 리스트 출력
    f2.renameTo(new File("c:\\Temp\\javasample")); // java_sample -> javasample로 이름 변경
    listDirectory(new File("c:\\Temp")); // javasample로 변경한 후 리스트 출력
  }
}
```

디렉토리에 포함된 파일과 서브 디렉토리의 이름, 크기, 수정 시간을 출력하는 메소드

실행 결과

c:\Temp의 파일과 서브 디렉터리 리스트

java_sample을 javasample로 변경한 이후

```
c:\windows\system.ini, c:\windows, system.ini
c:\windows\system.ini은 파일입니다.
-----c:\Temp의 서브 리스트 입니다.-----
Calc.class    파일        파일 크기: 754      수정한 시간: 3월 17 금 18:13:39
Calc.java     파일        파일 크기: 282      수정한 시간: 3월 17 금 18:13:25
hangul.txt    파일        파일 크기: 14       수정한 시간: 4월 03 월 20:58:51
java_sample   디렉터리    파일 크기: 0        수정한 시간: 4월 04 화 15:32:22
test.out      파일        파일 크기: 6        수정한 시간: 4월 04 화 11:32:10
test.txt      파일        파일 크기: 13       수정한 시간: 4월 03 월 21:17:51
test2.txt     파일        파일 크기: 8        수정한 시간: 4월 04 화 15:05:08
-----c:\Temp의 서브 리스트 입니다.-----
Calc.class    파일        파일 크기: 754      수정한 시간: 3월 17 금 18:13:39
Calc.java     파일        파일 크기: 282      수정한 시간: 3월 17 금 18:13:25
hangul.txt    파일        파일 크기: 14       수정한 시간: 4월 03 월 20:58:51
javasample    디렉터리    파일 크기: 0        수정한 시간: 4월 04 화 15:32:22
test.out      파일        파일 크기: 6        수정한 시간: 4월 04 화 11:32:10
test.txt      파일        파일 크기: 13       수정한 시간: 4월 03 월 21:17:51
test2.txt     파일        파일 크기: 8        수정한 시간: 4월 04 화 15:05:08
```

8.6 파일 입출력 응용: 파일 복사

이 절에서는 파일 입출력 스트림의 응용으로서 파일을 복사하는 프로그램 작성에 대해 소개한다. 파일은 문자들로 이루어진 텍스트 파일과 이미지나 오디오 혹은 그래픽 등 바이너리 코드로 이루어진 바이너리 파일로 나뉜다. 바이너리 파일은 바이트 스트림으로 읽고 써야 정확하게 복사가 이루어지지만, 텍스트 파일은 문자 스트림이나 바이트 스트림 중 어떤 것을 사용해도 복사에 문제가 없다.

텍스트 파일 복사

FileReader
FileWriter

문자 스트림을 이용하여 텍스트 파일을 복사해보자. 예제 8-9는 텍스트 파일을 복사하는 응용프로그램을 보여준다. FileReader를 이용하여 텍스트 파일을 읽고 FileWriter로 텍스트 파일에 복사한다. 파일 경로명은 File 객체를 이용한다. 이 예제로는 이미지 파일이나 워드 파일, PPT 파일, 한글 파일(.hwp) 등을 복사할 수 없다.

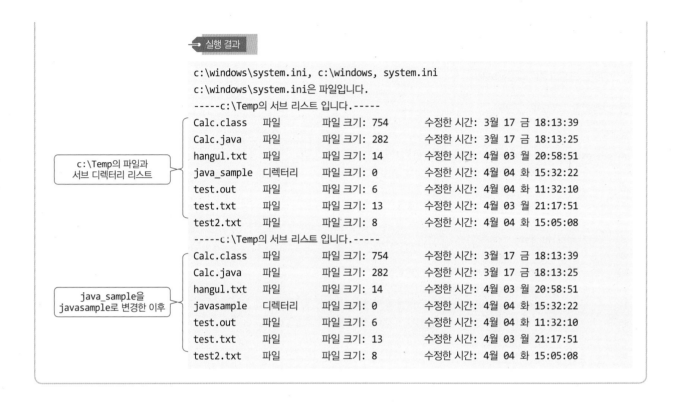

텍스트 파일 복사 **예제 8-9**

문자 스트림 FileReader와 FileWriter를 이용하여 c:\windows\system.ini를 c:\Temp\system.txt 파일로 복사하는 프로그램을 작성하라.

```
import java.io.*;

public class TextCopyEx {
   public static void main(String[] args) {
      File src = new File("c:\\windows\\system.ini"); // 원본 파일 경로명
      File dest = new File("c:\\Temp\\system.txt"); // 복사 파일 경로명

      int c;
      try {
         FileReader fr = new FileReader(src); // 파일 입력 문자 스트림 생성
         FileWriter fw = new FileWriter(dest); // 파일 출력 문자 스트림 생성
         while((c = fr.read()) != -1) { // 문자 하나 읽고
            fw.write((char)c); // 문자 하나 쓰고
         }
         fr.close();
         fw.close();
         System.out.println(src.getPath()+ "를 " + dest.getPath()+ "로 복사하였습니다.");
      } catch (IOException e) {
         System.out.println("파일 복사 오류");
      }
   }
}
```

fr.read()는 파일 끝을 만나면 -1 리턴

실행 결과

```
c:\windows\system.ini를 c:\Temp\system.txt로 복사하였습니다.
```

예제 8-9의 복사 응용프로그램은 한 바이트씩 복사하기 때문에, 파일이 큰 경우 복사 시간이 오래 걸린다. 파일 복사의 속도를 높이기 위해서는 블록 단위로 읽고 쓰야 한다. 예제 8-11은 블록 단위로 복사하는 고속 복사 응용프로그램을 보여준다.

바이너리 파일 복사

바이트 스트림을 이용하여 바이너리 파일을 복사해보자. 예제 8-10은 바이너리 파일을 복사하는 응용프로그램 사례이다. 이 응용프로그램은 파일을 바이트 단위로 복사하므로 이미지, 동영상, 실행 파일(exe)과 같은 바이너리 파일뿐 아니라 텍스트 파일도 복사할 수 있다.

예제 8-10 바이너리 파일 복사

FileInputStream과 FileOutputStream을 이용하여 이미지 파일을 복사하라.

윈도우 10에서 배경으로 사용하는 이미지는 c:\Windows\Web\Wallpaper\Theme1\ 폴더에 있으며, 윈도우 7까지는 사진 이미지들이 c:\\Users\\Public\\Pictures\\Sample Pictures\ 폴더에 있기 때문에, 사용자 컴퓨터에 설치된 운영체제에 따라 예제에서 사용할 원본 이미지를 선택하면 된다. 저자는 윈도우 10에서 이 예제를 실행하였다.

> 윈도우 10의 배경 이미지가 있는 폴더가 바뀔 수 있으니 주의

```java
import java.io.*;

public class BinaryCopyEx {
   public static void main(String[] args) {
      File src = new File("c:\\Windows\\Web\\Wallpaper\\Theme1\\img1.jpg");
                                                         // 원본 파일 경로명
      // 윈도우 7에서는 File("c:\\Users\\Public\\Pictures\\Sample Pictures\\
         desert.jpg");를 사용하라.

      File dest = new File("c:\\Temp\\copyimg.jpg"); // 복사 파일 경로명

      int c;
      try {
         FileInputStream fi = new FileInputStream(src); // 파일 입력 바이트 스트림 생성
         FileOutputStream fo = new FileOutputStream(dest); // 파일 출력 바이트 스트림
                                                            생성
         while((c = fi.read()) != -1) {
            fo.write((byte)c);
         }
         fi.close();
         fo.close();
         System.out.println(src.getPath()+ "를 " + dest.getPath()+ "로 복사하였습니다.");
      } catch (IOException e) {
         System.out.println("파일 복사 오류");
      }
   }
}
```

> 한 바이트씩 복사하므로 복사 시간이 많이 걸림에 유의하라. 고속 복사는 다음 절을 참고하라.

> fi.read()는 파일 끝을 만나면 -1 리턴

실행 결과

```
c:\Windows\Web\Wallpaper\Theme1\img1.jpg를 c:\Temp\copyimg.jpg로 복사하였습니다.
```

블록 단위로 파일 고속 복사

예제 8-9나 8-10은 한 바이트씩 읽고 쓰기 때문에, 독자들이 실행해보면 알겠지만 복사 시간이 오래 걸린다. 복사 속도를 높이려면 BufferedInputStream과 BufferedOutputStream을 사용하든지, 아니면 블록 단위로 읽고 쓰도록 수정하면 된다. 예제 8-11은 10KB의 버퍼 메모리를 이용하여 한 번에 10KB씩 복사하는 사례를 보여준다.

블록 단위로 바이너리 파일 고속 복사 **예제 8-11**

예제 8-10을 10KB 단위로 읽고 쓰도록 수정하여 고속으로 파일을 복사하라.

```
import java.io.*;
public class BlockBinaryCopyEx {
  public static void main(String[] args) {
    File src = new File("c:\\Windows\\Web\\Wallpaper\\Theme1\\img1.jpg");
    // 윈도우 7에서는 File("c:\\Users\\Public\\Pictures\\Sample Pictures\\
       desert.jpg");를 사용하라.

    File dest = new File("c:\\Temp\\desert.jpg"); // 복사 파일
    try {
      FileInputStream fi = new FileInputStream(src); // 파일 입력 바이트 스트림
      FileOutputStream fo = new FileOutputStream(dest); // 파일 출력 바이트 스트림
      byte [] buf = new byte [1024*10]; // 10KB 버퍼
      while(true) {
        int n = fi.read(buf); // 버퍼 크기만큼 읽기. n은 실제 읽은 바이트
        fo.write(buf, 0, n); // buf[0]부터 n 바이트 쓰기
        if(n < buf.length)
          break; // 버퍼 크기보다 작게 읽었기 때문에 파일 끝에 도달. 복사 종료
      }
      fi.close();
      fo.close();
      System.out.println(src.getPath() + "를 " + dest.getPath() + "로 복사하
                         였습니다.");
    } catch (IOException e) { System.out.println("파일 복사 오류"); }
  }
}
```

원본 파일 경로명

한 번에 10KB씩 블록 단위로 고속 복사

실행 결과

```
c:\Windows\Web\Wallpaper\Theme1\img1.jpg를 c:\Temp\copyimg.jpg로 복사하였습니다.
```

CHECK TIME

1. File 클래스에 대한 설명으로 틀린 것은?
   ① 디렉터리를 생성할 수 있다. ② 파일을 삭제할 수 있다.
   ③ 파일의 내용을 읽을 수 있다. ④ 파일의 이름을 변경할 수 있다.

2. PPT 파일(파워포인트)을 복사하기 위해서는 FileReader/FileWriter를 이용하는 것과 FileInputStream/ FileOutputStream을 이용하는 것 중 어떤 것이 적합한가?

3. c:\Temp\test.txt 파일이 존재하면 "exist"를 아니면 "no"를 출력하는 프로그램 소스를 보여라.

4. c:\Temp\test.txt 파일을 삭제하는 프로그램 소스를 보여라.

5. c:\Temp\test.txt 파일의 크기를 출력하는 프로그램 소스를 보여라.

6. c:\Temp\test.txt 파일을 c:\Temp\res.txt로 파일 이름을 변경하는 프로그램 소스를 보여라.

요약

SUMMARY

- 입출력 스트림은 입출력 장치와 프로그램 사이의 일련의 데이터 흐름을 의미한다.
- 문자 스트림은 유니코드로 된 문자 단위의 데이터가 흐르는 스트림이다. 문자가 아닌 정보는 문자 스트림의 데이터가 될 수 없다.
- 문자 스트림을 다루는 자바의 모든 클래스는 추상 클래스인 `Reader`와 `Writer` 클래스의 서브 클래스이다.
- 문자 스트림은 문자 정보를 가진 텍스트 파일만 처리할 수 있다. 바이너리 파일의 입출력에는 사용할 수 없다.
- 문자 입력 스트림을 다루는 자바 클래스에는 `Reader`, `InputStreamReader`, `FileReader` 등이 있다.
- 문자 출력 스트림을 다루는 자바 클래스에는 `Writer`, `OutputStreamWriter`, `FileWriter` 등이 있다.
- 바이트 스트림은 8비트 바이트 단위의 데이터가 흐르는 스트림이다.
- 바이트 스트림을 다루는 자바의 모든 클래스는 추상 클래스인 `InputStream`과 `OutputStream`의 서브 클래스이다.
- 바이트 스트림은 텍스트 파일의 입출력에도 사용 가능하지만 이미지나 동영상과 같은 바이너리 데이터를 입출력하는 데 보다 적합하다.
- 바이트 입력 스트림을 다루는 자바 클래스에는 `InputStream`, `FileInputStream`, `DataInputStream` 등이 있다.
- 바이트 출력 스트림을 다루는 자바 클래스에는 `OutputStream`, `FileOutputStream`, `DataOutputStream` 등이 있다.
- 버퍼 입출력(Buffered I/O)은 입출력 스트림과 프로그램 사이에 버퍼를 두어 입출력 장치의 속도와 프로그램의 처리 속도의 완충 작용을 수행하므로 효율적으로 입출력을 처리한다.
- 바이트 버퍼 스트림을 다루는 자바 클래스는 `BufferedInputStream`과 `BufferedOutputStream`이 있다.
- 문자 버퍼 스트림을 다루는 자바 클래스는 `BufferedReader`와 `BufferedWriter`가 있다.
- `File` 클래스는 파일과 디렉터리 경로명의 추상적 표현이다.
- `File` 클래스는 파일 삭제, 파일 이름 변경, 디렉터리 생성 등과 같은 파일 관리 작업을 수행한다.
- `File` 클래스는 파일 입출력을 위한 기능은 제공하지 않는다.

행맨(HangMan) 게임 만들기

Open Challenge

목적
파일 읽기, 벡터 다루기

행맨 게임을 만들면서 파일 입출력을 연습해보자. 행맨은 많이 알려져 있는 전통 있는 게임이다. 25143개의 영단어를 가진 words.txt 파일을 읽고, 사용자 모르게 영어 단어 하나를 선택한다. 그리고 이 단어에서 몇 개의 글자를 숨긴 다음 화면에 출력하여 사용자가 단어를 맞추게 하는 게임이다. 숨긴 글자의 수가 많으면 그만큼 난이도가 높다. 여기서는 2개의 글자만 숨기도록 한다. 한 단어에 대해 5번 틀리면 프로그램을 종료한다. words.txt 파일은 독자들에게 배포된 자료에 들어 있으며, 한 줄에 하나의 영어 단어가 적혀 있다. 난이도 7

```
지금부터 행맨 게임을 시작합니다.
o-colog-
>>y
o-cology
>>n
oncology
Next(y/n)?y
b-ckpl-ne
>>a
backplane
Next(y/n)?y
n-dula-
>>k
n-dula-
>>o
nodula-
>>s
nodula-
>>p
nodula-
>>w
nodula-
>>b
5번 실패 하였습니다.
nodular
Next(y/n)?
```

힌트

- words.txt 파일의 모든 단어를 읽어 다음의 스트링 벡터에 저장한다.

```
Vector<String> wordVector = new Vector<String>();
```

- words.txt 파일에는 한 라인에 하나의 영어 단어가 들어 있으며, 다음과 같이 Scanner를 이용하여 한 라인씩 읽을 수 있다.

```
Scanner scanner = new Scanner(new FileReader("words.txt"));
while(scanner.hasNext()) { // 파일의 끝까지 반복하여 읽는다.
    String word = scanner.nextLine(); // 한 라인 단위로 읽는다. word에 '\n'은 없음
    wordVector.add(word); // 단어를 벡터에 저장한다.
}
```

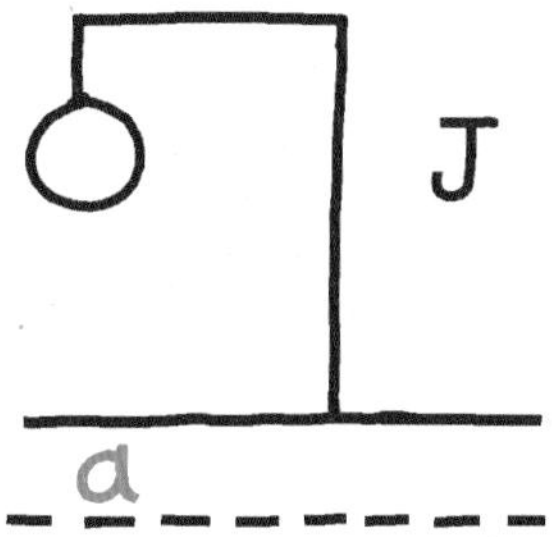

연습문제

EXERCISE

이론문제

• 홀수 문제는 정답이 공개됩니다.

1. 스트림에 대한 설명으로 틀린 것은?
   ① 입출력이 동시에 되는 스트림은 없다.
   ② 스트림은 다른 스트림과 연결될 수 없다.
   ③ 스트림은 먼저 들어온 데이터를 먼저 내보는 방식이다
   ④ 스트림은 바이트를 다루는 스트림과 문자만 다루는 스트림으로 나누어진다.

2. 다음 응용에서 어떤 입출력 스트림 클래스를 사용하여야 하는가?
   (1) 음악 파일 연주　　(2) PPT 파일 복사
   (3) 영어와 한글이 기록된 사전 읽기　　(4) 선수 이름과 점수를 문자열로 저장

3. 이미지 파일을 읽으려고 한다. 가장 적합한 클래스는?
   ① InputStreamReader　　② File
   ③ FileReader　　④ FileInputStream

4. 다음은 파일을 읽기 위해 스트림을 생성하는 코드이다. 이 코드가 실행될 때 발생할 수 있는 예외가 어떤 것이 있는지 설명하고, try-catch 블록으로 감싸는 코드를 작성하라.

```
FileInputStream fin = new FileInputStream("song.mp3");
```

5. 파일의 크기를 알려고 할 때 필요한 클래스는?
   ① File　　② FileSize
   ③ System　　④ FileInputStream

6. File 클래스의 직접적인 기능이 아닌 것은?
   ① 파일 읽고 쓰기　　② 파일 이름 변경
   ③ 새 디렉터리 만들기　　④ 파일 삭제

7. 다음 코드에 대해 물음에 답하라.

```
File file = new File("c:\\windows\\system.ini");
```

(1) file.isFile()의 리턴 값은?
(2) file.getParent()의 리턴 값은?
(3) file.getPath()의 리턴 값은?
(4) file.getName()의 리턴 값은?
(5) 아래 빈칸을 채워 문제의 코드와 동일한 코드를 구성하라.

```
File file = new File(__________________, "system.ini");
```

8. 문자 집합에 대한 설명으로 틀린 것은?
① 문자들의 인코딩 정보로 구성된 문자 인코딩 세트를 뜻한다.
② 텍스트 파일 읽기 시 문자 집합을 알려주지 않으면 제대로 읽지 못하는 경우가 발생한다.
③ 바이트 스트림 입출력 시 문자 집합을 고려하여 입출력해야 한다.
④ 윈도우에서 작성된 텍스트 파일은 기본적으로 "MS949" 문자 집합으로 인코딩된다.

9. c:\temp\test.txt 파일을 읽어 화면에 출력하는 코드이다. 빈칸을 완성하라.

```
FileInputStream fin = null;
try {
    fin = new FileInputStream(____________________);
    int c;
    while(true) {
        c = fin.read(); // 파일에서 한 바이트 읽기
        if (_________)  break; // 파일 끝까지 읽었음
        System.out.print((char)c);
    }
    ____________; // 파일 입력 스트림 닫기
} catch (__________________________) {
    System.out.println("파일을 찾을 수 없습니다.");
} catch (IOException e) {
    System.out.println("입출력 오류가 발생했습니다.");
}
```

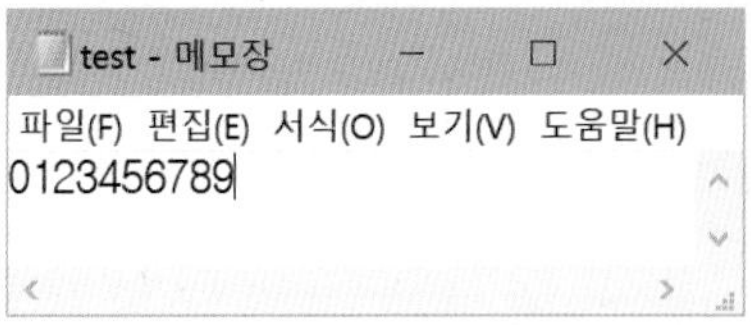


```
0123456789
```

10. 다음은 50 바이트 크기의 버퍼를 사용하여 C:\temp\sample.txt를 읽어 화면에 출력하는 소스 코드의 일부이다. 빈칸을 채워라.

```
BufferedOutputStream bout = ____________________;
File f = new File(___________________);
FileReader fin = new FileReader(f);
int c;
while (________________) {
        _________________;
}
fin.close();
bout.close();
```

실습문제

• 홀수 문제는 정답이 공개됩니다.

목적 FileWriter로 텍스트 파일 저장

1. Scanner로 입력받은 이름과 전화번호를 한 줄에 한 사람씩 c:\temp\phone.txt 파일에 저장하라. "그만"을 입력하면 프로그램을 종료한다. 난이도 4

```
전화번호 입력 프로그램입니다.
이름 전화번호 >> 황기태 010-5555-7777
이름 전화번호 >> 이재문 011-3333-4444
이름 전화번호 >> 김남윤 065-2222-1111
이름 전화번호 >> 그만
c:\temp\phone.txt에 저장하였습니다.
```

2. 앞서 저장한 c:\temp\phone.txt 파일을 읽어 화면에 출력하라. 난이도 4

목적 FileReader로 텍스트 파일 읽기

```
c:\temp\phone.txt를 출력합니다.
황기태 010-5555-7777
이재문 011-3333-4444
김남윤 065-2222-1111
```

힌트 FileReader를 이용하여 한 문자씩 읽어 출력하고자 하면 예제 8-1을 참고하고, 파일을 한 줄씩 읽고자 하면, Open Challenge의 힌트를 이용하거나 BufferedReader의 readLine() 메소드를 이용하면 된다.

3. c:\windows\system.ini 파일을 읽어 소문자를 모두 대문자로 바꾸어 출력하라. 난이도 4

목적 텍스트 파일 읽기

힌트 이 문제는 여러 가지로 풀 수 있지만 대문자로 바꾸는 방법은 다음과 같다.

```
c = Character.toUpperCase(c); // c가 문자인 경우
String line;
line = line.toUpperCase(); // 문자열 line의 경우
```

4. c:\windows\system.ini 파일에 라인 번호를 붙여 출력하라. 난이도 5

목적 텍스트 파일 읽기, Scanner와 FileReader의 연결 연습

```
c:\windows\system.ini 파일을 읽어 출력합니다.
   1: ; for 16-bit app support
   2: [386Enh]
   3: woafont=dosapp.fon
   4: EGA80WOA.FON=EGA80WOA.FON
   5: EGA40WOA.FON=EGA40WOA.FON
   6: CGA80WOA.FON=CGA80WOA.FON
   7: CGA40WOA.FON=CGA40WOA.FON
   8: 
   9: [drivers]
  10: wave=mmdrv.dll
  11: timer=timer.drv
  12: 
  13: [mci]
```

힌트 Hint

파일 입력 스트림과 Scanner를 이용하면 텍스트 파일을 라인 단위로 쉽게 읽을 수 있다.

```
Scanner fScanner = new Scanner(new FileReader("c:\\windows\\system.ini"));
while(scanner.hasNext()) { // 파일에 읽을 내용이 있는 동안
    String line = fScanner.nextLine(); // 파일에서 한 라인 읽기
```

또한 라인 번호를 다음과 같이 칸 맞쳐 출력할 수 있다.

```
System.out.printf("%4d", lineNumber); // lineNumber는 라인 번호를 가진 int 변수
```

목적 FileInputStream과 FileOutputStream 활용 연습

5. 2개의 파일을 입력받고 비교하여 같으면 "파일이 같습니다.", 틀리면 "파일이 서로 다릅니다."를 출력하는 프로그램을 작성하라. 텍스트 및 바이너리 파일 모두를 포함한다. 아래 실행 예시에서는 프로젝트 폴더에 **elvis1.txt**와 복사본 **elvis1-복사본.txt**를 미리 준비해 두었다. 난이도 5

```
전체 경로명이 아닌 파일 이름만 입력하는 경우, 파일은 프로젝트 폴더에 있어야 합니다.
첫번째 파일 이름을 입력하세요>>elvis1.txt
두번째 파일 이름을 입력하세요>>elvis1-복사본.txt
elvis1.txt와 elvis1-복사본.txt를 비교합니다.
파일이 같습니다.
```

목적 텍스트 파일 읽기와 쓰기

6. 사용자로부터 두 개의 텍스트 파일 이름을 입력받고 첫 번째 파일 뒤에 두 번째 파일을 덧붙인 새로운 파일을 생성하는 프로그램을 작성하라. 아래 실행 예시에서는 프로젝트 폴더에 **elvis1.txt**와 **elvis2.txt**를 미리 준비해 두었다. 난이도 5

```
전체 경로명이 아닌 파일 이름만 입력하는 경우, 파일은 프로젝트 폴더에 있어야 합니다.
첫번째 파일 이름을 입력하세요>>elvis1.txt
두번째 파일 이름을 입력하세요>>elvis2.txt
프로젝트 폴더 밑에 appended.txt 파일에 저장하였습니다.
```

목적 바이너리 파일 복사 연습

7. 파일 복사 연습을 해보자. 이미지 복사가 진행하는 동안 10% 진행할 때마다 '*' 하나씩 출력하도록 하라. 아래 실행 예시에서는 프로젝트 폴더 밑에 **a.jpg**을 미리 준비해 두었다. 난이도 5

```
a.jpg를 b.jpg로 복사합니다.
10%마다 *를 출력합니다.
**********
```

8. File 클래스를 이용하여 c:\에 있는 파일 중에서 제일 큰 파일의 이름과 크기를 출력하라. 난이도 5

목적 File 클래스로 파일 리스트, 파일 크기 알아내기

```
가장 큰 파일은 c:\hiberfil.sys 3394002944바이트
```

9. c:\temp에 있는 .txt 파일만 삭제하는 프로그램을 작성하라. c:\나 c:\Windows 등의 디렉터리에 적용하면 중요한 파일이 삭제될 수 있으니 조심하라. 난이도 6

목적 File 클래스로 파일 리스트, 파일 타입, 파일 삭제 연습

```
c:\temp디렉터리의 .txt 파일을 모두 삭제합니다....
c:\temp\p.txt 삭제
c:\temp\phone.txt 삭제
c:\temp\test.txt 삭제
총 3개의 .txt 파일을 삭제하였습니다.
```

힌트 Hint

문자열 s가 파일명을 담고 있는 경우 파일명에 .txt가 있는지 확인하려면, int index = s.lastIndexOf(".txt")를 이용하고 index가 -1이면 .txt 파일이 아닌 경우이다. 파일을 삭제하려면 다음과 같이 File 클래스의 delete() 메소드를 호출하면 된다.

```
File f = new File("c:\\temp\\p.txt");
f.delete(); // "c:\\temp\\p.txt" 파일 삭제
```

10. 전화번호를 미리 c:\temp\phone.txt 파일에 여러 개 저장해둔다. 이 파일을 읽어 다음 실행 예시와 같은 작동하는 검색 프로그램을 작성하라. 난이도 6

목적 HashMap 컬렉션, 파일 입출력 실전 응용

```
총 7개의 전화번호를 읽었습니다.
이름>> 최박사
010-2222-3333
이름>> 백점만
011-1100-1100
이름>> 이상아
찾는 이름이 없습니다.
이름>> 이상형
010-3333-4444
이름>> 그만
```

최박사, 백점만, 이상형 학생을 포함하여 총 7명을 미리 다음과 같이 phone.txt 파일에 저장해 두었다.

```
최박사 010-2222-3333
백점만 011-1100-1100
이상형 010-3333-4444
...
```

힌트 Hint

이름을 '키'를 하고, 전화번호를 '값'으로 하는 HashMap<String, String>을 이용하고, 한 라인씩 읽어 이름과 전화번호를 해시맵에 저장하고, 사용자의 이름을 입력받아 검색하면 된다.

목적 Vector 컬렉션, 파일 입출력 실전 응용

11. words.txt 파일(출판사 홈페이지에 자료로 제공. 현재 이 문제의 정답 프로젝트에도 있음)에는 한 라인에 하나의 영어 단어가 들어 있다. 이 파일을 한 라인씩 읽어 Vector<String>에 라인별로 삽입하여 저장하고, 영어 단어를 입력받아 그 단어로 시작하는 모든 단어를 벡터에서 찾아 출력하는 프로그램을 작성하라. 난이도 7

```
프로젝트 폴더 밑의 words.txt 파일을 읽었습니다...
단어>>lov
love
lovebird
lovelorn
단어>>kitt
kitten
kittenish
kittle
kitty
단어>>ajlfasf
발견할 수 없음
단어>>그만
종료합니다...
```

목적 Vector 컬렉션, 파일 입출력 실전 응용

12. 텍스트 파일에 있는 단어를 검색하는 프로그램을 작성해보자. 실행 예시는 프로젝트 폴더 밑에 자신이 작성한 자바 파일(예: test.java)을 복사하여 두고 읽은 경우이다. 난이도 8

```
전체 경로명이 아닌 파일 이름만 입력하는 경우, 파일은 프로젝트 폴더에 있어야 합니다.
대상 파일명 입력>> test.java
검색할 단어나 문장>> void
4: public static void main(String[] args) {
검색할 단어나 문장>> int
9:    System.out.println("전체 경로명이 아닌 파일 이름만 입력하는 경우, 파일은 프로젝트 폴
더에 있어야 합니다.");
11:     System.out.print("첫번째 파일 이름을 입력하세요>>");
14:     System.out.print("두번째 파일 이름을 입력하세요>>");
17:     System.out.println(src + "와 " + dst + "를 비교합니다.");
22:         System.out.println("파일이 같습니다.");
24:         System.out.println("파일이 다릅니다.");
29:       System.out.println("입출력 오류가 발생했습니다.");
39:     int srcCount=0, destCount;
49:       for (int i=0; i<srcCount; i++) {
검색할 단어나 문장>> for (
49:       for (int i=0; i<srcCount; i++) {
검색할 단어나 문장>> 그만
프로그램을 종료합니다.
```

13. 간단한 파일 탐색기를 만들어보자. 처음 시작은 c:\에서부터 시작한다. 명령은 크게 2가지로서 ".."를 입력하면 부모 디렉터리로 이동하고, "디렉터리명"을 입력하면 서브 디렉터리로 이동하여 파일리스트를 보여준다. 난이도 8

목적 File 클래스 종합 활용

```
***** 파일 탐색기입니다. *****
   [c:\]
dir      12288바이트          Program Files
dir      12288바이트          Program Files (x86)
dir      8192바이트           ProgramData

........................... 생략하였습니다. ................................

dir      4096바이트           Users
dir      24576바이트          Windows
dir      8192바이트           Windows10Upgrade
dir      4096바이트           황기태
>>Windows ──────────────── c:\Windows로 이동 지시
   [c:\Windows]
dir      4096바이트           AppPatch
dir      0바이트              AppReadiness
dir      4096바이트           assembly
file     0바이트              ativpsrm.bin

........................... 생략하였습니다. ................................

dir      0바이트              System
file     219바이트            system.ini
dir      1048576바이트        System32
dir      12288바이트          SystemApps
dir      0바이트              Web
file     167바이트            win.ini
>>Web ──────────────────── c:\Windows\Web으로 이동 지시
   [c:\Windows\Web]
dir      0바이트              4K
dir      0바이트              Screen
dir      0바이트              Wallpaper
>>.. ───────────────────── c:\Windows로 이동 지시
   [c:\Windows]
dir      4096바이트           AppPatch
dir      0바이트              AppReadiness
dir      4096바이트           assembly
file     0바이트              ativpsrm.bin

........................... 생략하였습니다. ................................

dir      0바이트              System
file     219바이트            system.ini
```

```
dir     1048576바이트     System32
dir     12288바이트       SystemApps
dir     0바이트           Web
file    167바이트         win.ini
>>그만
```

힌트 예제 8-8을 참고하고 File 클래스의 listFiles() 메소드를 활용하면 어렵지 않게 작성할 수 있다.

복습 File 클래스 활용

14. 문제 13을 확장하여 다음 명령을 추가하라. 난이도 7

```
>>rename phone.txt p.txt // phone.txt를 p.txt로 변경. 파일과 디렉터리 이름 변경
>>mkdir XXX // 현재 디렉터리 밑에 XXX 디렉터리 생성
```

```
***** 파일 탐색기입니다. *****
   [c:\]
dir     12288바이트       Program Files
dir     12288바이트       Program Files (x86)
dir     8192바이트        ProgramData

............................ 생략하였습니다 ................................

dir     4096바이트        Users
dir     24576바이트       Windows
dir     8192바이트        Windows10Upgrade
dir     4096바이트        황기태
>>mkdir 이재문
이재문 디렉터리를 생성하였습니다.
   [c:\]
dir     12288바이트       Program Files
dir     12288바이트       Program Files (x86)
dir     8192바이트        ProgramData

............................ 생략하였습니다 ................................

dir     4096바이트        Users
dir     24576바이트       Windows
dir     8192바이트        Windows10Upgrade
dir     0바이트           이재문 <  생성된 이재문 디렉터리
dir     4096바이트        황기태
```

```
>>temp
   [c:\temp]
dir     0바이트             HncDownload
file    66바이트            phone.txt
file    10바이트            test.txt
>>rename phone.txt
두 개의 파일명이 주어지지 않았습니다.!
>>rename phone.txt p.txt
phone.txt를 p.txt 이름 변경하였습니다.
   [c:\temp]
dir     0바이트             HncDownload
file    66바이트            p.txt      ← phone.txt가 p.txt로 변경
file    10바이트            test.txt
>>
```

힌트 rename phone.txt p.txt와 같은 명령을 읽고 문자열을 분리하기 위해 StringTokenizer를 이용하라. 만일 rename phone.txt 이런 식으로 명령을 잘못 입력한 경우 StringTokenizer.nextToken()은 NoSuchElementException 예외를 발생시키므로 try-catch 블록을 만들어 catch 블록에서 사용자에게 오류메시지를 출력하면 된다.

9

자바 GUI 기초, AWT와 스윙(Swing)

Objectives

- 자바 GUI 응용프로그램의 특징을 알고 작성하는 방법을 안다.
- AWT와 스윙 패키지에 대한 개요와 차이점을 안다.
- 스윙 패키지에 속하는 클래스의 계층 구조를 안다.
- 컨테이너와 컴포넌트의 상호 관계를 이해한다.
- 스윙 프로그램 작성 과정을 알고 그에 따라 만들어본다.
- JFrame으로 프레임을 작성해본다.
- 스윙 응용프로그램을 종료하는 방법을 안다.
- 컨테이너와 배치, 배치관리자의 관계를 안다.
- 4가지 유형의 배치관리자를 안다.
- FlowLayout 배치관리자를 사용하여 프로그램을 작성해본다.
- BorderLayout 배치관리자 사용하여 프로그램을 작성해본다.
- GridLayout 배치관리자 사용하여 프로그램을 작성해본다.
- 배치관리자 없는 컨테이너를 만들고 응용해본다.

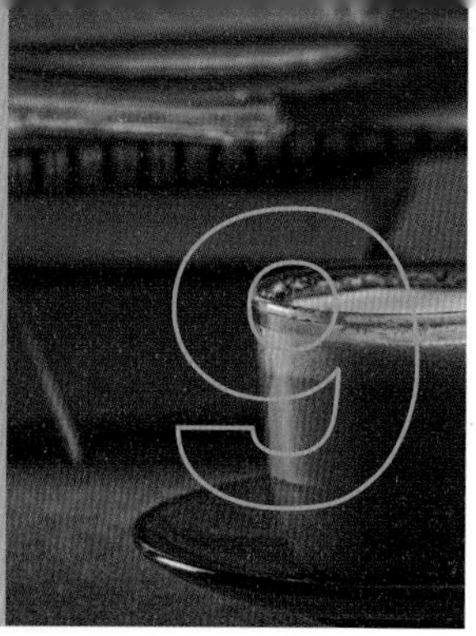

JAVA PROGRAMMING

자바 GUI 기초, AWT와 스윙(Swing)

9.1 자바의 GUI

GUI 응용프로그램이란?

GUI
AWT와 Swing 패키지

GUI란 Graphical User Interface의 약자로서 이미지 혹은 그래픽을 이용하여 메뉴 등을 포함하는 화면을 구성하고, 키보드 외 마우스 등의 편리한 입력 도구를 이용하여 사용자가 입력하기 편하도록 만들어진 사용자 인터페이스이다.

소프트웨어 개발자들은 프로그래밍 언어를 선택함에 있어 GUI를 작성하기에 편한 정도와 다양한 기능 여부를 중요한 기준으로 삼는다. 자바는 AWT와 Swing 패키지 등 어떤 언어보다 강력한 GUI 라이브러리를 제공하여, 소프트웨어 개발자들이 다양한 GUI를 쉽게 구성하도록 해 준다.

일반적으로 GUI 응용프로그램과 그렇지 않은 콘솔 기반 응용프로그램은 작성 방식이 서로 다르다. 자바도 마찬가지이다. 8장까지는 텍스트를 출력하고 키보드로 입력을 받는 방식으로 사용자 인터페이스를 작성해왔다. 9장부터는 GUI 기반으로 응용프로그램을 작성하는 방법을 알아본다.

AWT와 Swing 패키지

GUI 컴포넌트

자바 언어는 GUI 응용프로그램을 쉽게 작성할 수 있도록 다양한 GUI 컴포넌트(GUI Component)를 제공한다. 자바의 GUI 컴포넌트는 AWT 컴포넌트와 Swing 컴포넌트로 구분되며, 이들을 각각 java.awt 패키지와 javax.swing 패키지를 통해 공급된다.

● AWT

중량 컴포넌트

AWT(Abstract Windowing Toolkit)는 자바가 처음 나왔을 때 함께 배포된 패키지로서 많은 GUI 컴포넌트를 포함한다. Frame, Window, Panel, Dialog, Button, Label, TextField, Checkbox, Choice 등 AWT의 컴포넌트들은 중량 컴포넌트(heavy weight component)로 불리는데, 이 컴포넌트들은 운영체제(native OS)의 도움을 받아 화면

에 출력되기 때문에 운영체제의 자원을 많이 소모하여 운영체제에 많은 부담을 준다. 예를 들어, AWT Button은 윈도우 운영체제(Windows Operating System)에서 윈도우 버튼(Windows Button)에 의해 구현되고, 맥 운영체제(Macintosh Operating System)에서는 맥 버튼(Macintosh Button)에 의해 구현된다. 그러므로 AWT Button은 실행되는 운영체제에 따라 다른 모양으로 그려진다.

● 스윙(Swing)

경량 컴포넌트

스윙(Swing)은 AWT와 달리 순수 자바 언어로 작성되었다. 운영체제의 도움을 받지 않기 때문에 스윙 컴포넌트들은 경량 컴포넌트(light weight component)라고 불린다. 그러므로 스윙 컴포넌트들은 운영체제와 관계없이 항상 동일하게 작동하며 동일한 모양으로 그려진다. 모든 AWT 컴포넌트들이 100% 호환되도록 스윙 컴포넌트로 다시 작성되었으며, 스윙 컴포넌트의 이름은 AWT 컴포넌트와 구분하기 위해 모두 대문자 J로 시작한다. 또한 선마이크로시스템즈사는 AWT에는 없는 풍부한 고급 스윙 컴포넌트들을 추가적으로 개발하였다. AWT보다 스윙 컴포넌트를 이용하면 보다 화려하며 다양한 모양의 GUI 응용프로그램을 쉽게 개발할 수 있다. 스윙은 AWT에 구현된 이벤트 처리나 GUI 컴포넌트의 기본 원리를 바탕으로 작성되었기 때문에, 스윙을 사용하기 위해 AWT 패키지가 필요하다.

스윙은 [그림 9-1]에서 볼 수 있듯이 JFrame, JWindow, JPanel, JButton, JLabel, JList, JTree, JScrollPane 등 다양한 컴포넌트들을 포함한다.

● AWT보다 스윙 사용 권장

개발자는 AWT와 스윙 중 택일하여 GUI 응용프로그램을 개발할 수 있다. 이들 두 라이브러리는 동작하는 방식이 다르고, 응용프로그램을 작성하는 방법에도 차이가 있다. 일반적으로 다양하고 모양이 예쁜 스윙 컴포넌트를 더 많이 사용한다. 최근에는 거의 모든 GUI 응용프로그램이 스윙 기반으로 작성되고 있다.

잠깐!

스윙과 AWT는 작동하는 내부 구조가 서로 다르게 구현되어 있기 때문에 스윙 컴포넌트와 AWT 컴포넌트를 혼용해서는 안 된다. 예를 들어, JButton과 Button을 한 프로그램에서 동시에 사용해서는 안 된다.

JButton

JCheckBox

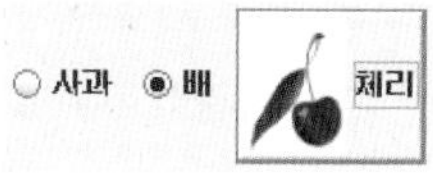

JRadioButton

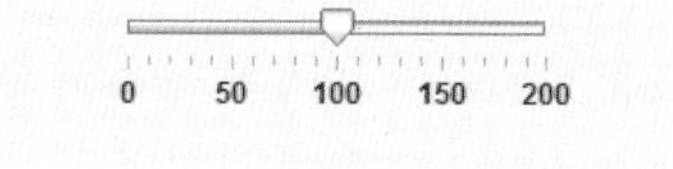

JSlider

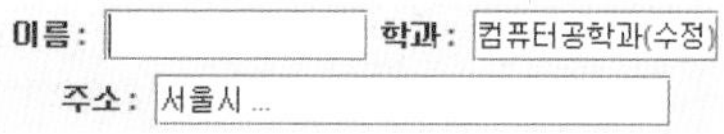

JTextField

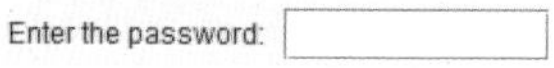

JPasswordField

JSpinner

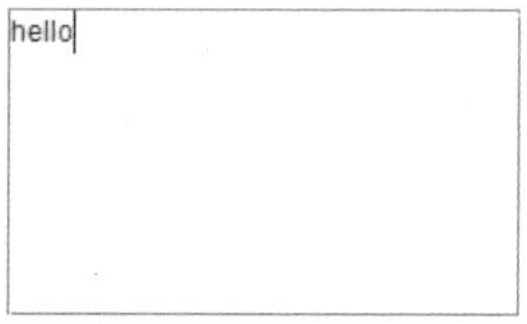

JTextArea

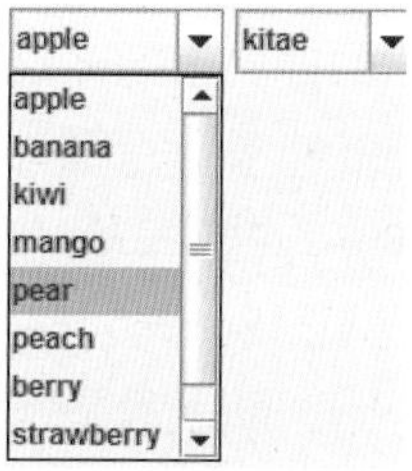

JComboBox

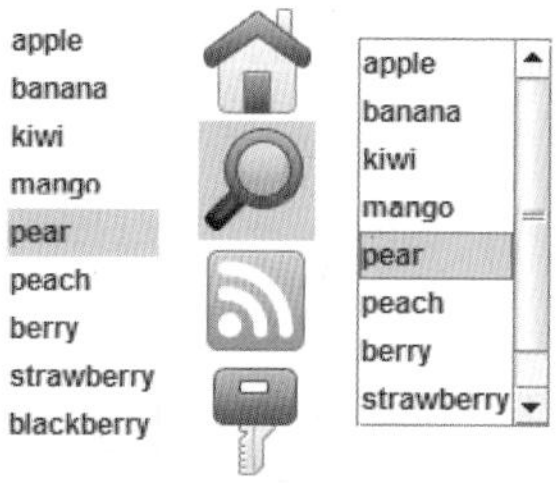

JList

JProgressBar

JToolTip

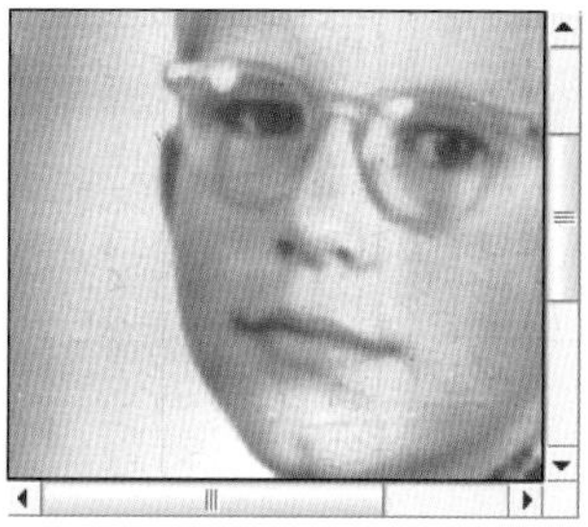

JScrollPane

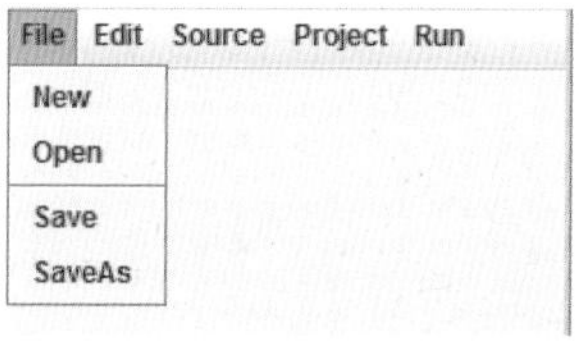

JMenu

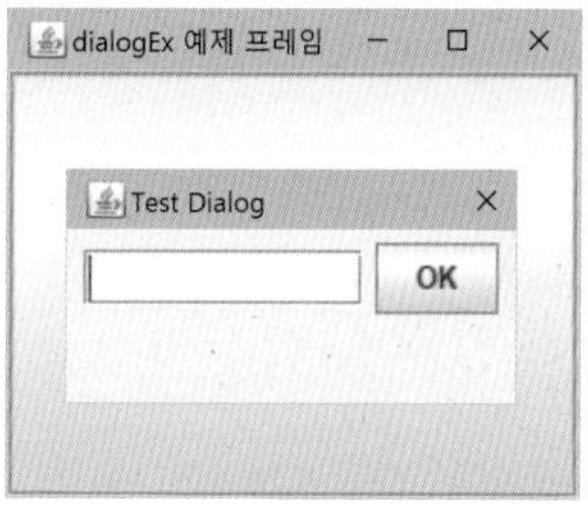

JDialog

JFrame

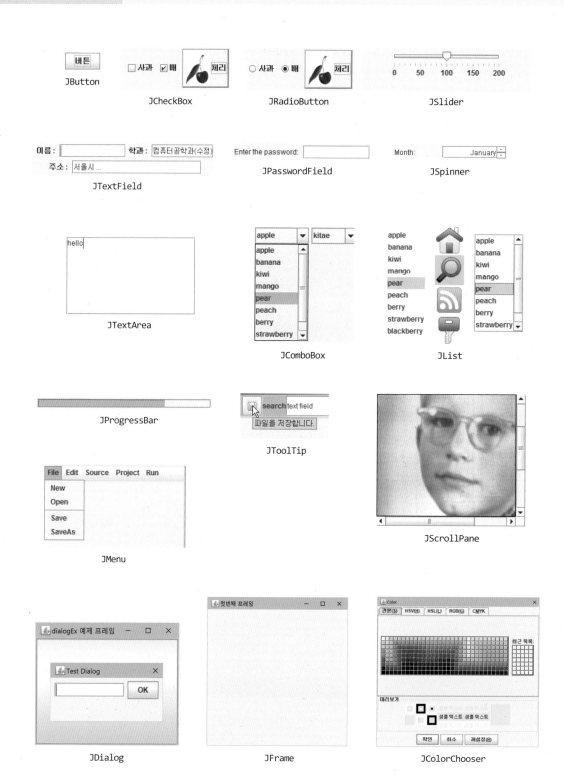

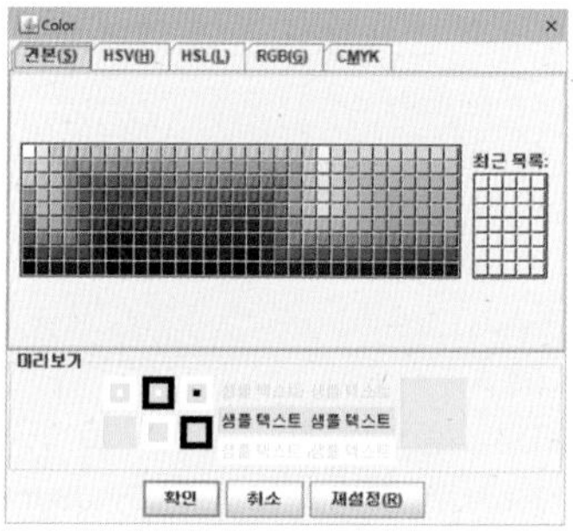

JColorChooser

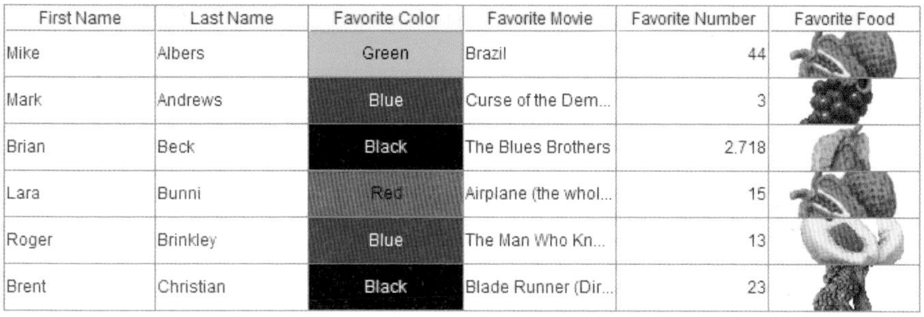

First Name	Last Name	Favorite Color	Favorite Movie	Favorite Number	Favorite Food
Mike	Albers	Green	Brazil	44	
Mark	Andrews	Blue	Curse of the Dem...	3	
Brian	Beck	Black	The Blues Brothers	2.718	
Lara	Bunni	Red	Airplane (the whol...	15	
Roger	Brinkley	Blue	The Man Who Kn...	13	
Brent	Christian	Black	Blade Runner (Dir...	23	

JTable

JTree

JEditorPane and JTextPane

JToolBar

JTabbedPane

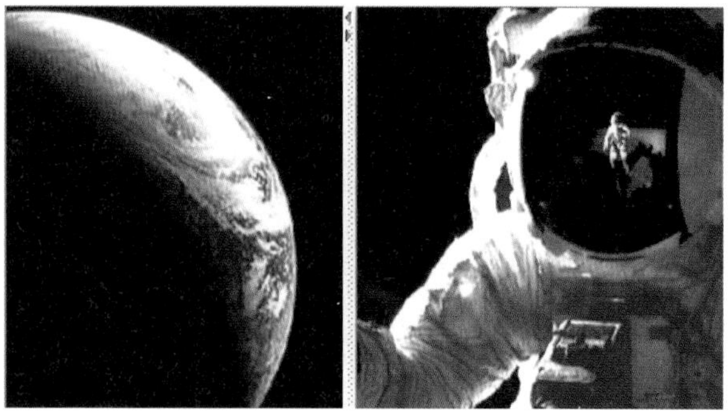

JSplitPane

[그림 9-1] 스윙 컴포넌트

스윙 기반의 GUI 응용프로그램 샘플

[그림 9-2]는 스윙 기반 GUI 응용프로그램의 샘플을 보여준다. 이 응용프로그램은 다양한 스윙 컴포넌트들로 구성되어 있다. 스윙 응용프로그램은 마치 레고 블록으로 조립하듯이 스윙 컴포넌트들을 조립하여 작성된다. [그림 9-2]에 있는 이 컴포넌트들의 역할을 간단히 설명하면 다음과 같으며, 이들에 대해서는 10, 11, 14장에서 자세히 다룬다.

- 응용프로그램의 전체 컴포넌트를 담는 JFrame
- 모든 메뉴를 담는 JMenuBar
- 메뉴로 작동하는 JMenu
- 툴바로 작동하는 JToolBar
- 버튼으로 작동하는 JButton. 툴바에 부착됨
- 문자열을 출력하는 JLabel. 툴바에 부착됨
- 이미지 버튼으로 작동하는 JButton. 툴바에 부착됨

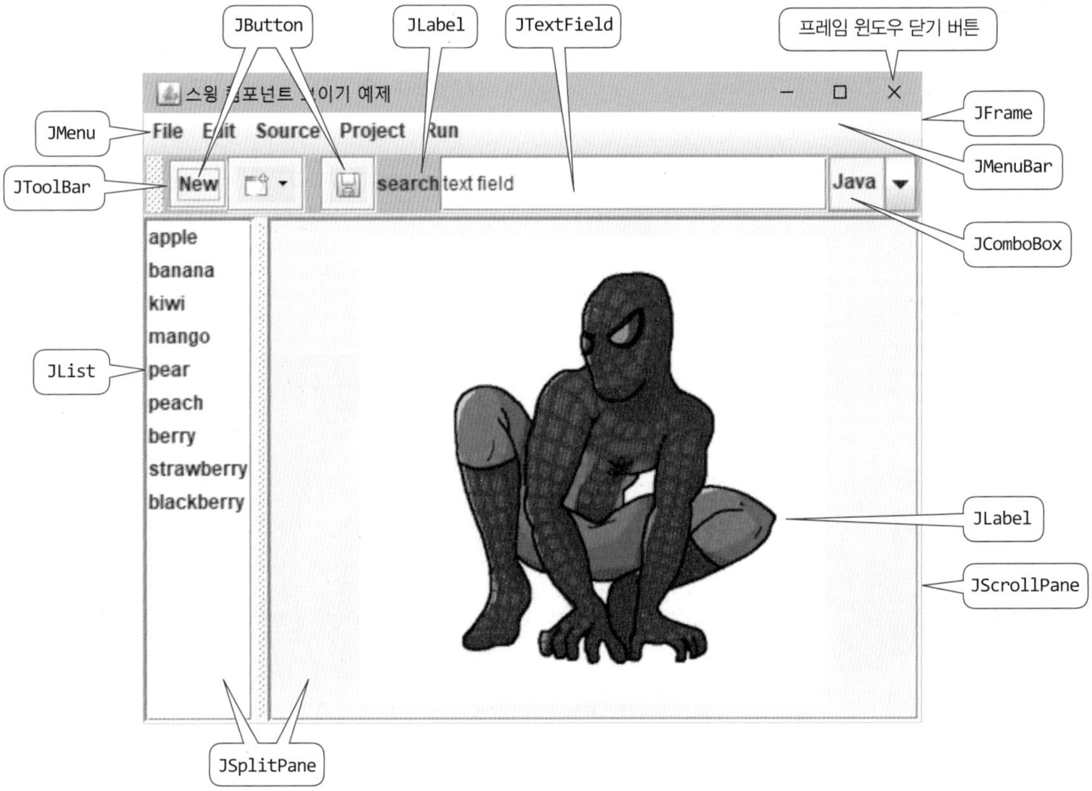

[그림 9-2] 스윙 기반의 GUI 응용프로그램과 스윙 컴포넌트들

- 한 줄 문자열을 입력 받는 창 JTextField, 툴바에 부착됨
- 푸시다운 버튼으로 작동하는 JComboBox, 툴바에 부착됨
- 두 개의 분리된 팬으로 작동하는 JSplitPane, JFrame에 부착됨
- 리스트를 출력하는 JList, JSplitPane의 왼쪽에 부착됨
- 이미지를 출력하는 JLabel, JSplitPane의 오른쪽에 부착됨
- JLabel에 출력된 이미지나 텍스트를 스크롤 가능하게 만드는 JScrollPane

CHECK TIME

1. AWT와 스윙 중 먼저 세상에 나온 것은 어떤 것인가?
2. 응용프로그램의 GUI 모양이 맥(Mac), 윈도우(Windows), 리눅스(Linux) 등 운영체제에 따라 달라지는 것은 AWT와 스윙 중 어떤 것인가?
3. AWT와 스윙 중 실행 속도가 빠른 것은 어떤 것인가? 그 이유가 무엇이라고 생각되는가?

9.2 자바 GUI 패키지

GUI 패키지 계층 구조

GUI 응용프로그램을 사용하기 위해 필요한 주요 클래스들의 상속 관계를 [그림 9-3]에 나타내었다. 모든 GUI 컴포넌트들은 Component 클래스를 반드시 상속받으며, 스윙 컴포넌트의 클래스 명은 모두 J로 시작한다. AWT 컴포넌트는 Button, Label 등과 같이 Component를 직접 상속받는 것들과 Panel, Frame 등과 같이 Container를 상속받는 것들이 있다. 그리고 JApplet, JFrame, JDialog를 제외한 모든 스윙 컴포넌트들은 JComponent를 상속받는다.

Component
JComponent

Font, Dimension, Color, Graphics 등은 컴포넌트가 아니지만, 문자의 폰트 설정, 색, 도형 그리기 등 그래픽 작업 시 반드시 필요하다.

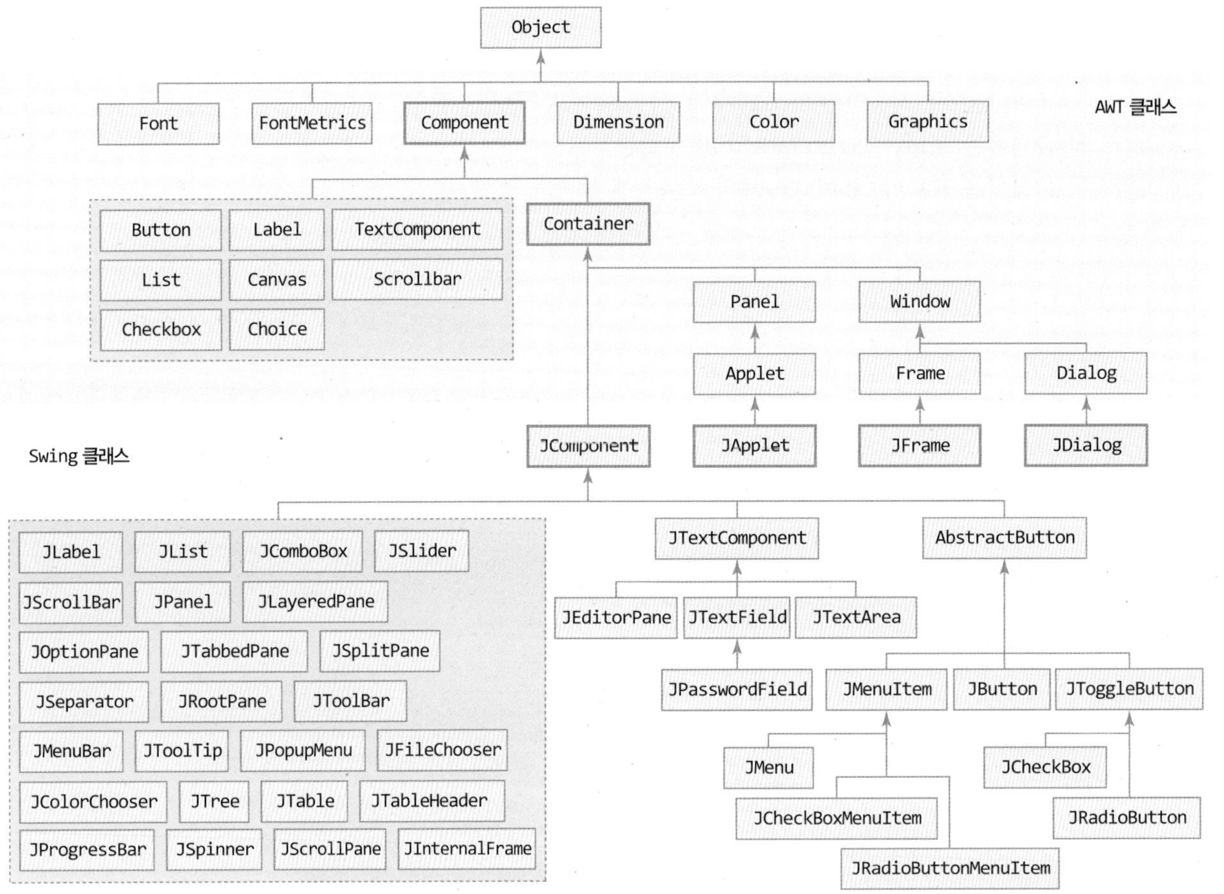

[그림 9-3] AWT와 스윙 클래스의 상속 관계

컨테이너와 컴포넌트

자바의 GUI 응용프로그램은 GUI 컴포넌트들로 구성되며, GUI 컴포넌트들은 다른 컴포넌트를 포함할 수 있는지 여부에 따라 순수 컴포넌트와 컨테이너로 분류된다. 빈 판 위에 레고 블록을 쌓아 가듯이, GUI 컴포넌트들을 쌓아 GUI 응용프로그램을 구성한다.

● 컨테이너

컨테이너
Container

컨테이너란 다른 GUI 컴포넌트를 포함할 수 있는 컴포넌트이다. 그러므로 컨테이너는 컴포넌트이면서 동시에 컨테이너이다. 컨테이너가 되기 위해서는 java.awt.Container 클래스를 상속받아야만 한다. Container 클래스는 [그림 9-3]과 같이 java.awt.Component를 상속받기 때문에 컨테이너가 컴포넌트이기도 한 것이다. 컨테이너는 다른 컨테이너에 컴포넌트로 포함될 수도 있다. 컨테이너로 작동하는 클래스는 다음과 같다.

```
Frame, Panel, Applet, Dialog, Window // AWT 컨테이너
JFrame, JPanel, JApplet, JDialog, JWindow // 스윙 컨테이너
```

● 컴포넌트

한편, 컴포넌트란 컨테이너와 달리 다른 컴포넌트를 포함할 수 없으며, 컨테이너에 포함되어야 비로소 화면에 출력될 수 있는 GUI 객체이다. AWT나 스윙의 모든 컴포넌트들은 java.awt.Component를 상속받기 때문에, Component 클래스에는 모든 컴포넌트들의 공통적인 속성과 기능이 작성되어 있다. 컴포넌트의 크기, 모양, 위치, 색, 폰트 등에 관한 정보를 관리하는 멤버 변수와 메소드, 컴포넌트 그리기, 이동, 삭제, 이벤트 처리에 관한 메소드 등 다양한 기능을 제공한다. 또한 순수 스윙 컴포넌트들은 모두 javax.swing.JComponent를 상속받으며, JComponent에는 스윙 컴포넌트들의 공통적인 기능이 작성되어 있다(10장 예제 10-1 참고).

컴포넌트
Component

● 최상위 컨테이너

컨테이너 중에서 다른 컨테이너에 속하지 않고도 독립적으로 화면에 출력될 수 있는 컨테이너를 최상위 컨테이너(Top Level Container)라고 한다. JFrame, JDialog, JApplet의 3가지가 이에 속한다. 그러나 이들을 제외한 나머지 컨테이너나 컴포넌트들은 다른 컨테이너에 부착되어야 하고, 종국에는 최상위 컨테이너에 부착되어야만 화면에 출력된다.

최상위 컨테이너
JFrame
JDialog
JApplet

● 컨테이너와 컴포넌트의 포함 관계

[그림 9-4]는 최상위 컨테이너와 컨테이너, 컴포넌트의 포함 관계를 보여준다. 그림의 오른쪽은 스윙으로 작성된 GUI 응용프로그램의 실제 모습을, 왼쪽은 응용프로그램을 구성하는 스윙 컴포넌트들의 관계를 보여준다. 맨 바깥에 최상위 컨테이너인 JFrame 컨테이너가 있고, 그 안에 JPanel 컨테이너가 하나 부착되어 있다. 그리고 이 컨테이너에 다시 두 개의 JPanel 컨테이너와 1개의 버튼 컴포넌트가 부착되어 있다. 두 JPanel 컨테이너에는 다시 여러 개의 스윙 컴포넌트들이 부착되어 있다.

자바 스윙 응용프로그램은 이렇게 JFrame과 같은 최상위 컨테이너 위에 컨테이너와 컴포넌트들이 마치 레고 블록을 쌓는 것처럼 컨테이너와 컴포넌트의 계층 구조로 구성되어, 컨테이너에 부착된 컴포넌트들을 자식 컴포넌트라고 부른다.

자식 컴포넌트

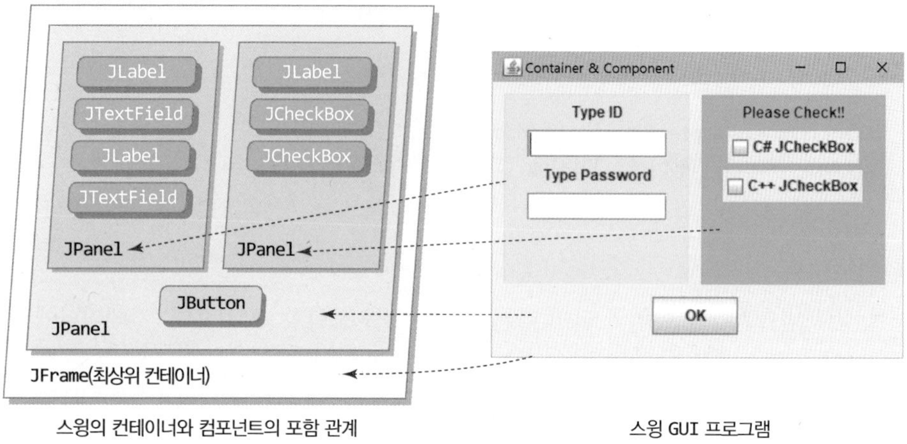

[그림 9-4] 스윙 응용프로그램에서 컨테이너와 컴포넌트의 포함 관계

9.3 스윙 GUI 프로그램 만들기

스윙으로 GUI 응용프로그램을 만들기 위해서는 다음의 세 과정이 필요하다.

- 스윙 프레임 작성
- main() 메소드 작성
- 프레임에 스윙 컴포넌트 붙이기

스윙 패키지 사용을 위한 import 문

스윙 패키지를 이용하기 위해서는 스윙 컴포넌트의 클래스 파일들이 존재하는 경로명 javax.swing.*를 import 해야 한다.

```
import javax.swing.*;
```

대부분의 스윙 응용프로그램은 이벤트 처리, 이미지나 도형을 그리는 부분을 필수적으로 동반하므로, 다음과 같은 import 문이 필요한 경우가 많다.

```
import java.awt.*;             // 폰트 등 그래픽 처리를 위한 클래스들의 경로명
import java.awt.event.*;       // 이벤트 처리에 필요한 기본 클래스들의 경로명
import javax.swing.*;          // 스윙 컴포넌트 클래스들의 경로명
import javax.swing.event.*;    // 스윙 이벤트 처리에 필요한 클래스들의 경로명
```

스윙 프레임과 컨텐트팬

JFrame
컨텐트팬

스윙 프레임은 모든 스윙 컴포넌트들을 담는 최상위 컨테이너(Top Level Container)이다. 스윙 프레임이 출력될 때, 스윙 프레임 내에 부착된 모든 컴포넌트들이 화면에 출력된다. 컴포넌트들은 스윙 프레임 없이 독립적으로 화면에 출력될 수 없다. 스윙 프레임이 닫히면 프레임 내의 모든 컴포넌트들도 프레임과 함께 화면에서 사라진다.

스윙에서 프레임의 역할을 수행하는 클래스가 JFrame이다. JFrame 객체가 생성되면 [그림 9-5]와 같이 구성된다. JFrame 객체는 Frame(java.awt.Frame), 메뉴바(Menu Bar), 컨텐트팬(Content Pane)의 3공간으로 구성된다. Frame은 AWT 패키지에 있는 클래스로서 JFrame이 [그림 9-3]과 같이 상속받기 때문에 당연히 그 속성들이 존재하며, 메뉴바는 메뉴들을 부착하는 공간이고, 컨텐트팬은 메뉴를 제외한 모든 GUI 컴포넌트들을 부착하는 공간이다. 스윙 응용프로그램 개발자는 메뉴를 만들어 JFrame의 메뉴바에 부착하여야 하며, 화면에 출력하고자 하는 GUI 컴포넌트들은 모두 컨텐트팬에 부착하여야 한다.

[그림 9-5]의 왼쪽은 JFrame 객체가 출력된 사례로서 5개의 메뉴가 메뉴바에 부착되어 있고, 컨텐트팬에는 add, sub, mul, div 이름의 버튼 컴포넌트들이 부착되어 있다.

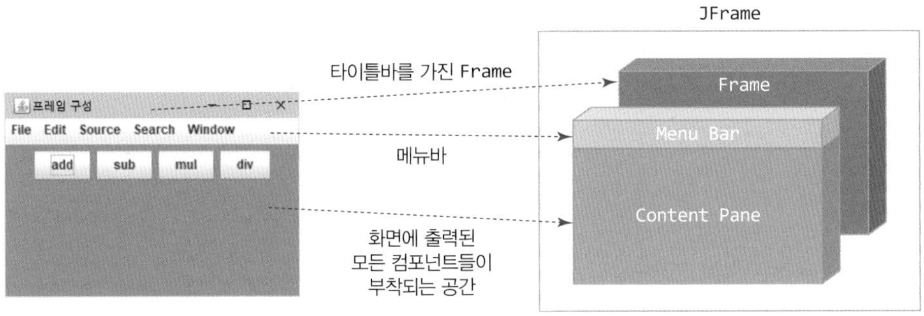

[그림 9-5] 스윙 프레임(JFrame)의 구성

프레임 만들기, JFrame 클래스 상속

스윙 응용프로그램의 프레임은 JFrame을 상속받아 만들면 된다. 다음은 JFrame을 상속받아 MyFrame 클래스를 만든 사례이다.

```
public class MyFrame extends JFrame {
..........................
}
```

MyFrame의 객체가 생성되면 스윙 프레임의 역할을 하게 된다. 예제 9-1은 JFrame을 상속받아 프레임을 만든 사례를 보여준다. MyFrame 클래스에 main() 메소드를 두고, main()에서 나음과 같이 MyFrame의 객체를 생성하면 스윙 프레임이 탄생한다.

```
MyFrame frame = new MyFrame(); // 스윙 프레임 생성
```

프레임의 크기와 타이틀은 MyFrame() 생성자에서 다음과 같이 설정하면 된다.

```
setTitle("300x300 스윙 프레임 만들기"); // 프레임 타이틀 설정
setSize(300, 300); // 폭 300, 높이 300 크기로 프레임 크기 설정
setVisible(true); // 프레임이 출력되도록 지시. false의 경우 프레임이 숨겨짐
```

예제 9-1 300x300 크기의 스윙 프레임 만들기

300×300 크기의 스윙 프레임을 작성하라.

```
import javax.swing.*;

public class MyFrame extends JFrame {
   public MyFrame() {
      setTitle("300x300 스윙 프레임 만들기");
      setSize(300,300); // 프레임 크기 300x300
      setVisible(true); // 프레임 출력
   }

   public static void main(String[] args) {
      MyFrame frame = new MyFrame();
   }
}
```

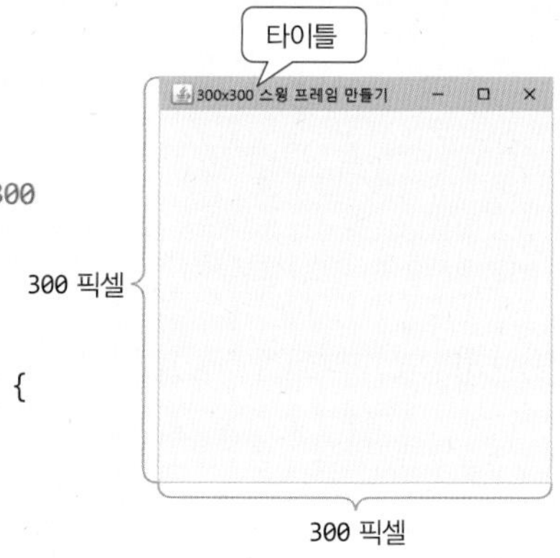

setTitle(), setSize(), setVisible() 메소드는 모두 JFrame의 멤버이다. 이 코드에서 setSize(300, 300)을 호출하지 않으면 프레임의 크기가 0×0이 되어 화면에 출력되지 않는다. 또한 setVisible(true)를 호출하지 않는다면 프레임의 디폴트 속성이 invisible(보이지 않는 상태)이므로 역시 화면에 출력되지 않는다.

MyFrame 객체가 생성되면 스윙 프레임이 화면에 출력되고, 사용자로부터 키나 마우스 입력을 받으면서 스스로 동작한다.

스윙 응용프로그램에서 main() 메소드의 기능과 위치

스윙 응용프로그램에서 main()의 기능은 최소화하는 것이 좋다. main()에는 스윙 응용프로그램이 실행되는 시작점으로서 프레임을 생성하는 코드 정도만 만들고, 나머지 기능은 프레임 클래스에 작성하는 것이 좋다.

main() 메소드는 [그림 9-6]의 (a)와 같이 MyFrame 클래스에 두거나, (b)와 같이 main() 메소드만을 가진 새로운 클래스에 둘 수도 있다. 어떤 방법으로 해도 큰 차이는 없다. 굳이 두 번째 방법처럼 새로운 클래스를 만들 필요는 없을 것 같다.

```
import javax.swing.*;

public class MyFrame extends JFrame {
    public MyFrame() {
        setTitle("첫번째 프레임");
        setSize(300, 300);
        setVisible(true);
    }

    public static void main(String [] args) {
        MyFrame mf = new MyFrame();
    }
}
```

권장

(a) 방법 1: main() 메소드를 MyFrame의 멤버로 작성

```
import javax.swing.*;

public class MyFrame extends JFrame {
    public MyFrame() {
        setTitle("첫번째 프레임");
        setSize(300, 300);
        setVisible(true);
    }
}
public class MyApp {
    public static void main(String [] args) {
        MyFrame mf = new MyFrame();
    }
}
```

(b) 방법 2: main() 메소드를 가진 새로운 MyApp 클래스 작성

첫번째 프레임

두 가지 방법으로
실행해도 결과는
동일합니다.

(c) 두 가지 방법으로 실행해도 동일한 프레임 화면 생성

[그림 9-6] main() 메소드의 기능과 위치

프레임에 컴포넌트 붙이기

프레임은 응용프로그램을 구성하는 바탕 틀이다. 지금부터 프레임 안에 스윙 컴포넌트들을 부착해보자.

● 타이틀 달기

super()
setTitle()

프레임에 타이틀을 달기 위해서는 다음과 같이 super()를 이용하여 JFrame의 생성자를 호출하거나, JFrame 클래스의 setTitle() 메소드를 이용한다.

```
public MyFrame() { // 생성자
    super("타이틀문자열"); // JFrame("타이틀문자열") 생성자를 호출하여 타이틀 달기
    setTitle("타이틀문자열"); // 메소드를 호출하여 타이틀 달기
}
```

타이틀은 스윙 응용프로그램의 타이틀 바에 출력된다.

● 메뉴 붙이기

메뉴를 작성하기 위해서는 메뉴바를 만들고, 메뉴를 붙이고, 메뉴에는 여러 개의 메뉴 아이템을 붙인다. 메뉴바를 JFrame의 메뉴바 영역에 붙이면 화면에 메뉴가 출력된다. 메뉴에 대해서는 14장에서 자세히 설명한다.

● 컨텐트팬에 컴포넌트 달기

컨텐트팬
getContentPane()

스윙에서는 컨텐트팬(content pane)에만 컴포넌트를 부착할 수 있다. JFrame 객체가 생길 때 컨텐트팬이 자동으로 생성된다. 그러므로 현재 프레임에 붙어 있는 컨텐트팬을 알아내기 위해서는, 다음과 같이 JFrame 클래스의 getContentPane() 메소드를 호출한다. 컨텐트팬은 Container 타입이다.

```
public class MyFrame extends JFrame {
    public MyFrame() {
        ...
        Container contentPane = getContentPane(); // 프레임에 부착된 컨텐트팬을 알아낸다.

    }
    ...
}
```

컨텐트팬에 컴포넌트를 붙이는 것은 비교적 간단하다. 컨텐트팬은 컨테이너이기 때문에 다음과 같이 add() 메소드를 이용하여 간단히 컴포넌트를 부착하면 된다.

```
JButton button = new JButton("Click"); // 버튼 컴포넌트 생성
contentPane.add(button); // 컨텐트팬에 버튼 부착
```

컨텐트팬에 부착된 컴포넌트들은 프레임이 출력될 때 함께 화면에 출력된다.

● 컨텐트팬의 변경

setContentPane()

JFrame 클래스의 setContentPane() 메소드를 이용하면 프레임에 부착된 컨텐트팬을 제거하고 새로운 컨텐트팬을 붙일 수 있다. 컨텐트팬은 Container 타입이므로 Container를 상속받은 어떤 컨테이너도 컨텐트팬이 될 수 있다. 다음 코드는 JPanel을 상속받은 MyPanel 객체를 생성하여 컨텐트팬으로 붙이는 예이다.

```
class MyPanel extends JPanel {
    // JPanel을 상속받은 패널을 작성한다.
}

frame.setContentPane(new MyPanel()); // 프레임의 컨텐트팬을 MyPanel 객체로 변경
```

Tip 컨텐트팬과 JDK 1.5 버전 이후의 변경 사항

스윙 프레임의 초기 버전에서는 개발자가 컨텐트팬에 직접 컴포넌트를 부착하도록 하는 다소 부담스러운 제약이 있었다. 하지만, 자바 초보자들이 컨텐트팬의 존재를 모른 채 코딩하다 오류를 범하는 경우가 많아지자, JDK 1.5부터는 JFrame의 add(Component comp)를 호출해도 이 add() 메소드가 컴포넌트를 컨텐트팬에 대신 부착하도록 수정하였다. 이제, 개발자들은 컨텐트팬을 의식하지 않고 다음과 같이 JFrame에 컴포넌트를 바로 추가할 수 있다.

```
JFrame frame = new JFrame();
JButton b1 = new JButton("Click");
frame.add(b1); // 프레임의 add()가 대신 컨텐트팬에 button 부착. JDK 1.5 부터
```

그렇다 하더라도 컨텐트팬이 없어진 것이 아니다. 저자는 이런 방식으로 프로그램을 작성하는 것을 결코 권하지 않는다. 가능하면 컨텐트팬에 직접 컴포넌트를 붙이는 코딩 습관을 가지는 것이 좋다. 수준이 올라갈수록 JFrame의 구조와 컨텐트팬에 대해 정확히 알지 못하면 낭패를 당하는 경우가 종종 있다.

예제 9-2 3개의 버튼 컴포넌트를 가진 스윙 프레임 만들기

다음 그림과 같이 컨텐트팬의 배경색을 오렌지색으로 하고, 이곳에 OK, Cancel, Ignore 버튼들을 부착한 스윙 프로그램을 작성하라.

이 예제의 코드에 나오는 JButton, FlowLayout은 뒤에서 다루므로, 일단 넘어가도록 한다.

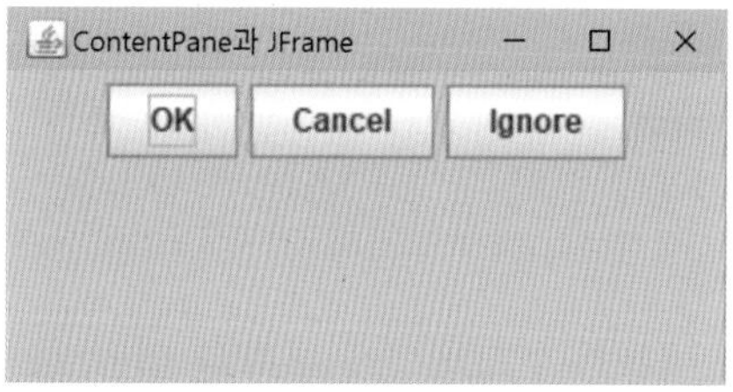

배치관리자는 9.4절 참고

```
import javax.swing.*;
import java.awt.*;

public class ContentPaneEx extends JFrame {
   public ContentPaneEx() {
      setTitle("ContentPane과 JFrame"); // 프레임 타이틀 달기
      setDefaultCloseOperation(JFrame.EXIT_ON_CLOSE); // 프레임 윈도우를 닫으면 프로그램을 종료하도록 설정

      Container contentPane = getContentPane(); // 컨텐트 팬을 알아낸다.
      contentPane.setBackground(Color.ORANGE); // 컨텐트팬의 색을 오렌지색으로
      contentPane.setLayout(new FlowLayout()); // 컨텐트팬에 FlowLayout 배치관리자 달기

      contentPane.add(new JButton("OK")); // OK 버튼 달기
      contentPane.add(new JButton("Cancel")); // Cancel 버튼 달기
      contentPane.add(new JButton("Ignore")); // Ignore 버튼 달기

      setSize(300, 150); // 프레임 크기 300x150 설정
      setVisible(true); // 화면에 프레임 출력
   }

   public static void main(String[] args) {
      new ContentPaneEx();
   }
}
```

스윙 응용프로그램의 종료

자바에서 프로그램을 종료하려면 어떤 상황에서나 다음 코드를 사용하면 된다.

```
System.exit(0); // 자바 프로그램을 종료한다.
```

한편 프레임 윈도우의 오른쪽 상단에 있는 '프레임 종료 버튼(X)'은 프레임 윈도우를 닫는 버튼이지 프로그램을 종료시키는 버튼은 아니다. 사용자가 스윙 프로그램을 종료하기 위해 '프레임 종료 버튼(X)'을 클릭하면 프레임이 화면에서 사라지지만 프로그램은 종료되지 않고 살아 있다. 프레임 윈도우가 닫힐 때 스윙 프로그램도 함께 종료시키고자 한다면 다음 코드를 삽입하여야 한다.

```
frame.setDefaultCloseOperation(JFrame.EXIT_ON_CLOSE);
// 프레임이 닫힐 때 프로그램도 함께 종료한다.
```

main() 메소드가 종료한 뒤에도 프레임이 살아 있는 이유는 무엇인가?

8장까지 다룬 콘솔 응용프로그램에서는 main() 메소드가 종료하면 자바 응용프로그램이 종료되었다. 그러나 스윙 응용프로그램에서는 main() 메소드가 종료되어도 프레임 윈도우가 살아서 작동한다. 그 이유는 무엇일까?

자바 응용프로그램이 시작되면 자바 가상 기계는 main 스레드를 만들고 main()을 실행시킨다(스레드는 13장에서 자세히 설명). 응용프로그램이 스레드를 만들지 않는 경우, main()이 종료하면 main 스레드도 종료되며, 더 이상 살아 있는 스레드가 없기 때문에 이 응용프로그램은 종료하게 되는 것이다.

main 스레드

그러나 스윙에서 JFrame 객체가 생성되면 main 스레드 외에, 입력되는 키와 마우스의 움직임을 컴포넌트에게 이벤트로 전달하는 이벤트 처리(분배) 스레드(Event Dispatch Thread)가 자동으로 추가 생성된다. 그러므로 main 스레드가 종료하더라도 이벤트 처리 스레드가 살아 있기 때문에, 자바 응용프로그램은 종료되지 않고 사용자로부터 키와 마우스 입력을 계속 처리하게 되는 것이다.

이벤트 처리(분배) 스레드

CHECK TIME

1 다음 중 최상위 컨테이너가 아닌 것은?

① JPanel ② JDialog ③ JFrame ④ JApplet

2 JFrame 내에 컴포넌트가 부착되는 특별한 영역을 무엇이라고 부르는가? 이 영역에 "Hello" 문자열을 가진 JButton 컴포넌트를 삽입하는 간단한 코드를 보여라.

9.4 컨테이너(Container)와 배치(Layout)

컨테이너와 배치 개념

컨테이너
배치관리자

컨테이너에 부착되는 컴포넌트들의 위치와 크기는 컨테이너 내부에 있는 배치관리자(Layout Manager)에 의해 결정된다. [그림 9-7]은 컨테이너와 배치관리자 사이의 관계를 보여준다. 안내원(배치관리자)은 강의실(컨테이너)에 들어오는 각 학생들(컴포넌트)에게 위치를 지정(배치)해주고 있다.

배치와 관련하여 AWT나 스윙의 컨테이너는 다음과 같은 특징을 가진다.

컴포넌트의 위치와 크기 결정

- 컨테이너마다 배치관리자가 하나씩 있다(하지만, 배치관리자를 삭제할 수도 있다).
- 배치관리자는 컨테이너에 컴포넌트가 부착되는 시점에 컴포넌트의 위치와 크기를 결정한다.

[그림 9-7] 컨테이너와 배치, 배치관리자 사이의 관계

- 컨테이너의 크기가 변경되면 배치관리자는 컨테이너 내부의 모든 컴포넌트들의 위치와 크기를 재조정한다.

배치관리자의 종류

자바는 여러 종류의 배치관리자를 지원한다. [그림 9-8]은 대표적인 4가지 배치관리자가 컴포넌트를 배치하는 형태를 보여준다. 배치관리자는 java.awt 패키지에 존재하는 클래스들이며, 이들을 사용하기 위해서는 다음 import 문이 필요하다.

```
import java.awt.*;
```

4가지 대표적인 배치관리자는 다음과 같다.

● FlowLayout

컨테이너에 부착되는 순서대로 왼쪽에서 오른쪽으로 컴포넌트를 배치하며, 오른쪽에 더 이상 배치할 공간이 없으면 아래로 내려와서 다시 왼쪽에서 오른쪽으로 배치한다. 컴포넌트의 크기는 화면에 출력될 수 있는 적당한 크기로 설정한다.

왼쪽에서 오른쪽으로

● BorderLayout

컨테이너의 공간을 동(EAST), 서(WEST), 남(SOUTH), 북(NORTH), 중앙(CENTER)의 5개의 영역으로 나누고 응용프로그램에서 지정한 영역에 컴포넌트를 배치한다. 응용프로그램에서는 5개의 영역 중 하나를 반드시 지정하여야 한다. 영역을 지정하지 않으면 중앙에 배치된다. 컴포넌트의 크기는 영역의 크기에 맞추어 설정된다.

5개의 영역

● GridLayout

컨테이너의 공간을 응용프로그램에서 설정한 동일한 크기의 2차원 격자로 나누고, 컴포넌트가 삽입되는 순서대로 좌에서 우로, 다시 위에서 아래로 배치한다. 컴포넌트의 크기는 셀의 크기와 동일하게 설정한다.

2차원 격자

● CardLayout

컨테이너의 공간에 카드를 쌓아 놓은 듯이 컴포넌트를 포개어 배치한다. 컴포넌트의 크기는 컨테이너의 크기와 동일하게 설정한다.

카드

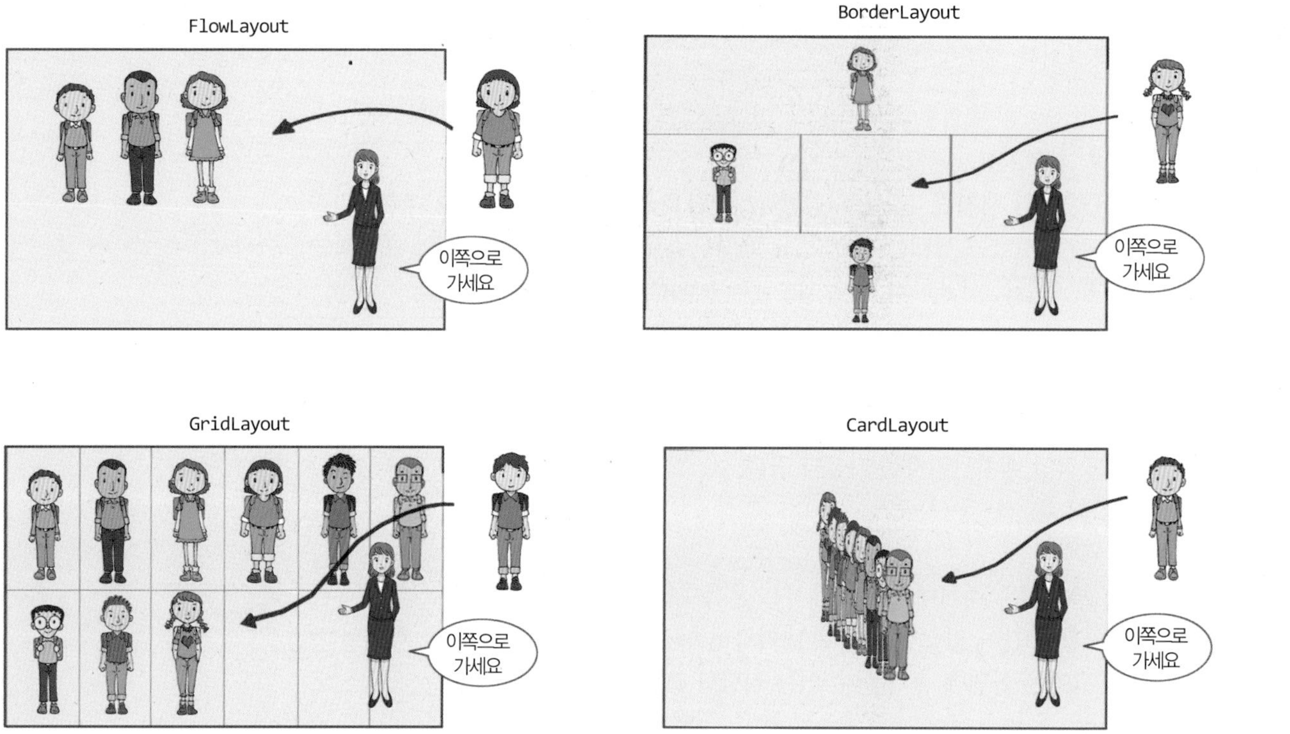

[그림 9-8] 대표적인 4가지 배치관리자

컨테이너의 디폴트 배치관리자

컨테이너가 생성될 때 자동으로 디폴트 배치관리자가 생성되며 이들은 〈표 9-1〉과 같다.

〈표 9-1〉 컨테이너의 디폴트 배치관리자

AWT와 스윙 컨테이너	디폴트 배치관리자
Window, JWindow	BorderLayout
Frame, JFrame	BorderLayout
Dialog, JDialog	BorderLayout
Panel, JPanel	FlowLayout
Applet, JApplet	FlowLayout

컨테이너에 새로운 배치관리자 설정, setLayout() 메소드

컨테이너에는 새로운 배치관리자를 마음대로 설정할 수 있다. 이를 위해 다음과 같이 Container 클래스의 setLayout() 메소드를 호출한다.

setLayout()

```
Container.setLayout(LayoutManager lm); // lm을 새로운 배치관리자로 설정한다.
```

예를 들어, JPanel에 BorderLayout 배치관리자를 설정하려면 다음과 같다.

```
JPanel p = new JPanel();
p.setLayout(new BorderLayout()); // 패널에 BorderLayout 배치관리자 설정
```

또한 컨텐트팬의 배치관리자를 FlowLayout으로 변경하려면 다음과 같이 한다.

```
Container contentPane = frame.getContentPane(); // 프레임의 컨텐트팬
contentPane.setLayout(new FlowLayout()); // FlowLayout 배치관리자 설정
```

다음과 같이 배치 관리자 객체를 생성하는 new를 빠트리지 않도록 주의하도록 하라.

오류
```
contentPane.setLayout(FlowLayout); // 오류
```

9.5 FlowLayout 배치관리자

배치 방법

FlowLayout 배치관리자를 가진 컨테이너에 컴포넌트를 부착하는 방법은 다음과 같이 간단히 add() 메소드를 이용하면 된다.

FlowLayout
add()

```
container.setLayout(new FlowLayout());
container.add(new JButton("add"));
container.add(new JButton("sub"));
container.add(new JButton("mul"));
container.add(new JButton("div"));
container.add(new JButton("Calculate"));
```

FlowLayout 배치관리자는 컴포넌트를 왼쪽에서 오른쪽으로 배치하고, 더 이상 오른쪽 공간이 없으면 다시 아래로 내려와서 왼쪽에서 오른쪽으로 배치한다. [그림 9-9]는 5개 버튼 컴포넌트가 순서대로 부착된 모습을 보여준다. 컨테이너의 크기가 변하면, FlowLayout 배치관리자에 의해 컨테이너 크기에 맞도록 컴포넌트가 재배치된다.

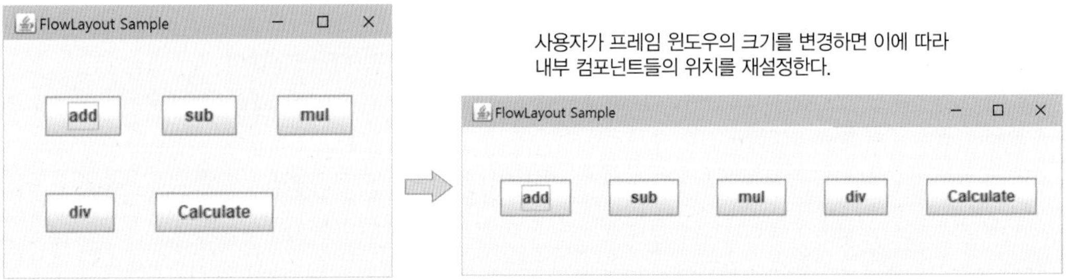

[그림 9-9] FlowLayout 배치관리자를 가진 프레임의 크기가 변경될 때 재배치되는 모양

FlowLayout의 생성자와 속성

FlowLayout 배치관리자의 생성자는 다음과 같이 여러 개 있으며, 생성자에 컴포넌트 사이의 간격과 정렬 방식을 지정할 수 있으며 예제 9-3은 FlowLayout 배치관리자의 align, hGap, vGap 속성을 각각 보여준다.

```
FlowLayout()
FlowLayout(int align)
FlowLayout(int align, int hGap, int vGap)
```

- align: 컴포넌트의 정렬 방법. 왼쪽 정렬(FlowLayout.LEFT), 오른쪽 정렬(FlowLayout.RIGHT), 중앙 정렬(FlowLayout.CENTER(디폴트))
- hGap: 좌우 컴포넌트 사이의 수평 간격, 픽셀 단위. 디폴트는 5
- vGap: 상하 컴포넌트 사이의 수직 간격, 픽셀 단위. 디폴트는 5

FlowLayout의 생성자를 사용하는 예를 들면 다음과 같다.

```
new FlowLayout(); // 중앙 정렬과 hGap=5, vGap=5인 배치관리자
new FlowLayout(FlowLayout.LEFT); // 왼쪽 정렬과 hGap=5, vGap=5인 배치관리자
new FlowLayout(FlowLayout.LEFT, 10, 20); // 중앙 정렬. hGap=10, vGap=20인 배치관리자
```

FlowLayout 배치관리자 활용 예제 9-3

수평 간격이 30, 수직 간격을 40픽셀로 하고 LEFT로 정렬 배치하는 FlowLayout 배치관리자를 가진 컨텐트팬에 5개의 버튼 컴포넌트를 부착한 스윙 응용프로그램을 작성하라.

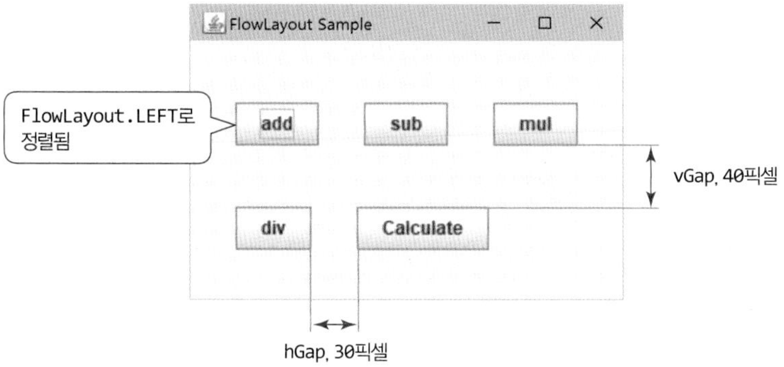


```
import javax.swing.*;
import java.awt.*;

public class FlowLayoutEx extends JFrame {
   public FlowLayoutEx() {
      setTitle("FlowLayout Sample");
      setDefaultCloseOperation(JFrame.EXIT_ON_CLOSE);
      Container c = getContentPane();

      // 컨텐트팬에 FlowLayout 배치관리자 설정
      c.setLayout(new FlowLayout(FlowLayout.LEFT, 30, 40));
      c.add(new JButton("add"));
      c.add(new JButton("sub"));
      c.add(new JButton("mul"));
      c.add(new JButton("div"));
      c.add(new JButton("Calculate"));

      setSize(300, 200); // 프레임 크기 300x200 설정
      setVisible(true); // 화면에 프레임 출력
   }
   public static void main(String[] args) {
      new FlowLayoutEx();
   }
}
```

9.6 BorderLayout 배치관리자

배치 방법

BorderLayout
동(EAST)
서(WEST)
남(SOUTH)
북(NORTH)
중앙(CENTER)

BorderLayout 배치관리자는 [그림 9-10]과 같이 컨테이너 공간을 동(EAST), 서(WEST), 남(SOUTH), 북(NORTH), 중앙(CENTER)의 5개의 영역으로 분할하여 배치한다.

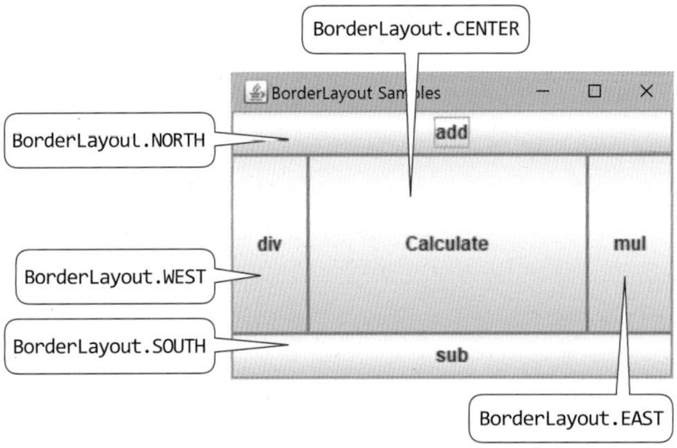

[그림 9-10] BorderLayout 배치관리자가 설치된 컨테이너의 공간 분할

add()

다른 배치관리자와는 달리 BorderLayout 배치관리자를 가진 컨테이너에 컴포넌트를 삽입하기 위해서는, 다음과 같이 add() 메소드에 컴포넌트의 위치를 명확히 정해주어야 한다.

void add(Component comp, int index) comp 컴포넌트를 index 위치에 삽입한다.
- comp: 컨테이너에 삽입되는 컴포넌트
- index: 컴포넌트의 위치
    - 동: BorderLayout.EAST
    - 서: BorderLayout.WEST
    - 남: BorderLayout.SOUTH
    - 북: BorderLayout.NORTH
    - 중앙: BorderLayout.CENTER

add() 메소드를 사용하는 예를 들어보자.

```
container.setLayout(new BorderLayout());
container.add(new JButton("div"), BorderLayout.WEST);
container.add(new JButton("Calculate"), BorderLayout.CENTER);
```

컨테이너의 크기가 변하면 BorderLayout 배치관리자 역시 새로운 크기에 맞도록 컴포넌트의 크기를 재조정한다. BorderLayout 배치관리자를 사용하는 컨테이너에는 일차적으로 5개의 컴포넌트밖에 붙일 수가 없다. BorderLayout 컨테이너에 5개 이상의 컴포넌트를 부착하고자 하면, 한 영역에 JPanel 등 다른 컨테이너를 부착하고 이곳에 컴포넌트들을 부착하면 된다.

BorderLayout의 생성자와 속성

BorderLayout 배치관리자의 생성자는 다음과 같으며, 생성자를 이용하면 컴포넌트 사이의 간격으로 조절할 수 있다.

BorderLayout()
BorderLayout(int hGap, int vGap)
- hGap: 좌우 두 컴포넌트 사이의 수평 간격, 픽셀 단위. 디폴트는 0
- vGap: 상하 두 컴포넌트 사이의 수직 간격, 픽셀 단위. 디폴트는 0

BorderLayout의 생성자를 사용하는 예를 들어보자.

```
new BorderLayout(); // hGap=0, vGap=0인 BorderLayout 배치관리자 생성
new BorderLayout(30, 20); // hGap=30, vGap=20인 BorderLayout 배치관리자 생성
```

[그림 9-11]은 BorderLayout 배치관리자를 사용하는 사례를 보여준다.

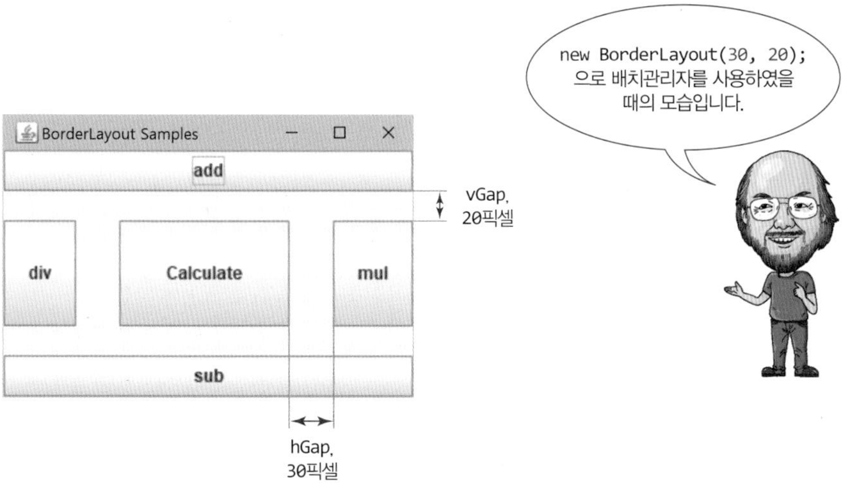

[그림 9-11] BorderLayout 배치관리자의 사용 사례

CENTER에 컴포넌트가 부착될 때 다른 컴포넌트가 없으면 컨테이너 전체 크기로 배치된다. [그림 9-12]는 BorderLayout 컨테이너에 컴포넌트가 부착되는 과정을 보여준다.

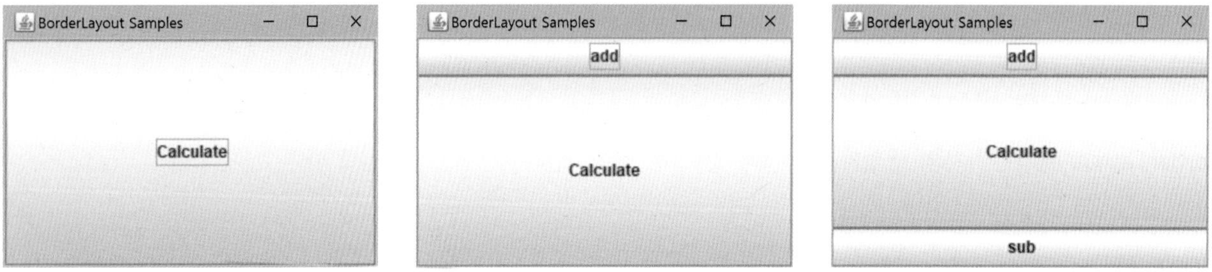

(a) CENTER에 컴포넌트가 삽입될 때 (b) CENTER와 NORTH에 컴포넌트가 삽입될 때 (c) CENTER, NORTH, SOUTH에 컴포넌트가 삽입될 때

[그림 9-12] BorderLayout 배치관리자를 가진 컨테이너에 컴포넌트 삽입

예제 9-4 BorderLayout 배치관리자를 사용하는 예

BorderLayout 배치관리자를 사용하여 컨텐트팬에 다음과 같이 5개의 버튼 컴포넌트를 삽입하라.

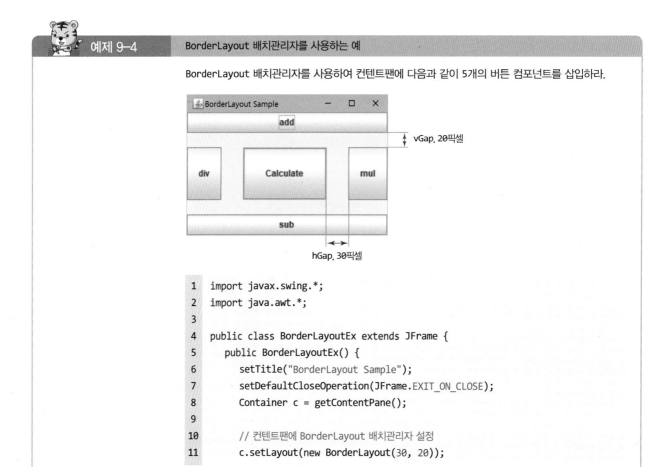

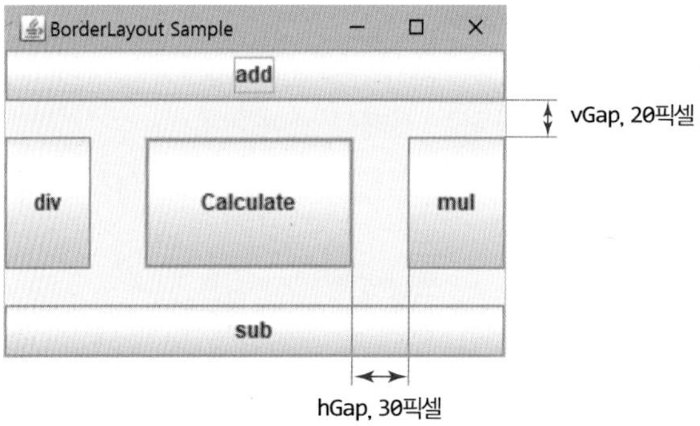


```
import javax.swing.*;
import java.awt.*;

public class BorderLayoutEx extends JFrame {
   public BorderLayoutEx() {
      setTitle("BorderLayout Sample");
      setDefaultCloseOperation(JFrame.EXIT_ON_CLOSE);
      Container c = getContentPane();

      // 컨텐트팬에 BorderLayout 배치관리자 설정
      c.setLayout(new BorderLayout(30, 20));
```

```

      c.add(new JButton("Calculate"), BorderLayout.CENTER);
      c.add(new JButton("add"), BorderLayout.NORTH);
      c.add(new JButton("sub"), BorderLayout.SOUTH);
      c.add(new JButton("mul"), BorderLayout.EAST);
      c.add(new JButton("div"), BorderLayout.WEST);

      setSize(300, 200); // 프레임 크기 300×200 설정
      setVisible(true); // 프레임을 화면에 출력
   }
   public static void main(String[] args) {
      new BorderLayoutEx();
   }
}
```

9.7 GridLayout 배치관리자

배치 방법

GridLayout

GridLayout은 컨테이너 공간을 그리드(격자) 모양으로 분할하여 각 셀에 하나씩 컴포넌트를 배치하는 방법이다. GridLayout은 부착되는 순서대로 컴포넌트를 셀에 배치한다. [그림 9-13]은 GridLayout에 의해 4×3 그리드로 분할된 프레임에 11개의 버튼이 부착된 상황을 보여준다. 여기서 붉은색 선은 컴포넌트를 배치하는 셀 순서이다. 12번째 새로운 버튼 컴포넌트가 추가되면 오른쪽 하단의 빈 셀에 배치된다.

컴포넌트를 삽입하는 방법은 다른 배치관리자와 별반 다르지 않으며 다음과 같다.

```
container.setLayout(new GridLayout(4,3)); // 4×3 분할로 컴포넌트 배치
container.add(new JButton("1")); // 상단 왼쪽 첫 번째 셀에 버튼 배치
container.add(new JButton("2")); // 그 옆 셀에 버튼 배치
```

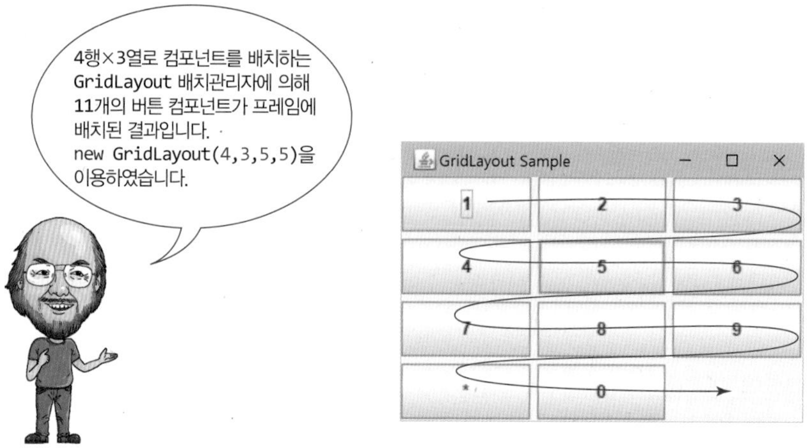
4행×3열로 컴포넌트를 배치하는 GridLayout 배치관리자에 의해 11개의 버튼 컴포넌트가 프레임에 배치된 결과입니다.
new GridLayout(4,3,5,5)을 이용하였습니다.
GridLayout Sample
1
2
3
4
5
6
7
8
9
*
0

[그림 9-13] 4×3 분할의 GridLayout 배치관리자에 의해 11개의 버튼 컴포넌트가 배치된 예

GridLayout의 생성자와 속성

GridLayout 배치관리자의 생성자는 다음과 같다.

```
GridLayout()
GridLayout(int rows, int cols)
GridLayout(int rows, int cols, int hGap, int vGap)
•rows: 그리드의 행 수, 디폴트는 1
•cols: 그리드의 열 수, 디폴트는 1
•hGap: 좌우 컴포넌트 사이의 수평 간격, 픽셀 단위. 디폴트는 0
•vGap: 상하 컴포넌트 사이의 수직 간격, 픽셀 단위. 디폴트는 0
```

GridLayout의 생성자를 사용하는 예를 들면 다음 코드와 같다.

```
new GridLayout(); // 1×1 그리드에 배치하는 GridLayout 배치관리자 생성
new GridLayout(4, 3, 5, 5); // 4×3 그리드에 hGap=5, vGap=5의 간격으로 컴포넌트를 배치
                            하는 GridLayout 배치관리자 생성
```

셀 수보다 많은 컴포넌트가 추가되면 생성자에 주어진 행 수(rows)와 열 수(cols)가 지켜지지 않으며, 모든 컴포넌트를 수용하도록 행과 열의 수가 적당히 변형된다.

GridLayout으로 입력 폼 만들기 예제 9-5

아래 화면과 같이 사용자로부터 입력받는 폼을 스윙 응용프로그램을 작성하라.

GridLayout을 사용하여 콘텐트팬을 4×2 그리드로 분할하고 JLabel 컴포넌트와 JTextField 컴포넌트를 부착하면 된다. 두 행 사이의 수직 간격은 5픽셀로 하라.

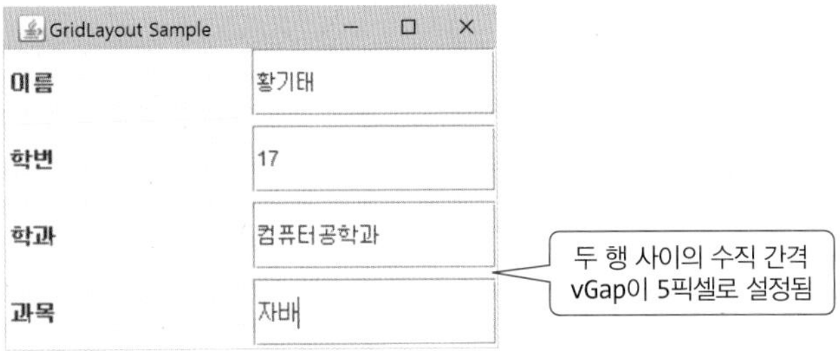


```java
import javax.swing.*;
import java.awt.*;

public class GridLayoutEx extends JFrame {
   public GridLayoutEx() {
      setTitle("GridLayout Sample");
      setDefaultCloseOperation(JFrame.EXIT_ON_CLOSE);

      // 4x2 격자의 GridLayout 배치관리자 생성
      GridLayout grid = new GridLayout(4, 2);
      grid.setVgap(5); // 격자 사이의 수직 간격을 5 픽셀로 설정

      Container c = getContentPane();
      c.setLayout(grid); // grid를 컨텐트팬의 배치관리자로 지정
      c.add(new JLabel(" 이름"));
      c.add(new JTextField(""));
      c.add(new JLabel(" 학번"));
      c.add(new JTextField(""));
      c.add(new JLabel(" 학과"));
      c.add(new JTextField(""));
      c.add(new JLabel(" 과목"));
      c.add(new JTextField(""));

      setSize(300, 200);
      setVisible(true);
   }
   public static void main(String[] args) {
      new GridLayoutEx();
   }
}
```

9.8 배치관리자 없는 컨테이너

배치관리자 없는 컨테이너가 필요한 경우

모든 컨테이너는 배치관리자를 가지고, 배치관리자가 컴포넌트의 위치와 크기를 결정하도록 하는 것이 자바 GUI의 기본 정신이다. 배치관리자는 컴포넌트를 절대적인 위치에 배치하지 않고, 다른 컴포넌트의 오른쪽이나 아래와 같이 상대적인 위치에 배치한다. 그러므로 컨테이너의 크기가 변하면 컴포넌트의 위치도 함께 변한다.

배치관리자를 사용하면 컴포넌트의 위치에 대해 신경 쓰지 않아도 되지만, 한편으로 컴포넌트의 위치를 자동 결정하는 배치관리자가 오히려 불편한 경우들이 종종 있다. 어떤 경우인지 구체적으로 살펴보자.

- 컴포넌트의 크기나 위치를 개발자가 결정하고자 하는 경우
- 게임 프로그램과 같이 시간이나 마우스/키보드의 입력에 따라 컴포넌트들의 위치와 크기가 수시로 변하는 경우
- 여러 컴포넌트들이 겹치는 효과를 연출하고자 하는 경우

이런 경우, 컨테이너의 배치관리자를 없애고 응용프로그램에서 직접 컴포넌트의 위치와 크기를 마음대로 설정할 수 있어야 한다.

컨테이너의 배치관리자 제거

setLayout()
배치관리자 제거

Container의 setLayout() 메소드를 이용하여 컨테이너의 배치관리자를 제거할 수 있다.

```
container.setLayout(null); // container의 배치관리자 제거
```

다음 코드는 JPanel에 현재 부착된 배치관리자를 삭제한다.

```
JPanel p = new JPanel();
p.setLayout(null);
```

그 결과 컨테이너 p에는 배치관리자가 없으므로 부착되는 컴포넌트의 크기나 위치가 자동 조절되지 않는다. 다시 말해 배치가 일어나지 않는다. 그러므로 컨테이너 p 안에 삽입된 컴포넌트들은 모두 0×0 크기로 설정되어 보이지 않는다.

예를 들면, 다음 코드에서 2개의 버튼은 화면에 전혀 보이지 않는다.

```
JPanel p = new JPanel();
p.setLayout(null);

// 배치관리자가 없으므로 아래 2개의 버튼은 배치되지 않는다.
p.add(new JButton("click")); // 폭과 높이가 0인 상태로 화면에 보이지 않는다.
p.add(new JButton("me!")); // 폭과 높이가 0인 상태로 화면에 보이지 않는다.
```

컴포넌트의 절대 위치와 절대 크기 설정

배치관리자가 없는 컨테이너에 컴포넌트를 삽입할 때는 응용프로그램에서 컴포넌트의 크기와 위치를 직접 설정하여야 한다. 컴포넌트의 절대 위치와 크기를 설정하기 위해서는 java.awt.Component 클래스의 다음 메소드를 이용한다.

절대 위치와 크기

```
void setSize(int width, int height) 컴포넌트를 width x height 크기로 설정
void setLocation(int x, int y) 컴포넌트의 왼쪽 상단 모서리 좌표를 (x, y)로 설정
void setBounds(int x, int y, int width, int height) 크기와 위치 동시 설정
```

예를 들어보자. 다음 코드는 버튼을 100×40 크기로 설정하고 JPanel의 (50, 50) 위치에 삽입한다.

```
Panel p = new JPanel();
p.setLayout(null); // 패널 p의 배치관리자 제거

JButton clickButton = new JButton("Click");
clickButton.setSize(100, 40); // 버튼의 크기를 100×40으로 지정
clickButton.setLocation(50, 50); // 버튼의 위치를 (50, 50)으로 지정
p.add(clickButton); // 패널에 버튼 부착. 패널 내 (50, 50) 위치에 100×40 크기의 버튼 출력
```

CardLayout을 제외한 나머지 배치관리자는 컴포넌트들이 서로 겹치지 않도록 배치한다. 그러나 배치관리자가 없는 컨테이너를 만들면 컴포넌트를 절대 위치에 절대 크기로 배치할 수 있기 때문에 컴포넌트들이 서로 겹치도록 배치할 수 있다.

겹치도록 배치

예제 9-6 배치관리자 없는 컨테이너에 컴포넌트를 절대 위치와 절대 크기로 지정

다음 그림과 같이 컨텐트팬에 배치관리자를 삭제하고 9개의 버튼과 하나의 문자열을 출력하는 프로그램을 작성하라.

"Hello, Press Buttons!" 문자열은 JLabel 컴포넌트를 이용하고, 그 위치를 (130, 50)에, 크기는 200×20으로 한다. 버튼의 크기는 50×20으로 한다.

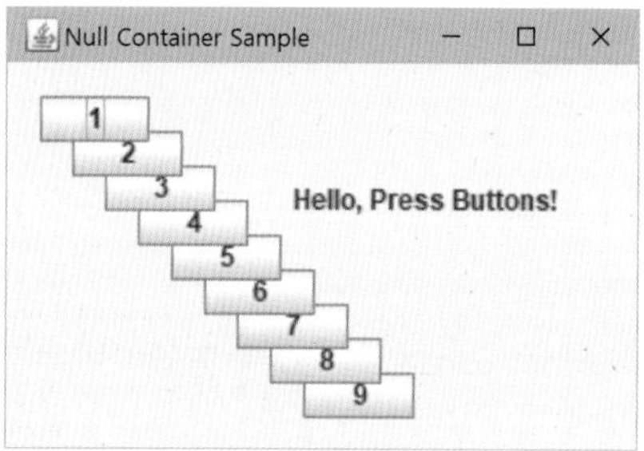


```
import javax.swing.*;
import java.awt.*;

public class NullContainerEx extends JFrame {
   public NullContainerEx() {
      setTitle("Null Container Sample"); // 프레임의 타이틀 달기
      setDefaultCloseOperation(JFrame.EXIT_ON_CLOSE); // 프레임 윈도우를 닫으면 프로그램 종료
      Container c = getContentPane();
      c.setLayout(null); // 컨텐트팬의 배치관리자 제거

      // JLabel 컴포넌트 생성하고 위치와 크기를 직접 지정한다.
      JLabel la = new JLabel("Hello, Press Buttons!");
      la.setLocation(130, 50); // la를 (130,50) 위치로 지정
      la.setSize(200, 20); // la를 200x20 크기로 지정
      c.add(la); // la를 컨텐트팬에 부착

      // 9개의 버튼 컴포넌트를 생성하고 모두 동일한 크기로 설정한다.
      // 위치는 서로 다르게 설정
      for(int i=1; i<=9; i++) {
         JButton b = new JButton(Integer.toString(i)); // 버튼 생성
         b.setLocation(i*15, i*15); // 버튼의 위치 설정
         b.setSize(50, 20); // 9 개의 버튼 크기는 동일하게 50x20
         c.add(b); // 버튼을 컨텐트팬에 부착
      }

      setSize(300, 200);
```

컨텐트팬의 배치관리자를 제거하여 직접 컴포넌트의 위치와 크기를 설정할 수 있다.

Integer.toString(i)는 정수 i를 문자열로 변환한다.

```
        setVisible(true);
    }
    public static void main(String[] args) {
        new NullContainerEx();
    }
}
```

CHECK TIME

1. 컨테이너가 컴포넌트와 다른 점은 무엇인가?
2. container에 컴포넌트 사이의 수평, 수직 간격을 각각 10, 20 픽셀로 배치하는 FlowLayout 배치관리자를 지정하는 코드를 작성하라.
3. 컨테이너 container에 설치된 배치관리자를 제거하는 한 줄의 코드를 작성하라.
4. 배치관리자가 없는 컨테이너에 컴포넌트를 배치할 때 응용프로그램에서 반드시 컴포넌트의 크기와 위치를 지정해야 하는 이유는 무엇인가?

요약

SUMMARY

- GUI란 Graphical User Interface의 약자로서 이미지 혹은 그래픽 등을 이용하여 메뉴 등을 포함한 화면을 구성하고, 키보드, 마우스 등의 편리한 입력 도구를 이용하여 사용자의 입력을 편리하게 하도록 작성된 사용자 인터페이스이다.
- 자바 언어에서 GUI를 구성하기 위한 기본 패키지는 AWT와 스윙(Swing)의 두 가지가 있으며, 스윙은 AWT와는 달리 light weight component로서 운영체제의 자원에 의존하지 않고 작동하도록 구현되었다.
- 스윙은 AWT 컴포넌트 외에 많은 고급 컴포넌트를 가지고 있기 때문에 GUI 응용프로그램을 작성하는 데 우수하다.
- AWT 컴포넌트는 java.awt 패키지에 스윙 컴포넌트는 javax.swing 패키지에 구현되어 있다.
- 컨테이너는 여러 컴포넌트를 포함할 수 있는 특별한 GUI 컴포넌트이다. 컨테이너도 다른 컨테이너에 포함될 수 있는 컴포넌트이다.
- 스윙에서 프레임을 구성하기 위해서는 JFrame을 상속받은 새로운 클래스를 만들어 사용하는 것이 좋다.
- JFrame은 내부에 컨텐트팬을 가지고 있으며, JFrame에 컴포넌트를 붙이기 위해서는 컨텐트팬에 컴포넌트를 부착하여야 한다.
- 스윙에서 JFrame의 윈도우 닫기 메뉴를 선택하여 프레임 윈도우를 닫을 수는 있어도 응용프로그램을 종료시킬 수는 없다. 응용프로그램을 종료시키기 위해서는 다음의 코드가 필요하다.

```
JFrame frame;
frame.setDefaultCloseOperation(JFrame.EXIT_ON_CLOSE);
```

- 컨테이너는 내부에 반드시 하나의 배치관리자(Layout Manager)를 두고 있으며, 이 배치관리자는 컨테이너에 부착되는 모든 컴포넌트들의 위치와 크기를 상대적으로 설정한다.
- FlowLayout 배치관리자는 컴포넌트가 들어오면 순서대로 왼쪽에서 오른쪽으로 배치하며, 더 이상 오른쪽에 배치할 공간이 없으면 다시 아래로 내려와서 왼쪽으로 오른쪽으로 배치한다.
- BorderLayout 배치관리자는 컨테이너의 공간을 동(EAST), 서(WEST), 남(SOUTH), 북(NORTH), 중앙(CENTER)의 5개 영역으로 나누고 응용프로그램에서 지정한 영역에 컴포넌트를 배치한다.
- GridLayout 배치관리자는 컨테이너의 공간을 응용프로그램에서 설정한 2차원 그리드로 나누고, 컴포넌트가 들어오는 순서대로 좌에서 우로 배치하고, 다시 위에서 아래로 배치한다.
- CardLayout 배치관리자는 카드를 쌓아놓은 듯이 컴포넌트를 포개어 배치한다.
- 컨테이너에서 배치관리자를 삭제하고 응용프로그램에서 컴포넌트의 절대 위치와 크기를 설정하여 컴포넌트를 원하는 위치와 크기로 출력되게 할 수 있다.

Open Challenge 간단한 스윙 응용프로그램 만들기

간단한 스윙 응용프로그램을 만들어보자. 그림과 같이 프레임의 컨텐트팬에 BorderLayout 배치관리자를 설치하고, NORTH 영역과 CENTER 영역에는 JPanel을 상속받은 패널을 만들어 붙인다. NORTH 영역의 패널에는 3개의 버튼을 컴포넌트를, CENTER 영역의 패널에는 3개의 JLabel을 이용하여 각각 "Hello", "Java", "Love"를 출력한다. 문자열이 출력되는 위치는 독자가 정하라. 난이도 5

목적
스윙 프레임 만들기, JPanel 상속받기, 여러 패널을 이용하여 컴포넌트 붙이기 연습

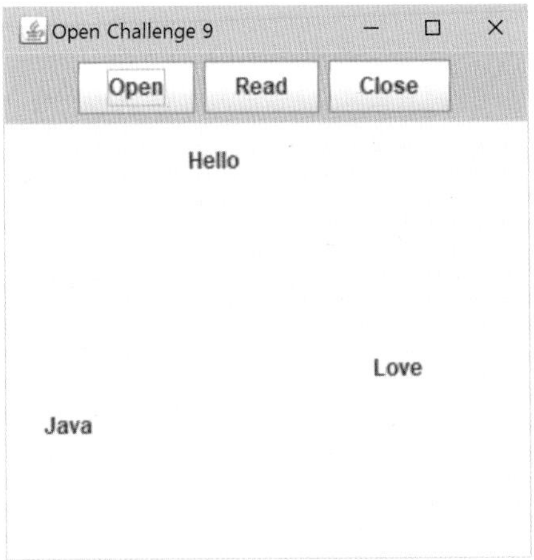

힌트

- 컨텐트팬은 디폴트로 BorderLayout 배치관리자를 가지고 있다.
- 컨텐트팬의 NORTH와 CENTER 영역에 다음과 같이 JPanel을 상속받는 패널을 만들어 붙인다.

```
class NorthPanel extends JPanel { // NORTH에 붙일 패널
}
class CenterPanel extends JPanel { // CENTER에 붙일 패널
}
```

- NorthPanel에는 FlowLayout 배치관리자를 이용하여 3개의 버튼을 붙이면 된다.
- CenterPanel에는 배치관리자를 삭제하고, 3개의 JLabel 컴포넌트를 사용하여 문자열을 붙인다. 그리고 setSize()와 setLocation()을 이용하여 위치와 크기를 지정한다.
- NorthPanel 패널의 배경색을 밝은 회색(light gray)으로 하려면 다음과 같이 하면 된다.

```
class NorthPanel extends JPanel {
    public NorthPanel() {
        setBackground(Color.LIGHT_GRAY);
    }
}
```

연습문제

EXERCISE

이론문제

• 홀수 문제는 정답이 공개됩니다.

1. 자바에서는 AWT 컴포넌트와 스윙 컴포넌트를 제공한다. 이들 중 어떤 것이 경량 컴포넌트(light weight component)이고, 어떤 것이 중량 컴포넌트(heavy weight component)인가? 그리고 이들은 어떤 점에서 서로 다른가?

2. 데스크톱에서 실행되는 GUI 응용프로그램 작성 시 AWT보다 스윙 사용을 권장하는 이유는 무엇인가?

3. 다음 중 스윙 컴포넌트가 아닌 것은?
① JPanel ② JTextField ③ JLabel ④ Button

4. 다음 중 컴포넌트는?
① JFrame ② Font ③ Color ④ Graphics

5. 컴포넌트와 컨테이너에 대해 잘못 말한 것은?
① 컨테이너는 컴포넌트를 담을 수 있는 컴포넌트이다.
② JPanel은 컨테이너로서 여러 개의 JButton 컴포넌트를 가질 수 있다.
③ JFrame은 최상위 컨테이너이다.
④ 컴포넌트들은 컨테이너 없이도 출력된다.

6. 배치관리자에 대해 잘못 말한 것을 모두 찾아라.
① 배치관리자를 가지는 것은 컨테이너만의 고유 기능이며, 컴포넌트는 가질 수 없다.
② 배치관리자는 자신이 소속된 컨테이너의 크기를 조절한다.
③ 컨테이너가 생성될 때 배치관리자가 없는 상태이므로 배치관리자를 설정해야 한다.
④ 한 컨테이너는 여러 개의 배치관리자를 가질 수 있다.
⑤ 배치관리자의 기능은 컨테이너에 포함된 컴포넌트들의 위치와 크기를 설정하는 것이다.
⑥ 개발자는 자바에서 주어진 것 외의 새로운 배치관리자를 만들어 사용할 수 있다.
⑦ 컨테이너가 배치관리자를 가지지 않도록 할 수 없다.

7. 다음은 200×300 크기의 스윙 프레임을 만든 코드이다. 빈칸에 필요한 코드를 채워라.

```
______________________________ // 이곳에 필요한 import 문을 삽입하라.
public class MyFrame ______________________ {
    public MyFrame() {
        ____________________ // 프레임 타이틀로 "hello" 문자열 출력
        ____________________ // 프레임 크기를 200×300으로 설정
        ____________________ // 프레임 화면 출력
    }
    public static void main(String [] args) {
        MyFrame frame = ____________________
    }
}
```

8. 다음은 스윙 프레임을 작성한 코드이다. 빈칸을 채워라.

```
______________________________ // 이곳에 필요한 import 문을 삽입하라.
______________________________ // 이곳에 필요한 import 문을 삽입하라.
public class MyFrame ______________________ {
    public MyFrame() {
        ____________________ ; // 컨텐트팬 알아내기
        ____________________ ; // 컨텐트팬에 FlowLayout 배치관리자 설정
        ____________________ ; // 컨텐트팬 배경색을 노란색으로 설정
        ____________________ ; // 컨텐트팬에 "click" 버튼 달기
        setSize(300,300);
        setVisible(true);
    }
}
```

9. 다음 지시에 따라 컨테이너 c에 배치관리자를 설정하는 코드를 작성하라.

```
Container c;
c. ______________________________________
```

(1) 컴포넌트 사이의 수평 수직 간격이 각각 3, 4픽셀인 BorderLayout
(2) 컴포넌트 사이의 수평 수직 간격이 각각 5, 6픽셀이고 오른쪽 정렬하는 FlowLayout
(3) 컴포넌트 사이의 수평 수직 간격이 각각 7, 8픽셀이고 행수 5, 열수 2인 GridLayout
(4) 현재 등록된 배치관리자 삭제

10. 버튼 컴포넌트를 절대 위치에 배치하고자 한다. 주석을 참고하여 빈칸을 완성하라.

```
____________________________ // 이곳에 필요한 import 문을 삽입하라.
____________________________ // 이곳에 필요한 import 문을 삽입하라.
public class MyFrame ______________________ {
    public MyFrame() {
        ___________________ ; // 컨텐트팬 알아내기
        ___________________ ; // 컨텐트팬에 배치관리자 제거
        ___________________ ; // "click" 문자열의 버튼 컴포넌트 생성
        ___________________ ; // 버튼의 크기를 100×30으로 설정
        ___________________ ; // 버튼의 위치를 (50, 70)으로 설정
        ___________________ ; // 컨텐트팬에 버튼 달기
        setSize(300,300);
        setVisible(true);
    }
    public static void main(String [] args) {
        new MyFrame();
    }
}
```

실습문제

• 홀수 문제는 정답이 공개됩니다.

목적 스윙 프레임 만들기

1. 다음 그림과 같이 "Let's study Java"라는 문자열을 타이틀로 가지고 프레임의 크기가 400×200인 스윙 프로그램을 작성하라. 난이도 3

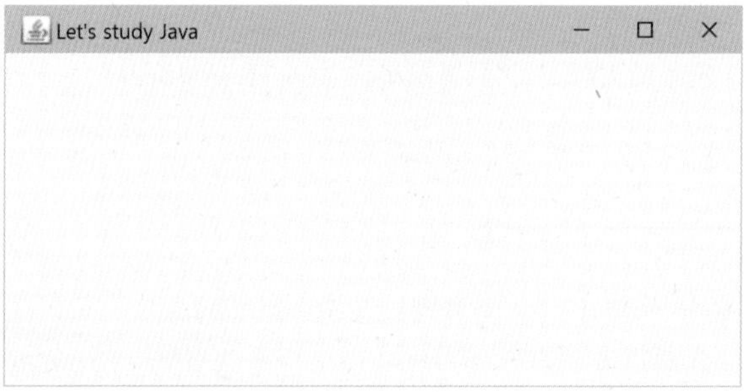

2. BorderLayout을 사용하여 컴포넌트 사이의 수평 수직 간격이 각각 5픽셀, 7픽셀이 되도록 스윙 응용프로그램을 작성하라. 난이도 3

목적 컨텐트팬과 BorderLayout 활용

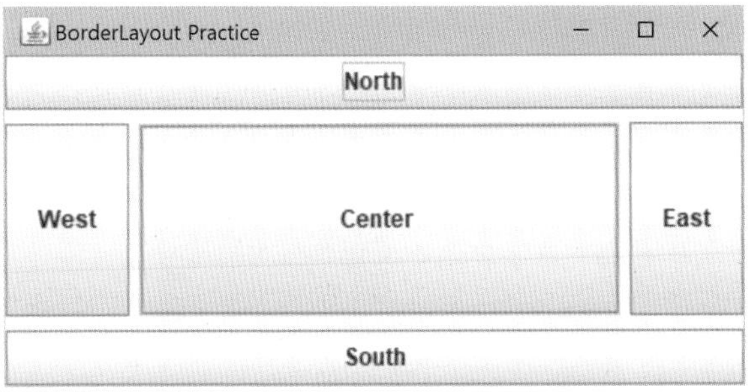

3. GridLayout을 사용하여 다음 그림과 같이 한 줄에 10개의 버튼을 동일한 크기로 배치하는 스윙 프로그램을 작성하라. 난이도 3

목적 GridLayout 활용

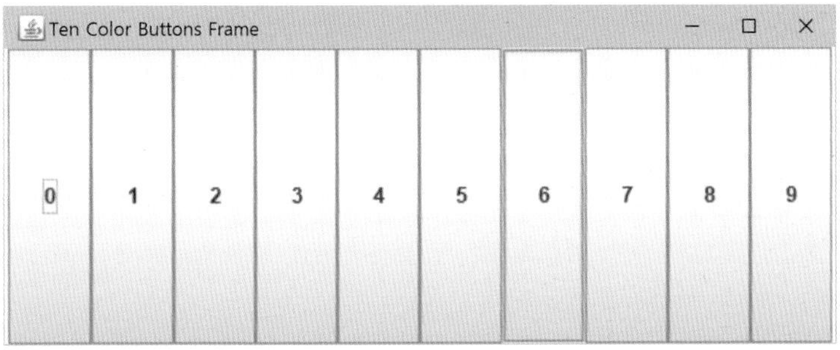

4. 문제 3을 수정하여 다음 결과와 같이 각 버튼의 배경색을 서로 다르게 설정하라. 난이도 4

목적 GridLayout과 JLabel 컴포넌트 색 활용

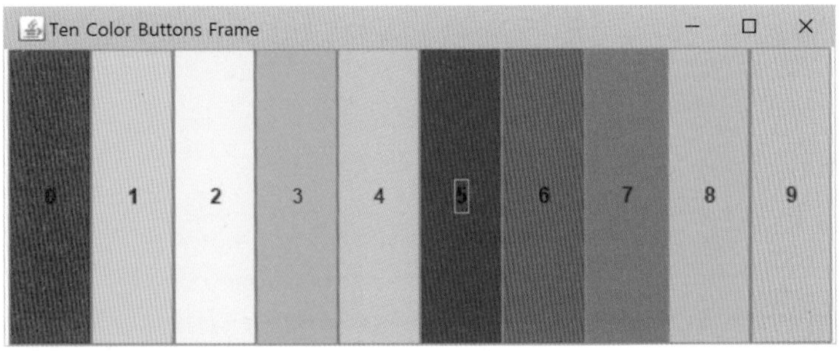

힌트 컴포넌트의 배경색을 노란색으로 설정하려면 comp.setBackground(Color.YELLOW);로 하면 된다.

목적 GridLayout과 JLabel 컴포넌트 활용

5. GridLayout을 이용하여 다음 그림과 같이 Color.WHITE, Color.GRAY, Color.RED 등 16개의 색을 배경색으로 하는 4×4 바둑판을 구성하라. 난이도 5

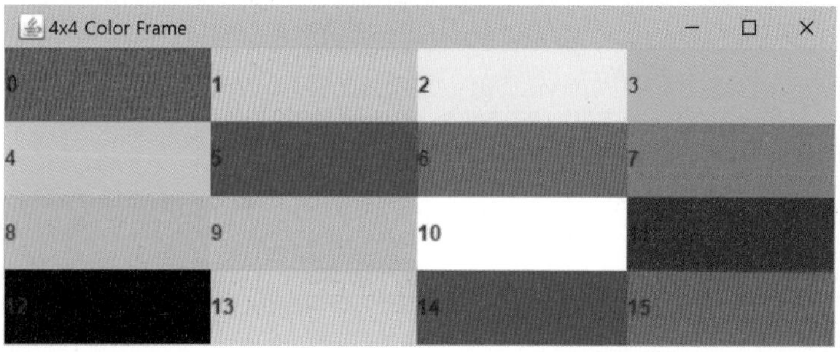

힌트 16개의 JLabel 컴포넌트를 생성하고 각 레이블 컴포넌트의 배경색을 칠한 다음 하나씩 GridLayout을 가진 컨테이너에 붙이면 된다.

목적 배치관리자 삭제와 임의의 위치에 컴포넌트 붙이기

6. 20개의 10×10 크기의 JLabel 컴포넌트가 프레임 내에 (50, 50) 위치에서 (250, 250) 영역에서 랜덤한 위치에 출력되도록 스윙 프로그램을 작성하라. 프레임의 크기를 300×300으로 하고, JLabel의 배경색은 모두 파란색으로 하라. 난이도 6

힌트 JLabel 컴포넌트의 위치를 랜덤하게 설정하기 위해 (x, y) 좌표는 다음과 같이 구한다.

```
int x = (int)(Math.random()*200) + 50; // 50~250
int y = (int)(Math.random()*200) + 50; // 50~250
label.setLocation(x,y); // label을 (x,y)에 배치
label.setSize(10,10); // label 크기를 10×10으로 설정
label.setOpaque(true); // label에 배경색이 보이게 함
```

7. 다음과 같은 GUI 모양을 가진 스윙 프레임을 작성하라. Open Challenge의 힌트나 정답을 참고하라. 버튼은 JButton, 텍스트는 JLabel, 입력창은 JTextField를 사용하면 된다. 난이도 7

목적 여러 개의 컴포넌트와 여러 개의 패널을 가진 스윙 프레임 만들기

힌트 컨텐트팬의 NORTH, CENTER, SOUTH에 각각 JPanel을 상속받은 패널을 붙이고 그 곳에 버튼이나 JLabel을 붙이면 된다.

8. 다음과 같은 GUI 모양을 가진 스윙 프레임을 작성하라. Open Challenge의 힌트나 정답을 참고하라. 10개의 '*' 문자는 10개의 JLabel을 이용하여 랜덤한 위치에 출력하라. 난이도 7

목적 여러 개의 컴포넌트와 여러 개의 패널을 가진 스윙 프레임 만들기

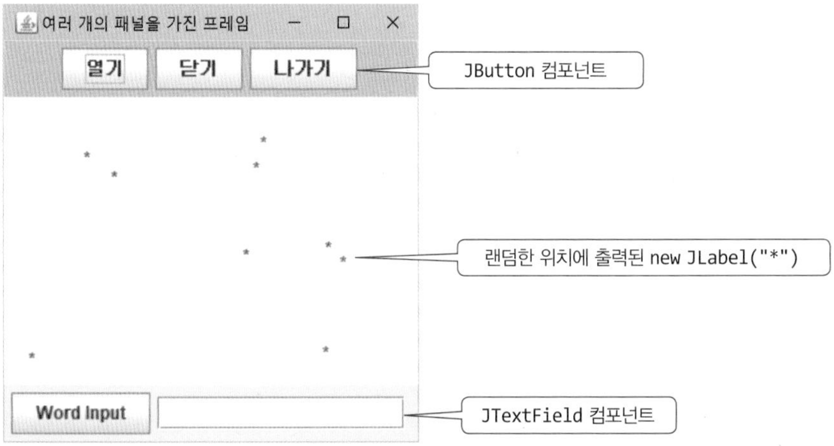

10 자바의 이벤트 처리

Objectives

- 자바의 이벤트 기반 프로그래밍의 구조를 이해한다.
- 자바에서 이벤트의 종류를 알고 이벤트 발생에 대해 살펴본다.
- 자바에서 제공하는 이벤트 리스너 종류를 알고 리스너 메소드를 이해한다.
- 자바에서 이벤트 리스너 작성 방법을 안다.
- 이벤트 객체에 대해 이해하고 이벤트 객체 메소드를 활용한다.
- 어댑터 클래스의 필요성을 알고 어댑터 클래스를 활용한다.
- `Key` 이벤트와 `KeyListener` 인터페이스를 이해하고 키 이벤트 리스너를 작성한다.
- `Mouse` 이벤트, `MouseListener` 인터페이스, `MouseMotionListener` 인터페이스, `MouseWheelListener`를 이해하고 마우스 이벤트 리스너를 작성할 수 있다.

JAVA PROGRAMMING

CHAPTER 10

자바의 이벤트 처리

10.1 이벤트 기반 프로그래밍(Event Driven Programming)

이벤트 기반 프로그래밍

이벤트 기반 프로그래밍
이벤트
이벤트 리스너

이벤트 기반 프로그래밍은 이벤트의 발생에 의해 프로그램 실행 흐름이 결정되는 방식의 프로그래밍 패러다임이다. 이벤트는 키 입력, 마우스 클릭, 마우스 드래그 등 사용자의 액션이나, 센서 등 외부 장치로부터의 입력, 네트워크를 통한 데이터 수신, 다른 스레드나 프로그램으로부터의 메시지 수신 등에 의해 발생한다. 이벤트 기반 프로그래밍과 대조되는 개념은 프로그램 작성자에 의해 프로그램의 흐름이 결정되는 방식이다. 이벤트 기반 응용프로그램은 각 이벤트를 처리하는 이벤트 리스너(event listener)들을 보유하며, 이벤트가 발생할 때마다 리스너가 실행된다. 그러므로 프로그램 내의 어떤 코드가 언제 실행될지는 전적으로 이벤트의 발생에 달려있다.

GUI 응용프로그램은 대부분 이벤트 기반 프로그래밍 기법으로 작성한다. Visual C++의 MFC, C#, Visual Basic, X window, Android는 모두 이벤트 기반 GUI 응용프로그램을 작성할 수 있는 라이브러리를 제공한다. 자바는 AWT나 스윙을 이용하여 어떤 언어보다 쉽고 훌륭한 이벤트 기반 GUI 프로그램을 작성할 수 있다.

[그림 10-1]은 스윙 기반 GUI 응용프로그램에서 이벤트 발생 사례를 보여준다. 키보드로 메뉴 선택, 텍스트 필드 창에 문자열 입력, 마우스로 메뉴 클릭, New 버튼 클릭, 마우스로 프레임 윈도우의 크기 조절, 체크박스나 라디오버튼에 마우스나 키보드로 체크 혹은 해제하는 등의 행위는 사실상 모두 응용프로그램에게 이벤트를 발생시킨다.

자바의 이벤트 기반 GUI 응용프로그램 구조

[그림 10-2]는 스윙 응용프로그램에서 발생한 이벤트가 처리되는 과정을 보여준다. 그림의 오른쪽은 스윙 응용프로그램의 프레임 윈도우와 GUI 컴포넌트들이 출력된 모습을 보여주며, 왼쪽은 응용프로그램의 내부 구조를 보여준다. 예를 들면, 오른쪽 화면의 New 버튼은 왼쪽의 JButton 컴포넌트가 출력된 이미지이며, 오른쪽 화면의

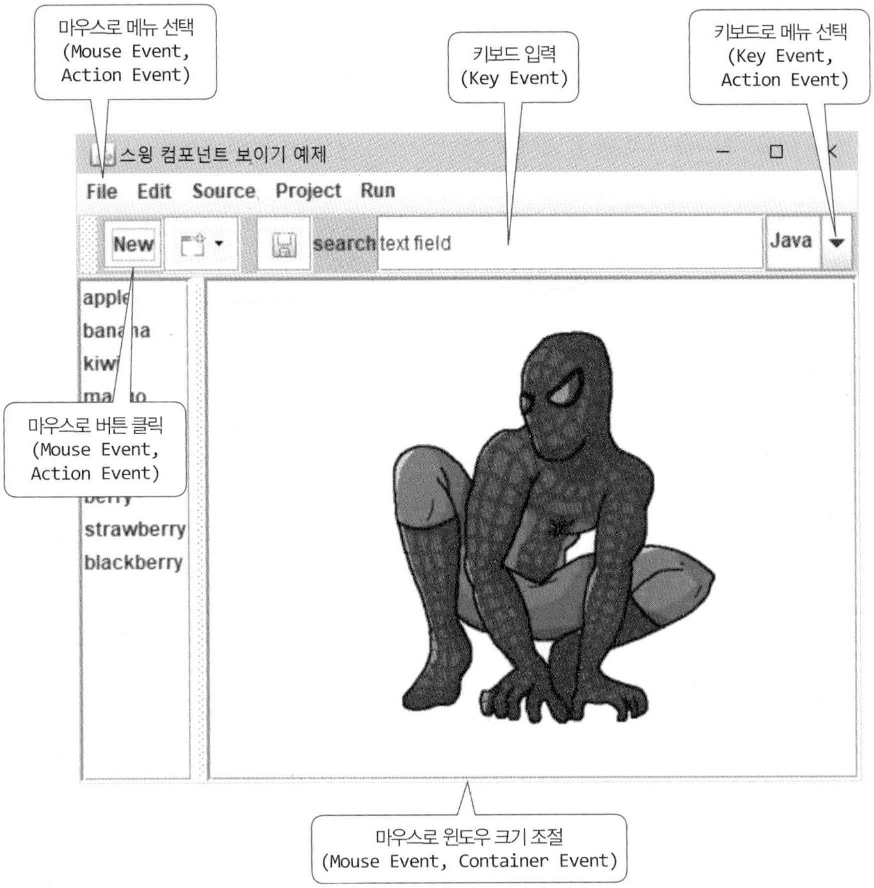

[그림 10-1] 스윙 응용프로그램에서 이벤트 발생 사례

'apple', 'banana', 'kiwi' 등으로 구성된 리스트는 왼쪽의 JList 컴포넌트가 출력된 이미지이다. 사실 사용자들은 오른쪽 화면을 보고 있지만 응용프로그램 내부에서는 왼쪽의 객체들이 활동하고 있다. 사용자들은 오른쪽 화면을 보면서 마우스를 움직이거나 클릭하지만, 이러한 움직임과 클릭 정보는 모두 이벤트 형태로 응용프로그램 내에 생성된 컴포넌트 객체에게 전달된다.

이벤트 리스너

이벤트 리스너는 이벤트를 처리하는 프로그램 코드로서 컴포넌트에 연결되어 있어야 작동된다. 왼쪽 그림에서 각 컴포넌트들이 이벤트 리스너를 하나씩 가지고 있는 것을 볼 수 있다.

그림에서 'New' 버튼이 클릭되어 이벤트가 발생하고 처리되는 과정을 자세히 묘사하면 다음과 같다.

이벤트 분배 스레드
이벤트 객체
이벤트 소스
이벤트 리스너

① 사용자가 마우스로 화면의 New 버튼을 클릭한다.
② 버튼 클릭은 운영체제의 마우스 드라이버를 거쳐 자바 가상 기계에 전달된다.
③ 자바 가상 기계는 이벤트 분배 스레드(Event Dispatch Thread)에게 마우스 클릭에 관한 정보를 보낸다.
④ 이벤트 분배 스레드는 이벤트(ActionEvent) 객체를 생성한다. 이벤트 객체는 이벤트에 관한 여러 정보를 담은 객체이다. 이벤트 객체 내에 저장되는 정보 중, 특별히 이벤트를 발생시킨 컴포넌트를 이벤트 소스(Event Source)라고 부른다. 여기서 이벤트 소스는 'New' 글자가 새겨진 JButton 컴포넌트이다.
⑤ 이벤트 분배 스레드는 JButton에 연결된 '이벤트 리스너4'를 찾아 호출한다.
⑥ 이벤트 분배 스레드는 '이벤트 리스너4'로부터 리턴한 후 다음 이벤트를 기다린다.

이벤트를 처리하는 과정에서 등장하는 이벤트 관련 용어(요소)들을 정리해보자.

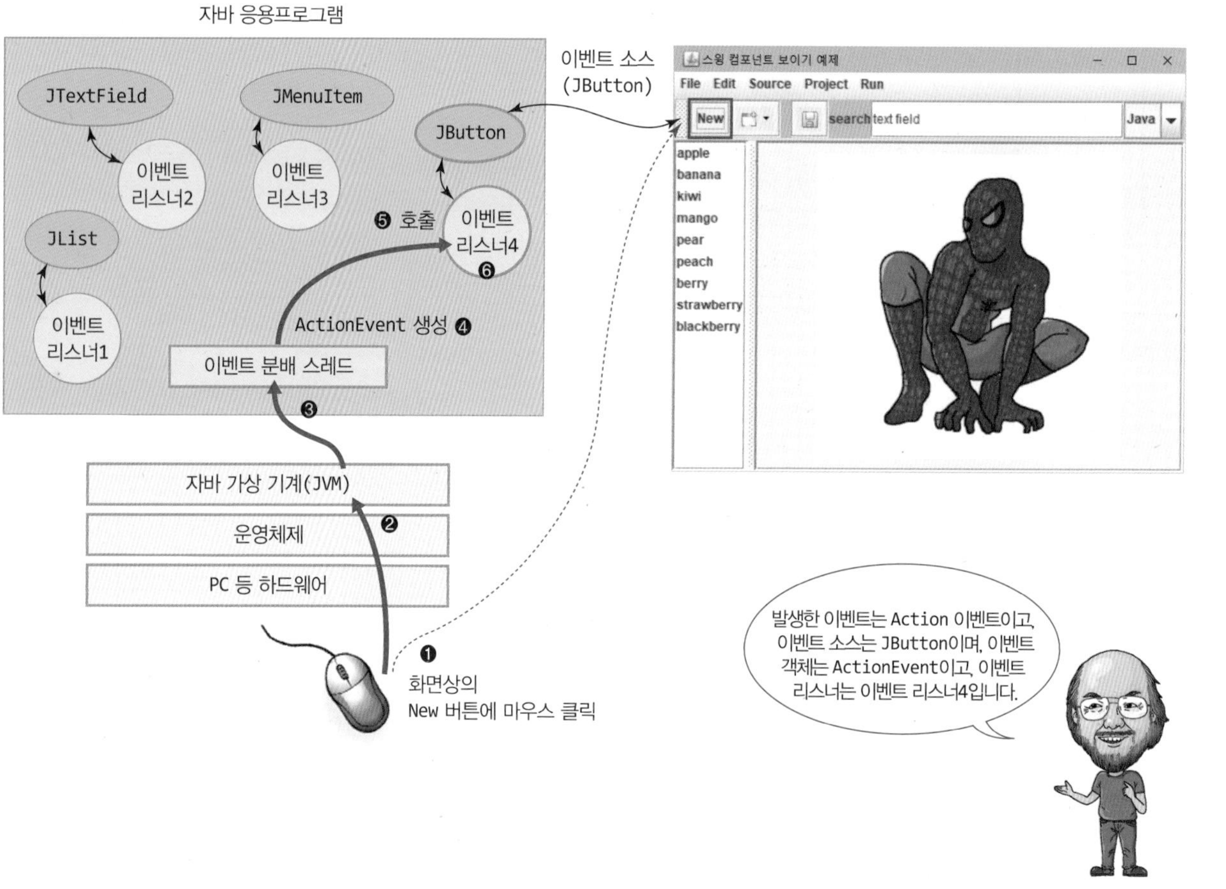

[그림 10-2] 자바 스윙 GUI 응용프로그램의 이벤트 처리 과정

● **이벤트 소스**

이벤트를 발생시킨 GUI 컴포넌트이다.

● **이벤트 객체**

발생한 이벤트에 대한 정보(이벤트 종류, 이벤트 소스, 화면 좌표, 마우스 버튼 종류, 눌러진 키)를 담는 객체로서, 이벤트에 따라 서로 다른 정보가 저장된다.

● **이벤트 리스너(Event Listener)**

이벤트를 처리하는 코드로서 컴포넌트에 등록되어야 작동 가능하다.

● **이벤트 분배 스레드(Event Dispatch Thread)**

이벤트 기반 프로그래밍의 핵심 요소로서 무한 루프를 실행하는 스레드이다. 자바 가상 기계로부터 이벤트의 발생을 통지받아, 이벤트 소스와 이벤트 종류를 결정하고 이에 따라 적절한 이벤트 객체를 생성하고 이벤트 리스너를 찾아 호출한다.

잠깐!

자바에서 이벤트는 이벤트 분배 스레드에 의해 하나씩 도착하는 순서대로 처리된다. 하나의 이벤트에 대한 처리가 완전히 종료된 후 다음 이벤트가 처리되므로, 한 이벤트 리스너의 처리 시간이 오래 걸리거나 리스너 내에서 잠을 자는 등 시간 지연이 과다하게 되면 다음 이벤트의 처리가 늦어지게 된다. 이로 인해 마우스의 움직임이나 키 입력이 지연되는 일이 일어날 수 있기 때문에 이벤트 리스너는 가능하면 짧게 작성하여야 하며, 길어지게 되는 경우 따로 스레드를 만들어 해결하여야 한다. 스레드는 13장에서 자세히 설명한다.

10.2 이벤트 객체

이벤트 객체란?

이벤트 객체

이벤트 객체는 현재 발생한 이벤트에 관한 정보를 가진 객체이며, 이벤트 리스너에게 전달된다. 이벤트 객체의 종류는 [그림 10-3]과 같이 다양하며, 모든 이벤트 객체들은 java.util.EventObject 클래스를 상속받으며, java.awt.event와 javax.swing.event 패키지에 구현되어 있다. 응용프로그램은 이벤트를 처리하기 위해 반드시 다음 import 문을 포함해야 한다.

```
import java.awt.event.*; // 이벤트 처리가 필요한 모든 소스에 포함
import javax.swing.event.*; // 스윙 이벤트를 다루는 경우에 추가 포함
```

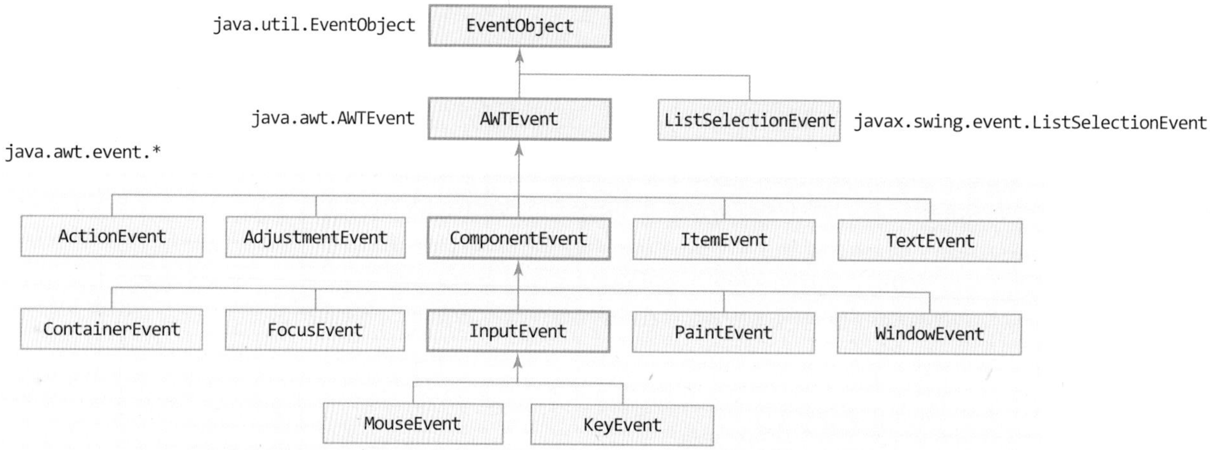

[그림 10-3] 이벤트 객체의 종류 및 상속 관계

이벤트 객체 정보

이벤트 객체는 발생한 이벤트에 따라 조금씩 다르지만, 대략 다음 정보를 담는다.

- 이벤트 종류
- 이벤트 소스
- 화면 내 이벤트가 발생한 마우스 좌표
- 컴포넌트 내 이벤트가 발생한 마우스 좌표
- 버튼이나 메뉴 아이템에 이벤트가 발생한 경우 버튼이나 메뉴 아이템의 문자열
- 클릭된 마우스 버튼 번호

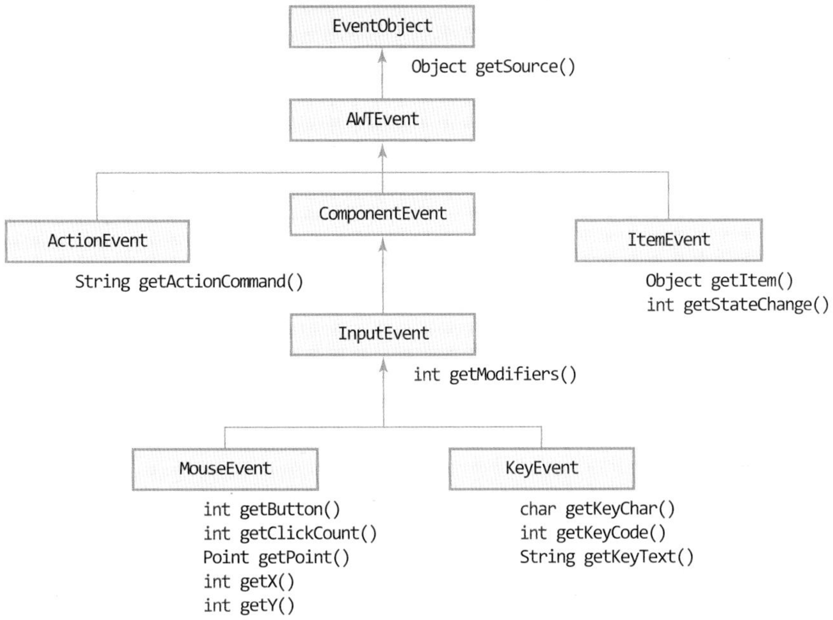

[그림 10-4] 이벤트 객체의 메소드

- 마우스의 클릭 횟수
- 키가 눌러졌다면 키의 코드 값과 문자 값
- 체크박스, 라디오버튼에 이벤트가 발생하였다면 체크 상태

이벤트 객체는 메소드를 통해 이벤트 정보를 제공한다. [그림 10-4]에 이벤트 객체가 가진 일부 메소드를 소개한다. MouseEvent 객체의 메소드 예를 살펴보자. 눌러진 마우스 버튼 번호(getButton()), 마우스 클릭 횟수(getClickCount()), 마우스 포인터 좌표(getPoint(), getX(), getY()) 등을 알려주는 메소드가 있다.

이 중 모든 이벤트가 객체에 있고, 이벤트 리스너에서 가장 많이 사용되는 getSource() 메소드를 알아보자.

● Object getSource()

getSource()는 현재 발생한 이벤트의 소스 컴포넌트의 레퍼런스를 리턴한다. getSource()의 리턴 타입이 Object이므로 캐스팅해서 사용하는데, 예를 들어 버튼이 눌러진 경우라면 다음과 같이 캐스팅하면 된다.

getSource()

```
// event는 이벤트 객체
JButton b = (JButton)event.getSource(); // b는 이벤트가 발생한 버튼의 레퍼런스
```

이벤트 객체와 이벤트 소스

<표 10-1>에는 이벤트 객체와 이벤트 소스 그리고 이벤트가 발생하는 경우를 요약하였다. 이 표를 읽는 방법을 MouseEvent의 경우로 알아보자.

- 이벤트 객체: MouseEvent
- 이벤트 소스: Component
  Component를 상속받은 모든 스윙 컴포넌트에 대해 마우스 이벤트 발생 가능
- 이벤트가 발생하는 경우: 총 7가지
  마우스 버튼이 눌러지는 순간, 눌러진 마우스 버튼이 떼어질 때,
  마우스 버튼이 클릭될 때, 컴포넌트 위에 마우스가 올라갈 때,
  컴포넌트 위에 올라간 마우스가 내려올 때, 마우스가 컴포넌트 위에서 드래그될 때,
  마우스가 컴포넌트 위에서 움직일 때

<표 10-1>
이벤트 객체와 이벤트 소스 그리고 이벤트가 발생하는 경우

이벤트 객체	이벤트 소스	이벤트가 발생하는 경우
ActionEvent	JButton	마우스나 <Enter> 키로 버튼 선택
	JMenuItem	메뉴 아이템 선택
	JTextField	텍스트 입력 중 <Enter> 키 입력
ItemEvent	JCheckBox	체크박스의 선택 혹은 해제
	JRadioButton	라디오버튼의 선택 상태가 변할 때
	JCheckBoxMenuItem	체크박스 메뉴 아이템의 선택 혹은 해제
ListSelectionEvent	JList	리스트에서 선택된 아이템이 변경될 때
KeyEvent	Component	키가 눌러지거나 눌러진 키가 떼어질 때
MouseEvent	Component	마우스 버튼이 눌러지거나 떼어질 때, 마우스 버튼이 클릭될 때, 컴포넌트 위에 마우스가 올라갈 때, 올라간 마우스가 내려올 때, 마우스가 드래그될 때, 마우스가 단순히 움직일 때
FocusEvent	Component	컴포넌트가 포커스를 받거나 잃을 때
WindowEvent	Window	Window를 상속받는 모든 컴포넌트에 대해 윈도우 활성화, 비활성화, 아이콘화, 아이콘에서 복구, 윈도우 열기, 윈도우 닫기, 윈도우 종료
AdjustmentEvent	JScrollBar	스크롤바를 움직일 때
ComponentEvent	Component	컴포넌트가 사라지거나, 나타나거나, 이동, 크기 변경 시
ContainerEvent	Container	Container에 컴포넌트의 추가 혹은 삭제

10.3 이벤트 리스너

리스너 인터페이스

이벤트 리스너
ActionListener

이벤트 리스너란 이벤트를 처리하는 자바 프로그램 코드로서 클래스로 만든다. JDK는 〈표 10-2〉와 같은 이벤트 리스너 인터페이스(interface)를 제공하며, 개발자는 이 인터페이스를 상속받고 추상 메소드를 모두 구현하여 이벤트 리스너를 작성한다.

ActionListener 인터페이스의 경우를 예로 들어보자. ActionListener 인터페이스는 자바 패키지에 다음과 같이 선언되어 있다.

```
interface ActionListener {
    public void actionPerformed(ActionEvent e); // Action 이벤트 발생 처리
}
```

actionPerformed(Action
Event e)

버튼을 누르는 Action 이벤트가 발생하면 actionPerformed(ActionEvent e) 메소드가 호출되고, 이때 ActionEvent 객체가 인자로 전달된다.

MouseListener
MouseEvent

또한 MouseListener 인터페이스는 다음과 같이 5개의 메소드를 가지고 있으며, 각 메소드는 마우스의 조작에 따라 발생하는 이벤트를 처리한다. 메소드에는 MouseEvent 객체가 인자로 전달된다.

```
interface MouseListener {
    public void mousePressed(MouseEvent e);  // 마우스 버튼이 눌러지는 순간
    public void mouseReleased(MouseEvent e); // 눌러진 마우스 버튼이 떼어지는 순간
    public void mouseClicked(MouseEvent e);  // 마우스가 클릭되는 순간
    public void mouseEntered(MouseEvent e);  // 마우스가 컴포넌트 위에 올라가는 순간
    public void mouseExited(MouseEvent e);   // 마우스가 컴포넌트 위에서 내려오는 순간
}
```

리스너 인터페이스들은 java.awt.event 패키지에 구현되어 있으므로 이벤트 리스너를 작성하기 위해서는 import java.awt.event.*; 문이 필요하다.

잠깐!

- 개발자는 처리하고자 하는 이벤트에 대해 자바의 리스너 인터페이스를 상속받아 클래스를 작성한 뒤 인터페이스의 모든 메소드를 구현하여야 한다.
- 이벤트가 발생하는 각 경우에 따라 어떤 메소드가 호출되는지 숙지하는 것이 꼭 필요하다.

〈표 10-2〉 이벤트 리스너 인터페이스

이벤트 종류	리스너 인터페이스	리스너의 추상 메소드	메소드가 호출되는 경우
Action	ActionListener	void actionPerformed(ActionEvent)	Action 이벤트가 발생하는 경우
Item	ItemListener	void itemStateChanged(ItemEvent)	Item 이벤트가 발생하는 경우
Key	KeyListener	void keyPressed(KeyEvent)	모든 키에 대해 키가 눌러질 때
		void keyReleased(KeyEvent)	모든 키에 대해 눌러진 키가 떼어질 때
		void keyTyped(KeyEvent)	유니코드 키가 입력될 때
Mouse	MouseListener	void mousePressed(MouseEvent)	마우스 버튼이 눌러질 때
		void mouseReleased(MouseEvent)	눌러진 마우스 버튼이 떼어질 때
		void mouseClicked(MouseEvent)	마우스 버튼이 클릭될 때
		void mouseEntered(MouseEvent)	마우스가 컴포넌트 위에 올라올 때
		void mouseExited(MouseEvent)	컴포넌트 위에 올라온 마우스가 컴포넌트를 벗어날 때
Mouse	MouseMotionListener	void mouseDragged(MouseEvent)	마우스를 컴포넌트 위에서 드래그할 때
		void mouseMoved(MouseEvent)	마우스가 컴포넌트 위에서 움직일 때
Focus	FocusListener	void focusGained(FocusEvent)	컴포넌트가 포커스를 받을 때
		void focusLost(FocusEvent)	컴포넌트가 포커스를 잃을 때
ListSelection	ListSelectionListener	void valueChanged(ListSelectionEvent)	JList에 선택된 아이템이 변경될 때
Window	WindowListener	void windowOpened(WindowEvent)	윈도우가 생성되어 처음으로 보이게 될 때
		void windowClosing(WindowEvent)	윈도우의 시스템 메뉴에서 윈도우 닫기를 시도할 때
		void windowIconfied(WindowEvent)	윈도우가 아이콘화 될 때
		void windowDeiconfied(WindowEvent)	아이콘 상태에서 원래 상태로 복귀할 때
		void windowClosed(WindowEvent)	윈도우가 닫혔을 때
		void windowActivated(WindowEvent)	윈도우가 활성화될 때
		void windowDeactivated(WindowEvent)	윈도우가 비활성화될 때
Adjustment	AdjustmentListener	void adjustmentValueChanged(AdjustmentEvent)	스크롤바를 움직일 때
Component	ComponentListener	void componentHidden(ComponentEvent)	컴포넌트가 보이지 않는 상태로 될 때
		void componentShown(ComponentEvent)	컴포넌트가 보이는 상태로 될 때
		void componentResized(ComponentEvent)	컴포넌트의 크기가 변경될 때
		void componentMoved(ComponentEvent)	컴포넌트의 위치가 변경될 때
Container	ContainerListener	void componentAdded(ContainerEvent)	컴포넌트가 컨테이너에 추가될 때
		void componentRemoved(ContainerEvent)	컴포넌트가 컨테이너에서 삭제될 때

이벤트 리스너 작성 과정

이벤트 리스너는 전형적으로 다음 3단계로 작성한다.

1. 이벤트와 이벤트 리스너 선택 - 목적에 적합한 이벤트와 리스너 인터페이스 선택
2. 이벤트 리스너 클래스 작성 - 리스너 인터페이스를 상속받는 클래스를 작성하고 추상 메소드 모두 구현
3. 이벤트 리스너 등록 - 이벤트를 받을 스윙 컴포넌트에 이벤트 리스너 등록

지금부터 버튼을 클릭하면 버튼 문자열을 "Action"과 "액션"으로 번갈아 바꾸는 이벤트 리스너를 만들어보자(예제 10-1 완성된 코드).

● 이벤트와 이벤트 리스너 선택

〈표 10-1〉과 〈표 10-2〉를 참고하면, 버튼을 클릭(선택)할 때 발생하는 이벤트와 이벤트 리스너 인터페이스, 그리고 이벤트 객체는 다음과 같다.

- 이벤트: Action 이벤트
- 이벤트 리스너: ActionListener
- 이벤트 객체: ActionEvent

● 이벤트 리스너 클래스 작성

ActionListener 인터페이스를 상속받은 MyActionListener 클래스를 선언하고, 한 개뿐인 추상 메소드 actionPerformed(ActionEvent e)를 다음과 같이 작성한다.

```
class MyActionListener implements ActionListener {
    public void actionPerformed(ActionEvent e) { // 버튼 클릭 시 호출되는 메소드
        JButton b = (JButton)e.getSource(); // 클릭된 버튼 알아내기
        if(b.getText().equals("Action")) // 버튼의 문자열이 "Action"인지 비교
            b.setText("액션"); // 문자열 변경
        else
            b.setText("Action"); // 문자열 변경
    }
}
```

if(e.getActionCommand().equals("Action"))으로 해도 됨

이 코드에서 사용자가 클릭한 버튼 컴포넌트(이벤트 소스)는 다음과 같이 알아낸다.

```
JButton b = (JButton)e.getSource(); // 이벤트 소스를 알아낸다.
```

그러고 나서 다음 코드를 이용하여 클릭된 버튼의 문자열을 "액션"으로 변경한다.

```
b.setText("액션");
```

● 이벤트 리스너 등록

이벤트 리스너가 작동하기 위해서는 MyActionListener의 객체를 생성하여 이벤트를 처리할 버튼 컴포넌트에 등록해야 한다. 다음 코드와 같다.

```
MyActionListener listener = new MyActionListener(); // 리스너 객체 생성
btn.addActionListener(listener); // 리스너 등록
```

일반적으로 컴포넌트 component에 이벤트 리스너를 등록하기 위해서는 다음 메소드를 사용한다.

```
component.addXXXListener(listener);
```

여기서 XXX는 이벤트 이름에 해당한다. 예를 들면, addActionListener(), addFocusListener(), addMouseListener() 등이다. 그러나 모든 컴포넌트가 모든 이벤트 리스너를 가지고 있는 것은 아니다. JButton에는 Item 이벤트가 발생하지 않기 때문에, JButton 클래스는 addItemListener() 메소드를 가지고 있지 않다.

```
JButton b = new JButton("test");
b.addItemListener(listener); // 오류. JButton 클래스에 addItemListener() 없음
```

또한 JScrollBar 컴포넌트에도 Action 이벤트가 발생하지 않으므로(〈표 10-1〉 참조), JScrollBar 클래스 역시 addActionListener() 메소드를 가지지 않는다.

```
JScrollBar s = new JScrollBar();
s.addActionListener(listener); // 오류. JScrollBar 클래스에 addActionListener() 없음
```

반면에 JList는 Mouse 이벤트를 받을 수 있기 때문에, 다음과 같이 addMouseListener() 메소드를 가진다. 완성된 코드는 예제 10-1에서 확인할 수 있다.

```
JList list = new JList();
list.addMouseListener(listener); // 정상
```

잠깐!

- 이벤트 리스너는 컴포넌트에 등록되어야 이벤트가 발생할 때 호출된다.
- 모든 컴포넌트가 모든 이벤트를 처리할 수 있는 것은 아니다. 어떤 컴포넌트가 어떤 이벤트 리스너를 가질 수 있는지 〈표 10-1〉, 〈표 10-2〉의 표를 보면서 판단하여야 한다.

Tip 이벤트 리스너를 등록하는 메소드 이름 addXXXListener()에 add를 사용한 이유는 무엇일까?

한 컴포넌트는 다른 종류의 이벤트에 대해 각각 리스너를 가질 수 있다. 예를 들어, JButton은 다음과 같이 이벤트 리스너를 등록하는 서로 다른 메소드를 가지고 있다.

```
button.addActionListener(myActionListener); // Action 이벤트 리스너 등록
button.addKeyListener(myKeyListener);       // Key 이벤트 리스너 등록
button.addFocusListener(myFocusListener);   // Focus 이벤트 리스너 등록
button.addMouseListener(myMouseListener);   // Mouse 이벤트 리스너 등록
```

그런데, setBackground()처럼 많은 메소드들이 set으로 시작하는데, 특별히 이들이 add로 시작하는 이유는 무엇일까? 그것은 컴포넌트가 동일한 이벤트에 대해 여러 개의 이벤트 리스너를 가질 수 있기 때문이다. 다음과 같이 하면 JButton은 3개의 서로 다른 Action 이벤트 리스너를 가지게 된다.

```
button.addActionListener(new MyActionListener1());
button.addActionListener(new MyActionListener2());
button.addActionListener(new MyActionListener3());
```

이런 경우 button에 Action 이벤트가 발생하면 3개의 리스너가 모두 실행되며, 이들은 **등록된 반대순으로 실행**된다.

등록된 반대순으로 실행

이벤트 리스너 작성 방법

이 절에서는 이벤트 리스너 클래스를 작성하는 3가지 방법을 소개한다.

● 독립 클래스로 이벤트 리스너 작성

이벤트 리스너 클래스를 독립적으로 작성하는 방법으로서, 가장 전형적인 방법이다. 예제 10-1은 Action 이벤트 리스너를 독립된 클래스 MyActionListener로 작성한 사례이다. 이 방법은 리스너 코드가 길 때 적합하나, MyActionListener에서 다른 클래스의 멤버에 접근하기 어려운 단점이 있다. 예를 들어, 예제 10-1에서 actionPerformed()가 프레임 윈도우(IndepListenerClass 클래스)의 멤버에 접근할 수 없다.

예제 10-1 독립 클래스로 Action 이벤트의 리스너 작성

버튼을 클릭할 때 발생하는 Action 이벤트를 처리할 MyActionListener 클래스를 독립 클래스로 작성하라. 클릭할 때마다 버튼 문자열이 "Action"과 "액션"으로 번갈아 변하도록 하라.

```java
import java.awt.*;
import java.awt.event.*;
import javax.swing.*;

public class IndepClassListener extends JFrame {
   public IndepClassListener() {
      setTitle("Action 이벤트 리스너 예제");
      setDefaultCloseOperation(JFrame.EXIT_ON_CLOSE);
      Container c = getContentPane();
      c.setLayout(new FlowLayout());
      JButton btn = new JButton("Action");
      btn.addActionListener(new MyActionListener()); // Action 이벤트 리스너 달기
      c.add(btn);

      setSize(350, 150);
      setVisible(true);
   }
   public static void main(String [] args) {
      new IndepClassListener();
   }
}
// 독립된 클래스로 이벤트 리스너를 작성한다.
class MyActionListener implements ActionListener {
   public void actionPerformed(ActionEvent e) {
      JButton b = (JButton)e.getSource(); // 이벤트 소스 버튼 알아내기
      if(b.getText().equals("Action")) // 버튼의 문자열이 "Action"인지 비교
         b.setText("액션"); // 버튼의 문자열을 "액션"으로 변경
      else
         b.setText("Action"); // 버튼의 문자열을 "Action"으로 변경
   }
}
```

MyActionListener.java 파일로 따로 작성해도 됨

● 내부 클래스(inner class)로 이벤트 리스너 작성

이벤트 리스너를 내부 클래스(inner class)로 작성하는 방법이다. 예제 10-2는 예제 10-1의 리스너를 내부 클래스로 작성된 사례이다. 내부 클래스는 자신을 내포한 클래스의 멤버와 같으므로, 예제 10-2에서 MyActionListener는 InnerClassListener 클래스나 슈퍼 클래스인 JFrame의 멤버를 마음대로 접근할 수 있다.

내부 클래스로 Action 이벤트 리스너 만들기 **예제 10-2**

```
import java.awt.*;
import java.awt.event.*;
import javax.swing.*;

public class InnerClassListener extends JFrame {
   public InnerClassListener() {
      setTitle("Action 이벤트 리스너 예제");
      setDefaultCloseOperation(JFrame.EXIT_ON_CLOSE);
      Container c = getContentPane();
      c.setLayout(new FlowLayout());
      JButton btn = new JButton("Action");
      btn.addActionListener(new MyActionListener());
      c.add(btn);

      setSize(350, 150);
      setVisible(true);

   }
   // 내부 클래스로 Action 리스너를 작성한다.
   private class MyActionListener implements ActionListener {
      public void actionPerformed(ActionEvent e) {
         JButton b = (JButton)e.getSource();
         if(b.getText().equals("Action"))
            b.setText("액션");
         else
            b.setText("Action");

         // InnerClassListener의 멤버나 JFrame의 멤버를 호출할 수 있음
         InnerClassListener.this.setTitle(b.getText()); // 프레임의 타이틀에 버
                                                        튼 문자열을 출력한다.
      }
   }
   public static void main(String [] args) {
      new InnerClassListener();
   }
}
```

버튼의 문자열을 타이틀에 출력

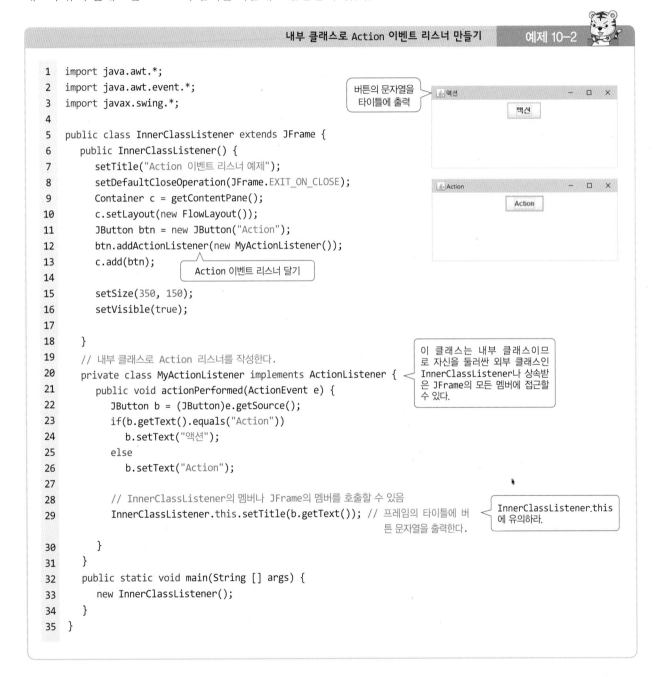

Action 이벤트 리스너 달기

이 클래스는 내부 클래스이므로 자신을 둘러싼 외부 클래스인 InnerClassListener나 상속받은 JFrame의 모든 멤버에 접근할 수 있다.

InnerClassListener.this에 유의하라.

이 기능을 이용하여 소스의 29 라인에 다음 코드를 작성하여 이벤트가 발생할 때마다 버튼 이름을 프레임 윈도우의 타이틀에 출력하도록 작성해보았다.

```
InnerClassListener.this.setTitle(b.getText()); // JFrame의 setTitle() 호출. 그냥
                                                   setTitle(b.getText())로 해도 됨
```

이 코드는 JFrame의 멤버 setTitle()을 호출하는 것으로 MyActionListener가 내부 클래스이기 때문에 가능하다. 한편 이 예제에서는 MyActionListener 클래스를 private 속성으로 선언하여 InnerClassListener 외부에서 사용할 수 없도록 하였다.

● 익명 클래스(anonymous class)로 이벤트 리스너 작성

익명 클래스

익명 클래스는 이름 없이 만들어진 클래스이다. 익명 클래스는 다음과 같이 new와 함께 사용되어 바로 객체를 생성하는 데 사용된다.

```
new 익명클래스의슈퍼클래스(생성자인자들) {
    // 멤버 구현
}
```

익명 클래스를 만드는 사례는 [그림 10-5]와 같다. [그림 10-5](a)는 MyActionListener 클래스를 작성한 사례로, ActionListener를 상속받아 클래스를 작성하고, new로 객체를 생성하는 부분으로 나뉘어져 있다. 이 코드를 익명 클래스로 작성하면, [그림 10-5](b)와 같이 ActionListener 인터페이스를 상속받으면서 바로 actionPerformed() 메소드를 구현한 코드 블록, 즉 익명 클래스를 작성하고 new로 생성하면 된다.

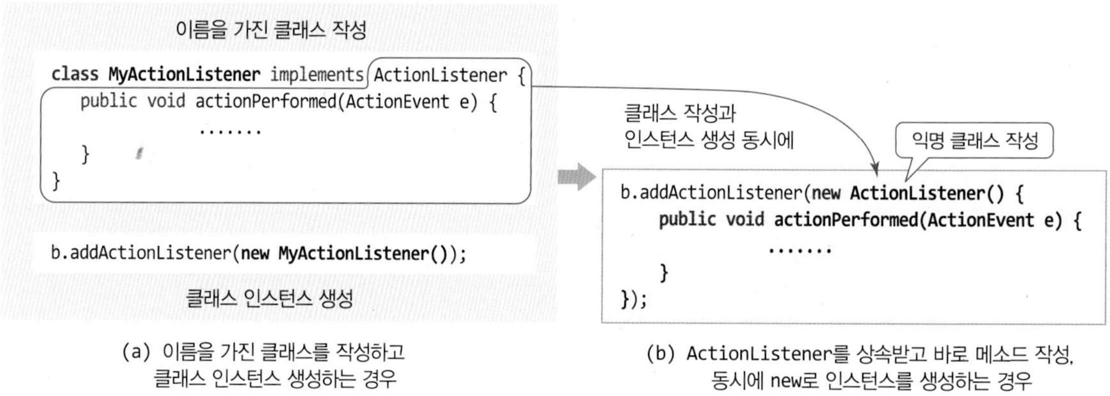

[그림 10-5] MyActionListener 클래스를 익명 클래스로 작성

예제 10-3은 익명 클래스를 이용하여 예제 10-2를 재작성한 사례이다. 익명 클래스의 작성은 까다롭기는 하지만 금방 익숙해진다. 코드가 짧고 한 군데에서만 사용하는 경우, 익명 클래스로 작성하는 것이 더 편리하기 때문에 많은 개발자들이 사용하고 있다. 익명 클래스도 일종의 내부 클래스이므로 외부 클래스의 멤버에 마음대로 접근할 수 있다. 그러나 익명 클래스의 코드가 긴 경우 new 문장의 가독성이 떨어지므로 피하는 것이 좋다.

익명 클래스로 Action 이벤트 리스너 만들기 — 예제 10-3

예제 10-2를 익명 클래스를 이용하여 재작성하라.

```java
import java.awt.*;
import java.awt.event.*;
import javax.swing.*;

public class AnonymousClassListener extends JFrame {
   public AnonymousClassListener() {
      setTitle("Action 이벤트 리스너 작성");
      setDefaultCloseOperation(JFrame.EXIT_ON_CLOSE);
      Container c = getContentPane();
      c.setLayout(new FlowLayout());
      JButton btn = new JButton("Action");
      c.add(btn);
      btn.addActionListener(new ActionListener() {
         public void actionPerformed(ActionEvent e) {
            JButton b = (JButton)e.getSource();
            if(b.getText().equals("Action"))
               b.setText("액션");
            else
               b.setText("Action");

            // AnonymousClassListener의 멤버나 JFrame의 멤버를 호출할 수 있음
            setTitle(b.getText());
         }
      });

      setSize(350, 150);
      setVisible(true);
   }
   public static void main(String [] args) {
      new AnonymousClassListener();
   }
}
```

익명 클래스로 Action 리스너 작성

AnonymousClassListener.this.setTitle(b.getText()); 로도 할 수 있음

예제 10-4 마우스로 문자열 이동시키기 – 마우스 이벤트 연습

컨텐트팬의 아무 위치에 마우스 버튼을 누르면 마우스 포인트가 있는 위치로 "hello" 문자열을 옮기는 스윙 응용프로그램을 작성하라.

MouseListener를 상속받아 MyMouseListener를 작성하고 mousePressed()에 코드를 작성하면 된다. 나머지 4개의 메소드는 단순 리턴하도록 만든다. "hello" 문자열은 JLabel 컴포넌트를 사용하고, 컨텐트팬의 배치관리자를 null로 설정하여 마우스가 클릭된 위치로 JLabel 컴포넌트를 이동시킨다.

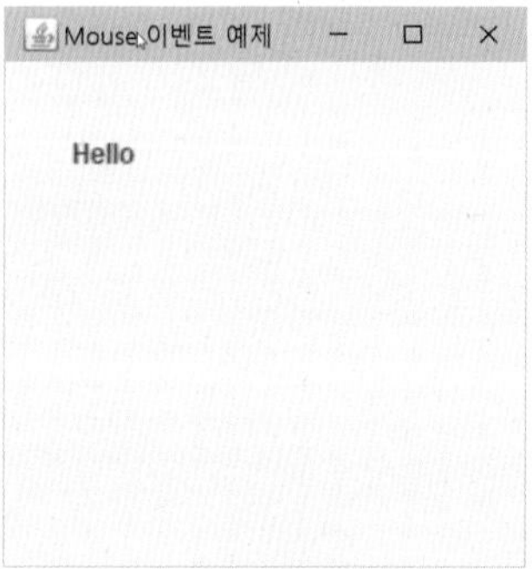

초기 화면

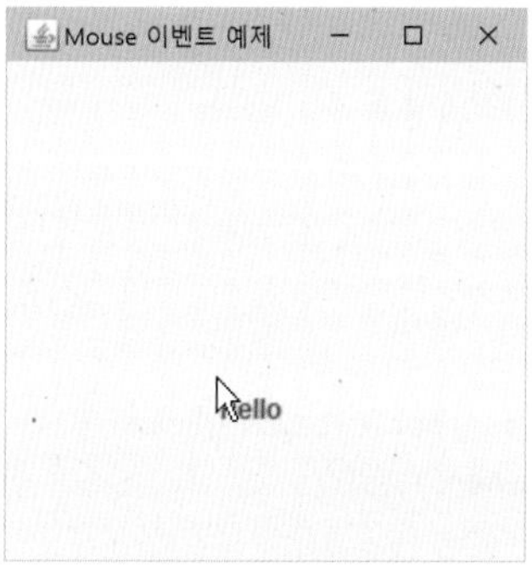

마우스를 다른 곳에 클릭한 경우

마우스를 다른 곳에 클릭한 경우

```
import java.awt.*;
import java.awt.event.*;
import javax.swing.*;

public class MouseListenerEx extends JFrame {
   private JLabel la = new JLabel("Hello"); // "Hello"를 출력하기 위한 레이블

   public MouseListenerEx() {
      setTitle("Mouse 이벤트 예제");
      setDefaultCloseOperation(JFrame.EXIT_ON_CLOSE);
      Container c = getContentPane();
      c.addMouseListener(new MyMouseListener()); // 컨텐트팬에 이벤트 리스너 달기

      c.setLayout(null); // 컨텐트팬의 배치관리자 삭제
      la.setSize(50, 20); // 레이블의 크기 50x20 설정
      la.setLocation(30, 30); // 레이블의 위치 (30,30)으로 설정
      c.add(la); // 레이블 컴포넌트 삽입

      setSize(250, 250);
      setVisible(true);
   }

   // Mouse 리스너 구현
```

```
    class MyMouseListener implements MouseListener {
        public void mousePressed(MouseEvent e) {
            int x = e.getX(); // 마우스 클릭 좌표 x
            int y = e.getY(); // 마우스 클릭 좌표 y
            la.setLocation(x, y); // 레이블의 위치를 (x,y)로 이동
        }
        public void mouseReleased(MouseEvent e) {}
        public void mouseClicked(MouseEvent e) {}
        public void mouseEntered(MouseEvent e) {}
        public void mouseExited(MouseEvent e) {}
    }

    public static void main(String [] args) {
        new MouseListenerEx();
    }
}
```

마우스 버튼이 눌려진 위치 (x, y)를 알아내어 "hello" 레이블의 위치를 (x, y)로 이동시킨다.

CHECK TIME

1. MouseListener를 상속받는 마우스 리스너와 ActionListener를 상속받는 리스너 중 익명 클래스를 사용하면 더 효과적인 것은? 그리고 그 이유는?
2. 이벤트 리스너를 독립된 클래스로 작성하는 것보다 내부 클래스로 작성하는 장점은 무엇인가?

10.4 어댑터(Adapter) 클래스

리스너 인터페이스를 상속받아 이벤트 리스너를 구현할 때 리스너 인터페이스의 메소드를 모두 구현하여야 하는 부담이 있다. 예를 들어, 예제 10-4에서 마우스가 눌러지는 순간만 처리하려면 mousePressed()만 필요하지만, MouseInterface의 나머지 4개의 메소드도 모두 작성할 수밖에 없었다.

자바의 JDK에는 이런 부담을 줄여주기 위해 리스너 인터페이스를 미리 구현해 놓은 클래스를 제공하는데 이것이 바로 어댑터 클래스(Adapter)이다. 〈표 10-3〉은 자바에서 제공하는 어댑터 클래스들을 보여주며, 예를 들어 MouseAdapter 클래스는 모든 메소드가 단순 리턴하도록 다음과 같이 작성되어 있다.

어댑터 클래스

```
class MouseAdapter implements MouseListener, MouseMotionListener, MouseWheelListener {
    public void mousePressed(MouseEvent e) { }
    public void mouseReleased(MouseEvent e) { }
    public void mouseClicked(MouseEvent e) { }      ← MouseListener 메소드
    public void mouseEntered(MouseEvent e) { }
    public void mouseExited(MouseEvent e) { }
    public void mouseDragged(MouseEvent e) { }      ← MouseMotionListener 메소드
    public void mouseMoved(MouseEvent e) { }
    public void mouseWheelMoved(MouseWheelEvent e) { }  ← MouseWheelListener 메소드
}
```

개발자들은 이벤트 리스너를 작성할 때, 리스너 인터페이스 대신 어댑터 클래스를 이용하는 것이 훨씬 편하다. [그림 10-6]은 MouseAdapter로 마우스 리스너를 구현한 코드 예를 보여준다.

〈표 10-3〉
리스너 인터페이스와 대응하는 어댑터 클래스

리스너 인터페이스	대응하는 어댑터 클래스
ActionListener	없음
ItemListener	없음
KeyListener	KeyAdapter
MouseListener	MouseAdapter
MouseMotionListener	MouseMotionAdapter 혹은 MouseAdapter
FocusListener	FocusAdapter
WindowListener	WindowAdapter
AdjustmentListener	없음
ComponentListener	ComponentAdapter
ContainerListener	ContainerAdapter

잠깐!

〈표 10-3〉에는 ActionListener와 같이 어댑터가 제공되지 않는 리스너가 있다. 리스너 인터페이스에 메소드가 하나뿐인 경우 굳이 어댑터 클래스를 만들 필요가 없기 때문이다.

```java
JLabel la;
contentPane.addMouseListener(new MyMouseListener());

class MyMouseListener implements MouseListener {
   public void mousePressed(MouseEvent e) {
      int x = e.getX();
      int y = e.getY();
      la.setLocation(x, y);
   }
   public void mouseReleased(MouseEvent e) {}
   public void mouseClicked(MouseEvent e) {}
   public void mouseEntered(MouseEvent e) {}
   public void mouseExited(MouseEvent e) {}
}
```

MouseListener를 이용한 경우

```java
JLabel la;
contentPane.addMouseListener(new MyMouseAdapter());

class MyMouseAdapter extends MouseAdapter {
   public void mousePressed(MouseEvent e) {
      int x = e.getX();
      int y = e.getY();
      la.setLocation(x, y);
   }
}
```

MouseAdapter를 이용한 경우

[그림 10-6] MouseListener를 MouseAdapter로 변경한 경우

MouseAdapter 사용하기 예제 10-5

MouseAdapter를 이용하여 예제 10-4를 수정하라.

```java
import java.awt.*;
import java.awt.event.*;
import javax.swing.*;

public class MouseAdapterEx extends JFrame {
   private JLabel la = new JLabel("Hello"); // "Hello"을 출력하기 위한 레이블

   public MouseAdapterEx() {
      setTitle("Mouse 이벤트 예제");
      setDefaultCloseOperation(JFrame.EXIT_ON_CLOSE);
      Container c = getContentPane();
      c.addMouseListener(new MyMouseAdapter()); // 컨텐트팬에 Mouse 이벤트 리스너 달기

      c.setLayout(null); // 컨텐트팬의 배치관리자 삭제
      la.setSize(50, 20); // 레이블의 크기 50x20 설정
      la.setLocation(30, 30); // 레이블의 위치 (30,30)으로 설정
      c.add(la); // 레이블 컴포넌트 삽입

      setSize(250, 250);
      setVisible(true);
   }

   // MouseAdapter를 상속받아 리스너 구현
```

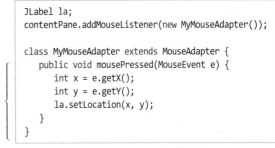

```
    class MyMouseAdapter extends MouseAdapter {
       public void mousePressed(MouseEvent e) {
          int x = e.getX(); // 마우스 클릭 좌표 x
          int y = e.getY(); // 마우스 클릭 좌표 y
          la.setLocation(x, y); // 레이블의 위치를 (x,y)로 이동
       }
    }

    public static void main(String [] args) {
       new MouseAdapterEx();
    }
}
```

CHECK TIME

1. 어댑터는 인터페이스인가, 클래스인가?
2. 어댑터를 이용하는 것이 리스너를 이용하는 것보다 편리한 점이 무엇인가?
3. `ActionListener`와 `ItemListener`에 대응되는 `ActionAdapter`와 `ItemAdapter`가 존재하지 않는 이유는 무엇인가?

10.5 KeyEvent와 KeyListener

Key 이벤트와 포커스

Key 이벤트
포커스
키 입력의 독점권

Key 이벤트와 포커스의 관계를 잘 몰라 키 입력이 되지 않는다고 고생하는 개발자들을 본 적이 있다. Key 이벤트는 사용자가 키를 입력할 때 발생하는 이벤트이며, 모든 컴포넌트가 Key 이벤트를 받을 수 있다. 그러나 응용프로그램 내에 포커스(focus)를 가진 컴포넌트가 키 입력을 독점하기 때문에, 현재 포커스를 가진 컴포넌트에만 Key 이벤트가 전달된다. 포커스란 키 입력의 독점권을 뜻한다. 버튼을 누르기 위해 <Enter> 키를 입력하더라도 버튼이 포커스를 가지고 있지 않다면 Key 이벤트를 받을 수 없다.

어떤 컴포넌트에게 키를 입력하고자 하면 <Tab> 키나 마우스 클릭으로 포커스를 그 컴포넌트에게 이동시켜야 한다. 스윙 응용프로그램에서는 강제로 임의의 컴포넌트에 포커스를 주기 위해 다음 두 코드가 모두 필요하다.

```
component.setFocusable(true); // component가 포커스를 받을 수 있도록 설정한다.
component.requestFocus(); // component에게 포커스를 주어 키 입력을 받을 수 있게 함
```

component.requestFocus()만으로 component가 키 입력을 받을 수 있는 경우가 대부분이지만, 독자 컴퓨터의 설치 상황(실행 환경)에 따라 component.setFocusable(true)가 없으면 키 입력을 받지 못하는 경우가 있으므로 반드시 두 코드를 이용하기 바란다.

컴포넌트에 포커스 주기

키 입력을 받기 위해서는 포커스를 주는 시점 또한 중요하다. 첫째, 스윙 프레임이 만들어질 때, 어떤 컴포넌트에게 포커스를 주고자 한다면, JFrame의 setVisible(true) 코드를 실행한 후 컴포넌트의 requestFocus() 메소드를 호출해야 한다. JFrame의 setVisible(true) 메소드는 프레임을 출력한 후 포커스를 임의로 움직이기 때문이다.

```
setVisible(true); // 스윙 프레임 출력
component.setFocusable(true);
component.requestFocus(); // component 컴포넌트에게 포커스 설정
```

둘째, 사용자가 마우스로 컴포넌트를 클릭하면 그때 컴포넌트가 포커스를 얻도록 하는 방법으로 다음 코드를 작성하면 된다.

```
component.addMouseListener(new MouseAdapter() {
    public void mouseClicked(MouseEvent e) {
        Component c = (Component)e.getSource(); // 마우스가 클릭된 컴포넌트
        c.setFocusable(true);
        c.requestFocus(); // 마우스가 클릭된 컴포넌트에게 포커스 설정
    }
}); // 예제 10-8에서 활용하였음
```

잠깐!

만일 실행 중인 응용프로그램에 키 입력이 잘 되지 않는다면, 키를 받아야 하는 컴포넌트에 포커스가 설정되어 있는지 확인해보는 것이 좋다.

Key 이벤트와 KeyListener

이제 키를 입력하면 어떤 일들이 발생하며, 입력된 키를 어떻게 판별하는지 알아보자. 키 하나를 입력하는 동안 **[그림 10-7]**과 같이 순서대로 이벤트가 발생한다. 모든 키에 대해서 '키를 누르는 순간', '누른 키를 떼는 순간'에 각각 Key 이벤트가 한 번씩 발생한다. 특별히 문자 키(유니코드 키)인 경우에는 '누른 키를 떼는 순간'에 Key 이벤트가 한 번 더 발생하여 총 3번의 Key 이벤트가 발생하며, 각 경우에 **[그림 10-7]**과 같이 KeyListener의 메소드가 호출된다.

keyPressed()
keyReleased()
keyTyped()

KeyListener 인터페이스는 〈표 10-4〉, [그림 10-7]과 같이 3개의 추상 메소드로 구성된다. keyPressed()는 키를 누르는 순간에, keyReleased()는 누른 키를 떼는 순간에 호출되며, 문자 키(유니코드)인 경우에는 누른 키가 떼어지는 순간 keyTyped()가 추가적으로 호출된다.

유니코드
제어 키

유니코드(Unicode)란 전 세계의 모든 문자를 컴퓨터에서 일관되게 표현하고 다루고자 설계된 국제 산업 표준이다. 유니코드는 한글, 영어 등 세계 여러 나라들의 문자들에 대해 코드 값을 정의하고 있다. 그러므로 A~Z, a~z, 0~9, !, @, & 등은 유니코드 값이 정의되어 있지만, <Function> 키, <Home> 키, <Up> 키 등 문자가 아닌 제어 키들에 대해서는 유니코드 값을 정의하지 않는다.

유니코드 키가 입력될 때, KeyListener의 메소드가 호출되는 순서는 다음과 같다.

```
keyPressed(), keyTyped(), keyReleased()
```

예를 들어, 키 f를 입력하면 keyPressed(), keyTyped(), keyReleased() 순서대로 호출되며, <Home> 키를 입력하면 keyPressed(), keyReleased()만 순서대로 호출된다.

[그림 10-7] Key 이벤트가 발생하는 경우와 호출되는 KeyListener 메소드

키 이벤트 리스너 달기

컴포넌트에 키 이벤트 리스너를 등록하기 위해서는 다음과 같이 addKeyListener() 메소드를 이용한다.

```
component.addKeyListener(myKeyListener);
```

〈표 10-4〉 Key 이벤트가 발생하는 경우와 호출되는 KeyListener의 메소드

Key 이벤트가 발생하는 경우	KeyListener의 메소드	리스너
키를 누르는 순간	void keyPressed(KeyEvent e)	KeyListener
누른 키를 떼는 순간	void keyReleased(KeyEvent e)	KeyListener
누른 키를 떼는 순간 (유니코드 키 경우에만 적용)	void keyTyped(KeyEvent e)	KeyListener

입력된 키 판별

키 이벤트가 발생하면 입력된 키 정보가 KeyEvent 객체에 담겨져 리스너에게 전달된다. KeyEvent 객체의 다음 2개의 메소드를 통해 입력된 키를 판별할 수 있다.

● char KeyEvent.getKeyChar()

getKeyChar()

입력된 키의 문자코드(유니코드 값)를 리턴하며, 유니코드 키가 아닌 경우 KeyEvent.CHAR_UNDEFINED를 리턴한다. 다음은 q 키가 눌러지는 순간 프로그램을 종료하는 코드이다. getKeyChar()의 리턴 값과 문자 'q'를 서로 비교하면 된다.

```
public void keyPressed(KeyEvent e) {
    if(e.getKeyChar() == 'q')
        System.exit(0); // 키 q가 눌러지면 프로그램을 종료한다.
}
```

이런 방법으로 어떤 문자가 입력되었는지 판별할 수 있다.

● int KeyEvent.getKeyCode()

getKeyCode()
가상 키
VK_

이 메소드는 유니코드 키를 포함한 모든 키에 대해 정수형의 키 코드(key code) 값을 리턴한다. 키 코드는 운영체제나 하드웨어에 따라 서로 다를 수 있기 때문에, 입력된 키를 판별하기 위해서는 반드시 getKeyCode()가 리턴한 키 코드와 가상 키(Virtual Key) 값을 비교해야 한다. 가상 키는 KeyEvent 클래스에 VK_로 시작하는 static 상수로 선언되어 있다. 〈표 10-5〉는 KeyEvent 클래스에 선언된 가상 키를 보여준다. 다음 예는 <F5> 키가 눌러지면 프로그램을 종료하는 코드이다.

```
public void keyPressed(KeyEvent e) {
    if(e.getKeyCode() == KeyEvent.VK_F5)
        System.exit(0); // <F5> 키가 눌러지면 프로그램을 종료한다.
}
```

[그림 10-8]은 KeyEvent 클래스의 getKeyChar()와 getKeyCode() 메소드의 사용 예를 보여준다.

〈표 10-5〉 KeyEvent 클래스에 정의된 가상 키

가상 키	설명	가상 키	설명
VK_0 ~ VK_9	0에서 9까지의 키, '0'~'9'까지의 유니코드 값과 동일	VK_LEFT	왼쪽 방향 키
VK_A ~ VK_Z	A에서 Z까지의 키, 'A'~'Z'까지의 유니코드 값과 동일	VK_RIGHT	오른쪽 방향 키
VK_F1 ~ VK_F24	<F1>~<F24>까지의 키 코드	VK_UP	<Up> 키
VK_HOME	<Home> 키	VK_DOWN	<Down> 키
VK_END	<End> 키	VK_CONTROL	<Control> 키
VK_PGUP	<Page Up> 키	VK_SHIFT	<Shift> 키
VK_PGDN	<Page Down> 키	VK_ALT	<Alt> 키
VK_UNDEFINED	입력된 키의 코드 값을 알 수 없음	VK_TAB	<Tab> 키

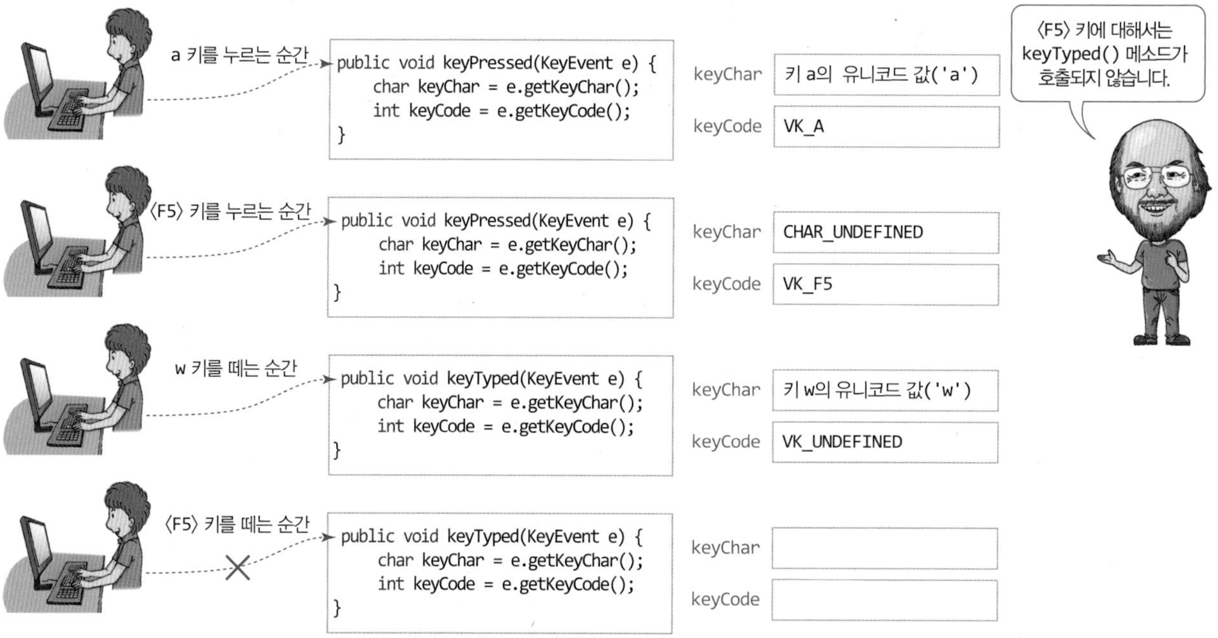

[그림 10-8] KeyEvent의 getKeyChar()과 getKeyCode() 메소드의 사용 예

KeyEvent와 KeyListener의 활용

이 절에서는 KeyListener, KeyEvent 객체, getKeyChar(), getKeyCode() 등을 활용하는 예를 알아보자. 이 예는 입력된 키의 키 코드, 키 문자 값, 키 이름 문자열 등 3가지 정보를 출력한다.

키 이름 문자열은 KeyEvent 클래스의 static 타입 getKeyText() 메소드로부터 얻을 수 있다. 이 메소드는 키 코드 값을 인자로 받아 키 이름 문자열을 리턴한다.

getKeyText()

```
static String KeyEvent.getKeyText(int keyCode)
```

이 예는 MyKeyListener를 컨텐트팬의 Key 이벤트 리스너로 설정한다. MyKeyListener는 KeyAdapter를 상속받고 keyPressed() 메소드만 구현하였다. 컨텐트팬이 키 입력을 받을 수 있도록 컨텐트팬에 포커스를 강제 설정하는 코드를 작성하였다. 예제의 실행 화면은 [그림 10-9]와 같다. 예제는 실행되는 메소드를 콘솔 창에 출력하므로 확인해보기 바란다.

다양한 KeyEvent와 KeyListener 활용 **예제 10-6**

이 예제는 입력된 키의 키코드, 유니코드, 키의 이름 문자열을 보여준다.

```
import javax.swing.*;
import java.awt.event.*;
import java.awt.*;

public class KeyListenerEx extends JFrame {
    private JLabel [] keyMessage; // 3개의 메시지를 출력할 레이블 컴포넌트 배열

    public KeyListenerEx() {
        setTitle("keyListener 예제");
        setDefaultCloseOperation(JFrame.EXIT_ON_CLOSE);

        Container c = getContentPane();
        c.setLayout(new FlowLayout());
        c.addKeyListener(new MyKeyListener());

        // 레이블 배열을 3개 생성하고 각 레이블 컴포넌트 생성
        keyMessage = new JLabel [3]; // 레이블 배열 생성
        keyMessage[0] = new JLabel(" getKeyCode()  ");
        keyMessage[1] = new JLabel(" getKeyChar()  ");
        keyMessage[2] = new JLabel(" getKeyText()  ");

        // 3개의 레이블 컴포넌트를 컨텐트팬에 부착
```

```java
        for(int i=0; i<keyMessage.length; i++) {
            c.add(keyMessage[i]);
            keyMessage[i].setOpaque(true); // 배경색이 보이록 불투명 속성 설정
            keyMessage[i].setBackground(Color.YELLOW); // 배경색을 CYAN 색으로 변경
        }

        setSize(300,150);
        setVisible(true);

        // 컨텐트팬이 키 입력을 받을 수 있도록 포커스 강제 지정
        c.setFocusable(true);
        c.requestFocus();
    }

    // Key 리스너 구현
    class MyKeyListener extends KeyAdapter {
        public void keyPressed(KeyEvent e) {
            int keyCode = e.getKeyCode(); // 키 코드 알아내기
            char keyChar = e.getKeyChar(); // 키 문자 값 알아내기
            keyMessage[0].setText(Integer.toString(keyCode)); // 키 코드 출력
            keyMessage[1].setText(Character.toString(keyChar)); // 키 문자 출력
            keyMessage[2].setText(KeyEvent.getKeyText(keyCode)); // 키 이름 문자열 출력
            System.out.println("KeyPressed"); // 콘솔창에 메소드 이름 출력
        }
        public void keyReleased(KeyEvent e) {
            System.out.println("KeyReleased"); // 콘솔창에 메소드 이름 출력
        }
        public void keyTyped(KeyEvent e) {
            System.out.println("KeyTyped"); // 콘솔창에 메소드 이름 출력
        }
    }

    public static void main(String [] args) {
        new KeyListenerEx();
    }
}
```

스윙 컴포넌트의 배경색을 설정하기 위해 미리 setOpaque(true) 호출

KeyEvent 객체로부터 입력된 키의 키 코드 값을 알아냄

KeyEvent 객체로부터 입력된 키의 유니코드 문자 값을 알아냄

키 코드 값으로부터 키 이름 문자열을 알아내어 레이블에 출력

System.out.println()은 콘솔에 출력

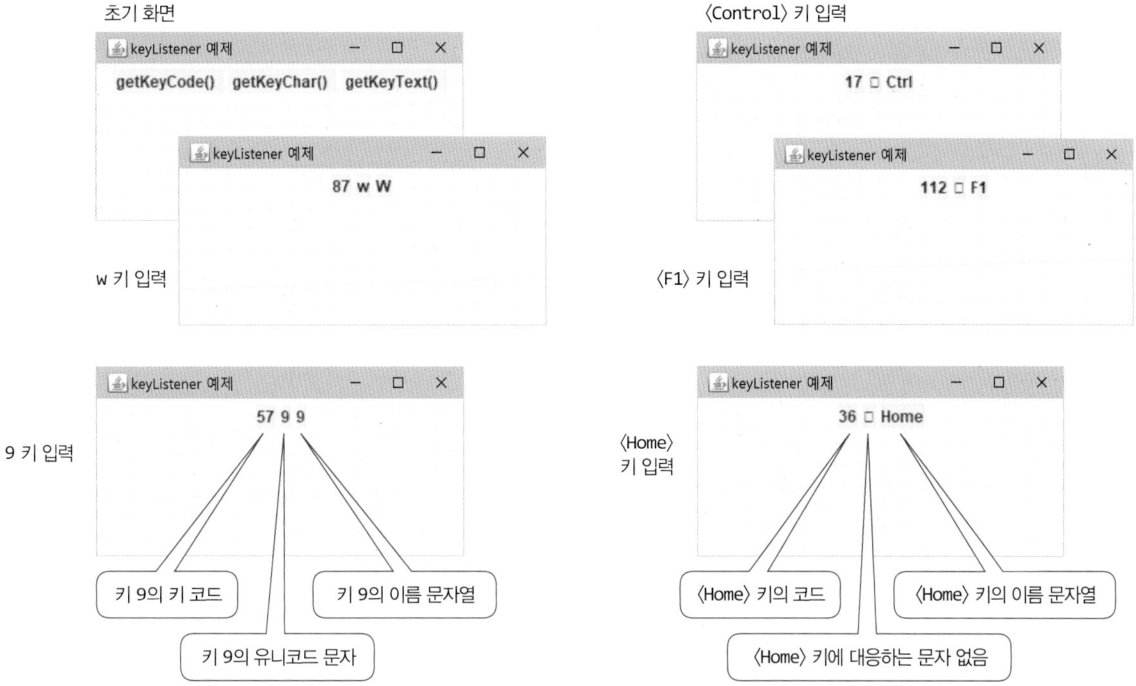

[그림 10-9] 예제 10-6의 실행 화면

〈F1〉 키를 입력받으면 컨텐트팬의 배경을 초록색으로, % 키를 입력받으면 노란색으로 변경 예제 10-7

다음 그림과 같이 <F1> 키를 입력받으면 콘텐트팬의 배경을 초록색으로, % 키를 입력받으면 노란색으로 변경하는 응용프로그램을 작성하라.

사용자가 키를 입력하면 입력된 키의 이름 문자열을 화면에 출력한다. 아래의 오른쪽 그림에서 % 키는 사실상 <Shift> 키 입력 후 5 키를 입력한 경우로서, 최종적으로 입력된 키는 5 키이므로 오른쪽 화면에 "5키가 입력되었음"이라고 출력되어 있다. <F1> 키를 받기 위해 KeyEvent의 getKeyCode() 메소드를 이용하여야 하며, % 키는 getKeyChar() 메소드를 이용하면 된다.

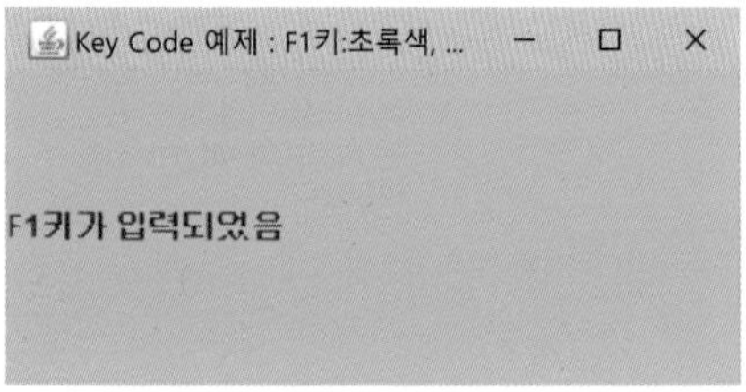

〈F1〉 키가 입력되면 초록색 배경

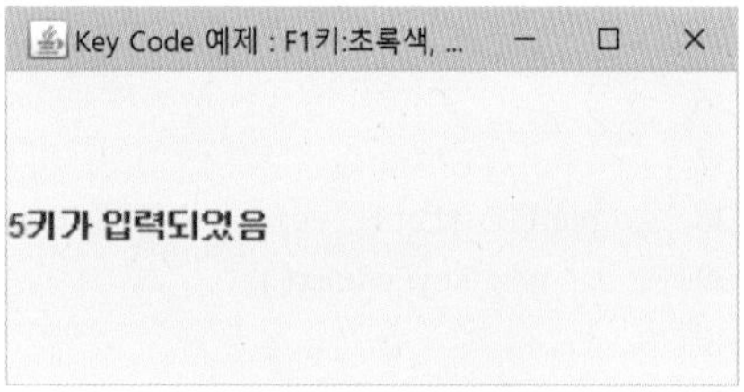

% 키가 입력되면 노란색 배경
(% 키나 5 키는 동일한 키)

```java
import javax.swing.*;
import java.awt.event.*;
import java.awt.*;

public class KeyCodeEx extends JFrame {
   private JLabel la = new JLabel(); // 빈 레이블 컴포넌트 생성

   public KeyCodeEx() {
      setTitle("Key Code 예제 : F1키:초록색, % 키 노란색");
      setDefaultCloseOperation(JFrame.EXIT_ON_CLOSE);

      Container c = getContentPane();
      c.addKeyListener(new MyKeyListener());
      c.add(la);
      setSize(300,150);
      setVisible(true);

      // 컨텐트팬이 키 입력을 받을 수 있도록 포커스 강제 지정
      c.setFocusable(true);
      c.requestFocus();
   }

   // Key 리스너 구현
   class MyKeyListener extends KeyAdapter {
      public void keyPressed(KeyEvent e) {
         Container contentPane = (Container)e.getSource();

         // la에 입력된 키의 키 이름 문자열을 출력하여 사용자에게 보고함
         la.setText(KeyEvent.getKeyText(e.getKeyCode())+"키가 입력되었음");

         if(e.getKeyChar() == '%') // 입력된 키가 % 인 경우
            contentPane.setBackground(Color.YELLOW);
         else if(e.getKeyCode() == KeyEvent.VK_F1) // 입력된 키가 <F1> 인가
            contentPane.setBackground(Color.GREEN);
      }
   }

   public static void main(String [] args) {
      new KeyCodeEx();
   }
}
```

컨텐트팬에 Key 리스너를 등록한다.

% 키는 유니코드 키이므로 getKeyChar() 메소드를 이용하여 리턴된 키의 문자 값과 '%' 문자를 비교한다.

<F1> 키는 유니코드 키가 아니므로 getKeyCode() 메소드를 이용하여 리턴된 키코드와 VK_F1 값을 비교한다.

상(UP), 하(DOWN), 좌(LEFT), 우(RIGHT) 키로 "HELLO" 문자열을 마음대로 움직이기 예제 10-8

상, 하, 좌, 우 키를 이용하여 "HELLO" 문자열을 움직이는 응용프로그램을 작성하라.

"HELLO" 문자열은 JLabel 컴포넌트로 만들어 컨텐트팬에 부착하고 상, 하, 좌, 우 키를 움직이면 키 방향으로 한 번에 10픽셀씩 움직인다. 이를 위해 컨텐트팬의 배치관리자를 삭제하여야 한다. "HELLO" 문자열을 초기에 (50, 50) 위치에 출력하라.

초기 상태

상, 하, 좌, 우 키를 여러 번 입력하여 "HELLO"를 움직인 상태

```java
import javax.swing.*;
import java.awt.event.*;
import java.awt.*;

public class FlyingTextEx extends JFrame {
   private final int FLYING_UNIT = 10; // 레이블이 한 번 움직이는 단위는 10픽셀
   private JLabel la = new JLabel("HELLO"); // 키 입력에 따라 움직일 레이블 컴포넌트

   public FlyingTextEx() {
      setTitle("상,하,좌,우 키를 이용하여 텍스트 움직이기");
      setDefaultCloseOperation(JFrame.EXIT_ON_CLOSE);

      Container c = getContentPane();
      c.setLayout(null); // 컨텐트팬의 배치관리자 삭제
      c.addKeyListener(new MyKeyListener()); // 컨텐트팬에 Key 리스너 달기
      la.setLocation(50,50); // la의 초기 위치는 (50,50)
      la.setSize(100,20);
      c.add(la);

      setSize(300,300);
      setVisible(true);
```

"HELLO" 레이블이 컨텐트팬상의 임의의 위치로 마음대로 움직이기 위해서 컨텐트팬의 배치관리자를 삭제한다.

```java

      c.setFocusable(true);
      c.requestFocus(); // 컨텐트팬이 키 입력을 받을 수 있도록 포커스 강제 지정

      // 다음 코드는 컨텐트팬에 포커스를 잃은 경우 마우스를 클릭하면 다시 포커스를 얻게 함
      c.addMouseListener(new MouseAdapter() {
         public void mouseClicked(MouseEvent e) {
            Component com = (Component)e.getSource(); // 마우스가 클릭된 컴포넌트
            com.setFocusable(true);
            com.requestFocus(); // 마우스가 클릭된 컴포넌트에게 포커스 설정
         }
      });
   }

   // Key 리스너 구현
   class MyKeyListener extends KeyAdapter {
      public void keyPressed(KeyEvent e) {
         int keyCode = e.getKeyCode(); // 입력된 키의 키코드를 알아낸다.

         // 키 코드 값(keyCode)에 따라 상,하,좌,우 키를 판별하고 la의 위치를 이동시킨다.
         switch(keyCode) {
            case KeyEvent.VK_UP: // UP 키
               la.setLocation(la.getX(), la.getY()-FLYING_UNIT); break;
            case KeyEvent.VK_DOWN: // DOWN 키
               la.setLocation(la.getX(), la.getY()+FLYING_UNIT); break;
            case KeyEvent.VK_LEFT: // LEFT 키
               la.setLocation(la.getX()-FLYING_UNIT, la.getY()); break;
            case KeyEvent.VK_RIGHT: // RIGHT 키
               la.setLocation(la.getX()+FLYING_UNIT, la.getY()); break;
         }
      }
   }

   public static void main(String [] args) {
      new FlyingTextEx();
   }
}
```

getKeyCode()를 사용하는 이유는 상, 하, 좌, 우 키는 모두 유니코드 키가 아니기 때문이다.

<Up> 키인 경우 la의 현재 위치에서 FLYING_UNIT 픽셀만큼 위로 이동시킨다.

CHECK TIME

1 KeyEvent의 메소드 중 <Delete> 키를 인식하는 데 사용되는 것은 어떤 메소드인가?
① getKeyChar() ② getKeyCode() ③ getKeyText()

2 # 키가 입력되면 프로그램을 종료시키는 MyKeyListener 클래스를 작성하라.

3 <Home> 키를 입력하였을 때 호출되지 않는 메소드는?
① keyPressed() ② keyReleased() ③ keyTyped()

4 컴포넌트가 키 이벤트를 받기 위해 갖추어야 할 조건이 아닌 것은?
① 컴포넌트에 Key 이벤트 리스너가 등록되어 있어야 한다.
② 컴포넌트에 포커스가 지정되어 있어야 한다.
③ KeyListener의 keyPressed() 메소드가 반드시 구현되어 있어야 한다.

5 컴포넌트 component에 강제로 포커스를 주기 위해 필요한 코드를 모두 골라라.
① component.requestFocus();
② component.setVisible(true);
③ component.setFocusable(true);
④ component.addKeyListener(listener);

10.6 MouseEvent와 MouseListener, MouseMotionListener, MouseWheelListener

Mouse 이벤트

Mouse 이벤트

8가지 경우

Mouse 이벤트는 사용자의 마우스 조작에 따라 〈표 10-6〉과 같이 총 8가지 경우에 발생한다. 이 중에서 5가지 경우는 MouseListener의 메소드가 호출되고, 2가지 경우는 MouseMotionListener의 메소드가, 나머지 1가지는 MouseWheelListener의 메소드가 호출된다. 모든 스윙 컴포넌트가 Mouse 이벤트를 받을 수 있으며, Mouse 이벤트가 발생하면 〈표 10-6〉과 같이 MouseEvent 객체나 MouseWheelEvent 객체가 리스너의 메소드에 전달된다.

〈표 10-6〉
Mouse 이벤트가 발생하는 경우와 리스너, 메소드

Mouse 이벤트가 발생하는 경우	리스너의 메소드	리스너
마우스가 컴포넌트 위에 올라갈 때	void mouseEntered(MouseEvent e)	MouseListener
마우스가 컴포넌트에서 내려올 때	void mouseExited(MouseEvent e)	MouseListener
마우스 버튼이 눌러졌을 때	void mousePressed(MouseEvent e)	MouseListener
눌러진 버튼이 떼어질 때	void mouseReleased(MouseEvent e)	MouseListener
마우스로 컴포넌트를 클릭하였을 때	void mouseClicked(MouseEvent e)	MouseListener
마우스가 드래그되는 동안	void mouseDragged(MouseEvent e)	MouseMotionListener
마우스가 움직이는 동안	void mouseMoved(MouseEvent e)	MouseMotionListener
마우스 휠이 구르는 동안	void mouseWheelMoved (MouseWheelEvent e)	MouseWheelListener

마우스가 눌러진 위치에서 그대로 떼어지면 다음 순서로 메소드가 호출된다.

```
mousePressed(), mouseReleased(), mouseClicked()
```

하지만 마우스가 드래그되면 다음 순서로 호출된다.

```
mousePressed(), mouseDragged(), ..., mouseDragged(), mouseReleased()
```

드래그되는 동안 mouseDragged()는 반복적으로 여러 번 호출되며, 눌러진 위치와 떼어진 위치가 달라 mouseClicked()는 호출되지 않는다(Tip 참조).

Tip mouseClicked()와 mouseReleased()는 어떻게 다른가?

mouseClicked()와 **mouseReleased()**는 둘 다 마우스 버튼이 떼어지는 순간에 호출되는 메소드이지만 서로 다르다. **mouseClicked()**는 마우스가 눌러진 위치에서 그대로 떼어질 때 호출된다. 하지만 **mouseReleased()**는 마우스가 눌러진 위치와 떼어진 위치가 같든 다르든 항상 호출된다. 하물며 마우스가 눌러진 컴포넌트를 벗어나는 경우에도 호출된다. 컴포넌트 **A**에 마우스를 누른 상태로 컴포넌트 **B** 혹은 자바 프로그램의 영역을 벗어나서 마우스를 떼어도 **mouseReleased()**는 호출되며, 이벤트 소스 역시 컴포넌트 A이다.

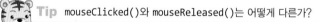

마우스 리스너 달기

마우스 리스너를 작성하고 달 때 조심해야 하는 점이 있다. <표 10-6>의 처음 5가지 경우(mouseEntered(), mouseExited(), mousePressed(), mouseReleased(), mouseClicked())의 Mouse 이벤트를 처리하고자 한다면, Mouse 리스너를 작성하여 컴포넌트에 다음과 같이 등록한다.

```
component.addMouseListener(myMouseListener);
```

그러나 동일한 컴포넌트가 마우스 드래깅(mouseDragged())과 마우스 무브(mouseMoved()) 이벤트도 함께 처리하고자 하면, 다음과 같이 MouseMotion 리스너를 따로 등록해야 한다([그림 10-10] 코드 참조).

```
component.addMouseMotionListener(myMouseMotionListener);
```

MouseEvent 객체

MouseEvent 객체는 Mouse 이벤트나 MouseMotion 이벤트 정보를 제공하는 객체이다. MouseEvent 객체의 메소드를 이용하여 이벤트 정보를 얻어 보자.

● 마우스 포인터의 위치

다음 메소드는 컴포넌트 안에 마우스가 놓인 좌표를 제공한다.

int getX() 마우스 포인터의 x 위치 리턴
int getY() 마우스 포인터의 y 위치 리턴
Point getPoint() 마우스 포인터의 위치를 Point 객체로 리턴. point 객체에 x,y 정보 있음

마우스의 위치 (x, y)는 다음과 같이 알아내며, (x, y)는 마우스 이벤트가 발생한 컴포넌트 내 상대 좌표이다.

```
public void mousePressed(MouseEvent e) {
    int x = e.getX();
    int y = e.getY();
}
```

● 마우스 클릭 횟수

더블클릭을 인식할 때 이용되는 것으로 클릭 횟수를 리턴하는 메소드는 다음과 같다.

int getClickCount() 마우스의 클릭 횟수 리턴

마우스의 더블클릭은 다음 코드로 판단한다.

```
public void mouseClicked(MouseEvent e) {
    if(e.getClickCount() == 2) {
        // 더블클릭을 처리하는 코드
    }
}
```

● 마우스 버튼

눌러진 마우스 버튼을 리턴하는 메소드는 다음과 같다.

int getButton() 눌러진 마우스 버튼의 번호를 리턴한다. • 리턴 값은 NOBUTTON, BUTTON1, BUTTON2, BUTTON3 중의 하나이며 마우스 왼쪽 버튼은 BUTTON1 이고 오른쪽 버튼은 BUTTON3이다.

getButton() 메소드를 이용하여 마우스 왼쪽 버튼이 눌러졌는지 다음과 같이 판단할 수 있다.

```
public void mousePressed(MouseEvent e) {
    if(e.getButton() == MouseEvent.BUTTON1)
        System.out.println("Left Button Pressed");
}
```

Mouse 이벤트 처리 예

이 절에서는 7가지의 Mouse 이벤트를 처리하는 예를 보인다. 컨텐트팬에 텍스트 정보를 출력하기 위해 JLabel 컴포넌트를 부착하고 [그림 10-10]와 같이 마우스가 눌러지는 순간, 떼어지는 순간, 움직이는 동안, 드래그하는 동안, 리스너 메소드와 마우스 포인트 좌표 값을 출력한다. 마우스가 컨텐트팬에 올라가면 배경색을 CYAN으로, 컨텐트팬에서 내려가면 YELLOW 색으로 변경한다. 다음은 예제 코드이다.

마우스와 마우스 모션 이벤트 활용 예제 10-9

이 예제는 7개의 마우스 이벤트를 처리하는 코드 사례를 보여준다.

```
import javax.swing.*;
import java.awt.event.*;
import java.awt.*;

public class MouseListenerAllEx extends JFrame {
    private JLabel la = new JLabel("No Mouse Event"); // 메시지 출력 레이블 컴포넌트

    public MouseListenerAllEx() {
        setTitle("MouseListener와 MouseMotionListener 예제");
        setDefaultCloseOperation(JFrame.EXIT_ON_CLOSE);

        Container c = getContentPane();
        c.setLayout(new FlowLayout());

        MyMouseListener listener = new MyMouseListener(); // 리스너 객체 생성
        c.addMouseListener(listener); // MouseListener 리스너 등록
        c.addMouseMotionListener(listener); // MouseMotionListener 리스너 등록

        c.add(la);
        setSize(300,200);
        setVisible(true);
    }

    // Mouse 리스너와 MouseMotion 리스너를 모두 가진 리스너 작성
    class MyMouseListener implements MouseListener, MouseMotionListener {
        // MouseListener의 5개 메소드 구현
        public void mousePressed(MouseEvent e) {
            la.setText("mousePressed ("+e.getX()+","+e.getY()+")"); // 마우스가 눌러진 위치 (x,y) 점을 출력
        }
        public void mouseReleased(MouseEvent e) {
            la.setText("MouseReleased("+e.getX()+","+e.getY()+")"); // 마우스가 떼어진 위치 (x,y) 점을 출력
        }
        public void mouseClicked(MouseEvent e) {}
        public void mouseEntered(MouseEvent e) {
            Component c = (Component)e.getSource(); // 마우스가 올라간 컴포넌트를 알아낸다.
            c.setBackground(Color.CYAN);
        }
        public void mouseExited(MouseEvent e) {
            Component c = (Component)e.getSource(); // 마우스가 내려간 컴포넌트를 알아낸다.
```

MyMouseListener를 Mouse 리스너와 MouseMotion 리스너로 따로 등록하여야 한다.

MyMouseListener는 MouseListener이면서 동시에 MouseMotion Listener로 작동시키기 위해 두 인터페이스를 모두 구현한다.

e.getX()는 마우스가 클릭된 x 좌표를, e.getY()는 y 좌표를 각각 리턴한다.

```java
            c.setBackground(Color.YELLOW);
        }

        // MouseMotionListener의 2개 메소드 구현
        public void mouseDragged(MouseEvent e) { // 마우스가 드래깅되는 동안 계속 호출
            la.setText("MouseDragged ("+e.getX()+","+e.getY()+")");
        }
        public void mouseMoved(MouseEvent e) { // 마우스가 움직이는 동안 계속 호출
            la.setText("MouseMoved ("+e.getX()+","+e.getY()+")");
        }
    }

    public static void main(String [] args) {
        new MouseListenerAllEx();
    }
}
```

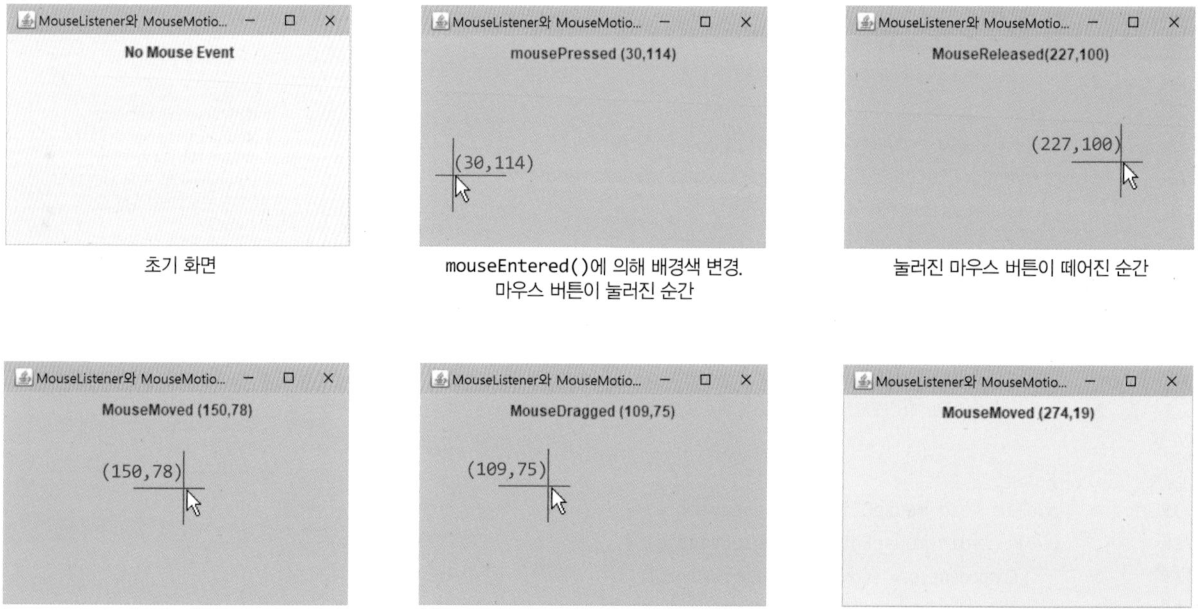

초기 화면

mouseEntered()에 의해 배경색 변경.
마우스 버튼이 눌러진 순간

눌러진 마우스 버튼이 떼어진 순간

마우스가 패널 위에 이동하는 동안

마우스가 패널 위에 드래그하는 동안

마우스가 패널 바깥으로 나가면
mouseExited()에 의해 배경색 변경

[그림 10-10] 예제 10-9에서 7가지 마우스 이벤트를 처리하는 예

더블클릭할 때마다 컨텐트팬의 배경색이 랜덤하게 변하는 예 예제 10-10

더블클릭이 발생할 때마다 컨텐트팬의 배경색이 랜덤하게 변하도록 스윙 응용프로그램을 작성하라.

임의의 색을 생성하는 코드는 다음과 같이 작성하면 된다.

```
int r = (int)(Math.random()*256);
int g = (int)(Math.random()*256);
int b = (int)(Math.random()*256);
Color c = new Color(r,g,b); // c는 랜덤한 색
```

여기서 r, g, b는 색을 구성하는 Red, Green, Blue 성분의 양으로 [0, 255] 사이의 정수 값이다. 랜덤한 색을 얻기 위해 랜덤한 r, g, b 값을 얻어야 한다. 먼저 0~1 사이(1보다 작은)의 double 형의 난수를 리턴하는 Math.random()을 호출하고, 여기에 256을 곱하면 0에서 256보다 작은 실수 값이 형성된다. 이 값을 int 형으로 변환하면 소수점이 떨어져 나가고 [0, 255] 사이의 정수 값을 얻을 수 있다.

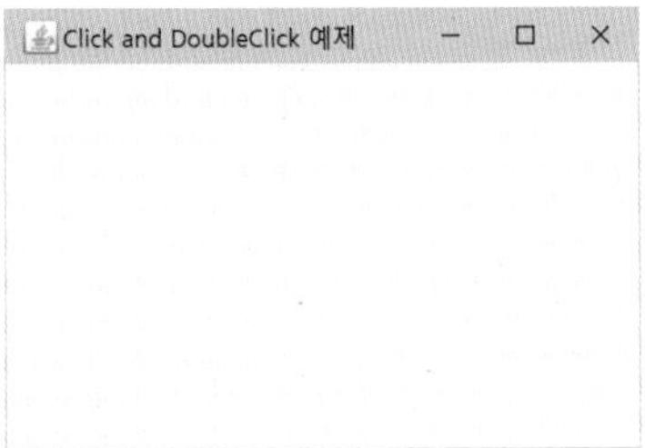

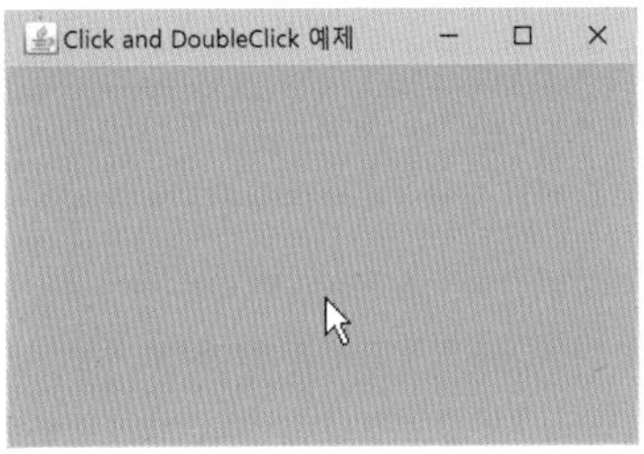

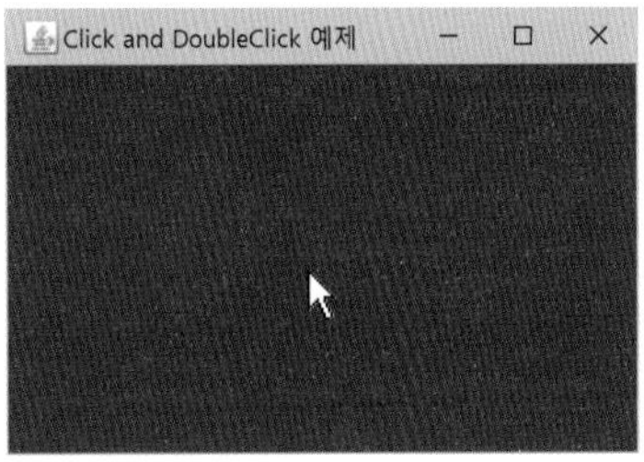


```
import javax.swing.*;
import java.awt.event.*;
import java.awt.*;

public class ClickAndDoubleClickEx extends JFrame {
   public ClickAndDoubleClickEx() {
      setTitle("Click and DoubleClick 예제");
      setDefaultCloseOperation(JFrame.EXIT_ON_CLOSE);

      Container c = getContentPane();
      c.addMouseListener(new MyMouseListener()); // Mouse 리스너 달기
      setSize(300,200);
      setVisible(true);
   }

   // MouseAdapter를 상속받아 Mouse 리스너 구현
   class MyMouseListener extends MouseAdapter {
      public void mouseClicked(MouseEvent e) {
         if(e.getClickCount() == 2) { // 더블클릭의 경우
            // [0,255] 사이의 랜덤한 r,g,b 정수 값 얻기
            int r = (int)(Math.random()*256);
```

```
            int g = (int)(Math.random()*256);
            int b = (int)(Math.random()*256);

            Component c = (Component)e.getSource(); // 마우스가 클릭된 컴포넌트
            c.setBackground(new Color(r,b,g)); // 배경을 r,g,b 색으로 칠한다.
        }
    }
}

public static void main(String [] args) {
    new ClickAndDoubleClickEx();
}
}
```

MouseWheelEvent와 MouseWheelListener

마우스 휠을 굴리면 MouseWheelEvent가 발생하며, MouseWheelListener 인터페이스가 가진 유일한 다음 메소드가 호출된다.

```
public void mouseWheelMoved(MouseWheelEvent e)
```

다음은 마우스 휠 이벤트를 처리하는 리스너를 익명 클래스로 만든 사례이다.

```
component.addMouseWheelListener(new MouseWheelListener() {
    public void mouseWheelMoved(MouseWheelEvent e) {
        // 휠의 움직임에 따라 이벤트를 처리한다.
    }
});
```

MouseWheelEvent 처리는 실습문제 10-7의 힌트를 참고하라(정답 공개).

CHECK TIME

1. 마우스의 더블클릭은 MouseEvent 객체의 getClickCount()의 리턴 값이 2인지 비교하여 판단한다. 이를 위해 mousePressed()나 mouseReleased() 대신 mouseClicked()를 사용해야 하는 이유는 무엇인가?
2. JButton 컴포넌트를 컨텐트팬에 삽입하고 버튼에 마우스 왼쪽 버튼이 눌러지면 버튼의 배경색을 빨간색으로, 오른쪽 버튼이 눌러지면 파란색으로 바꾸는 응용프로그램을 작성하라.

요약 SUMMARY

- 이벤트 기반 프로그래밍은 이벤트의 발생에 의해 프로그램 실행 흐름이 결정되는 방식의 프로그래밍 패러다임이며, AWT나 스윙 등 자바의 GUI 프로그래밍은 이벤트 기반 프로그래밍이다.
- 이벤트는 키 입력, 마우스 클릭, 마우스 드래그 등의 사용자 액션이나, 센서 등 외부 장치로부터의 입력, 네트워크상의 다른 컴퓨터로부터의 데이터 송수신, 혹은 다른 스레드나 프로그램으로부터의 메시지 송수신 등에 의해 발생한다.
- 이벤트 소스란 이벤트를 발생시킨 컴포넌트이다.
- 이벤트 리스너란 이벤트를 처리하는 코드를 담은 객체이다.
- 자바에서 다양한 이벤트 리스너 인터페이스를 제공하며, 개발자는 이벤트 리스너를 만들기 위해 이벤트 리스너 인터페이스의 모든 멤버를 반드시 구현하여야 한다.
- 이벤트 객체란 발생한 이벤트에 관한 여러 정보를 가진 객체로서 이벤트 발생 시 이벤트 리스너에게 전달된다.
- 하나의 컴포넌트는 여러 종류의 이벤트에 대해 리스너를 가질 수 있으며, 하나의 이벤트에 대해 여러 개의 서로 다른 이벤트 리스너를 가질 수 있다.
- 이벤트 객체로부터 이벤트 소스 정보를 알아내기 위해 이벤트 객체의 getSource()를 호출하면 된다.
- 이벤트 리스너를 작성하는 방법은 독립된 클래스로 작성하는 방법, 내부 클래스(inner class)로 작성하는 방법, 익명 클래스(anonymous class)로 작성하는 방법 등 3가지 방법이 있다.
- 내부 클래스로 이벤트 리스너를 작성하면 자신을 둘러싼 외부 클래스의 멤버를 마음대로 호출할 수 있기 때문에 유용하다.
- 이벤트 리스너 객체를 여러 컴포넌트에 등록하여 사용하는 경우가 아니라면 이벤트 리스너를 익명 클래스로 작성하는 것이 좋다.
- 어댑터 클래스(Adapter)는 이벤트 리스너의 모든 멤버가 단순 리턴하도록 구현한 클래스로서 리스너의 모든 메소드를 구현할 필요가 없는 경우에 상속받아 사용하면 편리하다.
- Key 이벤트는 모든 컴포넌트에 발생 가능하다. 그러나 오직 현재 포커스를 가진 하나의 컴포넌트만 이벤트를 받는다. 즉, 키 입력은 포커스를 가진 컴포넌트의 키 이벤트 리스너에 의해 처리된다.
- 컴포넌트에게 포커스를 강제로 주기 위해 다음 2개의 코드가 모두 필요하다.

```
component.setFocusable(true);
component.requestFocus();
```

- KeyListener는 다음 3개의 메소드를 가지고 있다.

SUMMARY

요약

```
void keyPressed(KeyEvent e)   // 키를 누른 순간에 발생하는 Key 이벤트 처리
void keyReleased(KeyEvent e)  // 눌러진 키를 놓는 순간에 발생하는 Key 이벤트 처리
void keyTyped(KeyEvent e)     // 유니코드 키가 입력된 경우, 눌러진 키를 놓는 순간
```

- KeyEvent는 Key 이벤트 객체이다.
- KeyEvent는 유니코드 키가 입력된 경우, 키의 문자 코드를 리턴하는 다음 메소드를 가지고 있다.

```
char getKeyChar()
```

- KeyEvent는 모든 키에 대해 입력된 키의 코드 값을 리턴하는 다음 메소드를 가지고 있다.

```
int getKeyCode()
```

  문자 키가 아닌 제어 키의 경우 입력된 키를 판별하기 위해서는 입력된 키 코드 값과 가상 키(Virtual Key) 값을 비교하여야 한다. 가상 키는 KeyEvent 클래스에 상수로 정의되어 있다.

- Mouse 이벤트는 모든 컴포넌트에서 처리 가능하며 마우스 조작에 따라 7가지 경우에 발생한다. 처음 5개 MouseListener에서, 뒤의 2개는 MouseMotionListener에서 정의된다.

```
void mouseEntered(MouseEvent e)   // 마우스가 컴포넌트 위에 올라갈 때
void mouseExited(MouseEvent e)    // 마우스가 컴포넌트에서 내려올 때
void mousePressed(MouseEvent e)   // 마우스 버튼이 눌러졌을 때
void mouseReleased(MouseEvent e)  // 마우스 버튼이 떼어질 때
void mouseClicked(MouseEvent e)   // 마우스로 컴포넌트를 클릭하였을 때
void mouseDragged(MouseEvent e)   // 마우스가 드래그되는 동안
void mouseMoved(MouseEvent e)     // 마우스가 움직이는 동안
```

- MouseListener의 mouseClicked()는 동일한 컴포넌트에 대해 마우스 버튼이 눌러지고 떼어지는 정상적인 마우스 클릭의 경우에 호출되는 메소드이다.
- MouseEvent는 Mouse 이벤트 객체이다.
- MouseEvent는 마우스 포인터의 위치를 알려주는 다음 메소드를 가지고 있다.

```
int getX(), int getY(), Point getPoint()
```

- MouseEvent는 클릭된 마우스 버튼 정보를 알려주는 다음 메소드를 가지고 있다.

```
int getButton()
```

- MouseEvent는 마우스 클릭 횟수를 알려주는 다음 메소드를 가지고 있다.

```
int getClickCount()
```

Open Challenge

갬블링 게임 만들기

스윙으로 간단한 갬블링 게임을 만들어보자. 아래 그림과 같이 3개의 레이블 컴포넌트가 있다. 이 컴포넌트에는 각각 0~4까지의 한 자릿수가 출력된다. 〈Enter〉 키를 입력할 때마다 3개의 수를 랜덤하게 발생시켜 각 레이블에 출력한다. 그리고 나서 모두 동일한 수이면 "축하합니다!!"를, 아니면 "아쉽군요"를 출력한다. 난이도 6

목적

스윙 컴포넌트 활용, 키 리스너 작성

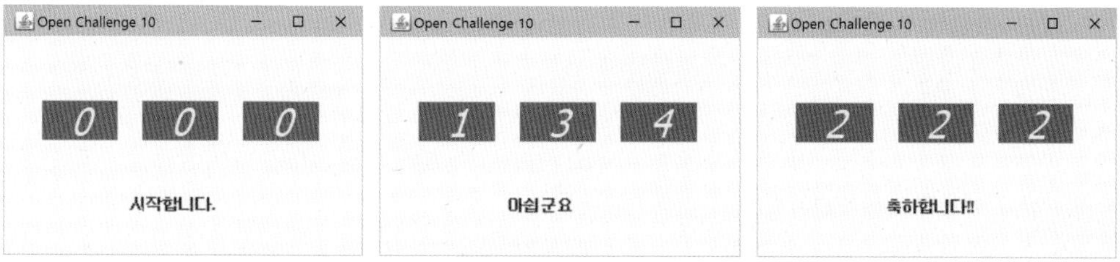

힌트 Hint

- JPanel을 상속받은 새로운 GamePanel 클래스를 작성하여 컨텐트팬으로한다. GamePanel의 배치관리자를 null로 설정하여, 3개의 레이블과 결과 레이블의 크기와 위치를 임의로 지정한다.
- GamePanel이 <Enter> 키를 받을 수 있도록 setFocusable(true)와 requestFocus() 메소드를 호출하여 포커스를 설정한다.
- 0~4 범위의 랜덤 수를 발생시키기 위해서는 다음과 같이 한다.

```
int x = (int)(Math.random()*5);
```

- Key 리스너를 작성하고 GamePanel에 등록한다. Key 리스너에는 keyPressed()만 구현하고 <Enter> 키가 입력되었는지 다음과 같이 검사한다.

```
if(e.getKeyChar() == '\n')
```

그리고 나서 0~4까지 랜덤한 수를 3개 발생시켜 각각 레이블 컴포넌트에 출력한다. 3개의 수가 같은지 검사하고 결과 레이블에 "축하합니다!!" 혹은 "아쉽군요"를 출력한다.

연습문제

EXERCISE

이론문제

• 홀수 문제는 정답이 공개됩니다.

1. 자바의 이벤트 기반 프로그래밍에 대한 설명으로 틀린 것을 골라라.
   ① 이벤트 분배 스레드가 존재한다.
   ② AWT나 스윙 응용프로그램은 이벤트 기반 응용프로그램이다.
   ③ 키 이벤트를 처리하는 도중 마우스 이벤트가 발생하면, 마우스 이벤트를 처리한 뒤 중단시킨 키 이벤트 처리를 계속 한다.
   ④ 컴포넌트마다 처리할 수 있는 이벤트가 서로 다르다.

2. MouseEvent 객체가 제공하지 않는 정보는 무엇인가?
   ① 이벤트 소스 ② 마우스 클릭된 화면 좌표
   ③ 클릭된 마우스 버튼 번호 ④ 마우스 드래깅 길이

3. 다음 프로그램 코드를 익명 클래스를 이용하여 다시 작성하라.

```
JButton btn = new JButton("Hello");
btn.addActionListener(new MyActionListener());

class MyActionListener implements ActionListener {
    public void actionPerformed(ActionEvent e) {
        System.out.println("Click");
    }
}
```

4. 다음 프로그램 코드를 익명 클래스를 이용하여 다시 작성하라.

```
JButton btn = new JButton("Hello");
btn.addKeyListener(new MyKeyListener());

class MyKeyListener extends KeyAdapter {
    public void keyReleased(KeyEvent e) {
        System.out.println("Key Released");
    }
}
```

5. 다음 프로그램에서 틀린 부분을 찾아 수정하라.

(1)

```
class MyActionListener extends ActionAdapter {
    public void actionPerformed(ActionEvent e) {
        System.out.println("Click");
}
```

(2)

```
class MyMouseListener implements MouseListener {
    public void mousePressed(MouseEvent e) {
        System.out.println("Mouse Pressed");
    }
}
```

(3)

```
class MyKeyListener extends KeyAdapter {
    public void keyTyped(ActionEvent e) {
        System.out.println("Key Pressed");
    }
}
```

6. 다음 Action 이벤트 리스너 코드가 있다.

```
class MyActionListener implements ActionListener {
    private String msg;
    public MyActionListener(String msg) { this.msg = msg; }
    public void actionPerformed(ActionEvent e) { System.out.println(msg); }
}
```

"Hello" 버튼에 다음과 같이 리스너를 등록하고, 버튼을 클릭하면 실행 결과는 무엇인가?

```
JButton btn = new JButton("Hello");
btn.addActionListener(new MyActionListener("1"));
btn.addActionListener(new MyActionListener("2"));
btn.addActionListener(new MyActionListener("3"));
```

① 3 2 1이 순서대로 출력된다.
② 1 2 3이 순서대로 출력된다.
③ 3만 출력된다.
④ 1만 출력된다.

7. 다음 중 어댑터 클래스를 가지지 않은 리스너는 무엇인가?

① ItemListener ② KeyListener

③ FocusListener ④ WindowListener

8. component가 포커스를 가지고 있어야 키 이벤트를 처리할 수 있다. component에 포커스를 강제로 설정하는 코드는 무엇인가?

① component.setFocus(); ② component.focusRequest();

③ component.requestFocus(); ④ component.focus();

9. 다음 중에서 유니코드 키가 아닌 것을 모두 골라라.

```
a  <Alt>  9  %  <Tab>  @  <Delete>  ;  <Shift>  ~  <Help>
```

10. 다음 코드는 a 키가 눌려졌는지 판별하기 위한 처리 코드이다.

```
public void keyPressed(KeyEvent e) {
    if(e.getKeyChar() == ______________) {
        System.exit(0);
    }
}
```

(1) 빈칸을 채워라.

(2) 2번째 라인을 <ALT> 키가 눌려졌는지 판별하는 코드로 수정하라.

11. 키 이벤트가 발생할 때 KeyListener의 keyPressed(), keyReleased(), keyTyped() 메소드가 호출되는 순서에 대해 답하라.

(1) 사용자가 a 키를 입력할 때 (2) 사용자가 <Esc> 키를 입력할 때

12. 다음 마우스 리스너가 있다.

```
class MyMouseListener extends MouseAdapter {
    private int count=0;
    public void mousePressed(MouseEvent e) { count++; }
    public void mouseReleased(MouseEvent e) { System.out.print(count); }
    public void mouseDragged(MouseEvent e) { count++; }
}
```

그리고 컨텐트팬에 다음과 같이 Mouse 리스너와 MouseMotion 리스너를 등록하였다.

```
contentPane.addMouseListener(new MyMouseListener());
contentPane.addMouseMotionListener(new MyMouseListener());
```

(1) 컨텐트팬에 마우스를 한 번 누르고 놓았을 때 화면에 출력되는 내용은?
(2) 컨텐트팬에 마우스를 누른 후 드래그하고 마우스를 놓았을 때 출력되는 내용은? (그동안 mouseDragged()가 10번 실행되었다.)
(3) 마우스 리스너 등록 코드를 다음과 같이 바꾸었을 때 (1), (2)번에 대한 결과는?

```
MyMouseListener ml = new MyMouseListener();
contentPane.addMouseListener(ml);
contentPane.addMouseMotionListener(ml);
```

13. 스윙 컴포넌트 component에 대해 다음 문장의 의미는 각각 무엇인가?

```
component.repaint();
component.revalidate();
```

실습문제

• 홀수 문제는 정답이 공개됩니다.

1. JLabel 컴포넌트는 Mouse 이벤트를 받을 수 있다. JLabel 컴포넌트에 마우스를 올리면 "Love Java"가, 내리면 "사랑해"가 출력되도록 스윙 응용프로그램을 작성하라. 난이도 4

목적 간단한 Mouse 이벤트 리스너 작성

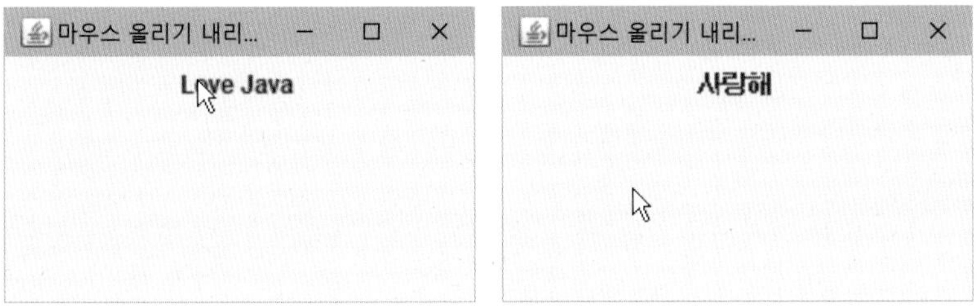

목적 Mouse 이벤트와 MouseMotion 이벤트 동시 처리

2. 컨텐트팬의 배경색은 초록색으로 하고 마우스를 드래깅하는 동안만 노란색으로 유지하는 스윙 응용프로그램을 작성하라. 난이도 5

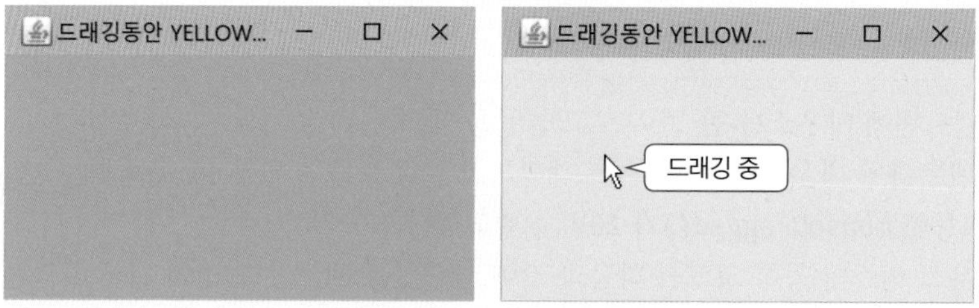

목적 Key 리스너 작성과 포커스 연습

3. `JLabel`을 활용하여 "Love Java"를 출력하고 왼쪽 화살표 키(<Left> 키)를 입력할 때마다 "avaJ evoL"와 "Love Java"를 번갈아 출력하는 스윙 프로그램을 작성하라. 난이도 5

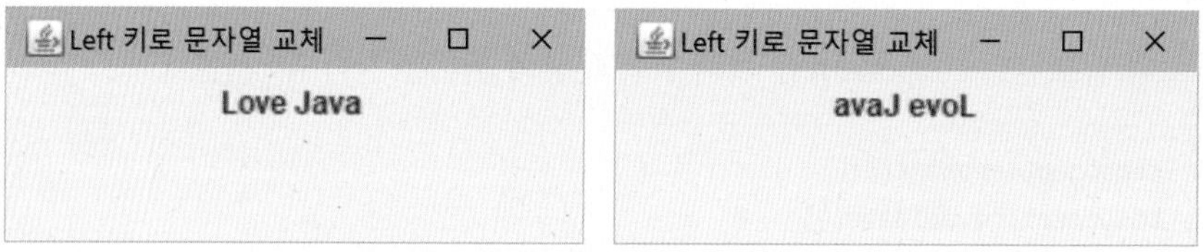

힌트 `JLabel`에 포커스를 설정하고 키 리스너를 작성한다. 그리고 `JLabel`에 출력되는 문자열을 `StringBuffer`를 이용하여 담고 `reverse()` 메소드를 호출하면 문자열을 거꾸로 바꿀 수 있다. 아니면 컨텐트팬에 리스너를 달아 처리해도 된다.

목적 Key 리스너 작성과 포커스 연습

4. `JLabel`을 활용하여 "Love Java"를 출력하고 왼쪽 화살표 키(<Left> 키)를 입력할 때마다 "ove JavaL", "ve JavaLo", "e JavaLov"와 같이 한 문자씩 왼쪽으로 회전하는 프로그램을 작성하라. 난이도 5

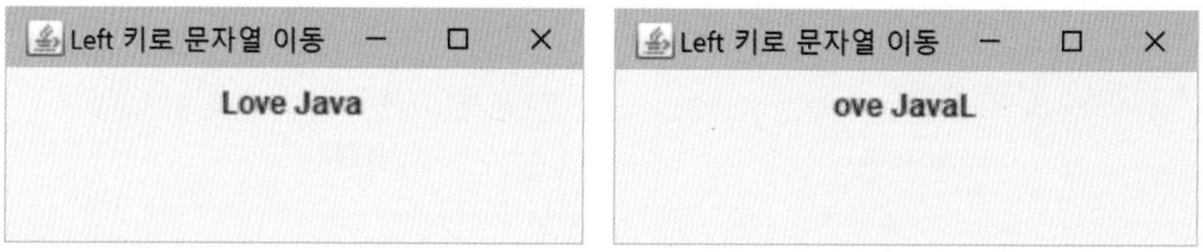

힌트 문자열 회전은 `String` 클래스의 `substring()` 메소드를 이용하라. 참고로 `String text = "Love Java"`에서, `text.substring(0, 1)`은 "L"을 리턴하고, `text.substring(1)`은 "ove Java"를 리턴한다. `JLabel`에 포커스를 설정해야 키 입력을 받을 수 있다는 것도 잊지 말라.

5. JLabel 컴포넌트로 "Love Java"를 출력하고, 키 리스너를 작성하여 + 키를 치면 폰트 크기를 5픽셀씩 키우고, - 키를 치면 폰트 크기를 5픽셀씩 줄이는 스윙 응용프로그램을 작성하라. 5픽셀 이하로 작아지지 않도록 하라. 난이도 6

목적 Key 리스너, 포커스, 폰트 다루기 연습

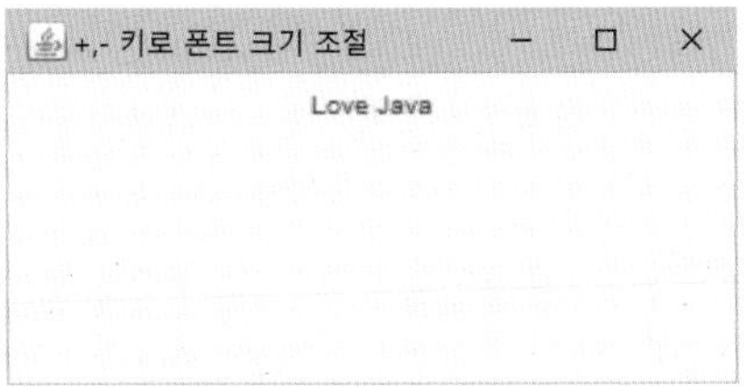

힌트 JLabel 컴포넌트에 폰트를 설정하는 방법은 다음과 같다.

```
JLabel la = new JLabel("Love Java");
la.setFont(new Font("Arial", Font.PLAIN, 10)); // Arial 폰트로 10픽셀 크기
Font f = la.getFont();
int size = f.getSize();
la.setFont(new Font("Arial", Font.PLAIN, size+5)); // 15픽셀 크기
```

6. 클릭 연습용 스윙 응용프로그램을 작성하라. "C"를 출력하는 JLabel을 하나 만들고 초기 위치를 (100, 100)으로 하고, "C"를 클릭할 때마다 컨텐트팬 내에 랜덤한 위치로 움직이게 하라. 난이도 7

목적 Mouse 리스너와 배치관리자 없는 컨텐트팬에 컴포넌트 이동 연습

힌트 배치관리자를 삭제하면 레이블이 임의의 위치로 움직일 수 있다.

목적 MouseWheel 리스너 작성 연습

7. JLabel을 활용하여 "Love Java"를 출력하고, "Love Java" 글자 위에 마우스를 올려 마우스 휠을 위로 굴리면 글자가 작아지고, 아래로 굴리면 글자가 커지도록 프로그램을 작성하라. 폰트 크기는 한 번에 5픽셀씩 작아지거나 커지도록 하고, 5픽셀 이하로 작아지지 않도록 하라. 난이도 7

힌트

- 마우스 휠이 굴려질 때마다 MouseWheelEvent가 발생하며 MouseWheelListener의 mouseWheelMoved(MouseWheelEvent e) 메소드가 호출된다. 이때 매개 변수 e 객체를 다음과 같이 이용하면 마우스 휠이 위로 굴려졌는지 아래로 굴려졌는지 알 수 있다.

```
int n = e.getWheelRotation();
```

- n이 음수이면 마우스 휠이 위로 굴려졌고, 양수이면 아래로 굴려졌다. 실제 n은 -1 혹은 1 중 하나이다. 핵심적인 코드는 다음과 같다.

```
label.addMouseWheelListener(new MouseWheelListener() {
    public void mouseWheelMoved(MouseWheelEvent e) {
        int n = e.getWheelRotation();
        if(n < 0) { // up direction. 폰트 5픽셀 작게
            ...........
        }
        else { // down direction. 폰트 5픽셀 크게
            ...........
        }
    }
});
```

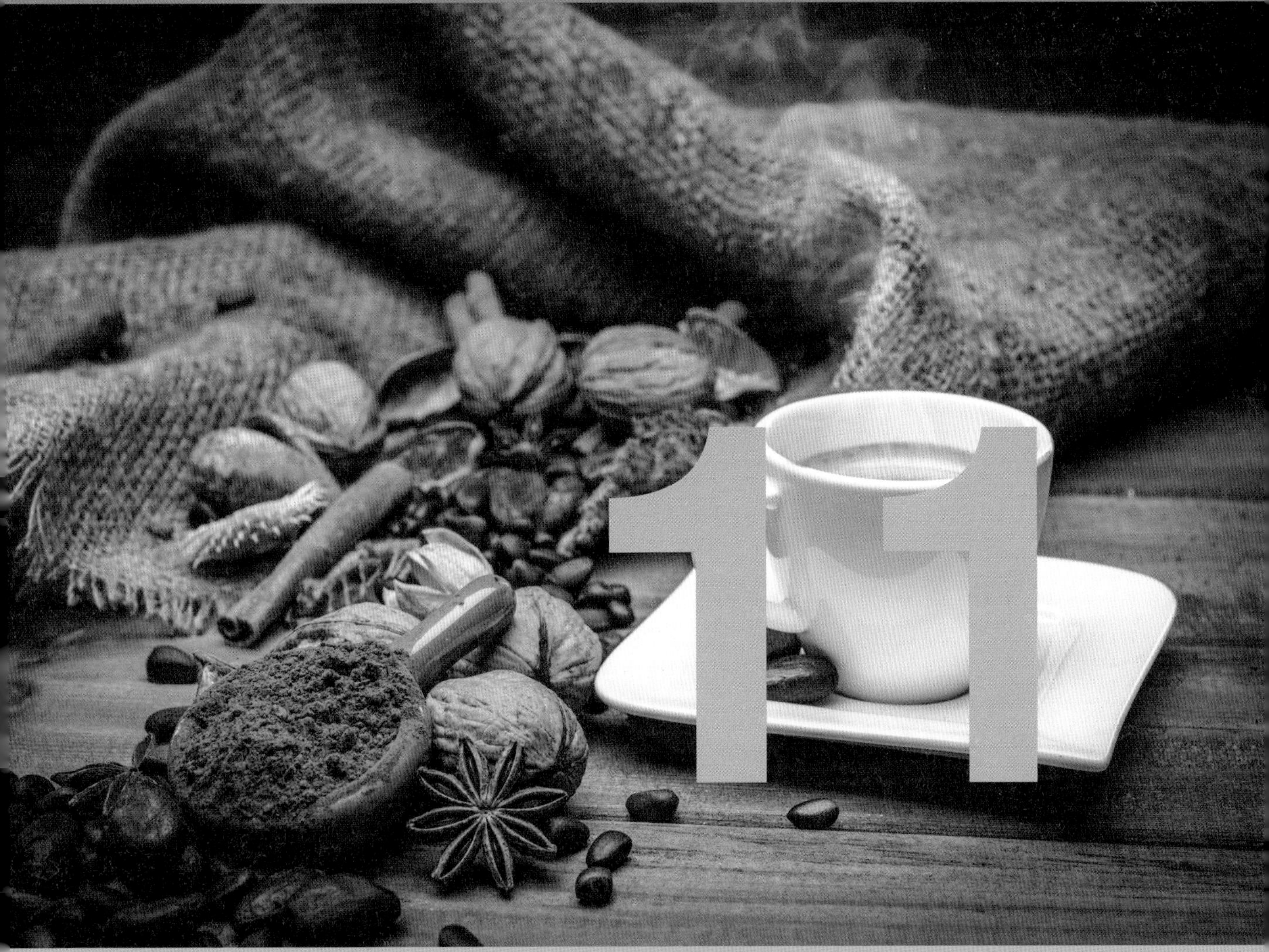

11 기본적인 스윙 컴포넌트와 활용

Objectives

- 스윙 컴포넌트의 상속 구조를 알고 JComponent의 공통 메소드를 이해한다.
- JLabel의 쓰임을 알고 활용한다.
- JButton의 쓰임을 알고 활용한다.
- JCheckBox의 쓰임을 알고 활용한다.
- JRadioButton의 쓰임을 알고 활용한다.
- JTextField의 쓰임을 알고 활용한다.
- JTextArea의 쓰임을 알고 활용한다.
- JList<E>의 쓰임을 알고 활용한다.
- JComboBox<E>의 쓰임을 알고 활용한다.
- JSlider의 쓰임을 알고 활용한다.
- Change 이벤트와 ChangeListener에 대해 이해하고 활용하는 방법을 안다.
- Item 이벤트와 ItemListener에 대해 이해하고 활용하는 방법을 안다.

CHAPTER 11

JAVA PROGRAMMING

기본적인 스윙 컴포넌트와 활용

컴포넌트 기반 GUI 프로그래밍
그래픽 기반 GUI 프로그래밍

11.1 스윙 컴포넌트 소개

스윙 프로그램으로 GUI 화면을 구성하는 방법은 두 가지이다.

첫 번째, 컴포넌트 기반 GUI 프로그래밍이다. [그림 11-1]과 같이 스윙 패키지에 주어진 GUI 컴포넌트를 이용하여 쉽게 GUI 프로그램을 작성할 수 있는 장점이 있지만, 자바 패키지에서 제공하는 GUI 컴포넌트의 한계를 벗어날 수 없다.

두 번째, 그래픽 기반 GUI 프로그래밍이다. 선, 원 등의 도형과 이미지를 이용하여 그래픽으로 직접 화면에 그린다. 이 방법은 자바 패키지의 컴포넌트에는 없는 독특한 GUI를 구성할 수 있고 실행 속도가 빨라 게임 등에서 주

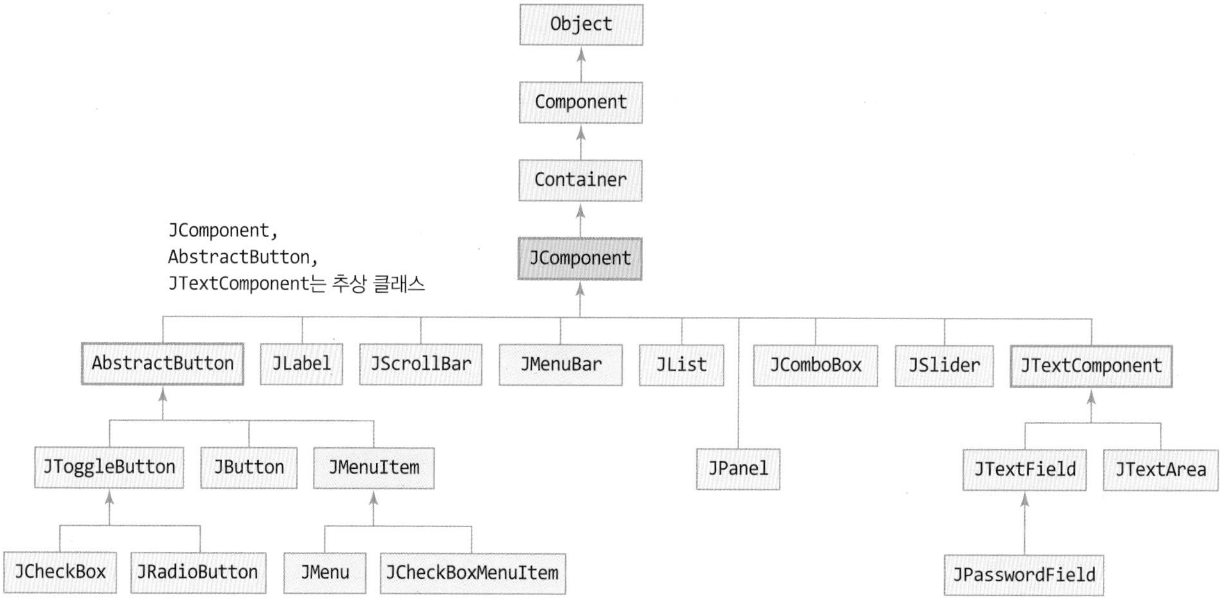

[그림 11-1] 스윙 컴포넌트와 상속 구조

로 사용된다. 하지만, 프로그래밍에 대한 개발자의 부담이 큰 단점이 있다. 많은 경우 이 두 방법으로 혼합하여 GUI 응용프로그램을 작성한다.

이 장에서는 GUI 컴포넌트를 이용하여 쉽게 GUI 프로그램을 개발할 수 있는 컴포넌트 기반 프로그래밍 기법을 소개하고, 그래픽 기반 GUI 프로그래밍은 12장에서 설명한다.

스윙 컴포넌트와 상속 구조

[그림 11-1]은 기본적인 스윙 컴포넌트들과 그들 사이의 상속 관계를 보여준다. 스윙 컴포넌트는 JComponent를 상속받으며, 이름이 모두 J로 시작된다. 그러므로 JComponent에는 스윙 컴포넌트들이 상속받는 많은 공통 메소드와 상수들이 작성되어 있다. [그림 11-1]의 왼쪽 아래에는 버튼으로 작동하는 여러 스윙 컴포넌트들이 있고, 오른쪽에는 텍스트 입력 창의 기능을 하는 컴포넌트들이 있고, 메뉴와 관련된 컴포넌트들은 중앙에 푸른 배경색으로 표시하였다.

JComponent
J

스윙 컴포넌트의 공통 메소드

JComponent에는 모든 스윙 컴포넌트들이 상속받는 공통 메소드와 상수들이 작성되어 있기 때문에 GUI 프로그램 작성을 위해 JComponent의 메소드들을 알아두어야 한다. 일부 메소드를 유형별로 [그림 11-2]에 정리하였다.

컴포넌트의 모양과 관련된 메소드

```
void setForeground(Color)  전경색 설정
void setBackground(Color)  배경색 설정
void setOpaque(boolean)  불투명성 설정
void setFont(Font)  폰트 설정
Font getFont()  폰트 리턴
```

컴포넌트의 상태와 관련된 메소드

```
void setEnabled(boolean)  컴포넌트 활성화/비활성화
void setVisible(boolean)  컴포넌트 보이기/숨기기
boolean isVisible()  컴포넌트의 보이는 상태 리턴
```

컴포넌트의 위치와 크기에 관련된 메소드

```
int getWidth()  폭 리턴
int getHeight()  높이 리턴
int getX()  x 좌표 리턴
int getY()  y 좌표 리턴
Point getLocationOnScreen()  스크린 좌표상에서의 컴포넌트 좌표
void setLocation(int, int)  위치 지정
void setSize(int, int)  크기 지정
```

컨테이너를 위한 메소드

```
Component add(Component)  자식 컴포넌트 추가
void remove(Component)  자식 컴포넌트 제거
void removeAll()  모든 자식 컴포넌트 제거
Component[] getComponents()  자식 컴포넌트 배열 리턴
Container getParent()  부모 컨테이너 리턴
Container getTopLevelAncestor()  최상위 부모 컨테이너 리턴
```

[그림 11-2] 많이 사용되는 JComponent의 메소드를 유형별로 분류

● 배경색, 전경색, 폰트

스윙 컴포넌트 c의 배경색, 전경색, 폰트를 다루는 코드 예는 다음과 같다.

```
c.setBackground(Color.YELLOW); // 컴포넌트의 배경색을 노란색으로 설정
c.setForeground(Color.MAGENTA); // 컴포넌트 c의 글자색을 마젠타로 설정
c.setFont(new Font("Arial", Font.ITALIC, 20)); // 20픽셀 이탤릭 Arial 체로 설정
```

● 위치와 크기

스윙 컴포넌트 c의 위치와 크기를 설정하는 코드는 다음과 같다. 이 코드는 배치관리자가 없는 컨테이너에서만 작동한다.

```
c.setLocation(100, 200); // 컴포넌트 c를 (100, 200) 위치로 이동
c.setSize(100, 100); // 컴포넌트 c의 크기를 100x100 크기로 설정
```

스윙 컴포넌트 c의 위치와 크기는 다음과 같이 알 수 있다.

```
int x = c.getX();      int y = c.getY();
int w = c.getWidth(); int h = c.getHeight();
```

● 활성화/비활성화, 보이기/숨기기

setEnabled()로 활성화/비활성화, setVisible()로 보이기/숨기기를 할 수 있다.

```
c.setEnabled(false); // 컴포넌트 c가 작동하지 않게 함. 버튼의 경우 클릭해도 무반응
c.setVisible(false); // 컴포넌트 c가 화면에 보이지 않게 함
```

● 부모 컨테이너 찾기

getParent()를 이용하면 컴포넌트 c가 담긴 부모 컨테이너를, getTopLevelAncestor()를 호출하면 최상위 컨테이너를 알아낼 수 있다.

```
Container c = c.getParent(); // 컴포넌트 c의 부모 컨테이너 알아내기
MyFrame frame = (MyFrame)c.getTopLevelAncester(); // c의 최상위 스윙 프레임 알아내기
```

컨테이너 c에서 자식 컴포넌트 child를 삭제하는 코드는 다음과 같다.

```
c.remove(child);
```

child가 제거된다고 바로 화면에서 사라지지 않는다. 다음 코드가 필요하다.

```
c.revalidate(); // 컨테이터 c의 재배치. 12장 6절 참고
c.repaint(); // 컴포넌트 c의 다시 그리기
```

스윙 컴포넌트의 공통 기능, JComponent의 메소드 — 예제 11-1

이 예제는 3개의 버튼을 활용하여 JComponent의 공통 메소드의 사용 사례를 보인다.

첫 번째 버튼은 폰트, 배경색, 글자색 활용에 대해, 두 번째 버튼은 활성화/비활성화, 세 번째 버튼은 위치를 다루는 코드로 활용하였다.

```
import java.awt.*;
import java.awt.event.*;
import javax.swing.*;

public class JComponentEx extends JFrame {
   public JComponentEx() {
      super("JComponent의 공통 메소드 예제");
      Container c = getContentPane();
      c.setLayout(new FlowLayout());

      JButton b1 = new JButton("Magenta/Yellow Button");
      JButton b2 = new JButton("    Disabled Button    ");
      JButton b3 = new JButton("getX(), getY()");

      b1.setBackground(Color.YELLOW); // 배경색 설정
      b1.setForeground(Color.MAGENTA); // 글자색 설정
      b1.setFont(new Font("Arial", Font.ITALIC, 20)); // Arial, 20픽셀 폰트 설정
      b2.setEnabled(false); // 버튼 비활성화
      b3.addActionListener(new ActionListener() {
         public void actionPerformed(ActionEvent e) {
            JButton b = (JButton)e.getSource();
            JComponentEx frame = (JComponentEx)b.getTopLevelAncestor();
            frame.setTitle(b.getX() + "," + b.getY()); // 타이틀에 버튼 좌표 출력
         }
      });

      c.add(b1); c.add(b2); c.add(b3); // 컨텐트팬에 버튼 부착

      setSize(260,200);
      setVisible(true);
   }

   public static void main(String[] args) {
      new JComponentEx();
   }
}
```

JComponentEx.this.setTitle(...);로 해도 됨

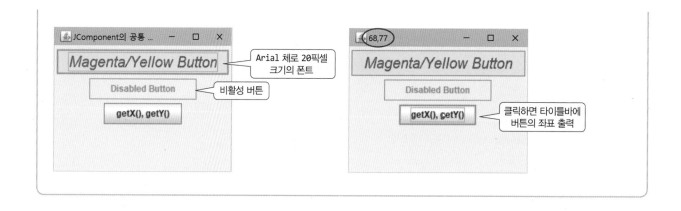

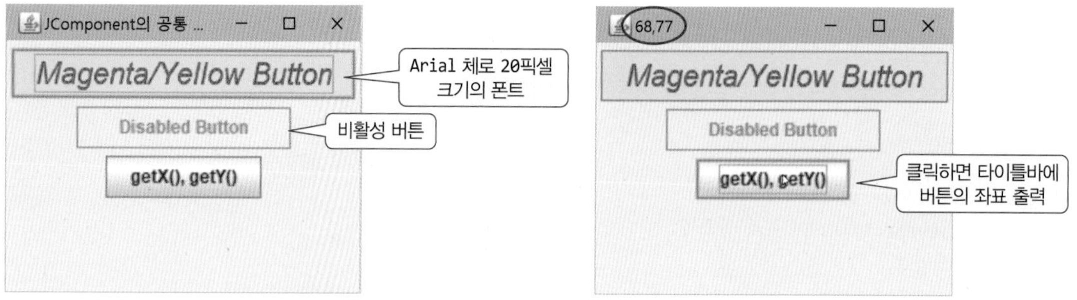

11.2 JLabel, 레이블 컴포넌트

JLabel

JLabel
문자열이나 이미지

JLabel은 문자열이나 이미지를 스크린에 출력하는 레이블 컴포넌트를 만드는 클래스이다.

레이블 컴포넌트 생성

레이블 컴포넌트는 레이블이라고도 부르며, 다음 생성자를 이용하여 생성한다.

JLabel() 빈 레이블
JLabel(Icon image) 이미지 레이블
JLabel(String text) 문자열 레이블
JLabel(String text, Icon image, int hAlign) 문자열과 이미지를 모두 가진 레이블
• hAlign: 수평 정렬 값으로 SwingConstants.LEFT, SwingConstants.RIGHT, SwingConstants.CENTER 중 하나

레이블을 생성하는 몇 가지 예를 들어보자.

● 문자열 레이블 생성

다음은 "사랑합니다" 문자열을 가진 레이블을 생성한다.

```
JLabel textLabel = new JLabel("사랑합니다");
```

● 이미지 레이블 생성

이미지를 가진 레이블을 생성하기 위해서는, ImageIcon 클래스를 이용하여 이미지 파일로부터 이미지 객체를 생성하고, JLabel로 이미지 레이블을 생성한다. 다음은 sunset.jpg 이미지를 읽어 이미지 레이블을 만드는 코드이다.

ImageIcon

```
ImageIcon image = new ImageIcon("images/sunset.jpg");
JLabel imageLabel = new JLabel(image);
```

sunset.jpg 파일의 경로명은 "images/sunset.jpg"이므로 이클립스의 경우 sunset.jpg는 프로젝트의 images 폴더에 있어야 한다.

images 폴더

● 문자열, 이미지, 수평 정렬 값을 가진 레이블 생성

다음 코드는 "사랑합니다"라는 문자열과 sunset.jpg 이미지를 함께 가진 레이블을 생성하고, 문자열과 이미지를 레이블 컴포넌트 영역 내에 중앙 정렬한다.

```
ImageIcon image = new ImageIcon("images/sunset.jpg");
JLabel label = new JLabel("사랑합니다", image, SwingConstants.CENTER);
```

잠깐!

JLabel에 담을 수 있는 이미지는 png, gif, jpg의 세 가지 형식뿐이다. 다른 형식의 이미지는 개발자가 스스로 이미지 파일을 읽고 해독하여 그려야만 한다.

잠깐!

자바에서 파일의 경로명은 Solaris 운영체제(Unix의 계열로 자바를 개발한 선마이크로시스템의 운영체제)에서 사용하는 방식과 윈도우 운영체제에서 사용하는 2가지 방식으로 표현 가능하다.

```
new ImageIcon ("images/sunset.jpg"); // Solaris 방식
new ImageIcon ("images\\sunset.jpg"); // 윈도우 방식
```

윈도우에 익숙한 우리에게는 후자가 익숙하고 8장에서는 이 방식을 사용하였지만, 지금은 Solaris 방식을 사용해본다.

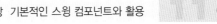

예제 11-2 JLabel을 이용한 레이블 만들기

JLabel을 이용하여 실행 결과와 같이 문자열과 이미지를 출력하라.

"사랑합니다" 문자열 레이블과 beauty.jpg 이미지를 출력한 이미지 레이블, 그리고 normalIcon.gif 이미지와 "보고싶으면 전화하세요"를 함께 출력하는 레이블을 작성하라.

beauty.jpg, normalIcon.gif 이미지는 프로젝트 폴더 아래 Images 폴더에 저장되어 있어야 한다.

```java
import javax.swing.*;
import java.awt.*;

public class LabelEx extends JFrame {
   public LabelEx() {
      setTitle("레이블 예제");
      setDefaultCloseOperation(JFrame.EXIT_ON_CLOSE);
      Container c = getContentPane();
      c.setLayout(new FlowLayout());

      // 문자열 레이블 생성
      JLabel textLabel = new JLabel("사랑합니다.");

      // 이미지 레이블 생성
      ImageIcon beauty = new ImageIcon("images/beauty.jpg"); // 이미지 로딩
      JLabel imageLabel = new JLabel(beauty); // 이미지 레이블 생성

      // 문자열과 이미지를 모두 가진 레이블 생성
      ImageIcon normalIcon = new ImageIcon("images/normalIcon.gif"); // 이미지 로딩
      JLabel label = new JLabel("보고싶으면 전화하세요",
                        normalIcon, SwingConstants.CENTER); // 레이블 생성

      // 컨텐트팬에 3개의 레이블 부착
      c.add(textLabel);
      c.add(imageLabel);
      c.add(label);

      setSize(400,600);
      setVisible(true);
   }

   public static void main(String [] args) {
      new LabelEx();
   }
}
```

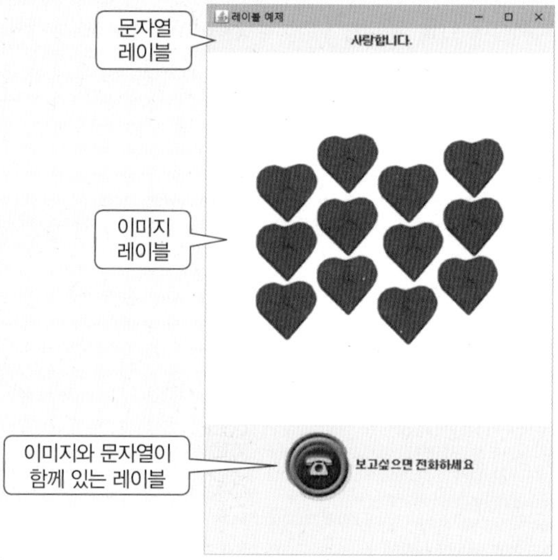

11.3 JButton, 버튼 컴포넌트

JButton

JButton은 버튼 컴포넌트(간단히 버튼)를 만드는데 이용된다. 레이블 컴포넌트가 문자열이나 이미지를 화면에 출력하는 용도로 사용되는 것이라면, 버튼은 사용자로부터 명령을 받기 위해 사용된다. 버튼을 마우스로 클릭하거나 키로 선택하면 Action 이벤트가 발생한다. 버튼은 [그림 11-3]과 같이 이미지와 문자열로 구성된다.

JButton
Action 이벤트 발생

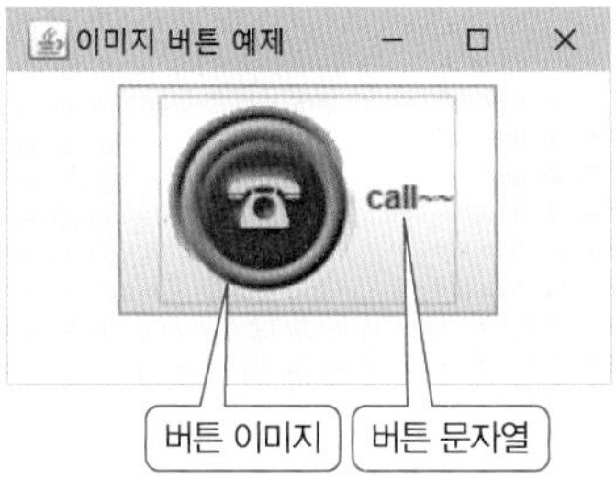

[그림 11-3] 이미지와 문자열을 가진 버튼 컴포넌트

버튼 컴포넌트 생성

버튼은 다음 생성자를 이용하여 생성한다.

```
JButton() 빈 버튼
JButton(Icon image) 이미지 버튼
JButton(String text) 문자열 버튼
JButton(String text, Icon image) 문자열과 이미지를 가진 버튼
```

예를 들면 "hello" 문자열을 가진 버튼은 다음 코드로 생성한다.

```
JButton btn = new JButton("hello");
```

이미지 버튼 만들기

JButton은 사용자의 버튼 조작에 대한 시각적 효과를 극대화하기 위해, 마우스 접근에 따라 모양이 다른 3개의 버튼 이미지를 출력할 수 있다. 3개의 이미지는 다음과 같으며, 버튼에는 작은 이미지가 주로 사용되므로 아이콘으로도 불린다.

3개의 버튼 이미지

setIcon(Icon image)

- normalIcon
  버튼이 보통 상태에 있을 때 출력되는 디폴트 이미지로, 생성자나 JButton의 setIcon(Icon image)을 통해 설정한다.

setRolloverIcon(Icon image)

- rolloverIcon
  버튼 위에 마우스가 올라갈 때 출력되는 이미지로, JButton의 setRolloverIcon (Icon image)을 호출하여 설정한다.

setPressedIcon(Icon image)

- pressedIcon
  버튼이 눌려져 있는 동안 출력되는 이미지로, JButton의 setPressedIcon(Icon image)을 호출하여 설정한다.

이 3개의 이미지 아이콘을 JButton에 달아주기만 하면, JButton은 사용자의 버튼 조작에 따라 적절한 버튼 이미지를 출력한다.

3개의 이미지(normalIcon, rolloverIcon, pressedIcon)를 가진 버튼을 만들어보자. 이미지 레이블을 만들 때와 동일하게 다음과 같이 3개의 이미지를 읽어 들이고, JButton으로 버튼 컴포넌트를 생성한다.

```
ImageIcon normalIcon = new ImageIcon("images/normalIcon.gif");
ImageIcon rolloverIcon = new ImageIcon("images/rolloverIcon.gif");
ImageIcon pressedIcon = new ImageIcon("images/pressedIcon.gif");

JButton button = new JButton("테스트버튼", normalIcon); // normalIcon 달기
button.setRolloverIcon(rolloverIcon); // rolloverIcon 달기
button.setPressedIcon(pressedIcon); // pressedIcon 달기
```

이때 3개의 이미지 파일은 프로젝트 폴더 밑의 images 폴더에 있어야 한다.

실제로는 normalIcon 이미지 하나만 가진 디폴트 버튼을 많이 사용하는데, 실행 중에 디폴트 이미지를 변경하려면 다음과 같이 setIcon() 메소드를 호출하면 된다.

```
button.setIcon(new ImageIcon("images/newIcon.gif")); // 디폴트 이미지 변경
```

JButton을 이용한 버튼 만들기 예제 11-3

images/normalIcon.gif, images/rolloverIcon.gif, images/pressedIcon.gif 파일로부터 normalIcon, rolloverIcon, pressedIcon을 각각 생성하고 JButton에 등록하여 다음과 같이 작동하는 버튼을 작성하라.

이미지 파일은 프로젝트 폴더 밑의 images 폴더에 있어야 한다.

보통 상태에 있는 동안
(normalIcon.gif)

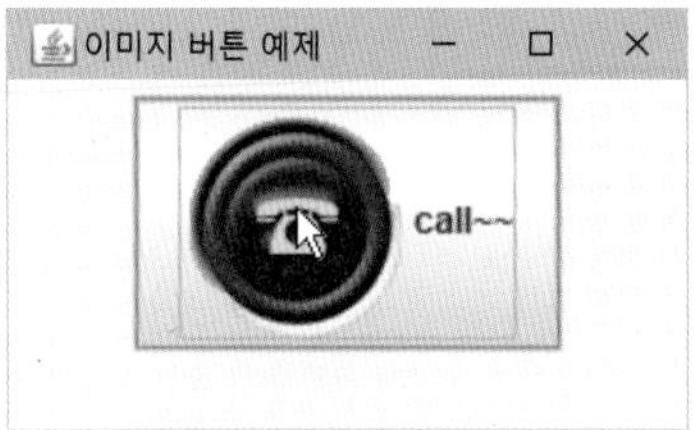

마우스가 버튼 위에 올라간 경우
(rolloverIcon.gif)

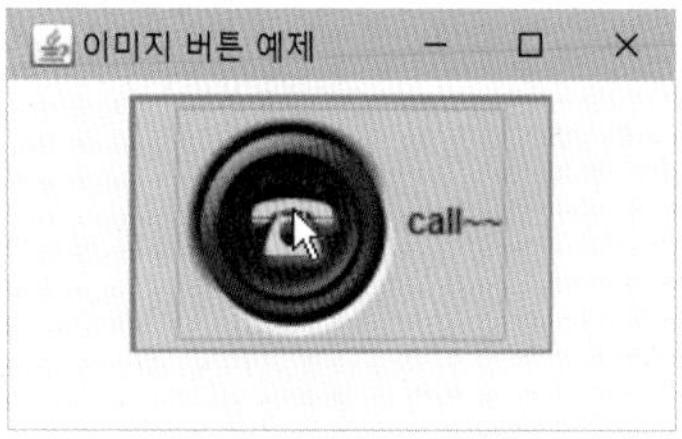

마우스가 눌러진 순간
(pressedIcon.gif)

```
import javax.swing.*;
import java.awt.*;

public class ButtonEx extends JFrame {
   public ButtonEx() {
      setTitle("이미지 버튼 예제");
      setDefaultCloseOperation(JFrame.EXIT_ON_CLOSE);
      Container c = getContentPane();
      c.setLayout(new FlowLayout());

      // 3개의 이미지를 파일로부터 읽어들인다.
      ImageIcon normalIcon = new ImageIcon("images/normalIcon.gif");
      ImageIcon rolloverIcon = new ImageIcon("images/rolloverIcon.gif");
      ImageIcon pressedIcon = new ImageIcon("images/pressedIcon.gif");

      // 3개의 이미지를 가진 버튼 생성
      JButton btn = new JButton("call~~", normalIcon); // normalIcon용 이미지 등록
      btn.setPressedIcon(pressedIcon); // pressedIcon용 이미지 등록
      btn.setRolloverIcon(rolloverIcon); // rolloverIcon용 이미지 등록
      c.add(btn);

      setSize(250,150);
      setVisible(true);
   }

   public static void main(String [] args) {
      new ButtonEx();
   }
}
```

버튼 이미지로 사용할 3개의 이미지를 로딩한다.

normalIcon을 가진 이미지 버튼을 생성하고 버튼에 pressedIcon, rolloverIcon을 등록한다.

버튼과 레이블의 정렬(Alignment)

수평 정렬
수직 정렬

버튼 컴포넌트와 레이블 컴포넌트는 정렬 기능을 이용하면, 컴포넌트 내에 문자열과 이미지의 위치를 조정할 수 있다. 정렬은 수평 정렬과 수직 정렬로 구분된다.

● 수평 정렬

수평 정렬은 [그림 11-4]와 같이 왼쪽, 중앙, 오른쪽 정렬의 3가지로, JButton이나 JLabel의 다음 메소드를 이용하면 된다.

```
void setHorizontalAlignment(int align)
• align: 정렬의 기준을 지정하는 값으로 다음과 같다.
   SwingConstants.LEFT, SwingConstants.CENTER, SwingConstants.RIGHT
```

[그림 11-4] JButton 컴포넌트의 수평 정렬

[그림 11-4]와 같은 왼쪽 정렬을 하려면 다음 코드가 필요하다.

```
contentPane.setLayout(new BorderLayout()); // 버튼으로 꽉 채우기 위해
ImageIcon normalIcon = new ImageIcon("images/normalIcon.gif");
JButton btn = new JButton("call~~", normalIcon);
btn.setHorizontalAlignment(SwingConstants.LEFT); // 버튼 안에서 이미지와 문자열의 왼쪽 정렬
contentPane.add(btn);
```

여기서 SwingConstants.LEFT 대신 SwingConstants.CENTER나 SwingConstants.RIGHT를 사용하면 중앙 정렬, 오른쪽 정렬을 할 수 있다.

● 수직 정렬

수직 정렬은 [그림 11-5]와 같이 위쪽, 중앙, 아래쪽 정렬의 3가지로서, JButton이나 JLabel의 다음 메소드를 이용하면 된다.

```
void setVerticalAlignment(int align)
• align: 정렬의 기준을 지정하는 값으로 다음과 같다.
    SwingConstants.TOP, SwingConstants.CENTER, SwingConstants.BOTTOM
```

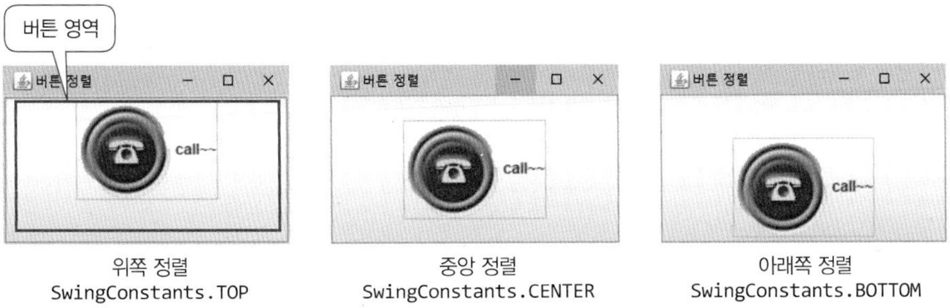

[그림 11–5] JButton 컴포넌트의 수직 정렬

[그림 11–5]와 같은 위쪽 정렬을 하려면 다음 코드가 필요하다.

```
contentPane.setLayout(new BorderLayout()); // 버튼으로 꽉 채우기 위해
ImageIcon normalIcon = new ImageIcon("images/normalIcon.gif");
JButton btn = new JButton("call~~", normalIcon);
btn.setVerticalAlignment(SwingConstants.TOP); // 버튼 안에서 이미지와 문자열의 위쪽 정렬
contentPane.add(btn);
```

앞의 코드에서 SwingConstants.TOP 대신 SwingConstants.CENTER나 SwingConstants.BOTTOM를 사용하면 중앙 정렬, 아래쪽 정렬을 할 수 있다.

11.4 JCheckBox, 체크박스 컴포넌트

JCheckBox

JCheckBox
선택과 해제

JCheckBox를 이용하면 선택(selected)과 해제(deselected)의 두 상태만 가지는 체크박스 컴포넌트(줄여 체크박스)를 만들 수 있다. 체크박스는 체크박스 문자열과 체크박스 이미지로 구성되며, [그림 11-6]은 JCheckBox로 만든 3개의 체크박스를 보여준다.

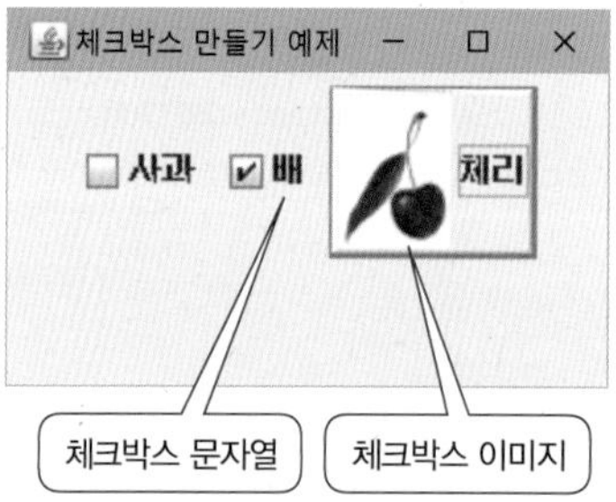

[그림 11-6] JCheckBox로 만든 3개의 체크박스 컴포넌트

체크박스 컴포넌트 생성

체크박스는 다음 생성자를 이용하여 생성하며, 디폴트가 해제 상태이다.

```
JCheckBox() 빈 체크박스
JCheckBox(String text) 문자열 체크박스
JCheckBox(String text, boolean selected) 문자열 체크박스
JCheckBox(Icon image) 이미지 체크박스
JCheckBox(Icon image, boolean selected) 이미지 체크박스
JCheckBox(String text, Icon image) 문자열과 이미지를 가진 체크박스
JCheckBox(String text, Icon image, boolean selected) 문자열과 이미지를 가진 체크박스
• selected: true이면 선택 상태로 초기화. 디폴트는 해제 상태
```

● 문자열 체크박스

"사과" 문자열을 가진 체크박스를 만드는 코드는 다음과 같고, 해제 상태로 생성된다.

```
JCheckBox apple = new JCheckBox("사과");
```

"배" 문자열을 가지고 처음부터 선택 상태인 체크박스는 다음 코드로 생성한다.

```
JCheckBox pear = new JCheckBox("배", true);
```

● 이미지 체크박스

이미지 체크박스는 체크박스 모양(✔) 대신, 선택 상태 때 출력할 별도의 이미지를 필요로 한다. 선택 상태 이미지는 JCheckBox의 setSelectedIcon(ImageIcon) 메소드를 이용하여 등록한다.

별도의 이미지
setSelectedIcon(ImageIcon)

다음 예는 "체리" 문자열과 cherry.jpg 이미지를 가진 체크박스를 생성하는 코드이다. 선택 상태를 나타내는 이미지는 selectedCherry.jpg를 사용한다.

```
ImageIcon cherryIcon = new ImageIcon("images/cherry.jpg"); // 해제 상태 이미지
ImageIcon selectedCherryIcon = new ImageIcon("images/selectedCherry.jpg");
                                                      // 선택 상태 이미지
JCheckBox cherry = new JCheckBox("체리", cherryIcon); // 해제 상태 이미지만 가진 체크
                                                      박스 생성
cherry.setSelectedIcon(selectedCherryIcon); // 선택 상태 이미지 등록
```

이미지 체크박스의 경우 다음과 같이 체크박스의 외곽선이 보이도록 하여 체크박스 영역을 분명히 할 수 있다.

```
cherry.setBorderPainted(true);
```

체크박스 생성 예 **예제 11-4**

문자열 체크박스 2개와 이미지 체크박스 1개를 가진 프로그램을 작성하라.

이미지 체크박스에는 선택 상태를 나타내는 이미지를 지정하여야 한다.

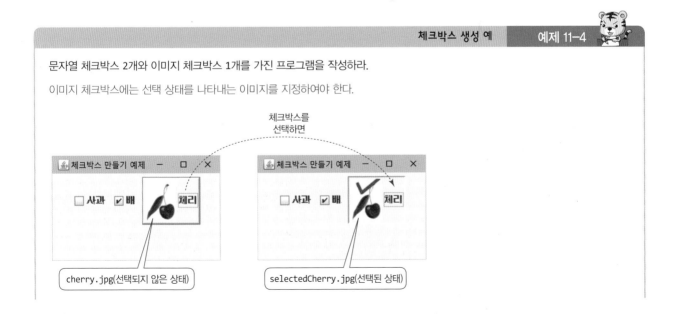

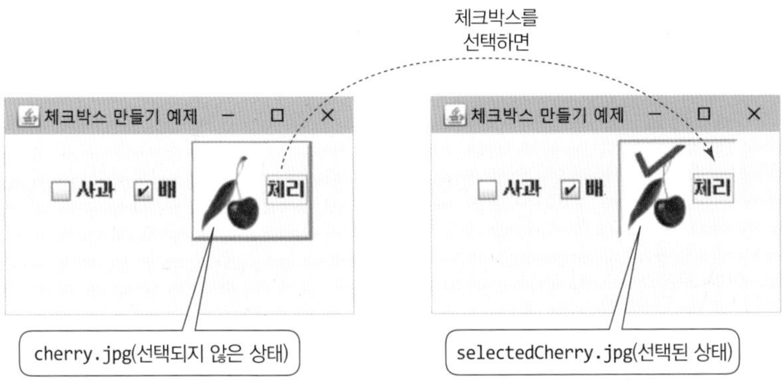

```
import javax.swing.*;
import java.awt.*;

public class CheckBoxEx extends JFrame {
    public CheckBoxEx() {
        setTitle("체크박스 만들기 예제");
        setDefaultCloseOperation(JFrame.EXIT_ON_CLOSE);
        Container c = getContentPane();
        c.setLayout(new FlowLayout());

        // 이미지 체크박스에 사용할 2개의 이미지 객체 생성
        ImageIcon cherryIcon = new ImageIcon("images/cherry.jpg"); // 해제 상태 이미지
        ImageIcon selectedCherryIcon = new ImageIcon(
                                        "images/selectedCherry.jpg"); // 선택 상태 이미지

        // 3개의 체크박스 생성
        JCheckBox apple = new JCheckBox("사과");
        JCheckBox pear = new JCheckBox("배", true);
        JCheckBox cherry = new JCheckBox("체리", cherryIcon);

        cherry.setBorderPainted(true); // 체크박스 외곽선이 보이도록 설정
        cherry.setSelectedIcon(selectedCherryIcon); // 선택 상태 이미지 등록

        // 컨텐트팬에 3개의 체크박스 부착
        c.add(apple);
        c.add(pear);
        c.add(cherry);

        setSize(250,150);
        setVisible(true);
    }

    public static void main(String [] args) {
        new CheckBoxEx();
    }
}
```

JCheckBox에서 Item 이벤트 처리

Item 이벤트는 체크박스나 라디오버튼의 선택 상태가 바뀔 때 발생하는 이벤트(〈표 10-1〉 참조)이다. 이미 선택 상태인 라디오버튼을 누르는 경우 선택 상태에 대한 변화가 없기 때문에 Item 이벤트는 발생하지 않는다. 선택/해제 행위는 대부분 마우스 클릭으로 이루어지지만, 다음과 같이 자바 코드로 실행할 수도 있다.

Item 이벤트
선택 상태가 바뀔 때

```
JCheckBox c = new JCheckBox("사과");
c.setSelected(true); // 선택 상태로 설정, false이면 해제 상태로 설정
```

마우스로 선택하든 프로그램 코드로 실행하든 선택 상태가 변할 때 Item 이벤트가 발생한다.

● ItemListener 인터페이스

Item 이벤트 리스너는 ItemListener 인터페이스를 상속받아 만들며, 다음 하나의 메소드로 구성된다.

ItemListener

void itemStateChanged(ItemEvent e) 체크박스의 선택/해제 상태가 변하는 경우 호출

이 메소드는 체크박스의 선택 상태에 변화가 일어나면 호출된다. 이 메소드가 호출된 시점에서는, 이미 체크박스는 화면에서 상태가 바뀌어 있음을 기억하기 바란다.

● ItemEvent 객체

Item 이벤트가 발생하면 ItemEvent 객체가 생성되어 itemStateChanged()의 인자로 전달된다. 개발자는 ItemEvent 객체의 다음 메소드를 호출하여 체크 상태의 변화와 이벤트 소스 컴포넌트를 알아낼 수 있다.

ItemEvent

int getStateChange() 리턴 값은 선택된 경우 ItemEvent.SELECTED, 해제된 경우 ItemEvent.DESELECTED *Object getItem()* 이벤트를 발생시킨 아이템 객체 리턴. 체크박스의 경우 JCheckBox 컴포넌트의 레퍼런스 리턴

● 체크박스 컴포넌트에 ItemListener 리스너 달기

JCheckBox의 addItemListener() 메소드를 이용하여 다음과 같이 등록한다.

```
checkbox.addItemListener(new MyItemListener());
```

예제 11-5 ItemEvent를 활용하여 체크박스로 가격 합산하기

다음 그림과 같이 세 과일에 대해 각각 체크박스를 만들고, 사용자가 과일을 선택하거나 해제하면 바로 바로 선택된 과일의 합산 가격을 보여주는 응용프로그램을 작성하라.

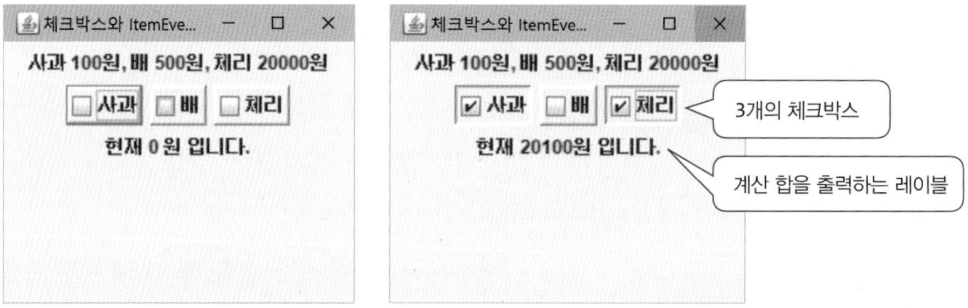


```
import javax.swing.*;
import java.awt.event.*;
import java.awt.*;

public class CheckBoxItemEventEx extends JFrame {
   private JCheckBox [] fruits = new JCheckBox [3]; // 체크박스 배열
   private String [] names = {"사과", "배", "체리"}; // 체크박스 문자열로 사용할 문자열 배열
   private JLabel sumLabel; // 계산 합을 출력할 레이블

   public CheckBoxItemEventEx() {
      setTitle("체크박스와 ItemEvent 예제");
      setDefaultCloseOperation(JFrame.EXIT_ON_CLOSE);
      Container c = getContentPane();
      c.setLayout(new FlowLayout());

      c.add(new JLabel("사과 100원, 배 500원, 체리 20000원"));

      // 3개의 체크박스를 생성. 컨텐트팬에 삽입하고 Item 리스너 등록
      MyItemListener listener = new MyItemListener();
      for(int i=0; i<fruits.length; i++) {
         fruits[i] = new JCheckBox(names[i]); // names[]의 문자열로 체크박스 생성
         fruits[i].setBorderPainted(true); // 체크박스 외곽선 보이도록 설정
         c.add(fruits[i]); // 컨텐트팬에 체크박스 삽입
         fruits[i].addItemListener(listener); // 체크박스에 Item 리스너 등록
      }

      sumLabel = new JLabel("현재 0 원 입니다."); // 가격 합을 출력하는 레이블 생성
      c.add(sumLabel);

```

fruits[i].addItemListener(new MyItemListener());로 하면 안 된다. 이렇게 하면 3개의 리스너가 제 각각 sum 변수를 보유하게 되기 때문이다.

```
      setSize(250,200);
      setVisible(true);
   }

   // Item 리스너 구현
   class MyItemListener implements ItemListener {
      private int sum = 0; // 가격의 합

      // 체크박스의 선택 상태가 변하면 itemStateChanged()가 호출됨
      public void itemStateChanged(ItemEvent e) {
         if(e.getStateChange() == ItemEvent.SELECTED) { // 선택 경우
            if(e.getItem() == fruits[0]) // 사과 체크박스
               sum += 100;
            else if(e.getItem() == fruits[1]) // 배 체크박스
               sum += 500;
            else // 체리 체크박스
               sum += 20000;
         }
         else { // 해제 경우
            if(e.getItem() == fruits[0]) // 사과 체크박스
               sum -= 100;
            else if(e.getItem() == fruits[1]) // 배 체크박스
               sum -= 500;
            else // 체리 체크박스
               sum -= 20000;
         }
         sumLabel.setText("현재 "+ sum + "원 입니다."); // 합 출력
      }
   }
   public static void main(String [] args) {
      new CheckBoxItemEventEx();
   }
}
```

체크박스의 선택 상태가 변할 때 호출되며 Item 이벤트가 발생한 체크박스를 판별하고 가격을 계산한다.

e.getStateChange()는 Item 이벤트가 발생한 체크박스의 현재 상태를 리턴하며 선택 상태인지를 판단하기 위해 ItemEvent.SELECTED 상수와 비교한다.

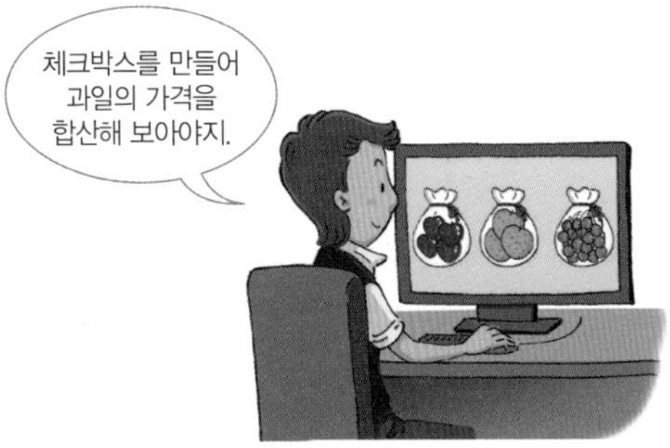
체크박스를 만들어
과일의 가격을
합산해 보아야지.

11.5 JRadioButton, 라디오버튼 컴포넌트

JRadioButton

JRadioButton
버튼 그룹

JRadioButton을 이용하면 라디오버튼을 만들 수 있다. 라디오버튼은 생성, 메소드, 이벤트 처리에 있어 체크박스와 동일하지만, 한 가지 면에서 다르다. 체크박스는 독립적으로 선택/해제되지만, 라디오버튼은 여러 개가 하나의 버튼 그룹을 형성하고, 그룹 내에서 하나만 선택 가능하다. 이것은 마치 FM 라디오로 한 채널만 들을 수 있는 것과 같다. [그림 11-7]은 라디오버튼의 예를 보여준다.

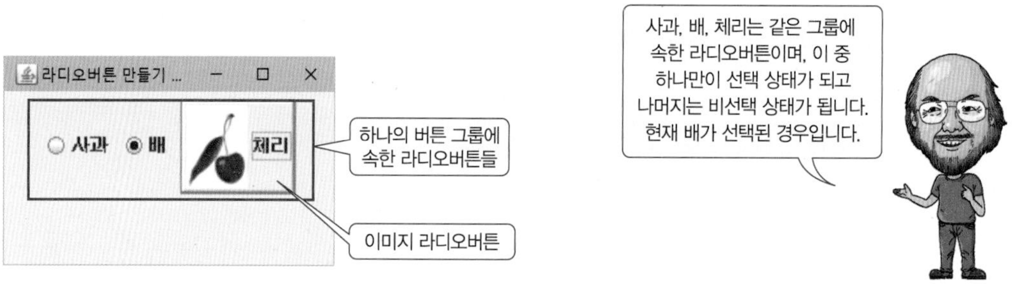

[그림 11-7] JRadioButton을 이용한 3개의 라디오버튼. 이 중 하나만 선택 가능

JRadioButton 컴포넌트의 생성

라디오버튼은 다음 생성자를 이용하여 생성하며, 디폴트가 해제 상태이다.

JRadioButton() 빈 라디오버튼
JRadioButton(Icon image) 이미지 라디오버튼
JRadioButton(Icon image, boolean selected) 이미지 라디오버튼
JRadioButton(String text) 문자열 라디오버튼
JRadioButton(String text, boolean selected) 문자열 라디오버튼
JRadioButton(String text, Icon image) 문자열과 이미지를 가진 라디오버튼
JRadioButton(String text, Icon image, boolean selected) 문자열과 이미지를 가진 라디오버튼
• selected: true이면 선택 상태로 초기화. 디폴트는 해제 상태

이미지 라디오버튼을 만들려면 디폴트 이미지와 선택 상태를 나타내는 2개의 이미지가 필요하다.

버튼 그룹과 라디오버튼의 생성 과정

라디오버튼의 생성은 JRadioButton의 생성자를 호출하는 것으로 끝나지 않고, [그림 11-8]과 같은 4개의 과정이 필요하다. 우선 ButtonGroup 클래스를 이용하여 라디오버튼들을 묶을 버튼 그룹 객체를 생성한다. 그리고 나서 JRadioButton 생성자로 라디오버튼을 생성하고 버튼 그룹에 추가한다. 그리고 라디오버튼을 화면에 출력하기 위해 컨테이너에 삽입한다. 이제 버튼 그룹에 속한 라디오버튼 중 하나만 선택할 수 있다.

ButtonGroup
버튼 그룹에 추가

1. 버튼 그룹 객체 생성

```
ButtonGroup group = new ButtonGroup();
```

2. 라디오버튼 컴포넌트 생성

```
JRadioButton apple= new JRadioButton("사과");
JRadioButton pear= new JRadioButton("배");
JRadioButton cherry= new JRadioButton("체리");
```

3. 라디오버튼을 버튼 그룹에 삽입

```
group.add(apple);
group.add(pear);
group.add(cherry);
```

4. 라디오버튼을 컨테이너에 삽입

```
container.add(apple);
container.add(pear);
container.add(cherry);
```

[그림 11-8] "사과", "배", "체리"의 3개의 라디오버튼을 만드는 과정

라디오버튼 생성 예 — 예제 11-6

문자열 라디오버튼 2개와 이미지 라디오버튼 1개를 가진 응용프로그램을 작성하라.

아래 그림에서 "체리" 라디오버튼은 이미지 라디오버튼이며, 선택 상태를 나타내는 이미지를 등록할 때 JRadioButton의 setSelectedIcon() 메소드를 이용하면 된다.

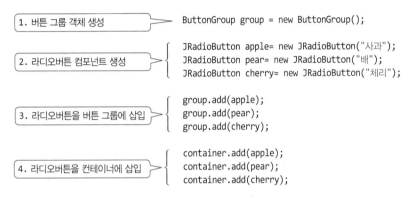

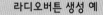

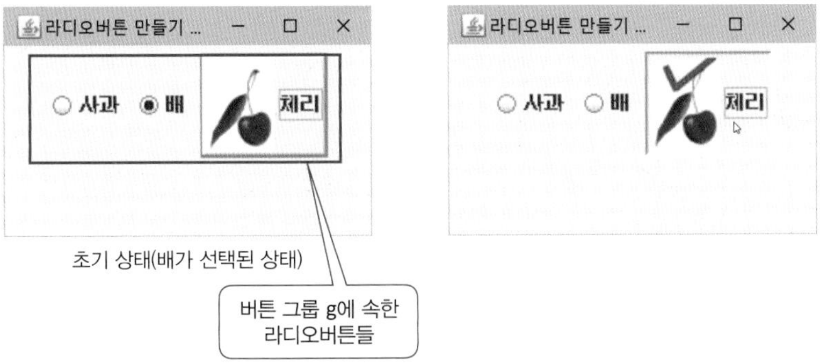

```java
import javax.swing.*;
import java.awt.*;

public class RadioButtonEx extends JFrame {
   public RadioButtonEx() {
      setTitle("라디오버튼 만들기 예제");
      setDefaultCloseOperation(JFrame.EXIT_ON_CLOSE);
      Container c = getContentPane();
      c.setLayout(new FlowLayout());

      // 이미지 라디오버튼을 만들기 위해 2개의 이미지 객체 생성
      ImageIcon cherryIcon = new ImageIcon("images/cherry.jpg"); // 해제 상태를 나타내는 이미지
      ImageIcon selectedCherryIcon = new ImageIcon("images/selectedCherry.jpg"); // 선택 상태를 나타내는 이미지

      // 버튼 그룹 객체 생성
      ButtonGroup g = new ButtonGroup();

      // 라디오버튼 3개 생성
      JRadioButton apple = new JRadioButton("사과");
      JRadioButton pear = new JRadioButton("배", true);
      JRadioButton cherry = new JRadioButton("체리", cherryIcon); // 이미지 라디오버튼

      cherry.setBorderPainted(true); // 이미지 라디오버튼의 외곽선 출력
      cherry.setSelectedIcon(selectedCherryIcon); // 선택 상태 이미지 등록

      // 버튼 그룹에 3개의 라디오버튼 삽입
      g.add(apple);
      g.add(pear);
      g.add(cherry);

      // 컨텐트팬에 3개의 라디오버튼 삽입
      c.add(apple);
      c.add(pear);
      c.add(cherry);

      setSize(250,150);
      setVisible(true);
   }

   public static void main(String [] args) {
      new RadioButtonEx();
   }
}
```

3개의 라디오버튼을 묶을 버튼 그룹 객체 생성

3개의 라디오버튼 생성, 두 번째 라디오버튼이 선택 상태

이미지 라디오버튼이 선택되면 selectedCherryIcon 이미지를 출력한다.

버튼 그룹에 등록하여 하나만 선택되게 한다.

라디오버튼이 컨텐트 팬에 삽입되어야 화면에 출력됨

JRadioButton과 Item 이벤트 처리

라디오버튼에 선택 상태가 변경되면 Item 이벤트가 발생한다. 마우스와 키보드를 이용하거나 프로그램에서 JRadioButton의 setSelected()를 호출하여 선택 상태를 변경할 수 있다. 이 경우 모두 Item 이벤트가 발생한다. Item 이벤트는 ItemListener 인터페이스의 다음 메소드에 의해 처리된다. JCheckBox 절에서 설명한 Item 이벤트에 대한 설명을 참고하기 바란다.

선택 상태 변경
Item 이벤트
ItemListener

```
void itemStateChanged(ItemEvent e)
    라디오버튼의 선택 상태가 변경되었을 때 호출된다.
```

잠깐!

체크박스는 개별적으로 작동하므로 하나의 체크박스를 선택하면 그 체크박스에만 Item 이벤트가 발생한다. 그러나 라디오버튼의 경우는 조금 다르다. 라디오버튼의 선택 상태가 바뀌게 되면 2개의 Item 이벤트가 발생한다. 기존에 선택 상태인 라디오버튼에게는 해제를 알리는 Item 이벤트가, 새로 선택된 라디오버튼에게는 선택을 알리는 Item 이벤트가 발생한다. 그러나 선택 상태의 라디오버튼을 재선택하는 경우에는 선택 상태에 변화가 없기 때문에 Item 이벤트가 하나도 발생하지 않는다.

예제 11-7 JRadioButton과 Item 이벤트를 이용하여 과일 사진 보여주기

3개의 라디오버튼을 생성하고 각 라디오버튼이 선택될 때 해당 이미지를 출력하는 응용프로그램을 작성하라.

3개의 라디오버튼을 만들고 동일한 버튼 그룹에 삽입한다. 그 중 "체리" 라디오버튼을 초기에 선택 상태로 만든다. JPanel 객체를 하나 생성하고 그 곳에 3개의 라디오버튼을 붙이고, JPanel 객체를 컨텐트팬의 NORTH에 배치한다. 이미지는 JLabel을 통해 출력하며 JLabel은 컨텐트팬의 CENTER에 배치한다.

초기 화면

"배"를 선택한 경우

"사과"를 선택한 경우

```
import javax.swing.*;
import java.awt.event.*;
import java.awt.*;

public class RadioButtonItemEventEx extends JFrame {
   private JRadioButton [] radio = new JRadioButton [3]; // 라디오버튼 배열
   private String [] text = {"사과", "배", "체리"}; // 라디오버튼의 문자열
   private ImageIcon [] image = { // 이미지 객체 배열
               new ImageIcon("images/apple.jpg"),
               new ImageIcon("images/pear.jpg"),
               new ImageIcon("images/cherry.jpg")};
   private JLabel imageLabel = new JLabel(); // 이미지가 출력될 레이블

   public RadioButtonItemEventEx() {
      setTitle("라디오버튼 Item Event 예제");
      setDefaultCloseOperation(JFrame.EXIT_ON_CLOSE);
      Container c = getContentPane();
      c.setLayout(new BorderLayout());

      JPanel radioPanel = new JPanel(); // 3개의 라디오버튼을 부착할 패널
      radioPanel.setBackground(Color.GRAY);

      ButtonGroup g = new ButtonGroup(); // 버튼 그룹 객체 생성
      for(int i=0; i<radio.length; i++) { // 3개의 라디오버튼에 대해
         radio[i] = new JRadioButton(text[i]); // 라디오버튼 생성
         g.add(radio[i]); // 버튼 그룹에 부착
         radioPanel.add(radio[i]); // 패널에 부착
         radio[i].addItemListener(new MyItemListener()); // 라디오버튼에 Item 리스너 등록
      }

      radio[2].setSelected(true); // 체리 라디오버튼을 선택 상태로 설정
      c.add(radioPanel, BorderLayout.NORTH); // 컨텐트팬의 NORTH에 라디오패널 부착
      c.add(imageLabel, BorderLayout.CENTER); // 컨텐트팬의 CENTER에 이미지 레이블 부착
      imageLabel.setHorizontalAlignment(SwingConstants.CENTER); // 이미지의 중앙 정렬

      setSize(250,200);
      setVisible(true);
   }

   // Item 리스너 작성
   class MyItemListener implements ItemListener {
      public void itemStateChanged(ItemEvent e) {
         if(e.getStateChange() == ItemEvent.DESELECTED)
```

사과, 배, 체리 이미지를 미리 로딩하여 이미지 객체 배열로 만들어둔다.

이 메소드를 호출하면 Item 이벤트가 발생하며 바로 Item 리스너가 실행되어 체리 이미지가 출력된다.

버튼 그룹에 속한 라디오버튼의 선택 상태가 변하면 호출된다.

```
            return; // 해제된 경우 그냥 리턴('잠깐'의 설명 참고)
         if(radio[0].isSelected()) // 사과가 선택된 경우
            imageLabel.setIcon(image[0]);
         else if(radio[1].isSelected()) // 배가 선택된 경우
            imageLabel.setIcon(image[1]);
         else // 체리가 선택된 경우
            imageLabel.setIcon(image[2]);
      }
   }

   public static void main(String [] args) {
      new RadioButtonItemEventEx();
   }
}
```

11.6 JTextField,텍스트필드 컴포넌트

JTextField

JTextField를 이용하면 한 줄의 문자열을 입력받는 창(텍스트필드)을 만들 수 있다. 입력 가능한 문자 개수와 창의 크기는 응용프로그램에서 변경할 수 있다. 텍스트필드에 문자열 입력 도중 <Enter> 키가 입력되면 Action 이벤트가 발생한다. JTextField에 Action 이벤트를 처리하는 사례는 예제 11-9에서 보인다.

JTextField
<Enter> 키
Action 이벤트

JTextField 컴포넌트의 생성

텍스트필드 컴포넌트의 생성자는 다음과 같다.

JTextField() 빈 텍스트필드
JTextField(int cols) 입력 창의 열의 개수가 cols개인 텍스트필드
JTextField(String text) text 문자열로 초기화된 텍스트필드
JTextField(String text, int cols) 입력 창의 열의 개수는 cols개이고 text 문자열로 초기화된 텍스트필드

텍스트필드를 생성하는 몇 가지 사례를 보자.

입력 창의 크기가 10개 문자 크기인 텍스트필드는 다음 코드로 생성한다. 입력 창의 크기가 10이라는 뜻은 입력 가능한 문자의 개수가 10이라는 의미가 아니다. 창의 크기를 나타내는 수치이다.

```
JTextField tf1 = new JTextField(10);
```

"컴퓨터공학과" 문자열을 초깃값을 가지는 텍스트필드를 생성하는 코드는 다음과 같다.

```
JTextField tf2 = new JTextField("컴퓨터공학과");
```

입력창이 20개 문자 크기이고 "대한민국대학교"로 초기화된 텍스트필드는 다음 코드로 생성한다.

```
JTextField tf3 = new JTextField("대한민국대학교", 20); // 입력 창은 20개 문자 크기
```

예제 11–8 간단한 텍스트필드 컴포넌트 만들기

JTextField를 이용하여 그림과 같이 이름, 학과, 주소를 입력받는 폼을 만들어라. 입력 창의 열의 개수는 모두 20으로 한다.

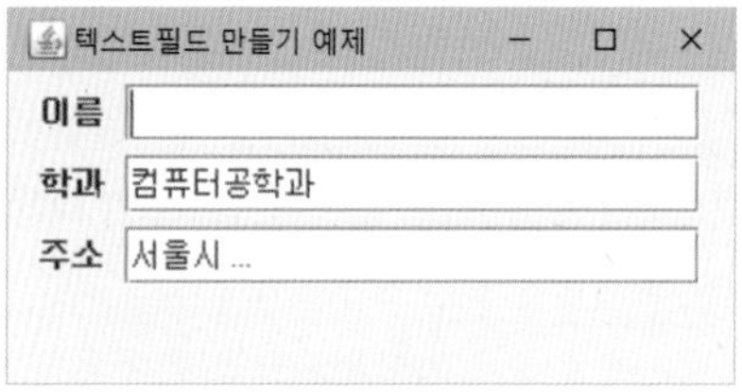

초기 화면

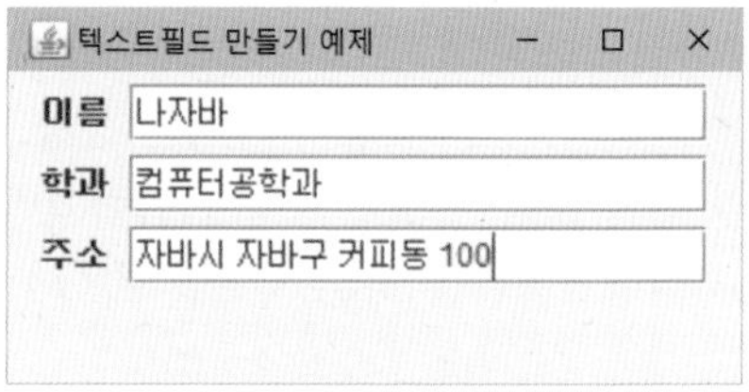

사용자가 이름과 주소를 입력한 경우

```
import javax.swing.*;
import java.awt.*;

public class TextFieldEx extends JFrame {
   public TextFieldEx() {
      setTitle("텍스트필드 만들기 예제");
      setDefaultCloseOperation(JFrame.EXIT_ON_CLOSE);
```

```
        Container c = getContentPane();
        c.setLayout(new FlowLayout());

        c.add(new JLabel("이름 "));
        c.add(new JTextField(20)); // 창의 열 개수 20
        c.add(new JLabel("학과 "));
        c.add(new JTextField("컴퓨터공학과", 20)); // 창의 열 개수 20
        c.add(new JLabel("주소 "));
        c.add(new JTextField("서울시 ...", 20)); // 창의 열 개수 20

        setSize(300,150);
        setVisible(true);
    }

    public static void main(String [] args) {
        new TextFieldEx();
    }
}
```

JTextField의 주요 메소드 활용

JTextField의 메소드를 활용하는 몇 가지 사례를 소개한다.

● 문자열의 편집 불가능하게 하기

다음 코드는 사용자가 텍스트필드 창에 문자열을 입력하거나 수정할 수 없도록 한다.

```
JTextField tf = new JTextField();
tf.setEditable(false); // 텍스트필드 창에 입력하거나 수정 불가
```

● 입력 창에 문자열 출력

다음 코드는 텍스트필드 입력 창에 있는 문자열을 "hello"로 수정하여 출력한다.

```
tf.setText("hello"); // "hello"를 텍스트필드 창에 출력
```

● 문자열의 폰트 지정

다음 코드는 텍스트필드 입력 창의 문자열을 고딕체에 이탤릭 20픽셀 크기로 출력되게 한다.

```
tf.setFont(new Font("고딕체", Font.ITALIC, 20));
```

11.7 JTextArea, 텍스트영역 컴포넌트

JTextArea

JTextArea
JScrollPane

JTextArea를 이용하면 여러 줄의 문자열을 입력받을 수 있는 창(텍스트영역)을 만들 수 있다. 창의 크기보다 많은 줄과 문자를 입력할 수 있지만 스크롤바를 지원하지 않는다. **JTextArea** 컴포넌트를 JScrollPane에 삽입하여야 스크롤바 지원을 받을 수 있다.

JTextArea 컴포넌트의 생성

텍스트영역 컴포넌트의 생성자는 다음과 같다.

JTextArea() 빈 텍스트영역
JTextArea(int rows, int cols) 입력 창이 rows × cols개의 문자 크기인 텍스트영역
JTextArea(String text) text 문자열로 초기화된 텍스트영역
JTextArea(String text, int rows, int cols) 입력 창이 rows × cols개의 문자 크기이며 text 문자열로 초기화된 텍스트영역

● JTextArea 컴포넌트 생성 예

JScrollPane

JTextArea 컴포넌트를 생성하는 예를 들어보자. [그림 11-9]는 **JTextArea** 컴포넌트를 생성한 예를 보여준다. 그림의 왼쪽은 **JTextArea**를 이용하여 텍스트영역을 생성한 것으로 스크롤바가 없으며, 오른쪽은 라인 수를 넘어가거나 한 줄에 많은 문자를 입력하는 경우 스크롤바가 나타나도록 다음과 같이 JScrollPane에 삽입한 예이다.

```
container.add(new JScrollPane(new JTextArea("hello", 7, 20)));
```

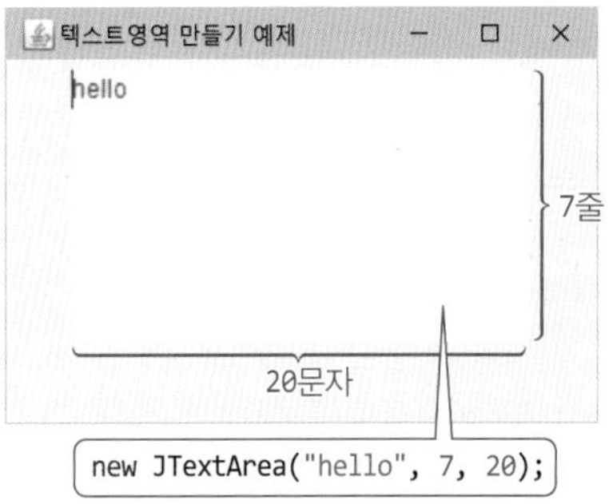

(1) JTextArea 컴포넌트 생성

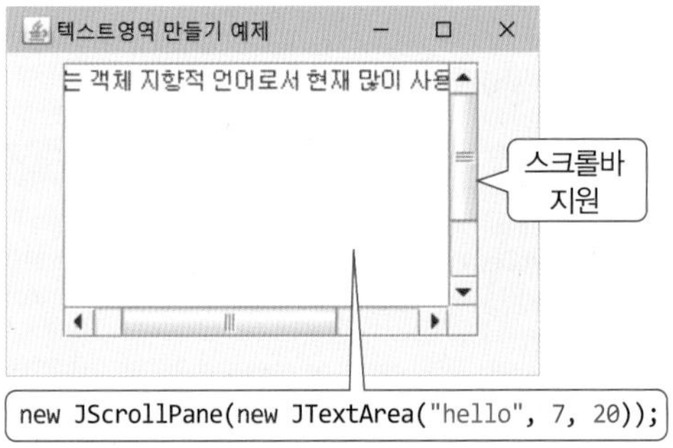

(2) JScrollPane에 삽입된 JTextArea 컴포넌트

[그림 11-9] JTextArea 컴포넌트 생성 예

예제 11-9는 JTexTField와 JTextArea를 함께 사용하고 JTextField의 입력 창에 <Enter> 키를 입력할 때 Action 이벤트를 처리하는 예를 보인다.

JTextArea 컴포넌트 생성 예제 11-9

그림과 같이 사용자가 텍스트필드 창에 문자열을 입력한 후 <Enter> 키를 입력하면 텍스트영역 창에 문자열을 추가하고 텍스트필드 창에 입력된 문자열을 지우는 프로그램을 작성하라.

```
import javax.swing.*;
import java.awt.event.*;
import java.awt.*;

public class TextAreaEx extends JFrame {
   private JTextField tf = new JTextField(20);
   private JTextArea ta = new JTextArea(7, 20);

   public TextAreaEx() {
      setTitle("텍스트영역 만들기 예제");
      setDefaultCloseOperation(JFrame.EXIT_ON_CLOSE);
      Container c = getContentPane();
      c.setLayout(new FlowLayout());

      c.add(new JLabel("입력 후 <Enter> 키를 입력하세요"));
      c.add(tf);
      c.add(new JScrollPane(ta));

      // 텍스트필드에 <Enter> 키 입력 때 발생하는 Action 이벤트의 리스너 등록
      tf.addActionListener(new ActionListener() {
         public void actionPerformed(ActionEvent e) {
            JTextField t = (JTextField)e.getSource();
            ta.append(t.getText() + "\n"); // 텍스트필드의 문자열을
                                              텍스트영역 창에 추가
            t.setText(""); // 현재 텍스트필드에 입력된 내용 지우기
         }
      });

      setSize(300,300);
      setVisible(true);
   }

   public static void main(String [] args) {
      new TextAreaEx();
   }
}
```

현재 텍스트필드에 입력된 문자열 알아냄

초기 화면

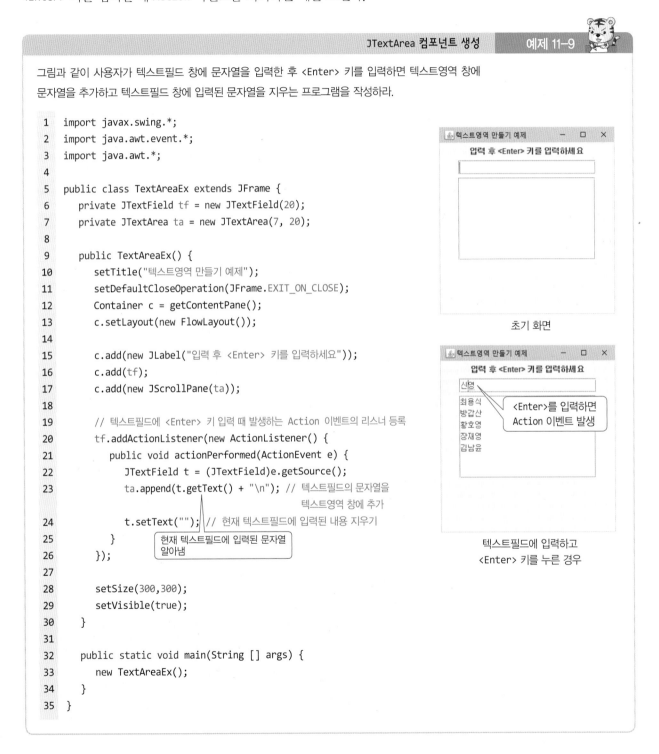

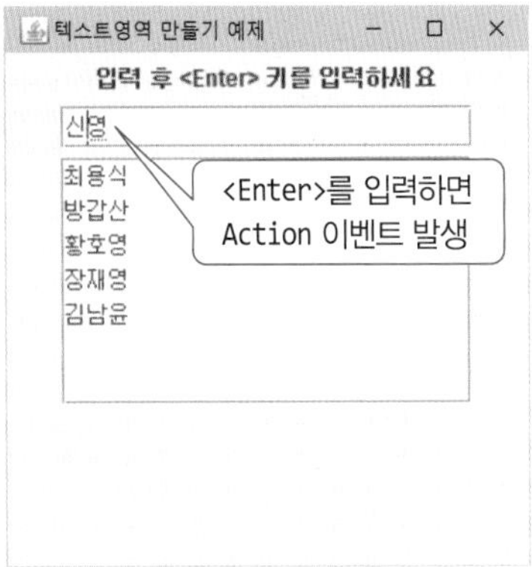

텍스트필드에 입력하고 <Enter> 키를 누른 경우

11.8 JList〈E〉, 리스트 컴포넌트

JList〈E〉

JList<E>
제네릭

JList<E>는 여러 개의 아이템을 리스트 형식으로 보여주고 아이템을 선택하도록 하는 리스트 컴포넌트를 구현한다. JDK7부터 JList에 제네릭(Generics)을 도입하여 JList<E>(이하 JList 또는 리스트)로 사용한다. E는 리스트에 삽입되는 아이템의 타입으로, 리스트를 생성할 때 E 대신 아이템 타입을 대입하여 구체화해야 한다. 문자열과 이미지가 아이템으로 사용 가능하며, 사용자는 하나 이상의 아이템을 선택할 수 있다. 제네릭은 7장에서 자세히 설명하였다.

JScrollPane

JList<E>는 자체적으로 스크롤을 지원하지 않기 때문에 JScrollPane에 삽입되어야 스크롤이 가능하다. JComboBox와 모양은 다르지만 기본 기능은 동일하다. [그림 11-10]은 9개의 아이템을 가진 리스트의 예를 보여준다.

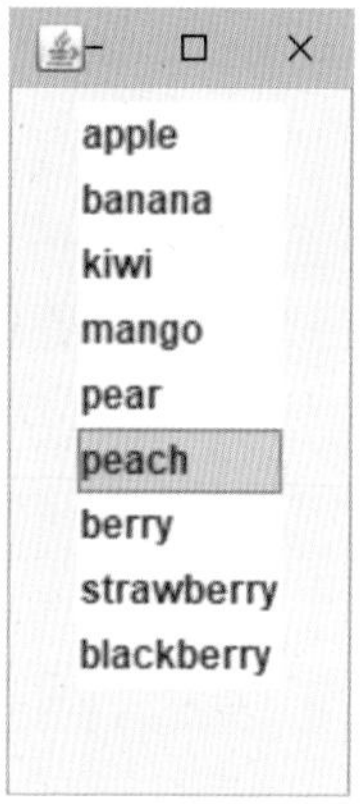

[그림 11-10] JList<String>으로 만든 문자열 리스트

JList〈E〉 리스트 생성과 특징

리스트는 다음 생성자를 이용하여 생성한다.

JList<E>()	빈 리스트
JList<E>(Vector listData)	벡터로부터 아이템을 공급받는 리스트
JList<E>(Object [] listData)	배열로부터 아이템을 공급받는 리스트

JList<E>로 리스트를 생성하는 예를 들어보자.

● 객체 배열로부터 리스트 생성

배열 fruits에 들어 있는 9개의 과일 이름 문자열로부터 리스트 아이템을 공급받아 리스트 컴포넌트를 만들면 [그림 11-11]과 같다. JList<E>는 스크롤을 지원하지 않기 때문에 JScrollPane에 삽입하면 스크롤이 가능하다.

JScrollPane

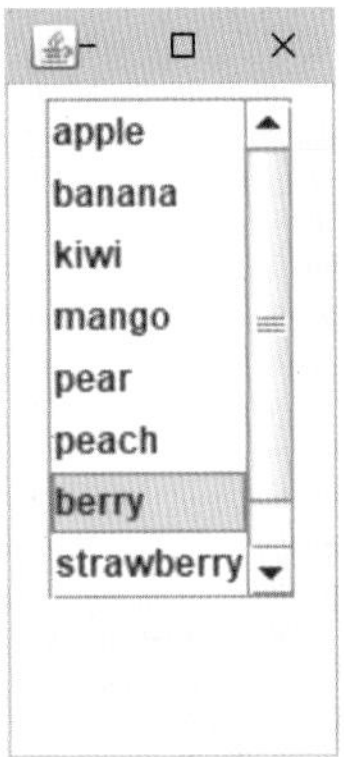


```
String [] fruits= {"apple", "banana", "kiwi",
        "mango", "pear", "peach",
        "berry", "strawberry", "blackberry"};
JList<String> strList = new JList<String>(fruits);

// scrollList 리스트 컴포넌트를 스크롤 가능하게 함
JScrollPane pane = new JScrollPane(scrollList);
// pane를 컨테이너에 삽입하여야 함
```

[그림 11-11] 객체 배열로부터 스크롤 가능한 리스트 컴포넌트 만들기

잠깐!

제네릭 타입 <E>를 생략하고 이전처럼 JList만을 사용하는 경우, 자바 컴파일러는 경고를 발생시키는데, 자바 컴파일러에게 경고하지 말도록 하려면 다음 코드를 프로그램 내 적당한 위치에 삽입하면 된다.

```
@SuppressWarnings({ "rawtypes", "unchecked" })
```

@SuppressWarnings

예제 11-10 리스트 만들기

다음 그림과 같이 3개의 리스트를 가진 프로그램을 작성하라.

마지막 리스트는 JScrollPane을 이용하여 스크롤되도록 하라.

```java
import javax.swing.*;
import java.awt.*;

public class ListEx extends JFrame {
   private String [] fruits= {"apple", "banana", "kiwi", "mango", "pear",
                  "peach", "berry", "strawberry", "blackberry"};
   private ImageIcon [] images = { new ImageIcon("images/icon1.png"),
                                   new ImageIcon("images/icon2.png"),
                                   new ImageIcon("images/icon3.png"),
                                   new ImageIcon("images/icon4.png") };
   public ListEx() {
      setTitle("리스트 만들기 예제");
      setDefaultCloseOperation(JFrame.EXIT_ON_CLOSE);
      Container c = getContentPane();
      c.setLayout(new FlowLayout());

      JList<String> strList = new JList<String>(fruits); // 문자열 리스트 생성
      c.add(strList);

      JList<ImageIcon> imageList = new JList<ImageIcon>(); // 이미지 리스트 생성
      imageList.setListData(images);
      c.add(imageList);

      JList<String> scrollList = new JList<String>(fruits); // 문자열 리스트 생성
      c.add(new JScrollPane(scrollList)); // 리스트를 JScrollPane에 부착
```

리스트를 스크롤 가능하게 하기 위해 JScrollPane에 부착하고 다시 JScrollPane을 컨텐트팬에 부착함

```
        setSize(300,300);
        setVisible(true);
    }

    public static void main(String [] args) {
        new ListEx();
    }
}
```

리스트의 아이템 변경

JList<E>(Vector listData)나 JList<E>(Object [] listData) 생성자를 이용하여 리스트가 일단 생성되고 나면, listData의 벡터나 배열을 수정한다고 해도 이미 생성된 리스트를 변경할 수 없다. 설사 변경된 것처럼 보일지는 모르지만 예측할 수 없는 일이 발생하므로 주의하기 바란다.

생성된 리스트를 수정하는 가장 간단한 방법은 JList의 setListData() 메소드를 호출하여 리스트에 수정된 벡터나 배열을 새로 달아주는 것이다. 예를 들어보자. 다음은 2개의 문자열을 가진 벡터 v로부터 원소를 공급받아 리스트를 생성한 코드이다.

setListData()

```
Vector<String> v = new Vector<String>();
v.add("황기태");
v.add("이재문");
JList<String> nameList = new JList<String>(v);
```

리스트 생성 후 리스트에 "김남윤"을 추가하려면, 다음과 같이 벡터 v에 "김남윤"를 추가한 후 수정한 후 setListData(v)를 호출하여 벡터 v를 리스트에 다시 연결하면 된다.

setListData(v)

```
v.add("김남윤");
nameList.setListData(v);
```

예제 11-11 리스트의 아이템 변경

텍스트필드 창을 만들고 이곳에 이름을 입력하고 <Enter> 키를 입력하면 입력된 이름을 리스트 창에 출력하는 프로그램을 작성하라.

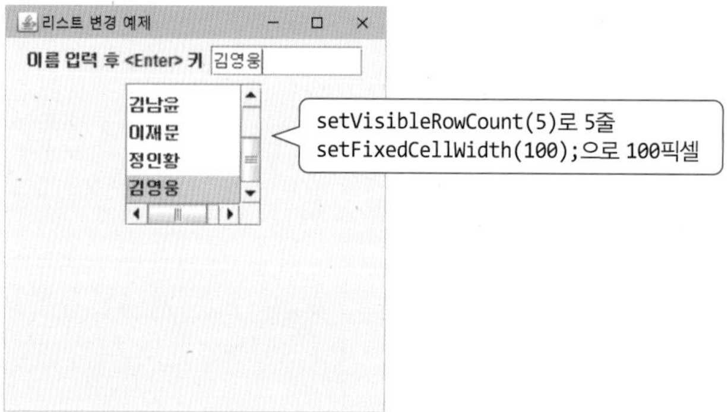


```
import javax.swing.*;
import java.awt.*;
import java.awt.event.*;
import java.util.*;

public class ListChangeEx extends JFrame {
   private JTextField tf = new JTextField(10);
   private Vector<String> v = new Vector<String>();
   private JList<String> nameList = new JList<String>(v);

   public ListChangeEx() {
      setTitle("리스트 변경 예제");
      setDefaultCloseOperation(JFrame.EXIT_ON_CLOSE);
      Container c = getContentPane();
      c.setLayout(new FlowLayout());

      c.add(new JLabel("이름 입력 후 <Enter> 키"));
      c.add(tf);

      v.add("황기태");
      v.add("이재문");
      nameList.setVisibleRowCount(5); // 리스트가 보여주는 행의 수
      nameList.setFixedCellWidth(100); // 리스트의 폭
      c.add(new JScrollPane(nameList));

      setSize(300,300);
      setVisible(true);

```

```
        // JTextField에 ActionLister 등록. <Enter> 키 처리
        tf.addActionListener(new ActionListener() {
            public void actionPerformed(ActionEvent e) {
                JTextField t = (JTextField)e.getSource();
                v.add(t.getText()); // 벡터 v에 입력된 이름 추가
                t.setText("");
                nameList.setListData(v); // 벡터 v에 입력된 모든 이름으로 리스트 새로 만들기
            }
        });
    }

    public static void main(String [] args) {
        new ListChangeEx();
    }
}
```

11.9 JComboBox〈E〉, 콤보박스 컴포넌트

JComboBox〈E〉

JComboBox<E>는 텍스트필드, 버튼, 드롭다운(drop down) 리스트로 구성되는 콤보박스 컴포넌트를 구현한다. JDK7부터 JComboBox에 제네릭(Generics)을 도입하여 JComboBox<E>로 사용한다. E는 콤보박스에 삽입되는 아이템의 타입으로, 콤보박스를 생성할 때 E 대신 아이템의 타입을 대입하여 구체화해야 한다.

JComboBox<E>
콤보박스
제네릭

[그림 11-12]는 8개의 아이템을 가진 콤보박스 컴포넌트를 보여준다. 초기에는 텍스트필드 창과 버튼만 보이지만 버튼을 클릭하면 드롭다운 리스트가 아래로 출력되고, 아이템을 선택하면 텍스트필드 창에 나타난다.

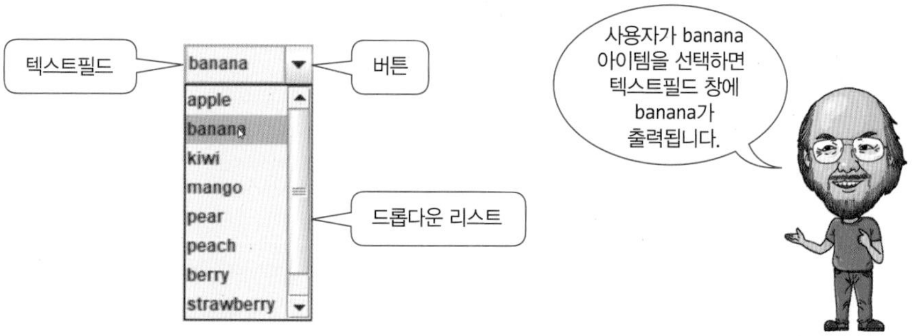

[그림 11-12] JComboBox<String> 콤보박스 컴포넌트

JComboBox 컴포넌트의 생성

콤보박스 컴포넌트는 다음 생성자를 이용하여 생성한다.

```
JComboBox<E>() 빈 콤보박스
JComboBox<E>(Vector listData) 벡터로부터 아이템을 공급받는 콤보박스
JComboBox<E>(Object [] listData) 배열로부터 아이템을 공급받는 콤보박스
```

JList<E>와 같이, JComboBox<E>(Vector listData)나 JComboBox<E>(Object [] listData) 생성자를 이용하여 벡터나 배열로부터 아이템을 공급받아 만들어진 콤보박스는, 한 번 생성된 후 listData(벡터나 배열)를 수정해도 콤보박스를 변경할 수 없거나 예측할 수 없는 일이 발생하므로 주의하기 바란다.

이제 콤보박스를 생성하고 아이템을 추가 삭제해보자.

● 배열로부터 콤보박스 생성

fruits 배열에 있는 아이템을 가진 콤보박스 생성하는 코드는 다음과 같다.

```
String [] fruits = {"apple", "banana", "kiwi", "mango", "pear",
        "peach", "berry", "strawberry", "blackberry" };
JComboBox<String> strCombo = new JComboBox<String>(fruits);
```

● 콤보박스에 동적으로 아이템 추가하기

아이템의 추가/삭제 가능
addItem()

콤보박스는 리스트와 달리 동적으로 아이템의 추가/삭제가 가능하다. 다음은 빈 콤보박스 nameCombo를 생성하고 addItem() 메소드를 이용하여 names 배열의 문자열을 nameCombo의 아이템으로 추가하는 코드이다.

```
String [] names = {"kitae", "jaemoon", "hyosoo", "namyun"};
JComboBox<String> nameCombo = new JComboBox<String>(); // 빈 콤보박스 생성
for(int i=0; i<names.length; i++)
    nameCombo.addItem(names[i]); // names[]의 문자열을 콤보박스에 추가
```

빈 콤보박스가 아닌 경우에도 addItem() 메소드를 호출하여 아이템을 추가할 수 있다.

addItem()

● 콤보박스 컴포넌트의 아이템 삭제하기

removeItem(Object obj), removeItemAt(int index), removeAllItems() 등을 호출하여 콤보박스의 아이템을 삭제할 수 있다. index는 0부터 시작하며, 다음 예는 3번째 아이템을 삭제한다.

removeItem

removeItemAt

removeAllItems

```
nameCombo.removeItemAt(2); // 3번째 아이템 삭제
```

콤보박스 만들기 **예제 11-12**

다음 그림과 같은 두 개의 콤보박스를 만들어라.

왼쪽 콤보박스는 배열로부터 아이템을 공급받고, 오른쪽 콤보박스의 경우 빈 콤보박스에 addItem() 메소드를 이용하여 아이템을 추가하라.

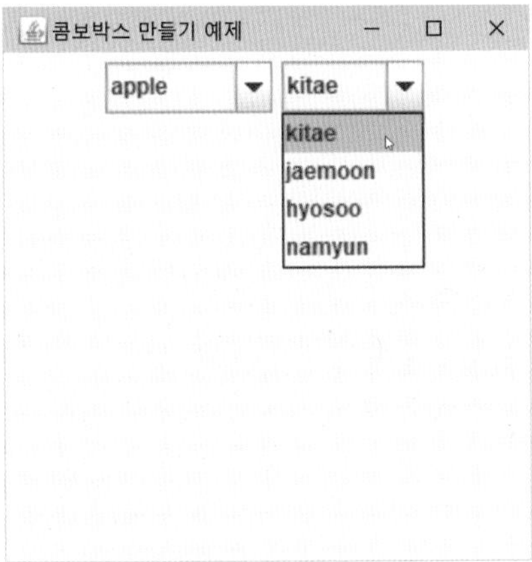


```
import javax.swing.*;
import java.awt.*;

public class ComboBoxEx extends JFrame {
```

```
    private String [] fruits = {"apple", "banana", "kiwi", "mango", "pear",
        "peach", "berry", "strawberry", "blackberry"};
    private String [] names = {"kitae", "jaemoon", "hyosoo", "namyun"};

    public ComboBoxEx() {
        setTitle("콤보박스 만들기 예제");
        setDefaultCloseOperation(JFrame.EXIT_ON_CLOSE);
        Container c = getContentPane();
        c.setLayout(new FlowLayout());

        JComboBox<String> strCombo = new JComboBox<String>(fruits);
                                                        // 문자열 콤보박스 생성
        c.add(strCombo);

        JComboBox<String> nameCombo = new JComboBox<String>(); // 빈 콤보박스 생성
        for(int i=0; i<names.length; i++)
            nameCombo.addItem(names[i]); // 콤보박스에 문자열 아이템 삽입

        c.add(nameCombo);
        setSize(300,300);
        setVisible(true);
    }

    public static void main(String [] args) {
        new ComboBoxEx();
    }
}
```

fruits[] 배열의 문자열을 아이템으로 하는 콤보박스 생성

JComboBox.addItem() 메소드를 호출하여 콤보박스에 아이템을 삽입할 수 있다.

JComboBox⟨E⟩와 Action 이벤트

콤보박스의 아이템을 선택하면 다음 2개의 이벤트가 동시에 발생한다.

- Action 이벤트
- Item 이벤트

Action 이벤트
Item 이벤트

독자는 하고자 하는 목적에 따라 이 두 이벤트 중에서 선택하여 사용해야 한다. 아이템 선택을 일종의 명령으로 처리하고자 하면 Action 이벤트를, 아이템을 선택하거나 해제하는 것이 목적이라면 Item 이벤트를 처리하면 된다. 어떤 이벤트를 이용하든 현재 선택된 아이템을 알아내기 위해 JComboBox<E>의 다음 메소드를 활용하면 된다.

int getSelectedIndex() 선택 상태인 아이템의 인덱스 번호를 리턴한다.
Object getSelectedItem() 선택 상태인 아이템 객체의 레퍼런스를 리턴한다.

잠깐!

하나의 아이템 선택 시 `Action` 이벤트는 무조건 한 개 발생하지만, `Item` 이벤트의 경우는 다르다. 지금 선택한 아이템이 바로 직전에 선택된 아이템이라면 `Item` 이벤트는 발생하지 않는다. 새로운 아이템이 선택되었다면 2개의 `Item` 이벤트가 발생하는데, 새로 아이템이 선택되었음을 알리기 위한 `Item` 이벤트와 이전에 선택된 아이템이 해제됨을 알리는 `Item`이다. 그러므로 응용프로그램 개발 시 `Action` 이벤트나 `Item` 이벤트 중 상황에 따라 필요한 이벤트를 활용하는 것이 좋겠다.

예제 11-13 Action 이벤트를 이용한 콤보박스 활용 예

다음 그림과 같이 "apple", "babana", "kiwi", "mango"의 4개의 과일 이름을 가진 콤보박스를 만들고 사용자가 과일을 선택하면 과일 이미지를 콤보박스 옆에 출력하는 프로그램을 작성하라.

콤보박스의 아이템 선택 시 발생하는 `Action` 이벤트를 처리하는 `ActionListener`를 작성하면 된다. 과일 이미지는 `JLabel` 컴포넌트를 활용하여 출력한다.

```
import javax.swing.*;
import java.awt.event.*;
import java.awt.*;

public class ComboActionEx extends JFrame {
   private String [] fruits = {"apple", "banana", "kiwi", "mango"};
                                                        // 콤보박스의 아이템
   private ImageIcon [] images = { // 이미지 객체 배열
         new ImageIcon("images/apple.jpg"),
         new ImageIcon("images/banana.jpg"),
         new ImageIcon("images/kiwi.jpg"),
```

```
        new ImageIcon("images/mango.jpg")};
    private JLabel imgLabel = new JLabel(images[0]); // 이미지 레이블 컴포넌트
    private JComboBox<String> strCombo = new JComboBox<String>(fruits); // 문자열 콤보박스

    public ComboActionEx() {
        setTitle("콤보박스 활용 예제");
        setDefaultCloseOperation(JFrame.EXIT_ON_CLOSE);
        Container c = getContentPane();
        c.setLayout(new FlowLayout());
        c.add(strCombo);
        c.add(imgLabel);

        // Action 리스너 등록
        strCombo.addActionListener(new ActionListener() {
            public void actionPerformed(ActionEvent e) {
                JComboBox<String> cb = (JComboBox<String>)e.getSource(); // Action 이벤트가 발생한 콤보박스 알아내기
                int index = cb.getSelectedIndex(); // 콤보박스의 선택된 아이템의 인덱스 번호 알아내기
                imgLabel.setIcon(images[index]); // 인덱스의 이미지를 이미지 레이블 컴포넌트에 출력
            }
        });

        setSize(300,250);
        setVisible(true);
    }

    public static void main(String [] args) {
        new ComboActionEx();
    }
}
```

콤보박스에 아이템 선택이 변경되면 호출된다. 선택된 아이템을 찾아 해당하는 이미지를 imgLabel에 출력한다.

11.10 JSlider, 슬라이더 컴포넌트

JSlider

JSlider는 슬라이드 바(bar)를 출력하여, 마우스로 값을 선택하도록 하는 슬라이더 컴포넌트이다. [그림 11-13]은 슬라이더 컴포넌트의 구체적 사례를 보여준다. 슬라이더의 종류는 수평 슬라이더와 수직 슬라이더가 있으며, 생성 당시 선택하거나 생성 후 변경할 수 있다.

JSlider
수평 슬라이더
수직 슬라이더

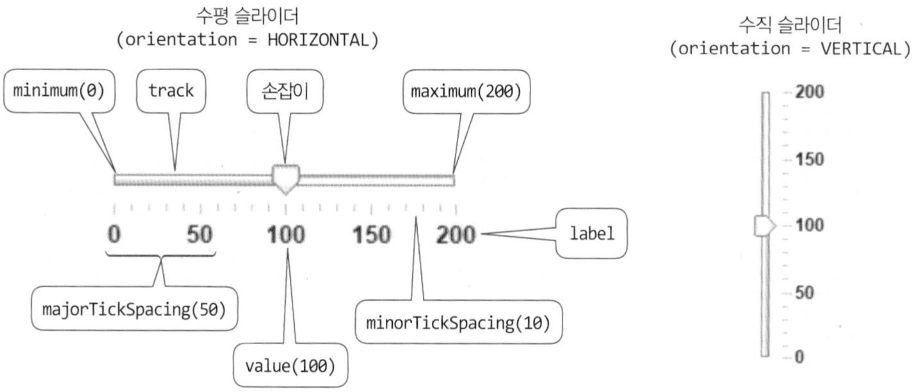

[그림 11-13] JSlider로 만든 수평 슬라이더와 수직 슬라이더 컴포넌트

슬라이더의 구성 요소를 하나씩 설명해보자.

- 손잡이
  손잡이(knob)는 사용자가 값을 선택하기 위해 움직이는 그래픽 심볼이다.
- minimum과 maximum
  사용자가 선택할 수 있는 최솟값과 최댓값이다. [그림 11-13]의 수평 슬라이더 예를 보면 0~200 사이의 값을 사용자가 선택할 수 있다.
- orientation
  슬라이더의 방향을 나타내는 값으로 JSlider.HORIZONTAL과 JSlider.VERTICAL의 둘 중 하나이며 각각 수평, 수직 슬라이더를 말한다.
- track
  슬라이더의 트랙 바(bar)를 말한다. 트랙 바는 보이게 할 수도 있고 보이지 않게 할 수도 있다.

- majorTickSpacing과 minorTickSpacing

  큰 눈금 간격과 작은 눈금의 간격을 각각 나타낸다. [그림 11-13]의 수평 슬라이더는 큰 눈금 간격을 50으로, 작은 눈금 간격을 10으로 설정한 예이다.

- label

  눈금에 새겨진 문자열을 label이라고 부른다. label의 출력 여부는 선택적이다.

- value

  슬라이더의 값

  value는 슬라이더의 값으로 손잡이가 이 값을 가리킨다. value는 손잡이를 이용하여 변경하거나 프로그램에서 변경할 수 있다.

JSlider 컴포넌트의 생성

슬라이더는 다음 생성자를 이용하여 생성한다. 디폴트는 minimum=0, maximum=100, value=50인 수평 슬라이더이다.

JSlider() 디폴트 슬라이더 생성
JSlider(int orientation) orientation 방향의 슬라이더 생성
JSlider(int min, int max, int val) 최소(min), 최대(max), 초깃값(val)을 가진 슬라이더 생성
JSlider(int orientation, int min, int max, int val)
- orientation은 JSlider.HORIZONTAL과 JSlider.VERTICAL 중 하나이며 각각 수평 슬라이더와 수직 슬라이더를 의미한다.
- min, max, val 값은 각각 minimum, maximum, value의 초깃값이다.

0~200 범위의 손잡이가 100을 가리키는 수평 슬라이더를 생성하는 예는 다음과 같다.

```
JSlider slider = new JSlider(JSlider.HORIZONTAL, 0, 200, 100);
```

슬라이더의 모양 제어

JSlider는 다음과 같이 슬라이더의 모양을 제어하는 다양한 메소드를 가지고 있으며, 이들 메소드를 호출하면 즉시 슬라이더의 모양이 변한다.

void setOrientation(int orientation)
 orientation 값에 따라 슬라이더의 방향을 수평, 수직 모양으로 변경한다.
void setMinimum(int min)
 슬라이더의 minimum 값을 min 값으로 설정한다.
void setMaximum(int max)
 슬라이더의 maximum 값을 max 값으로 설정한다.
void setPaintLabels(boolean b)
 b가 true이면 슬라이더의 label을 보이게 하고 b가 false이면 감춘다.

void setPaintTicks(boolean b)
　　b가 true이면 슬라이더의 눈금을 보이게 하고 b가 false이면 감춘다.
void setPaintTrack(boolean b)
　　b가 true이면 슬라이더의 트랙(track)을 보이게 하고 b가 false이면 감춘다.
void setMinorTickSpacing(int space)
　　슬라이더의 작은 눈금 간격(minorTickSpacing)을 space로 설정한다.
void setMajorTickSpacing(int space)
　　슬라이더의 큰 눈금 간격(majorTickSpacing)을 space로 설정한다.

이들 메소드의 이름에서 set 대신 get을 사용하면 해당 속성 값을 얻을 수 있다. 슬라이더의 값(value)을 알아내거나 수정하는 메소드는 다음과 같다.

int getValue()
　　슬라이더의 손잡이가 가리키는 값(value)을 리턴한다.
void setValue(int n)
　　슬라이더의 값(value)을 n으로 설정한다. 슬라이더의 손잡이는 새로운 value 값을 가리키도록 이동한다.

JSlider로 슬라이더 컴포넌트를 만들고 모양을 제어하는 예 **예제 11-14**

다음 그림과 같이 0과 200 사이의 값을 선택할 수 있는 수평 슬라이더를 만들어라.

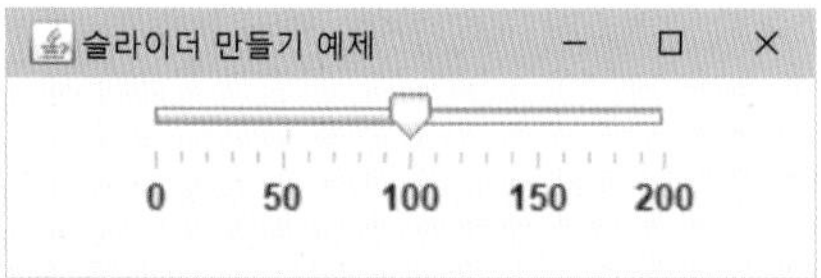


```
import javax.swing.*;
import java.awt.*;

public class SliderEx extends JFrame {
   public SliderEx() {
      setTitle("슬라이더 만들기 예제");
      setDefaultCloseOperation(JFrame.EXIT_ON_CLOSE);
      Container c = getContentPane();
      c.setLayout(new FlowLayout());

      JSlider slider = new JSlider(JSlider.HORIZONTAL, 0, 200, 100);
      slider.setPaintLabels(true);
      slider.setPaintTicks(true);
```

수평 슬라이더를 생성한다. 0~200 범위에서 선택 가능하며 현재 선택된 값은 100이다.

JSlider의 메소드를 호출하여 슬라이더의 모양을 제어할 수 있다.

```
        slider.setPaintTrack(true);
        slider.setMajorTickSpacing(50);
        slider.setMinorTickSpacing(10);
        c.add(slider);

        setSize(300,100);
        setVisible(true);
    }

    public static void main(String [] args) {
        new SliderEx();
    }
}
```

JSlider와 Change 이벤트

Change 이벤트
value 값을 변경할 때

Change 이벤트는 스윙 이벤트로, JSlider의 값(value)이 바뀌면 발생한다. 구체적으로 사용자가 슬라이더의 손잡이를 움직이는 동안 계속, 혹은 응용프로그램에서 JSlider의 setValue(int n)를 호출하여 value 값을 변경할 때 Change 이벤트가 발생한다.

Change 이벤트를 처리하는 리스너 인터페이스는 ChangeListener로서 다음 메소드만 가지고 있으므로, Change 리스너를 만들기 위해서는 다음 메소드를 반드시 작성하여야 한다.

void stateChanged(ChangeEvent e)
컴포넌트의 상태가 변할 때 호출되며 ChangeEvent 객체를 인자로 전달받는다.

Change 이벤트 정보를 가진 이벤트 객체는 ChangeEvent이며, javax.swing.event 패키지에 포함되어 있다.

JSlider와 Change 이벤트를 활용한 색깔 다루기 예제 11-15

다음 그림과 같이 JSlider를 이용하여 3개의 슬라이더를 만들고, 각 슬라이더는 색의 구성 요소인 r(red), g(green), b(blue) 값을 선택하는 데 사용하라. 사용자가 선택한 r, g, b 값을 조합하여 레이블의 배경색으로 출력하라.

r, b, g 값이 0~255이므로, 슬라이더 값의 범위를 0~255로 하면 된다. 사용자가 3개의 슬라이더를 움직이는 동안, 계속 3개의 슬라이더 value 값을 조합하여 하나의 색을 완성하고, 이 색을 레이블의 배경색으로 칠한다. 레이블에는 "SLIDER EXAMPLE" 문자열을 출력한다. r, g, b 값으로부터 색을 만들 때 다음과 같이 Color 클래스의 객체를 생성하면 된다.

```
new Color(r,g,b);
```

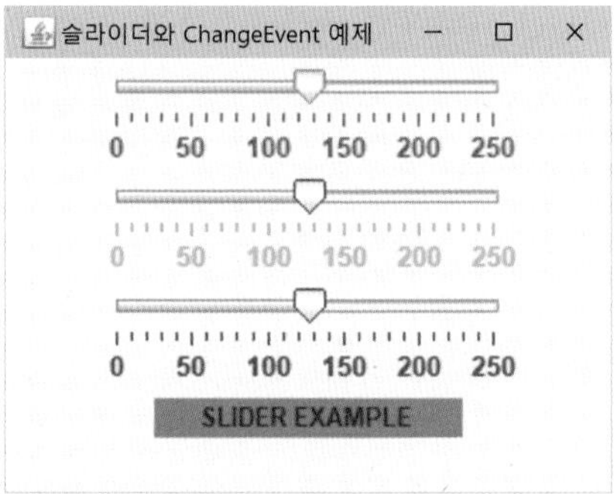

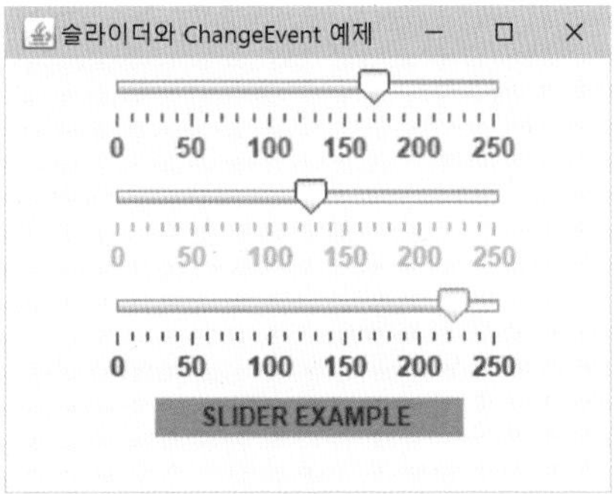


```
import javax.swing.*;
import java.awt.*;
import javax.swing.event.*;

public class SliderChangeEx extends JFrame {
   private JLabel colorLabel;
   private JSlider [] sl = new JSlider [3]; // 3개의 슬라이더 배열 생성

   public SliderChangeEx() {
      setTitle("슬라이더와 ChangeEvent 예제");
      setDefaultCloseOperation(JFrame.EXIT_ON_CLOSE);
      Container c = getContentPane();
      c.setLayout(new FlowLayout());

      colorLabel = new JLabel("       SLIDER EXAMPLE          ");

      // 슬라이더를 3개 생성하고 모양을 제어한다.
      for(int i=0; i<sl.length; i++) {
         // 0~255 사이의 값을 선택할 수 있는 슬라이더 생성. 초깃값은 128
         sl[i] = new JSlider(JSlider.HORIZONTAL, 0, 255, 128);
```

3개의 슬라이더에서 선택한 색을 조합하여 이 컴포넌트의 배경으로 설정함

```
      sl[i].setPaintLabels(true);
      sl[i].setPaintTicks(true);
      sl[i].setPaintTrack(true);
      sl[i].setMajorTickSpacing(50);
      sl[i].setMinorTickSpacing(10);

      // 슬라이더에 Change 리스너 등록
      sl[i].addChangeListener(new MyChangeListener());
      c.add(sl[i]); // 슬라이더를 컨텐트팬에 삽입
    }

    sl[0].setForeground(Color.RED); // s[0] 슬라이더는 RED 값 선택
    sl[1].setForeground(Color.GREEN); // s[1] 슬라이더는 GREEN 값 선택
    sl[2].setForeground(Color.BLUE); // s[0] 슬라이더는 BLUE 값 선택

    // 현재 3개의 슬라이더로부터 값을 얻어 초기 colorLabel의 배경색 설정
    int r = sl[0].getValue(); // 첫 번째 슬라이더로부터 R 성분 값 얻기
    int g = sl[1].getValue(); // 두 번째 슬라이더로부터 G 성분 값 얻기
    int b = sl[2].getValue(); // 세 번째 슬라이더로부터 B 성분 값 얻기
    colorLabel.setOpaque(true); // 배경색이 출력되도록 불투명성 설정
    colorLabel.setBackground(new Color(r,g,b)); // r,g,b 값으로 새로운 색 설정

    c.add(colorLabel);
    setSize(300,230);
    setVisible(true);
  }

  // Change 리스너 구현
  class MyChangeListener implements ChangeListener {
    public void stateChanged(ChangeEvent e) { // 슬라이더의 값이 변경할 때 호출
      // 3개의 슬라이더로부터 값을 얻어 colorLabel의 배경색 변경
      int r = sl[0].getValue(); // R 성분 값 얻기
      int g = sl[1].getValue(); // G 성분 값 얻기
      int b = sl[2].getValue(); // B 성분 값 얻기
      colorLabel.setBackground(new Color(r,g,b)); // r,g,b 값으로 새로운 색 설정
    }
  }
  public static void main(String [] args) {
    new SliderChangeEx();
  }
}
```

3개의 슬라이더 컴포넌트에 동일한 Change 리스너를 등록한다.

s[0].getValue()는 첫 번째 슬라이더의 값을 리턴한다.

초기 colorLabel의 배경색은 초기에 설정된 슬라이더의 값으로부터 결정한다.

3개의 슬라이더 중 하나라도 값이 변경되면 호출되며, 현재 3개 슬라이더의 값으로부터 colorLabel의 배경색을 변경한다.

요약 SUMMARY

- JComponent는 스윙 컴포넌트가 상속받는 슈퍼 클래스(super class)로서 컴포넌트의 모양, 상태, 크기와 위치 정보, 컨테이너와의 관계 등에 관련한 많은 공통 메소드를 제공한다.
- JLabel은 문자열이나 이미지를 출력하기 위한 컴포넌트이다.
- JButton은 주로 사용자로부터 명령을 받기 위한 컴포넌트로서, 선택되면 Action 이벤트가 발생한다. JButton은 사용자의 버튼 조작에 대한 시각적 효과를 극대화하기 위해 normalIcon, pressedIcon, rolloverIcon 등 3개의 이미지 아이콘을 소유하고 각각 보통 상태, 마우스가 올라간 상태, 마우스가 눌러진 상태를 표현한다.
- 이미지 객체는 다음과 같이 이미지 경로명과 함께 ImageIcon을 이용하여 생성한다.

```
new ImageIcon("images/normallcon.gif");
```

- JCheckBox는 선택(selected)과 비선택(deselected)의 두 가지 상태를 가지는 버튼이다.
- Item 이벤트는 체크박스가 선택되거나 해제될 때 발생한다.
- ItemListener는 다음 메소드를 가지고 있다.

```
void itemStateChanged(ItemEvent e)
```

- JRadioButton은 라디오버튼을 구현하며 버튼 그룹에 속한 라디오버튼 중 오직 하나만 선택된다.
- JTextField는 한 줄짜리 문자열 입력 창을 구현한 컴포넌트이며 사용자가 문자열 입력 도중 <Enter> 키를 치면 Action 이벤트가 발생한다.
- JTextArea는 여러 줄을 입력할 수 있는 문자열 입력 창으로 많이 사용된다. JScrollPane에 부착되어야 스크롤 지원을 받을 수 있다.
- JList는 하나 이상의 아이템을 리스트 형식으로 보여주고 아이템을 선택하도록 하는 컴포넌트이다. JScrollPane에 부착되어야 스크롤 지원을 받을 수 있다.
- JComboBox는 텍스트필드와 버튼, 드롭다운 리스트로 구성되며, 버튼을 선택하면 드롭다운 리스트에 아이템이 출력되는 컴포넌트이다. JComboBox에 아이템이 선택되면 Action 이벤트와 Item 이벤트가 동시에 발생한다.
- JSlider는 사용자로 하여금 일정한 범위 내의 값을 그래픽으로 그려진 트랙 바(bar)상에서 마우스로 자유롭게 선택하게 하는 슬라이더 컴포넌트이다.
- Change 이벤트는 스윙에서 제공되며 이벤트 소스 컴포넌트의 값에 변화가 일어날 때 발생하는 이벤트이며, 리스너는 ChangeListener 인터페이스이고 메소드는 다음과 같다.

```
void stateChanged(ChangeEvent e)
```

이미지 갤러리 만들기

Open Challenge

목적

JLabel을 이용하여 이미지 출력, 이벤트 리스너 작성

버튼과 이미지 레이블, Action 리스너를 활용하여 이미지를 순환하면서 보여주는 이미지 갤러리를 작성해보자. 아래에는 4개의 실행 화면이 있다. 컨텐트팬의 배치관리자를 BorderLayout 배치관리자로 설정하고 CENTER 영역에는 이미지를 출력하는 레이블 컴포넌트를 단다. SOUTH 영역에는 JPanel을 상속받은 MenuPanel을 작성하고 이곳에 좌(←), 우(→) 화살표 이미지를 가진 2개의 버튼을 단다. 오른쪽 화살표 버튼을 클릭하면 CENTER에 있는 이미지 레이블에 다음 이미지를 출력하고 반대로 왼쪽 화살표 버튼을 클릭하면 이전 이미지를 레이블에 출력한다. 저자는 4개의 이미지로 실행하였지만, 독자들은 더 많은 이미지로 해도 된다. 실습문제 8번은 특정 디렉터리에 있는 모든 이미지 파일을 대상으로 이미지 갤러리를 만드는 문제이므로 도전해보기 바란다. 난이도 6

연습문제

EXERCISE

이론문제

• 홀수 문제는 정답이 공개됩니다.

1. 다음 중 스윙 컴포넌트가 가진 정보가 아닌 것은?
   ① 컴포넌트 자신의 위치 ② 컴포넌트 자신의 배경색
   ③ 컴포넌트가 만들어진 시간 ④ 컴포넌트의 부모 컨테이너

2. JLabel은 어떤 목적으로 사용하는가?
   ① 이미지나 텍스트 출력 ② 이미지만 출력
   ③ 이미지, 텍스트, 버튼 출력 ④ 텍스트만 출력

3. "java.jpg"를 가진 JLabel 컴포넌트를 생성하는 간단한 코드이다. 빈칸을 채워라.

```
__________ icon = new _________("java.jpg"); // java.jpg 파일을 로딩한다.
JLabel label = new JLabel(); // 빈 JLabel 컴포넌트를 생성한다.
label. ________(icon); // 이미지를 레이블에 부착한다.
```

4. 스윙 컴포넌트 c에 대해 다음 빈칸을 채워라.

```
c. __________________; // 컴포넌트가 보이지 않도록 만든다.
c. ____________________________________; // 글자체를 20픽셀의 고딕체로 한다.
c. __________________; // 컴포넌트가 마우스나 키보드로 입력해도 반응이 없게 한다.
```

5. Item 이벤트가 발생하는 경우에 해당하지 않은 것은?
   ① 해제되어 있는 상태의 체크박스를 클릭하여 선택 상태로 변경한 경우
   ② 선택 상태의 체크박스를 클릭한 경우
   ③ 선택 상태가 아닌 라디오버튼을 클릭한 경우
   ④ 슬라이드바를 클릭한 경우

6. Action 이벤트가 발생하는 경우가 아닌 것은?
   ① JButton 컴포넌트를 마우스로 클릭한 경우
   ② JTextField 컴포넌트에 키보드로 입력하는 도중 <Enter> 키를 입력한 경우
   ③ JCheckBox 컴포넌트를 마우스로 선택한 경우
   ④ JComboBox의 아이템을 마우스로 선택한 경우

7. JButton 컴포넌트 b가 있다. b가 출력될 때는 "plain.jpg"이, 마우스가 올라가면 "over.jpg"이 출력되도록 코드를 작성하라.

```
b. ______________________________________;
b. ______________________________________;
```

8. 다음은 Item 이벤트 리스너 코드이다. 빈칸에 적절한 코드를 삽입하라.

```
class MyItemListener implements ItemListener {
    public void ______________(ItemEvent e) {
        if(e.________________ == ________________ )
            System.out.println("선택되었습니다");
        else
            System.out.println("해제되었습니다");
    }
}
```

9. JSlider 컴포넌트 slider가 있다. 손잡이가 슬라이드의 중앙을 가리키도록 코딩하라.

```
slider.setValue(________________________________________________);
```

10. ButtonGroup 클래스는 어떤 용도로 사용되는가?

실습문제

• 홀수 문제는 정답이 공개됩니다.

목적 Item 리스너, 컴포넌트의 공통 메소드 활용

1. 아래 그림과 같이 2개의 체크박스와 버튼을 하나 만들어라. "버튼 비활성화" 체크박스를 선택하면 버튼이 작동하지 못하게 하고, 해제하면 다시 작동하게 하라. "버튼 감추기" 체크박스를 선택하면 버튼이 보이지 않도록 하고 해제하면 버튼이 보이도록 하라. 난이도 4

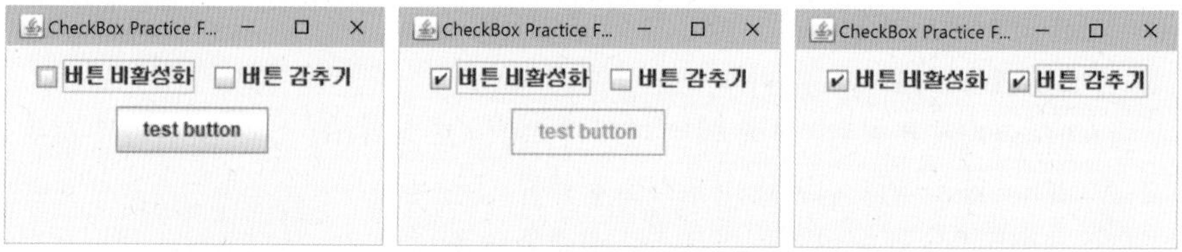

힌트 컴포넌트를 활성화/비활성화는 `JComponent`의 `setEnabled(boolean)` 메소드를, 보이기/감추기는 `setVisible(boolean)`를 이용하라. 체크박스의 체크는 `ItemListener`를 이용하라.

2. 실행 예시와 같이 `JComboBox`로 빈 콤보박스를 만들고, `JTextField` 입력 창에 문자열을 입력하고 <Enter> 키를 입력하면 문자열을 콤보박스의 아이템으로 삽입하라. 난이도 4

목적 JComboBox 활용, JTextField의 Action 리스너 작성

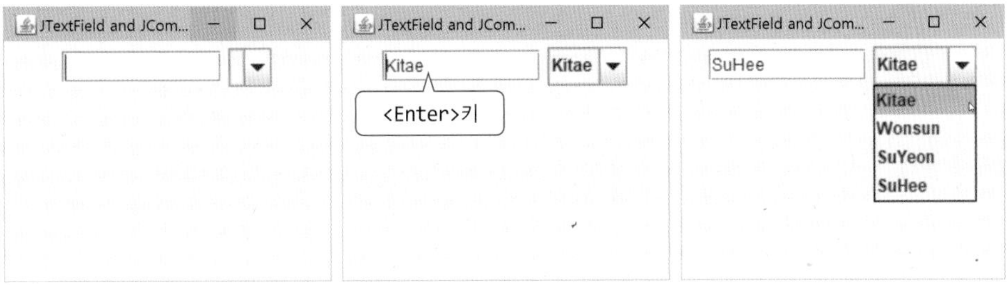

힌트 콤보박스는 제네릭으로 되어 있기 때문에, `JComboBox<String> combo = new JComboBox<String>()`로 생성하라. `JTextField`에 <Enter> 키를 입력하면 `Action` 이벤트가 발생한다.

3. 다음과 같은 화면을 구성하고 금액을 입력한 후 버튼을 클릭하면 오만원권, 만원권, 천원권, 500원짜리 동전, 100원짜리 동전, 50원짜리 동전, 10원짜리 동전, 1원짜리 동전이 각각 몇 개로 변환되는지 출력하라. 난이도 5

목적 실전 스윙 응용 연습

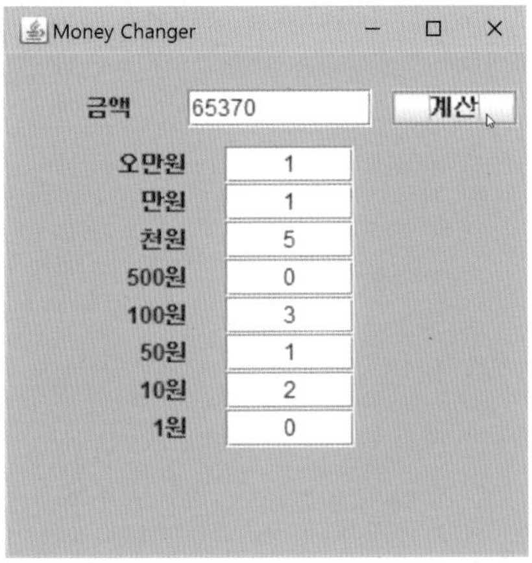

목적 체크박스 실전 응용

4. 실습문제 3번에 체크박스를 추가하여, 사용자가 선택한 체크박스에 해당하는 돈으로만 바꿀 수 있도록 하라. 난이도 6

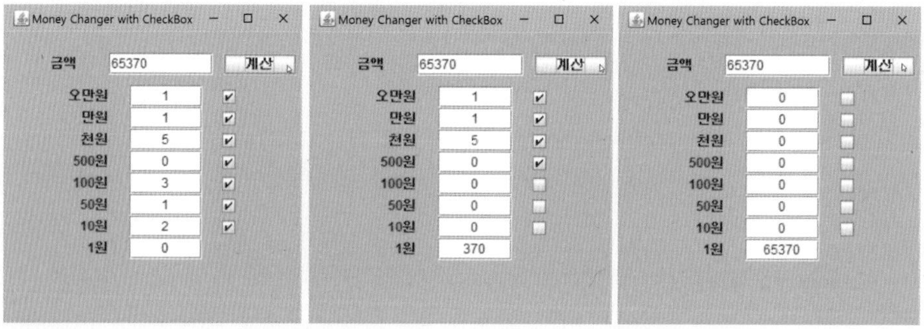

목적 JSlider와 Change Listener 만들기 연습

5. 100에서 200까지 조절할 수 있는 수평 슬라이더와 레이블을 하나 만들고 사용자가 슬라이더를 움직이면 레이블 컴포넌트에 수치로 보여주는 스윙 응용프로그램을 작성하라. 난이도 5

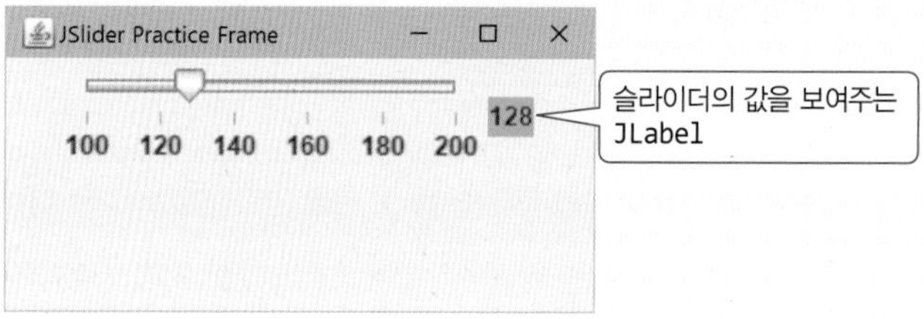

목적 JTextArea와 key 리스너, JSlider의 혼합 응용

6. JLabel 컴포넌트와 JTextArea 컴포넌트를 하나 만들고 문자열을 입력할 때마다 입력된 글자 수에 맞게 슬라이더 바가 자동으로 움직이게 하고 100자 이상 입력할 수 없게 하라. 또한 사용자가 마우스로 슬라이더 손잡이를 움직이면 슬라이더의 크기만큼 텍스트영역의 글자가 지워지도록 하라. 난이도 7

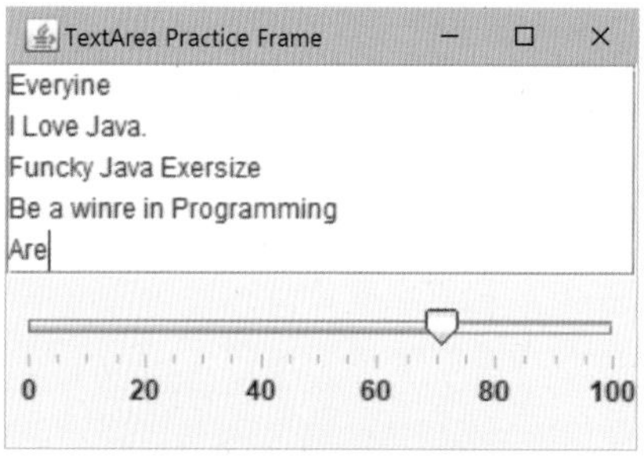

글자 입력 시 슬라이더 자동 이동

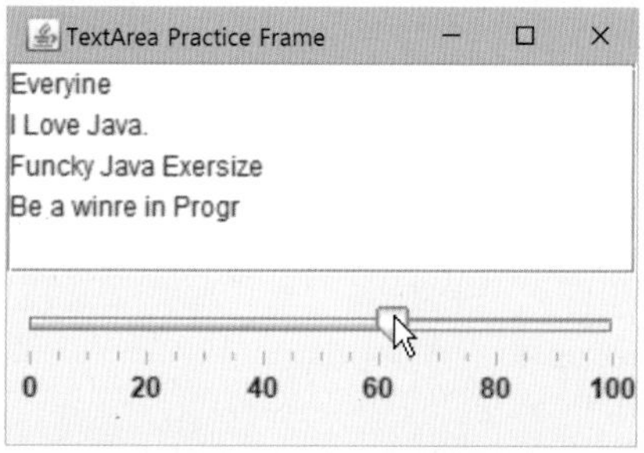

마우스로 슬라이더를 이동시켜 글자를 삭제한 모양

힌트 JTextArea에 Key 리스너를 만들고 keyTyped()에서 처리하는 것이 바람직하다.

7. 수평 슬라이더를 만들고, 슬라이더를 움직이면 문자열 레이블의 글자 크기를 조절할 수 있는 스윙 응용프로그램을 작성하라. 폰트 크기는 1픽셀에서 100픽셀까지이며, 큰 눈금은 20 간격, 작은 눈금은 5 간격으로 하라. 슬라이더는 컨텐트팬의 NORTH 영역에, 문자열은 CENTER에 부착하라. 난이도 6

목적 JSlider와 ChangeListener 만들기 연습

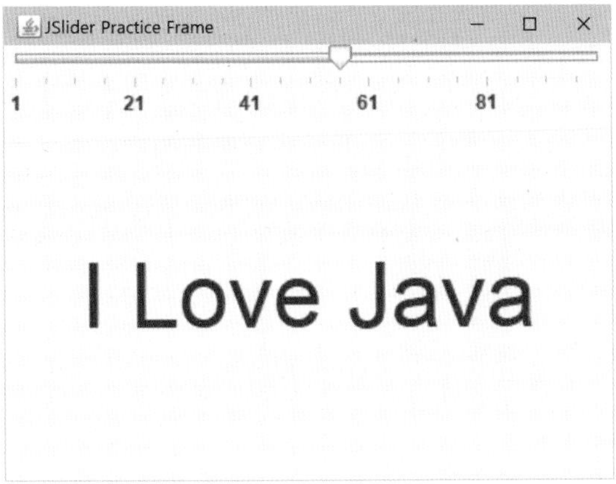

8. 이미지 갤러리를 만들어보자. 다음과 같이 두 개의 라디오버튼과 이미지가 출력된다. 이미지를 클릭하면 다음 이미지를 보여준다. 이 행동은 프로젝트의 images 폴더에 있는 모든 이미지에 대해 이루어진다. 그러므로 프로그램 실행 전 images 폴더를 만들고 여러 개의 이미지를 저장해두어야 한다. left 버튼이 선택되어 있으면 왼쪽으로 넘기는 순서로 이미지를 보여주고, right 라디오버튼이 선택되어 있으면 그 반대로 진행된다. 난이도 8

목적 JLabel에 이미지 출력, Vector<ImageIcon> 활용, File의 listFiles() 활용 연습

힌트 File의 listFiles()를 이용하여 images 폴더에 있는 파일 리스트를 얻고, 각 이미지 파일을 ImageIcon을 이용하여 로딩하고 Vector<ImageIcon> 컬렉션에 저장해둔다. 그리고 JLabel에 MouseListener 리스너를 등록하고, 마우스가 클릭될 때마다 다음 이미지를 출력하는 방식으로 작성하면 된다.

목적 스윙 컴포넌트와 이벤트의 종합 응용 연습

9. 사용자(me)와 컴퓨터(com)가 가위바위보를 하는 스윙 프로그램을 작성해보자. 가위, 바위, 보에 해당하는 이미지 버튼을 만들어라. 회색 배경에 그려진 3개의 이미지는 각각 가위, 바위, 보를 선택하는 버튼이며, 노란색 배경에는 나(me)와 컴퓨터(com)가 선택한 결과 화면이다. 왼쪽은 사용자의 손이며 오른쪽은 컴퓨터의 손이다. 사용자가 버튼을 선택하는 순간 컴퓨터는 랜덤하게 가위, 바위, 보 중에서 하나를 선택하고 두 사람이 선택한 가위, 바위, 보 이미지가 각각 레이블에 출력된다. 또한 누가 이겼는지 결과가 레이블에 출력된다. 사용자가 이기면 "Me !!!"를, 컴퓨터가 이기면 "Computer !!!"를, 둘이 같으면 "Same !!!"를 출력한다. 난이도 8

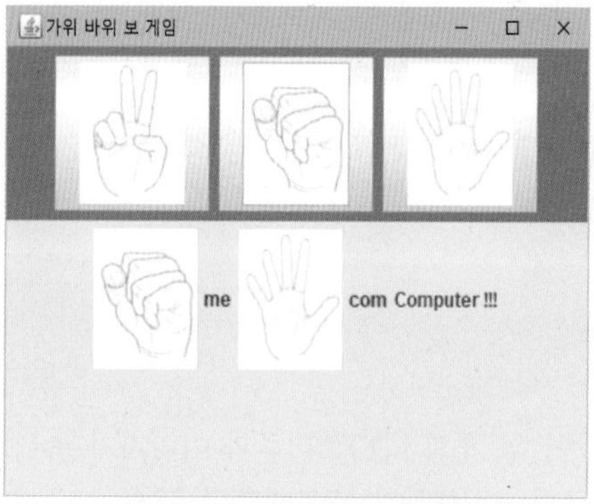

사용자가 마우스로 바위 버튼 선택,
컴퓨터는 보 선택, 컴퓨터 승리

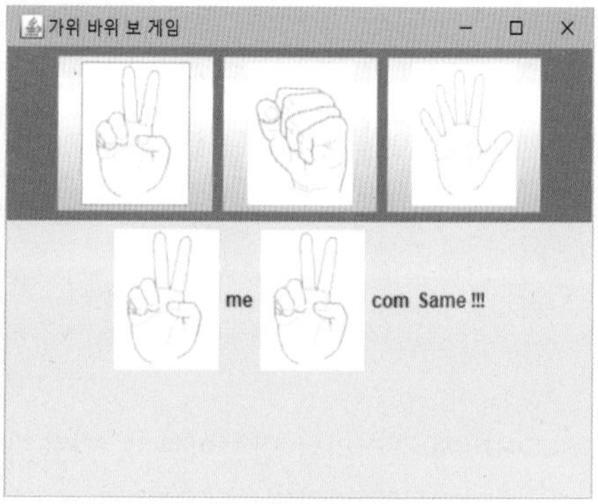

사용자가 마우스로 가위 버튼 선택,
컴퓨터 역시 가위 선택, 비김

목적 스윙 컴포넌트와 이벤트의 종합 응용 연습

10. 10개의 레이블을 순서대로 클릭하는 간단한 게임을 만들어보자. 0에서 9까지 숫자를 가진 레이블 컴포넌트를 10개 만들고 이들을 프레임 내의 랜덤한 위치에 배치한다. 사용자가 0부터 9까지 순서대로 클릭하여 10개를 모두 클릭하면 다시 10개의 레이블을 랜덤한 위치에 배치한다. 클릭된 레이블 컴포넌트는 화면에서 보이지 않게 하며 반드시 번호 순서로 클릭되게 하라. 난이도 8

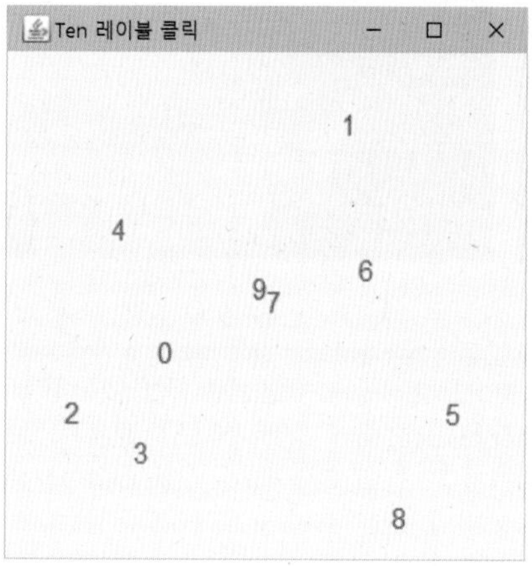

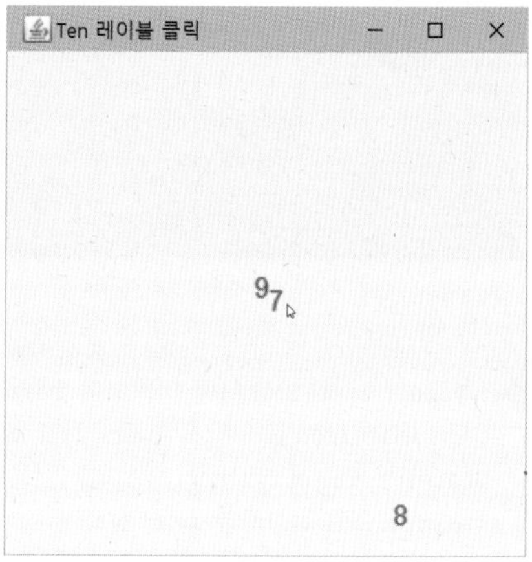

12 그래픽

Objectives

- 그래픽의 필요성을 안다.
- 스윙 컴포넌트의 paintComponent() 메소드를 안다.
- Graphics 클래스에 대해 이해하고 그 기능을 안다.
- Graphics를 이용하여 문자열을 출력할 수 있다.
- Graphics를 이용하여 색상과 폰트를 설정할 수 있다.
- Graphics를 이용하여 도형 그리기 및 칠하기를 할 수 있다.
- Graphics를 이용하여 이미지 그리기를 할 수 있다.
- 클리핑을 제어할 수 있다.
- 스윙의 컴포넌트가 그려지는 과정을 안다.

JAVA PROGRAMMING

CHAPTER 12 그래픽

12.1 스윙 컴포넌트 그리기

컴포넌트는 자신의 모양을 스스로 그린다

GUI 컴포넌트

모든 GUI 플랫폼에서 그리기(painting)의 기본은 GUI 컴포넌트가 자신의 모양을 스스로 그린다는 점이다. 자바의 스윙도 마찬가지이며, 각 스윙 GUI 컴포넌트는 자신의 모양을 그리는 메소드를 가지고 있다. 이제, 스윙에서 각 컴포넌트가 자신의 모양을 그리는 paintComponent() 메소드에 대해 알아보자.

paintComponent()

paintComponent()

모든 스윙 컴포넌트가 가지고 있는 메소드로서, 스윙 컴포넌트가 자신의 내부를 그리는 paintComponent() 메소드의 원형은 다음과 같다.

void paintComponent(Graphics g) 컴포넌트의 내부 모양을 그린다.

paintComponent()는 JComponent의 추상 메소드이므로 모든 스윙 컴포넌트가 오버라이딩하여 가지고 있다. 예를 들어, JButton의 paintComponent()는 버튼 내부의 텍스트와 이미지를 그리고, JTextField의 paintComponent()는 입력 창을 그리며, JSlider의 paintComponent()는 슬라이더 바의 모양을 그린다.

그러면 스윙 컴포넌트에 paintComponent()가 호출되는 경우는 언제일까? 당연한 얘기로 들리겠지만, 컴포넌트가 화면에 그려져야 하는 경우인데 다음과 같은 5가지 경우로 나누어 볼 수 있다.

- 컴포넌트가 처음으로 그려질 때

- 컴포넌트의 크기나 위치 변경 등 컴포넌트에 변화가 생길 때
- 다른 윈도우에 의해 가려졌다가 드러날 때
- 아이콘화되었다가 본래 크기로 복구할 때
- 응용프로그램이 컴포넌트의 repaint() 메소드를 호출하여 강제로 다시 그릴 때

예를 들어 설명해보자. 실행 중인 스윙 응용프로그램에서 사용자가 아이콘화하는 버튼을 클릭하면 응용프로그램은 바탕 화면에서 사라지고 윈도우 하단의 작업 표시줄에 나타난다. 사용자가 다시 작업 표시줄에서 아이콘을 클릭하면 스윙 응용프로그램이 원래의 크기로 바탕 화면에 나타나게 된다. 이때, 스윙 응용프로그램의 모양을 원래 크기로 스크린에 그린 것은 누구인가?

스윙 응용프로그램이 아이콘화될 때 운영체제가 응용프로그램의 화면 이미지를 저장하였다가, 다시 원래의 크기로 출력될 때 바탕 화면에 그려주는 것으로 생각하고 있을지 모르겠다. 그러나 자바 가상 기계나 운영체제는 스윙 응용프로그램의 화면 이미지를 저장하지 않는다. 스윙 응용프로그램이 아이콘 상태에서 본래 크기로 나타날 때, 자바 플랫폼이 스윙 응용프로그램에게 자신을 다시 그리도록 요청하였고 그에 따라 각 컴포넌트의 paintComponent() 메소드가 호출되어 그려지는 것이다. 12장 6절의 설명을 참고하기 바란다.

paintComponent(Graphics g)에 인자로 넘어오는 Graphics 객체 g를 그래픽 컨텍스트(graphics context)라고 부르며 자바 플랫폼에 의해 생성되어 공급된다. 화실에서 그림을 그리려면, 캔버스와 붓, 연필, 물감, 지우개 등 다양한 도구가 필요한 것처럼, 자바 플랫폼은 그래픽에 필요한 다양한 메소드와 필드를 Graphics 객체를 통해 제공한다. 개발자는 오직 Graphics 객체만을 이용하여 그려야만 한다. Graphics의 경로명은 java.awt.Graphics로서 AWT 패키지에 속해 있다. Graphics는 뒤에서 자세히 설명한다.

Graphics 객체 g
그래픽 컨텍스트

paintComponent()의 오버라이딩

개발자가 JComponent를 상속받아 새로운 컴포넌트를 설계하든지 아니면 기존의 스윙 컴포넌트의 모양을 다르게 그리고자 할 때, 다음과 같이 paintComponent()를 오버라이딩하여 자신만의 컴포넌트 모양을 그릴 수 있다.

```
class MyComponent extends JXXX { // JXXX는 기존의 스윙 컴포넌트
        ...
    public void paintComponent(Graphics g) { // 오버라이딩
        ... 필요한 코드 작성 ...
    }
        ...
}
```

JPanel에 그리기

paintComponent() 오버라이딩

JPanel은 빈 캔버스와 같이 아무 모양도 없는 빈 컨테이너로서, 다양한 GUI를 창출할 수 있는 캔버스로 적합하기 때문에 그래픽을 위해 많이 사용된다. JPanel에 그리기를 수행하는 예를 살펴보자. 아래와 같이 JPanel 클래스를 상속받고 paintComponent()를 오버라이딩하여 이곳에 그리기를 구현한다.

```
class MyPanel extends JPanel {
    public void paintComponent(Graphics g) {
        super.paintComponent(g); // JPanel에 구현된 paintComponent() 호출
        g.setColor(Color.BLUE); // 파란색 선택. 이후 그리기는 파란색으로 진행
        g.drawRect(10,10,50,50); // (10,10) 위치에 50×50 크기의 사각형 그리기
        g.drawRect(50,50,50,50); // (50,50) 위치에 50×50 크기의 사각형 그리기
        g.drawRect(90,90,50,50); // (90,90) 위치에 50×50 크기의 사각형 그리기
    }
}
```

이 코드에서 다음 라인은 paintComponent(Graphics g)의 인자로 넘어오는 Graphics 객체 g에 파란색을 지정한다. 이 setColor() 호출 이후부터 그리기, 칠하기, 문자 출력 등 모든 그래픽 처리에 파란색이 이용된다.

```
g.setColor(Color.BLUE); // 파란색 선택
```

또한 다음 코드는 JPanel상의 (10, 10)에 50×50 크기의 파란색 사각형을 그린다.

```
g.drawRect(10,10,50,50); // (10, 10) 위치에 50×50 크기의 사각형 그리기
```

JPanel에 이미 작성되어 있는 paintComponent()는 JPanel에 그려진 내용을 모두 지우고, setBackground()에 의해 지정된 배경색으로 바탕을 칠하도록 만들어져 있다. 그러므로 MyPanel의 paintComponent()에서 다음을 호출하면,

```
super.paintComponent(g); // JPanel에 구현된 paintComponent() 호출
```

super.paintComponent()

현재 그려진 내용을 바탕색으로 모두 지울 수 있다. JPanel을 상속받아 paintComponent()를 작성하는 경우 super.paintComponent()를 먼저 호출하는 것이 일반적이다. JPanel뿐 아니라 다른 스윙 컴포넌트를 상속받는 경우도 마찬가지이다. 지금까지 설명한 내용은 예제 12-1에서 완성된 코드로 보여준다.

JPanel을 상속받아 도형 그리기 예제 12-1

JPanel을 상속받아 만든 패널을 컨텐트팬으로 붙이고, 3개의 사각형을 그려라.

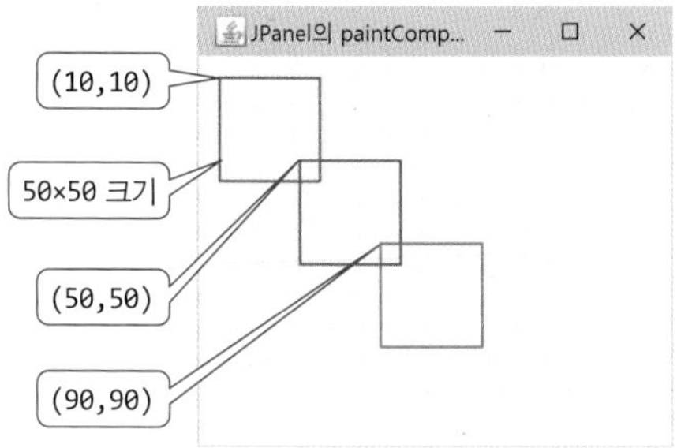


```java
import javax.swing.*;
import java.awt.*;

public class paintJPanelEx extends JFrame {
  private MyPanel panel = new MyPanel();

  public paintJPanelEx() {
    setTitle("JPanel의 paintComponent() 예제");
    setDefaultCloseOperation(JFrame.EXIT_ON_CLOSE);
    setContentPane(panel); // 생성한 panel 패널을 컨텐트팬으로 사용
    setSize(250,220);
    setVisible(true);
  }

  // JPanel을 상속받는 새 패널 구현
  class MyPanel extends JPanel {
    public void paintComponent(Graphics g) {
      super.paintComponent(g); // JPanel의 paintComponent() 호출
      g.setColor(Color.BLUE); // 파란색 선택
      g.drawRect(10,10,50,50); // (10,10) 위치에 50x50 크기의 사각형 그리기
      g.drawRect(50,50,50,50); // (50,50) 위치에 50x50 크기의 사각형 그리기
      g.setColor(Color.MAGENTA); // 마젠타색 선택
      g.drawRect(90,90,50,50); // (90,90) 위치에 50x50 크기의 사각형 그리기
    }
  }

  public static void main(String [] args) {
    new paintJPanelEx();
  }
}
```

MyPanel의 내부를 그리는 메소드로서 3개의 사각형을 그린다.

패널 내에 이전에 그려진 잔상을 지우기 위해 호출한다.

잠깐!

paintComponent()는 컴포넌트의 모양 중에서 내부만을 그리며, 테두리를 그리는 기능은 없다. 테두리를 그리는 메소드는 paintBorder()이며, 컴포넌트의 페인팅의 과정은 12.6절에서 설명한다.

CHECK TIME

1 모든 스윙 컴포넌트가 가지고 있는 메소드로서 자신의 모양 내부를 그리는 메소드는 어느 것인가?

① printComponent(Graphics g) ② paintContent(Graphics g)
③ paintComponent(Graphics g) ④ repaint()

2 Graphics 클래스의 경로명은 무엇인가?

3 빈 캔버스 같은 단순한 컨테이너로서 그래픽을 이용하여 GUI를 만들기 용이한 것은?

① JComponent ② JFrame
③ JApplet ④ JPanel

12.2 Graphics

11장에서는 컴포넌트를 이용하여 GUI를 만드는 방법에 대해 설명하였다. 이장에서는 그래픽 기반 GUI 프로그램 작성에 대해 소개한다.

그래픽 기반 GUI 프로그래밍

그래픽 기반 GUI 프로그래밍

그래픽 기반 GUI 프로그래밍이란 스윙 컴포넌트를 사용하지 않고 선, 원, 이미지 등을 직접 그려 GUI 화면을 구성하는 방식이다. 이 방식의 장점은 무엇일까?

첫째, 스윙 컴포넌트는 전형적인 모양의 사용자 인터페이스를 만들기에는 쉽고 효과적이지만, 차트, 게임 등 자유로운 모양을 표현하기에는 부족하다. 그래픽 기능을 이용하면, 스윙 컴포넌트로 만들 수 없는 모양을 자유자재로 만들어 낼 수 있다.

둘째, 그래픽 그리기는 컴포넌트 그리기보다 빠르다. 스윙 컴포넌트는 그려지는데 상대적으로 많은 시간이 걸리므로, 화면이 역동적으로 변하고 속도가 중요한 게임의 경우, 스윙 컴포넌트로는 화면 갱신 속도를 맞추는데 문제가 있을 수 있다.

셋째, 스윙도 결국 하부에는 그래픽을 기반으로 작성되었기 때문에, 자바의 GUI 바탕 기술을 이해하는데 도움이 된다.

넷째, 개발자는 그래픽을 이용하여 자신만의 컴포넌트를 창작할 수 있다.

Graphics

Graphics 클래스의 경로명은 java.awt.Graphics이며, 그리기, 칠하기, 이미지 출력, 클리핑 등 GUI 프로그래밍에 있어 필요한 필드와 메소드를 제공한다.

● Graphics의 좌표 체계

자바 그래픽의 좌표 값은 [그림 12-1]과 같이 그래픽 대상 컴포넌트의 왼쪽 상단 모서리가 (0, 0)이고, 오른쪽으로 X축의 값이 증가하며, 아래쪽으로 Y축의 값이 증가한다.

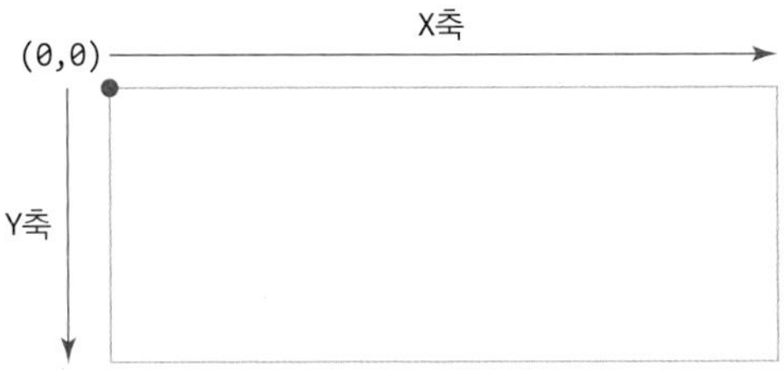

[그림 12-1] 자바의 그래픽 좌표 체계

● Graphics의 기능

Graphics가 제공하는 기능은 간단히 다음과 같다.

- 색상 선택하기
- 문자열 그리기
- 도형 그리기
- 도형 칠하기
- 이미지 그리기
- 클리핑

문자열 그리기

문자열을 그리는 Graphics 메소드는 다음과 같다.

```
void drawString(String str, int x, int y)
    str 문자열을 (x,y) 영역에 그린다. 현재 Graphics에 설정된 색과 폰트로 문자열을 출력한다.
```

drawString()을 사용하여 (30, 30) 위치에서 "자바는 재밌다.~~"를 출력하는 예를 들면 다음과 같다.

drawString()

```
Graphics g;
g.drawString("자바는 재밌다.~~", 30,30);
```

예제 12-2 drawString() 메소드를 이용하여 문자열 출력하기

JPanel을 상속받아 다음 그림과 같이 (30, 30)과 (60, 60)에 각각 문자열을 출력하는 패널 클래스를 작성하고 이를 컨텐트팬으로 사용하라.

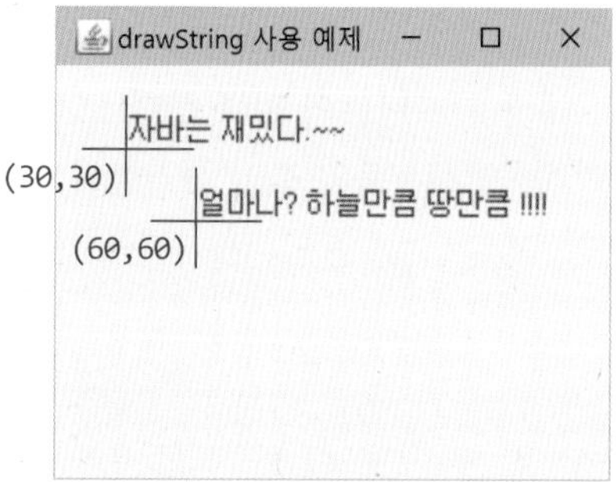


```
import javax.swing.*;
import java.awt.*;

public class GraphicsDrawStringEx extends JFrame {
   private MyPanel panel = new MyPanel();

   public GraphicsDrawStringEx() {
      setTitle("drawString 사용 예제");
      setDefaultCloseOperation(JFrame.EXIT_ON_CLOSE);
      setContentPane(panel); // 생성한 panel 패널을 컨텐트팬으로 사용

      setSize(250,200);
      setVisible(true);
   }

   // JPanel을 상속받는 새 패널 작성
   class MyPanel extends JPanel {
      public void paintComponent(Graphics g) {
         super.paintComponent(g);
         g.drawString("자바는 재밌다.~~", 30,30); // 패널의 (30,30) 위치에 문자열 출력
         g.drawString("얼마나? 하늘만큼 땅만큼 !!!!", 60, 60);
                                               // 패널의 (60,60) 위치에 문자열 출력
      }
   }

   public static void main(String [] args) {
      new GraphicsDrawStringEx();
   }
}
```

Color와 Font 클래스

Color와 Font 클래스는 색과 문자 폰트를 지정하는 데 각각 사용되며, java.awt 패키지의 클래스들이다. 이들은 GUI 컴포넌트가 아니다.

● Color

Color는 색을 표현하는 클래스이다. 자바에서 색은 r(Red), g(Green), b(Blue) 성분으로 구성되며, 각 성분은 0~255(8비트) 범위의 정수이다. Color의 생성자는 다음과 같다.

Color

Color(int r, int g, int b) r, g, b 값으로 sRGB 색 생성
Color(int rgb) rgb는 32비트의 정수이지만 하위 24비트만 유효. 즉, 0x00rrggbb로 표현. 각 바이트가 r, g, b의 색 성분

Color 클래스에 이미 만들어진 Color.BLUE, Color.YELLOW 등의 상수를 색으로 사용해도 된다. Color 클래스로 색을 만들고 사용하는 예는 다음과 같다.

```
Graphics g;
g.setColor(new Color(255, 0, 0)); // 빨간색을 생성하여 그래픽 색으로 지정한다.
g.setColor(new Color(0x0000ff00)); // 초록색을 생성하여 그래픽 색으로 지정한다.
g.setColor(Color.YELLOW); // 노란색을 그래픽 색으로 지정한다.
```

● Font

Font는 문자의 폰트 정보를 나타내며, 생성자는 다음과 같다.

Font

Font(String fontFace, int style, int size)
- fontFace: "고딕체", "Ariel" 등과 같은 폰트 이름
- style: 문자의 스타일로 Font.BOLD, Font.ITALIC, Font.PLAIN 중 택일
- size: 픽셀 단위의 문자 크기

예를 들어, 이탤릭 스타일을 가진 "Times New Roman"체로서 30픽셀 크기의 폰트를 만들면 다음과 같다.

```
Font f = new Font("Times New Roman", Font.ITALIC, 30);
```

● Graphics에서 색상과 폰트 활용

문자에 적용되는 Font와는 달리 Color는 문자열 그리기, 도형 그리기 등 색이 필요한 모든 곳에 사용된다. 색과 폰트를 설정하는 Graphics 메소드는 다음과 같다.

void setColor(Color color) 그래픽 색을 color로 설정. 그리기 시에 색으로 이용
void setFont(Font font) 그래픽 폰트를 font로 설정. 문자열 출력 시 폰트로 이용

색상과 폰트 사용 예를 들어보자. "Arial" 폰트와 빨간색으로 "How much"의 문자열을 (30, 30) 위치에 출력하는 예는 다음과 같다.

```
Graphics g;
Font f = new Font("Arial", Font.ITALIC, 30);
g.setFont(f);
g.setColor(Color.RED);
g.drawString("How much", 30,30);
```

예제 12-3 Color와 Font를 이용하여 문자열 그리기

Color와 Font 클래스를 이용하여 다음 그림과 같이 출력되는 패널을 작성하라.

"How much"는 Arial체로 "This much!!"는 Jokerman체를 사용하여 출력하라. "This much!!" 문자열을 10픽셀에서 50픽셀까지 증가시키면서 출력하라. Jokerman체는 아쉽게도 한글을 지원하지 않는다.

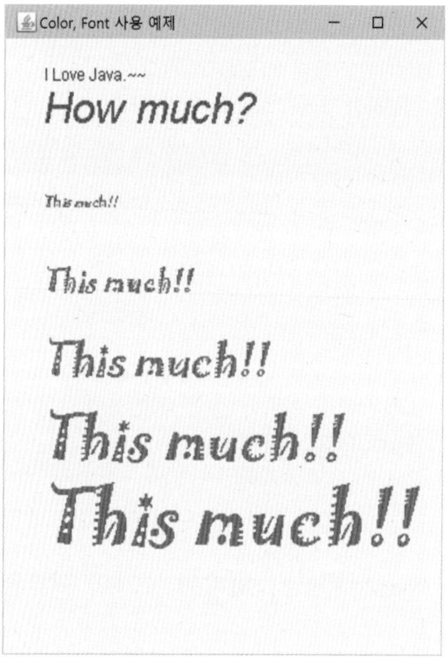


```
import javax.swing.*;
import java.awt.*;

public class GraphicsColorFontEx extends JFrame {
   private MyPanel panel = new MyPanel();

   public GraphicsColorFontEx() {
      setTitle("Color, Font 사용 예제");
```

```
        setDefaultCloseOperation(JFrame.EXIT_ON_CLOSE);
        setContentPane(panel); // 생성한 panel 패널을 컨텐트팬으로 사용

        setSize(350, 470);
        setVisible(true);
    }

    class MyPanel extends JPanel {
        public void paintComponent(Graphics g) {
            super.paintComponent(g);
            g.setColor(Color.BLUE); // 파란색 선택
            g.drawString("I Love Java.~~", 30,30); // (30,30) 위치에 문자열 출력
            g.setColor(new Color(255, 0, 0)); // 빨간색 선택
            g.setFont(new Font("Arial", Font.ITALIC, 30)); // Arial 폰트 선택
            g.drawString("How much?", 30, 60); // (30,60) 위치에 문자열 출력
            g.setColor(new Color(0x00ff00ff)); // 빨간색과 파란색을 섞은 색 선택
            for(int i=1; i<=5; i++) {
                g.setFont(new Font("Jokerman", Font.ITALIC, i*10));
                g.drawString("This much!!", 30, 60+i*60);
            }
        }
    }

    public static void main(String [] args) {
        new GraphicsColorFontEx();
    }
}
```

Jokerman체로 이탤릭 스타일의 폰트를 지정한다. i*10에 의해 루프마다 픽셀 크기는 10, 20, 30, 40, 50 등으로 증가한다.

문자열을 Jokerman 폰트로 출력하며, 60+i*60에 의해 루프마다 (30, 120),(30, 180),… 등으로 y축의 값이 갈수록 60씩 증가한다.

CHECK TIME

1 자바에서 사용할 수 있는 색은 최대 몇 개인가?

2 Graphics 객체 g를 이용하여 파란색으로 (20, 20)에 "BLUE" 문자열을 그리는 코드를 작성하라.

3 Graphics 객체를 이용하여 패널의 (100, 100) 위치에 30픽셀 크기의 Times New Roman체로 "We win!!"을 출력하는 MyPanel 클래스를 작성하라.

12.3 도형 그리기와 칠하기

도형 그리기

Graphics를 이용하여 선, 타원, 사각형, 둥근모서리사각형, 원호, 폐다각형 등을 그릴 수 있다. 이 중에서 선, 원, 사각형을 그리는 메소드는 다음과 같다.

void drawLine(int x1, int y1, int x2, int y2)
  (x1, y1)에서 (x2, y2)까지 선을 그린다.
void drawOval(int x, int y, int w, int h)
  (x, y)에서 w x h 크기의 사각형에 내접하는 타원을 그린다.
void drawRect(int x, int y, int w, inL h)
  (x, y)에서 w x h 크기의 사각형을 그린다.
void drawRoundRect(int x, int y, int w, int h, int arcWidth, int arcHeight)
• arcWidth: 모서리 원의 수평 반지름
• arcHeight: 모서리 원의 수직 반지름
  (x, y)에서 w x h 크기의 사각형을 그리되, 4개의 모서리는 arcWidth와 arcHeight를 이용하여 원호로 그린다.

```
class MyPanel extends JPanel {
   public void paintComponent(Graphics g) {
      super.paintComponent(g);
      g.setColor(Color.RED);
      g.drawOval(20,20,80,80);
   }
}
```

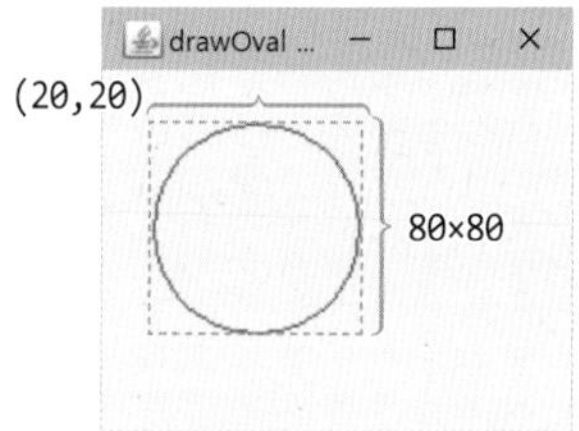

```
class MyPanel extends JPanel {
   public void paintComponent(Graphics g) {
      super.paintComponent(g);
      g.setColor(Color.RED);
      g.drawRect(20,20,80,80);
   }
}
```

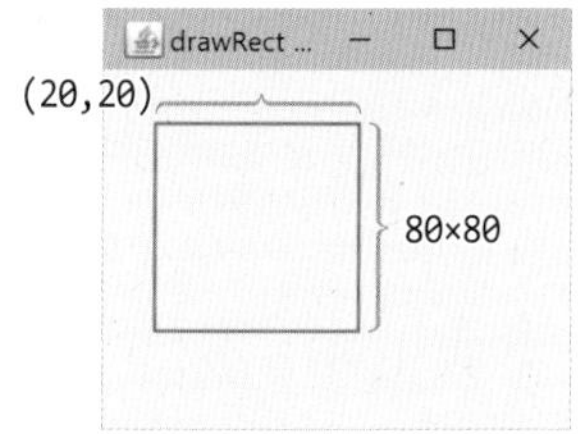


```
class MyPanel extends JPanel {
   public void paintComponent(Graphics g) {
      super.paintComponent(g);
      g.setColor(Color.RED);
      g.drawRoundRect(20,20,120,80,40,60);
   }
}
```

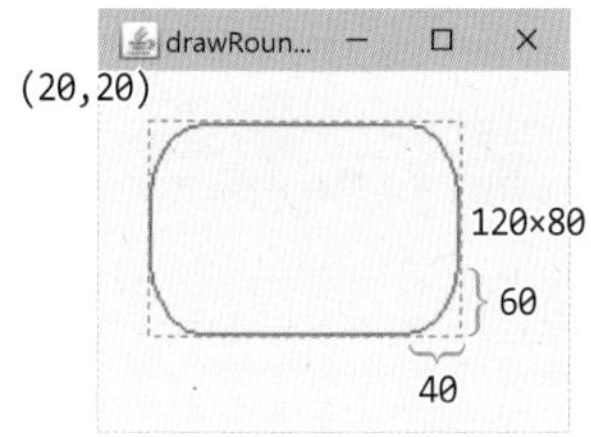

[그림 12-2] Graphics를 이용하여 원, 사각형, 둥근 모서리 사각형 그리기

이들 메소드로 도형을 그리는 코드 예를 들어보자. 예제 12-4는 drawLine()을 이용하여 선을 그리는 코드 샘플을 보여주며, [그림 12-2]는 예제 소스의 drawLine() 대신에 drawOval(), drawRect(), drawRoundRect()을 이용하여 원, 사각형, 둥근 모서리 사각형을 그리는 예이다.

Graphics의 drawLine() 메소드로 선 그리기 **예제 12-4**

Graphics의 drawLine()을 이용하여 컨텐트팬에 (20, 20)에서 (100, 100)까지 빨간 선을 그리는 프로그램을 작성하라.

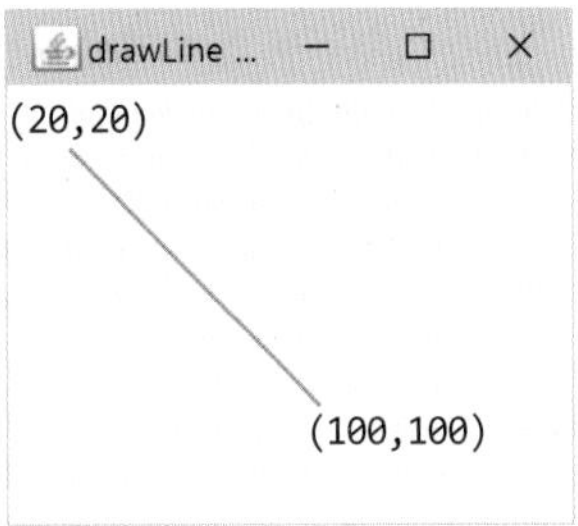


```java
import javax.swing.*;
import java.awt.*;

public class GraphicsDrawLineEx extends JFrame {
   private MyPanel panel = new MyPanel();

   public GraphicsDrawLineEx() {
      setTitle("drawLine 사용 예제");
      setDefaultCloseOperation(JFrame.EXIT_ON_CLOSE);
      setContentPane(panel);

      setSize(200, 170);
      setVisible(true);
   }

   class MyPanel extends JPanel {
      public void paintComponent(Graphics g) {
         super.paintComponent(g);
         g.setColor(Color.RED); // 빨간색 선택
         g.drawLine(20, 20, 100, 100); // 선그리기
      }
   }

   public static void main(String [] args) {
      new GraphicsDrawLineEx();
   }
}
```

(20, 20)과 (100, 100)의 두 점을 연결하는 빨간색 선을 그린다.

원호와 폐다각형 그리기

Graphics 클래스를 이용하여 원호와 폐다각형을 그리는 메소드는 각각 다음과 같다.

void drawArc(int x, int y, int w, int h, int startAngle, int arcAngle)
- startAngle: 원호의 시작 각도
- arcAngle: 원호 각도

  (x, y)에서 w x h 크기의 사각형에 내접하는 원호를 그린다. 3시 방향이 0도 기점이다. startAngle 지점에서 arcAngle 각도만큼 원호를 그린다. arcAngle이 양수이면 반시계 방향, 음수이면 시계 방향으로 그린다.

void drawPolygon(int [] x, int [] y, int n)

  x, y 배열에 저장된 점들 중 n개를 연결하는 폐다각형을 그린다. (x[0], y[0]), (x[1], y[1]), ... , (x[n-1], y[n-1]), (x[0], y[0])의 점들을 순서대로 연결한다.

이들 메소드를 이용하여 원호와 폐다각형을 그리는 예는 [그림 12-3]과 같다.

```
class MyPanel extends JPanel {
    public void paintComponent(Graphics g) {
        super.paintComponent(g);
        g.setColor(Color.RED);
        g.drawArc(20,100,80,80,90,270);
    }
}
```

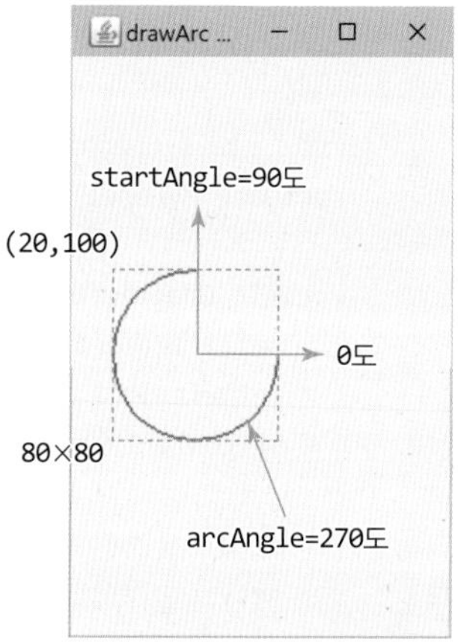

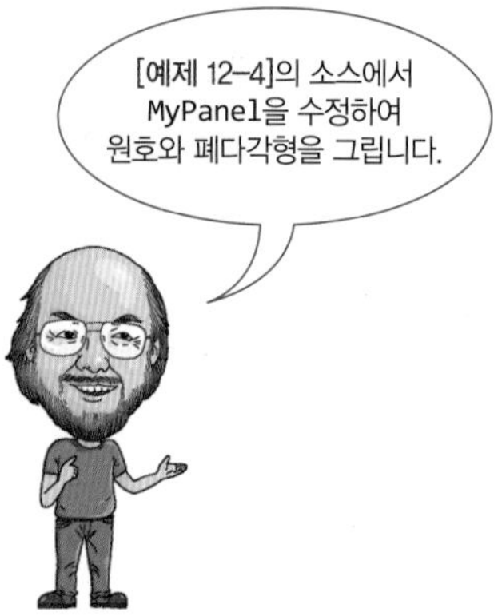

[예제 12-4]의 소스에서 MyPanel을 수정하여 원호와 폐다각형을 그립니다.


```
class MyPanel extends JPanel {
    public void paintComponent(Graphics g) {
        super.paintComponent(g);
        g.setColor(Color.RED);

        int [] x = {80,40,80,120};
        int [] y = {40,120,200,120};
        g.drawPolygon(x, y, 4);
    }
}
```

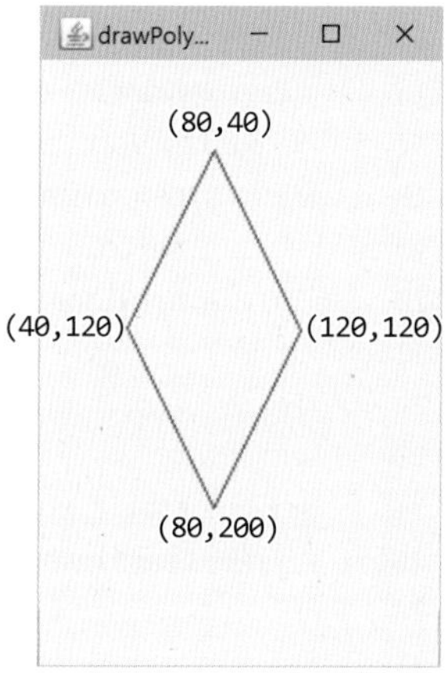

[그림 12-3] Graphics를 이용하여 원호와 폐다각형 그리기

잠깐!

Graphics의 도형 그리기 메소드는 1픽셀 두께로만 그린다. 그러므로 외곽선의 두께를 다양하게 그리고자 한다면 Graphics 2D를 사용하든지 크기를 달리하여 여러 번 도형을 그려야 한다.

도형 칠하기

도형 칠하기란 도형의 외곽선과 내부를 동일한 색으로 칠하는 기능이다. 도형의 외곽선과 내부를 분리하여 칠하는 기능은 없다. 내부 색과 외곽선 색을 달리하고자 하면, 도형 내부를 칠한 후, 다른 색으로 외곽선을 그려야 한다. 도형 칠하기를 위한 메소드는 다음과 같이 그리기 메소드 명에서 draw를 fill로 바꾸면 된다.

도형 칠하기
fill

```
drawRect() → fillRect()
drawArc()  → fillArc()
```

도형 칠하기 예 **예제 12-5**

Graphics의 칠하기 메소드를 이용하여 다음 그림과 같은 패널을 작성하라.

```
import javax.swing.*;
import java.awt.*;

public class GraphicsFillEx extends JFrame {
   private MyPanel panel = new MyPanel();

   public GraphicsFillEx() {
      setTitle("fillXXX 사용 예제");
      setDefaultCloseOperation(JFrame.EXIT_ON_CLOSE);
      setContentPane(panel);

      setSize(100, 350);
      setVisible(true);
   }

   class MyPanel extends JPanel {
      public void paintComponent(Graphics g) {
         super.paintComponent(g);
         g.setColor(Color.RED);
         g.fillRect(10,10,50,50); // 빨간색 사각형 칠하기
         g.setColor(Color.BLUE);
         g.fillOval(10,70,50,50); // 파란색 타원 칠하기
         g.setColor(Color.GREEN);
         g.fillRoundRect(10,130,50,50,20,20); // 초록색 둥근사각형 칠하기
         g.setColor(Color.MAGENTA);
```

setColor()는 칠하기 색으로 도 사용

x[]와 y[]의 4점으로 구성된 폐다각형 칠하기

```
            g.fillArc(10,190,50,50,0,270); // 마젠타색 원호 칠하기
            g.setColor(Color.ORANGE);
            int [] x ={30,10,30,60};
            int [] y ={250,275,300,275};
            g.fillPolygon(x, y, 4); // 오렌지색 다각형 칠하기
        }
    }

    public static void main(String [] args) {
        new GraphicsFillEx();
    }
}
```

CHECK TIME

1 Graphics 객체 g를 이용하여 다음 도형을 그리는 코드를 작성하라.

(1) (10, 10)에서 (30, 30)까지의 노란색 선 그리기

(2) 중심이 (20, 20)이고 높이가 10, 폭이 20인 사각형에 내접하는 타원 그리기

(3) (10, 10), (5, 15), (15, 20)으로 구성되는 삼각형 칠하기. 삼각형의 내부는 빨간색

(4) 다음과 같은 3색 원을 그려라. 각 색이 차지하는 면적은 동일하다.

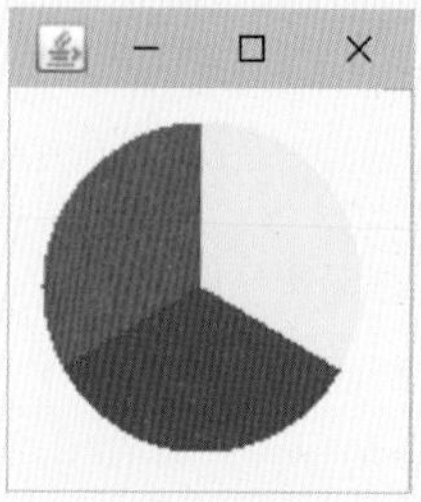

12.4 이미지 그리기

이미지 그리는 2가지 방법

GUI 응용프로그램 작성에 있어 이미지 그리기는 매우 중요하다. 스윙에서 이미지는 다음 2가지 방법으로 그린다.

- JLabel 컴포넌트를 이용하여 이미지 그리기(11장 2절에서 설명)
- Graphics의 메소드를 이용하여 이미지 그리기

첫 번째 방법은 이미 11장에서 다룬 것으로 JLabel을 이용하여 이미지를 출력한다. 예를 들어 다음과 같이 "images/apple.jpg" 이미지를 담은 레이블 컴포넌트를 만들고, 이 컴포넌트를 컨테이너 패널에 붙여 출력한다.

JLabel

```
ImageIcon image = new ImageIcon("images/apple.jpg"); // 이미지 파일 읽기
JLabel label = new JLabel(image); // 읽은 이미지를 출력할 레이블 컴포넌트 만들기
panel.add(label); // 레이블 컴포넌트를 패널에 부착하여 출력
```

이 방법은 코딩이 쉬운 장점이 있지만 이미지가 원본 크기로만 그려지는 단점이 있다.

두 번째 방법은 이 절에서 설명하고자 하는 것으로, Graphics의 drawImage() 메소드를 호출하여 원하는 위치에, 원하는 크기로, 원하는 비율로 이미지를 출력하는 방법이다. 이 방법은 이미지의 원본 크기와 다르게 그릴 수 있는 장점이 있으나, 이미지를 그리는 코드를 직접 작성해야 하는 부담이 있다.

Graphics의 drawImage()

잠깐!

JLabel로 이미지를 그리는 경우 JLabel이 컴포넌트이므로, 이미지가 이벤트를 받을 수 있고, 마우스로 이미지를 움직이거나 다른 컨테이너에 삽입하는 등 이미지 관리가 쉽다. 이미지 변환 같이 이미지를 특별하게 다루는 경우가 아니라면 JLabel을 이용하는 것이 좋다. 한편 JLabel의 이미지는 JLabel의 paintComponent()에 의해 화면에 그려진다. 그러므로 JLabel을 상속받고 paintComponent()를 오버라이딩하면 이미지를 변형하여 그릴 수도 있다.

Graphics로 이미지 그리기

이미지를 그리는 Graphics 메소드는 총 6개이며 다음과 같이 3가지 유형이 있다.

● 원본 크기로 그리기

원본 크기로 이미지를 그리는 2개의 drawImage()는 다음과 같다.

boolean drawImage(Image img, int x, int y, Color bgColor, ImageObserver observer)
boolean drawImage(Image img, int x, int y, ImageObserver observer)

- img: 이미지 객체
- x, y: 이미지가 그려질 좌표
- bgColor: 이미지가 투명한 부분을 가지고 있을 때 투명한 부분에 칠해지는 색상
- observer: 이미지 그리기의 완료를 통보받는 객체

img를 그래픽 영역의 (x, y) 위치에 img의 원본 크기로 그린다.

img, x, y, bgColor, observer 등의 매개변수는 아래의 다른 메소드에서도 동일하게 사용되므로 아래에서는 설명을 생략한다.

● 크기 조절하여 그리기

원본 이미지를 원하는 크기로 조절하여 그리는 2개의 drawImage()는 다음과 같다.

```
boolean drawImage(Image img, int x, int y, int width, int height, Color
                  bgColor, ImageObserver observer)
boolean drawImage(Image img, int x, int y, int width, int height, ImageObserver
                  observer)
```

• width: 그려지는 폭으로서 픽셀 단위
• height: 그려지는 높이로서 픽셀 단위

img를 그래픽 영역의 (x, y) 위치에 width x height 크기로 조절하여 그린다.

● 원본의 일부분을 크기 조절하여 그리기

원본 이미지의 일부분만을 취하고 크기를 조절하여 그리는 2개의 메소드는 다음과 같다.

```
boolean drawImage(Image img, int dx1, int dy1, int dx2, int dy2, int sx1, int
                  sy1, int sx2, int sy2, Color bgColor, ImageObserver observer)
boolean drawImage(Image img, int dx1, int dy1, int dx2, int dy2, int sx1, int
                  sy1, int sx2, int sy2, ImageObserver observer)
```

• dx1, dy1: 그래픽 영역상의 왼쪽 상단 모서리 좌표
• dx2, dy2: 그래픽 영역상의 오른쪽 하단 모서리 좌표
• sx1, sy1: 소스 이미지(img) 내의 왼쪽 상단 모서리 좌표
• sx2, sy2: 소스 이미지(img) 내의 오른쪽 하단 모서리 좌표

img의 (sx1, sy1)에서 (sx2, sy2)로 구성된 사각형 부분을 그래픽 영역 내의 (dx1, dy1)에서 (dx2, dy2)의 사각형 크기로 변형하여 그린다.

6개의 drawImage()를 살펴보았다. 이제 이들을 이용하여 이미지를 그려보자.

● 이미지 로딩: Image 객체 생성

Image 객체

이미지를 그리기 전에 이미지를 로딩하여 Image 객체를 만들어야 한다. 다음 코드는 "images/image0.jpg" 파일을 로딩하여 img 객체를 생성한다. image0.jpg 파일은 프로젝트의 images 폴더에 있어야 한다.

```
ImageIcon icon = new ImageIcon("images/image0.jpg"); // 파일로부터 이미지 로딩
Image img = icon.getImage(); // 이미지 정보 추출
```

img는 이미지의 픽셀 값과 이미지 크기 등의 정보를 가지고 있으므로, 다음 코드로 이미지의 폭과 높이를 알아낼 수 있다.

```
int width = img.getWidth(this); // 이미지의 폭. this는 ImageObserver로서, null도 가능
int height = img.getHeight(this); // 이미지의 높이
```

● (20, 20) 위치에 이미지 원본 크기로 그리기

다음은 img를 MyPanel의 (20, 20) 위치에 원본 크기로 그리는 코드이다.

```
class MyPanel extends JPanel {
    public void paintComponent(Graphics g) {
        super.paintComponent(g);
        g.drawImage(img, 20, 20, this);
    }
}
```

drawImage()의 마지막 인자에는 그리기 완료를 통보받는 객체를 지정하는데, 이 코드에서 this를 주어 MyPanel(혹은 슈퍼클래인 JPanel)이 통보를 처리하도록 하였다. 통보 자체를 무시하고자 한다면 null을 주면 된다.

drawImage()

● 이미지를 (20, 20) 위치에 100×100 크기로 그리기

img를 (20, 20)에 100×100 크기로 조절하여 그리는 코드는 다음과 같다.

```
class MyPanel extends JPanel {
    public void paintComponent(Graphics g) {
        super.paintComponent(g);
        g.drawImage(img, 20, 20, 100, 100, this);
    }
}
```

● 이미지를 패널의 크기에 꽉 차도록 그리기

img를 패널(MyPanel)에 꽉 차도록 크기를 조절하여 그리는 코드는 다음과 같다.

```
class MyPanel extends JPanel {
    public void paintComponent(Graphics g) {
        super.paintComponent(g);
        g.drawImage(img, 0, 0, this.getWidth(), this.getHeight(), this);
    }
}
```

이 예에서 this는 MyPanel을 가리키므로 (0, 0)에서 this.getWidth()×this.getHeight()의 크기로 그리면, MyPanel의 영역을 꽉 채우게 그린다. 사용자가 마우스로 프레임의 크기를 변경하면, MyPanel의 크기도 따라 변하고 이에 따라 자동으로 MyPanel의 paintComponent()가 호출되며 drawImage()가 패널 크기에 맞추어 이미지를 다시 그리게 된다. 이 코드를 사용하면 항상 패널의 크기에 꽉차게 이미지를 그릴 수 있다.

● 원본 이미지의 일부분을 크기 조절하여 그리기

원본 이미지 img의 (50, 0)에서 (150, 150)의 사각형 부분을 MyPanel의 (20, 20)에서 (250, 100) 영역에 그리는 코드는 다음과 같다.

```
class MyPanel extends JPanel {
    public void paintComponent(Graphics g) {
        super.paintComponent(g);
        g.drawImage(img, 20, 20, 250, 100, 50, 0, 150, 150, this);
    }
}
```

예제 12-6 **이미지 그리기**

JPanel을 상속받아 MyPanel을 만들고, 아래의 그림과 같이 "images/image0.jpg" 파일의 이미지를 패널의 (20, 20) 위치에 원본 크기로 그리는 프로그램을 작성하라.

MyPanel이 생성될 때 이미지를 로딩해두고, paintComponent()에서는 그리기만 한다.

```
import javax.swing.*;
import java.awt.*;

public class GraphicsDrawImageEx1 extends JFrame {
   private MyPanel panel = new MyPanel();

   public GraphicsDrawImageEx1() {
      setTitle("원본 크기로 원하는 위치에 이미지 그리기");
      setDefaultCloseOperation(JFrame.EXIT_ON_CLOSE);
      setContentPane(panel);

      setSize(300, 420);
      setVisible(true);
   }

   class MyPanel extends JPanel {
      private ImageIcon icon = new ImageIcon("images/image0.jpg");
      private Image img = icon.getImage(); // 이미지 객체

      public void paintComponent(Graphics g) {
         super.paintComponent(g);

         // 이미지를 패널의(20,20)에 원래의 크기로 그린다.
         g.drawImage(img, 20, 20, this);
      }
   }

   public static void main(String [] args) {
      new GraphicsDrawImageEx1();
   }
}
```

이미지 로딩

예제 12-7 JPanel로 만든 패널에 꽉 차도록 이미지 그리기

JPanel을 상속받아 MyPanel을 만들고, 아래의 그림과 같이 "images/image0.jpg" 파일의 이미지를 패널에 꽉 차도록 그리는 프로그램을 작성하라.

프레임의 크기가 변하면, 패널의 paintComponent()가 호출되어 패널의 크기에 맞추어 이미지가 다시 그려진다.

```
1    import javax.swing.*;
2    import java.awt.*;
3
4    public class GraphicsDrawImageEx2 extends JFrame {
5       private MyPanel panel = new MyPanel();
6
7       public GraphicsDrawImageEx2() {
8          setTitle("패널의 크기에 맞추어 이미지 그리기");
9          setDefaultCloseOperation(JFrame.EXIT_ON_CLOSE);
10         setContentPane(panel);
11
12         setSize(200, 300);
13         setVisible(true);
14      }
15
16      class MyPanel extends JPanel {                       이미지 로딩
17         private ImageIcon icon = new ImageIcon("images/image0.jpg");
18         private Image img = icon.getImage(); // 이미지 객체
19
20         public void paintComponent(Graphics g) {
21            super.paintComponent(g);
22
23            // 이미지를 패널 크기로 조절하여 그린다
```

프레임의 크기가 조절되면 자동으로 패널이 다시 그려지게 되어 패널의 크기에 맞추어 이미지를 다시 그립니다.

```
            g.drawImage(img, 0, 0, getWidth(), getHeight(), this);
        }
    }

    public static void main(String [] args) {
        new GraphicsDrawImageEx2();
    }
}
```

이미지의 일부분을 크기 조절하여 그리기 예제 12-8

JPanel을 상속받아 MyPanel을 만들고, 다음 그림과 같이 "images/image0.jpg" 파일의 원본 이미지에 대해 (100, 50)에서 (200, 200)까지의 사각형 부분을 MyPanel상의 (20, 20)에서 (250, 100)의 영역으로 확장하여 그리는 프로그램을 작성하라.

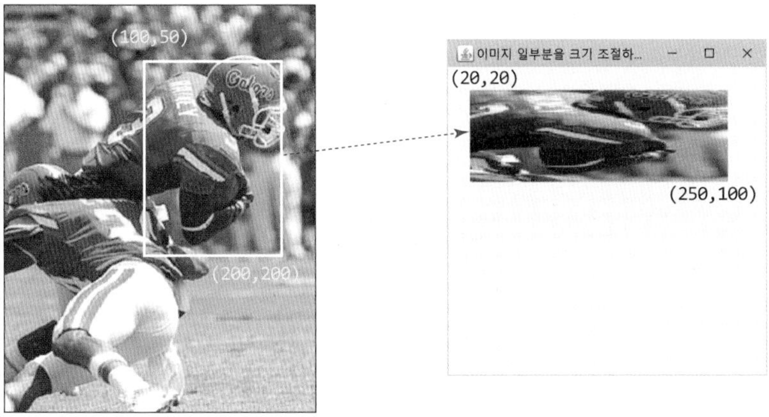


```
import javax.swing.*;
import java.awt.*;

public class GraphicsDrawImageEx3 extends JFrame {
    private MyPanel panel = new MyPanel();

    public GraphicsDrawImageEx3() {
        setTitle("이미지 일부분을 크기 조절하여 그리기");
        setDefaultCloseOperation(JFrame.EXIT_ON_CLOSE);
        setContentPane(panel);

        setSize(300, 300);
        setVisible(true);
```

```java
    }

    class MyPanel extends JPanel {
        private ImageIcon icon = new ImageIcon("images/image0.jpg");
        private Image img = icon.getImage();

        public void paintComponent(Graphics g) {
            super.paintComponent(g);

            // 이미지의 (100,50)에서 (200,200)의 영역을 패널상의 (20,20)에서 (250,100)
               의 영역으로 확장하여 그린다.
            g.drawImage(img, 20, 20, 250, 100, 100, 50, 200, 200, this);
        }
    }

    public static void main(String [] args) {
        new GraphicsDrawImageEx3();
    }
}
```

CHECK TIME

1 두 개의 이미지 파일 a.jpg, b.jpg를 준비하고, JPanel을 상속받은 패널을 작성하여 패널에 꽉 차도록 이 두 이미지 파일을 동일한 크기로 세로로 출력하는 프로그램을 작성하라.

12.5 클리핑(Clipping)

클리핑 개요

클리핑
사각형 영역
클리핑 영역

클리핑이란 컴포넌트의 전체 그래픽 영역 내 특정 사각형 영역에만 그래픽이 이루어지도록 하는 기능이다. 클리핑이 이루어지는 사각형 영역을 클리핑 영역(clipping area)이라고 부르며 반드시 사각형으로 설정된다. [그림 12-4]는 클리핑 영역이 설정되지 않은 경우와 클리핑 영역이 설정된 경우를 대조하여 보여준다. 왼쪽 그림은 컴포넌트 전체 영역이 클리핑 영역으로 초기 설정된 경우이다.

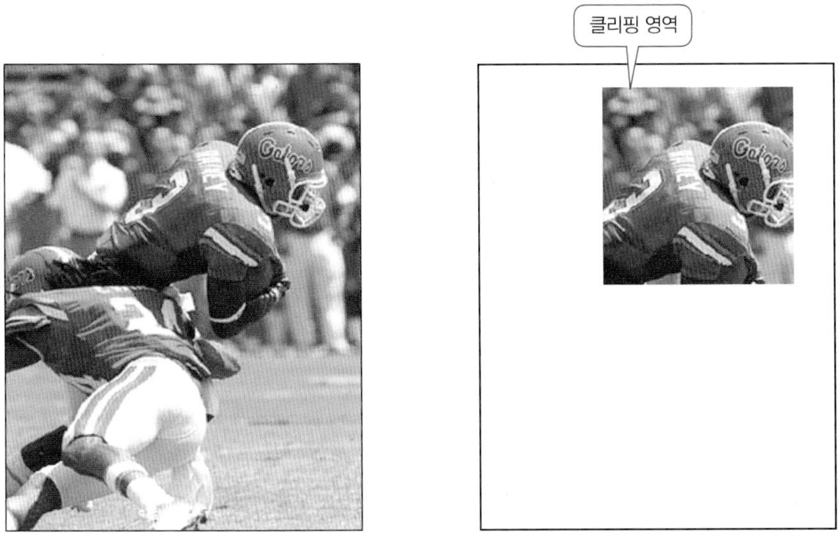

특별히 클리핑 영역을 설정하지 않은 경우
(전체 영역이 클리핑 영역으로 초기 설정되었음)

특정 사각형 영역을 클리핑 영역으로 설정한 경우

[그림 12-4] 클리핑 영역과 클리핑 효과

클리핑 영역 설정 메소드

Graphics 객체에는 클리핑 영역 정보를 나타내는 프로퍼티와 클리핑 영역을 다루는 메소드를 가지고 있다. 개발자는 Graphics의 다음 메소드를 이용하여 클리핑 영역을 수정할 수 있으며, 도형 그리기, 칠하기, 문자열 출력, 이미지 그리기 등이 실행되면 클리핑 영역에만 그래픽이 이루어진다. paintComponent(Graphics g)가 다시 호출될 때, 이전에 설정한 클리핑 영역 정보가 g에 계속 유지되는 것은 아니다.

void setClip(int x, int y, int w, int h)

그래픽 대상 컴포넌트의 (x, y) 위치에서 w x h의 사각형 영역을 클리핑 영역으로 지정

void clipRect(int x, int y, int w, int h)

Graphics 객체 내에 유지되어 온 기존 클리핑 영역과 (x, y)에서 w x h 크기로 지정된 사각형 영역의 교집합 영역을 새로운 클리핑 영역으로 설정한다. clipRect()이 계속 호출되면 클리핑 영역은 계속 줄어들게 된다.

잠깐!

컴포넌트의 paintComponent(Graphics g)가 호출될 때, 객체 g에는 컴포넌트의 전체 영역 혹은 특정 영역이 클리핑 영역으로 설정되어 전달된다.

예제 12-9 클리핑 영역에 그리기

패널에 (100, 20)에서 150×150 크기로 클리핑 영역을 설정하고 문자열과 이미지를 출력하여 클리핑 여부를 확인하여보라.

이미지와 문자열을 그리기 전에 클리핑 영역이 먼저 설정되어야 한다.

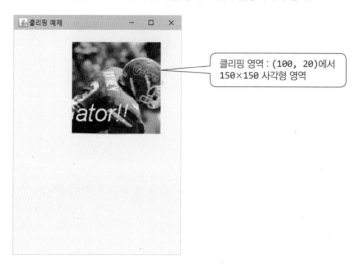

> 클리핑 영역 : (100, 20)에서 150×150 사각형 영역

```java
1   import javax.swing.*;
2   import java.awt.*;
3
4   public class GraphicsClipEx extends JFrame {
5       private MyPanel panel = new MyPanel();
6
7       public GraphicsClipEx() {
8           setTitle("클리핑 예제");
9           setDefaultCloseOperation(JFrame.EXIT_ON_CLOSE);
10          setContentPane(panel);
11
12          setSize(300, 400);
13          setVisible(true);
14      }
15
16      class MyPanel extends JPanel {
17          private ImageIcon icon = new ImageIcon("images/image0.jpg");
18          private Image img = icon.getImage(); // 이미지 객체
19
20          public void paintComponent(Graphics g) {
21              super.paintComponent(g);
22              g.setClip(100, 20, 150, 150);
```

> 이미지 로딩

> (100, 20)에서 150×150 부분을 클리핑 영역으로 지정

```
            g.drawImage(img, 0, 0, getWidth(), getHeight(), this);
            g.setColor(Color.YELLOW);
            g.setFont(new Font("Arial", Font.ITALIC, 40));
            g.drawString("Go Gator!!", 10, 150);
        }
    }

    public static void main(String [] args) {
        new GraphicsClipEx();
    }
}
```

이미지를 패널에 꽉 차게 그림. 하지만 클리핑 영역에 해당하는 부분만 화면에 그려짐

문자열 중 클리핑 영역에 해당하는 부분만 화면에 출력

CHECK TIME

1 클리핑에 대해 잘못 설명한 것은?

① 클리핑 영역은 사각형 모양으로만 지정할 수 있다.
② 클리핑 영역을 설정하는 메소드는 `Graphics`의 `setClip()`이다.
③ 이미지 그리기는 클리핑 영역의 제한을 받지 않는다.
④ `Graphics`의 `clipRect()` 메소드가 계속 호출되면 클리핑 영역은 줄어든다.

2 어떤 `Graphics g`에 대해 `(100, 100)`에서 `(200, 200)` 사이의 사각형 영역을 클리핑 영역으로 지정하는 코드를 보여라.

12.6 스윙의 페인팅 메커니즘

스윙 컴포넌트들이 그려지는 과정

지금까지 스윙 컴포넌트들이 가진 `paintComponent()` 메소드의 주요한 역할에 대해서 배우고 `Graphics` 객체를 이용하여 여러 가지 도형을 그리고 칠하는 과정을 배웠다. 스윙 응용프로그램을 구성하는 프레임에서부터 패널 그리고 각 컴포넌트들이 그려지는 전체의 페인팅 과정을 이해한다면 스윙 프로그램 작성에 도움이 될 것이다.

JComponent

스윙에서 페인팅의 기본 골격은 JComponent에 의해 구현되어 있다. 모든 스윙 컴포넌트들은 JComponent를 상속받음으로써 자연스럽게 스윙의 페인팅 메커니즘에 따라가도록 된다. 스윙의 페인팅과 관련된 몇 개의 JComponent의 메소드는 다음과 같다.

void paint(Graphics g)	컴포넌트 자신과 모든 자손 그리기
void paintComponent(Graphics g)	컴포넌트 자신의 내부 모양 그리기
void paintBorder(Graphics g)	컴포넌트의 외곽 그리기
void paintChildren(Graphics g)	컴포넌트의 자식들 그리기(컨테이너의 경우)

[그림 12-5]는 스윙에서 컨테이너와 컴포넌트들이 그려지는 과정을 보여준다. 컨테이너 container의 그리기 시작은 자신의 부모로부터 container.paint(Graphics g)의 호출에서 시작된다. paint(Graphics g)는 자신의 부모가 넘겨준 Graphics 객체 g를 그대로 넘겨주면서 다음 3개의 메소드를 연속적으로 호출하며, paint() 메소드가 종료하면 container 자신과 모든 자손 컴포넌트의 그리기가 종료된다.

```
public void paint(Graphics g) { // g가 아래 3개의 메소드에 그대로 전달된다.
    ...
    paintComponent(g);     // ① 컴포넌트 자신의 내부 모양 그리기
    paintBorder(g);        // ② 컴포넌트 자신의 외곽 그리기
    paintChildren(g);      // ③ 컴포넌트의 자식들 그리기
    ...
}
```

paintComponent(g)
paintBorder(g)
paintChildren(g)

컨테이너의 paint() 메소드는 먼저 자신의 paintComponent(g)를 호출하여 자신의 내부를 그린다(①). 그러고 나서 paintBorder(g)를 호출하여 자신의 영역 외곽을 그린다(②). 마지막으로 자식들을 그리기 위해 paintChildren(g)를 호출한다(③). paintChildren(g) 메소드의 코드는 모든 자식들에 대해 하나씩 순서대로 paint(g) 메소드를 호출하도록 작성되어 있다. 이런 식으로 마지막 자식 컴포넌트까지 그려지면 페인팅이 종료된다. JButton처럼 순수 컴포넌트의 경우 자식이 없으므로 paintChildren()은 호출되지 않는다.

지금까지 설명한 페인팅의 과정에 따라, 밑바탕에 컨테이너가 그려지고 그 위에 자식 컨테이너가 그려지며 다시 그 위에 자식 컴포넌트들이 그려지는 식이다. 이 과정에서 처음 paint(Graphics g)가 시작될 때의 g가 계속 전달된다. 사실은 스크린에 바로 그리는 것이 아니라 g 내부의 메모리에 그려진다. 컨텐트팬은 최종적으로 g의 메모리에 그려진 이미지를 스크린에 출력한다.

한편, paintComponent(), paintBorder(), paintChildren()는 응용프로그램에서

직접 호출해서는 안 된다. 필요한 경우 이들을 오버라이딩하여 자신만의 새로운 컴포넌트 모양을 창출할 수 있다. 그러나 꼭 필요한 경우가 아니라면 paintComponent()만 오버라이딩하는 것이 좋다.

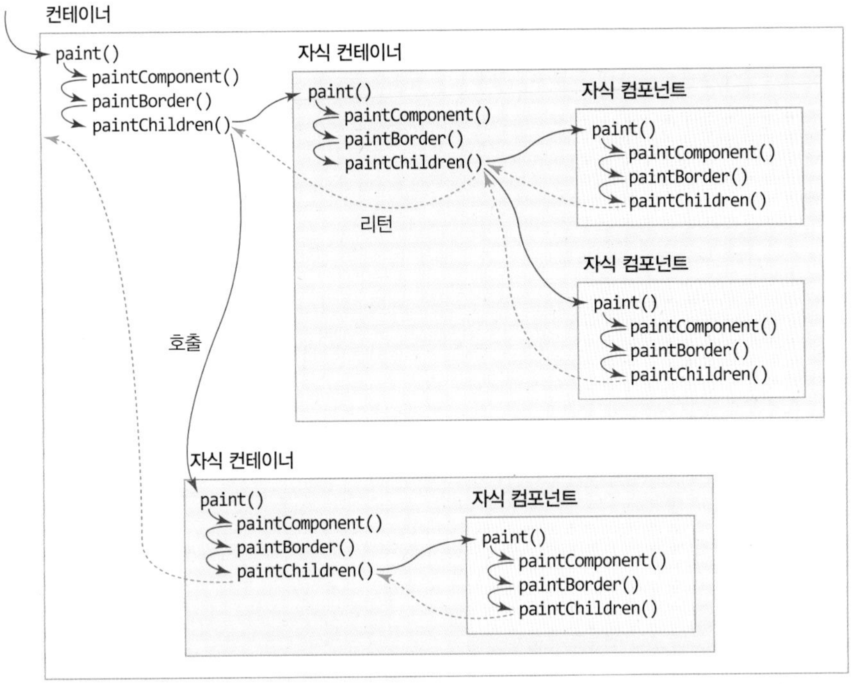

[그림 12-5] 스윙의 컴포넌트 페인팅 과정

잠깐!

스윙의 페인팅 과정은 AWT의 페인팅 과정과 매우 다르다. 스윙은 AWT와는 달리 불투명성, 버퍼링 등 몇 개의 추가적 기능을 가지고 있기 때문에 페인팅 메커니즘이 완전히 다시 설계되었다. AWT 컴포넌트와 스윙 컴포넌트를 섞어 사용하여 자바 응용프로그램을 작성하여서는 안 된다.

repaint()

프로그램에서 컴포넌트의 모양, 텍스트, 크기, 색 등을 변경하는 경우, 이 변경 사항이 스크린에 바로 나타나지 않는 경우가 있다. 이 변화가 스크린에 반영되기 위해서는, 컴포넌트의 paintComponent()가 실행되어야 한다. 그렇다면 직접 paintComponent()

를 호출하면 될까? paintComponent()를 직접 호출해서는 안 되며, 이 메소드는 페인팅 과정에서 자바 플랫폼에 의해 호출되어야 한다. 페인팅 과정이 진행되지 않으면 paintComponent()가 호출되지 않으며, 따라서 컴포넌트의 모양 등이 프로그램에 의해 변경되었다 하더라도 스크린에는 나타나지 않게 된다.

repaint()
강제 페인팅 지시

이 문제의 답은 repaint()에 있다. repaint()는 Component 클래스의 메소드로 자바 플랫폼에게 컴포넌트에 변화가 일어났으니 강제로 페인팅할 것을 지시하는 메소드이다. 프로그램에서 컴포넌트의 색이나 모양 등을 변경하였다면, 다음과 같이 repaint()를 호출하여 강제로 컴포넌트의 페인팅이 진행되도록 해야 한다.

```
component.repaint(); // 컴포넌트 다시 그리기 지시
```

컴포넌트를 다시 그리기 위해서는 부모 컴포넌트부터 그리는 것이 좋다. 컴포넌트의 크기나 위치가 변경되었다면, 컴포넌트의 부모에게 컴포넌트의 이전 모양이나 이전 위치의 잔상을 지우도록 해야 하기 때문이다. 부모 컴포넌트(컨테이너)에서부터 다시 그리고자 하는 경우 다음과 같이 호출한다. 부모 컴포넌트를 다시 그리면 당연히 **[그림 12-5]**의 과정에 의해 컴포넌트도 다시 그려진다.

```
component.getParent().repaint(); // 컴포넌트의 부모 컨테이너에게 다시 그리기 지시
```

revalidate()

revalidate()
자식 컴포넌트의 배치 다시

revalidate()는 컨테이너의 배치관리자에게 자식 컴포넌트의 배치를 다시 하도록 지시하는 메소드이다. 컨테이너에 컴포넌트를 새로 삽입하거나 삭제하여 컨테이너가 출력된 모양에 변화가 생겼다면 revalidate()를 호출하여 컨테이너를 다시 그리도록 해야 한다. revalidate()가 내부적으로 repaint()를 부르지만 상황에 따라 잘 처리되지 않는 경우도 있다. 그러므로 컨테이너에 컴포넌트를 새로 삽입하거나 삭제하였다면, 다음 두 라인 모두 호출하여 컨테이너의 화면을 갱신해야 한다.

```
container.revalidate(); // 컨테이너에 부착된 컴포넌트의 재배치 지시
container.repaint(); // 컨테이너 다시 그리기 지시
```

마우스를 이용하여 선 그리기(repaint() 사용) 예제 12-10

아래 그림과 같이 마우스를 이용하여 선을 그리는 스윙 응용프로그램을 작성하라.

마우스를 누른 점에서 드래그하여 놓는 점까지 하나의 선이 되게 하라. 선은 파란색으로 하고 사용자가 선을 여러 개 그릴 수 있도록 프로그램을 작성하라. 마우스를 놓을 때 스크린을 갱신하기 위해 mouseReleased()에서 repaint()를 호출하여야 한다.

```
import javax.swing.*;
import java.awt.*;
import java.util.*;
import java.awt.event.*;

public class GraphicsDrawLineMouseEx extends JFrame {
   private MyPanel panel = new MyPanel();

   public GraphicsDrawLineMouseEx() {
      setTitle("drawing Line by Mouse 예제");
      setDefaultCloseOperation(JFrame.EXIT_ON_CLOSE);
      setContentPane(panel);

      setSize(300, 300);
      setVisible(true);
   }

   public static void main(String [] args) {
      new GraphicsDrawLineMouseEx();
   }

   // 선을 그릴 수 있는 패널을 구현한다.
   // 이 패널에 Mouse 리스너를 구현한다.
   class MyPanel extends JPanel {
      // 그려진 선을 모두 저장하기 위해 시작점은 vStart에
      // 끝점은 vEnd 벡터에 각각 저장한다.
      private Vector<Point> vStart = new Vector<Point>(); // 시작점
      private Vector<Point> vEnd = new Vector<Point>(); // 끝점

      public MyPanel() {
         // Mouse 리스너를 등록한다.
         // 이 리스너는 마우스 버튼이 눌러지면 마우스 포인터(시작점)를 vStart 벡터에 저장하고
         // 마우스 버튼이 놓여지면 마우스 포인터(끝점)를 vEnd 벡터에 기억한다.
         addMouseListener(new MouseAdapter(){
            public void mousePressed(MouseEvent e) {
               Point startP = e.getPoint(); // 마우스 포인터를 알아낸다.
```

Point만 저장하는 제네릭 벡터

Point만 저장하는 제네릭 벡터

```
                vStart.add(startP); // 시작점을 vStart에 저장한다.
            }
            public void mouseReleased(MouseEvent e) {
                Point endP = e.getPoint(); // 마우스 포인터를 알아낸다.
                vEnd.add(endP); // 끝점을 vEnd에 저장한다.

                // 패널의 다시 그리기를 요청한다.
                repaint(); <주목>
            }
        });
    }

    public void paintComponent(Graphics g) {
        super.paintComponent(g);
        g.setColor(Color.BLUE); // 파란색을 선택한다.

        // 벡터의 크기만큼 루프 돌면서 선을 그린다.
        for(int i=0; i<vStart.size(); i++) { // vStart 벡터의 크기는 만들어진 선의 개수와 동일
            Point s = vStart.elementAt(i); // 벡터에 들어 있는 시작점을 알아낸다.
            Point e = vEnd.elementAt(i); // 벡터에 들어 있는 끝점을 알아낸다.

            // 시작점에서 끝점까지 선을 그린다.
            g.drawLine((int)s.getX(), (int)s.getY(), (int)e.getX(), (int)e.getY());
        }
    }
  }
}
```

여러 개의 선을 저장하기 위해서 Vector<Point> 객체 vStart, vEnd를 생성하고 시작점과 끝점을 각각 따로 저장합니다. mouseReleased()에서 마우스가 눌러진 점 startP와 마우스의 끝점 endP를 vStart, vEnd에 각각 저장합니다. 이제 중요한 것은 그 다음에 repaint()를 호출하는 것입니다. 이 호출로 인해 MyPanel이 다시 페인팅되고 paintComponent()가 호출됩니다. paintComponent() 메소드는 vStart와 vEnd에 지금까지 만들어진 선을 모두 그립니다.

JButton을 상속받아 새로운 버튼 생성

기존의 스윙 컴포넌트를 상속받아 새로운 컴포넌트를 만드는 예를 알아보자. **[그림 12-6]**은 JButton의 paintComponent()를 오버라이딩하여 내접하는 원을 가진 새로운 형태의 버튼을 구현한 MyButton을 작성한 사례를 보여준다.

```java
import javax.swing.*;
import java.awt.*;

public class paintComponentEx extends JFrame {
    public paintComponentEx() {
        setTitle("새로운 버튼 만들기");
        setDefaultCloseOperation(JFrame.EXIT_ON_CLOSE);
        Container c = getContentPane();
        c.setLayout(new FlowLayout());
        MyButton b = new MyButton("New Button");
        b.setOpaque(true);  b.setBackground(Color.CYAN);
        c.add(b);
        setSize(250,200);  setVisible(true);
    }

    class MyButton extends JButton {
        public MyButton(String s) {
            super(s); // JButton의 생성자 호출
        }

        public void paintComponent(Graphics g) { // 새로운 버튼을 그린다.
            super.paintComponent(g); // JButton에게 기본 버튼 모양을 그리도록 한다.
            // JButton의 기본 모양 위에 추가적으로 빨간색으로 버튼 크기만한 타원을 그린다.
            g.setColor(Color.RED);
            g.drawOval(0,0,this.getWidth()-1, this.getHeight()-1);
        }
    }

    public static void main(String [] args) {
        new paintComponentEx();
    }
}
```

JButton을 상속받아 새로운 버튼을 구현한다. 이 버튼은 기존 버튼에 항상 버튼의 내접원을 가진다.

버튼에 타원이 항상 그려지게 한다.

[그림 12-6] JButton을 상속받고 paintComponent()를 오버라이딩한 MyButton 클래스

1 다음 각 문제에서 repaint()와 revalidate() 중 어떤 것을 호출해야 하는가?

(1) 컴포넌트 component의 색이나 크기 등 모양을 수정한 경우

(2) 컨테이너 container에 있는 컴포넌트를 삭제하거나 새 컴포넌트를 추가한 경우

SUMMARY

요약

- Graphics를 이용하여 개발자가 원하는 GUI를 자유롭게 만들 수 있다.
- paintComponent(Graphics)는 JComponent의 추상 메소드로서 모든 컴포넌트들이 가지고 있으며, 컴포넌트 자신의 모양을 그린다.
- 기존의 컴포넌트를 상속받아 자신만의 컴포넌트를 만들고자 하면 paintComponent(Graphics)를 오버라이딩하여야 한다.
- JPanel은 개발자가 그래픽을 통해 다양한 GUI를 창출할 수 있는 캔버스로 유용하게 사용된다.
- Graphics는 색상 선택, 문자열 그리기, 도형 그리기 및 칠하기, 이미지 그리기, 클리핑 등의 기능을 제공한다.
- Graphics는 문자열 그리기를 위해 drawString() 메소드를 지원한다.
- Graphics는 도형 그리기를 위해 drawLine(), drawRect(), drawOval(), drawRoundRect(), drawArc(), drawPolygon() 등의 메소드를 지원한다.
- Graphics는 도형 칠하기를 위해 fillRect(), fillOval(), fillRoundRect(), fillArc(), fillPolygon() 등의 메소드를 지원한다.
- Graphics는 이미지를 그리기 위해 여러 개의 drawImage() 메소드를 지원한다.
- 클리핑이란 그리기 수행 시 그래픽 대상 컴포넌트 내에 클리핑 영역으로 지정된 사각형 부분만 그려지게 하는 기능이다.
- 클리핑 영역은 반드시 하나의 사각형 영역으로만 구성된다.
- 스윙 컴포넌트의 repaint()는 자바 플랫폼에게 컴포넌트의 페인팅을 강제로 실행할 것을 지시하는 메소드이다. repaint()의 호출 결과 결국 컴포넌트의 paintComponent()가 호출된다.
- 스윙 컴포넌트의 revalidate()는 컨테이너에 컴포넌트가 삽입되거나 삭제되었으니 컨테이너의 컴포넌트들을 재배치하도록 지시하는 메소드이다.

Open Challenge 클리핑 영역 키보드로 움직이기

클리핑 기능을 이용하는 재미있는 오락용 프로그램을 작성해보자. 아래 그림과 같이 패널 전체에 이미지를 하나 그리고 50×50 크기의 클리핑 영역을 지정하라. 그리고 상(UP)/하(DOWN)/좌(LEFT)/우(RIGHT) 키로 클리핑 영역을 움직여서 패널의 바탕에 그려진 그림을 구석구석 살펴보도록 하라. 키 한 번에 10픽셀씩 움직이도록 하라. 정답 프로그램을 실행하면 글자가 숨어 있다. 독자들이 키를 이용하여 클리핑 영역을 움직이면서 숨어 있는 글자를 찾아보라. 난이도 7

목적
그래픽으로 이미지 그리기, 클리핑 영역, 키보드 리스너 작성

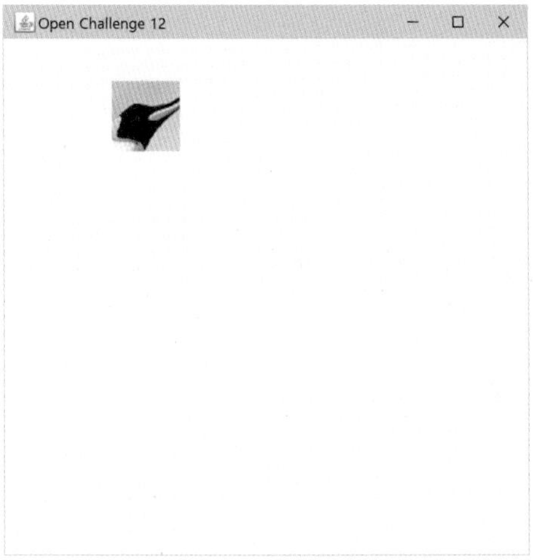

힌트

- ImagePanel 클래스를 만들고 이곳에 그래픽으로 배경 이미지를 그린다. 그리고 ImagePanel 객체를 컨텐트팬에 등록한다. 상/하/좌/우 키를 입력받아야 하므로 이 패널이 키 포커스를 가지도록 하는 것을 잊어서는 안 된다.
- ImagePanel 클래스에 클리핑 영역의 시작점을 나타내는 멤버 변수 clipX, clipY를 선언하고, Key 리스너에서 상/하/좌/우 키 입력에 따라 이들 변수 값을 조절하며, paintComponent()에서 setClip() 메소드로 클리핑 영역을 지정한다.
- 상/하/좌/우 키는 유니코드 키가 아니므로 KeyEvent.getKeyCode() 메소드를 이용하여 키 값을 읽고 KeyEvent.VK_UP, KeyEvent.VK_DOWN, KeyEvent.VK_LEFT, KeyEvent.VK_RIGHT와 비교하여야 한다.
- 클리핑 영역을 변경하였으면 ImagePanel의 repaint()를 호출하여야 변경된 클리핑 영역에 따라 이미지가 화면에 출력된다.

연습문제

EXERCISE

이론문제

• 홀수 문제는 정답이 공개됩니다.

1. 자바의 컴포넌트 기반 GUI 프로그래밍과 그래픽 기반 GUI 프로그래밍에 대한 설명으로 틀린 것은?
   ① 컴포넌트 기반 프로그래밍은 버튼, 레이블 등 자바 패키지에서 제공하는 컴포넌트들로 화면을 구성하는 기법이다.
   ② 그래픽 기반 프로그래밍은 도형이나 이미지를 그래픽으로 그려 화면을 구성하는 방법이다.
   ③ 그래픽 기반 프로그래밍과 컴포넌트 기반 프로그래밍은 함께 사용할 수 없다.
   ④ 컴포넌트 기반 프로그래밍은 게임과 같은 GUI를 표현하는데 한계가 있다.

2. 스윙 패키지의 컴포넌트로서 빈 캔버스처럼 그래픽으로 그림을 그릴 때 주로 사용하는 클래스는?
   ① `JFrame` ② `JCanvas` ③ `JPanel` ④ `Graphics`

3. 다음 설명 중 틀린 것은?
   ① `JComponent`를 상속받아 개발자는 자신만의 새로운 컴포넌트를 제작할 수 있다.
   ② `Graphics`는 `java.awt` 패키지에 속한 클래스이다.
   ③ `Graphics`로 선을 그릴 때 선의 두께를 마음대로 조절할 수 있다.
   ④ `Graphics`로 다각형을 칠할 때 외곽선과 내부의 색을 다르게 줄 수 없다.

4. `Graphics` 클래스의 기능이 아닌 것은?
   ① 이미지 축소하여 그리기 ② 텍스트 출력
   ③ 클리핑 ④ 체크 박스 출력

5. AWT 컴포넌트와 스윙 컴포넌트를 같이 사용하여 GUI 응용프로그램을 구현하면 안 되는 이유는 무엇인가?

6. 하나의 스윙 컴포넌트가 그려지는 과정에서 다음 메소드들이 호출된다. 이 중 가장 먼저 호출되는 것은?
   ① `paintComponent()` ② `paintBorder()`
   ③ `paintChildren()`

7. 다음 코드에서 각 문항의 지시에 따라 그림을 그리는 코드를 작성하라.

```
class MyPanel extends JPanel {
    private Image img = new ImageIcon("java.png");
    public void paintComponent(Graphics g) {
        super.paintComponent(g);
        ________________________________
    }
}
```

(1) java.png 이미지를 원본 크기로 (10, 20) 위치에 그리는 코드를 작성하라.
(2) 패널 안에 상, 하, 좌, 우 10픽셀씩 간격을 두고 그 안에 이미지가 모두 보이도록 그리는 코드를 작성하라.

8. 아래 패널에는 원이 하나 그려지지만, 원을 수직, 수평으로 사등분하였을 때, 오른쪽 상단의 1/4 부분만 화면에 보이도록 아래의 빈칸을 채워라.

```
class MyPanel extends JPanel {
    public void paintComponent(Graphics g) {
        super.paintComponent(g);
        ____________________________
        g.fillOval(0, 0, getWidth(), getHeight(), this); // 패널에 꽉 찬 원 그리기
    }
}
```

9. 컨테이너의 배치관리자에게 자식 컴포넌트의 배치를 다시 하도록 지시하는 메소드는?

① revalidate() ② redraw()
③ setLayout() ④ paintComponent()

10. 컴포넌트의 모양을 그리는 메소드는 paintComponent()이다. 컴포넌트의 색이나 모양이 바뀌었을 때 paintComponent()가 호출되어야 변경된 모양이 화면에 반영되게 된다. 하지만, 응용프로그램에서 paintComponent()를 직접 호출해서는 안 된다. paintComponent()가 실행되게 하는 방법은 무엇인가?

실습문제

• 홀수 문제는 정답이 공개됩니다.

목적 JPanel에 paintComponent() 작성, repaint() 활용

1. 패널에 paintComponent()를 이용하여 이미지를 그리는 2개의 문제이다.

(1)의 실행 결과

(2)의 실행 결과: "Hide/Show" 버튼이 클릭되어 이미지 보이지 않음

(1) FlowLayout 배치 관리자를 가진 패널의 바탕 크기에 일치하도록 "back.jpg" 이미지를 출력하고 그 위에 "Hide/Show" 버튼이 보이도록 프로그램을 작성하라. 이 문제는 그래픽과 컴포넌트를 동시에 사용할 수 있음을 보여주기 위한 것이다.

난이도 4

(2) "Hide/Show" 버튼이 클릭되면 이미지가 보이게 하고 다시 클릭하면 보이게 하라.

난이도 6

힌트 버튼이 눌러질 때마다 paintComponent()가 실행되도록 repaint()를 호출하여야 한다.

2. 문제 1번에서 주어진 이미지를 배경으로 출력하고 그 위에 반지름이 20픽셀인 원을 그리고, 마우스를 드래깅하면 원을 이동시키는 프로그램을 작성하라. 원의 내부는 초록색으로 채운다. 모두 paintComponent()로 작성하라. 난이도 6

목적 마우스 드래깅, 이미지 그리기, repaint()의 결합

힌트 드래깅하는 동안 repaint()를 호출하여 paintComponent()가 마우스 위치에 원이 그리도록 하여야 한다.

3. JLabel 컴포넌트를 이용하여 이미지("apple.jpg")를 출력하고, 이미지 위에 마우스를 드래깅하여 이미지를 이동시키는 프로그램을 작성하라. 난이도 6

목적 컴포넌트를 이용한 이미지 출력 및 드래깅 연습

힌트 이미지를 임의의 위치에 움직이기 위해서는 컨텐트팬의 배치 관리자를 null로 설정한다. 이미지의 원본 크기는 이미지 로딩 후 ImageIcon 클래스의 getIconHeight()와 getIconWidth()를 이용하면 알 수 있다.

목적 그래픽 이미지 출력 및 드래깅, repaint() 연습

4. 앞의 3번 문제를 수정하여 JLabel을 이용하지 않고, 컨텐트팬에 그래픽으로 이미지를 출력하도록 하라. 그리고 3번 문제와 동일하게 이미지 영역 위에 마우스를 누르고 드래깅하여 이미지를 이동시켜보라. 난이도 6

힌트 이미지의 원본 크기는 다음과 같이 알 수 있다.

```
Image img; // 이미지 아이콘으로부터 getImage()를 호출하여 알아낸 이미지 객체
int width = img.getWidth(this); // 이미지 폭. 픽셀 단위
int height = img.getHeight(this); // 이미지 높이. 픽셀 단위
```

목적 그래픽과 키 이벤트, repaint() 종합 응용

5. "apple.jpg" 이미지를 그래픽으로 컨텐트팬의 (10, 10) 위치에 원본 크기로 그리고, + 키를 입력하면 10% 확대하고 - 키를 입력하면 이미지를 10% 축소시키는 스윙 응용 프로그램을 작성하라. 난이도 6

힌트 원본 이미지의 크기는 문제 4의 힌트를 이용하라. 그래픽으로 그린 이미지는 컴포넌트가 아니므로 이벤트를 받을 수 없다. 컨텐트팬에 key 리스너를 작성하고 포커스를 주어 key 이벤트를 받을 수 있게 하라.

6. 아래 그림과 같은 기하학적인 모양을 그려라. 프레임의 크기를 조절하면 자동으로 크기가 조절된다. 난이도 5

목적 그래픽으로 도형 그리기

(1) 컨텐트팬을 10×10으로 나누는 격자 그리기 (2) 컨텐트팬에 꽉차는 마름모 10개 그리기

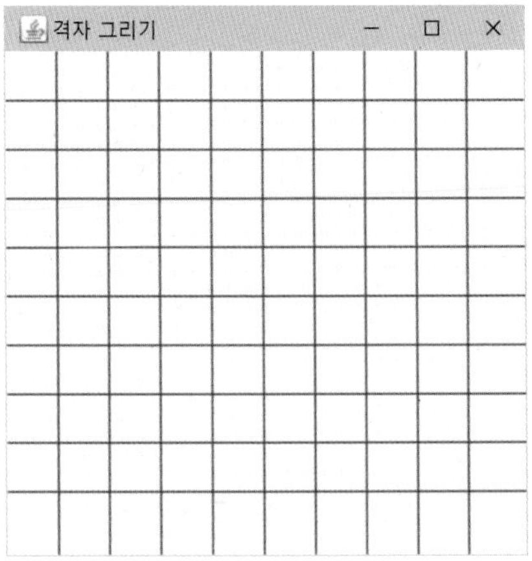

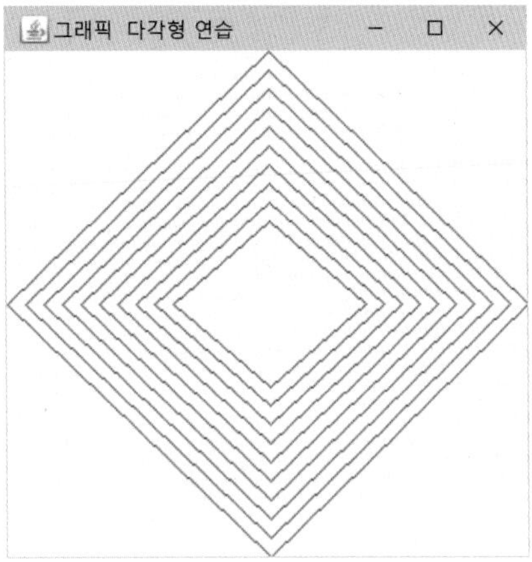

7. 마우스로 점을 찍으면 점들을 계속 연결하여 폐다각형으로 그려지도록 프로그램을 작성하라. 난이도 6

목적 마우스 리스너와 Graphics의 drawPolygon()으로 다각형 그리기

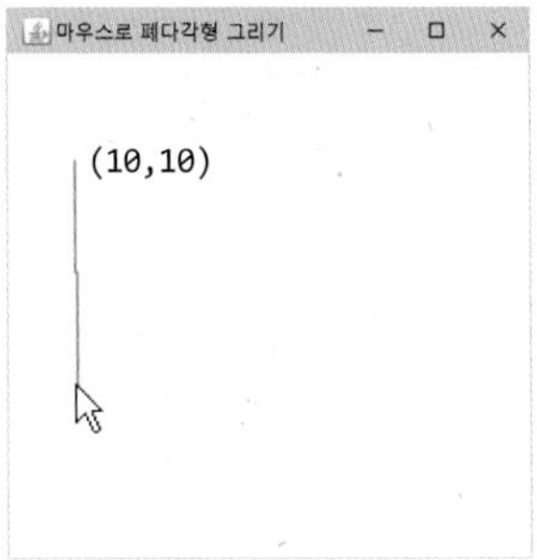

(10,10)에 점을 찍고 다시 아래에 점을 찍을 때

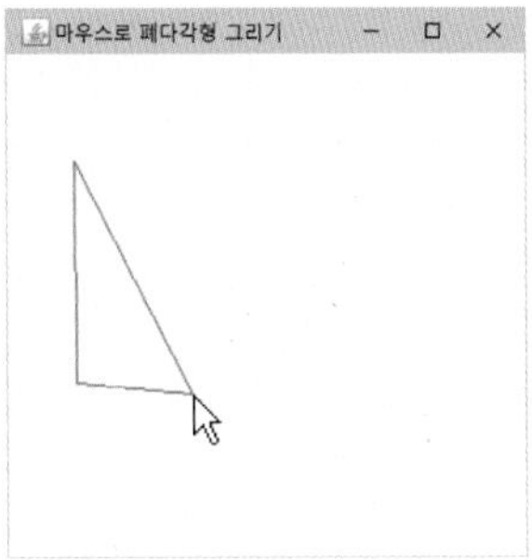

한 점을 추가하여 찍었을 때

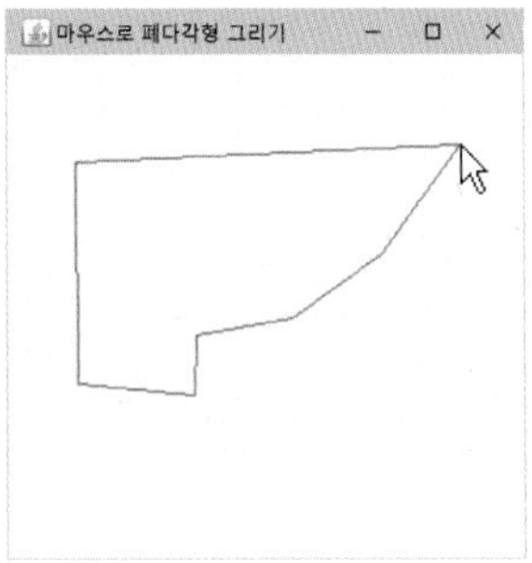

여러 점을 찍을 때

목적 마우스 리스너, Graphics의 drawOval(), Vector 클래스의 종합 연습

8. 마우스를 찍어 중심을 잡고 드래깅하여 놓으면 원을 그리는 코드를 작성하라. 난이도 7

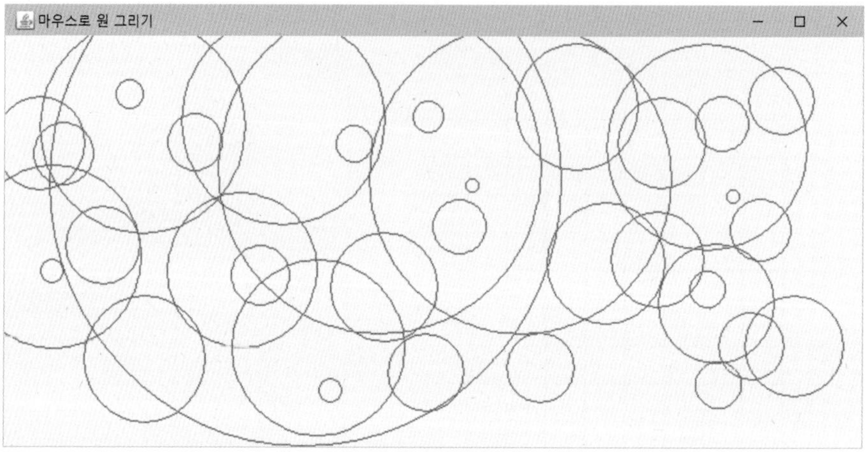

힌트 원을 표현하는 Circle 클래스를 만들고, 원이 그려질 때마다 Circle 객체를 생성하여 Vector<Circle> 타입의 벡터 v에 저장하면 그려진 모든 원은 기억할 수 있다. 원이 그려질 때마다 mouseReleased()나 mouseDragged()에서 repaint()를 호출하면 paintComponent()에서 벡터 v에 있는 모든 원을 그리면 된다.

목적 스윙 컴포넌트를 상속받아 나만의 컴포넌트 만들기

9. JLabel을 상속받고 배경색이 항상 파란색인 BlueLabel 컴포넌트를 작성하라. setBackground() 메소드를 이용하여도 BlueLabel은 배경색을 변경할 수 없도록 하라. BlueLabel을 만드는 방법은 두 가지가 있다. BlueLabel의 paintComponent() 메소드를 오버라이딩하여 강제로 파란 배경색을 칠하는 방법과 setBackground() 메소드를 오버라이딩하여 외부에서 칠하는 색을 무시하고 파란색으로 칠하는 방법이다. 두 방법 중 한 가지를 사용하라. 아래의 화면은 10픽셀의 "hello" 문자열을 가진 BlueLabel 컴포넌트와 50픽셀 크기의 이탤릭체로 "Big Hello" 문자열을 BlueLabel 컴포넌트로 출력한 예이다. 난이도 7

10. paintComponent()를 사용하여 이미지를 패널에 출력할 때 4등분하고, 서로 상, 하, 좌, 우 10픽셀씩 떨어져서 그려지도록 하라. 이미지는 컴포넌트를 사용하지 말고 그래픽으로만 구현하라. 동일한 이미지를 4번 로딩하여도 안 된다. GridLayout을 사용해도 안 된다. 난이도 7

목적 paintComponent()에서 이미지 그리기

11. 파이 차트를 만들어보자. 다음 그림과 같이 apple, cherry, strawberry, prune의 4가지 종류의 과일 판매량을 입력하고 <Enter>키를 치면 전체 판매량에서 백분율(%)을 계산하여 문자열과 파이 차트로 동시에 출력되도록 하라. JTextField 창에 <Enter>키를 치면 Action 이벤트가 발생하는데 Action 리스너를 작성하여 백분율을 계산하고 파이 차트를 그리면 된다. 난이도 8

목적 그래픽을 이용한 응용 연습

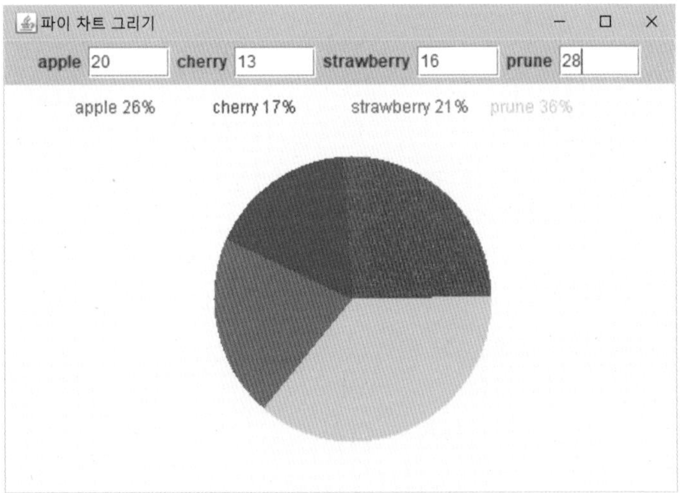

13 스레드와 멀티태스킹

Objectives

- 스레드의 개념을 이해한다.
- 멀티스레드의 필요성을 이해한다.
- 자바 가상 기계(JVM)와 자바 스레드의 상관관계를 이해한다.
- Thread 클래스를 이용하여 자바 스레드를 작성할 수 있다.
- Runnable 인터페이스를 이용하여 자바 스레드를 작성할 수 있다.
- 자바 스레드의 상태와 스레드 스케줄링을 이해한다.
- 자바 스레드를 종료시키는 방법을 안다.
- 자바의 멀티스레드 동기화를 이해하고 그 방법을 안다.
- synchronized 키워드를 이해하고 사용할 줄 안다.

JAVA PROGRAMMING

스레드와 멀티태스킹

13.1 멀티태스킹

멀티태스킹

멀티태스킹

멀티태스킹(multitasking)이란 멀티(multi)+태스킹(tasking)의 합성어로서 다수의 작업을 동시에 처리하는 것을 말한다. 우리 주변에서 멀티태스킹이 이루어지고 있는 사례들을 알아보자.

다림질하면서
전화 받는 주부
운전하면서 음악을
듣는 연수 양
판독과 포장을
동시에 하는 기계

[그림 13-1] 일상생활에서 멀티태스킹 사례

그림에서 주부는 다림질과 전화 받기를 동시에 하고 있으며, 멋쟁이 연수 양은 운전을 하면서 노래를 듣고, 포장 기계는 물건 인식과 동시에 포장 작업을 하고 있다. 이것들은 모두 일상생활의 멀티태스킹 사례이다. 컴퓨터 기술 용어로서 멀티태스킹은 여러 프로그램 코드(작업, 태스크)가 동시에 실행되는 것을 말한다.

멀티태스킹 프로그램

작업(태스크)

간단한 응용프로그램은 보통 하나의 작업(태스크)만 하는 경우가 대부분이지만, 큰 규모의 응용프로그램은 많은 경우 여러 작업(태스크)을 동시에 실행한다. [그림 13-2]

(a)는 미디어 플레이어 소프트웨어의 내부 구조를 간단히 보여 준다. 미디어 플레이어는 오디오를 출력하는 태스크와 스크린에 동영상을 출력하는 태스크, 그리고 사용자의 키 입력과 마우스 입력을 처리하는 태스크 등 최소 3개의 태스크가 동시에 실행되고 있다. [그림 13-2](b)의 테트리스 프로그램 역시 배경 음악을 연주하는 태스크, 시간에 따라 블록을 아래로 이동시키는 태스크, 사용자의 키를 입력받아 블록을 회전시키는 태스크 등 최소 3개의 태스크가 동시에 실행되고 있다.

멀티태스킹은 응용프로그램의 여러 작업(태스크)이 동시에 진행되게 하는 기법으로, 응용프로그램의 목적을 효율적으로 달성하게 한다.

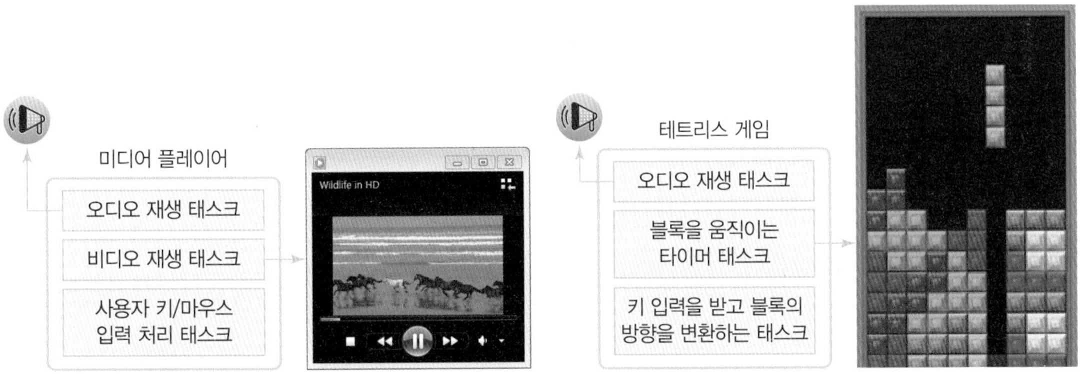

(a) 미디어 플레이어의 멀티태스킹 (b) 테트리스 게임의 멀티태스킹

[그림 13-2] 멀티태스킹 소프트웨어 사례

스레드와 멀티태스크

이제, 멀티태스크 응용프로그램을 작성하기 위한 스레드(thread) 개념을 알아보자. 스레드(thread)란 직역하면 바느질할 때 사용하는 '실'이다. 바늘에 꿰어진 하나의 실로 하나의 바느질 작업만 할 수 있다. 한 사람이 두 개의 바느질을 동시에 하려면 실(thread)이 따로 필요하다. 컴퓨터 용어로 사용되는 스레드는 실의 의미와 일맥상통한다.

스레드

컴퓨터에서 사용하는 스레드(thread)는 thread of control의 준말로서 프로그램 코드를 실행하는 하나의 실 혹은 제어의 개념이다. 하나의 실로 하나의 바느질밖에 할 수 없듯이, 하나의 스레드로 하나의 작업밖에 처리할 수 없다.

작업

[그림 13-3]은 한 응용프로그램에서 2개의 스레드가 실행되는 모양이다. 응용프로그램 내에 코드를 가진 여러 객체들이 존재한다. 스레드 A와 스레드 B는 마치 바느질을 하는 것처럼 한 객체의 메소드에서 다른 메소드로의 호출(call)에 따라 이동하면서 코드를 실행하고 있다. 2개의 스레드는 상호 독립적이다. 그러므로 이 응용프로그램은

2가지 작업을 동시에 하고 있는 셈이다. 그림에서 초록색 객체는 2개의 스레드에 의해 사용되고 있다.

태스크
멀티스레딩

구체적으로 스레드는 운영체제나 JVM에서 태스크(작업)를 실행하는 단위로서, 운영체제나 JVM에 의해 관리되는 단위이다. 자바 스레드에 국한시켜서만 설명해보자. JVM은 하나의 태스크(작업)를 실행하기 위해 하나의 스레드를 만들고, 스레드로 하여금 태스크 코드를 실행하도록 한다. [그림 13-4]는 테트리스를 구성하는 3개의 태스크 코드를 3개의 스레드로 실행시키는 멀티스레딩을 보여준다. 3개의 스레드는 테트리스의 실행 시작과 함께 생성되며, JVM이 3개의 스레드를 스케줄링하여 번갈아 실행시킨다. [그림 13-4]에서 JVM의 영역 안에 그려진 "스레드 A", "스레드 B", "스레드 C"는 3개의 스레드에 관한 여러 정보(〈표 13-2〉 참고)를 가진 데이터 블록을 나타낸다. JVM은 이들을 보면서 3개의 스레드가 만들어져 있음을 알고, 이중에서 하나를 스케줄링하여 실행시킨다.

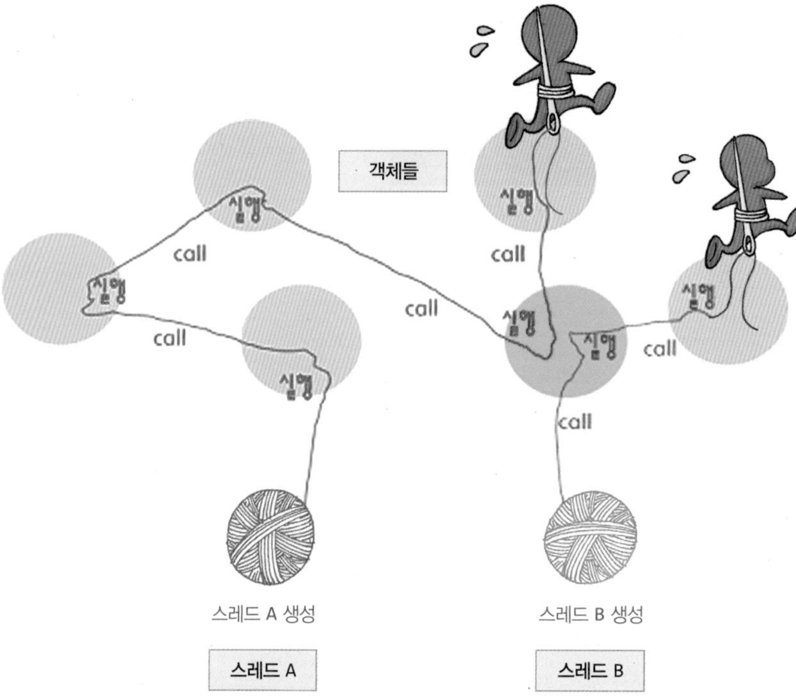

[그림 13-3] 스레드와 멀티스레딩 개념

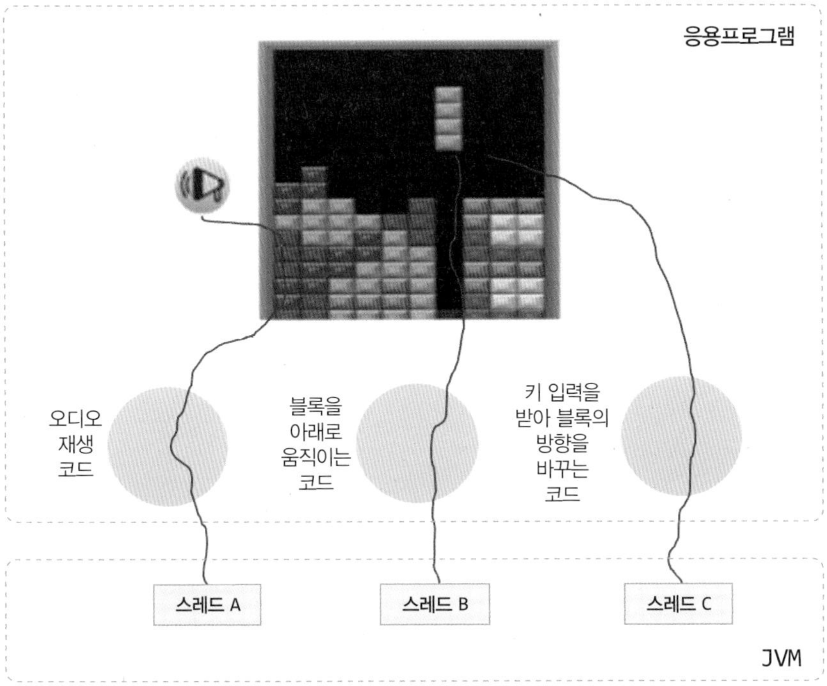

[그림 13-4] 테트리스 응용프로그램을 구성하는 멀티스레드

멀티태스킹과 멀티스레딩

컴퓨터 기술의 발전과 함께 멀티태스킹을 실현하기 위해 2가지 방법이 사용되고 있다. 멀티프로세싱(multi-processing)은 하나의 응용프로그램을 여러 개의 프로세스(process)로 구성하여 각 프로세스가 하나의 작업(태스크)을 처리하도록 하는 기법이다. 각 프로세스는 고유한 메모리 영역을 보유하고 독립적으로 실행된다. 그러므로 하나의 응용프로그램에 속하는 프로세스들은 변수를 공유할 수 없기 때문에, 프로세스들 사이의 통신(IPC, Inter Process Communication)이 어렵고 한다해도 오버헤드가 크다. 또한 프로세스 사이의 문맥 교환(context switch)에 따른 과도한 작업량과 시간 소모의 문제점이 있다.

멀티프로세싱
프로세스
독립

이런 문제점을 개선하기 위해 제안된 방법이 멀티스레딩(multi-threading)이다. 멀티스레딩은 하나의 응용프로그램을 동시처리가 가능한 여러 작업(코드)으로 분할하고 작업의 개수만큼 스레드를 생성하여 각 스레드로 하여금 하나의 작업을 처리하도록 하는 기법이다. 모든 스레드는 응용프로그램 내의 자원과 메모리를 공유하므로 통신에 따른 오버헤드가 작고, 스레드 사이의 문맥 교환 시 소요되는 작업량이 작아 문맥 교환이 빠른 장점이 있다. 윈도우, 리눅스 등 많은 운영체제들이 멀티프로세싱을 지원하고 있지만 멀티스레딩을 기본으로 하고 있다.

멀티스레딩
스레드
자원과 메모리 공유

멀티스레딩 활용분야

어떤 응용프로그램을 멀티스레딩으로 작성해야 하는가? 한글프로그램을 예로 들어 설명해보자. 사용자가 일정 부분을 편집한 뒤 편집된 내용을 프린트하고자 한다. 이때 한글 프로그램이 만일 싱글 스레드(single thread)로 만들어져 있다면 어떻게 될까? 사용자가 프린트 메뉴를 누르면, 한글프로그램은 프린트를 시킨 후 프린터가 완전히 프린팅을 마칠 때까지 대기하며 다른 작업을 할 수 없다. 프린팅을 기다리는 동안 편집하거나 파일을 열거나 현재 프린트 중인 내용을 저장할 수도 없다. 한글프로그램은 오직 하나의 작업밖에 할 수 없기 때문이다.

만일 한글프로그램을 멀티스레드로 작성한다면 어떻게 될까? 사용자가 프린트 메뉴를 선택하면 프린트 스레드를 생성하여 현재 편집 중인 내용을 프린팅하도록 지시한다. 프린트 스레드가 프린팅을 시키고 대기하고 있는 동안, 다른 스레드가 있나면 파

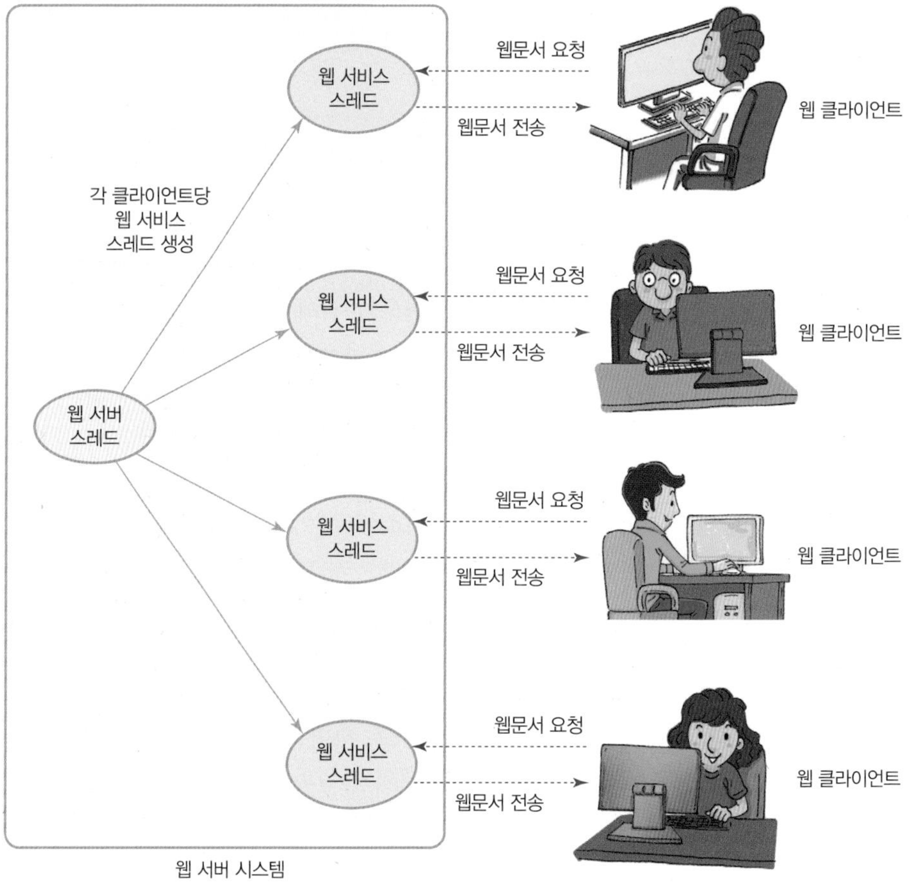

[그림 13-5] 웹 서버 소프트웨어의 멀티스레딩

일 편집이나 다른 메뉴를 처리할 수 있다.

[그림 13-5]의 웹 서버 소프트웨어는 대표적인 멀티스레드 응용프로그램이다. 네트워크 클라이언트로부터 웹 검색 요청이 전달되면 웹 서버 스레드는 클라이언트를 전담하는 웹 서비스 스레드를 생성하여 검색을 하고 결과를 클라이언트로 전송하도록 한다. 그러므로 동시에 100명의 클라이언트가 접속하면 100개의 웹 서비스 스레드가 각각 자신의 웹 클라이언트의 요청을 서비스한다. 만일 웹 서버 소프트웨어를 싱글스레드(single thread)로 구현한다면 웹 서버가 한 번에 한 클라이언트씩 순차적으로 서비스하게 되므로 뒤에 접속한 클라이언트는 많은 시간을 기다리게 될 것이다.

멀티스레딩은 응용프로그램이 다수의 스레드를 가지고 다수의 작업을 동시에 처리함으로써, 한 스레드가 대기하는 동안 다른 스레드를 실행하여 시간 지연을 줄이고 자원의 비효율적 사용을 개선한다.

한 스레드가 대기하는 동안 다른 스레드를 실행

CHECK TIME

1 실세계에서 멀티태스킹이 이루어지는 경우를 한 가지만 들어라.

2 멀티스레딩과 멀티프로세싱 중에서 보다 진보된 방법은 무엇인가?

3 CPU가 하나인 경우 다음 중 멀티스레드로 작성하면 효과적이지 않은 것은? 그리고 그 이유를 말하여라.
① 웹 서버
② 그리기와 프린팅 기능을 동시에 할 수 있는 그래픽 편집기
③ 1에서 100000까지 더하기를 2개의 스레드를 작성하여 한 스레드는 짝수만 더하고 다른 스레드는 홀수만 더하여, 최종적으로 두 합을 더하여 결과를 내는 응용프로그램

13.2 자바의 멀티스레딩

멀티스레드와 자바 가상 기계(JVM)

자바에는 프로세스(process)가 존재하지 않고 스레드 개념만 존재하며, JVM은 멀티스레딩만 지원한다. 자바 스레드(java thread)는 JVM에 의해 스케줄되는 실행 단위 코드 블록이다.

자바 스레드
JVM
실행 단위 코드 블록

하나의 JVM은 [그림 13-6](1)과 같이 하나의 자바 응용프로그램만 실행한다. 사용자가 자바 응용프로그램을 실행시키면, JVM이 먼저 실행되고 JVM이 자바 응용프로그램을 로딩하여 실행시킨다. 자바 응용프로그램이 종료되면 JVM도 함께 종료된다. 만일

한 컴퓨터에서 n개의 자바 응용프로그램이 실행된다고 하면 n개의 JVM이 실행되고 있는 것이다. 이들 각 자바 응용프로그램은 별개의 메모리 영역에서 독립적으로 실행된다. JVM은 [그림 13-6](3)과 같이 멀티스레딩을 지원하며 자바 응용프로그램은 하나 이상의 스레드를 생성할 수 있다.

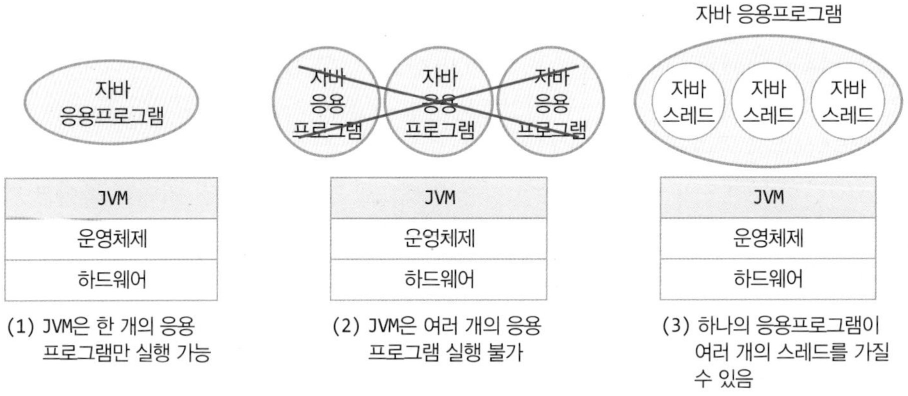

[그림 13-6] JVM은 하나의 자바 응용프로그램만 실행 가능

2개 이상의 자바 응용프로그램을 실행하고자 하는 경우 [그림 13-7]과 같이 실행되어야 한다. [그림 13-7]은 2개의 자바 응용프로그램이 각각 JVM에 의해 실행되며, 서로 정보를 주고받고자 하는 경우 소켓 통신과 같은 통신 방법을 이용한다.

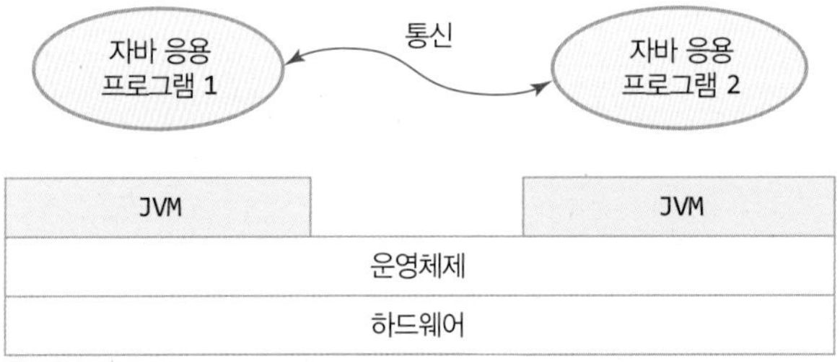

[그림 13-7] 두 개의 자바 응용프로그램이 실행되는 방법

자바 스레드와 JVM

자바 스레드는 다른 운영체제의 스레드와 크게 다르지 않다. 응용프로그램 개발자 입장에서 스레드를 만들기 위해서는 스레드로 실행될 프로그램 코드를 작성하여야 한다. 이 프로그램 코드를 JVM에 스레드로 등록하는 간단한 절차를 마치면 새로운 스레드가 탄생한다.

스레드 스케줄링
JVM

그 후부터 스레드 코드를 실행시키고, 잠깐 중단시키기도 하는 등 스레드 스케줄링은 전적으로 JVM에 의해 이루어진다. 스레드가 몇 개 존재하는지, 스레드로 실행되는 프로그램 코드의 메모리 위치는 어디인지, 스레드의 상태는 무엇인지, 스레드의 우선순위는 얼마인지 등 많은 정보 역시 JVM이 관리한다. 개발자의 임무는 자바 스레드로 작동할 스레드 코드를 작성하고, 스레드 코드가 생명을 가지고 실행을 시작하도록 JVM에게 요청하는 일뿐이다. 스레드를 관리하는 일은 모두 JVM의 일이다.

[그림 13-8]은 자바 응용프로그램, 스레드 코드, JVM, 스레드 정보와의 관계를 보여준다. 그림에서 자바 응용프로그램은 4개의 스레드를 생성한 상태이다. 스레드가 생성되면 스레드에 관련된 정보(Thread Control Block, TCB)가 생성되며 이들은 모두 JVM에 의해 관리된다. TCB는 〈표 13-2〉에서 자세히 보여준다. TCB 정보를 토대로 어떤 스레드를 실행시킬지를 결정하는 스케줄링은 JVM에 의해 이루어진다. 만일 JVM이 스레드2를 선택하면 2번째 TCB에 기록된 스레드2의 코드 주소에서 실행을 시작한다. [그림 13-8]은 JVM이 스레드2를 선택하여 스레드2의 코드가 실행되고 있는 상태이다. 스레드가 종료하면 해당 TCB는 사라진다. 모든 스레드가 종료하면 JVM이 종료하고 당연히 자바 응용프로그램이 종료된다.

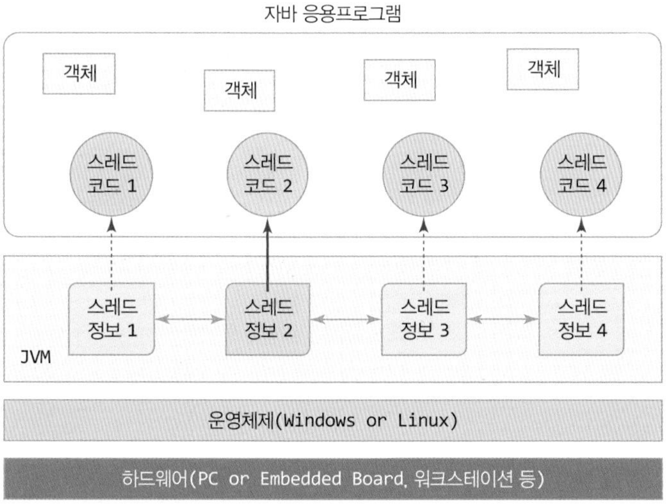

[그림 13-8] 4개의 자바 스레드로 구성된 응용프로그램을 실행하는 JVM

1 하나의 JVM이 여러 개의 자바 응용프로그램을 실행할 수 있는가?

2 하나의 JVM이 여러 개의 자바 스레드를 실행할 수 있는가?

3 자바 스레드에 있어 스레드의 실행 및 스케줄링을 책임지는 것은 개발자인가 JVM인가?

13.3 스레드 만들기

지금부터 자바 스레드를 만드는 방법을 소개한다. 자바 스레드를 만들기 위해 개발자는 다음 두 가지 작업을 하여야 한다.

- 스레드 코드 작성
- JVM에게 스레드를 생성하고 스레드 코드를 실행하도록 요청

스레드 코드를 작성하는 방법은 다음 2가지가 있으며 다음 절에서 하나씩 설명한다.

Thread 클래스
Runnable 인터페이스

- Thread 클래스 이용
- Runnable 인터페이스 이용

Thread 클래스를 상속받아 스레드 만들기

Thread 클래스 상속

Thread 클래스의 경로명은 java.lang.Thread이다. Thread 클래스를 상속받아 개발자의 스레드 코드를 만들 수 있다. Thread 클래스는 스레드를 만들고 유지 관리하기 위해 〈표 13-1〉과 같이 많은 메소드를 제공한다.

〈표 13-1〉
Thread 클래스의 주요 메소드

Thread의 메소드	내용
Thread() Thread(Runnable target) Thread(String name) Thread(Runnable target, String name)	스레드 객체 생성 Runnable 객체인 target을 이용하여 스레드 객체 생성 이름이 name인 스레드 객체 생성 Runnable 객체를 이용하며, 이름이 name인 스레드 객체 생성
void run()	스레드 코드로서 JVM에 의해 호출된다. 개발자는 반드시 이 메소드를 오버라이딩하여 스레드 코드를 작성하여야 한다. 이 메소드가 종료하면 스레드도 종료한다.
void start()	JVM에게 스레드 실행을 시작하도록 요청
void interrupt()	스레드 강제 종료
static void yield()	다른 스레드에게 실행을 양보한다. 이때 JVM은 스레드 스케줄링을 시행하며 다른 스레드를 선택하여 실행시킨다.
void join()	스레드가 종료할 때까지 기다린다.
long getId()	스레드의 ID 값 리턴
String getName()	스레드의 이름 리턴
int getPriority()	스레드의 우선순위 값 리턴. 1에서 10 사이 값

void setPriority(int n)	스레드의 우선순위 값을 n으로 변경
Thread.State getState()	스레드의 상태 값 리턴
static void sleep(long mills)	스레드는 mills 시간 동안 잔다. mills의 단위는 밀리초
static Thread currentThread()	현재 실행 중인 스레드 객체의 레퍼런스 리턴

이제 Thread를 상속받아 스레드 코드를 작성해보자. [그림 13-9]는 스레드 코드를 작성하기 위해 Thread 클래스를 상속받은 TimerThread 클래스를 작성한 사례이다. TimerThread는 1초 단위로 초 시간을 콘솔에 출력하는 스레드이다. 지금부터 스레드를 생성하는데 필요한 4개의 과정을 자세히 알아보자.

● 스레드 클래스 작성: Thread 클래스 상속

먼저 Thread 클래스를 상속받아 TimerThread 클래스를 작성한다.

Thread 클래스 상속

```
class TimerThread extends Thread { // Thread 상속받음
    .......................................................
}
```

● 스레드 코드 작성: run() 메소드 오버라이딩

Thread의 run() 메소드를 오버라이딩한다. run() 메소드에 작성된 코드를 스레드 코드라고 부른다. 스레드는 run()에서부터 실행을 시작하고 run()이 종료하면 스레드도 종료한다. run()은 보통 메소드와 같은 방법으로 작성하면 된다.

run() 메소드
스레드 코드

```
class TimerThread extends Thread {
    @Override
    public void run() { // run() 오버라이딩
        .........................
    }
}
```

만일 run()을 오버라이딩하지 않으면 Thread 클래스에 작성된 run()이 실행되며, 이 run()은 아무 일도 하지 않고 단순 리턴하도록 작성되어 있어 스레드가 바로 종료된다.

스레드 클래스 정의

스레드 코드 작성

1초에 한 번씩 n을 증가시켜 콘솔에 출력한다.

```java
class TimerThread extends Thread {
    int n = 0;

    @Override
    public void run() {
        while(true) { // 무한루프를 실행한다.
            System.out.println(n);
            n++;
            try {
                sleep(1000); // 1초 동안 잠을 잔 후 깨어난다.
            }
            catch(InterruptedException e){return;}
        }
    }
}
```

스레드 객체 생성

스레드 시작

```java
public class TestThread {
    public static void main(String [] args) {
        TimerThread th = new TimerThread();
        th.start();
    }
}
```

실행 결과

```
0
1
2
3
4
.
.
.
.
```

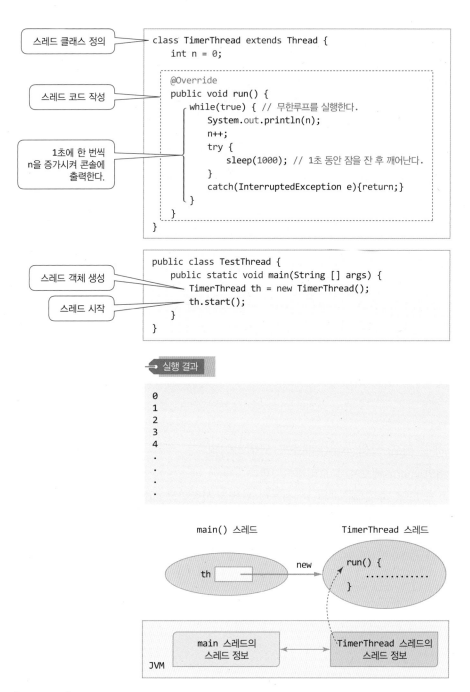

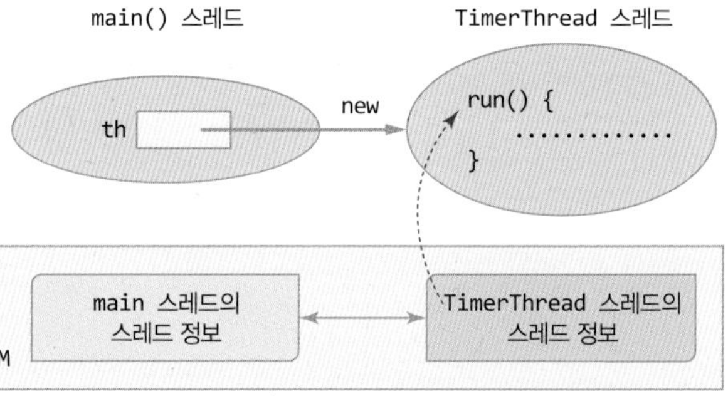

[그림 13-9] Thread를 상속받아 1초 단위로 초 시간을 출력하는 TimerThread 스레드 작성

● 스레드 객체 생성

자, 이제 스레드 객체를 생성해보자. 다음과 같이 간단히 스레드 객체를 생성한다.

스레드 객체

```
TimerThread th = new TimerThread(); // 스레드 객체 생성
```

스레드 객체를 생성한 것으로 스레드가 작동하는 것은 아니다. 스레드 객체의 생성은 어디까지나 하나의 객체 생성에 불과하다. 스레드는 다른 객체와 달리 JVM에 등록되어 JVM에 의해 스케줄링되어야 비로소 작동되는 것이다.

● 스레드 시작: start() 메소드 호출

스레드 생성의 제일 중요한 마지막 과정은 스레드가 생명력을 가지고 실행을 시작하도록 하는 것이다. Thread 클래스의 start() 메소드를 호출하여 스레드를 동작시킨다.

start()

```
th.start();
```

start() 메소드는 Thread 클래스에 구현된 메소드이며 개발자가 오버라이딩하면 안 된다. start() 메소드는 생성된 스레드 객체를 스케줄링이 가능한 상태로 전환하도록 JVM에게 지시한다. 이후 스케줄링에 의해 이 스레드가 선택되면 비로소 JVM에 의해 run() 메소드가 호출되어 실행을 시작한다.

스케줄링

[그림 13-9]의 코드를 잠깐 설명해보자. TimerThread는 Thread를 상속받은 클래스로서 run()을 오버라이딩하여 스레드 코드를 구현한다. run() 메소드는 무한 루프를 돌면서 1초 간격으로 콘솔에 초 시간을 출력한다.

sleep(1000); 코드는 TimerThread 스레드가 1000ms 동안 잠을 자는 코드이다. 한 스레드가 잠을 자면 JVM은 다른 스레드를 실행시킨다. 스레드는 잠을 자는 사이에 발생하는 InterruptedException 예외를 처리할 try-catch 블록을 반드시 가지고 있어야 한다.

sleep(1000);
InterruptedException
try-catch 블록

현재 [그림 13-9]에서 catch 블록은 바로 return하므로 InterruptedException이 발생하면 run() 메소드가 종료하게 되어 스레드도 바로 종료한다.

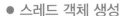

예제 13-1 Thread를 상속받아 1초 단위로 출력하는 타이머 스레드 만들기

1초 단위로 증가하는 스레드를 만들고 레이블을 이용하여 타이머 값을 출력하라.

응용프로그램의 시작과 함께 타이머가 바로 작동한다. 타이머 값은 JLabel 컴포넌트를 생성하여 출력하고, Thread 클래스를 상속받는 TimerThread 클래스로 스레드를 만든다. 이 스레드는 1초마다 1씩 증가시킨 정수 값을 JLabel의 텍스트에 출력한다.

```
import java.awt.*;
import javax.swing.*;

class TimerThread extends Thread {
   private JLabel timerLabel; // 타이머 값이 출력되는 레이블

   public TimerThread(JLabel timerLabel) {
      this.timerLabel = timerLabel; // 타이머 카운트를 출력할 레이블
   }
   // 스레드 코드. run()이 종료하면 스레드 종료
   @Override
   public void run() {
      int n=0; // 타이머 카운트 값
      while(true) { // 무한 루프
         timerLabel.setText(Integer.toString(n)); // 레이블에 카운트 값 출력
         n++; // 카운트 증가
         try {
            Thread.sleep(1000); // 1초 동안 잠을 잔다.
         }
         catch(InterruptedException e) {
            return; // 예외가 발생하면 스레드 종료
         }
      }
   }
}

public class ThreadTimerEx extends JFrame {
   public ThreadTimerEx() {
      setTitle("Thread를 상속받은 타이머 스레드 예제");
      setDefaultCloseOperation(JFrame.EXIT_ON_CLOSE);
      Container c = getContentPane();
```

run()은 스레드 코드로서 start() 메소드가 호출된 후 스레드가 실행을 시작하는 메소드이다.

try-catch 블록이 없으면 컴파일 오류가 발생한다. sleep()에 의해 잠을 자는 경우 예외 발생에 대비하기 위해서이다.

```
        c.setLayout(new FlowLayout());

        // 타이머 값을 출력할 레이블 생성
        JLabel timerLabel = new JLabel();
        timerLabel.setFont(new Font("Gothic", Font.ITALIC, 80));
        c.add(timerLabel); // 레이블을 컨텐트팬에 부착

        // 타이머 스레드 객체 생성. 타이머 값을 출력할 레이블을 생성자에 전달
        TimerThread th = new TimerThread(timerLabel);

        setSize(300,170);
        setVisible(true);

        th.start(); // 타이머 스레드의 실행을 시작하게 한다.
    }

    public static void main(String[] args) {
        new ThreadTimerEx();
    }
}
```

스레드 객체를 만든다.

스레드를 동작시킨다. 이 호출의 결과 TimerThread의 run() 메소드가 실행을 시작한다.

Runnable 인터페이스로 스레드 만들기

이제, Runnable 인터페이스를 이용하여 스레드를 만들어 보자. Runnable은 클래스가 아닌 인터페이스로서 경로명 java.lang.Runnable이며, 다음과 같이 추상 메소드 run() 하나만 가지고 있다.

Runnable 인터페이스

```
interface Runnable {
    public void run();
}
```

[그림 13-10]은 Runnable 인터페이스의 run()을 구현한 TimerRunnable 클래스를 작성하고 스레드를 생성하는 코드이다. TimerRunnable 클래스는 1초 단위로 초 시간을 콘솔에 출력하는 스레드 코드를 구현한다.

● 스레드 클래스 선언: Runnable 인터페이스 구현

우선 스레드 클래스를 정의해보자. 다음과 같이 Runnable 인터페이스를 구현하도록 TimerRunnable 클래스를 선언한다.

```
class TimerRunnable implements Runnable {
    ............................
}
```

● 스레드 코드 작성: run() 메소드 오버라이딩

run()

아래와 같이 Runnable 인터페이스의 run() 메소드를 오버라이딩하여 스레드 코드를 작성한다.

```
class TimerRunnable implements Runnable {
    @Override
    public void run() { // run() 메소드 오버라이딩
        .........................
    }
}
```

run() 메소드는 스레드 코드이며 run()이 종료되면 스레드도 종료된다.

● 스레드 객체 생성

Thread 객체를 생성한다. 이때 생성자에 TimerRunnable의 객체를 전달한다.

```
Thread th = new Thread(new TimerRunnable());
```

이 코드는 생성한 스레드 th의 스레드 코드로 TimerRunnable의 run()을 사용할 것을 알려준다.

● 스레드 시작: start() 메소드 호출

start()

마지막 과정으로 Thread 클래스의 start() 메소드를 호출하여 스레드를 시작하게 한다.

```
th.start();
```

th.start()는 생성된 스레드 객체 th를 스케줄링이 가능한 상태로 전환하도록 JVM에게 지시한다. 이후 JVM에 의해 이 스레드가 선택되면 이 스레드의 run() 메소드가 호출되고 실행된다.

Runnable을 클래스로 구현

스레드 코드 작성

1초에 한 번씩 n을 증가시켜 콘솔에 출력한다.

```
class TimerRunnable implements Runnable {
    int n = 0;

    @Override
    public void run() {
        while(true) { // 무한루프를 실행한다.
            System.out.println(n);
            n++;
            try {
                Thread.sleep(1000); // 1초 동안 잠을 잔 후 깨어난다.
            }
            catch(InterruptedException e){return;}
        }
    }
}
```

스레드 객체 생성

스레드 시작

```
public class TestRunnable {
    public static void main(String [] args) {
        Thread th = new Thread(new TimerRunnable());
        th.start();
    }
}
```

실행 결과

```
0
1
2
3
4
.
.
.
.
```

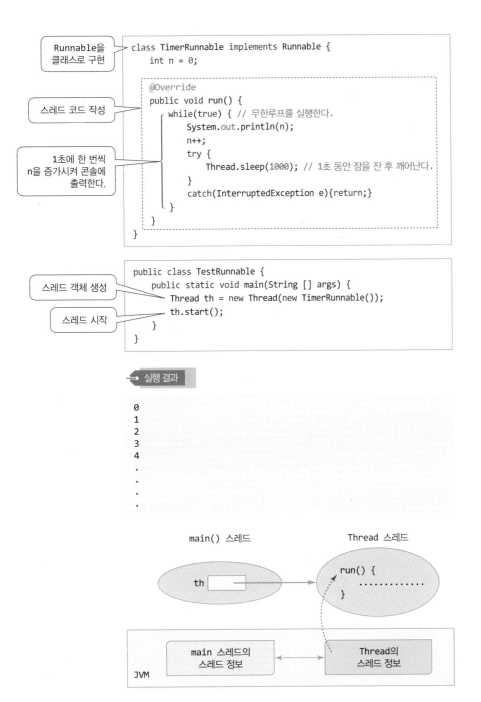

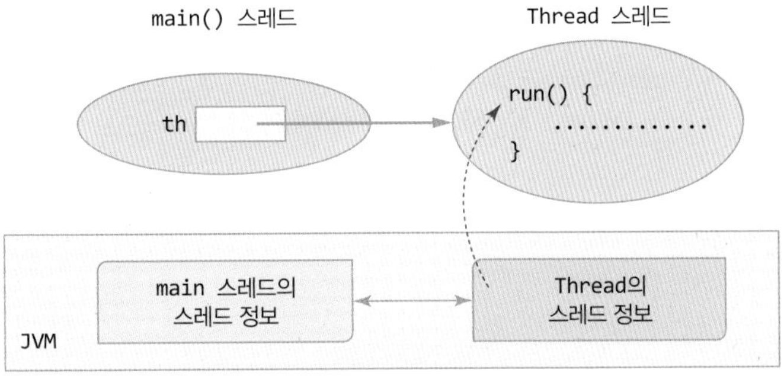

[그림 13-10] Runnable 인터페이스를 상속받아 1초 단위로 초 시간을 출력하는 스레드 작성 예

예제 13-2 Runnable 인터페이스를 이용하여 1초 단위로 출력하는 타이머 스레드 만들기

Runnable 인터페이스를 구현하여 그림과 같이 1초 단위로 카운팅하여 출력하는 스레드를 만들고, 레이블을 이용하여 카운트 값을 출력하라.

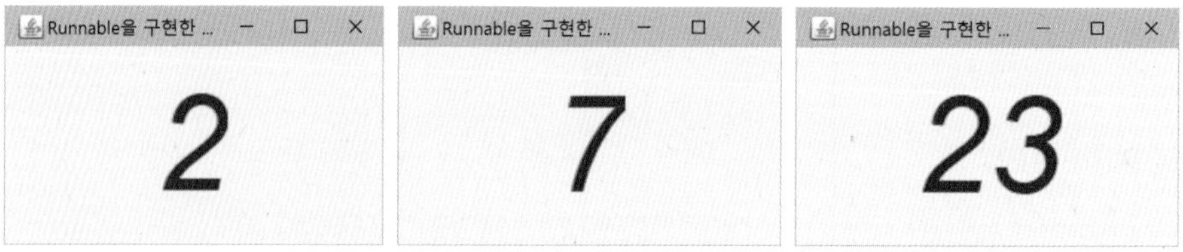


```
import java.awt.*;
import javax.swing.*;

class TimerRunnable implements Runnable {
   private JLabel timerLabel; // 타이머 값이 출력된 레이블

   public TimerRunnable(JLabel timerLabel) {
      this.timerLabel = timerLabel; // 초 카운트를 출력할 레이블
   }

   // 스레드 코드. run()이 종료하면 스레드 종료
   @Override
   public void run() {
      int n=0; // 타이머 카운트 값
      while(true) { // 무한 루프
         timerLabel.setText(Integer.toString(n)); // 레이블에 카운트 값 출력
         n++; // 카운트 증가
         try {
            Thread.sleep(1000); // 1초 동안 잠을 잔다.
         }
         catch(InterruptedException e) {
            return; // 예외가 발생하면 스레드 종료
         }
      }
   }
}

public class RunnableTimerEx extends JFrame {
   public RunnableTimerEx() {
      setTitle("Runnable을 구현한 타이머 스레드 예제");
      setDefaultCloseOperation(JFrame.EXIT_ON_CLOSE);
      Container c = getContentPane();
      c.setLayout(new FlowLayout());
```

run()은 스레드 코드로서 start() 메소드에 의해 스레드가 실행을 시작하는 코드이다.

try-catch 블록이 없으면 컴파일 오류가 발생한다. sleep()에 의해 잠을 자는 경우 예외 발생에 대비하기 위해서이다.

```

        // 타이머 값을 출력할 레이블 생성
        JLabel timerLabel = new JLabel();
        timerLabel.setFont(new Font("Gothic", Font.ITALIC, 80));
        c.add(timerLabel); // 레이블을 컨텐트팬에 부착

        // 타이머 스레드로 사용할 Runnable 객체 생성. 타이머 값을 출력할 레이블을 생성자에 전달
        TimerRunnable runnable = new TimerRunnable(timerLabel);
        Thread th = new Thread(runnable); // 스레드 객체 생성

        setSize(250,150);
        setVisible(true);

        th.start(); // 타이머 스레드가 실행을 시작하게 한다.
    }

    public static void main(String[] args) {
        new RunnableTimerEx();
    }
}
```

스레드 코드로 작동할 run()이 구현된 Runnable 객체를 만든다.

스레드 객체를 만든다.

스레드를 동작시킨다.
이 호출의 결과 TimerRunnable의 run() 메소드가 실행을 시작한다.

먼저, 타이머 값을 출력할
JLabel 컴포넌트를 작성하고,
Runnable 인터페이스를 상속받아
run() 메소드를 오버라이딩한
TimerRunnable 클래스로
스레드를 구현하면 되지.

예제 13-3 깜박이는 문자열을 가진 레이블 만들기

JLabel을 상속받아 문자열을 깜박이는 FlickeringLabel 컴포넌트를 작성하라.

JLabel과 **Runnable**인터페이스를 상속받는 **FlickeringLabel** 클래스를 작성하고 **run()** 메소드를 오버라이딩하라. 깜박거림을 만들기 위해, **run()**은 레이블의 배경색을 노란색과 초록색을 번갈아 변경하면 된다. **FlickeringLabel**의 생성자에 깜박거릴 문자열과 배경색이 바뀌는 지연 시간을 전달하라.

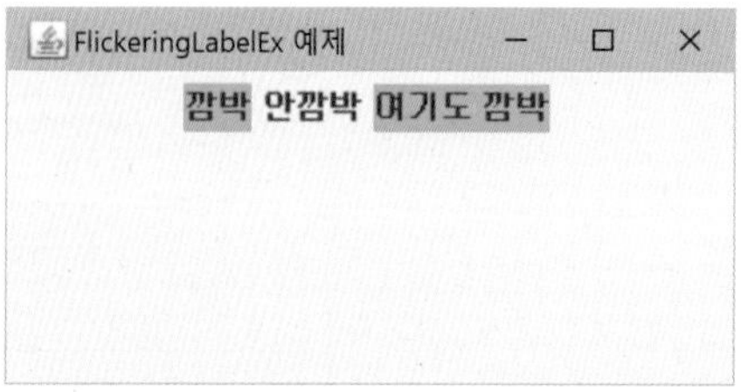

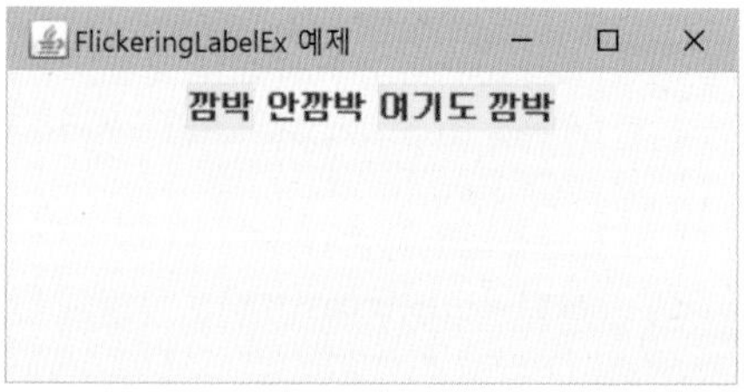


```
import java.awt.*;
import javax.swing.*;

class FlickeringLabel extends JLabel implements Runnable {
   private long delay;  // 배경색이 바뀌는 지연 시간. 밀리초 단위

   public FlickeringLabel(String text, long delay) { // 생성자
      super(text); // JLabel 생성자 호출
      this.delay = delay;
      setOpaque(true); // 배경색 변경이 가능하도록 설정

      Thread th = new Thread(this);
      th.start();
   }
   @Override
   public void run() {
      int n=0;
      while(true) {
         if(n == 0)
            setBackground(Color.YELLOW);
         else
            setBackground(Color.GREEN);
         if(n == 0) n = 1;
         else n = 0;
         try {
            Thread.sleep(delay); // delay 밀리초 동안 잠을 잔다.
         }
         catch(InterruptedException e) {
            return;
```

JLabel을 상속받은 새로운 레이블 클래스를 작성한다. Runnable을 상속받기 때문에 반드시 run() 메소드를 오버라이딩하여야 한다.

Thread()의 생성자에 this를 넘기는 것은 바로 이 클래스가 Runnable을 상속받아 run()을 구현한 객체임을 표시한다.

500ms마다 반복적으로 노란색과 초록색을 번갈아 배경색으로 변경한다.

```
            }
        }
    }
}
public class FlickeringLabelEx extends JFrame {
    public FlickeringLabelEx() {
        setTitle("FlickeringLabelEx 예제");
        setDefaultCloseOperation(JFrame.EXIT_ON_CLOSE);
        Container c = getContentPane();
        c.setLayout(new FlowLayout());

        // 깜박이는 레이블 생성
        FlickeringLabel fLabel = new FlickeringLabel("깜박", 500);
                                                    // 500밀리초 주기로 배경색 변경

        // 깜박이지 않는 레이블 생성
        JLabel label = new JLabel("안깜박");

        // 깜박이는 레이블 생성
        FlickeringLabel fLabel2 = new FlickeringLabel("여기도 깜박", 300);
                                                    // 300밀리초 주기로 배경색 변경

        c.add(fLabel);
        c.add(label);
        c.add(fLabel2);

        setSize(300,150);
        setVisible(true);
    }

    public static void main(String[] args) {
        new FlickeringLabelEx();
    }
}
```

스레드 정보

지금까지 스레드의 작성 및 생성 과정을 설명하였다. 생성된 스레드에 관련된 여러 정보는 〈표 13-2〉와 같고 이 정보는 JVM에 의해 관리된다. 이들 중 대부분은 〈표 13-1〉의 Thread의 메소드를 통해 읽어 낼 수 있다.

〈표 13-2〉

스레드 정보, TCB(Thread Control Block)

필드	타입	내용
스레드 이름	스트링	스레드의 이름으로서 사용자가 지정
스레드 ID	정수	스레드 고유의 식별자 번호
스레드의 PC(Program Count)	정수	현재 실행 중인 스레드 코드의 주소
스레드 상태	정수	NEW, RUNNABLE, WAITING, TIMED_WAITING, BLOCK,TERMINATED 등 6개 상태 중 하나
스레드 우선순위	정수	스레드 스케줄링 시 사용되는 우선순위 값으로서 1~10 사이의 값이며 10이 최상위 우선순위
스레드 그룹	정수	여러 개의 자바 스레드가 하나의 그룹을 형성할 수 있으며 이 경우 스레드가 속한 그룹
스레드 레지스터 스택	메모리 블록	스레드가 실행되는 동안 레지스터들의 값

데몬 스레드(daemon thread)와 사용자 스레드(user thread)

데몬 스레드
사용자 스레드
setDaemon(true)

자바의 스레드는 두 가지 종류로 구분된다. 첫째는 데몬 스레드(daemon thread)인데 응용프로그램이 실행되는 동안 관리를 위해 존재하는 스레드로, 가비지 컬렉션 스레드(garbage collector)가 대표적이다. 둘째는 사용자 스레드(user thread)로서 응용프로그램에서 생성한 스레드이다. 앞의 예제 13-1, 13-2, 13-3에서 만들어진 스레드가 사용자 스레드이다. 뒤에서 다룰 예정이지만, main() 메소드를 실행하는 main 스레드 역시 사용자 스레드이다. 사용자 스레드는 Thread 클래스의 setDaemon(true)을 호출하면 데몬 스레드로 바꿀 수 있다.

데몬 스레드가 사용자 스레드와 다른 점은, 데몬 스레드가 살아 있더라도 사용자 스레드가 모두 종료하면 JVM과 함께 응용프로그램도 종료된다는 점이다.

CHECK TIME

1. Thread를 상속받아 자바 스레드를 작성하는 경우 반드시 오버라이딩해야 하는 메소드는?
2. 자바 스레드가 sleep()하는 동안 발생하는 예외에 대비하여 try-catch 블록을 만들어야 하는데 이 예외는 무엇인가?
3. 실행 시작 10초 후에 자동으로 종료하는 스레드를 Thread 클래스를 이용하여 작성하라.
4. 실행 시작 10초 후에 자동으로 종료하는 스레드를 Runnable 인터페이스를 이용하여 작성하라.

13.4 스레드 생명 주기와 스케줄링

스레드 상태

스레드는 JVM에 있어 생명체와 같다. 스레드는 태어나고, 실행하고, 잠자고, 대기하고, 종료하는 등 생명 주기(life cycle)를 가진다. 그리고 생명 주기 동안 [그림 13-11]과 같이 여러 상태의 변이를 거친다. 스레드의 상태는 다음과 같이 총 6가지이며 JVM에 의해 관리된다.

스레드 상태

- NEW
  스레드가 생성되었지만 아직 실행할 준비가 되지 않은 상태이다. start() 메소드가 호출되면 RUNNABLE 상태가 된다.

start()

- RUNNABLE
  스레드가 현재 실행되고 있거나, 실행 준비되어 스케줄링을 기다리는 상태이다.

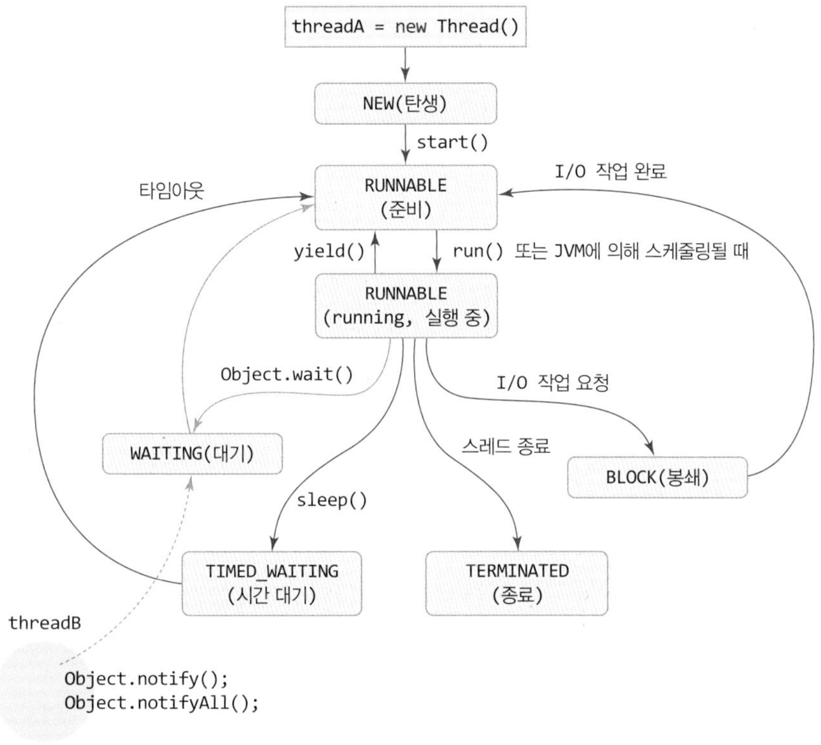

[그림 13-11] 스레드의 상태 변이도

- TIMED_WAITING
  스레드가 sleep(long n)을 호출하여 n밀리초 동안 잠을 자는 상태이다.
- BLOCK
  스레드가 I/O 작업을 실행하여 I/O 작업의 완료를 기다리면서 멈춘(blocked) 상태이다. 스레드가 I/O 작업을 실행하면 JVM이 자동으로 현재 스레드를 BLOCK 상태로 만들고 다른 스레드를 스케줄링한다.
- WAITING
  스레드가 어떤 객체 a에 대해 a.wait()을 호출하여, 다른 스레드가 a.notify(), a.notifyAll()을 불러줄 때까지 무한정 기다리는 상태이다.
- TERMINATED
  스레드가 종료한 상태이다. 더 이상 다른 상태로 변이할 수 없다.

스레드의 일생

new Thread()

지금부터 스레드의 일생에 대해 자세히 알아보자. new Thread()에 의해 스레드 객체가 생성되면 JVM은 생성된 스레드 정보를 관리한다. 생성된 스레드는 NEW 상태이다. NEW 상태의 스레드는 스케줄링되지 않기 때문에 실행될 수 없는 상태이다. 스케줄링이란 JVM이 RUNNABLE(준비) 상태인 스레드 중에서 하나를 선택하여 실행시키는 과정이다.

start()

Thread 클래스의 start() 메소드가 호출되면, 스레드는 비로소 실행될 수 있는 RUNNABLE(준비) 상태가 된다. JVM은 RUNNABLE(준비) 상태에 있는 스레드 중에서 하나를 선택하고 실행시킨다. 처음으로 스케줄링되는 스레드는 run() 메소드의 첫 라인부터 실행을 시작한다. JVM은 스케줄링 시 우선순위(priority)가 높은 스레드를 우선적으로 선택한다. 만일 우선순위가 동일한 스레드가 여러 개 있으면 라운드 로빈(round robin), 즉 돌아가면서 선택한다.

I/O(입출력) 작업

실행 중인 스레드가 일시 중단되는 경우는 [그림 13-11]에 보이는 바와 같이 여러 경우가 있다. 우선 실행 중인 스레드가 I/O(입출력) 작업을 하게 되면, JVM에 의해 즉각 중지되며 BLOCK 상태가 된다. BLOCK 상태의 스레드는 I/O 작업이 완료될 때까지 스케줄링되지 않고 대기한다. I/O 작업이 완료되면 스레드는 자동으로 RUNNABLE(준비) 상태가 된다. 화면 출력이나 키보드 입력, 프린터 출력, 파일 입출력, 네트워크 데이터 송수신 등 모든 종류의 I/O 작업 시 BLOCK 상태가 된다.

yield()

실행 중인 스레드가 만일 yield()를 호출하면 다른 스레드가 스케줄링될 수 있도록 양보하겠다는 뜻으로, JVM은 현재 실행 중인 스레드를 즉각 RUNNABLE(준비) 상태로 변경하고 다시 스케줄링을 실시한다. 만일 다른 높은 우선순위의 스레드가 없거나 동일한 우선순위의 다른 스레드가 없으면 이 스레드가 다시 스케줄링된다.

실행 중인 스레드가 sleep(millis)을 호출하면 millis 밀리초 시간만큼 잠을 자게 되므로, JVM은 이 스레드를 TIMED_WAITING 상태로 변경하고 스케줄링을 시작한다. 이 스레드는 millis 밀리초 후 깨어나 RUNNABLE(준비) 상태가 된다.

sleep(millis)

실행 중인 스레드가 종료하면 TERMINATED 상태가 되며, JVM은 다른 스레드의 스케줄링을 시작한다. TERMINATED 상태의 스레드는 더 이상 RUNNABLE 상태로 돌아올 수 없기 때문에 다시 실행될 수 없다.

스레드 종료

이제 조금 어려운 얘기를 해보자. 실행 중인 스레드가 어떤 객체 a의 wait() 메소드를 호출하여 다른 스레드로부터 깨워지기를 기다리는 경우이다. 이때 객체 a를 동기화 객체라고 부른다. 모든 객체는 java.lang.Object를 상속받으며 wait() 메소드는 java.lang.Object 클래스의 멤버이므로 모든 객체가 동기화 객체가 될 수 있다. 첫 번째 스레드가 객체 a의 a.wait()을 호출하여 기다리고 있을 때, 다른 스레드가 a.notify()나 a.notifyAll() 메소드를 호출하게 되면 첫 번째 스레드는 깨어나서 RUNNABLE(준비) 상태로 돌아가게 된다. notify()나 notifyAll() 메소드 역시 java.lang.Object 클래스의 멤버이다. wait-notify, wait-notifyAll의 동기화 기법은 뒤에서 다룬다.

a.wait()
a.notify()
a.notifyAll()

스레드 우선순위와 스케줄링

JVM은 철저히 우선순위(priority)를 기반으로 스레드를 스케줄링한다. 가장 높은 우선순위의 스레드를 먼저 실행시킨다. 동일한 우선순위인 경우에는 돌아가면서 실행시킨다. 자바 스레드의 우선순위 체계는 다음과 같다.

- 최댓값(MAX_PRIORITY) = 10
- 최솟값(MIN_PRIORITY) = 1
- 보통 값(NORMAL_PRIORITY) = 5

자바 응용프로그램이 실행될 때 처음으로 생성되는 main 스레드는 보통 값(5)의 우선순위로 태어나며, 자식 스레드는 생성될 때 부모 스레드의 우선순위 값을 물려받기 때문에 main 스레드의 모든 자식 스레드는 보통 값(5)의 우선순위를 가지고 탄생된다. 하지만, 다음 메소드를 이용하면 우선순위 값을 바꿀 수 있다.

main 스레드
보통 값(5)

```
void setPriority(int newPriority) // newPriority로 스레드의 우선순위 값 변경
```

잠깐!

본래 자바 스레드는 비선점(nonpreemptive) 스케줄링을 한다. 그러므로 원칙적으로 한 번 실행된 스레드가 스스로 양보하거나 종료되는 경우가 아니라면 다른 스레드는 실행될 기회를 가질 수 없다. 따라서 개발자는 스레드 실행 도중 다른 스레드에게 양보하도록 **yield()** 메소드를 호출하여야 하는 것이 원칙이다. 그러나 JVM이 윈도우처럼 멀티스레딩을 지원하는 운영체제상에서 실행되는 경우, JVM은 운영체제의 스레드를 자바 스레드에 매핑시켜 선점(preemptive) 스케줄링이 가능하게 한다. 이런 경우 자바 스레드는 운영체제의 시분할 체계에 의해 자동으로 다른 스레드에게 실행을 양보당하기 때문에 굳이 **yield()** 메소드를 호출할 필요가 없다.

main()을 실행하는 main 스레드

메인 스레드
main() 메소드의 첫 코드

JVM은 자바 응용프로그램을 실행하기 직전, 사용자 스레드를 하나 만들고, 이 스레드로 하여금 main() 메소드를 실행하도록 한다. 이 스레드가 바로 메인 스레드(main 스레드)이고 실행 시작 주소는 main() 메소드의 첫 코드가 된다. 자바 응용프로그램의 main() 메소드가 실행되는 순간 2개의 스레드가 존재하는 셈이다. 하나는 main 스레드이고 다른 하나는 JVM 내에 자동으로 생성된 가비지 컬렉션 스레드이다.

main()을 실행하는 main 스레드를 확인하기 위해, 예제 13-4를 준비하였다. 이 예제는 Thread의 static 타입의 currentThread() 메소드를 호출하여 현재 실행되고 있는 스레드 정보를 담은 Thread 객체를 얻어내고, 스레드의 이름, id, 우선순위, 스레드의 상태를 알아내는 코드 샘플을 보여준다.

예제 13-4 **main 스레드의 정보 출력**

main() 메소드에서 현재 실행 중인 스레드 정보를 출력하라.

```
public class ThreadMainEx {
   public static void main(String [] args) {
      long id = Thread.currentThread().getId(); // 스레드 ID 얻기
      String name = Thread.currentThread().getName(); // 스레드 이름 얻기
      int priority = Thread.currentThread().getPriority(); // 스레드 우선순위 값 얻기
      Thread.State s = Thread.currentThread().getState(); // 스레드 상태 값 얻기

      System.out.println("현재 스레드 이름 = " + name);
      System.out.println("현재 스레드 ID = " + id);
      System.out.println("현재 스레드 우선순위 값 = " + priority);
      System.out.println("현재 스레드 상태 = " + s);
   }
}
```

실행 결과

```
현재 스레드 이름 = main
현재 스레드 ID = 1
현재 스레드 우선순위 값 = 5
현재 스레드 상태 = RUNNABLE
```

CHECK TIME

1. `System.out.println("hello");` 문장을 실행하는 동안 발생하는 스레드의 상태 변화에 대해 설명하라.
2. 자바에서 스레드가 다른 스레드에게 실행을 양보하기 위해 호출하는 메소드는 무엇인가?
3. 자바에서 스케줄링 우선순위의 범위는?
4. 자바에서 가장 높은 우선순위의 스레드가 종료할 때까지 낮은 우선순위의 스레드는 더 이상 실행할 수 없는가?
5. 자바 응용프로그램에서 스레드의 우선순위를 조절할 수 있는가?

13.5 스레드 종료

스레드의 종료는 스스로 종료하는 경우와 다른 스레드에 의해 강제 종료되는 경우가 있다. 종료된 스레드를 다시 살릴 수는 없다.

스스로 종료

스레드는 다음 예와 같이 run() 메소드가 실행 도중 리턴하거나 run()을 완전히 실행하고 리턴하면 종료된다.

```
public void run() {
    .............
    return; // 스레드는 스스로 종료한다.
    ............
}
```

강제 종료

그러면 한 스레드가 다른 스레드를 강제로 종료시킬 수 있을까? 종료시키고자 하는 스레드의 interrupt() 메소드를 호출하면 된다.

interrupt()

[그림 13-12]의 예를 보자. main 스레드는 TimerThread 스레드를 생성한 뒤, 강제로 종료시키기 위해 TimerThread의 interrupt()를 호출한다. 이 결과 TimerThread 스레드에 InterruptedException 예외가 발생한다.

InterruptedException

이때 TimerThread는 InterruptedException 예외를 받게 되며 catch 루틴이 실행되어 return하게 되면 run() 메소드가 종료된다. 만일 catch 블록에서 return 하지 않으면 run() 메소드가 끝나지 않기 때문에, 다른 스레드에서 interrupt()를 호출하여도 TimerThread 스레드는 종료되지 않는다.

정리하면, 스레드 A가 스레드 B를 강제 종료시키고자 하는 경우, 다음과 같이 스레드 B의 interrupt()를 호출하여야 한다.

```
B.interrupt(); // 스레드 B를 종료시킨다.
```

```
public static void main(String [] args) {
    TimerThread th = new TimerThread();
    th.start();

    th.interrupt(); // TimerThread 강제 종료
}
```

```
class TimerThread extends Thread {
    private int n = 0;
    @Override
    public void run() {
        while(true) {
            System.out.println(n); // 화면에 카운트 값 출력
            n++;
            try {
                sleep(1000);
            }
            catch(InterruptedException e){
                return; // 예외를 받고 스스로 리턴하여 종료
            }
        }
    }
}
```

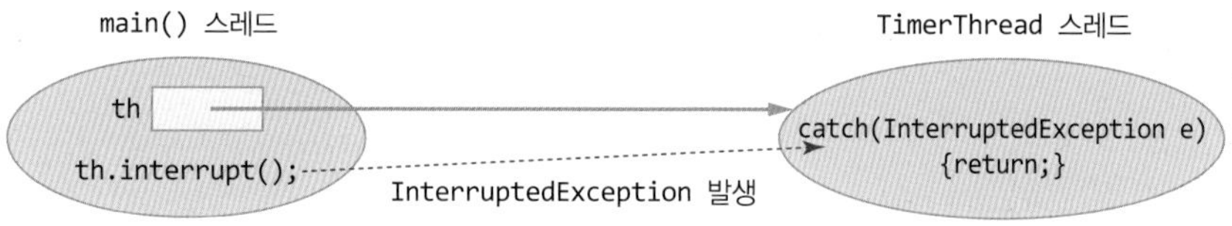

[그림 13-12] main()에서 TimerThread 스레드 강제 종료

타이머 스레드 강제 종료 예제 13-5

아래 그림과 같이 작동하여 타이머 스레드를 강제 종료시키는 스윙 응용프로그램을 작성해보자.

앞의 예제 13-2의 TimerRunnable을 참고하여 "Kill Timer" 문자열을 가진 버튼을 하나 추가적으로 만든다. 이 버튼을 선택하면 타이머 스레드에게 InterruptedException을 보내 타이머 스레드를 강제 종료시킨다. 동시에 버튼을 비활성화시킨다.

타이머는 정상 작동한다.

kill Timer 버튼을 클릭하면
타이머가 멈춘다. 버튼은 비활성화된다.

```
import java.awt.*;
import java.awt.event.*;
import javax.swing.*;

class TimerRunnable implements Runnable {
   private JLabel timerLabel; // 타이머 값이 출력된 레이블

   public TimerRunnable(JLabel timerLabel) {
      this.timerLabel = timerLabel;
   }

   // 스레드 코드. run()이 종료하면 스레드 종료
   @Override
   public void run() {
      int n=0; // 타이머 카운트 값
      while(true) { // 무한 루프
         timerLabel.setText(Integer.toString(n)); // 타이머 값을 레이블에 출력
         n++; // 카운트 증가
         try {
            Thread.sleep(1000); // 1초동안 잠을 잔다.
         }
         catch(InterruptedException e) {
            return; // 예외가 발생하면 스레드 종료
         }
      }
   }
}

```

return하면 run()이 종료되고 스레드도 종료된다.

```java
public class ThreadInterruptEx extends JFrame {
   private Thread th;
   public ThreadInterruptEx() {
      setTitle("ThreadInterruptEx 예제");
      setDefaultCloseOperation(JFrame.EXIT_ON_CLOSE);
      Container c = getContentPane();
      c.setLayout(new FlowLayout());

      // 타이머 값을 출력할 레이블 생성
      JLabel timerLabel = new JLabel();
      timerLabel.setFont(new Font("Gothic", Font.ITALIC, 80));

      // 타이머 스레드로 사용할 Runnable 객체 생성
      // 타이머 값을 출력할 레이블 컴포넌트를 생성자에 전달한다.
      TimerRunnable runnable = new TimerRunnable(timerLabel);
      th = new Thread(runnable); // 스레드 생성
      c.add(timerLabel);

      // 버튼을 생성하고 Action 리스너 등록
      JButton btn =new JButton("kill Timer");
      btn.addActionListener(new ActionListener() {
         @Override
         public void actionPerformed(ActionEvent e) {
            th.interrupt(); // 타이머 스레드 강제 종료
            JButton btn = (JButton)e.getSource();
            btn.setEnabled(false); // 버튼 비활성화
         }
      });
      c.add(btn);

      setSize(300,170);
      setVisible(true);

      th.start(); // 스레드 동작시킴
   }
   public static void main(String[] args) {
      new ThreadInterruptEx();
   }
}
```

타이머 스레드에게 InterruptedException 예외를 발생시킨다.

flag를 이용한 종료

한 스레드가 다른 스레드를 강제로 종료시키는 다른 방법을 알아보자. 우편배달부는 우체통의 깃발을 올려놓아 편지가 왔음을 알리고, 집 주인은 올라가 있는 깃발을 보고 편지가 왔음을 알게 되는 것처럼, 이와 유사한 방법으로 한 스레드가 다른 스레드를 강제 종료시킬 수 있다.

깃발

[그림 13-13]의 예를 보자. TimerThread 클래스에 boolean 타입의 flag 필드와 finish() 메소드를 추가한다. finish() 메소드는 다른 스레드에서 호출하도록 만든 것으로 flag 값을 true로 설정하여 스레드가 종료해야 함을 표시한다.

main 스레드가 TimerThread 스레드를 종료시키고자 하는 경우, TimerThread 클래스의 finish() 메소드를 호출한다. 한편, TimerThread 스레드는 주기적으로 flag의 값이 true인지 검사하여 true이면 return을 실행하여 스스로 종료한다.

```
class TimerThread extends Thread {
   private int n = 0;
   private boolean flag = false;  // false로 초기화
   public void finish() { flag = true; }
   @Override
   public void run() {
      while(true) {
         System.out.println(n); // 화면에 카운트 값 출력
         n++;
         try {
            sleep(1000);
            if(flag == true)
               return; // 스레드 종료
         }
         catch(InterruptedException e) {
            return;
         }
      }
   }
}
```

주목 (private boolean flag = false;)

```
public static void main(String [] args) {
   TimerThread th = new TimerThread();
   th.start();
   . . . . .
   th.finish(); // TimerThread 강제 종료
}
```

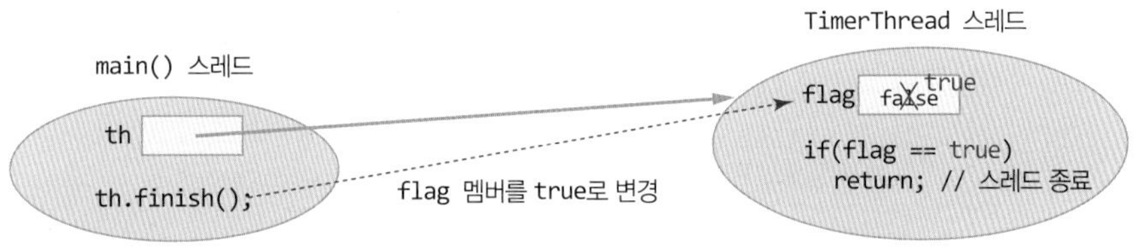

[그림 13-13] flag를 이용한 스레드의 강제 종료

예제 13-6 flag를 이용한 스레드 강제 종료

아래 그림과 같이 프로그램이 시작하자마자 0.3초 주기로 "Java" 문자열을 임의의 위치에 생성하는 스레드를 만들어라. 그리고 컨텐트팬에 마우스를 클릭하면 이 스레드를 종료시키고 "finish" 문자열을 (100, 100) 위치에 출력하라.

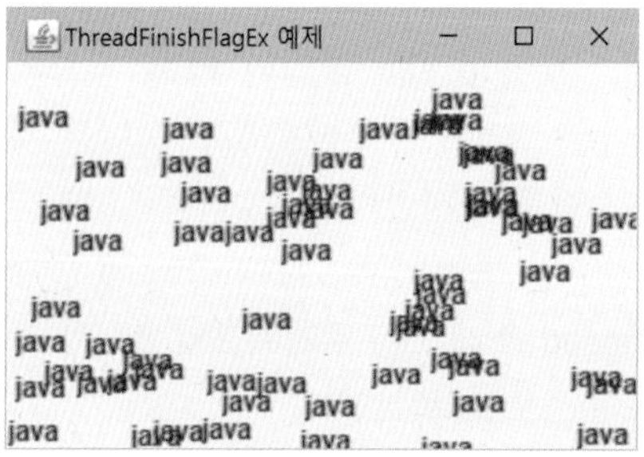

스레드가 작동함. 컨텐트팬을 클릭하면 스레드 종료

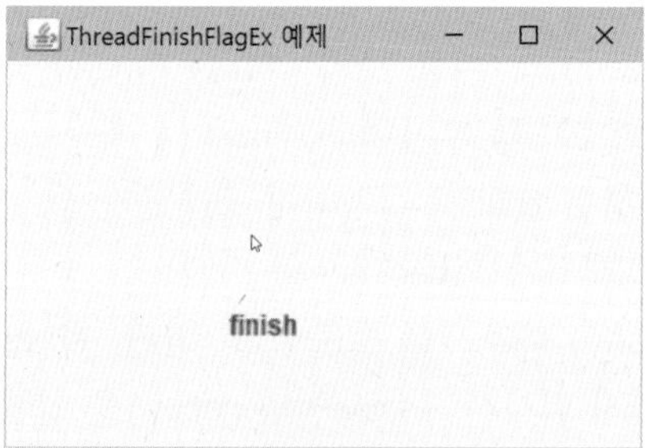

스레드가 종료하였음

```
import java.awt.*;
import java.awt.event.*;
import javax.swing.*;

class RandomThread extends Thread {
   private Container contentPane;
   private boolean flag=false; // 스레드의 종료 명령을 표시하는 플래그. true : 종료 지시

   public RandomThread(Container contentPane) {
      this.contentPane = contentPane;
   }
   public void finish() { // 스레드 종료 명령을 flag에 표시
      flag = true;
   }

   @Override
   public void run() {
      while(true) {
         int x = ((int)(Math.random()*contentPane.getWidth()));
         int y = ((int)(Math.random()*contentPane.getHeight()));
         JLabel label = new JLabel("java"); // 새 레이블 생성
         label.setSize(80, 30); // 레이블의 크기 80x30
         label.setLocation(x, y); // 레이블을 컨텐트팬 내의 임의의 위치로 설정
         contentPane.add(label); // 레이블을 컨텐트팬에 추가
         contentPane.repaint(); // 컨텐트팬을 다시 그려 추가된 레이블이 보이게 함
         try {
            Thread.sleep(300); // 0.3초 동안 잠을 잔다.
            if(flag==true) {
```

스레드가 종료하도록 지시 받은 경우

```java
                contentPane.removeAll(); // 컨텐트팬에 있는 모든 레이블 제거
                label = new JLabel("finish");
                label.setSize(80, 30); // "Java" 레이블의 크기 80x30
                label.setLocation(100, 100); // 레이블을 컨텐트팬 내의 임의의 위치로 설정
                label.setForeground(Color.RED);
                contentPane.add(label); // "finish" 레이블 달기
                contentPane.repaint(); // 컨텐트팬을 다시 그려 추가된 레이블이 보이게 함
                return; // 스레드 종료
            }
        }
        catch(InterruptedException e) { return; }
      }
   }
}

public class ThreadFinishFlagEx extends JFrame {
   private RandomThread th; // 스레드 레퍼런스

   public ThreadFinishFlagEx() {
      setTitle("ThreadFinishFlagEx 예제");
      setDefaultCloseOperation(JFrame.EXIT_ON_CLOSE);
      Container c = getContentPane();
      c.setLayout(null);

      c.addMouseListener(new MouseAdapter() { // 마우스 리스너 등록
         @Override
         public void mousePressed(MouseEvent e) {
            th.finish(); // RandomThread 스레드 종료 명령
         }
      });
      setSize(300,200);
      setVisible(true);

      th = new RandomThread(c); // 스레드 생성, 스레드에 컨텐트팬 전달
      th.start(); // 스레드 시작
   }

   public static void main(String[] args) {
      new ThreadFinishFlagEx();
   }
}
```

컨텐트팬에 마우스를 클릭하면 스레드를 종료시킨다.

CHECK TIME

1. 한 번 종료한 스레드의 Thread 객체를 통해 스레드를 다시 생성할 수 있는가?
2. Thread 클래스의 run() 메소드에서 return 문은 어떤 역할을 하는가?

13.6 스레드 동기화(Thread Synchronization)

스레드 동기화의 필요성

멀티스레드
공유 데이터 동시 접근

멀티스레드는 다수의 작업을 동시에 실행시키는 응용프로그램 작성 기법이다. 하지만, 멀티스레드를 사용할 때 주의를 기울려야한다. 다수의 스레드가 공유 자원 혹은 공유 데이터에 동시에 접근할 때 예상치 못한 결과를 낳을 수 있다. 다수의 스레드가 공유 자원에 동시에 접근하는 두 사례를 통해 문제점과 해결책을 알아보자.

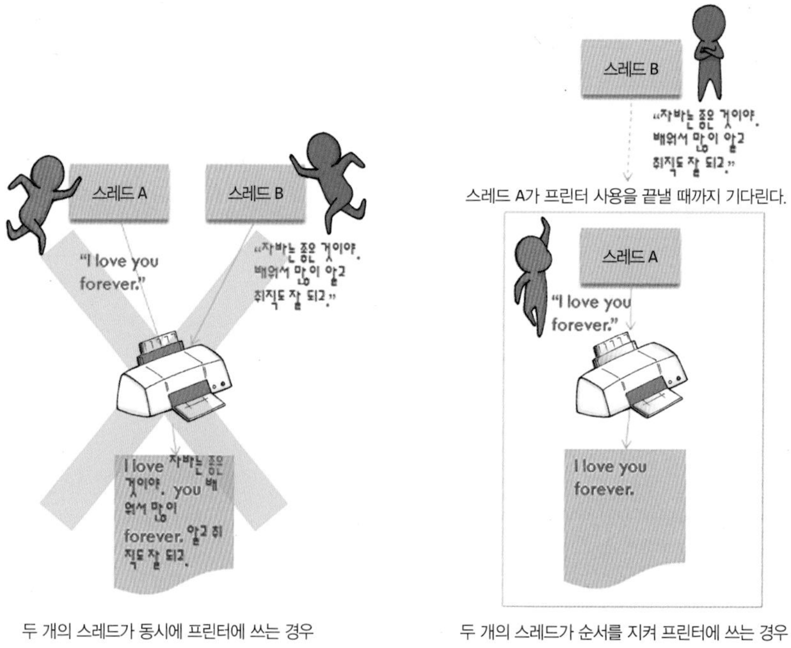

[그림 13-14] 두 개의 스레드가 프린터에 동시에 쓰기를 수행할 때

● 공유 프린터에 동시 접근하는 경우

먼저 [그림 13-14]의 경우를 보자. 두 개의 프린트 스레드 A, B가 거의 동시에 프린팅을 실행하는 경우이다. 왼쪽 그림은 두 개의 스레드 A, B가 공유 프린터에 상호 논의 없이 쓰기를 진행한 결과, 스레드 A, B가 출력한 내용이 섞여서 출력된다. 오른쪽 그림은 스레드 A가 간발의 차이로 프린팅을 먼저 시작하여 프린터를 소유하고 다른 스레드가 프린터에 접근하지 못하도록 조치를 취한 결과, 스레드 B는 스레드 A의 작업이 끝나기를 기다리고 있다. 공유 프린터에 대한 멀티스레드의 동시 접근을 순차화하여 섞여 출력되는 문제를 해결하였다.

동시 접근 순차화

● 공유 집계판에 동시 접근하는 경우

이제 [그림 13-15]의 경우를 보자. 학생들이 각자 10개의 물건을 옮긴 후 집계판이 있는 방에 들어와서 집계판에 10을 더하여 집계판을 수정하도록 하였다. 왼쪽 그림은 집계판에 적힌 수가 50인 상태에서 학생 A가 먼저 방에 들어왔다. 학생 A가 50+10=60을 머릿속에서 계산하고 있는 동안, 학생 B가 방에 들어왔다. 학생 B 역시 50+10=60을 계산하였다. 그리고 학생 A가 집계판에 60으로 수정한 후 방을 나가자마자 학생 B도 집계판을 60으로 수정하였다. 집계판은 결과가 70이 되어야 하지만, 60으로 적히는 잘못된 결과가 남게 되었다.

다시 오른쪽 그림을 보면 학생 A가 방에 먼저 들어와서 다른 학생이 들어오지 못하도록 문을 잠그고 계산을 종료한 후 집계판에 60을 기록하고 나갔다. 학생 B는 학생 A가 작업을 끝내고 방을 나가기를 기다렸다가 들어와서 문을 잠그고 70을 계산하여 기록하였다. 이때 도착한 학생 C는 방문이 잠겨 있기 때문에 바깥에서 학생 B가 처리를 끝내도록 기다렸다. 집계는 정확히 이루어졌다.

문을 잠그고

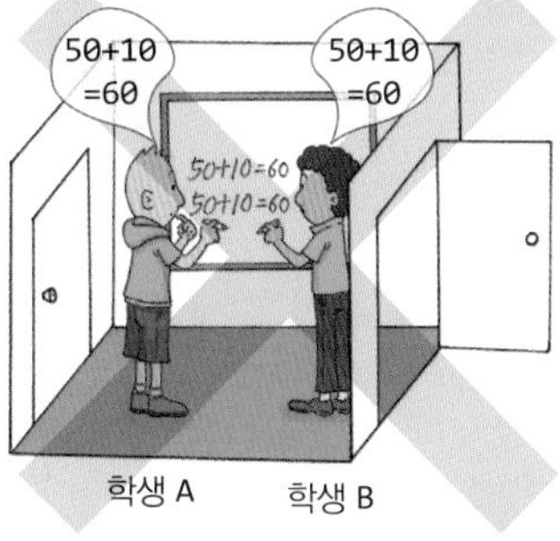

두 학생이 동시에 방에 들어와서
집계판을 수정하는 경우. 오류 발생

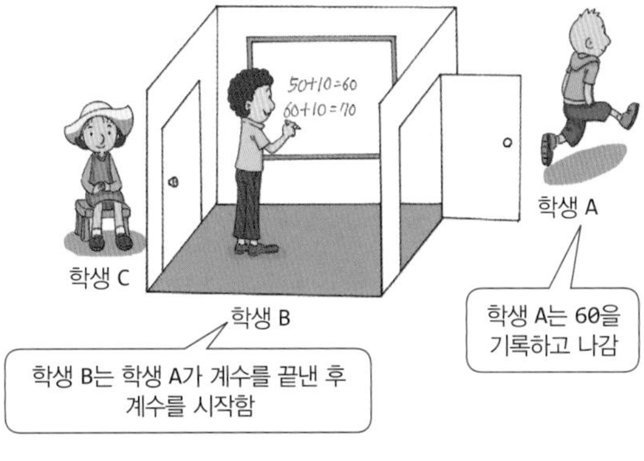

방에 먼저 들어간 학생이 집계를 끝내기를 기다리는 경우.
정상 처리

[그림 13-15] 학생들이 공유 집계판에 동시 접근하는 경우

스레드 동기화

멀티스레드 프로그램을 작성할 때 주의할 점은 다수의 스레드가 공유 데이터에 동시 접근하는 경우에 대한 처리이다. 이에 대한 해결책이 바로 스레드 동기화(Thread Synchronization)이다. 스레드 동기화란 공유 데이터에 접근하고자 하는 다수의 스레드가 서로 순서대로 충돌 없이 공유 데이터를 배타적으로 접근하기 위해 상호 협력(coordination)하는 것을 말한다. 공유 데이터에 대한 접근은 배타적이고 독점적으로 이루어져야 하며, 독점적으로 공유 데이터를 다루는 프로그램 코드를 임계 영역(critical section)이라고 부른다. 자바에서 스레드 동기화에는 다음 2가지 방법을 사용한다.

- synchronized로 동기화 블록 지정
- wait()-notify() 메소드로 스레드 실행 순서 제어

자바의 스레드 동기화를 위한 synchronized 키워드

순차적으로 실행 제어

가장 쉬운 스레드 동기화 기법은, 스레드가 공유 데이터를 접근할 때, 하나씩 순차적으로 실행하도록 제어하는 기법이다. 화장실에 들어갈 때 문을 잠그는 것처럼, 한 스레드가 공유 데이터의 접근을 시작한 순간, 데이터를 잠가(lock) 다른 스레드가 대기하도록 하면 된다.

synchronized 키워드
락(lock)
락이 풀리는(unlock)

synchronized 키워드는 스레드 동기화를 위한 장치로서, 임의의 코드 블록을 동기화가 설정된 임계 영역으로 지정한다. synchronized 키워드로 하나의 메소드를 통째로 임계 영역으로 지정하는 방법과, 임의의 코드 블록을 임계 영역으로 지정하는 2두 가지 방법이 있다. 어떤 방법을 사용하든지 synchronized 블록은, 진입할 때 락(lock)이 걸리고 빠져나올 때 락이 풀리는(unlock) 동작이 자동으로 이루어지도록 컴파일된다. 그러므로 먼저 synchronized 블록에 진입하는 스레드가 락(lock)을 걸어 소유하며, 락(lock)을 소유하지 못한 다른 스레드는 synchronized 블록 앞에서 락(lock)을 소유할 때까지 대기한다.

● 메소드 전체를 임계 영역으로 지정

다음 코드와 같이 synchronized를 선언하면 add() 메소드를 통째로 임계 영역으로 지정한다.

```
synchronized void add() {
    int n = getCurrentSum(); // 현재 합을 알아낸다.
    n += 10; // 10만큼 증가시킨다.
    setCurrentSum(n); // 증가된 결과를 기록한다.
}
```

add() 메소드가 호출되면 자동으로 동기화된다. 한 스레드가 add() 메소드를 호출하여 실행하고 있는 도중에 다른 스레드가 add() 메소드를 호출하면, 이 스레드는 첫 번째 스레드가 add() 실행을 마치고 완전히 빠져나오기까지 자동으로 대기하게 된다.

● 코드 블록을 임계 영역으로 지정

다음과 같이 중괄호({ })를 이용하여 코드 블록을 synchronized로 지정할 수 있다.

```
void execute() {
    .....................
    synchronized(this) {
        int n = getCurrentSum();
        n += 10;
        setCurrentSum(n);
    }
    .....................
}
```

한 스레드가 synchronized 블록 내의 코드를 실행하고 있을 때 다른 스레드가 이 블록을 실행하고자 하면, 먼저 실행 중인 스레드가 synchronized 블록의 실행을 마칠 때까지 자동으로 대기한다. 여기서 synchronized(this)는 synchronized 블록에서 인자로 주어진 객체(this)와 연계된 락(lock)을 사용하도록 개발자가 지정한 것이다. 개발자는 this 대신 다른 객체의 레퍼런스를 사용할 수 있으며 그 객체가 락(lock)과 연관된다.

잠깐!

스레드가 synchronized 코드 블록을 실행하는 순간 그 블록에 대한 모니터(monitor)를 소유하게 된다. 모니터란 락(lock)과 같은 개념으로 생각하면 된다. 즉, 모니터와 연관된 해당 객체나 코드를 독점적으로 사용할 수 있는 권한으로서, 모니터를 먼저 소유한 스레드가 모니터를 내놓을 때까지 다른 스레드는 기다려야 한다.

synchronized 사용 예제

이 절에서는 synchronized를 사용한 경우와 사용하지 않는 경우의 결과를 대조하여 synchronized의 필요성을 보인다. [그림 13-15]의 집계판 사례를 자바 프로그램으로 구현하여보자. 다음과 같이 학생을 스레드로 만들고, 공유 집계판을 클래스로 작성하였다.

- 집계판 : class SharedBoard 작성
- 각 학생 : class StudentThread(각 학생은 하나의 스레드임) 작성

● synchronized를 사용하여 잘 동작하는 집계판 응용

먼저 [그림 13-16]의 코드는 synchronized를 사용한 예이다. SharedBoard의 멤버 add()는 집계판의 이전 값을 읽고 10을 더하여 기록하는 기능을 구현하고 synchronized 메소드로 지정하였다. 이것은 add()가 집계 합을 나타내는 공유 변수 sum에 접근하고 있으며, add()는 여러 StudentThread 스레드(학생들)가 동시에 호출할 수 있는 임계 영역이기 때문이다.

main()은 이름이 "kitae", "hyosoo"인 2개의 StudentThread 스레드를 생성하며, 스레드는 루프를 돌면서 SharedBoard의 add() 메소드를 10번 호출한다.

```
public class SynchronizedEx {
    public static void main(String [] args) {
        SharedBoard board = new SharedBoard(); // 집계판 공유 데이터 생성

        // 스레드 생성 시 집계판의 주소를 알려준다. 두 스레드는 집계판에 동시에 접근한다.
        Thread th1 = new StudentThread("kitae", board); // "kitae" 이름의 스레드 생성
        Thread th2 = new StudentThread("hyosoo", board); // "hyosoo" 이름의 스레드 생성

        // 두 스레드를 실행시킨다.
        th1.start();
        th2.start();
    }
}

// 공유데이타인 집계판을 시뮬레이션하는 클래스
// 두 StudentThread 스레드에 의해 동시 접근됨
class SharedBoard {
    private int sum = 0; // 집계판의 합
    synchronized public void add() {
        int n = sum;
        Thread.yield(); // 현재 실행 중인 스레드 양보
        n += 10; // 10 증가
        sum = n; // 증가한 값을 집계합에 기록
        System.out.println(Thread.currentThread().getName() + " : " + sum);
    }
    public int getSum() { return sum; }
}
```

스레드의 실행 속도가 너무 빠르기 때문에 충돌 발생이 쉽지 않다. 그러므로 고의로 add() 메소드에 대한 충돌을 쉽게 발생시키기 위해 다른 스레드에게 양보하도록 하였다.

```
29    // 학생을 시뮬레이션하는 스레드 클래스
30    class StudentThread extends Thread {
31        private SharedBoard board; // 집계판의 주소
32
33        public StudentThread(String name, SharedBoard board) {
34            super(name);
35            this.board = board;
36        }
37
38        // 집계판을 10번 접근하여 카운팅한다.
39        @Override
40        public void run() {
41            for(int i=0; i<10; i++)
42                board.add();
43        }
44    }
```

→ 실행 결과

```
kitae : 10
hyosoo : 20
kitae : 30
hyosoo : 40
kitae : 50
hyosoo : 60
kitae : 70
hyosoo : 80
hyosoo : 90
hyosoo : 100
hyosoo : 110
hyosoo : 120
hyosoo : 130
hyosoo : 140
kitae : 150
kitae : 160
kitae : 170
kitae : 180
kitae : 190
kitae : 200
```

kitae와 hyosoo가
각각 10번씩 add()를
호출하였으며
동기화가 잘 이루어져서
최종 누적 점수 sum이
200이 됩니다.

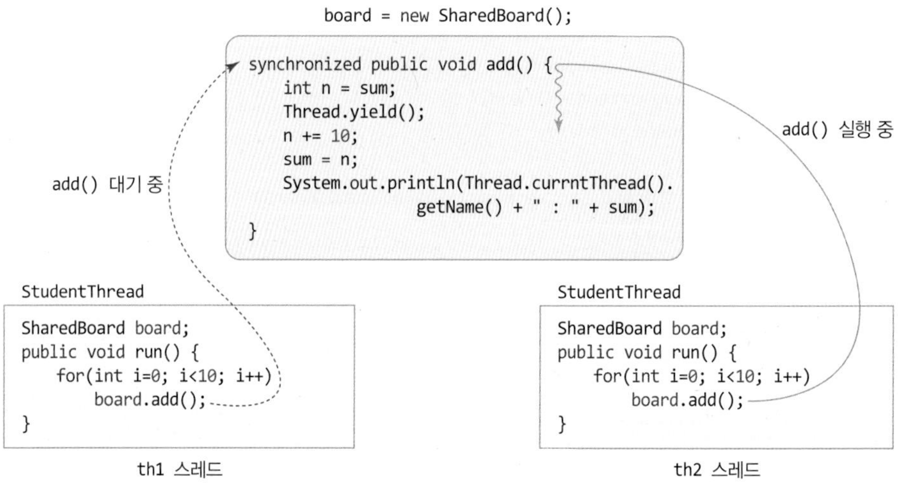

[그림 13-16] 공유 집계판 사례를 멀티스레드 응용프로그램으로 만든 경우

[그림 13-16]의 실행 결과를 보면 "kitae"와 "hyosoo" 이름의 각 StudentThread 스레드 모두 10번씩 add()를 호출하여 순차적으로 sum 값이 갱신되고 있음을 알 수 있으며 최종 결과 sum 값이 200이 된다.

● synchronized를 사용하지 않아 정상적으로 작동하지 않는 집계판 응용

synchronized 키워드 제거

이제 [그림 13-16]의 예제 코드의 SharedBoard 클래스의 add() 메소드에서 synchronized 키워드를 제거한 [그림 13-17]의 코드를 실행해보자. 실행 결과는 [그림 13-16]과 같이 순차적으로 증가하지 않는다. 한 스레드가 add()를 실행 중에 다른 스레드가 add()를 호출하여, sum에 대한 충돌이 5번의 생기게 되고 최종 값이 150밖에 도달하지 못하였다.

```
class SharedBoard {
    private int sum = 0;
    synchronized public void add() { // synchronized 삭제
        int n = sum;
        Thread.yield(); // 현재 실행 중인 스레드 양보
        n += 10;
        sum = n
        System.out.println(Thread.currntThread().getName() + " : " + sum);
    }
    public int getSum() { return sum; }
}
```

실행 결과

```
kitae : 10
hyosoo : 20
kitae : 30
hyosoo : 30
kitae : 40
hyosoo : 50
kitae : 50
kitae : 60
hyosoo : 60
kitae : 70
hyosoo : 70
kitae : 80
hyosoo : 90
kitae : 100
hyosoo : 100
kitae : 110
hyosoo : 120
kitae : 130
hyosoo : 140
hyosoo : 150
```

(kitae : 30 / hyosoo : 30) add() 메소드에 충돌이 생긴 경우. 이 때문에 10이 증가되지 못함

(hyosoo : 50 / kitae : 50) add() 메소드 충돌

(kitae : 60 / hyosoo : 60) add() 메소드 충돌

(kitae : 70 / hyosoo : 70) add() 메소드 충돌

(kitae : 100 / hyosoo : 100) add() 메소드 충돌

(hyosoo : 150) 두 스레드의 add() 메소드에 대한 동시 실행으로 인해 150밖에 도달하지 못했음

[그림 13-17] synchronized를 사용하지 않은 경우 잘못된 결과

잠깐!

[그림 13-17]의 결과와 같이 충돌 상황이 잘 발생하지 않는 경우, StudentThread의 run() 메소드에서 for 문의 반복 횟수를 100 혹은 더 큰 값으로 수정하면 된다. 컴퓨터의 속도가 너무 빠르기 때문에, 집계판을 접근하는 횟수를 늘려야 그만큼 충돌의 가능성도 높아지기 때문이다.

CHECK TIME

1 스레드 동기화는 어떤 경우에 필요한가?
① 멀티스레드가 공유 데이터에 접근할 때 ② 스레드의 우선순위를 높일 때
③ 스레드가 종료하는 시간을 맞출 때 ④ 스레드를 타이머처럼 작동시킬 때

2 자바에서 2개 이상의 스레드가 동시에 실행할 가능성이 있는 코드 블록에, 스레드가 하나씩 순차적으로 실행되도록 지시하는 키워드는 무엇인가?

13.7 wait(), notify(), notifyAll()을 이용한 스레드 동기화

wait()–nodify()를 이용한 스레드 동기화가 필요한 경우

producer-consumer

스레드들이 synchronized를 이용하여 공유 데이터에 순차적으로 잘 접근하도록 만들어진 경우라도, 여전히 동기화가 필요한 상황이 있다. 대표적인 경우가 공유 메모리를 통해 두 스레드가 데이터를 주고받을 때, 공유 메모리에 대해 두 스레드가 동시에 접근하는 producer-consumer 문제이다.

[그림 13-18]의 예를 보자. 비디오 스트리밍 소프트웨어는 네트워크 서버로부터 압축된 비디오 프레임을 주기적으로 가지고 와서 비디오 버퍼에 저장하는 입력 스레드(producer)와 비디오 버퍼에 들어있는 프레임을 디코딩하여 화면에 출력하는 재생 스레드(consumer)로 구성된다. 보통의 경우 문제가 없다가, 네트워크의 속도가 갑자기 떨어져서 비디오 프레임의 공급이 일시적으로 늦어지게 되면 비디오 버퍼가 비게 되고, 재생 스레드는 버퍼가 찰 때까지 기다리게(wait) 된다. 잠시 후 입력 스레드가 버퍼에 비디오 프레임을 공급하고 대기 중인 재생 스레드(notify)를 깨운다. 반대로 네트워크 속도가 순간적으로 빨라져서 입력 스레드가 채운 버퍼를 재생 스레드가 미처 소비하지 못한 경우, 입력 스레드는 비디오 버퍼가 비워지기를 기다린다(wait). 잠시 후 재생 스레드는 버퍼를 소비하고 나서 기다리는 입력 스레드를 깨운다(notify).

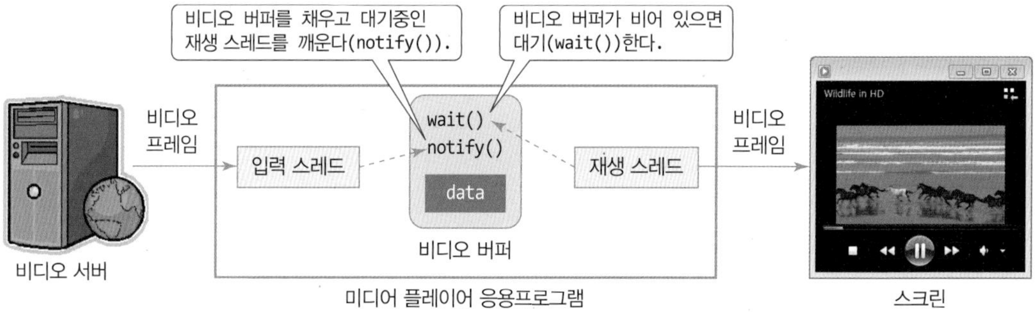

[그림 13-18] 비디오 스트리밍 응용에서 입력 스레드와 재생 스레드의 버퍼 사용에 대한 동기화

Object의 wait(), notify() 메소드

wait()-notify()
java.lang.Object 클래스

wait()-notify()를 이용하면 앞의 producer-consumer 문제의 스레드 동기화를 해결할 수 있다. java.lang.Object 클래스는 스레드 사이에 동기화를 위한 3개의 메소드 wait(), notify(), notifyAll()를 제공한다. 모든 객체는 Object 클래스를 상속받기

때문에, 자바는 모든 객체가 동기화 객체가 될 수 있도록 설계하였다. [그림 13-18]에서 비디오 버퍼가 동기화 객체이다. wait(), notify(), notifyAll() 메소드를 간략히 소개하면 다음과 같고, 이들 메소드를 호출하는 코드는 synchronized로 지정되어 있어야 한다. 그렇지 않으면 실행 시 예외가 발생한다.

- wait()
  다른 스레드가 이 객체의 notify()를 불러줄 때까지 대기한다.
- notify()
  이 객체에 대기 중인 스레드를 깨워 RUNNABLE 상태로 만든다. 2개 이상의 스레드가 대기 중이라도 오직 한 개의 스레드만 깨워 RUNNABLE 상태로 한다.
- notifyAll()
  이 객체에 대기 중인 모든 스레드를 깨우고 모두 RUNNABLE 상태로 한다.

wait(), notify(), notifyAll()이 호출되는 여러 경우는 [그림 13-19], [그림 13-20], [그림 13-21]과 같다. 그림에서 ObjectS는 멀티스레드가 공유하는 객체이다. 스레드가 ObjectS에 대해 락(lock)을 소유하면 문제없이 실행된다. 이미 다른 스레드가 락(lock)을 소유하고 있다면 ObjectS.wait()을 호출하여 락(lock)을 소유한 스레드가 ObjectS.notify()나 ObjectS.notifyAll()을 호출하여 깨워줄 때까지 기다린다.

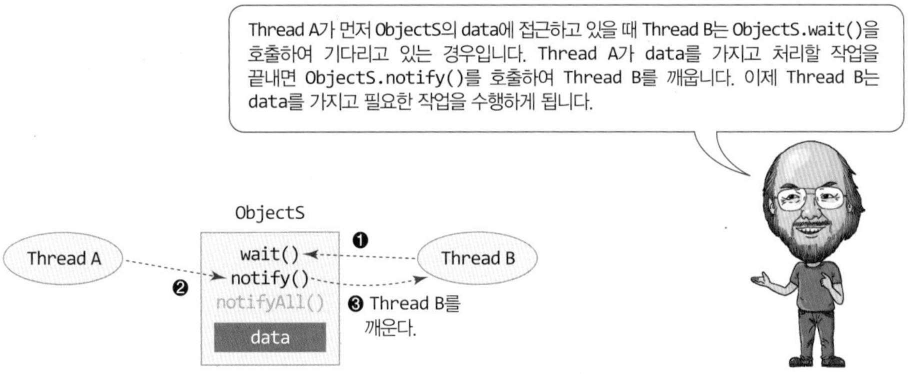
Thread A가 먼저 ObjectS의 data에 접근하고 있을 때 Thread B는 ObjectS.wait()을 호출하여 기다리고 있는 경우입니다. Thread A가 data를 가지고 처리할 작업을 끝내면 ObjectS.notify()를 호출하여 Thread B를 깨웁니다. 이제 Thread B는 data를 가지고 필요한 작업을 수행하게 됩니다.
ObjectS
Thread A
wait()
notify()
notifyAll()
data
Thread B
❶
❷
❸ Thread B를 깨운다.

[그림 13-19] 두 스레드가 ObjectS 객체에 동시 접근하는 경우, wait()와 notify()

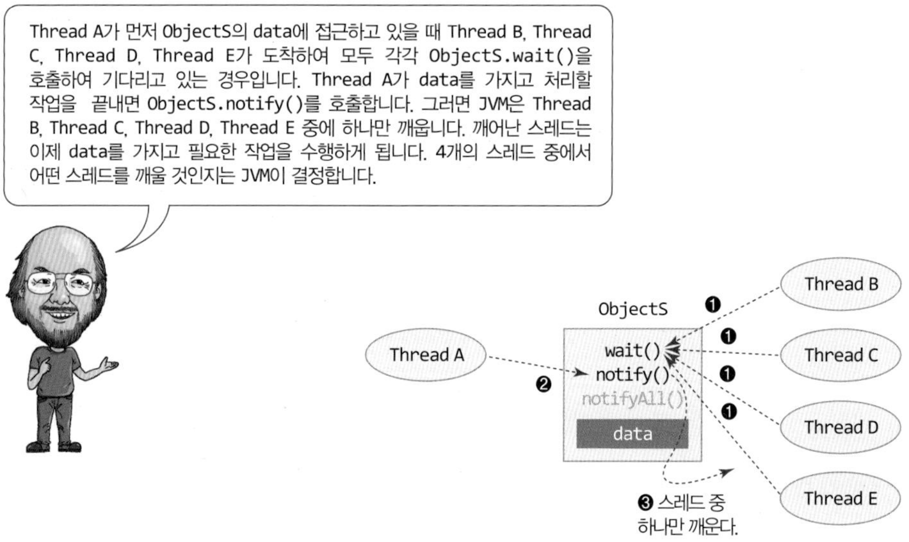

[그림 13-20] 여러 스레드가 ObjectS 객체에 동시 접근하는 경우, wait()와 notify()

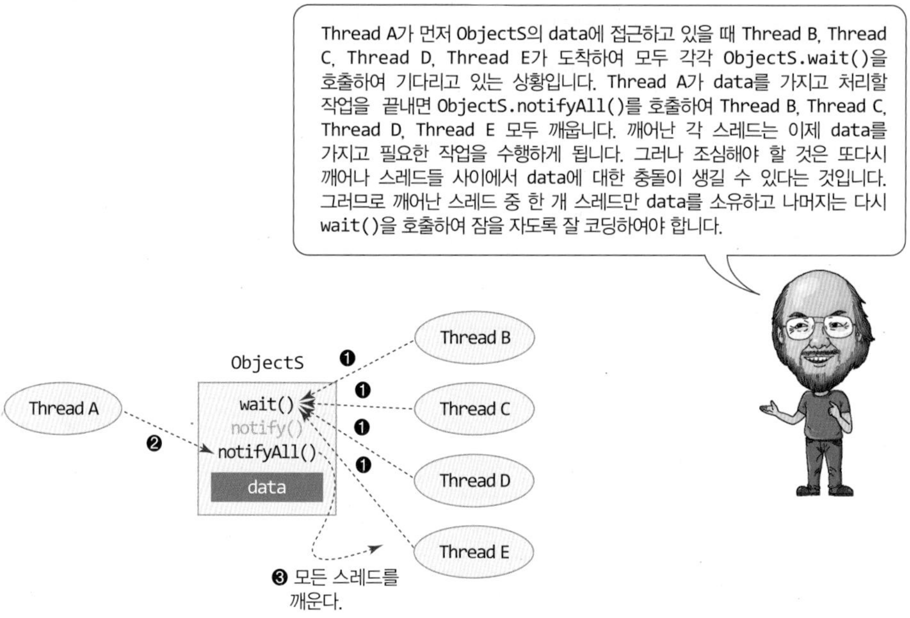

Thread A가 먼저 ObjectS의 data에 접근하고 있을 때 Thread B, Thread C, Thread D, Thread E가 도착하여 모두 각각 ObjectS.wait()을 호출하여 기다리고 있는 상황입니다. Thread A가 data를 가지고 처리할 작업을 끝내면 ObjectS.notifyAll()를 호출하여 Thread B, Thread C, Thread D, Thread E 모두 깨웁니다. 깨어난 각 스레드는 이제 data를 가지고 필요한 작업을 수행하게 됩니다. 그러나 조심해야 할 것은 또다시 깨어나 스레드들 사이에서 data에 대한 충돌이 생길 수 있다는 것입니다. 그러므로 깨어난 스레드 중 한 개 스레드만 data를 소유하고 나머지는 다시 wait()을 호출하여 잠을 자도록 잘 코딩하여야 합니다.
ObjectS
Thread A
wait()
notify()
notifyAll()
data
Thread B
Thread C
Thread D
Thread E
❶
❷
❸ 모든 스레드를 깨운다.

[그림 13-21] 여러 스레드가 ObjectS 객체에 동시 접근하는 경우, wait()와 notifyAll()

예제 13-7 wait(), notify()를 이용한 바 채우기

다음 설명과 같이 작동하는 스윙 프로그램을 작성하라.

아래 그림에는 스레드를 가진 bar가 있다. 아무 키나 누르면 bar의 보라색이 오른쪽으로 1/100씩 진행된다. 가만히 있으면 스레드에 의해 0.2초 간격으로 bar의 보라색을 1/100씩 감소시킨다. 키를 빨리 누르지 않으면 스레드의 감소 속도를 이기지 못한다. bar는 JLabel을 상속받은 MyLabel로 작성하고 MyLabel의 paintComponent() 메소드가 bar를 보라색으로 채우도록 하라.

초기 화면

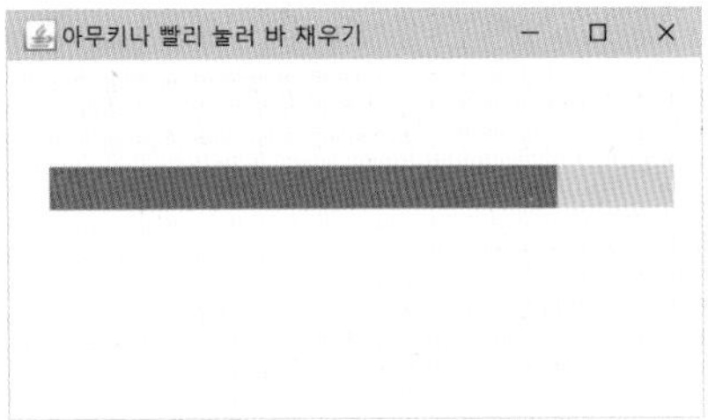

키를 반복하여 빨리 누른 화면

```java
import javax.swing.*;
import java.awt.*;
import java.awt.event.*;

class MyLabel extends JLabel {
   private int barSize = 0; // 현재 그려져야할 바의 크기
   private int maxBarSize; // 바의 최대 크기

   public MyLabel(int maxBarSize) {
      this.maxBarSize = maxBarSize;
   }

   @Override
   public void paintComponent(Graphics g) {
      super.paintComponent(g);
      g.setColor(Color.MAGENTA);
      int width = (int) (((double)(this.getWidth()))/maxBarSize*barSize);
      if(width==0) return; // 크기가 0이기 때문에 바를 그릴 필요 없음
      g.fillRect(0, 0, width, this.getHeight());
   }

   synchronized public void fill() {
      if(barSize == maxBarSize) {
         try {
            wait(); // 바가 최대이면, ComsumerThread에 의해 바가 줄어들 때까지 대기
         } catch (InterruptedException e) { return; }
      }
```

```
      barSize++;
      repaint(); // 바의 크기가 변했으니 다시 그리기
      notify(); // 기다리는 ConsumerThread 스레드 깨우기
   }
   synchronized public void consume() {
      if(barSize == 0) {
         try {
            wait(); // 바의 크기가 0이면 바의 크기가 0보다 커질 때까지 대기
         } catch (InterruptedException e) { return; }
      }
      barSize--;
      repaint(); // 바의 크기가 변했으니 다시 그리기
      notify(); // 기다리는 이벤트 스레드 깨우기
   }
}

class ConsumerThread extends Thread {
   private MyLabel bar;
   public ConsumerThread(MyLabel bar) {
      this.bar = bar;
   }
   @Override
   public void run() {
      while(true) {
         try {
            sleep(200);
            bar.consume(); // 0.2초마다 바를 1씩 줄인다.
         } catch (InterruptedException e) { return; }
      }
   }
}

public class TabAndThreadEx extends JFrame {
   private MyLabel bar = new MyLabel(100); // 바의 최대 크기를 100으로 설정

   public TabAndThreadEx(String title) {
      super(title);
      this.setDefaultCloseOperation(JFrame.EXIT_ON_CLOSE);
      Container c = getContentPane();
      c.setLayout(null);
      bar.setBackground(Color.ORANGE);
      bar.setOpaque(true);
      bar.setLocation(20, 50);
```

```
        bar.setSize(300, 20); // 300x20 크기의 바
        c.add(bar);

        // 컨텐트팬에 키 이벤트 핸들러 등록
        c.addKeyListener(new KeyAdapter() {
            @Override
            public void keyPressed(KeyEvent e) {
                bar.fill(); // 키를 누를 때마다 바가 1씩 증가한다.  ◁ 주목
            }
        });
        setSize(350,200);
        setVisible(true);

        c.setFocusable(true);
        c.requestFocus(); // 컨텐트팬에게 키 처리권 부여
        ConsumerThread th = new ConsumerThread(bar); // 스레드 생성
        th.start(); // 스레드 시작
    }

    public static void main(String[] args) {
        new TabAndThreadEx("아무키나 빨리 눌러 바 채우기");
    }
}
```

CHECK TIME

1 wait(), notify(), notifyAll() 메소드는 어떤 클래스의 멤버인가?

2 wait(), notify(), notifyAll()의 목적은 무엇인가?

3 모든 객체가 동기화 객체로 사용될 수 있는가?

요약

SUMMARY

- 멀티스레딩은 하나의 응용프로그램이 여러 개의 스레드를 생성하여 여러 작업을 동시에 처리하는 프로그래밍 방식이다. 자바는 멀티스레딩을 지원한다.
- 자바 스레드는 JVM에 의해 관리되는 실행 단위 코드 블록이다.
- 하나의 JVM은 하나의 자바 응용프로그램만을 실행하며 자바 응용프로그램이 시작될 때 JVM이 실행을 시작하고 자바 응용프로그램이 종료하면 JVM도 함께 종료한다.
- 자바 스레드에 관한 정보는 스레드의 PC, 레지스터, 스레드 스택, 이름, ID, 상태 정보, 우선순위, 그룹 등이며 이들은 JVM에 의해 관리된다.
- main() 메소드는 JVM에 의해 만들어진 main 스레드의 스레드 코드이다.
- Thread 클래스를 상속받아 스레드 코드를 작성할 때는 run() 메소드를 오버라이딩하고 이곳에 스레드 코드를 작성한다. run() 메소드가 종료하면 스레드도 종료한다. 스레드를 동작시키기 위해서는 Thread의 start() 메소드를 호출하여야 한다.
- Runnable 인터페이스를 구현하여 스레드 코드를 작성할 때 역시 run() 메소드를 오버라이딩하고 이곳에 스레드 코드를 작성한다. Runnable 객체를 Thread 클래스의 생성자에 넘겨주면서 Thread 객체를 생성한다. run() 메소드가 종료하면 스레드도 종료한다. 스레드를 동작시키기 위해서는 Thread의 start() 메소드를 호출하여야 한다.
- 스레드는 NEW, RUNNABLE, WAITING, TIMED_WAITING, BLOCK, TERMINATED의 6개 상태의 생명주기를 가진다.
- 스레드는 JVM에 의해 철저히 우선순위 기반으로 스케줄링되며 동일한 우선순위에 대해서는 라운드 로빈 방식으로 스케줄링된다. 우선순위의 최댓값은 10이고 최솟값은 1이며 보통 값은 5이다. main() 스레드의 우선순위는 5이며 자식 스레드는 부모 스레드의 우선순위를 물려받아 태어난다.
- 스레드가 타 스레드의 Thread 클래스 멤버 interrupt()를 호출하면 InterruptedException이 발생하며 타 스레드가 이 예외를 받아 단순 리턴하면 종료된다.
- 다수의 스레드가 공유 데이터에 대한 동시적 접근, 즉 경쟁 상태(race condition)가 발생하면 예기치 않은 잘못된 결과가 발생하므로 이를 해결하기 위해 스레드 동기화를 프로그램에 구현하여야 한다.
- synchronized 키워드는 메소드 전체나 코드 블록을 임계 영역 혹은 동기화 블록으로 지정하는데, 이때 한 스레드가 이 코드 블록에 먼저 진입하면 다른 스레드는 대기하게 된다.
- 스레드 동기화를 위한 다른 방법으로는 Object 클래스의 wait(), notify(), notifyAll()을 이용하는 방법이다. 한 스레드가 자신이 필요로 하는 자원을 다른 스레드가 사용 중인 경우 약속된 객체의 wait() 메소드를 호출하여 자원을 사용 중인 스레드가 깨워주기를 기다리는 상태에 진입한다. 자원을 다 사용한 스레드는 약속된 객체의 notify()나 notifyAll()을 호출하여 대기 상태에 있는 스레드를 깨워 작업을 진행하도록 한다.

Open Challenge 아바타와 괴물 게임 만들기

아바타와 괴물이 등장하고 괴물은 터미네이터처럼 끊임없이 아바타를 따라다니는 게임을 만들어보자. 아바타는 15×15 크기의 "@" 문자열 레이블로 만들고 괴물 역시 "M" 문자열 레이블로 만든다. 아바타는 상/하/좌/우 키를 이용하여 패널상에서 움직이면서 도망가고, 괴물은 자동으로 아바타를 추적하여 따라다닌다. 아바타가 도망치는 속도가 떨어지면 괴물에게 잡히게 된다. 이 게임은 점수를 관리하지 않는다. 그러므로 괴물에게 잡혀도 특별히 점수와 관계없으며 프로그램은 종료하지 않는다. 오직 'q' 키를 입력하여야 게임은 종료된다. 아바타는 한 번의 키 입력에 따라 10픽셀씩 이동하며, 괴물은 상/하/좌/우/대각선 방향으로 움직일 수 있고 200ms마다 한 번 이동하고 그 거리는 5픽셀이다. 난이도 7

목적
Thread 클래스를 상속받아 스레드 만들기

힌트

- 컨텐트팬으로 사용할 GamePanel을 만들고 이곳에서 아바타 레이블과 괴물 레이블이 자유롭게 위치할 수 있도록 배치관리자를 삭제한다.
- Key 리스너를 구현하여 GamePanel에 등록한다. keyPressed() 메소드를 작성하고 먼저 KeyEvent.getKeyChar() 메소드를 호출하여 'q' 키가 입력되었는지 비교하고 그렇다면 System.exit(0)을 호출하여 프로그램을 종료한다. 다시 KeyEvent.getKeyCode() 메소드를 호출하여 상/하/좌/우 키의 가상 키 값과 비교한다.
- GamePanel이 키 입력을 받을 수 있도록 포커스를 주는 것을 잊지 말라.
- Thread를 상속받은 MonsterThread 스레드를 작성하고 run() 메소드에서 4가지 경우를 판단한다. 아바타가 괴물의 왼쪽에 있는지, 오른쪽에 있는지, 위쪽에 있는지, 아래쪽에 있는지 판단하고 그에 따라 괴물의 위치를 조정한다. 괴물의 위치가 변경되면 곧장 GamePanel을 다시 그려야 한다. 예를 들어 괴물 레이블이 monster이면 monster.getParent().repaint()를 호출한다.

연습문제

EXERCISE

이론문제

· 홀수 문제는 정답이 공개됩니다.

1. 일상생활에서 일어나는 멀티태스킹의 사례를 2가지만 찾아보라.

2. 자바의 멀티태스킹에 대한 설명 중 틀린 것은?
   ① 자바에서는 다수의 스레드를 가진 멀티스레드를 지원한다.
   ② 자바에서는 다수의 프로세스를 가진 멀티프로세스를 지원한다.
   ③ 자바에서는 하나의 JVM은 오직 하나의 응용프로그램만 실행한다.
   ④ 자바에서는 synchronized는 멀티스레드 사이의 동기화를 위해 만들어진 것이다.

3. 스레드를 만들기 위해 Thread를 상속받아 오버라이딩하여야 하는 메소드는 무엇인가?
   ① run() ② start()
   ③ sleep() ④ wait()와 notify()

4. 스레드의 코드는 run()에 작성한다. run() 메소드를 호출하는 것은 누구인가?
   ① 자바가상기계(JVM) ② start()
   ③ 응용프로그램 ④ 이벤트 분배 스레드

5. 우선순위 값이 8인 스레드 A와 우선순위 값이 3인 스레드 B, C의 3개의 스레드가 있다고 할 때, 질문에 답하라.
   (1) 자바 스레드의 우선순위 값의 범위는 얼마인가?
   (2) 자바의 스레드 스케줄링 정책은 무엇인가?
   (3) 스레드 B는 언제 실행될 수 있는가?
   (4) 스레드 A, B, C가 모두 실행 준비 상태일 때, 항상 스레드 A가 선택되어 실행되는가?
   (5) 스레드 A가 완전히 종료하였을 때, 스레드 B와 C는 어떤 순서로 스케줄링되는가?
   (6) 스레드 A가 실행 도중 네트워크로부터 데이터 도착을 기다리게 되었을 때, 스레드 B와 C 중 하나로 스케줄링이 변하게 되는가? 아니면, 스레드 A의 우선순위가 높기 때문에 종료할 때까지 스레드 B, C에게 실행 기회가 주어지지 않는가?

6. 다음 중 static 타입으로서, 어떤 코드에서도 호출할 수 있는 Thread 클래스의 메소드는?
① sleep() ② run() ③ start() ④ interrupt()

7. 한 코드 블록에 2개 이상의 스레드가 동시에 접근할 때, 먼저 실행한 스레드가 완전히 실행을 끝낼 때까지 다른 스레드가 실행하지 못하고 대기 상태로 만들기 위해 코드 블록 앞에 사용하는 키워드는?
① static ② synchronized ③ lock ④ wait

8. 다음 각 경우에 동기화가 필요한지 말하라.
(1) 스마트폰에서 문자를 전송하는 스레드와 음악을 연주하는 스레드
(2) 미디어 플레이어에서, 하드디스크로부터 비디오 프레임을 읽어 공급하는 스레드와 읽은 프레임을 스크린에 그리는 스레드
(3) 온도 센서로부터 주기적으로 값을 읽어 오는 스레드와 습도 센서로부터 주기적으로 값을 읽어오는 스레드
(4) 웹 서버에서 접속한 사용자마다 로그인 정보를 데이터베이스에 기록하는 다수의 스레드

9. 객체 obj의 wait() 메소드를 호출하여 현재 대기 상태에 있는 스레드는 어떤 경우에 깨어나 실행을 계속할 수 있는가?
① 다른 스레드가 객체 obj의 notify()를 호출할 때
② 일정 시간이 지나면
③ 다른 스레드가 모두 죽어 자신만 살아 있게 되었을 때
④ 객체 obj가 소멸될 때

10. 다음은 MyThread의 스레드를 생성하고 실행하는 코드이다. 스레드가 작동한 후 5초 후에 스레드가 종료하도록 빈 칸을 채워라. 약간 까다로운 문제임을 유의하라.

```
class MyThread ________________________ {
    public void ___________________() { // 스레드 코드를 작성한다.
        try {
            ________________________ // 5초 동안 잠을 잔다.
        }
        catch(________________ e) { return; }
    }
    public static void main(String [] args) {
        Thread th = new Thread(_____________);
        _____________ // 스레드를 실행시킨다.
    }
}
```

실습문제

• 홀수 문제는 정답이 공개됩니다.

목적 간단한 스레드 만들기

1. 실행되자마자 1에서 10까지 콘솔 창에 출력한 뒤 종료하는 스레드를 Runnable 인터페이스를 이용하여 작성하라. main() 메소드에서는 사용자가 아무 문자나 입력하고 <Enter>를 치면 이 스레드 객체를 생성하고 실행시키도록 하라. 난이도 4

```
아무 키나 입력>> go   ← go 대신 아무 문자열이나 입력해도 됨
스레드 실행 시작
1 2 3 4 5 6 7 8 9 10
스레드 종료
```

목적 타이머 스레드와 그래픽, repaint() 응용

2. JPanel을 상속받은 MyPanel을 작성하고 MyPanel 객체를 컨텐트팬으로 설정하라. 이 패널에 마우스를 클릭하자마자 지름이 50픽셀인 원이 0.5초 간격으로 패널 내 랜덤한 위치에 이동하도록 하라. 난이도 5

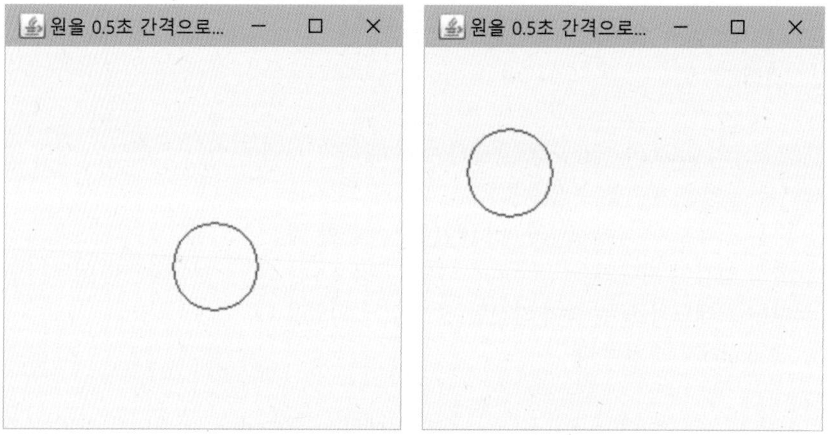

컨텐트팬에 마우스를 클릭하면 원이 랜덤하게 움직임

목적 스레드와 Calendar 응용

3. 프로그램이 실행을 시작한 시간으로부터 시작하는 디지털시계를 만들어라. 난이도 5

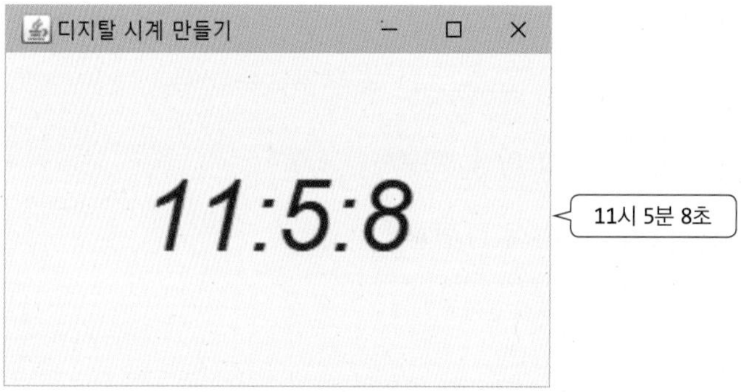

힌트 Hint

현재 시간 값을 알아오는 코드는 다음과 같다(6장의 Calendar 참조).

```
Calendar c = Calendar.getInstance(); // 현재 날짜, 시간, 분, 초 값을 가진 객체 얻기
int hour = c.get(Calendar.HOUR_OF_DAY);
int min = c.get(Calendar.MINUTE);
int second = c.get(Calendar.SECOND);

String clockText = Integer.toString(hour);
clockText = clockText.concat(":");
clockText = clockText.concat(Integer.toString(min));
clockText = clockText.concat(":");
clockText = clockText.concat(Integer.toString(second));
```

4. 진동하는 컴포넌트를 만들어보자. 난이도 6

(1) 프로그램이 시작하자 프레임이 진동하도록 프로그램을 작성하라.

(2) 프레임 내에서 레이블이 진동하도록 하라.

목적 스레드를 여러 군데 활용할 수 있도록 작성하는 연습

(1) 진동하는 프레임

(2) 진동하는 레이블

힌트 Hint

진동을 표현하기 위해서는 스레드를 만들고 스레드가 컴포넌트(프레임 혹은 레이블)의 위치를 상하좌우 조금씩 반복하여 이동시키면 된다. 프레임 f의 위치를 (100, 100)에 지정하는 방법은 f.setLocation(100, 100)이다.

목적 2개의 스레드 만들기 응용

5. 그림과 같이 아래에 총알을 발사하는 발사대가 있으며, 위에는 목표물(닭)이 왼쪽에서 오른쪽으로 지나간다. 사용자가 <Enter> 키를 입력하여 총알을 발사하여 목표물을 맞추는 게임을 스윙으로 작성하라. 목표물의 움직이는 시간은 20ms당 5픽셀이다. 목표물이 컨텐트팬의 오른쪽을 벗어나면 다시 왼쪽에서 시작되며 총알이 움직이는 속도 역시 20ms당 5픽셀이다. 총알은 한 번에 한 개씩만 발사되며, 목표물을 명중하든지 위로 올라가 실패하여야 다음 발사가 가능하다. 목표물이 명중되면 다시 처음 위치로 돌아가서 움직이기를 반복한다. 난이도 7

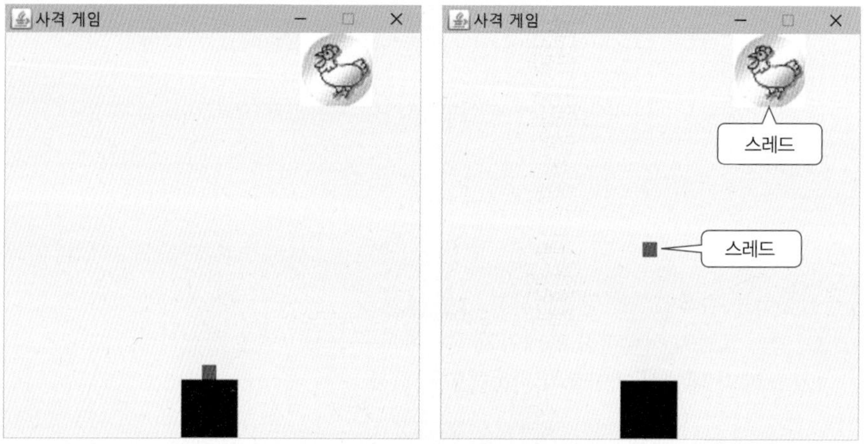

목적 스레드 만들기 응용

6. 컨텐트팬의 임의의 위치를 마우스로 찍으면 그 위치부터 하나의 버블이 만들어지고 이 버블이 위로 움직인다. 버블이 컨텐트팬을 벗어나면 컨텐트팬에서 삭제되고 보이지 않게 된다. 버블은 20ms마다 5픽셀씩 위로 이동한다. 마우스로 찍을 때마다 버블이 만들어지게 하라. 버블은 이미지 레이블로 구현하여도 되고, 그래픽으로 구현하여도 된다. 난이도 6

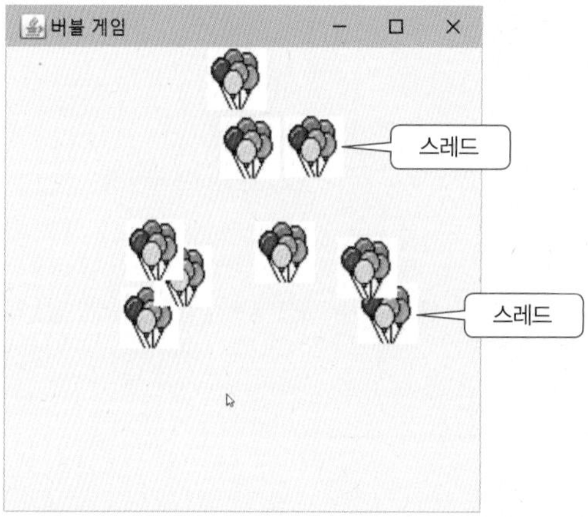

7. 스네이크(뱀) 게임에 사용되는 움직이는 스네이크를 만들어보자. 그림과 같이 프레임의 배경에 이미지를 출력한다. 스네이크는 총 10개의 마디로 구성하고 상, 하, 좌, 우 키에 의해 움직인다. 스네이크는 200ms마다 5픽셀씩 자동으로 움직인다. 난이도 8

목적 스레드, 벡터 등의 종합 응용

힌트 스네이스의 바디 하나는 JLabel을 이용하여 이미지 레이블로 나타내고, Vector<JLabel> 벡터를 이용하여 스네이크 전체를 나타내면 된다.

8. 스레드를 이용하여 아래와 같이 화면에 눈이 내리도록 연출하라. 화면의 바탕 이미지는 독자가 좋은 것으로 선택하면 된다. 난이도 8

목적 스레드 만들기, 그래픽, 벡터 등의 종합 응용

힌트

저자가 구현한 내용을 잠깐 소개한다.

- 눈은 총 50개로 하고 눈의 위치는 Point 객체를 이용하며, 50개의 Point 객체를 벡터에 넣어서 관리한다.

```
Vector<Point> snowVector = new Vector<Point>();
```

- 눈은 10×10 크기의 흰 색 원으로 그려 연출하면 된다.

```
g.setColor(Color.WHITE);
for(int i=0; i<snowVector.size(); i++) {
    Point p = snowVector.get(i);
    g.fillOval(p.x, p.y, 10, 10); // 10x10 크기의 흰 색 원(눈)을 그린다.
}
```

- 눈이 내리는 것을 연출하기 위해 50개의 눈의 위치를 계속 갱신하는 스레드는 다음과 같이 작성하였다. 눈이 떨어져 패널 아래로 내려가면 다시 위에서부터 나타나게 하였다.

```
class SnowThread extends Thread {
    public void run() {
        while(true) {
            try {
                sleep(300); // 눈이 내리는 속도. 300ms 주기
            } catch (InterruptedException e) { return; }
            changeSnowPosition(); // 눈의 위치를 변경한다.
            repaint(); // 눈의 위치가 변경되어 화면을 갱신한다.
        }
    }
}
```

목적 스레드와 wait-notify 응용

9. 10장의 Open Challenge 겜블링 게임에 스레드를 달아보자. 아래 그림과 같이 3개의 레이블 컴포넌트가 있다. 이 컴포넌트에는 0~4까지의 한 자릿수가 출력된다. 패널에 마우스를 누를 때마다 3개의 수를 랜덤하게 발생시키고 각 수를 레이블에 출력한다. 이때 스레드를 이용하여 3개의 수를 왼쪽에서부터 200ms 간격으로 하나씩 출력한다. 그러고 나서 모두 동일한 수인지 판단하고 동일하면 "축하합니다!!"를, 아니면 "아쉽군요"를 출력한다. 난이도 8

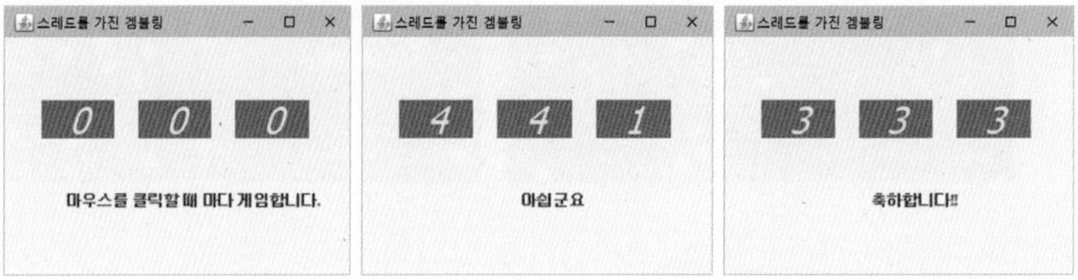

힌트

갬블링 스레드는 간략히 다음과 같이 구성된다. run() 메소드는 마우스 클릭이 발생하기를 대기한 후, 3개의 숫자를 랜덤하게 200ms 간격으로 출력하는 작업을 반복한다. wait-notify를 이용한 스레드 동기화가 필요하다.

```
class GamblingThread extends Thread {
    boolean gambling = false; // 스레드의 작동 여부 설정. 초깃값 = false
    synchronized public void waitForGambling() { // 스레드의 run()에서 호출
        if(!gambling) // 마우스 클릭에 의해 gambling이 true가 될 때까지 기다림
            try { this.wait(); }
            catch (InterruptedException e) { return; }
        }
    }
    synchronized public void startGambling() { // 마우스 클릭 핸들러에서 호출
        gambling = true; // 마우스 클릭으로 스레드가 게임을 진행하도록 지시
        this.notify(); // 기다리는 스레드를 깨움
    }
    public void run() {
        while(true) {
            waitForGambling(); // 마우스 클릭이 일어나기를 기다린다.
            // 200ms 간격으로 3번 sleep()을 하면서 숫자를 출력한다.
            // 게임이 성공하였는지 판별하여 메시지를 출력한다.
            gambling = false; // 이제 다음 게임이 가능하도록 설정한다.
        }
    }
}
```

10. 다음 설명과 같이 작동하는 스윙 프로그램을 작성하라. 패널에 사용자가 마우스를 올리면 랜덤한 크기와 위치에 타원 그리기가 시작된다. 타원은 300ms 간격으로 다른 위치로 옮기면서 그려진다. 사용자가 마우스를 패널에서 내리면 타원 그리기는 일시 멈추고, 다시 마우스를 올리면 그리기가 계속된다. 이 문제를 풀기 위해서 wait-notify를 사용하는 것이 좋다. 난이도 8

목적 스레드와 wait-notify 응용

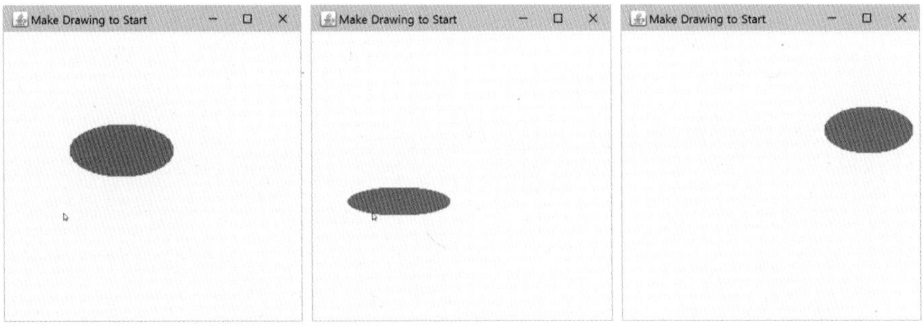

마우스가 올라가 있는 동안 랜덤한 원이 계속 그려진다.

마우스가 내려가면 타원 생성이 멈춘다.

목적 스레드와 파일 읽기, Vector<String> 등의 종합 응용

11. 산성비 게임을 만들어보자. 스레드를 만들고 단어를 가진 레이블을 200ms마다 5픽셀씩 아래로 떨어지게 하라. 텍스트필드 창을 하나 만들고 이곳에서 떨어지는 단어를 입력하고 <Enter> 키를 입력하면 떨어지는 단어와 일치하는지 확인하라. 일치하면 성공 메시지를 출력하고 다시 새로운 단어를 선택하고 처음 위치에서 떨어지게 하고, 단어가 바닥에 닿으면 실패 메시지를 출력하고 다시 처음 위치에서 떨어지게 하라. 입력창에 "그만"을 입력하면 프로그램을 종료하라. 점수 관리는 없다. 단어 파일은 생능출판사에서 독자들에게 배포하는 words.txt 파일을 이용하라. 프로그램이 시작하는 처음에 words.txt를 읽어 벡터에 넣어두면 된다. words.txt 파일에는 한 라인에 한 개의 영어 단어가 들어 있다. words.txt 파일을 읽고 벡터를 삽입하는 코드는 Open Challenge 8장을 참고하라. 난이도 9

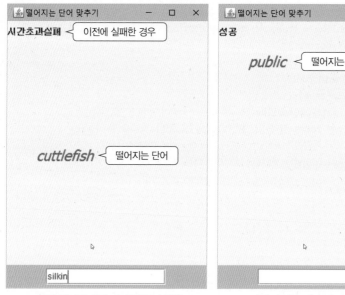

이전 단어를 시간 내에 맞추지 못함

이전 단어를 시간 내에 입력한 후
새 단어가 내려오는 상태

14

고급 스윙 컴포넌트

Objectives

- JMenuBar, JMenu, JMenuItem을 이용한 메뉴를 작성할 수 있다.
- 메뉴 아이템의 Action 이벤트를 처리하는 방법을 안다.
- JToolBar를 이용한 툴바를 작성할 수 있다.
- 스윙 컴포넌트에 툴팁을 달 수 있다.
- JDialog를 이용한 다이얼로그를 만들 수 있다.
- JOptionPane을 이용한 입력 다이얼로그, 확인 다이얼로그, 메시지 다이얼로그를 활용할 수 있다.
- JFileChooser를 이용한 파일 다이얼로그를 만들 수 있다.
- JColorChooser를 이용한 컬러 다이얼로그를 만들 수 있다.
- JTabbedPane을 이용한 탭팬을 작성할 수 있다.
- 자바 오디오 API를 알고 오디오 재생, 중지 등 오디오를 제어할 수 있다.

JAVA PROGRAMMING

고급 스윙 컴포넌트

14.1 메뉴 만들기

메뉴 구성

메뉴

스윙 프로그램에 메뉴를 만들어 달아보자. [그림 14-1]은 메뉴를 만든 예를 보여준다. 메뉴를 만들기 위해 다음 요소가 필요하다.

- `JMenuBar`
  메뉴바의 기능을 구현한 클래스이다. 이곳에 JMenu로 만든 메뉴를 여러 개 단다.
- `JMenu`
  하나의 메뉴를 구현한 클래스이다. 이곳에 JMenuItem으로 만든 메뉴아이템을 여러 개 단다.
- `JMenuItem`
  하나의 메뉴아이템을 구현한 클래스이다.

JMenuBar에 Screen, Edit, Source, Project, Run의 5개 메뉴가 붙어 있으며, Screen 메뉴에는 JMenuItem으로 만든 4개의 메뉴아이템이 붙어 있습니다. JMenu.addSeparator()를 호출하여 메뉴아이템 사이에 분리선을 삽입할 수 있습니다.

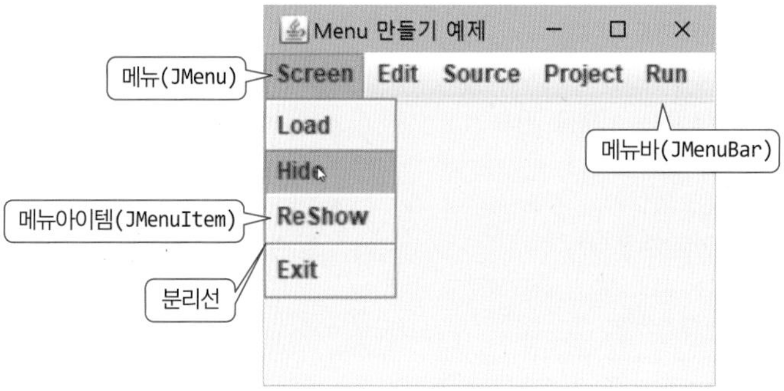

[그림 14-1] 스윙으로 만든 메뉴 예

• 분리선

메뉴아이템 사이의 분리선으로서 separator라고 부르며, JMenu의 addSeparator() 메소드를 호출하면 메뉴에 분리선이 삽입된다.

addSeparator()

메뉴 만들기

이제 직접 메뉴를 만들어보자. 메뉴를 만드는 과정은 단계별로 다음과 같으며 이 과정을 [그림 14-2]에 표현하였다.

1. 메뉴바 만들기

```
JMenuBar mb = new JMenuBar();
```

JMenuBar

2. 메뉴를 만들고 메뉴바에 붙이기

메뉴 이름은 문자열로 JMenu의 생성자에 전달한다. 메뉴바에 메뉴를 붙일 때 JMenuBar의 add() 메소드를 이용한다. "Screen" 메뉴를 만들어 메뉴바에 붙이는 코드는 다음과 같다.

JMenu

```
JMenu screenMenu = new JMenu("Screen"); // Screen 메뉴 생성
mb.add(screenMenu); // 메뉴바에 Screen 메뉴 붙이기
```

3. 메뉴아이템을 생성하여 메뉴에 붙이기

메뉴아이템의 이름은 문자열로서 JMenuItem의 생성자에 전달한다. 메뉴아이템을 메뉴에 붙일 때는 JMenu의 add() 메소드를 이용한다. screenMenu에 메뉴아이템과 분리선을 붙이는 코드는 다음과 같다.

add()

```
screenMenu.add(new JMenuItem("Load"));
screenMenu.add(new JMenuItem("Hide"));
screenMenu.add(new JMenuItem("ReShow"));
screenMenu.addSeparator(); // ReShow 메뉴아이템 다음에 분리선 삽입
screenMenu.add(new JMenuItem("Exit"));
```

4. 메뉴바를 프레임에 붙이기

JFrame의 setJMenuBar() 메소드를 이용하여 메뉴바를 붙이는 예는 다음과 같다.

setJMenuBar()

```
frame.setJMenuBar(mb);
```

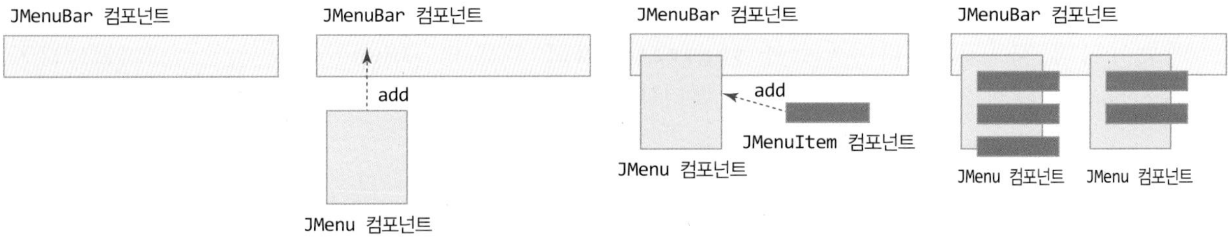

(1) JMenuBar 컴포넌트 생성

(2) JMenu 컴포넌트를 생성하여 JMenuBar에 붙인다.

(3) JMenuItem 컴포넌트를 생성하여 JMenu에 붙인다.

(3′) 여러 개의 메뉴와 메뉴아이템을 생성한다.

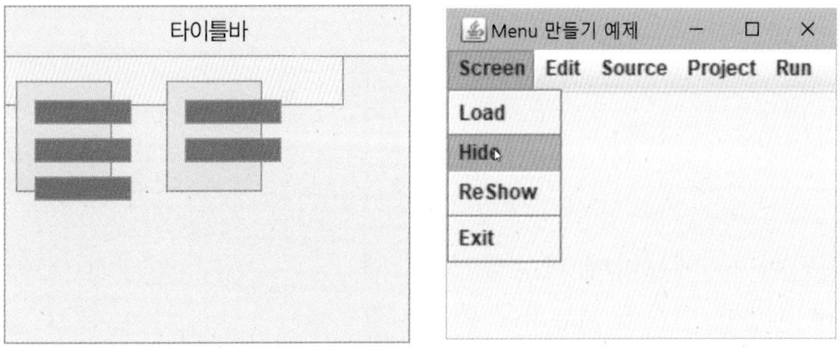

(4) JMenuBar 컴포넌트를 JFrame에 붙인다.

[그림 14-2] 스윙 메뉴 만드는 과정 예

예제 14-1 메뉴 만들기

그림과 같이 Screen, Edit, Source, Project, Run의 5개 메뉴를 가지며, Screen 메뉴에만 4개의 메뉴아이템과 하나의 분리선(separator)을 가지도록 프로그램을 작성하라.

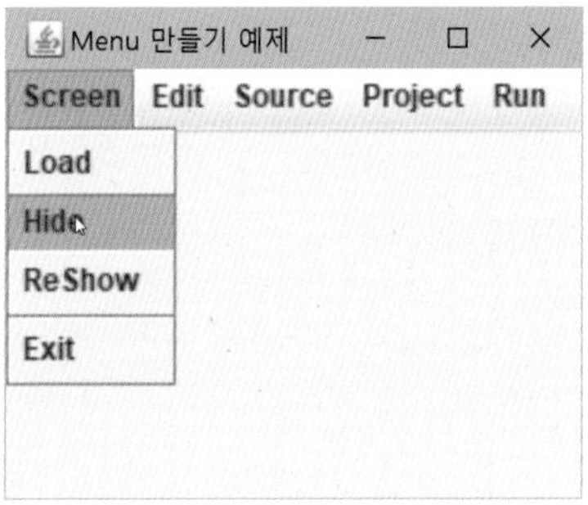

```
import javax.swing.*;

public class MenuEx extends JFrame {
   public MenuEx() {
      setTitle("Menu 만들기 예제");
      createMenu(); // 메뉴 생성, 프레임에 삽입
      setSize(250,200);
      setVisible(true);
   }

   // 메뉴를 만들어 프레임에 삽입한다.
   private void createMenu() {
      JMenuBar mb = new JMenuBar(); // 메뉴바 생성
      JMenu screenMenu = new JMenu("Screen"); // Screen 메뉴 생성

      // Screen 메뉴에 메뉴아이템 생성 삽입
      screenMenu.add(new JMenuItem("Load"));
      screenMenu.add(new JMenuItem("Hide"));
      screenMenu.add(new JMenuItem("ReShow"));
      screenMenu.addSeparator(); // 분리선 삽입
      screenMenu.add(new JMenuItem("Exit"));

      // 메뉴바에 메뉴 삽입
      mb.add(screenMenu); // Screen 메뉴 삽입
      mb.add(new JMenu("Edit")); // Edit 메뉴 생성 삽입
      mb.add(new JMenu("Source")); // Source 메뉴 생성 삽입
      mb.add(new JMenu("Project")); // Project 메뉴 생성 삽입
      mb.add(new JMenu("Run")); // Run 메뉴 생성 삽입

      // 메뉴바를 프레임에 부착
      setJMenuBar(mb);
   }

   public static void main(String [] args) {
      new MenuEx();
   }
}
```

메뉴바를 프레임에 붙임. 비로소 메뉴가 보인다.

메뉴아이템에 Action 이벤트 달기

Action 이벤트

많은 경우 메뉴아이템은 사용자로부터 작업 명령을 받는 데 사용된다. 사용자가 메뉴아이템을 선택하면 Action 이벤트가 발생한다. 다음은 메뉴아이템에 Action 이벤트를 처리하기 위해 Action 리스너를 등록하는 코드 예이다.

```
JMenuItem item = new JMenuItem("Load");
item.addActionListener(new MenuActionListener()); // 메뉴아이템에 Action 리스너 등록
screenMenu.add(item);
...
class MenuActionListener implements ActionListener {
    public void actionPerformed(ActionEvent e) {
        // 사용자가 Load 메뉴아이템을 선택하는 경우 처리할 작업 구현
    }
}
```

예제 14-2 메뉴아이템 선택시 Action 리스너 활용

그림과 같이 Screen 메뉴에 4개의 메뉴아이템을 만들고, Load 메뉴아이템을 선택하면 이미지를 로딩하여 출력하고, Hide 메뉴아이템을 선택하면 이미지를 보이지 않게 하며, ReShow 메뉴아이템을 선택하면 숨겨진 이미지를 다시 보이게 하고, Exit 메뉴아이템을 선택하면 프로그램을 종료하도록 Action 리스너를 작성하라.

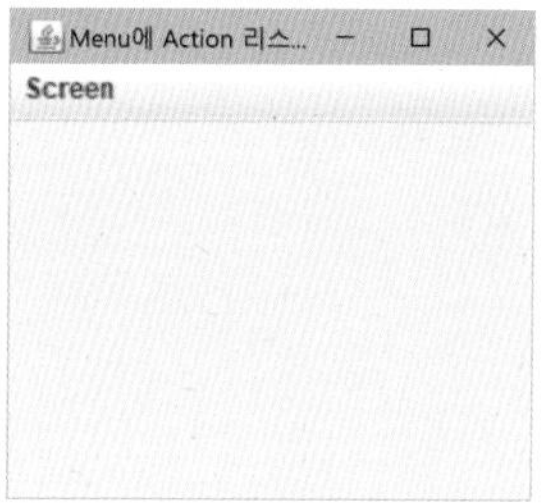

초기 상태

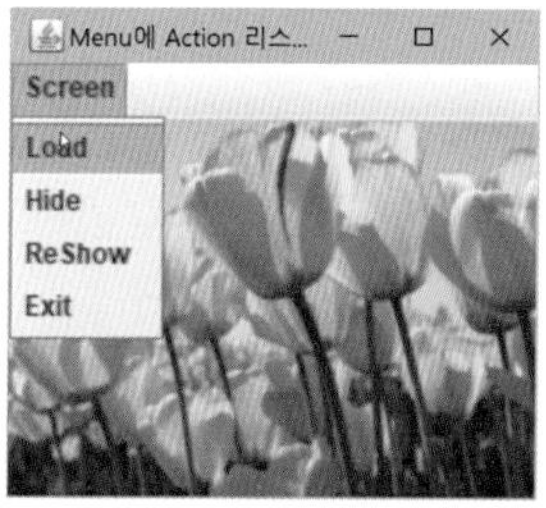

Load 메뉴아이템 선택하면 레이블을 이용하여 이미지 출력

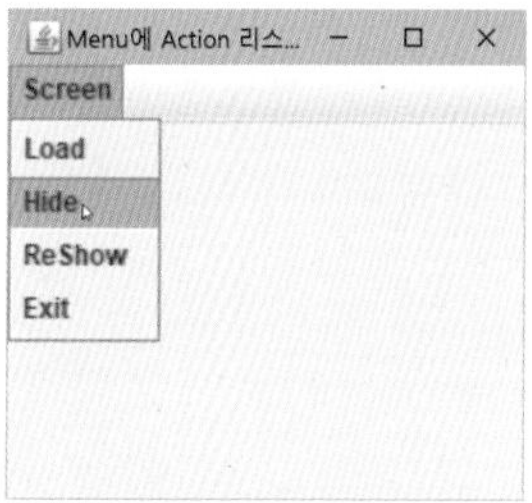

Hide 메뉴아이템 선택으로 이미지를 보이지 않게 함

ReShow 메뉴아이템 선택으로 숨겨진 이미지가 다시 보이게 함

Exit 메뉴아이템 선택하면 프로그램 종료

```java
import javax.swing.*;
import java.awt.event.*;
import java.awt.*;

public class MenuActionEventEx extends JFrame {
   private JLabel imgLabel = new JLabel(); // 빈 이미지를 가진 레이블
   public MenuActionEventEx() {
      setTitle("Menu에 Action 리스너 만들기 예제");
      createMenu();
      getContentPane().add(imgLabel, BorderLayout.CENTER);
      setSize(250,220);
      setVisible(true);
   }

   private void createMenu() { // 메뉴바와 Screen 메뉴 생성. Screen 메뉴에 4개의 메뉴아이템 삽입
      JMenuBar mb = new JMenuBar(); // 메뉴바 생성
      JMenuItem [] menuItem = new JMenuItem [4];
      String[] itemTitle = {"Load", "Hide", "ReShow", "Exit"};
      JMenu screenMenu = new JMenu("Screen");

      // 4개의 메뉴아이템을 Screen 메뉴에 삽입한다.
      MenuActionListener listener = new MenuActionListener(); // Action 리스너 생성
      for(int i=0; i<menuItem.length; i++) {
         menuItem[i] = new JMenuItem(itemTitle[i]); // 메뉴아이템 생성
         menuItem[i].addActionListener(listener); // 메뉴아이템에 Action 리스너 등록
         screenMenu.add(menuItem[i]); // 메뉴아이템을 Screen 메뉴에 삽입
      }
      mb.add(screenMenu); // 메뉴바에 Screen 메뉴 삽입
      setJMenuBar(mb); // 메뉴바를 프레임에 부착
   }

   class MenuActionListener implements ActionListener { // 메뉴아이템 처리 Action 리스너
      public void actionPerformed(ActionEvent e) {
         String cmd = e.getActionCommand(); // 사용자가 선택한 메뉴아이템의 문자열 리턴
         switch(cmd) { // 메뉴 아이템의 종류 구분
            case "Load" :
               if(imgLabel.getIcon() != null)
                  return; // 이미 로딩되었으면 리턴
               imgLabel.setIcon(new ImageIcon("images/img.jpg"));
               break;
            case "Hide" :
```

이미지를 출력할 레이블

이미지 레이블을 콘텐트팬의 중앙에 부착

imgLabel에 이미지 로딩 및 출력

```
42                      imgLabel.setVisible(false);      imgLabel이 보이지 않도록 변경
43                      break;
44                  case "ReShow" :
45                      imgLabel.setVisible(true);        imgLabel이 보이도록 변경
46                      break;
47                  case "Exit" :
48                      System.exit(0);
49                      break;
50              }
51          }
52      }
53      public static void main(String [] args) {
54          new MenuActionEventEx();
55      }
56  }
```

14.2 툴바

JToolBar

JToolBar
툴바

JToolBar는 툴바를 구현한 컴포넌트이다. 툴바는 [그림 14-3]과 같은 바(bar) 모양의 컨테이너로, 다양한 스윙 컴포넌트를 담아 아이콘 형태의 메뉴를 제공하기 위해 사용된다.

JToolBar로 만들어진 툴바는 New 버튼 등 6개의 컴포넌트와 한 개의 separator를 가지고 컨텐트팬의 NORTH에 부착되어 있습니다. 사용자가 툴바의 핸들을 마우스로 드래깅하면 툴바를 다른 곳으로 옮길 수 있습니다.

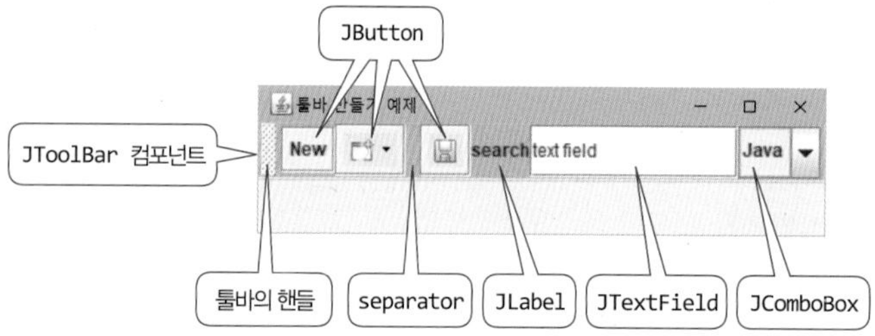

[그림 14-3] JToolBar로 구현된 툴바

툴바는 BorderLayout 배치관리자를 가진 컨테이너에만 부착되며, 동(EAST), 서(WEST), 남(SOUTH), 북(NORTH)의 아무 곳이나 부착 가능하다. 사용자는 실행 중 [그림 14-3]에 보이는 툴바의 핸들을 마우스로 잡아 드래깅하면, 4개의 영역 중 아무 곳이나 옮길 수 있다. 뿐만 아니라 툴바의 핸들을 드래깅하여 4개의 영역 중 어디에도 붙이지 않고 독립적으로 떠다니게(floatable) 할 수도 있다.

BorderLayout 배치관리자
핸들

툴바 만들기

툴바를 만드는 과정은 메뉴를 만드는 과정과 비슷하며 다음과 같이 간단하다.

1. JToolBar 객체 생성

JToolBar의 생성자에 툴바 이름을 전달하여 툴바를 만든다. 아래는 툴바 이름이 "Kitae Menu"인 툴바를 생성하는 코드이다.

```
JToolBar toolBar = new JToolBar("Kitae Menu");
```

2. 메뉴로 사용할 컴포넌트를 툴바에 삽입

모든 스윙 컴포넌트가 JToolBar에 삽입 가능하며, 컴포넌트 사이에 분리 공간(separator)을 삽입할 수 있다. 예를 들면 다음과 같다.

분리 공간

```
toolBar.add(new JButton("New")); // 버튼 삽입
toolBar.addSeparator(); // 분리 공간 삽입
toolBar.add(new JTextField("text field")); // 텍스트필드 삽입
```

3. 툴바를 컨테이너에 삽입

툴바는 BorderLayout 배치관리자가 설정된 컨테이너에만 부착된다. 다음은 컨테이너 container의 NORTH 영역에 툴바를 부착하는 사례이다.

```
container.add(toolBar, BorderLayout.NORTH); // 컨테이너의 NORTH에 툴바 부착
```

툴바 이동 제어

툴바는 기본적으로 사용자가 핸들을 드래깅하여 다른 영역으로 이동할 수 있지만, 다음과 같이 JToolBar.setFloatable(false)를 호출하면 툴바의 핸들이 보이지 않게 되며 사용자는 툴바를 다른 곳으로 이동할 수 없다.

핸들 드래깅

```
toolBar.setFloatable(false); // 툴바 이동 불가능. true이면 이동 가능
```

예제 14-3 툴바 만들기

다음 그림과 같은 툴바를 작성하라.

툴바 핸들을 드래깅하여 툴바를 이동시킬 수 있다. 아래 그림과 같이 툴바를 컨테이너의 동, 서, 남, 북이 아닌 곳으로 움직이면 임의의 위치에 둘 수 있다. 이때 툴바의 이름("Kitae Menu")이 나타난다.

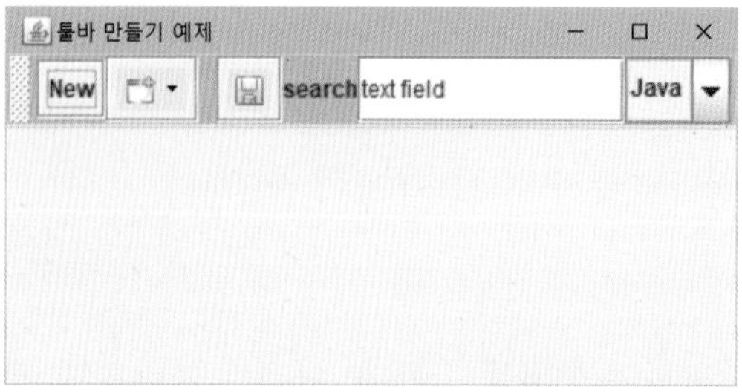

초기 컨텐트팬의 NORTH에 부착된 툴바

핸들을 드래그하여 SOUTH로 이동

핸들을 드래그하여 임의의 위치로 이동

```
import javax.swing.*;
import java.awt.*;

public class ToolBarEx extends JFrame {
   private Container contentPane;

   public ToolBarEx() {
```

```java
        setTitle("툴바 만들기 예제");
        setDefaultCloseOperation(JFrame.EXIT_ON_CLOSE);
        contentPane = getContentPane();
        createToolBar();
        setSize(400,200);
        setVisible(true);
    }

    // 툴바를 생성하여 컨텐츠팬에 부착한다.
    private void createToolBar() {
        // 툴바 생성
        JToolBar toolBar = new JToolBar("Kitae Menu"); // 툴바의 이름 "Kitae Menu"
        toolBar.setBackground(Color.LIGHT_GRAY);

        // 툴바에 메뉴로 사용할 컴포넌트를 삽입한다.
        toolBar.add(new JButton("New"));
        toolBar.add(new JButton(new ImageIcon("images/open.jpg")));
        toolBar.addSeparator();
        toolBar.add(new JButton(new ImageIcon("images/save.jpg")));
        toolBar.add(new JLabel("search"));
        toolBar.add(new JTextField("text field"));

        JComboBox<String> combo = new JComboBox<String>();
        combo.addItem("Java");
        combo.addItem("C#");
        combo.addItem("C");
        combo.addItem("C++");
        toolBar.add(combo);

        // 툴바를 컨텐츠팬의 NORTH에 부착한다.
        contentPane.add(toolBar, BorderLayout.NORTH);
    }

    public static void main(String [] args) {
        new ToolBarEx();
    }
}
```

이 라인 밑에 toolBar.setFloatable(false);를 삽입하면 툴바를 이동시킬 수 없게 된다.

컨텐트팬은 디폴트 배치관리자가 BorderLayout이다.

14.3 툴팁

툴팁 생성 및 달기

툴팁

스윙 컴포넌트에 마우스를 올리면 잠깐 나타났다가 사라지는 문자열을 툴팁(tooltip)이라고 부른다. 툴팁은 [그림 14-4]와 같이 스윙 컴포넌트의 기능을 설명하기 위한 목적이다.

New 버튼 위에 마우스를 올리면 "파일을 생성합니다."라는 툴팁이 출력됩니다.

[그림 14-4] 툴팁 예

setToolTipText(String msg)

모든 스윙 컴포넌트들이 툴팁을 가질 수 있으며 생성 방법 또한 단순하다. 간단히 JComponent의 setToolTipText(String msg) 메소드를 호출하면, 문자열(msg)을 컴포넌트의 툴팁으로 등록한다. [그림 14-4]의 New 버튼에 툴팁을 다는 예는 다음과 같다.

```
JButton b = new JButton("New");
b.setToolTipText("파일을 생성합니다."); // 버튼에 툴팁 등록
```

예제 14-4 툴팁 달기

예제 14-3의 '툴바 만들기' 응용프로그램의 툴바에 부착된 스윙 컴포넌트에 툴팁을 달아보라.

New 버튼에는 "파일을 생성합니다."를, 그 다음 버튼에는 "파일을 엽니다."를, 그 다음 버튼에는 "파일을 저장합니다."를, 텍스트필드 컴포넌트에는 "찾고자 하는 문자열을 입력하세요."를 툴팁으로 달아본다.

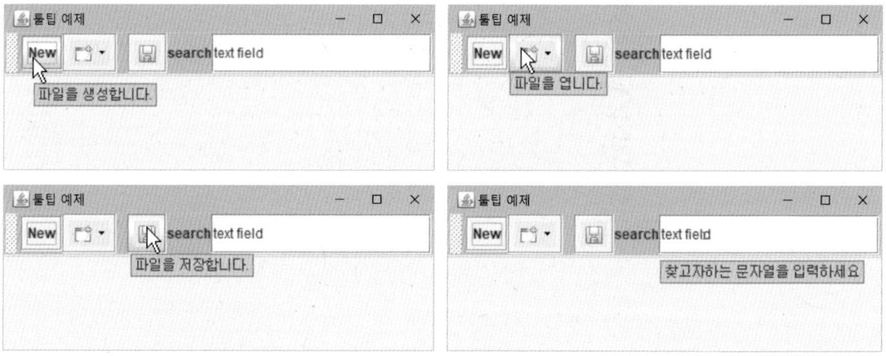

```java
import javax.swing.*;
import java.awt.*;

public class ToolTipEx extends JFrame {
   private Container contentPane;

   public ToolTipEx() {
      setTitle("툴팁 예제");
      setDefaultCloseOperation(JFrame.EXIT_ON_CLOSE);
      contentPane = getContentPane();
      createToolBar();
      setSize(400,150);
      setVisible(true);
   }

   // 툴바를 생성하여 컨텐트팬의 NORTH에 부착한다.
   private void createToolBar() {
      JToolBar bar = new JToolBar("Kitae Menu"); // 툴바 생성
      bar.setBackground(Color.LIGHT_GRAY);

      JButton newBtn = new JButton("New");
      newBtn.setToolTipText("파일을 생성합니다."); // New 버튼에 툴팁 달기
      bar.add(newBtn);

      JButton openBtn = new JButton(new ImageIcon("images/open.jpg"));
      openBtn.setToolTipText("파일을 엽니다."); // 열기 버튼에 툴팁 달기
      bar.add(openBtn);
      bar.addSeparator();

      JButton saveBtn = new JButton(new ImageIcon("images/save.jpg"));
      saveBtn.setToolTipText("파일을 저장합니다."); // 저장 버튼에 툴팁 달기
      bar.add(saveBtn);
      bar.add(new JLabel("search"));

      JTextField tf = new JTextField("text field");
      tf.setToolTipText("찾고자하는 문자열을 입력하세요"); // 텍스트필드에 툴팁 달기
      bar.add(tf);
      contentPane.add(bar, BorderLayout.NORTH);
   }

   public static void main(String [] args) {
      new ToolTipEx();
   }
}
```

setToolTipText()를 이용하여 쉽게 툴팁을 달 수 있다.

ToolTipManager와 툴팁 시간 제어

ToolTipManager

툴팁은 마우스를 올리면 나타났다가 일정 시간 후에 사라진다. ToolTipManager 클래스를 이용하여 툴팁과 관련된 시간을 제어할 수 있다. 툴팁에 관한 시간 제어는 모든 툴팁에 일괄적으로 적용되며 각 툴팁마다 관련 시간을 따로 지정할 수 없다.

● ToolTipManager 객체 얻기

툴팁 시간을 지정하려면, 우선 다음과 같이 ToolTipManager 객체를 얻어야 한다.

```
ToolTipManager m = ToolTipManager.sharedInstance(); // ToolTipManager 객체 리턴
```

● 툴팁 활성화

setEnabled(boolean b)

ToolTipManager의 setEnabled(boolean b) 메소드를 이용하면, 툴팁이 나타나도록 할지 나타나지 않도록 할지 제어할 수 있다. 이러한 툴팁의 활성화/비활성화는 응용프로그램에 속한 모든 툴팁에 일괄적으로 적용되며 컴포넌트별 별로 제어할 수 없다. 다음은 응용프로그램의 모든 툴팁을 비활성화시키는 코드이다.

```
m.setEnabled(false); // 툴팁이 나타나지 않도록 설정
```

위의 문장에서 인자를 true를 주면 모든 툴팁이 활성화된다.

● 초기 툴팁 출력 시간 제어

setInitialDelay(int millis)

ToolTipManager의 setInitialDelay(int millis) 메소드를 호출하면, 마우스가 컴포넌트 위에 올라간 후, 툴팁이 출력되는 데까지 걸리는 시간을 정할 수 있다. 인자는 밀리초 단위의 시간이다. 이 시간 역시 모든 컴포넌트에 일괄적으로 적용된다.

```
m.setInitialDelay(1000); // 마우스가 올라온 지 1000ms 후 툴팁이 출력되도록 설정
```

● 툴팁 지속 시간 제어

setDismissDelay(int millis)

ToolTipManager의 setDismissDelay(int millis) 메소드를 호출하면, 출력된 툴팁이 지속되는 시간을 정할 수 있다. 인자는 밀리초 단위의 시간이다.

```
m.setDismissDelay(1000); // 툴팁이 출력되어 있는 지속 시간을 1000ms로 설정
```

툴팁 시간 제어 예제 14-5

다음 그림과 같이 JLabel을 이용하여 두 개의 이미지를 출력하는 스윙 응용프로그램을 작성하고, JLabel 컴포넌트에 마우스를 올리자마자 툴팁이 나타나게 하고, 툴팁은 10초간 지속되게 하라.

툴팁은 마우스를 올리자마자 나타나고 10초간 지속된다.

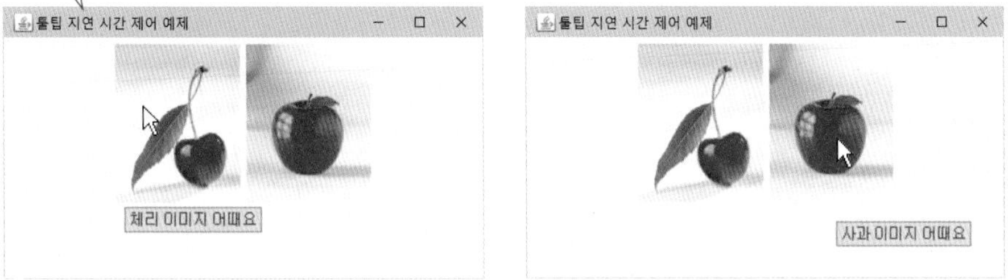


```
import javax.swing.*;
import java.awt.*;

public class ToolTipDelayEx extends JFrame {
   public ToolTipDelayEx() {
      setTitle("툴팁 지연 시간 제어 예제");
      setDefaultCloseOperation(JFrame.EXIT_ON_CLOSE);
      Container c = getContentPane();
      c.setLayout(new FlowLayout());

      // 체리 이미지 레이블 생성
      JLabel cherryLabel = new JLabel(new ImageIcon("images/cherry.jpg"));
      cherryLabel.setToolTipText("체리 이미지 어때요"); // 툴팁 달기

      // 사과 이미지 레이블 생성
      JLabel appleLabel = new JLabel(new ImageIcon("images/apple.jpg"));
      appleLabel.setToolTipText("사과 이미지 어때요"); // 툴팁 달기

      c.add(cherryLabel);
      c.add(appleLabel);

      // ToolTipManager 객체를 얻기
      ToolTipManager m = ToolTipManager.sharedInstance();
      m.setInitialDelay(0); // 초기 툴팁 출력 지연 시간을 0초로 설정
      m.setDismissDelay(10000); // 툴팁 지속 시간을 10초로 설정

      setSize(400,220);
      setVisible(true);
   }
```

ToolTipManager 객체를 얻고 툴팁이 초기에 출력되는데 걸리는 시간을 0초로, 툴팁의 지속 시간을 10초로 설정한다.

```java

    public static void main(String [] args) {
        new ToolTipDelayEx();
    }
}
```

14.4 다이얼로그 만들기

JDialog

다이얼로그
JDialog
최상위 컨테이너

다이얼로그란 보여주고자 하는 내용을 스크린에 출력하고, 사용자로부터 입력을 받는 대화 상자이다. 개발자는 JDialog를 상속받아 자신만의 다이얼로그를 만들 수 있다. JDialog는 JFrame처럼 다른 컨테이너에 속할 필요 없이 화면에 출력 가능한 최상위 컨테이너(Top Level Container)이다.

스윙 다이얼로그를 만드는 방법은 쉽다. [그림 14-5]는 버튼을 하나 가지고 있는 300x300 크기의 다이얼로그를 만든 코드이다. 다이얼로그의 타이틀은 "나의 다이얼로그"로 설정하고, 다이얼로그에 "click!" 버튼을 부착하였다. JDialog의 배치 관리자는 디폴트로 BorderLayout이므로 버튼이 다이얼로그의 중앙(CENTER)에 부착되었다. JDialog 클래스의 주요 멤버는 〈표 14-1〉과 같다.

```java
JDialog dialog = new JDialog(); // 다이얼로그 생성
dialog.setTitle("나의 다이얼로그"); // 타이틀 달기
dialog.add(new JButton("click!")); // 다이얼로그에 버튼 삽입
dialog.setSize(300,300); // 다이얼로그 크기 설정
dialog.setVisible(true); // 다이얼로그를 화면에 출력
```

[그림 14-5] new JDialog()에 의해 생성된 다이얼로그 모양

메소드	내용
JDialog() JDialog(Frame owner) JDialog(Frame owner, String title) JDialog(Frame owner, String title, boolean modal)	다이얼로그를 생성하는 생성자이다. owner는 다이얼로그의 주인, title은 타이틀, modal은 다이얼로그의 종류를 뜻한다. modal 값이 true이면 모달 다이얼로그를, false이면 모달리스 다이얼로그를 생성한다. 디폴트는 모달리스 타입이다.
void setVisible(boolean b)	b가 true이면 다이얼로그를 화면에 출력하고 false이면 숨긴다.
void setTitle(String title)	title 문자열을 다이얼로그 타이틀로 설정한다.

〈표 14-1〉

JDialog 클래스의 주요 멤버

다이얼로그 만들기

이제 JDialog를 상속받아 다이얼로그를 만드는 방법을 설명해보자. 텍스트필드 창과 OK 버튼을 가진 다이얼로그를 만들고 OK 버튼에는 Action 리스너를 달아보자.

● JDialog를 상속받는 다이얼로그 클래스 작성

JDialog를 상속받은 MyDialog 클래스를 작성한다.

```
class MyDialog extends JDialog {
}
```

● 다이얼로그 생성자 작성

JDialog 클래스의 생성자는 〈표 14-1〉과 같이 여러 가지가 있으며, 다음과 같이 MyDialog의 생성자를 작성한다.

```
class MyDialog extends JDialog {
    public MyDialog(JFrame frame, String title) {
        super(frame, title); // frame은 다이얼로그의 주인이며 title은 다이얼로그의 타이틀이다.
    }
}
```

생성자에서 super()를 호출하여 다이얼로그의 주인(owner)이 되는 컴포넌트와 타이틀 문자열을 JDialog에게 알려주어 등록하게 한다.

● 다이얼로그에 삽입할 컴포넌트 생성

다이얼로그에 삽입할 텍스트필드와 OK 버튼 컴포넌트를 생성한다.

주목

```
class MyDialog extends JDialog {
    private JTextField tf = new JTextField(10); // 10칸 크기의 텍스트필드 컴포넌트 생성
    private JButton okButton = new JButton("OK"); // OK 버튼 생성

    public MyDialog(JFrame frame, String title) {
        super(frame, title);
}
```

● 다이얼로그에 컴포넌트 부착

생성자에 컴포넌트를 부착하는 코드를 작성한다. 아래의 코드는 다이얼로그의 배치관리자를 FlowLayout으로 설정하고 텍스트필드와 버튼을 삽입한다.

주목

```
class MyDialog extends JDialog {
    private JTextField tf = new JTextField(10);
    private JButton okButton = new JButton("OK");

    public MyDialog(JFrame frame, String title) {
        super(frame, title);
        setLayout(new FlowLayout()); // FlowLayout 배치관리자로 변경
        add(tf); // 텍스트필드 부착
        add(okButton); // OK 버튼 부착
    }
}
```

● OK 버튼에 Action 리스너 달기

이제, OK 버튼에 Action 리스너를 달아, OK 버튼이 선택되면 다이얼로그가 화면에서 사라지게 해보자. 사실, 다이얼로그는 숨겨지는 것이지 사라지는 것은 아니다. 코드는 아래와 같다.

```
class MyDialog extends JDialog {
    private JTextField tf = new JTextField(10);
    private JButton okButton = new JButton("OK");

    public MyDialog(JFrame frame, String title) {
        super(frame,title);
        setLayout(new FlowLayout());
        add(tf);
        add(okButton);
        setSize(200, 100);

```

```
        okButton.addActionListener(new ActionListener() { // Action 리스너 등록
            public void actionPerformed(ActionEvent e) {
                setVisible(false); // OK 버튼이 선택되면 다이얼로그를 화면에서 숨김
            }
        });
    }
}
```

주목

MyDialog.this.setVisible(false);와 동일

● MyDialog 다이얼로그를 생성하는 프레임 작성

마지막으로 MyDialog의 다이얼로그를 생성하는 스윙 프레임과 main() 메소드를 작성해보자.

```
public class DialogEx extends JFrame {
    private MyDialog dialog; // 다이얼로그의 레퍼런스

    public DialogEx() {
        super("DialogEx 예제 프레임");

        dialog = new MyDialog(this, "Test Dialog"); // 다이얼로그 생성
        JButton btn  = new JButton("Show Dialog"); // 프레임에 버튼 삽입

        // 버튼이 선택되면 다이얼로그를 작동시킨다.
        btn.addActionListener(new ActionListener() {
            public void actionPerformed(ActionEvent e) {
                dialog.setVisible(true); // 다이얼로그를 출력하고 작동시킨다.
            }
        });
        getContentPane().add(btn);
        setSize(250, 200);
        setVisible(true);
    }

    public static void main(String[] args) {
        new DialogEx();
    }
}
```

다음과 같이 프레임의 생성자에서 MyDialog의 다이얼로그를 생성한다. 하지만 아직 다이얼로그가 화면에 보이지 않는다.

```
MyDialog dialog = new MyDialog(this, "Test Dialog");
```

그러고 나서 "Show Dialog" 버튼이 선택될 때마다 Action 리스너에서 다이얼로그가 화면에 나타나도록 다음 코드를 실행한다.

```
dialog.setVisible(true);
```

지금까지 설명한 코드로 예제 14-6을 만들어보았다.

예제 14-6 JDialog를 상속받아 다이얼로그 만들기

아래 그림과 같이 Show Dialog 버튼을 가진 프레임을 생성하고, 이 버튼을 선택하면 "Test Dialog" 타이틀을 가진 다이얼로그가 출력되도록 응용프로그램을 작성하라.

다이얼로그의 OK 버튼을 선택하면 다이얼로그가 사라진다.

```
import java.awt.*;
import java.awt.event.*;
import javax.swing.*;

class MyDialog extends JDialog {
   private JTextField tf = new JTextField(10); // 다이얼로그에 삽입할 텍스트 필드
   private JButton okButton = new JButton("OK"); // 다이얼로그에 삽입할 OK 버튼

   public MyDialog(JFrame frame, String title) {
      super(frame,title);
      setLayout(new FlowLayout());
      add(tf);
      add(okButton);
```

```
14       setSize(200, 100);
15
16       // 다이얼로그의 OK 버튼에 Action 리스너 달기
17       // OK 버튼이 선택되면 다이얼로그가 화면에서 사라지게 한다.
18       okButton.addActionListener(new ActionListener() {
19          public void actionPerformed(ActionEvent e) {
20             setVisible(false); // 다이얼로그를 보이지 않게 한다.
21          }
22       });
23    }
24 }
25
26 public class DialogEx extends JFrame{
27    private MyDialog dialog; // 다이얼로그의 레퍼런스
28
29    public DialogEx() {
30       super("dialogEx 예제 프레임");
31       setDefaultCloseOperation(JFrame.EXIT_ON_CLOSE);
32       JButton btn  = new JButton("Show Dialog");
33
34       // 다이얼로그 생성
35       dialog = new MyDialog(this, "Test Dialog");
36
37       // Show Dialog 버튼을 선택하면 다이얼로그를 작동시킨다.
38       btn.addActionListener(new ActionListener() {
39          public void actionPerformed(ActionEvent e) {
40             dialog.setVisible(true); // 다이얼로그를 출력하고 작동시킨다.
41          }
42       });
43       getContentPane().add(btn);
44       setSize(250,200);
45       setVisible(true);
46    }
47    public static void main(String[] args) {
48       new DialogEx();
49    }
50 }
```

(20라인) 다이얼로그의 OK 버튼이 선택되면 다이얼로그는 화면에서 사라진다. 그러나 다이얼로그 자체가 소멸된 것은 아니다. 40라인에 의해 다시 화면에 출력된다.

(35라인) "Test Dialog" 다이얼로그 객체를 생성한다. 이것으로 다이얼로그가 화면에 나타나고 작동하는 것이 아니다. 40라인의 setVisible(true)이 호출되어야 한다.

(38라인) 버튼을 선택할 때마다 다이얼로그를 화면에 출력한다. 다이얼로그는 하나이다.

모달 다이얼로그와 모달리스 다이얼로그

모달(modal)
모달리스(modeless)
사용자 입력을 독점

다이얼로그의 타입은 모달(modal)과 모달리스(modeless)의 두 가지가 있다. 모달 타입은 다이얼로그가 일단 출력되면 다이얼로그를 닫기 전에는 다른 작업을 전혀 할 수 없도록 사용자 입력을 독점하는 타입이며, 모달리스 타입은 다른 창과 모달리스 다이얼로그가 각자 독립적으로 작동하는 타입이다. 그러므로 모달리스 다이얼로그를 열어 놓은 채 다른 창에서 입력 작업이 가능하다. 앞의 예제 14-6에서 만든 다이얼로그는 모달리스 타입이다.

다이얼로그를 만들 때는 목적에 맞는 다이얼로그 타입을 결정해야 한다. 예를 들어, 파일을 선택하는 파일 다이얼로그는 모달 타입으로 해야 한다. 파일 선택이 끝나기 전에는 파일 읽기 등 다른 작업을 하게 해서는 안 되기 때문이다.

모달/모달리스 타입 선택은 JDialog()의 다음 생성자를 이용한다.

```
JDialog(Frame owner, String title, boolean modal)
```

생성자의 3번째 인자 modal 값이 true이면 모달 다이얼로그가 생성되며, false이면 모달리스 타입이 생성된다.

예제 14-6에서 MyDialog를 모달 타입으로 만들려면 라인 10을 다음과 같이 수정해야 한다. 다이얼로그의 디폴트는 모달리스 타입이다.

```
super(frame, title, true); // true는 다이얼로그를 모달 타입으로 지정
```

이렇게 수정하여 예제 14-6을 다시 실행하면 생성된 MyDialog 다이얼로그를 닫기 전에는 절대로 프레임의 Show Dialog 버튼이 클릭되지 않는다. 모달 다이얼로그가 모든 키나 마우스의 입력에 대한 독점권을 가지기 때문이다.

다이얼로그로부터 사용자 입력 값 전달받기

독자들도 알고 있듯이 다이얼로그의 목적은 사용자로부터 입력을 받는 것이다. 다이얼로그가 사용자로부터 입력받은 내용을 어떻게 프레임에 있는 다른 요소에게 전달할 수 있을까? 이 문제에 대해 자세히 알아보자.

예제 14-6에서 작성한 MyDialog에 getInput() 메소드를 추가하여 다음과 같이 MyModalDialog 클래스를 작성하였다. getInput() 메소드는 텍스트필드 컴포넌트에 사용자가 입력한 문자열을 리턴한다. 입력된 문자열이 없는 경우에는 null을 리턴하도록 하였다.

```
class MyModalDialog extends JDialog {
    private JTextField tf = new JTextField(10); // 다이얼로그에 텍스트필드 삽입
    private JButton okButton = new JButton("OK"); // 다이얼로그에 OK 버튼 삽입

    public MyModalDialog(JFrame frame, String title) {
        super(frame, title, true); // 모달 다이얼로그 타입
        setLayout(new FlowLayout());
        add(tf);
        add(okButton);
        setSize(200, 100); // 다이얼로그의 크기는 200×100

        okButton.addActionListener(new ActionListener() { // OK 버튼의 Action 리스너
            public void actionPerformed(ActionEvent e) {
                                            // OK 버튼이 선택되면 다이얼로그를 닫는다.
                setVisible(false);
            }
        });
    }

    String getInput() { // 사용자가 다이얼로그에 입력한 문자열을 리턴하는 메소드
        if(tf.getText().length() == 0) return null; // 텍스트필드가 빈 경우
        else return tf.getText(); // 텍스트필드에 사용자가 입력한 문자열 리턴
    }
}
```

그리고 DialogEx 프레임의 소스를 수정하여 DialogEx2 클래스를 다음과 같이 작성하였다. 이 코드는 사용자가 다이얼로그의 텍스트필드 창에 입력한 문자열로 프레임에 있는 Show Dialog 버튼의 문자열을 변경한다.

```
public class DialogEx2 extends JFrame {
    private MyModalDialog dialog;

    public DialogEx2() {
        super("DialogEx2 예제 프레임");
        setDefaultCloseOperation(JFrame.EXIT_ON_CLOSE);

        // 모달 다이얼로그 생성
        dialog = new MyModalDialog(this, "Test Modal Dialog");

        JButton btn  = new JButton("Show Modal Dialog");
        btn.addActionListener(new ActionListener() {
            public void actionPerformed(ActionEvent e) {
```

```
                // 모달 다이얼로그이므로 setVisible(true) 메소드는
                // 다이얼로그가 닫힐 때까지 리턴하지 않는다.
                dialog.setVisible(true);

                String text = dialog.getInput(); // 텍스트필드에 입력한 문자열 얻음
                if(text == null) return; // 텍스트필드 창이 비어 있으면 그냥 리턴

                JButton btn = (JButton)e.getSource();
                btn.setText(text); // 버튼의 문자열을 text로 변경
            }
        });
        getContentPane().add(btn);
        setSize(250,200);
        setVisible(true);
    }
    public static void main(String[] args) {
        new DialogEx2();
    }
}
```

앞의 소스에서 다이얼로그의 OK 버튼이 클릭되든지 사용자가 다이얼로그를 일방적으로 닫아버리는 경우, setVisible(true)로부터 리턴된다. 그리고 나서 사용자가 입력한 내용을 다이얼로그로부터 읽어 오기 위해 다음 코드를 이용하였다.

```
String text = dialog.getInput();
```

text의 값이 null이면 사용자가 아무 값도 입력하지 않는 것이므로 단순히 리턴하도록 다음 코드를 삽입하였다.

```
if(text == null) return;
```

다음 코드는 text 값으로 JButton 컴포넌트의 문자열을 변경한다.

```
btn.setText(text);
```

지금까지 설명한 코드로 완성된 예제 14-7을 만들었다.

모달 다이얼로그로부터 사용자의 입력 값 알아내기 예제 14-7

텍스트필드 창과 OK 버튼을 가진 모달 다이얼로그를 만들고, 사용자가 텍스트필드 창에 문자열을 입력하고 OK 버튼을 클릭하면 입력한 문자열을 Show Modal Dialog 버튼의 문자열을 변경하도록 예제 14-6을 수정하라.

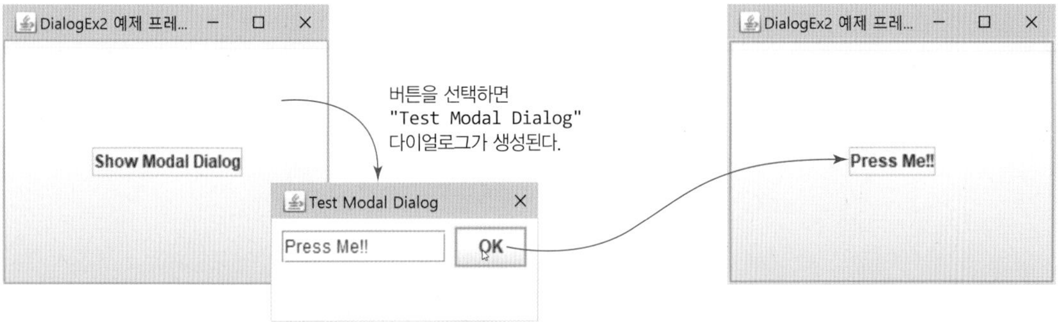

사용자가 "Press Me!!"라고 입력한 후 OK 버튼을 누르면
"Show Modal Dialog" 버튼의 문자열이 변경된다.

```
1  import java.awt.*;
2  import java.awt.event.*;
3  import javax.swing.*;
4
5  class MyModalDialog extends JDialog {
7     private JTextField tf = new JTextField(10);
8     private JButton okButton = new JButton("OK");
9
10    public MyModalDialog(JFrame frame, String title) {
11       super(frame, title, true); // true는 모달 타입을 만들도록 지시
12       setLayout(new FlowLayout());
13       add(tf);
14       add(okButton);
15       setSize(200, 100);
16
17       okButton.addActionListener(new ActionListener() {
18          public void actionPerformed(ActionEvent e) {
19             setVisible(false); // 다이얼로그를 닫는다. 라인 44에서 리턴하게 한다.
20          }
21       });
22    }
23    // 텍스트필드 창에 사용자가 입력한 문자열을 리턴한다.
24    // 입력된 내용이 없으면 null을 리턴한다.
25    public String getInput() {
26       if(tf.getText().length() == 0) return null;
```

```
        else return tf.getText();
    }
}

public class DialogEx2 extends JFrame{
    private MyModalDialog dialog; // 다이얼로그의 레퍼런스

    public DialogEx2() {
        super("DialogEx2 예제 프레임");
        setDefaultCloseOperation(JFrame.EXIT_ON_CLOSE);
        JButton btn  = new JButton("Show Modal Dialog");

        // 모달 다이얼로그 생성
        dialog = new MyModalDialog(this, "Test Modal Dialog");

        btn.addActionListener(new ActionListener() {
            public void actionPerformed(ActionEvent e) {
                dialog.setVisible(true); // 모달 다이얼로그 작동 시작

                // 다이얼로그로부터 사용자가 입력한 문자열을 받아 온다.
                String text = dialog.getInput();

                if(text == null) return; // 입력한 문자열이 없는 경우
                JButton btn = (JButton)e.getSource();
                btn.setText(text); // 입력한 문자열로 이 버튼의 문자열을 변경한다.
            }
        });
        getContentPane().add(btn);
        setSize(250,200);
        setVisible(true);
    }
    public static void main(String[] args) {
        new DialogEx2();
    }
}
```

모달 다이얼로그를 생성한다.

모달 다이얼로그는 setVisible() 내에서 다이얼로그가 닫힐 때까지 리턴하지 않는다.

모달 다이얼로그가 닫히면 비로소 이 라인이 실행되며 사용자가 다이얼로그의 텍스 트필드에 입력한 문자열을 얻어 온다.

14.5 팝업 다이얼로그

팝업 다이얼로그와 JOptionPane

지금까지 JDialog를 상속받아 다이얼로그를 만드는 방법을 설명하였다. 한편 자바 스윙 패키지에는 개발자가 가져다 사용할 수 있는 유용한 다이얼로그가 많이 있다. 지금부터 설명할 팝업 다이얼로그는 스윙 패키지에 구현된 간단한 팝업 창으로 사용자에게 메시지를 전달하거나 간단한 문자열을 입력받는 유용한 다이얼로그이다.

팝업 다이얼로그

JOptionPane 클래스는 여러 종류의 팝업 다이얼로그를 출력하는 static 메소드를 지원한다. JOptionPane 클래스에 의해 지원되는 팝업 다이얼로그는 모두 모달 타입이다. 그러므로 팝업 다이얼로그를 닫기 전에는 프레임을 포함하여 어떤 창으로도 이동할 수 없다. 이제, 많이 사용되는 3가지 팝업 다이얼로그를 활용하는 방법에 대해 알아보자.

JOptionPane

static 메소드

입력 다이얼로그, JOptionPane.showInputDialog()

JOptionPane의 showInputDialog() 메소드를 호출하면 한 줄의 문자열을 입력받는 입력 다이얼로그를 출력할 수 있다.

showInputDialog()

한 줄의 문자열을 입력

static String JOptionPane.showInputDialog(String msg)

- msg: 다이얼로그 메시지
- 리턴 값: 사용자가 입력한 문자열. 취소 버튼이 선택되거나 창이 닫히면 null 리턴

[그림 14-6]은 JOptionPane.showInputDialog("이름을 입력하세요")를 호출하여 입력 다이얼로그를 출력한 사례이다. 사용자가 입력 창에 "Java Kim"이라고 입력하고 "확인" 버튼을 누르면 showInputDialog()는 "Java Kim"을 리턴하지만, "취소" 버튼을 누르거나 창을 닫으면 null을 리턴한다.

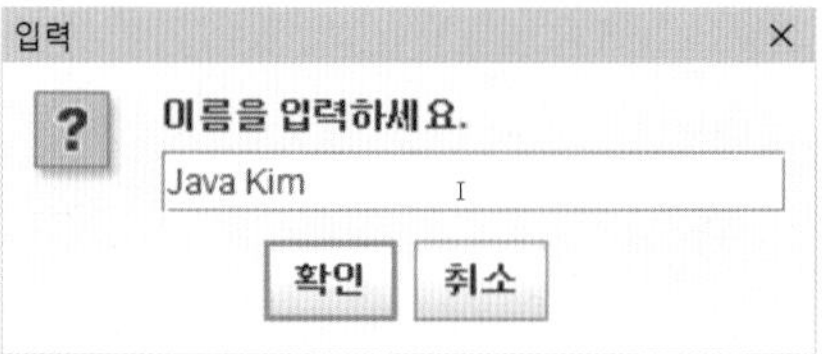


```
String name = JOptionPane.showInputDialog("이름을 입력하세요.");
// name에 "Java Kim"이 리턴
// 사용자가 입력 없이 팝업 다이얼로그를 닫으면 null 리턴
```

[그림 14-6] JOptionPane.showInputDialog()로 만든 입력 다이얼로그

확인 다이얼로그, JOptionPane.showConfirmDialog()

showConfirmDialog()

사용자로부터 확인/취소를 입력받기 위한 팝업 다이얼로그를 출력하는 showConfirmDialog() 메소드는 다음과 같다.

```
static int JOptionPane.showConfirmDialog(Component parentComponent, Object msg,
                                 String title, int optionType)
```

- parentComponent: 다이얼로그의 부모 컴포넌트로서 다이얼로그가 출력되는 영역의 범위 지정을 위해 사용(예: 프레임). null이면 전체 화면 중앙에 출력
- msg: 다이얼로그 메시지
- title: 다이얼로그 타이틀
- optionType: 다이얼로그 옵션 종류 지정
  YES_NO_OPTION, YES_NO_CANCEL_OPTION, OK_CANCEL_OPTION
- 리턴 값: 사용자가 선택한 옵션 종류
  YES_OPTION, NO_OPTION, CANCEL_OPTION, OK_OPTION, CLOSED_OPTION

YES_NO_OPTION

YES_OPTION

NO_OPTION

CLOSED_OPTION

[그림 14-7]은 YES_NO_OPTION 타입의 확인 다이얼로그를 출력한 사례이다. 이 확인 다이얼로그는 "예", "아니오"의 두 개의 버튼만 가진다. showConfirmDialog()는 사용자가 "예" 버튼을 선택하면 YES_OPTION을, "아니오" 버튼을 선택하면 NO_OPTION을 리턴한다. 그러나 사용자가 어떤 버튼도 선택하지 않고 다이얼로그를 종료한 경우 CLOSED_OPTION 값을 리턴한다.

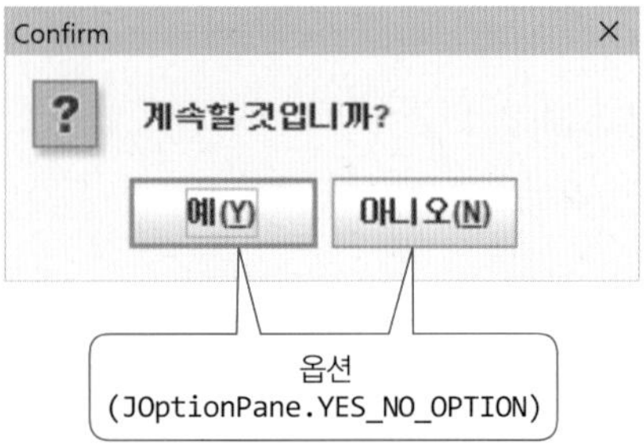


```
int result = JOptionPane.showConfirmDialog(null, "계속할 것입니까?",
                                  "Confirm", JOptionPane.YES_NO_OPTION);
if(result == JOptionPane.CLOSED_OPTION) {
    // 사용자가 "예"나 "아니오"의 선택 없이 다이얼로그 창을 닫은 경우
}
else if(result == JOptionPane.YES_OPTION) {
    // 사용자가 "예"를 선택한 경우
}
else {
    // 사용자가 "아니오"를 선택한 경우
}
```

[그림 14-7] JOptionPane.showConfirmDialog()로 만든 확인 다이얼로그

메시지 다이얼로그, JOptionPane.showMessageDialog()

showMessageDialog() 메소드를 이용하면, 사용자에게 문자열 메시지를 출력하기 위한 메시지 다이얼로그를 출력한다. 이 메소드는 다음과 같다.

showMessageDialog()

```
static void JOptionPane.showMessageDialog(Component parentComponent,
                Object msg, String title, int messageType)
```

- parentComponent: 다이얼로그의 부모 컴포넌트로서 다이얼로그가 출력되는 영역의 범위 지정을 위해 사용(예: 프레임). null이면 전체 화면 중앙에 출력
- msg: 다이얼로그 메시지
- title: 다이얼로그 타이틀
- messageType: 다이얼로그의 종류로서 다음 중 하나
  ERROR_MESSAGE, INFORMATION_MESSAGE, WARNING_MESSAGE, QUESTION_MESSAGE, PLAIN_MESSAGE

[그림 14-8]은 ERROR_MESSAGE 타입의 메시지 다이얼로그를 출력한 사례이다. 이 메시지 다이얼로그는 메시지와 "확인" 버튼만 출력하며, 사용자가 "확인" 버튼을 누르거나 다이얼로그를 닫으면 showMessageDialog()는 단순 리턴한다.

ERROR_MESSAGE

```
JOptionPane.showMessageDialog(null, "조심하세요", "Message",
                                            JOptionPane.ERROR_MESSAGE);
```

[그림 14-8] JOptionPane.showMessageDialog()로 만든 메시지 다이얼로그

자바에는 이미 만들어 놓은 유용한 다이얼로그가 많이 있어요. 팝업 다이얼로그는 자바의 스윙에서 이미 구현해놓은 간단한 팝업 창으로 사용자에게 메시지를 전달하거나 간단한 문자열을 입력받을 수 있는 유용한 다이얼로그입니다.

예제 14-8 JOptionPane을 사용한 팝업 다이얼로그 작성

다음 그림과 같이 3개의 팝업 다이얼로그를 출력하는 응용프로그램을 작성해보라.

각 버튼을 클릭하면 해당하는 팝업 다이얼로그를 출력하며, 이때 각 팝업에 대해 사용자가 입력한 내용이나 선택한 버튼 정보를 텍스트필드 창에 출력한다.

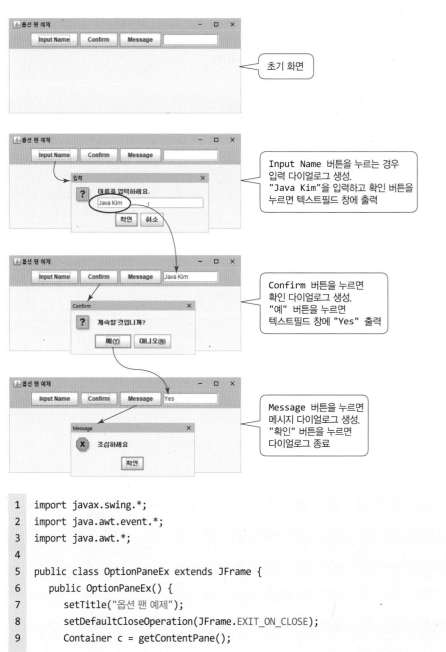

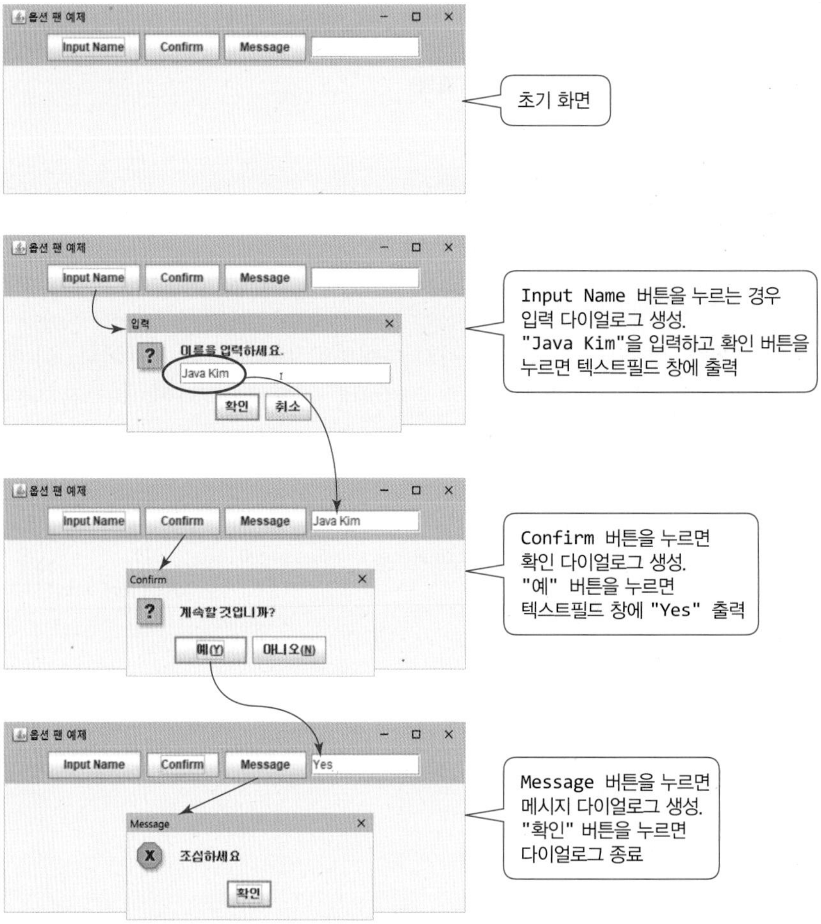


```
import javax.swing.*;
import java.awt.event.*;
import java.awt.*;

public class OptionPaneEx extends JFrame {
   public OptionPaneEx() {
      setTitle("옵션 팬 예제");
      setDefaultCloseOperation(JFrame.EXIT_ON_CLOSE);
      Container c = getContentPane();
```

```
        setSize(500,200);
        c.add(new MyPanel(), BorderLayout.NORTH);
        setVisible(true);
    }

    class MyPanel extends Panel {
        private JButton inputBtn = new JButton("Input Name");
        private JTextField tf = new JTextField(10);
        private JButton confirmBtn = new JButton("Confirm");
        private JButton messageBtn = new JButton("Message");

        public MyPanel() {
            setBackground(Color.LIGHT_GRAY);
            add(inputBtn);
            add(confirmBtn);
            add(messageBtn);
            add(tf);

            inputBtn.addActionListener(new ActionListener() {
                public void actionPerformed(ActionEvent e) {
                    // 입력 다이얼로그 생성
                    String name = JOptionPane.showInputDialog("이름을 입력하세요.");
                    if(name != null)
                        tf.setText(name); // 사용자가 입력한 문자열을 텍스트필드 창에 출력
                }
            });

            confirmBtn.addActionListener(new ActionListener() {
                public void actionPerformed(ActionEvent e) {
                    // 확인 다이얼로그 생성
                    int result = JOptionPane.showConfirmDialog(null,
                        "계속할 것입니까?", "Confirm", JOptionPane.YES_NO_OPTION);

                    // 사용자가 선택한 버튼에 따라 문자열을 텍스트필드 창에 출력
                    if(result == JOptionPane.CLOSED_OPTION)
                        tf.setText("Just Closed without Selection");
                    else if(result == JOptionPane.YES_OPTION)
                        tf.setText("Yes");
                    else
                        tf.setText("No");
                }
            });

```

Input Name 버튼을 선택하면 입력 다이얼로그를 생성한다.

Confirm 버튼을 선택하면 확인 다이얼로그를 생성한다.

Message 버튼을 선택하면 메시지 다이얼로그를 생성한다.

```
        messageBtn.addActionListener(new ActionListener() {
            public void actionPerformed(ActionEvent e) {
                // 메시지 다이얼로그 생성
                JOptionPane.showMessageDialog(null, "조심하세요", "Message",
                                              JOptionPane.ERROR_MESSAGE);
            }
        });
    }
}

public static void main(String [] args) {
    new OptionPaneEx();
}
}
```

14.6 파일 다이얼로그

파일 다이얼로그
파일 이름 입력

한글이나 워드를 사용하는 중에 파일 읽기나 쓰기를 하려고 메뉴를 선택하면, **[그림 14-9]**와 같이 파일의 이름을 선택하는 다이얼로그가 출력된다. 이 다이얼로그를 파일 다이얼로그라고 부른다. 스윙 패키지는 응용프로그램에서 쉽게 파일 다이얼로그를 출력할 수 있도록 지원한다. 파일 다이얼로그의 목적이 사용자로부터 파일 이름을 입력받고자 하는 것임을 기억하기 바란다.

JFileChooser

JFileChooser
파일 열기 다이얼로그
파일 저장 다이얼로그

JFileChooser는 파일 탐색기(File Browser)와 같은 기능을 하는 파일 다이얼로그를 구현한 스윙 컴포넌트이다. JFileChooser는 **[그림 14-9]**와 같은 모양의 다이얼로그를 출력하여 사용자가 파일이나 디렉터리를 선택하게 한다. JFileChooser를 이용하면 파일 열기 다이얼로그(File Open Dialog)와 파일 저장 다이얼로그(File Save Dialog)를 모두 출력할 수 있다. 파일 열기 다이얼로그는 열고자 하는 파일의 이름을 사용자로부터 입력받기 위한 것이며, 파일 저장 다이얼로그는 저장하려는 파일 이름을 입력받기 위한 것이다.

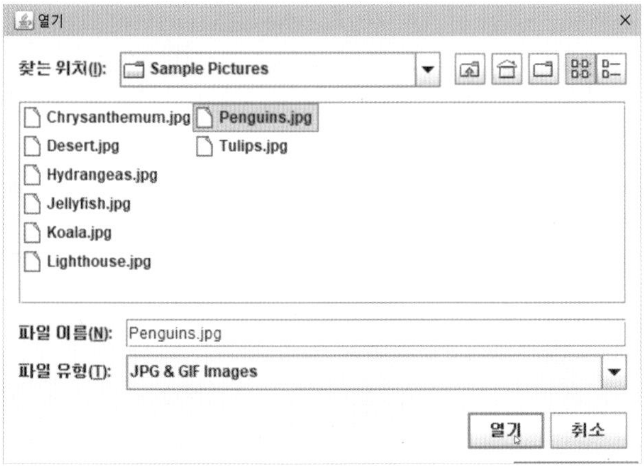

[그림 14-9] JFileChooser를 이용하여 출력한 파일 열기 다이얼로그

파일 열기 다이얼로그 생성

우선, 파일 열기 다이얼로그부터 만들어보자. 파일 열기 다이얼로그를 생성하고 다루는 과정은 7단계로서 다음과 같다.

1. JFileChooser 객체 생성

```
JFileChooser chooser = new JFileChooser();
```

2. 파일 필터 생성

파일 필터(file filter)란 파일 다이얼로그가 특정 확장자를 가진 파일만 보여주기 위해 사용되는 필터 정보로, FileNameExtensionFilter 클래스를 이용하여 다음과 같이 생성한다.

파일 필터
FileNameExtensionFilter

```
FileNameExtensionFilter filter = new FileNameExtensionFilter(
                "JPG & GIF Images", "jpg", "gif");
```

파일 종류 창에 출력되는 문자열

필터링하는 파일 확장자들

이 코드에서 첫 번째 인자인 "JPG & GIF Images"는 파일 다이얼로그의 "파일 종류" 창에 출력되는 문자열 정보이며, 두 번째 인자부터는 필터링하고자 하는 확장자를 나열한다. 확장자는 무한정 나열할 수 있다. 앞의 코드에서는 "jpg"와 "gif"의 2개 확장자만 나열하였으므로, 다이얼로그는 확장자가 jpg이거나 gif인 이미지 파일만 나열한다. [그림 14-10]은 파일 필터를 사용한 한 예이다. FileNameExtensionFilter 클래스를 사용하기 위해서는 다음 import가 필요하다.

```
import javax.swing.filechooser.*;
```

3. JFileChooser에 파일 필터 설정

setFileFilter()

파일 필터를 다이얼로그에 설정할 차례이다. 다음과 같이 setFileFilter() 메소드를 이용하여 파일 다이얼로그에 파일 필터를 설정한다.

```
chooser.setFileFilter(filter);
```

addChoosableFileFilter()

JFileChooser는 여러 개의 파일 필터를 가질 수 있다. JFileChooser에 새로운 파일 필터를 추가하려면 다음과 같이 addChoosableFileFilter() 메소드를 이용하면 된다.

```
chooser.addChoosableFileFilter(filter);
```

4. 파일 대신 디렉터리를 선택하고자 할 때

setFileSelectionMode()

setFileSelectionMode() 메소드를 이용하면 파일 다이얼로그에서 파일이나, 디렉터리, 혹은 둘 다 선택 가능하도록 설정할 수 있다. 다음 코드는 파일이나 디렉터리 모두 선택 가능하게 한다.

```
chooser.setFileSelectionMode(JFileChooser.FILES_AND_DIRECTORIES);
```

이 코드가 없으면 파일만 선택 가능하다.

5. 파일 열기 다이얼로그 출력

showOpenDialog()

이제, 파일 다이얼로그를 출력하고 가동시켜보자. 다음 코드와 같이 showOpenDialog()를 이용하여 파일 다이얼로그를 화면에 출력한다. 결과는 [그림 14-10]과 같다.

```
int ret = chooser.showOpenDialog(null);
```

showOpenDialog(Component parent) 메소드의 인자인 parent는 다이얼로그의 부모

컴포넌트를 지정하는 것으로, 다이얼로그를 출력할 위치를 정할 때, 기준이 되는 부모 컴포넌트이며, null을 주면 전체 화면을 기준으로 위치를 잡게 된다.

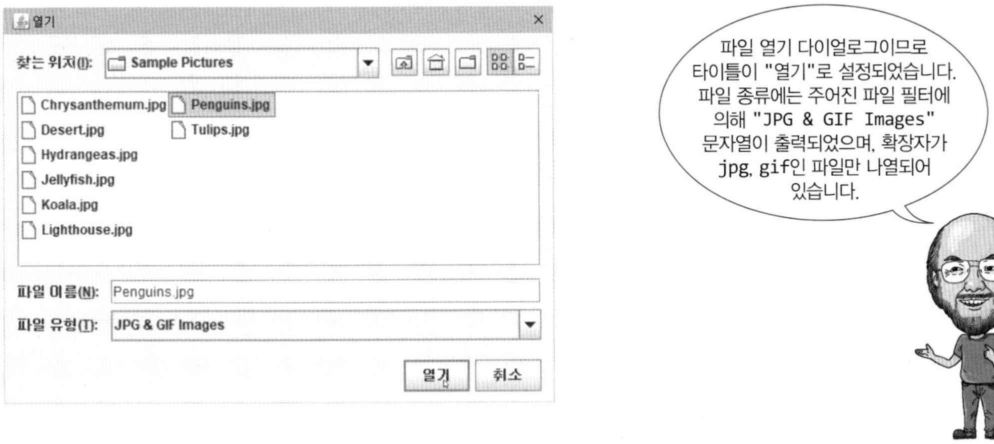

[그림 14-10] jpg와 gif 확장자를 가진 파일만 나열하는 파일 열기 다이얼로그 출력

6. 사용자가 선택한 파일 이름 알아내기

사용자는 보통 [그림 14-10]에서 파일을 선택하고 "열기" 버튼을 누른다. 이때 파일 다이얼로그는 보이지 않게 될 뿐이지 JFileChooser 객체가 사라진 것은 아니다. JFileChooser 객체 내부에는 사용자가 선택한 파일 이름, 파일 경로명, 디렉터리명 등 다양한 정보가 남아 있다. 사용자가 선택한 파일 이름은 다음과 같이 JFileChooser의 getSelectedFile() 메소드(File 객체 리턴)를 이용하여 알아낸다.

getSelectedFile()

```
String pathName = chooser.getSelectedFile().getPath(); // 완전경로명
```

7. showOpenDialog()의 리턴 값 처리

마지막으로 사용자가 취소 버튼을 선택하거나 강제로 다이얼로그를 닫는 경우에 대한 대책이 필요하다. showOpenDialog()는 사용자의 행위에 따라 3가지의 값 중 하나를 리턴한다.

- JFileChooser.APPROVE_OPTION: "열기" 버튼을 누른 경우
- JFileChooser.CANCEL_OPTION: "취소" 버튼을 누른 경우
- JFileChooser.ERROR_OPTION: 오류가 발생하거나 사용자가 다이얼로그를 닫은 경우

응용프로그램에서 사용자가 선택한 파일 이름을 정확하게 얻기 위해서는 정상적으로 "열기" 버튼을 누른 경우를 가려낼 필요가 있다. JFileChooser로부터 사용자가 선택한 파일의 경로명과 이름을 알아내는 코드는 다음과 같다.

```
int ret = chooser.showOpenDialog(null);
if(ret == JFileChooser.APPROVE_OPTION) {
    String pathName = chooser.getSelectedFile().getPath(); // 선택한 파일의 완전 경로명
    String fileName = chooser.getSelectedFile().getName(); // 파일의 이름
}
```

예를 들어, 사용자가 선택한 파일이 a.jpg이면 앞의 코드를 실행한 결과, pathName은 다음과 같이 완전 경로명이다.

```
C:\Documents and Settings\황기태\My Documents\My Pictures\a.jpg
```

그리고 fileName은 순수 파일 이름으로 다음과 같다.

```
a.jpg
```

파일 저장 다이얼로그 생성

showSaveDialog()

파일 저장 다이얼로그를 출력하기 위해서는 showOpenDialog() 대신 다음과 같이 showSaveDialog()를 호출하면 된다. 나머지 과정은 동일하다.

```
int ret = chooser.showSaveDialog(null);
```

잠깐!

- 파일 다이얼로그가 실제 파일 열기까지 수행하는 것은 아니다. 다이얼로그는 사용자로부터 파일 이름을 얻어내는 목적에 국한된다. 응용프로그램은 파일 다이얼로그로부터 사용자가 선택한 파일의 이름을 알아 온 후 파일을 여는 작업을 따로 해야 한다.
- 파일 다이얼로그가 닫혔다고 해서 JFileChooser 객체가 사라졌거나 사용 불가능하게 된 것은 아니다. showOpenDialog()나 showSaveDialog()를 다시 호출하면 다이얼로그가 다시 화면에 출력된다. 재사용이 가능하다.

파일 열기 다이얼로그 생성 및 출력 예제 14-9

`JFileChooser`를 이용하여 파일 열기 다이얼로그를 출력하고 사용자가 선택한 이미지 파일을 화면에 그리는 응용프로그램을 작성하라.

다음 그림과 같이 메뉴를 만들고, `Open` 메뉴아이템이 선택되면 파일 열기 다이얼로그를 출력하라. 사용자로부터 이미지 파일의 이름을 입력받아 `JLabel` 컴포넌트를 이용하여 이미지를 출력한다. `jpg`나 `gif` 형식의 파일을 필터링하도록 파일 필터를 만들어서 사용하라.

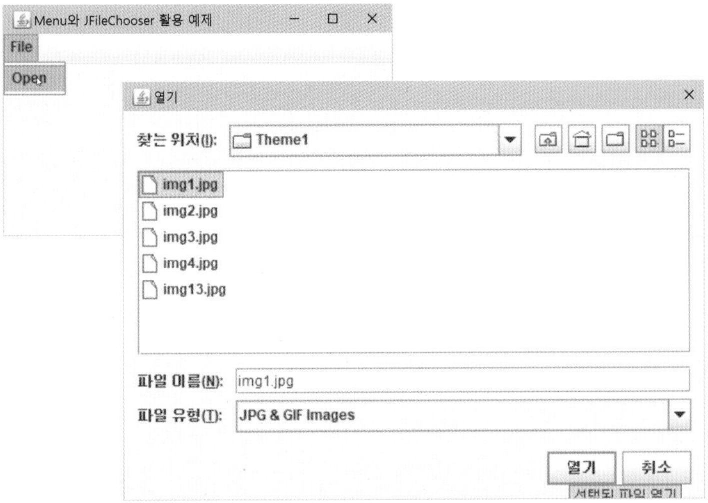

```
import javax.swing.*;
import javax.swing.filechooser.*;
import java.awt.event.*;
import java.awt.*;

public class MenuAndFileDialogEx extends JFrame {
   private JLabel imageLabel = new JLabel();

   public MenuAndFileDialogEx() {
      setTitle("Menu와 JFileChooser 활용 예제");
      setDefaultCloseOperation(JFrame.EXIT_ON_CLOSE);
      Container c = getContentPane();
      c.add(imageLabel);
      createMenu();
      setSize(350,200);
      setVisible(true);
   }

   private void createMenu() {
      JMenuBar mb = new JMenuBar();
      JMenu fileMenu = new JMenu("File");
      JMenuItem openItem = new JMenuItem("Open");

      // Open 메뉴아이템에 Action 리스너를 등록한다.
      openItem.addActionListener(new OpenActionListener());
      fileMenu.add(openItem);
      mb.add(fileMenu);
      setJMenuBar(mb);
   }

   // Open 메뉴아이템이 선택되면 호출되는 Action 리스너
   class OpenActionListener implements ActionListener {
      private JFileChooser chooser;

      public OpenActionListener() {
         chooser = new JFileChooser(); // 파일 다이얼로그 생성
      }
      public void actionPerformed(ActionEvent e) {
         FileNameExtensionFilter filter = new FileNameExtensionFilter(
               "JPG & GIF Images", // 파일 이름난에 출력될 문자열
               "jpg", "gif"); // 파일 필터로 사용되는 확장자. *.jpg. *.gif만 나열됨

         chooser.setFileFilter(filter); // 파일 다이얼로그에 파일 필터 설정
```

```
44         int ret = chooser.showOpenDialog(null); // 파일 다이얼로그 출력
45         if(ret != JFileChooser.APPROVE_OPTION) { // 사용자가 창을 강제로 닫았거나
                                            취소 버튼을 누른 경우
46             JOptionPane.showMessageDialog(null, "파일을 선택하지 않았습니다",
47                                 "경고", JOptionPane.WARNING_MESSAGE);
48             return;
49         }
50
51         // 사용자가 파일을 선택하고 "열기" 버튼을 누른 경우
52         String filePath = chooser.getSelectedFile().getPath(); // 파일 경로명 리턴
53         imageLabel.setIcon(new ImageIcon(filePath)); // 이미지 출력
54         pack(); // 이미지의 크기에 맞추어 프레임 크기 조절
55     }
56 }
57     public static void main(String [] args) {
58         new MenuAndFileDialogEx();
59     }
60 }
```

showOpenDialog()에 의해
파일 다이얼로그를 출력한다.

showOpenDialog()의 리턴
값이 APPROVE_OPTION이 아
닌 경우는 비정상적으로 다이얼
로그가 종료된 경우이다.

사용자가 선택한 이미지 파일
을 읽어 화면에 그린다.

파일이나 디렉터리를
선택할 때 JFileChooser를
사용하면 엄청 쉬워!

14.7 컬러 다이얼로그

JColorChooser

JColorChooser
컬러 다이얼로그

JColorChooser를 이용하면 사용자가 색을 선택할 수 있는 컬러 다이얼로그를 출력할 수 있다. [그림 14-11]은 JColorChooser를 사용하여 컬러 다이얼로그를 출력한 예이다.

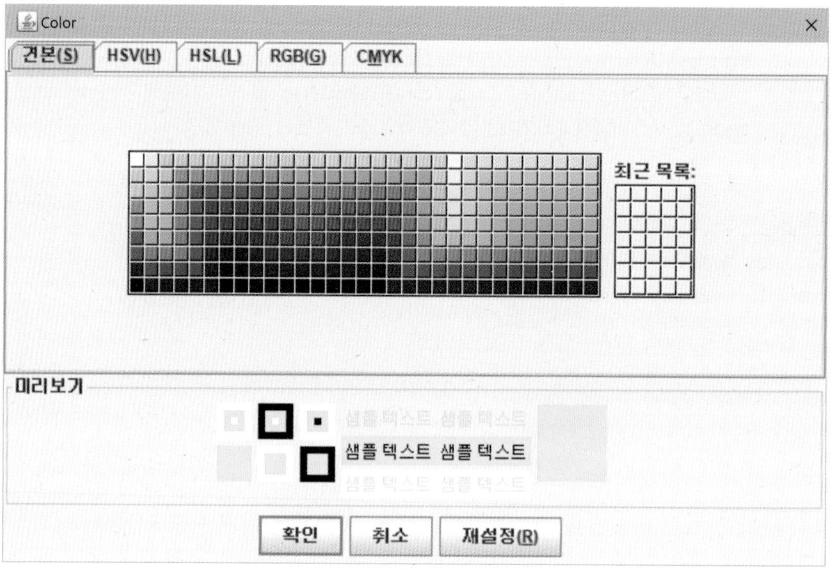

[그림 14-11] JColorChooser를 이용하여 생성된 컬러 다이얼로그

컬러 다이얼로그 생성 및 출력

JColorChooser를 이용하여 컬러 다이얼로그를 출력하고 색을 입력받는 과정을 살펴보자.

1. 컬러 다이얼로그 출력

showDialog()

JColorChooser 객체를 생성하여 컨텐트팬이나 패널에 컴포넌트로 삽입하여 사용할 수 있지만, 다음과 같이 JColorChooser의 static 메소드인 showDialog()를 호출하면 독립적으로 출력하여 동작하는 컬러 다이얼로그를 출력할 수 있다.

```
Color selectedColor = JColorChooser.showDialog(null, "Color", Color.YELLOW);
```

사용자가 선택한 색 리턴

showDialog() 메소드는 사용자가 선택한 색을 리턴한다. 그러므로 앞의 코드에서 selectedColor는 사용자가 선택한 색상이다. 이 코드는 다이얼로그의 타이틀을 "Color"로 하고, 다이얼로그가 보여줄 초기 색상을 YELLOW로 하였다. 그러므로 [그림 14-11]의 미리보기 부분에 색이 노란색(YELLOW)으로 표시되어 있다.

2. 사용자가 선택한 색 얻기

showDialog()는 [그림 14-11]에서 "확인" 버튼을 누르면 선택한 색을 리턴하며, "취소" 버튼이나 다이얼로그를 강제로 닫는 경우 null을 리턴한다. 그러므로 다음과 같이 판별하는 코드가 필요하다.

```
if(selectedColor != null) { // 사용자가 색을 선택하고 "확인" 버튼을 누른 경우
    // 사용자가 선택한 색 selectedColor 사용
}
```

JColorChooser를 이용한 컬러 다이얼로그 사용 예제 14-10

컬러 다이얼로그를 이용하여 글자 색을 선택하는 프로그램을 작성하라.

다음 그림과 같이 Color 메뉴아이템이 선택되면 컬러 다이얼로그를 출력하고 사용자가 선택한 색으로 "Hello"의 글자색을 변경한다.

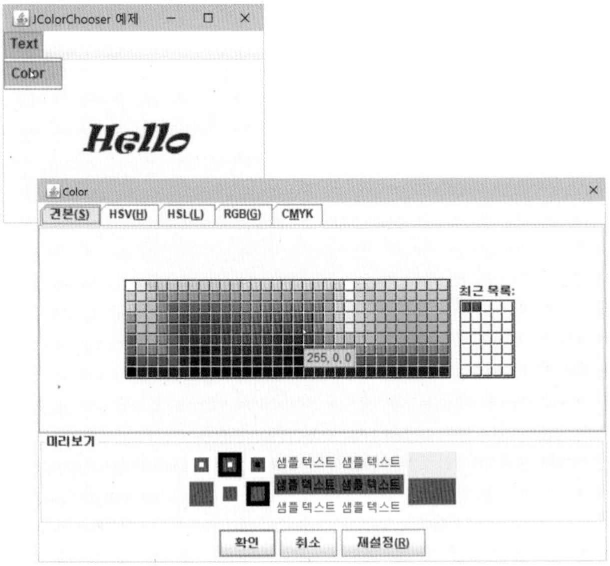

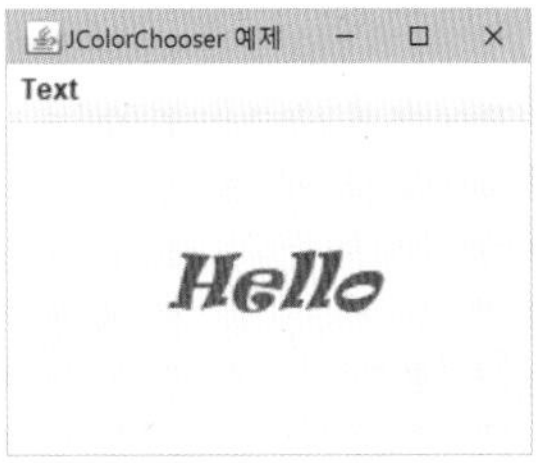

```
import javax.swing.*;
import java.awt.event.*;
import java.awt.*;

public class MenuAndColorChooserEx extends JFrame {
   private JLabel label = new JLabel("Hello");

   public MenuAndColorChooserEx() {
      setTitle("JColorChooser 예제");
      setDefaultCloseOperation(JFrame.EXIT_ON_CLOSE);
      Container c = getContentPane();
      label.setHorizontalAlignment(SwingConstants.CENTER);
      label.setFont(new Font("Ravie", Font.ITALIC, 30));
      c.add(label, BorderLayout.CENTER);
      createMenu();
      setSize(250,200);
      setVisible(true);
   }

   private void createMenu() {
      JMenuBar mb = new JMenuBar();
      JMenuItem colorMenuItem = new JMenuItem("Color");
      JMenu fileMenu = new JMenu("Text");

      // Color 메뉴아이템에 Action 리스너 등록
      colorMenuItem.addActionListener(new MenuActionListener());
```

Color 메뉴아이템에 Action 리스너를 등록한다.

```

      fileMenu.add(colorMenuItem);
      mb.add(fileMenu);
      this.setJMenuBar(mb);
   }

   // Color 메뉴아이템이 선택될 때 실행되는 Action 리스너
   class MenuActionListener implements ActionListener {
```

메뉴아이템이 선택되면 컬러 다이얼로그를 출력한다. 그리고 사용자로부터 받은 색으로 문자열의 색을 변경한다.

```
      public void actionPerformed(ActionEvent e) {
         String cmd = e.getActionCommand(); // 메뉴아이템의 이름 리턴
         if(cmd.equals("Color")) { // Color 메뉴아이템의 경우
            // 컬러 다이얼로그를 출력하고 사용자가 선택한 색을 알아온다.
            Color selectedColor = JColorChooser.showDialog(null,"Color",Color.YELLOW);
```

컬러 다이얼로그를 출력한다. selectedColor는 사용자가 선택한 색이다.

```

            // 취소 버튼을 누르거나 그냥 다이얼로그를 닫는 경우 selectedColor는 null이다.
            if(selectedColor != null)
               label.setForeground(selectedColor);
```

사용자가 선택한 색으로 문자열의 색을 변경한다.

```
            }
        }
    }

    public static void main(String [] args) {
        new MenuAndColorChooserEx();
    }
}
```

14.8 탭팬

JTabbedPane

JTabbedPane은 [그림 14-12]와 같이 여러 개의 패널을 겹치게 하여 출력 공간을 공유하는 탭팬을 구현한다. 탭팬에 부착된 각 패널을 탭(tab)이라 부른다.

JTabbedPane
탭팬
탭

왼쪽 화면은 3개의 탭 (tab1, tab2, tab3)으로 구성된 탭팬의 예이며, 첫 번째 탭이 활성화되어 있습니다. 오른쪽 화면은 탭 위치(tabPlacement)를 JTabbedPane.LEFT로 설정하여 탭을 왼쪽에 부착한 경우입니다. 탭 위치는 오른쪽(JTabbedPane.RIGHT), 아래쪽(JTabbedPane.BOTTOM), 위쪽(JTabbedPane.TOP) 모두 가능합니다.

[그림 14-12] JTabbedPane을 이용하여 작성된 탭팬

탭팬 만들기

탭팬을 만드는 과정은 단순하다.

1. JTabbedPane 객체 생성

```
JTabbedPane pane = new JTabbedPane(); // 탭 위치는 디폴트로 JTabbedPane.TOP
```

탭은 디폴트로 탭팬의 위쪽에 위치한다. 탭 위치를 왼쪽에 부착하려면 다음과 같이 한다.

```
JTabbedPane pane = new JTabbedPane(JTabbedPane.LEFT); // 탭 위치를 왼쪽으로
```

2. 탭 만들어 붙이기

addTab()

탭팬에 탭을 붙이는 작업은 JTabbedPane의 addTab() 메소드를 이용한다. addTab()의 첫 번째 인자는 탭의 타이틀이며, 두 번째 인자는 탭에 출력될 컴포넌트이다. 다음은 타이틀이 "tab1"이고 img1.jpg 이미지를 가진 레이블을 컴포넌트로 가진 탭을 만들어 탭팬에 부착하는 코드이다.

```
// img1.jpg 이미지 레이블을 가진 tab1
pane.addTab("tab1", new JLabel(new ImageIcon("images/img1.jpg")));
```

탭에는 기본적으로 컴포넌트를 하나만 붙일 수 있다. 여러 개의 컴포넌트를 하나의 탭을 담고자 하면, 다음 코드처럼 패널을 탭에 붙이고, 이 패널에 여러 컴포넌트를 담으면 된다.

```
class MyPanel extends JPanel {
    .....................
    // 여러 컴포넌트를 붙인다.
    .....................
}
.......................
pane.addTab("tab3", new MyPanel()); // MyPanel 객체를 컴포넌트로 가진 tab3
```

탭팬 만들기 예제 14-11

다음 그림과 같이 3개의 탭을 가진 탭팬을 작성하라.

```
import javax.swing.*;
import java.awt.*;

public class TabbedPaneEx extends JFrame {
   public TabbedPaneEx() {
      setTitle("탭팬 만들기 예제");
      setDefaultCloseOperation(JFrame.EXIT_ON_CLOSE);
      Container c = getContentPane();
      JTabbedPane pane = createTabbedPane(); // 탭팬을 생성한다.
      c.add(pane, BorderLayout.CENTER); // 탭팬을 컨텐트팬에 부착한다.
      setSize(250,250);
      setVisible(true);
   }

   // 탭팬을 생성하고 3개의 탭을 생성하여 부착한다.
   private JTabbedPane createTabbedPane() {
      JTabbedPane pane = new JTabbedPane(); // 탭팬 객체를 생성한다.
      pane.addTab("tab1", new JLabel(new ImageIcon("images/img1.jpg")));
                                                         // 첫 번째 탭
      pane.addTab("tab2", new JLabel(new ImageIcon("images/img2.jpg")));
                                                         // 두 번째 탭
      pane.addTab("tab3", new MyPanel()); // 세 번째 탭
      return pane;
   }

   // 3번째 탭의 컴포넌트로 사용될 패널
   class MyPanel extends JPanel {
      public MyPanel() {
         this.setBackground(Color.YELLOW);
      }
```

```
        public void paintComponent(Graphics g) {
            super.paintComponent(g);
            g.setColor(Color.RED);
            g.fillRect(10,10,50,50);
            g.setColor(Color.BLUE);
            g.fillOval(10,70,50,50);
            g.setColor(Color.BLACK);
            g.drawString("tab 3에 들어가는 JPanel 입니다. ", 30, 50);
        }
    }

    public static void main(String [] args) {
        new TabbedPaneEx();
    }
}
```

14.9 자바 오디오 다루기

자바의 오디오 API

오디오 API

자바는 응용프로그램에서 오디오를 재생하고 제어할 수 있는 오디오 API를 제공하며 다음 2가지 종류의 오디오 데이터를 다룰 수 있다.

- 디지털 오디오(Digital Audio)
- 미디(MIDI: Music Instrument Digital Interface) 데이터

디지털 오디오

디지털 오디오란 연주되고 있는 음악이나 사람의 목소리 등 아날로그 소리를 샘플링하여 디지털 데이터로 만든 오디오 데이터로, 음악 CD나 전화 목소리를 녹음한 WAVE 파일 등이 이에 해당한다. 디지털 오디오를 다루는 자바 클래스와 인터페이스들은 javax.sound.sampled 패키지에 제공된다.

미디 데이터

한편, 미디 데이터란 피아노, 바이올린, 드럼 등 악기의 소리를 낼 수 있는 특별한 장치(MIDI Device)에게, 어떤 악기를, 어느 높이로, 얼마의 시간동안 연주할지를 지시

하는 데이터이다. 미디 제어를 위한 클래스와 인터페이스는 javax.sound.midi 패키지에서 제공된다.

자바의 사운드 API는 양이 방대하고 내용도 어려우므로 이 책에서는 디지털 오디오에 관해서만 알아본다.

디지털 오디오 포맷

자바 오디오 API로 재생 가능한 디지털 오디오 포맷은 다음과 같다.

```
WAV, AU, AIFF, AIFC
```

오디오 클립과 오디오 재생

지금부터 오디오를 재생하고 중단하는 코드를 작성해보자.

1. 오디오 클립 만들기

오디오를 재생하기 위해서는 먼저 오디오 클립(audio clip)을 만들어야 한다. 오디오 클립의 기능은 자바의 Clip 인터페이스 객체를 통해 구현된다. 먼저 비어 있는 오디오 클립은 다음과 같이 생성한다.

오디오 클립
Clip 인터페이스

```
Clip clip = AudioSystem.getClip(); // AudioSystem 클래스의 static 메소드 getClip()
```

오디오 클립은 오디오 파일을 재생하기 전에 오디오 데이터를 미리 로딩해두고 제어하는 객체로서, 오디오 클립을 이용하면 오디오 파일 내 어느 위치든 재생가능하고 오디오의 일부 혹은 전체를 반복 재생할 수도 있다.

2. 오디오 클립에 오디오 스트림 연결

오디오 파일로부터 오디오 데이터를 읽을 오디오 스트림 객체를 생성한다. 다음은 애국가.wav 파일을 읽어들일 오디오 스트림 객체를 생성하는 코드이다.

스트림 객체 생성

```
File audioFile = new File("애국가.wav");
AudioInputStream audioStream = AudioSystem.getAudioInputStream(audioFile);
```

그리고 나면, 다음과 같이 오디오 클립과 오디오 스트림을 연결한다.

```
clip.open(audioStream); // 오디오 클립과 오디오 스트림 연결
```

이제, clip은 오디오 스트림으로부터 오디오 데이터를 받아 재생할 수 있는 상태가 된다.

3. 오디오 재생

start()

Clip 클래스의 start() 메소드를 호출하면 오디오 재생을 시작한다.

```
clip.start(); // 오디오 재생 시작
```

오디오 재생, 중단을 제어하는 Clip 메소드는 다음과 같다.

void open(AudioInputStream stream)
  오디오 클립은 stream에 존재하는 오디오의 형식과 데이터를 인식하고, 재생할 수 있는 준비를 갖춘다.
void start()
  현재 프레임 위치에서 오디오 클립을 재생한다. 처음 실행될 때 프레임 위치는 0
void stop()
  재생중인 오디오 클립의 재생을 중단한다.
void setFramePosition(int frames)
  오디오 샘플 내에 재생할 프레임의 위치를 지정한다. 프레임의 시작 번호는 0이다.
void loop(int count)
  현재 프레임의 위치에서 시작하여 count만큼 반복 재생한다. count 값이 LOOP_CONTINUOUSLY 이면 무한 반복한다.
void close()
  오디오 클립의 모든 자원을 반환한다.

잠깐!

오디오 클립은 네트워크 등으로부터 실시간 재생하는 스트리밍에는 사용할 수 없고, 오디오 파일과 같이, 재생 전에 전체 오디오를 미리 로딩할 수 있는 경우에 사용된다. 그러므로 큰 오디오 파일을 재생하기에는 많은 메모리가 필요한 단점이 있다.

잠깐!

자바의 오디오 API에는 MP3 오디오를 재생할 수 있는 기능을 제공하지 않는다. 미래에는 제공될 수 있을지도 모르겠다. MP3 오디오를 자바로 재생하려면 복잡한 코드를 작성해야 한다. 한편 JavaFX 라이브러리는 MP3 오디오를 쉽게 재생하는 클래스를 제공하니 참고하기 바란다.

오디오 재생/중지 예제 14-12

play, stop, play again의 3 버튼을 가진 응용프로그램을 작성하고, 애국가.wav 파일을 연주하라. 애국가.wav는 프로젝트 폴더 밑의 audio 폴더에 있어야 한다.

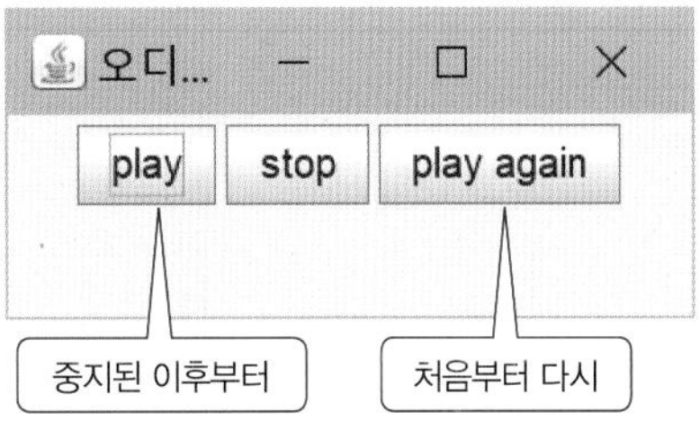


```
import javax.sound.sampled.*;
import javax.swing.*;
import java.awt.*;
import java.awt.event.*;
import java.io.*;

public class AudioEx extends JFrame {
    private JButton btns[] = { new JButton("play"),
               new JButton("stop"),
               new JButton("play again")};
    private Clip clip;

    public AudioEx() {
     setTitle("오디오 제어");
        setDefaultCloseOperation(JFrame.EXIT_ON_CLOSE);
        setSize(300,150);
        Container c = getContentPane();
        c.setLayout(new FlowLayout());

        MyActionListener al = new MyActionListener();
        for(int i=0; i<btns.length; i++) {
            c.add(btns[i]);
            btns[i].addActionListener(al); // 버튼에 Action 리스너 등록
        }
        setVisible(true);
        loadAudio("audio/애국가1절.wav");
    }

    private void loadAudio(String pathName) {
        try {
            clip = AudioSystem.getClip(); // 비어있는 오디오 클립 만들기
            File audioFile = new File(pathName); // 오디오 파일의 경로명
            AudioInputStream audioStream =
               AudioSystem.getAudioInputStream(audioFile); // 오디오 파일로부터
            clip.open(audioStream); // 재생할 오디오 스트림 열기
        }
        catch (LineUnavailableException e) { e.printStackTrace(); }
        catch (UnsupportedAudioFileException e) { e.printStackTrace(); }
        catch (IOException e) { e.printStackTrace(); }
```

```
    }

    class MyActionListener implements ActionListener {
        public void actionPerformed(ActionEvent e) {
            switch(e.getActionCommand()) {
                case "play": clip.start(); // 오디오 재생 시작
                    break;
                case "stop": clip.stop(); // 오디오 재생 중단
                    break;
                case "play again":
                    clip.setFramePosition(0); // 재생 위치를 첫 프레임으로 변경
                    clip.start(); // 오디오 재생 시작
                    break;
            }
        }
    }

    public static void main(String [] args) {
        new AudioEx();
    }
}
```

오디오 클립에 Line 이벤트 처리

Line 이벤트

오디오 클립(Clip 객체)은 오디오가 재생되는 도중 여러 상황에서 Line 이벤트가 발생한다. 이것은 Clip 클래스가 Line 클래스를 상속받았기 때문이다.

● Line 이벤트와 LineListener 인터페이스

LineListener

오디오가 재생을 시작할 때, 재생이 중단되었을 때, 오디오 클립이 닫혔을 때, 오디오 클립 객체에 Line 이벤트가 발생한다. Line 이벤트를 처리하는 리스너는 LineListener 인터페이스이며, Line 이벤트가 발생하면 다음 메소드가 호출된다.

public void update(LineEvent e)
오디오가 재생을 시작할 때, 재생이 중단되었을 때, 오디오 클립이 닫혔을 때 호출된다.

● LineEvent 객체

LineEvent 객체

LineEvent 객체는 다음 메소드를 통해 이벤트에 대한 여러 정보를 제공한다.

Line getLine()
　이벤트가 발생하는 오디오 클립 객체(Clip은 Line 인터페이스 상속받음)
long getFramePosition()
　오디오 내에 이벤트가 발생한 프레임 위치(0부터 시작)
LineEvent.Type getType()
　이벤트 종류로 다음 4가지 값 중 하나 리턴
- LineEvent.Type.OPEN: 오디오 클립이 열릴 때(Clip의 open() 호출시)
- LineEvent.Type.START: 재생이 시작될 때(Clip의 start() 호출시)
- LineEvent.Type.STOP: 재생이 중단될 때(Clip의 stop()이나 끝까지 재생되었을 때)
- LineEvent.Type.CLOSE: 오디오 클립이 닫히고 모든 자원이 반환되었을 때(Clip의 close() 호출시)

● 오디오 클립 객체에 Line 이벤트 리스너 달기

Clip의 addLineListener() 메소드를 이용하여 다음과 같이 리스너를 등록한다.

addLineListener()

```
clip.addLineListener(new MyLineListener());
```

오디오 연주가 끝나면 컨텐트팬의 배경색을 ORANGE 색으로 만들기　예제 14-13

애국가1절.wav 파일을 재생시키고 연주가 끝나면 컨텐트팬의 바탕색이 ORANGE 색으로 바뀌도록 하라.

```
import javax.sound.sampled.*;
import javax.swing.*;
import java.awt.*;
import java.io.*;

public class LineEventEx extends JFrame {
   private Clip clip;
   private String song="audio/애국가1절.wav";
   private JLabel label=new JLabel(song);

   public LineEventEx() {
      setTitle("애국가 1절 연주");
      setDefaultCloseOperation(JFrame.EXIT_ON_CLOSE);
```

```
        Container c = getContentPane();
        c.setLayout(new FlowLayout());
        c.setBackground(Color.YELLOW);
        c.add(label);
        setSize(300,150);
        setVisible(true);
        loadAudio(song);
    }

    private void loadAudio(String pathName) {
        try {
            File audioFile = new File(pathName); // 오디오 파일의 경로명
            final AudioInputStream audioStream = AudioSystem.getAudioInputStream
                                                    (audioFile); // 오디오 파일로부터

            clip = AudioSystem.getClip(); // 비어있는 오디오 클립 만들기
            clip.addLineListener(new LineListener() {
                public void update(LineEvent e) {
                    if (e.getType() == LineEvent.Type.STOP) { // clip.stop()이 호출되
                                                                거나 재생이 끝났을 때
                        try {
                            getContentPane().setBackground(Color.ORANGE);
                            label.setText(song + " 연주 끝!");
                            audioStream.close();
                        } catch (IOException e1) {
                            e1.printStackTrace();
                        }
                    }
                }
            });
            clip.open(audioStream); // 재생할 오디오 스트림 열기
            clip.start(); // 재생 시작
        }
        catch (LineUnavailableException e) { e.printStackTrace(); }
        catch (UnsupportedAudioFileException e) { e.printStackTrace(); }
        catch (IOException e) { e.printStackTrace(); }
    }


    public static void main(String [] args) {
        new LineEventEx();
    }
}
```

요약 SUMMARY

- 메뉴를 만들기 위해 사용되는 클래스는 JMenuBar, JMenu, JMenuItem이며 JMenuBar는 메뉴바를, JMenu는 하나의 메뉴를, JMenuItem은 하나의 메뉴아이템을 구현한다. 메뉴바를 프레임에 붙이기 위해서는 JFrame.setJMenuBar(JMenuBar) 메소드를 이용한다.
- 사용자가 메뉴아이템을 선택하면 Action 이벤트가 발생한다.
- JToolBar는 바(bar) 모양으로서 툴바라고 불리며 다양한 종류의 스윙 컴포넌트를 담을 수 있는 컨테이너이다. 주로 사용자에게 아이콘 메뉴를 제공하기 위해 사용된다.
- 툴팁은 컴포넌트 위에 마우스를 올리면 출력되는 문자열로서, 모든 JComponent들이 가질 수 있으며, 툴팁을 달기 위해서는 JComponent의 setToolTipText(String msg)를 이용한다. msg는 툴팁 문자열이다.
- JDialog를 이용하여 독자가 원하는 형태의 다이얼로그를 제작할 수 있다.
- JOptionPane을 이용하여 다양한 팝업 다이얼로그를 출력할 수 있다.
- 입력 다이얼로그는 JOptionPane.showInputDialog() 메소드를 호출하면 출력되고, 한 줄의 입력창을 통해 문자열을 입력받을 때 사용된다.
- 확인 다이얼로그는 JOptionPane.showConfirmDialog() 메소드를 호출하면 출력되고, 사용자로부터 "예", "아니오" 등의 답을 얻는 데 사용된다.
- 메시지 다이얼로그는 JOptionPane.showMessageDialog() 메소드를 호출하면 출력되고, 사용자에게 임의의 메시지를 전하기 위해 사용된다.
- JFileChooser는 파일 열기 다이얼로그와 파일 저장 다이얼로그를 생성하고 출력하여 사용자로부터 파일이나 디렉터리를 선택하도록 한다.
- JColorChooser는 사용자에게 색상 팔레트를 보여주고 색을 선택하도록 하는 컬러 다이얼로그를 생성하고 출력하는 데 사용된다.
- JTabbedPane은 탭이라고 불리는 여러 개의 패널을 겹치게 하여 출력 공간을 공유하도록 하는 스윙 컴포넌트이다.
- Clip은 오디오 클립 객체로서, 오디오 파일로부터 오디오 데이터를 읽어오는 오디오 스트림과 연결하여 오디오를 재생하고 중단하는 기능을 제공한다.
- Clip 클래스는 Line 클래스를 상속받은 클래스로서, 오디오 클립의 오디오가 재생을 시작할 때, 중단될 때, 오디오 클립이 닫혔을 때, Line 이벤트를 받는다.

커피 자판기 시뮬레이터 만들기 Open Challenge

목적
실전적이고 종합적인 스윙 프로그램 작성 연습

커피 자판기 시뮬레이터를 작성해보자. 커피 자판기 시뮬레이터는 실제 커피 자판기의 기능을 축소하여 다음 기능을 가진다. 난이도 8

- 커피의 종류는 커피만 들어 있는 Black Coffee, 커피와 설탕이 들어 있는 Sugar Coffee, 커피, 설탕, 크림이 모두 들어 있는 Dabang Coffee의 3가지로 한다.
- 화면에는 컵, 커피, 물, 설탕, 크림의 현재 양을 보여주며 커피를 뽑을 때마다 이 값들이 모두 조절된다.
- Reset 버튼을 두고, 이 버튼을 누르면 컵, 커피, 물, 설탕, 크림이 통에 가득 채워진다.
- 커피를 선택하였을 때 재료가 부족하면 커피를 먹을 수 없다는 경고 창을 출력한다.
- 커피를 선택하였을 때 커피 이미지를 출력하고 경고 창을 이용하여 알린다.

커피 자판기 시뮬레이터를 실행한 결과 화면은 다음과 같다.

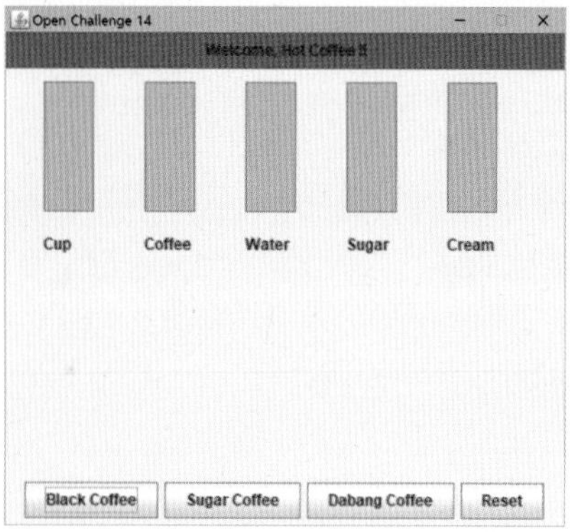

초기 화면

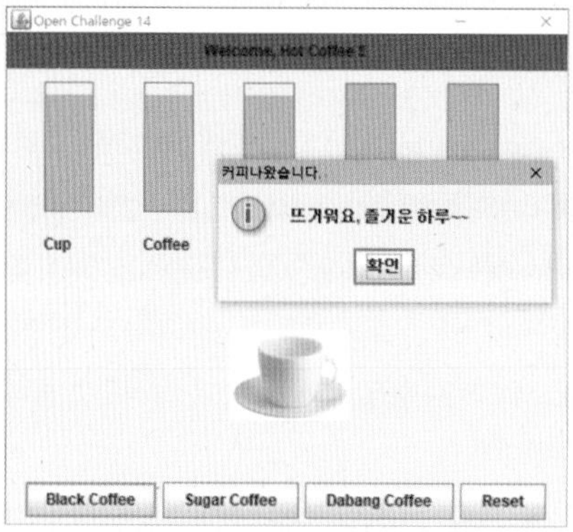

Black Coffee 버튼을 누른 경우

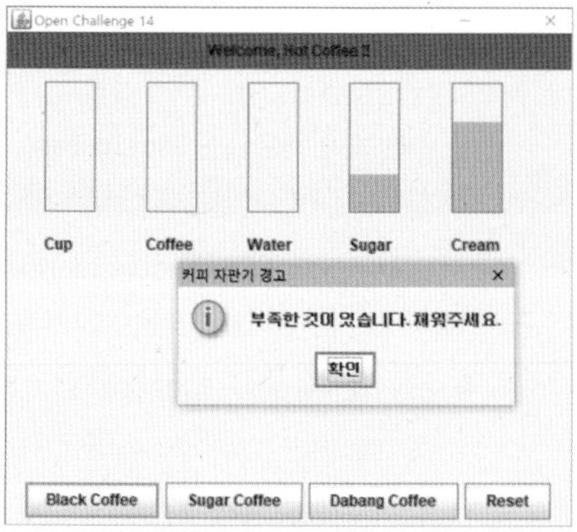

여러 번 커피를 먹어서 Cup, Coffee, Water 통이 비어 있는 상태에서 버튼을 누른 경우

힌트 Hint

- 컨텐트팬의 NORTH에는 "Welcome, Hot Coffee!!" 레이블을 가진 패널을 만들어 붙인다.
- 컨텐트팬의 SOUTH에는 4개의 버튼을 부착한 패널을 만들어 붙인다.
- 컨텐트팬의 CENTER에는 커피 자판기 시뮬레이터의 핵심 기능을 가진 패널을 만들어 붙인다. 3개의 커피 버튼이 눌러지면 다음의 절차가 작동하도록 한다.
  1. 어떤 버튼이 눌러졌는지 판단한다.
  2. 버튼에 따라 현재 필요한 재료가 모두 있는지 판단한다. 재료가 모두 있으면 각 재료를 하나씩 감소시키고, 커피잔을 화면에 출력한다. JOptionPane.showMessageDialog()를 이용하여 메시지를 출력한다.

연습문제

EXERCISE

이론문제

• 홀수 문제는 정답이 공개됩니다.

1. 메뉴를 만드는 데 사용되는 클래스가 아닌 것은?
① JMenu ② JMenuItem ③ JMenuBar ④ Separator

2. 다음 프로그램의 빈칸을 채워라.

```
JMenuItem item1 = new JMenuItem("Open");
JMenuItem item2 = new JMenuItem("Save");
item1.addActionListener(new MyAction());
item2.addActionListener(new MyAction());

class MyAction implements _______________{
    public void actionPerformed(ActionEvent e) {
        String s = e. _______________________();
        if(s.equals("Open")) ......; // 열기 작업을 수행한다.
        else ....; // 닫기 작업을 수행한다.
    }
}
```

3. 툴바에 대해 잘못 설명한 것은?
① 툴바는 컨테이너이다.
② JToolBar를 이용하여 툴바를 만든다.
③ 툴바는 반드시 BorderLayout 배치관리자를 가진 컨테이너에만 붙는다.
④ 툴바의 핸들을 마우스로 드래깅할 수 없게 만드는 메소드는 JToolBar의 setEnabled (false)이다.

4. 툴팁에 대해 잘못 말한 것은?
① 툴팁은 JComponent를 상속받은 모든 스윙 컴포넌트에 달 수 있다.
② 툴팁은 반드시 문자열만 사용된다.
③ 툴팁이 나타나지 않도록 설정하기 위해서는 JToolTip의 setEnabled(false) 메소드를 사용한다.
④ 툴팁의 지속 시간을 제어할 수 있으며 설정된 시간은 모든 툴팁에 일괄적으로 적용된다.

5. 다음 버튼에 "안녕하세요"라는 툴팁을 만드는 코드를 작성하라.

```
JButton b = new JButton("Hello");
______________________________________;
```

6. 다음 JLabel 컴포넌트에 마우스를 올리면 1초 후에 "자바"라는 툴팁이 나타나서 10초 동안 지속되도록 아래의 빈 줄에 코드를 삽입하라.

```
JLabel la = new JLabel("Java");
________________________________
________________________________
________________________________
________________________________
```

7. 일반적으로 파일 열기 다이얼로그를 모달 다이얼로그로 만드는 이유가 무엇인지 설명하라.

8. 다이얼로그와 관련이 제일 먼 것은 무엇인가?

① JDialog ② JOptionPane
③ JFileChooser ④ FileNameExtensionFilter
⑤ JTabbedPane ⑥ JColorChooser

9. 다음 소스에 의해 각각 어떤 창이 만들어지는지 그려라.

(1) JOptionPane.showInputDialog("type ID");
(2) JOptionPane.showConfirmDialog(null, "Continue?", "확인하고자 합니다.", JOptionPane.YES_NO_CANCEL_OPTION);

10. 다음 설명 중 틀린 것은 무엇인가?

① 컬러 다이얼로그는 모달 타입이다.
② 사용자가 파일 열기 다이얼로그 창을 닫으면 다이얼로그가 화면에서 사라지지만 다이얼로그 객체는 사라지지 않기 때문에 재사용이 가능하다.
③ 파일 저장 다이얼로그에서 파일 이름을 선택한 후 "닫기" 버튼을 선택하여 정상적으로 닫기가 이루어진 경우, JFileChooser.saveFileDialog() 메소드는 JFileChooser.APPROVE_OPTION을 리턴한다.
④ 탭팬에서 탭의 위치는 디폴트 값이 왼쪽, 즉 JTabbedPane.LEFT이다.

실습문제

• 홀수 문제는 정답이 공개됩니다.

1. "파일", "편집", "보기", "입력" 등의 4가지 메뉴를 가진 스윙 프로그램을 작성하라. "보기" 메뉴에만 "화면확대", "쪽윤곽"의 2개의 메뉴아이템이 있다. 난이도 3

목적 간단한 메뉴 만들기

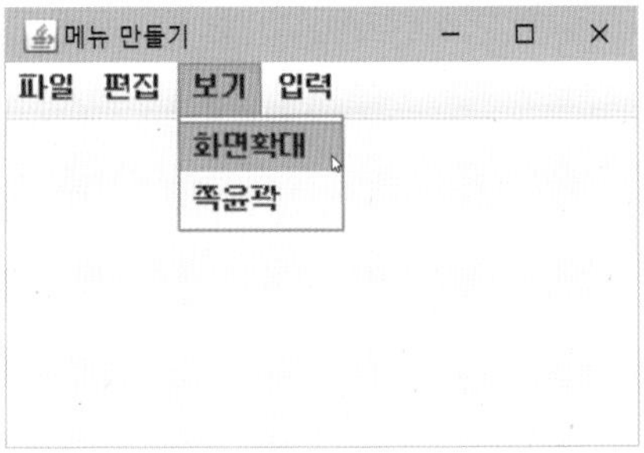

2. "파일" 메뉴에 "열기" 메뉴아이템을 하나 만든다. 이 메뉴아이템을 선택하면 파일 열기 다이얼로그를 출력하고 사용자가 JPG 이미지 파일을 선택하면 이 이미지를 프레임의 바탕화면 전체(컨텐츠팬)에 그리는 스윙 응용프로그램을 작성하라. 이미지를 그리기 위해서 JLabel을 이용하지 말고 Graphics의 drawImage() 메소드를 이용하라. 난이도 5

목적 메뉴 선택 시 이벤트 처리, JFileChooser, 이미지 출력 연습

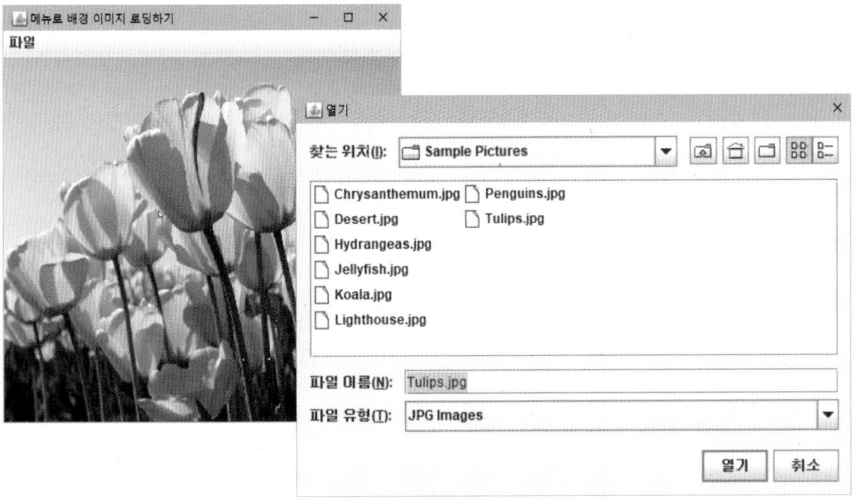

3. 툴바를 만들고 "종료" 버튼을 하나 단다. 이 버튼을 선택하면 JOptionPane을 이용하여 YES_NO_OPTION에 "정말 종료하시겠습니까?" 메시지를 출력하는 확인 다이얼로그를 출력하라. 그리고 사용자가 "예(Y)"로 답한 경우에만 응용프로그램을 종료하는 스윙 응용프로그램을 작성하라. 난이도 4

목적 JToolBar와 JOptionPane 다루기 연습

목적 JToolBar와 JOptionPane 연습

4. 툴바에 그림과 같이 학번을 입력하는 텍스트필드 컴포넌트를 삽입하고 툴바를 프레임의 하단에 부착하라. 이 텍스트필드 컴포넌트에는 오직 숫자만이 입력되도록 하기 위해 사용자가 숫자가 아닌 키를 입력하면 그림과 같은 경고 메시지를 가진 경고 창을 출력하도록 하라. 그림에서는 20170304 뒤에 f 키가 입력된 경우 출력되는 경고 창을 보여준다. 난이도 5

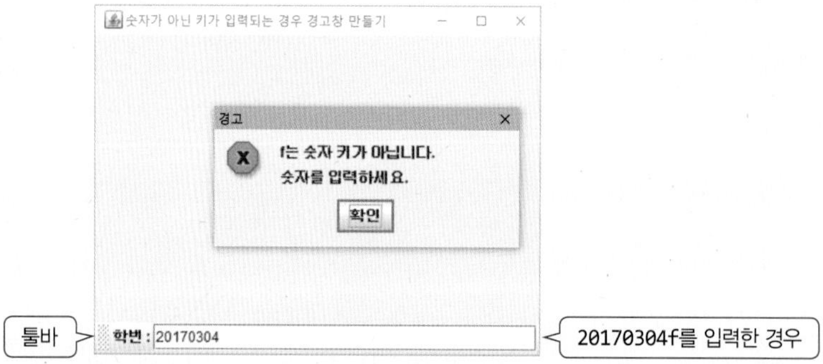

힌트 텍스트필드 컴포넌트에 Key 이벤트 리스너의 keyTyped() 메소드를 작성하여 키를 구분하라. 숫자 키가 아닌 키가 입력된 경우 이 키 이벤트를 무력화시키기 위해서는 KeyEvent의 consume() 메소드를 호출하면 된다.

목적 Clip, AudioInputStream, AudioSystem 클래스로 오디오 제어

5. 프로그램이 시작되면 바로 오디오를 재생하라. 그리고 마우스가 프로그램을 벗어나면 연주를 일시 중단시키고, 다시 마우스가 프로그램으로 올라오면 연주를 계속하도록 하라. 난이도 5

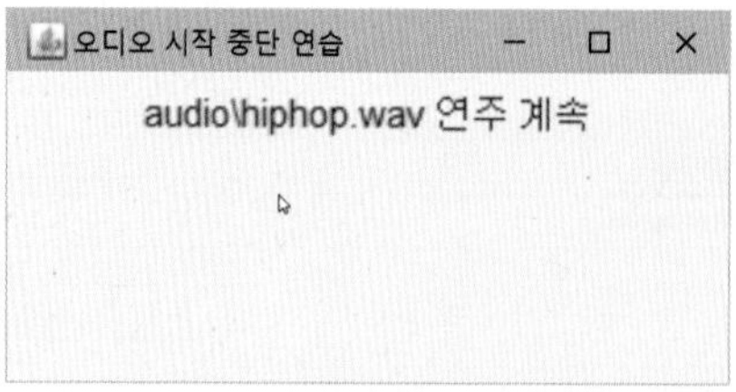

마우스가 컨텐트팬 내에 있는 경우

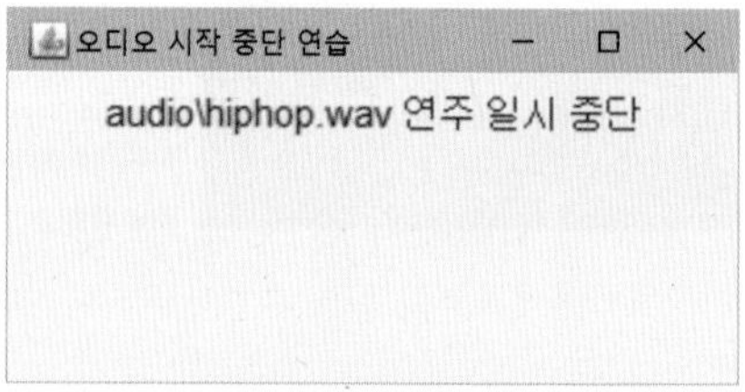

마우스가 컨텐트팬을 벗어난 경우

6. "Calculate" 버튼과 레이블을 가진 프레임을 작성하라. JDialog를 상속받아 CalcDialog 다이얼로그를 다음 그림과 같이 구현하고, "Calculate" 버튼을 클릭하면 CalcDialog가 출력되도록 하라. 사용자로부터 두 정수를 입력받고 "Add" 버튼을 클릭하면 그 결과 값이 레이블에 출력되도록 하라. CalcDialog는 모달 다이얼로그로 만들어라. 난이도 6

목적 JDialog로 다이얼로그 만들고 다루기

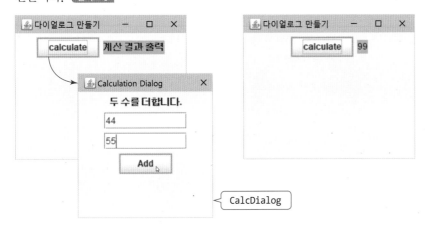

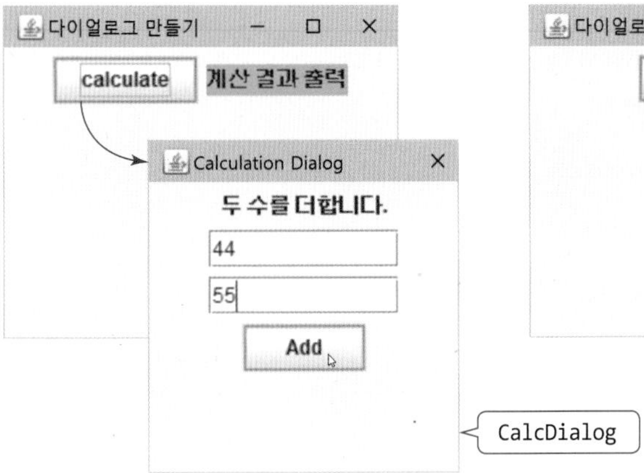

7. 메뉴를 이용하여 오디오를 연주하는 프로그램을 작성하라. "오디오" 메뉴에 "연주"와 "종료" 메뉴아이템을 두고, "연주" 메뉴아이템이 선택되면 JFileChooser를 이용하여 wav 파일을 선택하여 연주를 시작하고, "종료" 메뉴아이템이 선택되면 연주를 종료한다. 난이도 7

목적 Clip, AudioSystem 클래스로 오디오 제어

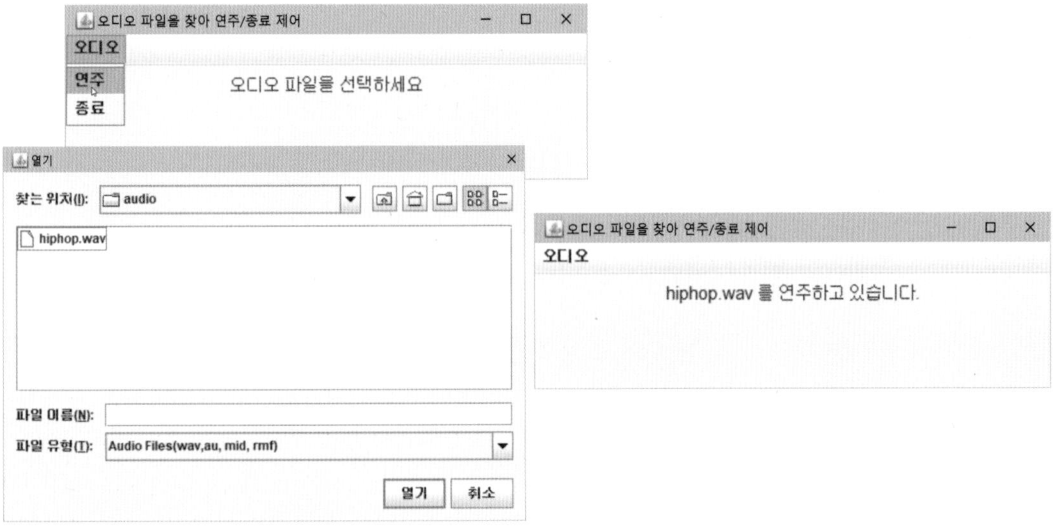

목적 체크박스, 오디오 재생, LineListener 다루기

8. 다음 실행 예시와 같이 연주할 곡을 체크박스로 만들고 사용자가 체크한 곡만 순서대로 연주하는 프로그램을 작성하라. 연주시작 버튼을 누르면 연주가 시작되고 다음 곡에 대해서는 체크박스를 선택/해제할 수 있다. 연주되고 있는 곡명의 글자색을 달리하는 것은 옵션이다. 연주끝 버튼을 누르면 연주가 멈추고, 연주시작 버튼을 누르면 처음부터 시작한다. 연주될 wav 파일은 프로젝트의 audio 폴더에 두면 된다. 난이도 8

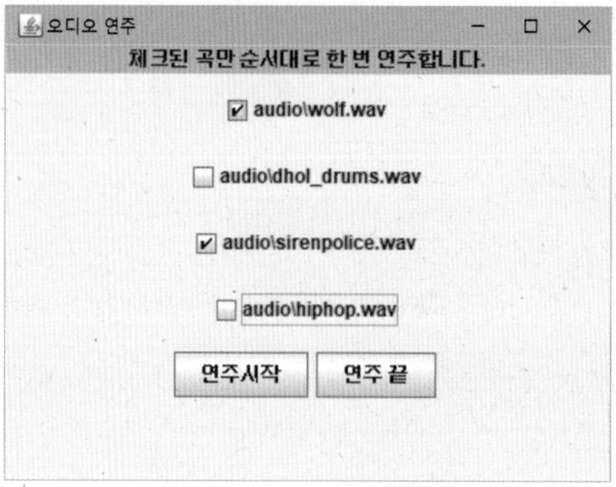

네트워크

Objectives

- TCP/IP 프로토콜의 개념을 이해한다.
- 자바의 소켓과 포트의 개념을 이해한다.
- 서버 클라이언트 통신 프로그램의 구조를 이해한다.
- 서버 소켓과 클라이언트 소켓을 구분하여 이해한다.
- 간단한 채팅 프로그램 예제를 통해 소켓 통신을 이해한다.
- 수식 계산 서버-클라이언트 통신 예제로 서버-클라이언트 통신을 이해한다.
- 소켓 프로그래밍을 할 수 있다.

JAVA PROGRAMMING

네트워크

15.1 TCP/IP

TCP/IP 프로토콜 소개

TCP 프로토콜
IP 프로토콜

TCP 프로토콜은 Transmission Control Protocol의 약자로 다른 두 시스템 간에 신뢰성 있는 데이터의 전송을 관장하는 통신 프로토콜로서 IP(Internet Protocol) 프로토콜 위에서 동작한다. TCP 프로토콜을 사용하는 응용프로그램으로는 e-mail, FTP, 웹(HTTP) 등이 있다. IP는 패킷 교환 네트워크에서 송신 호스트와 수신 호스트가 데이터를 주고받는 것을 관장하는 프로토콜로서 TCP의 하위 레벨 프로토콜이다. TCP는 IP 기능을 활용하여 두 시스템 사이에 데이터가 손상 없이 안전하게 전송되도록 하며, TCP와 IP를 묶어 TCP/IP로 표기한다. TCP/IP 프로토콜 및 e-mail, 웹 응용프로그램의 관계는 [그림 15-1]과 같다.

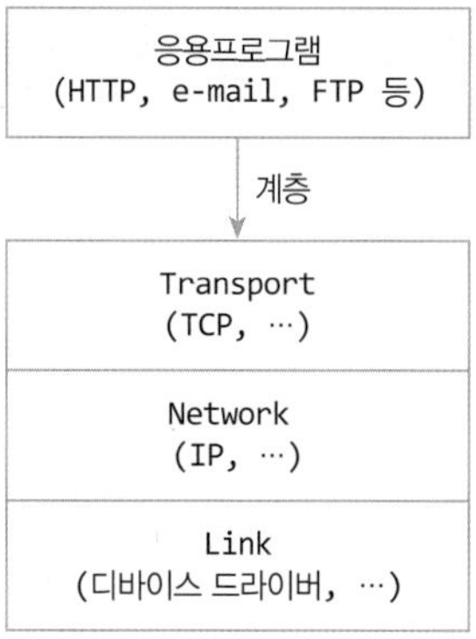

[그림 15-1] 네크워크 계층

IP 주소

IP 주소는 네트워크상에서 유일하게 식별될 수 있는 네트워크 장치의 주소로서, 예를 들면 192.156.11.15와 같이 4개의 숫자가 '.'으로 연결된다. 하나의 숫자 범위는 0~255로서 한 바이트로 표현이 가능하다. IP 주소는 마치 전화번호나 집주소와 같아 이 주소를 통해 네트워크에 연결된 장치를 식별할 수 있으며, 동일한 주소를 여러 네트워크 장치에 중복해서 사용할 수 없다. 숫자로 된 주소는 기억하기 어려우므로 www.naver.com과 같은 문자열로 구성된 도메인 이름으로 바꿔 사용한다. 사용자가 문자열로 구성된 도메인 이름을 사용하면 DNS(Domain Name System) 서버에 의해 숫자로 구성된 IP 주소로 자동 변환되게 된다.

IP 주소
네트워크 장치의 주소

현재는 4개의 숫자로 구성된 IP 주소를 표현하기 위해 32비트의 IP 버전 4(IPv4)가 사용되고 있다. 그러나 세계적으로 네트워크 장치의 개수가 폭발적으로 증가하여 각 장치에 고유하게 부여할 수 있는 IP 주소가 고갈됨에 따라 128비트의 IP 버전 6(IPv6)이 점점 사용되는 추세이다.

자신의 컴퓨터에서 자신의 IP 주소를 간단히 localhost라는 이름으로 사용해도 된다. localhost의 IP 주소는 127.0.0.1로 정해져 있다.

localhost
127.0.0.1

● 내 컴퓨터의 IP 주소 확인하기

윈도우 PC에서는 명령창을 열어 ipconfig 명령을 수행하면 [그림 15-2]와 같이 컴퓨터의 IP 주소를 확인할 수 있다. 대학이나 연구소 등에서는 한 컴퓨터에 항상 동일한 IP(고정 IP)를 설정하는 경우가 많지만, 가정에서는 대개 무선 공유기가 자동으로 할당해 주는 IP 주소를 부여받는다. 이를 유동 IP라고 부른다.

ipconfig

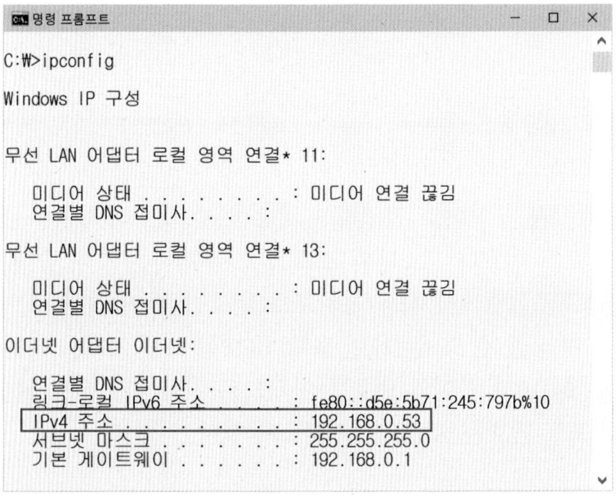

명령 프롬프트
C:\>ipconfig
Windows IP 구성
무선 LAN 어댑터 로컬 영역 연결* 11:
미디어 상태 . . . . : 미디어 연결 끊김
연결별 DNS 접미사. . . . :
무선 LAN 어댑터 로컬 영역 연결* 13:
미디어 상태 . . . . : 미디어 연결 끊김
연결별 DNS 접미사. . . . :
이더넷 어댑터 이더넷:
연결별 DNS 접미사. . . . :
링크-로컬 IPv6 주소 . . . . : fe80::d5e:5b71:245:797b%10
IPv4 주소 . . . . : 192.168.0.53
서브넷 마스크 . . . . : 255.255.255.0
기본 게이트웨이 . . . . . . : 192.168.0.1

[그림 15-2] 내 컴퓨터 IP 주소 확인

포트

IP 주소는 네트워크상에 있는 한 컴퓨터를 유일하게 식별한다. 하지만, 한 컴퓨터에는 여러 응용프로그램이 네트워크를 사용하고 있기 때문에, IP 주소만 가지고는 통신하고자 하는 응용프로그램을 식별할 수 없다. 이를 위해 한 컴퓨터 내의 각 응용프로그램은 통신을 위해 가상의 연결단인 포트(port)를 생성하고, 이 포트 번호로 상대방이 자신을 식별하게 한다.

IP 주소는 아파트의 동 번호와 같고, 포트 번호는 그 동에 있는 호 번호에 비유할 수 있다. 다른 예로 은행의 사례를 들면, IP 주소는 은행 지점의 주소이고, 포트 번호는 은행 내의 고객 창구 번호와 같다.

포트

따라서 통신을 수행하는 모든 응용프로그램은 IP 주소와 포트를 이용하여 상대편 통신 프로그램을 인지하며 데이터를 교환한다. 물론 이때 상대편 응용프로그램은 자신의 IP 주소와 포트 번호를 알고 통신 접속이나 데이터가 오기를 기다리고 있어야 한다. 응용프로그램과 포트 사용 사례는 **[그림 15-3]**과 같다.

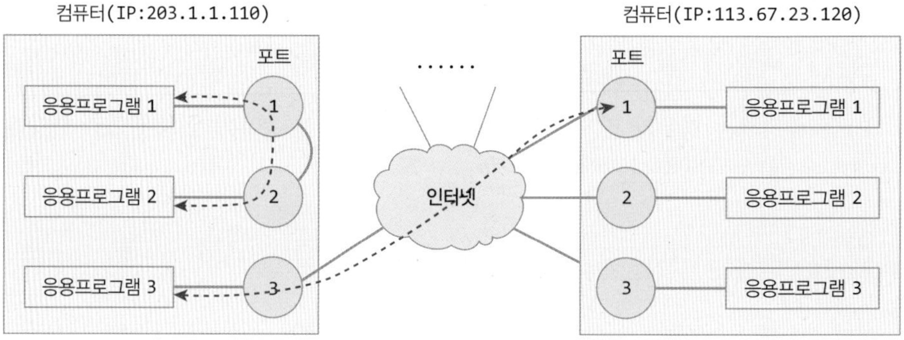

[그림 15-3] 포트를 이용한 두 응용프로그램의 통신

잘 알려진 포트

포트 번호는 응용프로그램 개발자가 임의로 선택하여 사용할 수 있으나, 기존 응용프로그램에서 사용하고 있는 포트 번호나 시스템의 포트 번호는 피하는 것이 좋다. 시스템이나 기존에 알려진 응용프로그램에서 사용하는 포트 번호를 잘 알려진 포트(well-known ports)라고 한다. 예를 들어, SSH는 22번 포트, HTTP는 80번 포트, FTP는 21번 포트 등이며, 이들은 주로 0~1023 사이의 번호를 가지므로 사용자가 작성하는 응용프로그램에서는 이 범위의 포트 번호는 피해서 선택하도록 한다.

CHECK TIME

1. IP 주소와 포트에 대해 설명하라.
2. 현재 자신의 컴퓨터의 IP 주소가 얼마인지 확인하라.
3. 한 컴퓨터에서 2개의 통신 응용프로그램이 동일한 포트 번호를 사용한다면 어떤 문제가 발생할 수 있는가?
4. 하나의 통신 응용프로그램은 반드시 하나의 포트만 사용하여야 하는가?

15.2 소켓 프로그래밍

소켓(socket)

소켓 통신
소켓

소켓 통신은 개발자가 TCP/IP 네트워크를 이용하여 쉽게 통신 프로그램을 작성하도록 지원하는 기반 기술이다. 여기서 소켓은 통신하는 두 응용프로그램 간의 통신 링크의 각 끝단(endpoint)으로서, TCP/IP의 네트워크 기능을 활용하여 다른 컴퓨터의 소켓과 데이터를 주고받는다. 소켓을 활용하는 통신의 모양은 [그림 15-4]와 같으며, 소켓은 특정 포트에 연결되어 데이터를 보내거나 받을 때 해당 응용프로그램을 식별한다.

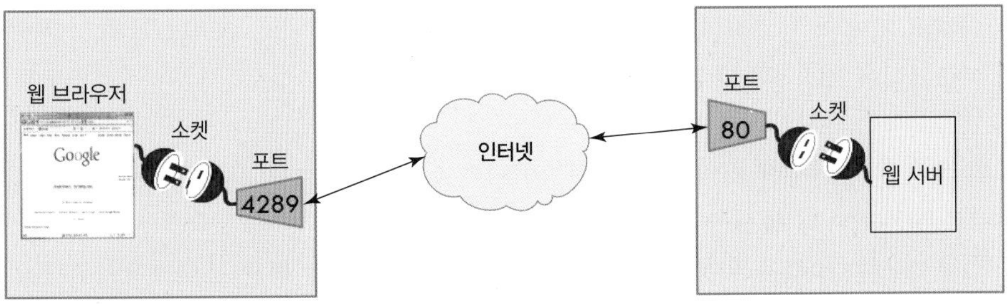

[그림 15-4] 소켓을 이용하는 통신 사례

응용프로그램은 소켓과 연결한 후 소켓에 데이터를 주기만 하면, 소켓이 상대방 응용프로그램에 연결된 소켓에 데이터를 보낸다. 또는 응용프로그램은 연결된 소켓으로부터 도착한 데이터를 단순히 받기만 하면 된다. 인터넷을 경유하여 데이터를 주고받는 기능은 순전히 소켓의 몫이다. 데이터를 주고받는 동안 전송받은 데이터에 오류가 없는 지 검사하고, 만일 손상된 데이터가 오면 다시 받기를 요청하는 등 온전한 데이터를 받는 과정은 모두 소켓의 몫이다.

소켓과 서버 클라이언트 통신

서버
클라이언트

소켓을 이용하는 통신에서는 반드시 서버 응용프로그램과 클라이언트 응용프로그램으로 구분된다. 정보를 제공하는 쪽을 서버(server)라고 부르며, 정보를 이용하는 쪽을 클라이언트(client)라고 부른다. 통신은 서버가 먼저 클라이언트의 접속을 기다리고, 클라이언트에서 서버에 접속하면, 그 때부터 서버나 클라이언트가 데이터를 서로 주고받을 수 있다. 서버나 클라이언트가 보내는 순서를 정하거나 순서에 상관없이 데이터를 전송하는 것은 개발자가 프로그램을 작성하기에 달려 있다.

● 서버 소켓과 클라이언트 소켓

서버 소켓
클라이언트 소켓

소켓에는 서버 소켓과 클라이언트 소켓의 2가지 종류가 있다. 이 둘은 다음과 같이 용도가 서로 다르다.

- 서버 소켓은 서버 응용프로그램이 사용자의 접속을 기다리는(listen) 목적으로만 사용된다.
- 클라이언트 응용프로그램에서는 클라이언트 소켓을 이용하여 서버에 접속한다.
- 서버 소켓은 클라이언트가 접속해오면, 클라이언트 소켓을 추가로 만들어 상대 클라이언트와 통신하게 한다.

이 내용을 정리하면 서버 소켓은 클라이언트의 접속을 기다리는 소켓이며, 클라이언트 소켓은 데이터 통신을 실시하는 소켓이다.

[그림 15-5]는 소켓을 이용한 전형적인 웹 서버 클라이언트 통신 프로그램의 구조와 함께, 클라이언트 응용프로그램과 클라이언트 소켓, 그리고 서버 응용프로그램에서 서버 소켓, 클라이언트 소켓의 관계를 보여준다.

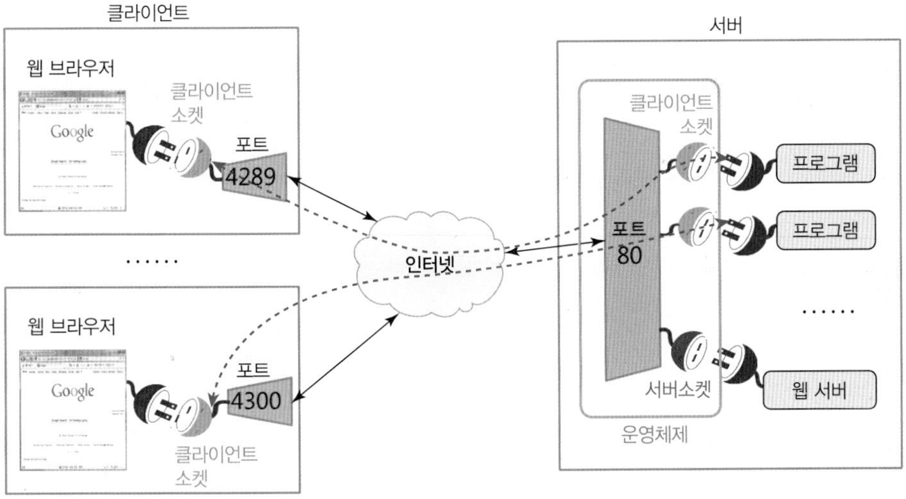

[그림 15-5] 소켓을 이용한 웹 서버와 웹 클라이언트 사이의 통신

● 서버에서 클라이언트 소켓들의 포트 공유

포트 공유
운영체제

[그림 15-5]에서 서버 쪽의 통신프로그램은 각각 독립된 소켓을 이용하여 클라이언트와 통신을 수행한다. 한편, 그림의 서버 쪽을 자세히 들여다보면, '동일한 포트(80)를 여러 클라이언트 소켓들이 공유하고 있으면, 여러 클라이언트들로부터 전송받은 데이터를 서버 내 어떤 소켓으로 전달해야 하는지 어떻게 판단할까?' 하는 의문이 들 것이다. 이것은 운영체제에 의해 처리된다. 클라이언트가 처음 서버 소켓에 연결될 때, 운영체제는 연결된 클라이언트 IP 주소와 포트 번호를 저장하고 기억해둔다. 그 후 서버 컴퓨터의 운영체제는 클라이언트로부터 데이터 패킷을 받게 되면, 패킷 속에 들어 있는 클라이언트의 IP 주소와 포트 번호를 참고하여, 서버에 있는 클라이언트 소켓을 찾아 그 곳으로 데이터를 보낸다.

● 소켓을 이용한 서버 클라이언트 통신 프로그램 구성

자바로 작성하는 서버 응용프로그램과 클라이언트 응용프로그램의 구조를 전체적으로 알아보자. 구체적인 코드들은 다음 절에서 설명한다. 서버 클라이언트의 전형적인 구조는 [그림 15-6]과 같으며 동작하는 과정은 다음과 같다.

서버 소켓 객체
접속 기다린다

1. 서버 응용프로그램은 ServerSocket 클래스를 이용하여 서버 소켓 객체를 생성하고(new SeverSocket(서버 port)①) 클라이언트의 접속을 받기 위해 기다린다(②). 서버 소켓을 생성할 때 포트 번호를 주어 해당 포트로 접속해 오는 클라이언트 기다리게 한다.
2. 클라이언트 응용프로그램은 Socket 클래스를 이용하여 클라이언트 소켓 객체를

서버에 접속
클라이언트 소켓을 따로 생성
소켓을 닫는다

생성하고(new Socket(서버 IP, 서버 port)) 서버에 접속을 시도한다(③). 소켓 객체를 생성할 때, 접속할 서버 소켓의 IP 주소와 포트 번호를 지정한다.

3. 서버는 클라이언트로부터 접속 요청을 받으면, accept() 메소드에서 접속된 클라이언트와 통신하도록 전용 클라이언트 소켓을 따로 생성한다.
4. 서버와 클라이언트 모두 소켓으로부터 입출력 스트림을 얻어내고 데이터를 주고받을 준비를 한다(④, ④').
5. 서버에 생성된 클라이언트 전용 소켓과 클라이언트의 소켓이 상호 연결된 채 스트림을 이용하여 양방향으로 데이터를 주고받는다(⑤, ⑤').
6. 서버는 클라이언트가 접속해 올 때마다 accept() 메소드에서 따로 전용 클라이언트 소켓을 생성하여 클라이언트와 통신하도록 한다. 통신이 끝나면 소켓을 닫는다(⑥, ⑥').

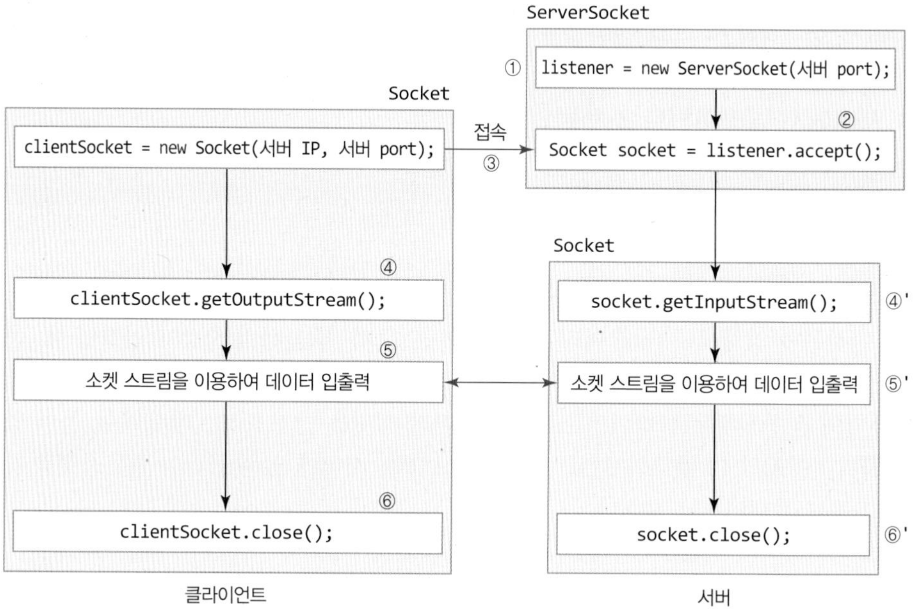

[그림 15-6] 소켓을 이용한 서버 클라이언트 통신 프로그램의 전형적인 구조

Socket 클래스, 클라이언트 소켓

Socket
클라이언트 소켓

Socket은 java.net 패키지에 포함되어 있는 클래스로서 클라이언트 소켓을 구현한다. 즉, 서버와 통신하기 위해 클라이언트 응용프로그램에서 사용하는 소켓이다. Socket의 생성자와 메소드는 각각 〈표 15-1〉, 〈표 15-2〉와 같다.

Socket의 생성자는 연결할 서버의 IP 주소(또는 도메인 주소)와 포트 번호를 인자로 받아서 Socket 객체를 생성한다. 클라이언트 자신의 주소와 포트 번호가 아님에 주의하라. 이제 Socket 클래스를 이용하여 클라이언트 응용프로그램을 작성하는 방법을 하나씩 알아보자.

● 클라이언트 소켓 생성 및 서버 접속

IP 주소가 128.12.1.1이고 포트 번호가 5550인 서버에 연결하기 위해 다음과 같이 클라이언트 소켓 객체를 생성한다. 이때 클라이언트의 포트(local port)는 사용되지 않는 포트 중에서 자동으로 선택된다.

```
Socket clientSocket = new Socket("128.12.1.1", 5550); // 128.12.1.1 서버에 접속
```

Socket 객체가 생성되면 곧바로 128.12.1.1 주소의 5550번 포트로 자동 접속이 이루어진다. 다음과 같이 빈 소켓 객체를 생성하고 서버에 접속해도 된다.

```
Socket clientSocket = new Socket(); // 연결되지 않는 소켓 생성
clientSocket.bind(new InetSocketAddress("192.168.1.21", 1234));
                    // 소켓에 자신의 IP 주소(192.168.1.21)와 로컬 포트(1234)를 결합한다.
clientSocket.connect(new InetSocketAddress("128.12.1.1", 5550));
                      // IP 주소가 128.12.1.1이고 포트가 5550인 서버 응용프로그램에 접속
```

● 네트워크 입출력 스트림 생성

소켓이 만들어지고 서버와 연결이 된 후에는 Socket 클래스의 getInputStream()과 getOutputStream() 메소드를 이용하여 서버와 데이터를 주고받을 소켓 스트림을 얻어내고 이를 버퍼 스트림에 연결한다.

getInputStream()
getOutputStream()

```
BufferedReader in = new BufferedReader(new
                        InputStreamReader(clientSocket.getInputStream()));
BufferedWriter out = new BufferedWriter(new
                        OutputStreamWriter(clientSocket.getOutputStream()));
```

지금부터는 in, out 스트림 객체를 이용하여 네트워크 데이터를 보내고 받으면 된다. 이 코드에서 만들어진 in, out은 문자만 보내고 받을 수 있는 문자 입출력 스트림이다.

● 서버로 데이터 전송

이제 버퍼 출력 스트림 out을 통해 데이터를 전송해보자. 다음은 "hello" 문자열을 서버로 전송하는 코드이다.

```
out.write("hello"+"\n");
out.flush();
```

out.flush()

"hello"에 "\n"을 덧붙여 보내는 이유는 서버 쪽에서 라인 단위('\n' 문자가 올 때까지 한 번에 읽는)로 수신한다고 가정하였기 때문이다. 스트림 out은 버퍼 입출력 스트림이므로 버퍼가 차기 전까지 데이터를 보내지 않기 때문에 강제로 out.flush()를 호출하여 스트림 속의 데이터를 모두 즉각 전송하도록 하였다.

● 서버로부터 데이터 수신

버퍼 입력 스트림 in을 이용하면 서버로부터 문자 데이터를 수신할 수 있다. 다음은 클라이언트로부터 한 개의 문자를 입력받는 코드이다.

```
int x = in.read(); // 클라이언트로부터 한 개의 문자 수신
```

한 행의 문자열을 입력받는 코드는 다음과 같다.

```
String line = in.readLine(); // 클라이언트로부터 한 행의 문자열 수신
```

in.readLine() 메소드는 '\n' 문자가 올 때까지 계속 읽고 '\n'이 도착하면 그때까지 읽은 문자열을 리턴한다. 이 문자열 속에는 '\n'이 삽입되지 않는다.

● 데이터 송수신 종료

데이터 송수신을 모두 수행하고 소켓 연결을 끊고자 하면 다음과 같이 한다.

```
socket.close();
```

〈표 15-1〉 Socket 클래스의 생성자

생성자	설명
Socket	연결되지 않은 상태의 소켓을 생성
Socket(InetAddress address, int port)	소켓을 생성하고, 지정된 IP 주소(addresss)와 포트 번호(port)에서 대기하는 원격 응용프로그램의 소켓에 연결
Socket(String host, int port)	소켓을 생성하여 지정된 호스트(host)와 포트 번호(port)에 연결한다. 호스트 이름이 null인 경우는 루프백(loopback) 주소로 가정

메소드	설명
void bind(SocketAddress bindpoint)	소켓에 로칼 IP 주소와 로컬 포트 지정(결합)
void close()	소켓을 닫는다.
void connect(SocketAddress endpoint)	서버에 연결
InetAddress getInetAddress()	소켓에 연결된 서버 IP 주소 반환
InputStream getInputStream()	소켓의 입력 스트림 반환. 이 스트림을 이용하여 소켓이 상대편으로부터 받은 데이터를 읽을 수 있음
InetAddress getLocalAddress()	소켓의 로컬 주소 반환
int getLocalPort()	소켓의 로컬 포트 번호 반환
int getPort()	소켓에 연결된 서버의 포트 번호 반환
OutputStream getOutputStream()	소켓의 출력 스트림 반환. 이 스트림에 출력하면 소켓이 서버로 데이터 전송
boolean isBound()	소켓이 로컬 주소와 결합되어 있으면 true 반환
boolean isConnected()	소켓이 서버에 연결되어 있으면 true 반환
boolean isClosed()	소켓이 닫혀있으면 true 반환
void setSoTimeout(int timeout)	데이터 읽기 타임아웃 시간 지정. 0이면 타임아웃 해제

〈표 15-2〉

Socket 클래스의 주요 메소드

ServerSocket 클래스, 서버 소켓

ServerSocket 클래스는 서버 소켓을 구현한다. ServerSocket 클래스는 java.net 패키지에 포함되어 있으며 ServerSocket 클래스의 생성자와 메소드는 각각 〈표 15-3〉, 〈표 15-4〉와 같다. ServerSocket은 클라이언트로부터 연결 요청을 기다리는 목적으로만 사용되며, 서버가 클라이언트의 연결 요청을 수락하면 Socket 객체를 별도로 생성하고, 이 Socket 객체가 클라이언트와 데이터를 주고받는다. ServerSocket은 데이터의 송수신에 사용되지 않는다.

ServerSocket
서버 소켓
연결 요청을 기다리는 목적

● 서버 소켓 생성

ServerSocket 생성자는 포트 번호를 인자로 받아서 ServerSocket 객체를 생성한다. 이 포트 번호는 클라이언트의 접속을 기다릴 자신의 포트 번호이다. 이미 사용 중인 포트 번호를 지정하면 오류가 발생한다. 9999번 포트를 사용하는 서버 소켓을 생성하는 예를 들면 다음과 같다.

```
ServerSocket listener = new ServerSocket(9999);
```

● 클라이언트로부터 접속 대기

accept()

ServerSocket 클래스의 accept() 메소드를 이용하여 클라이언트로부터의 연결 요청을 기다린다. accept() 메소드가 연결을 수락하면 다음과 같이 Socket 객체를 하나 별도로 생성하여 리턴한다.

```
Socket socket = listener.accept();
```

서버에서 지금 접속된 클라이언트와의 데이터 통신은 새로 만들어진 socket을 이용하여 이루어진다. 새로 만들어진 socket은 서버 소켓과 동일하게 9999번 포트를 통해 데이터를 주고받는다.

● 네트워크 입출력 스트림 생성

getInputStream()
getOutputStream()

클라이언트로 데이터를 주고 받기 위한 스트림 객체는, ServerSocket의 accept() 메소드로부터 얻은 socket 객체의 getInputStream()과 getOutputStream() 메소드를 이용하여 얻어낸다. 다음과 같이 소켓 스트림을 버퍼 입출력 스트림에 연결하여 사용한다.

```
BufferedReader in = new BufferedReader(new
                        InputStreamReader(socket.getInputStream()));
BufferedWriter out = new BufferedWriter(new
                        OutputStreamWriter(socket.getOutputStream()));
```

버퍼 입출력 스트림 in, out을 이용하여 클라이언트와 데이터를 주고받으면 된다. in, out은 모두 문자만 입출력하는 스트림이다.

● 클라이언트로부터 데이터 수신

앞서 만들어진 버퍼 스트림 in을 이용하여 클라이언트로부터 문자 데이터를 수신할 수 있다. 다음은 클라이언트로부터 한 개의 문자를 입력받는 코드이다.

```
int x = in.read(); // 클라이언트로부터 한 개의 문자 수신
```

한 행의 문자열을 입력받는 코드는 다음과 같다.

```
String line = in.readLine(); // 클라이언트로부터 한 행의 문자열 수신
```

in.readLine() 메소드는 '\n' 문자가 올 때까지 계속 읽고 '\n'이 도착하면 그때까지 읽은 문자열을 리턴한다. 이 문자열 속에는 '\n'이 삽입되지 않는다. 현재 서버에서 라인 단위로 읽기 때문에 클라이언트에서는 송신하는 데이터의 끝에 '\n'을 덧붙여 보내야 한다.

● 클라이언트로 데이터 전송

앞서 만들어진 문자 버퍼 스트림 out을 통해 클라이언트로 데이터를 전송할 수 있다. 다음은 "Hi!, Client" 문자열을 클라이언트로 전송하는 코드이다.

```
out.write("Hi!, Client"+"\n");
out.flush();
```

"Hi!, Client"에 "\n"을 덧붙여 보내는 이유는 클라이언트 쪽에서 라인 단위('\n' 문자가 올 때까지 한 번에 읽는)로 수신한다고 가정하였기 때문이다. out.flush()를 호출하면 버퍼 스트림 속의 데이터를 모두 즉각 클라이언트로 전송한다.

out.flush()

● 데이터 송수신 종료

데이터 송수신을 모두 수행하고 소켓 연결을 끊고자 하면 다음과 같이 한다.

```
socket.close();
```

● 서버 응용프로그램 종료

더 이상 클라이언트의 접속을 받지 않고 서버 응용프로그램을 종료하고자 하는 경우 다음과 같이 ServerSocket을 종료시킨다.

```
serverSocket.close();
```

생성자	설명
ServerSocket(int port)	지정된 포트 번호(port)와 결합된 소켓 생성

〈표 15-3〉

ServerSocket 클래스의 주요 생성자

〈표 15-4〉 ServerSocket 클래스의 주요 메소드

메소드	설명
Socket accept()	클라이언트로부터 연결 요청을 기다리다 요청이 들어오면 수락하고 클라이언트와 데이터를 주고받을 새 Socket 객체를 반환
void close()	서버 소켓을 닫는다.
InetAddress getInetAddress()	서버 소켓의 로컬 IP 주소 반환
int getLocalPort()	서버 소켓의 로컬 포트 번호 반환
boolean isBound()	서버 소켓이 로컬 주소와 결합되어 있으면 true 반환
boolean isClosed()	서버 소켓이 닫혀있으면 true 반환
void setSoTimeout(int timeout)	accept()가 대기하는 타임아웃 시간 지정. 0이면 무한정 대기

15.3 서버-클라이언트 채팅 프로그램 만들기

예제 개요

채팅 예제

서버와 클라이언트가 번갈아 한 번씩 채팅 문자를 보내는 간단한 채팅 예제를 만들어 보자. 채팅 프로그램의 개념은 다음과 같다.

- 서버와 클라이언트가 1:1로 채팅한다.
- 클라이언트와 서버가 서로 한번씩 번갈아 가면서 문자열 전송 및 수신한다. 클라이언트가 먼저 문자열을 보내면, 서버가 받아 출력하고 서버가 다시 문자열을 보내는 식이다.
- 서버나 클라이언트는 사용자로부터 문자열을 입력받아 보낸다. 이때 문자열 끝에 "\n"을 덧붙여 보내고 받는 쪽에서는 라인 단위로 수신한다.
- 클라이언트가 "bye"를 보내면 서버 클라이언트 모두 종료한다.

간단한 채팅 프로그램 예제를 통해 자바에서 소켓을 이용하여 어떻게 클라이언트와 서버 간에 데이터를 주고받는 지 실습해보기로 한다. 채팅 프로그램의 실행 과정은 **[그림 15-7]**과 같다.

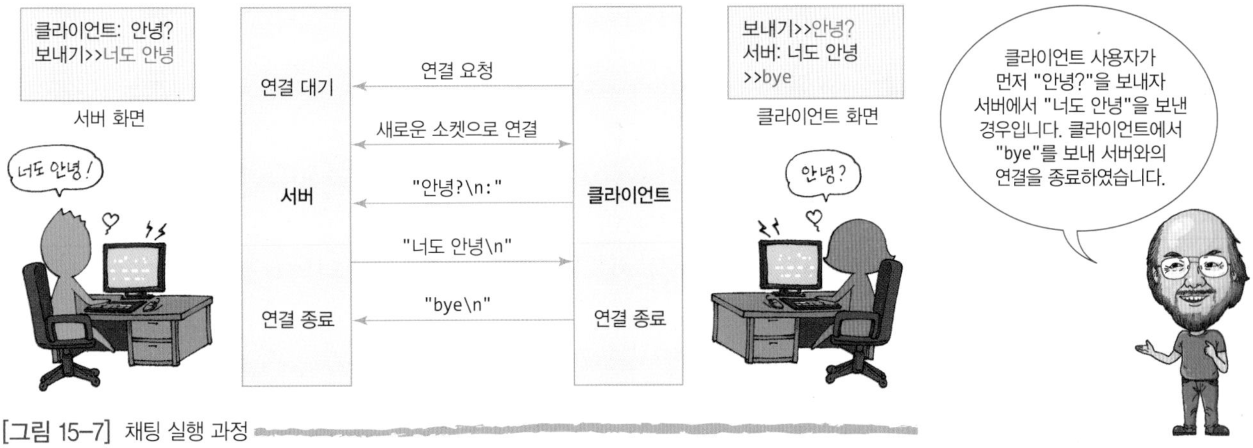

[그림 15-7] 채팅 실행 과정

코드 부분 설명

채팅 프로그램의 전체 소스 코드는 다음 절에서 보이며, 여기서는 소스 코드 중 두 부분만 간단히 설명한다. 나머지는 15.2절에서 설명한 바와 거의 같다.

● 클라이언트의 소켓 생성

서버와 클라이언트를 동일한 컴퓨터에서 실행해보고자 한다. 그러므로 클라이언트에서 소켓을 생성할 때, 다음과 같이 서버의 IP 주소 부분을 "localhost"로 하면 된다. 서버가 다른 컴퓨터라면 서버의 IP 주소를 주어야 한다.

```
socket = new Socket("localhost", 9999); // 클라이언트 소켓 생성. 서버의 9999번 포트에 연결
```

● 사용자로부터 라인 입력

다음 절의 소스 코드에는 15.2절에서 설명한 내용에 클라이언트나 서버에서 사용자가 입력한 문자열을 읽어 출력하는 부분이 추가되어 있다. 다음은 서버 쪽에서 사용자가 입력한 문자열을 전송하는 부분 코드이다.

```
Scanner scanner = new Scanner(System.in);
String outputMessage = scanner.nextLine(); // 키보드로부터 한 줄을 읽는다.
out.write(outputMessage + "\n");
out.flush();
```

서버-클라이언트 채팅 소스 코드

전체 예제 코드는 다음과 같다.

• 서버 프로그램 ServerEx.java

```java
import java.io.*;
import java.net.*;
import java.util.*;

public class ServerEx {
    public static void main(String[] args) {
        BufferedReader in = null;
        BufferedWriter out = null;
        ServerSocket listener = null;
        Socket socket = null;
        Scanner scanner = new Scanner(System.in); // 키보드에서 읽을 scanner 객체 생성
        try {
            listener = new ServerSocket(9999); // 서버 소켓 생성
            System.out.println("연결을 기다리고 있습니다.....");
            socket = listener.accept(); // 클라이언트로부터 연결 요청 대기
            System.out.println("연결되었습니다.");
            in = new BufferedReader(new InputStreamReader(socket.getInputStream()));
            out = new BufferedWriter(new OutputStreamWriter(socket.getOutputStream()));
            while (true) {
                String inputMessage = in.readLine(); // 클라이언트로부터 한 행 읽기
                if (inputMessage.equalsIgnoreCase("bye")) {
                    System.out.println("클라이언트에서 bye로 연결을 종료하였음");
                    break;  // "bye"를 받으면 연결 종료
                }
                System.out.println("클라이언트: " + inputMessage);
                System.out.print("보내기>>"); // 프롬프트
                String outputMessage = scanner.nextLine(); // 키보드에서 한 행 읽기
                out.write(outputMessage + "\n"); // 키보드에서 읽은 문자열 전송
                out.flush(); // out의 스트림 버퍼에 있는 모든 문자열 전송
            }
        } catch (IOException e) {
            System.out.println(e.getMessage());
        } finally {
            try {
                scanner.close(); // scanner 닫기
                socket.close(); // 통신용 소켓 닫기
                listener.close(); // 서버 소켓 닫기
            } catch (IOException e) {
                System.out.println("클라이언트와 채팅 중 오류가 발생했습니다.");
            }
        }
    }
}
```

소켓 입력 스트림

소켓 출력 스트림

받은 메시지를 화면에 출력

• 클라이언트 프로그램 ClientEx.java

```java
import java.io.*;
import java.net.*;
import java.util.*;

public class ClientEx {
    public static void main(String[] args) {
        BufferedReader in = null;
        BufferedWriter out = null;
        Socket socket = null;
        Scanner scanner = new Scanner(System.in); // 키보드에서 읽을 scanner 객체 생성
        try {
            socket = new Socket("localhost", 9999); // 클라이언트 소켓 생성. 서버에 연결
            in = new BufferedReader(new InputStreamReader(socket.getInputStream()));
            out = new BufferedWriter(new OutputStreamWriter(socket.getOutputStream()));
            while (true) {
                System.out.print("보내기>>"); // 프롬프트
                String outputMessage = scanner.nextLine(); // 키보드에서 한 행 읽기
                if (outputMessage.equalsIgnoreCase("bye")) {
                    out.write(outputMessage+"\n"); // "bye" 문자열 전송
                    out.flush();
                    break; // 사용자가 "bye"를 입력한 경우 서버로 전송 후 실행 종료
                }
                out.write(outputMessage + "\n"); // 키보드에서 읽은 문자열 전송
                out.flush(); // out의 스트림 버퍼에 있는 모든 문자열 전송
                String inputMessage = in.readLine(); // 서버로부터 한 행 수신
                System.out.println("서버: " + inputMessage);
            }
        } catch (IOException e) {
            System.out.println(e.getMessage());
        } finally {
            try {
                scanner.close();
                if(socket != null) socket.close(); // 클라이언트 소켓 닫기
            } catch (IOException e) {
                System.out.println("서버와 채팅 중 오류가 발생했습니다.");
            }
        }
    }
}
```

소켓 입력 스트림

소켓 출력 스트림

서버로부터 받은 메시지를 화면에 출력

서버-클라이언트 채팅 예제 실행

예제를 실행하기 전에 컴파일된 클래스 파일 ServerEx.class와 ClientEx.class를 드라이브 c:\ 밑에 옮겨 놓아야 한다. 서버와 클라이언트는 따로 명령창을 열어 실행한다. 실행은 다음 순서로 진행한다.

연결 요청을 기다린다

1. 명령창을 열고 서버 프로그램을 먼저 실행시켜 클라이언트의 연결 요청을 기다린다. [그림 15-8]과 같다.

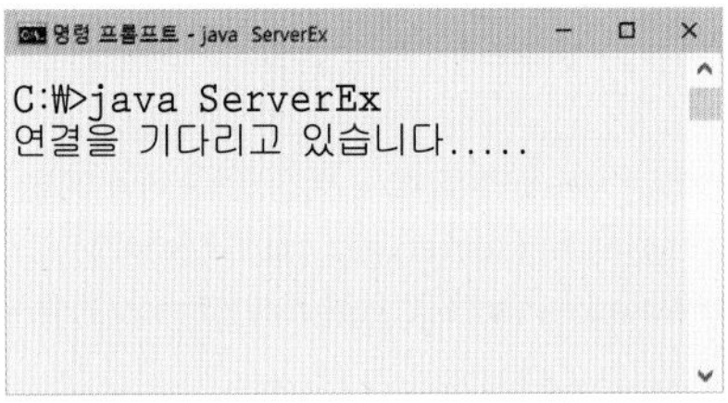

[그림 15-8] 서버가 먼저 실행되어 클라이언트로부터 연결을 기다리고 있는 서버 명령창

서버와 연결

2. [그림 15-9](a)와 같이 다른 명령창을 열어 클라이언트 프로그램을 실행한다. 클라이언트 프로그램이 실행되면 바로 서버로 연결을 시도한다. 서버와 연결이 이루어지면 [그림 15-19](b)와 같이 서버의 명령창에는 "연결되었습니다."가 출력된다.

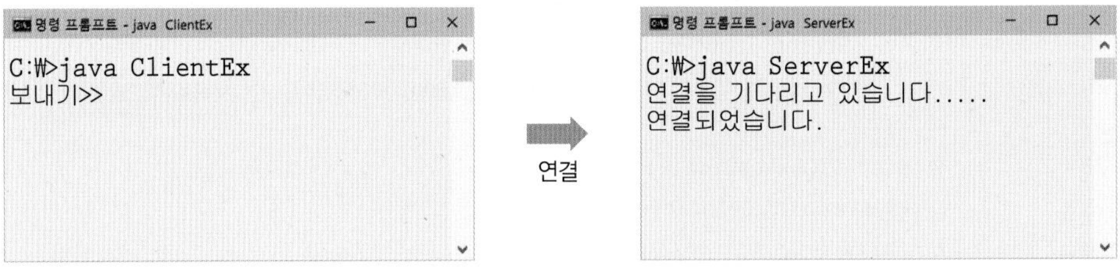

(a) 클라이언트 명령창 (b) 서버의 명령창

[그림 15-9] 클라이언트에서 서버로 문자열 보내기

3. 채팅은 클라이언트에서 먼저 시작하며, 번갈아 메시지를 주고받는다. [그림 15-10](a)에서 클라이언트는 사용자로부터 "안녕?"과 <Enter> 키가 입력되면 서버로 전송한다. [그림 15-10](b)에서 서버는 받은 문자열을 출력한다.

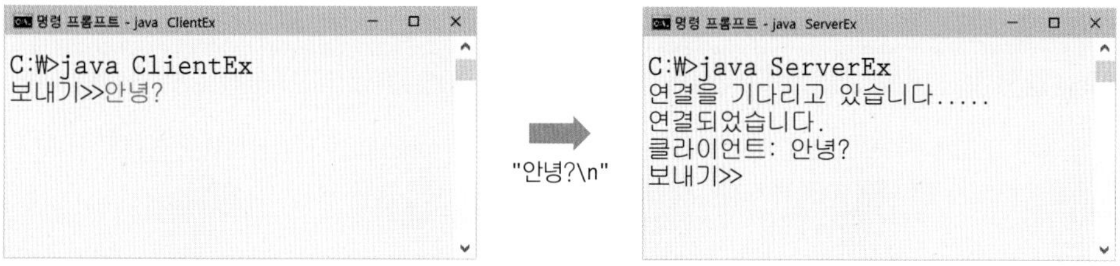

(a) 클라이언트는 사용자로부터 "안녕?"을 입력받아 전송

(b) 서버는 클라이언트로부터 받은 문자열 출력

[그림 15-10] 클라이언트에서 서버로 문자열 보내기

4. 이제, 서버는 사용자로부터 "너도 안녕?"을 입력받아 클라이언트로 보낸다. [그림 15-11](b)에서 서버는 사용자로부터 입력받은 "너도 안녕?"을 보낸다. [그림 15-11](a)에는 클라이언트가 서버로부터 받은 문자열을 출력한다. 이런 식으로 번갈아 메시지를 주고받는다.

(a) 클라이언트는 서버로부터 받은 문자열 출력

(b) 서버는 사용자로부터 입력받은 "너도 안녕?"을 전송

[그림 15-11] 서버에서 클라이언트로 문자열 보내기

5. 클라이언트에서 "bye"를 서버에게 전송하면 채팅이 종료된다. [그림 15-12](a)는 클라이언트에서 "bye"를 입력받아 서버로 보내고 스스로 종료한 화면이고, [그림 15-12](b)는 "bye" 문자열을 받고 서버가 종료하는 화면이다.

채팅 종료

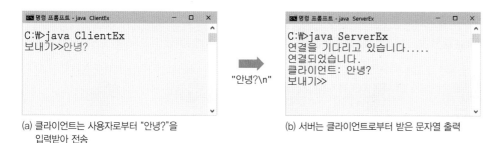

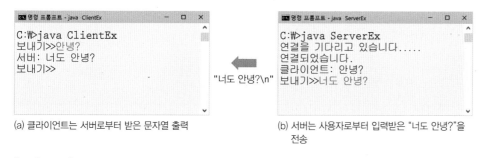

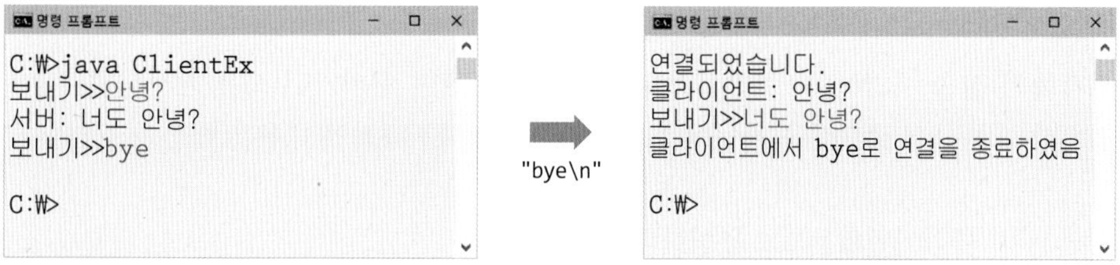

(a) 클라이언트가 "bye"를 서버로 전송하고 스스로 종료함

(b) 서버는 "bye"를 받고 종료함

[그림 15-12] 클라이언트가 "bye"를 전송하면 채팅 종료

잠깐!

윈도우 운영체제에서 소켓을 이용하는 자바 응용프로그램을 실행하다가 비정상적으로 종료한 경우, 다시 실행시키면 다음 오류 메시지가 출력되고 실행이 되지 않는 경우가 더러 발생한다.

```
java.net.BindException: Address already in use: JVM_Bind
```

이것은 소켓이 포트를 바인드(소유)하여 사용하다가 바인드를 풀어 놓지 않고 (비정상)종료된 상황에서, 그 포트를 바인드할 때 나타나는 오류이다. 이런 경우, 명령창에 다음 명령을 입력하면 현재 윈도우에서 사용되고 있는 TCP 포트와 포트를 소유하고 있는 프로세스의 번호(PID) 리스트를 출력한다.

```
c:\> netstat -a -n -o
```

명령창에 출력된 리스트에서 문제가 된 포트와 이를 소유하고 있는 프로세스 번호(PID)를 찾아 프로세스를 죽이면 된다. 만일 프로세스 번호가 2692라고 하면 명령창에 다음 명령을 입력한다.

```
c:\> taskkill /f /pid 2692
```

이제 통신 프로그램을 실행하면 정상적으로 실행될 것이다.

15.4 수식 계산 서버-클라이언트 만들기 실습

문제 개요

독자들의 실습 시간이다. 클라이언트가 수식을 보내면 서버가 수식을 계산한 후 답을 전송하는 통신 프로그램을 만들어 보자. 프로그램의 구체적인 내용은 다음과 같다.

- 서버 클라이언트는 1:1 통신한다.
- 서버를 먼저 실행시키고 클라이언트를 실행시켜 서버에 접속한다.
- 클라이언트는 사용자로부터 수식을 입력받아 서버로 전송한다. 연산자는 +, -, * 의 3가지만 허용하고 정수 연산만 가능하다.

- 서버가 식을 받으면 식을 서버의 화면에 출력하고, 계산하여 결과를 클라이언트로 전송한다.
- 클라이언트는 서버로부터 받은 답을 화면에 출력한다.
- 클라이언트와 서버는 전송할 데이터를 문자열로 만들고 "\n"을 덧붙여 전송하며, 받는 쪽에서는 라인 단위로 수신한다.
- 클라이언트가 "bye"를 보내면 양쪽 모두 종료한다.

실행 예시

[그림 15-13]은 수식 계산 통신 프로그램의 실행 과정 예시를 보여준다. 실행 전에 CalcClientEx.class와 CalcServerEx.class 파일은 미리 c:\에 옮겨져 있어야 한다. 서버가 먼저 실행되어 기다리며 클라이언트가 실행되면 연결이 이루어진다. 클라이언트가 사용자로부터 24 + 32의 수식을 입력받아 서버로 전송하고, 서버는 식을 계산하여 결과를 전송한다. 클라이언트는 결과 값을 받아 출력하고 다시 사용자로부터 수식을 입력받는다. 이 과정이 반복된다. 24 + 32에서 숫자와 + 기호 사이에는 반드시 빈칸으로 띈다.

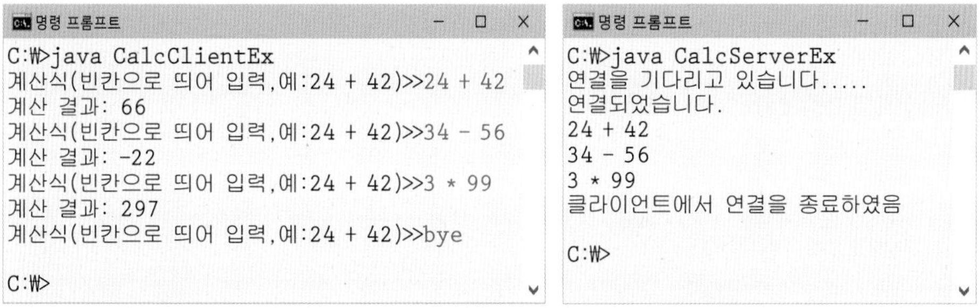

(a) 계산 클라이언트의 실행

(b) 계산 서버의 실행

[그림 15-13] 수식 계산 서버-클라이언트의 실행 과정

코드 부분 설명

이 실습 예제는 앞의 채팅 프로그램과 거의 유사하여 작성하는데는 큰 어려움이 없을 것으로 본다. 다만 서버 쪽에서는 전달받은 수식을 계산하는 calc() 메소드가 추가 작성되었는데 이 메소드에 대해서만 알아보자. 클라이언트부터 넘어오는 수식은 다음과 같은 모양의 문자열이다.

```
"24 + 32" 또는 "36 - 5", "5 * 6"
```

숫자와 연산기호 사이에 빈칸(' ')을 삽입하여 전송하도록 제한을 가한 이유는 StringTokenizer 클래스를 이용하여 숫자와 연산기호를 분리하기 쉽게 함이다(예제가 쉽도록). 예를 들어 exp에 "24 + 32"의 문자열이 들어 있다면, 다음 코드를 이용하여 빈칸(' ')을 기준으로 exp의 문자열을 분리하면,

```
StringTokenizer st = new StringTokenizer(exp, " ");
```

다음과 같이 3개의 토큰으로 분리된다.

```
토컨 0 : "24"
토컨 1 : "+"
토컨 2 : "32"
```

calc() 메소드는 토큰 1의 연산기호(+)에 따라 계산을 수행하고 결과를 문자열로 만들어 리턴한다.

수식 계산 서버-클라이언트 소스 코드

전체 예제 코드는 다음과 같다.

• 서버 프로그램 CalcServerEx.java

```
import java.io.*;
import java.net.*;
import java.util.*;

public class CalcServerEx {
    public static String calc(String exp) {
        StringTokenizer st = new StringTokenizer(exp, " ");
        if (st.countTokens() != 3) return "error";

        String res="";
        int op1 = Integer.parseInt(st.nextToken());
        String opcode = st.nextToken();
        int op2 = Integer.parseInt(st.nextToken());
        switch (opcode) {
            case "+": res = Integer.toString(op1 + op2);
                break;
            case "-": res = Integer.toString(op1 - op2);
                break;
            case "*": res = Integer.toString(op1 * op2);
```

```
                break;
            default : res = "error";
        }
        return res;
    }

    public static void main(String[] args) {
        BufferedReader in = null;
        BufferedWriter out = null;
        ServerSocket listener = null;
        Socket socket = null;
        try {
            listener = new ServerSocket(9999); // 서버 소켓 생성
            System.out.println("연결을 기다리고 있습니다.....");
            socket = listener.accept(); // 클라이언트로부터 연결 요청 대기
            System.out.println("연결되었습니다.");
            in = new BufferedReader(new InputStreamReader(socket.getInputStream()));
                                                                    // 소켓 입력스트림
            out = new BufferedWriter(new OutputStreamWriter(socket.getOutputStream()));
                                                                    // 소켓 출력 스트림
            while (true) {
                String inputMessage = in.readLine(); // 클라이언트로부터 한 행 읽기. 수식
                if (inputMessage.equalsIgnoreCase("bye")) {
                    System.out.println("클라이언트에서 연결을 종료하였음");
                                                            // 받은 메시지를 화면에 출력
                    break; // "bye"를 받으면 연결 종료
                }
                System.out.println(inputMessage); // 받은 메시지를 화면에 출력
                String res = calc(inputMessage); // 계산. 계산 결과는 res
                out.write(res + "\n"); // 계산 결과 문자열 전송
                out.flush();
            }
        } catch (IOException e) {
            System.out.println(e.getMessage());
        } finally {
            try {
                if(socket != null) socket.close(); // 통신용 소켓 닫기
                if(listener != null) listener.close(); // 서버 소켓 닫기
            } catch (IOException e) {
                System.out.println("클라이언트와 채팅 중 오류가 발생했습니다.");
            }
        }
    }
}
```

• 클라이언트 프로그램 CalcClientEx.java

```
import java.io.*;
import java.net.*;
import java.util.*;

public class CalcClientEx {
    public static void main(String[] args) {
        BufferedReader in = null;
        BufferedWriter out = null;
        Socket socket = null;
        Scanner scanner = new Scanner(System.in); // 키보드에서 읽을 scanner 객체 생성
        try {
            socket = new Socket("localhost", 9999);
                                            // 클라이언트 소켓 생성. 서버와 바로 연결
            in = new BufferedReader(new InputStreamReader(socket.getInputStream()));
                                                                    // 소켓 입력 스트림
            out = new BufferedWriter(new OutputStreamWriter(socket.getOutputStream()));
                                                                    // 소켓 출력 스트림
            while (true) {
                System.out.print("계산식(빈칸으로 띄어 입력,예:24 + 42)>>"); // 프롬프트
                String outputMessage = scanner.nextLine(); // 키보드에서 수식 읽기
                if (outputMessage.equalsIgnoreCase("bye")) {
                    out.write(outputMessage+"\n"); // "bye" 문자열 전송
                    out.flush();
                    break; // 사용자가 "bye"를 입력한 경우 서버로 전송 후 연결 종료
                }
                out.write(outputMessage + "\n"); // 키보드에서 읽은 수식 문자열 전송
                out.flush();
                String inputMessage = in.readLine(); // 서버로부터 계산 결과 수신
                System.out.println("계산 결과: " + inputMessage);
                                                // 서버로부터 받은 계산 결과 화면 출력
            }
        } catch (IOException e) {
            System.out.println(e.getMessage());
        } finally {
            try {
                scanner.close();
                if(socket != null) socket.close(); // 클라이언트 소켓 닫기
            } catch (IOException e) {
                System.out.println("서버와 채팅 중 오류가 발생했습니다.");
            }
        }
    }
}
```

요약

SUMMARY

- TCP는 다른 두 시스템 간에 신뢰성 있는 데이터의 전송을 관장하는 프로토콜이며 IP는 패킷 교환 네트워크에서 송신 호스트와 수신 호스트가 데이터를 주고받는 것을 관장하는 프로토콜이다.
- IP 주소는 231.1.1.127과 같이 네트워크상에서 유일하게 식별될 수 있는 4개의 숫자로 구성된다.
- TCP 포트(port)는 프로그램 간에 TCP 통신을 위한 가상의 연결 단으로서 통신할 프로그램을 식별한다.
- 소켓은 네트워크상에서 통신하는 두 프로그램 간의 양방향 통신 링크의 한쪽 끝단을 의미하며 포트에 연결된다.
- 소켓 통신은 통신 프로그램의 기반 기술로서, 소켓 통신 라이브러리를 이용하여 쉽게 통신 프로그램을 개발할 수 있다.
- 소켓 통신은 서버와 클라이언트 모형으로 통신하는 기반 기술이므로, 어느 하나는 서버가 되고 나머지 하나는 클라이언트가 된다.
- 자바 소켓은 2종류로서 서버 소켓인 ServerSocket 클래스와 클라이언트 소켓인 Socket 클래스가 있다.
- 소켓 통신에서 클라이언트로 Socket 객체를 생성하고, Socket 객체에게 서버의 IP 주소(혹은 도메인 주소)와 포트 번호를 주어 서버에 접속하도록 한다.
- 소켓 통신에서 서버는 서버 소켓인 ServerSocket 객체를 생성하고 특정 포트와 결합시키고, accept() 메소드를 호출하여 클라이언트의 연결 요청을 기다리도록 한다.
- ServerSocket 객체는 클라이언트의 요청이 들어오면 연결을 완료하고, 데이터 통신을 이어갈 Socket 객체를 생성하여 반환한다. 그리고 다시 다른 클라이언트의 연결을 기다린다. 클라이언트와의 데이터 통신은 모두 이 Socket 객체에 의해 이루어진다. 그러므로 ServerSocket은 연결을 기다리는(listen) 역할만 하고, 연결된 후의 데이터의 통신은 Socket 클래스의 역할이다.
- Socket 클래스는 응용프로그램이 네트워크에 데이터를 전송하거나 수신을 쉽게 하도록, 입출력 스트림을 제공한다. 응용프로그램은 Socket 객체로부터 스트림을 알아내고 이 스트림에 입출력함으로서 네트워크로 데이터를 송수신할 수 있다.
- 연결을 종료할 때는 Socket 클래스의 close() 메소드를 호출한다.
- 서버 소켓을 닫으면 클라이언트는 더 이상의 연결 요청을 할 수 없다.

● ● ● ● 스레드를 이용한 서버-클라이언트 채팅 Open Challenge

목적
소켓 통신, 스레드를 이용하여 양방향 통신 작성

본문에서 다루었던 서버-클라이언트 1:1 채팅 예제는 클라이언트에서부터 시작하여 클라이언트와 서버가 순서대로 번갈아 가면서 메시지를 주고받았다. 이 예제를 순서에 상관없이 자유롭게 서버와 클라이언트가 메시지를 주고받을 수 있도록 스레드를 이용하여 스윙 프로그램으로 재작성하라. 서버와 클라이언트는 `JTextArea`를 이용하여 상대방으로부터 받은 메시지를 출력하고, `JTextField` 창을 이용하여 상대방에게 보낼 메시지를 사용자로부터 입력받고 <Enter>키를 입력하면 상대에게 바로 전송하도록 하라. 본문의 예제와 달리 어느 한쪽이 접속을 끊으면 프로그램이 종료되도록 한다. 난이도 7

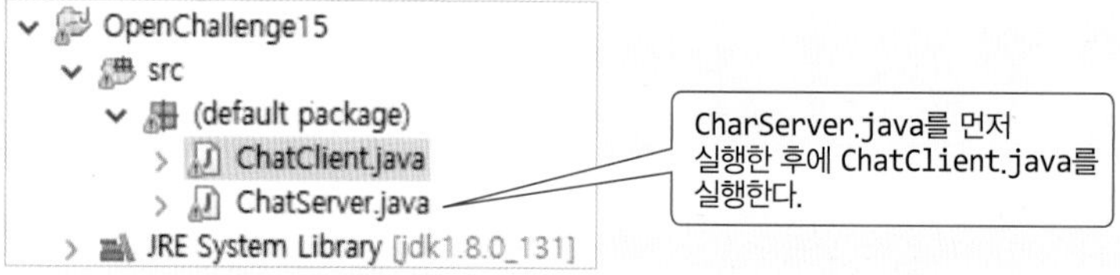

프로젝트 구성

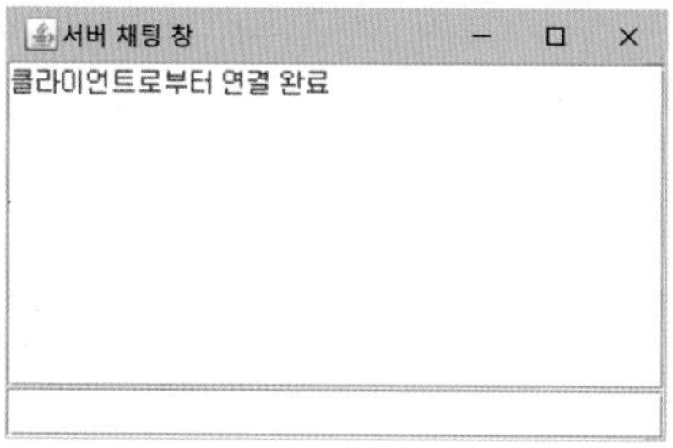

서버를 먼저 실행하고, 클라이언트 접속 기다림

접속

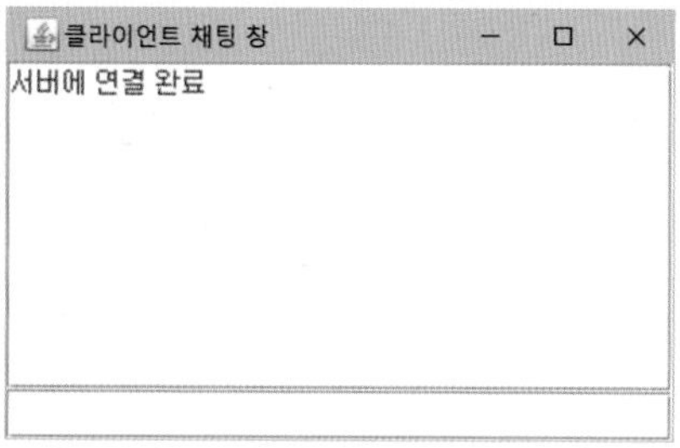

클라이언트가 실행되면 바로 서버에 접속함

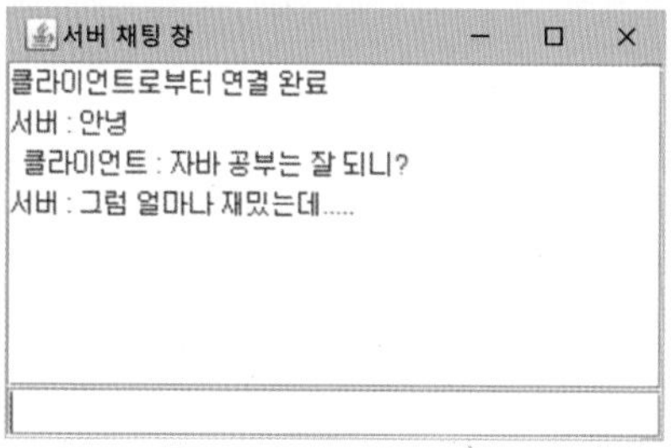

서버, 클라이언트가 순서에 상관없이 메시지를 주고 받는 화면

메시지 전송

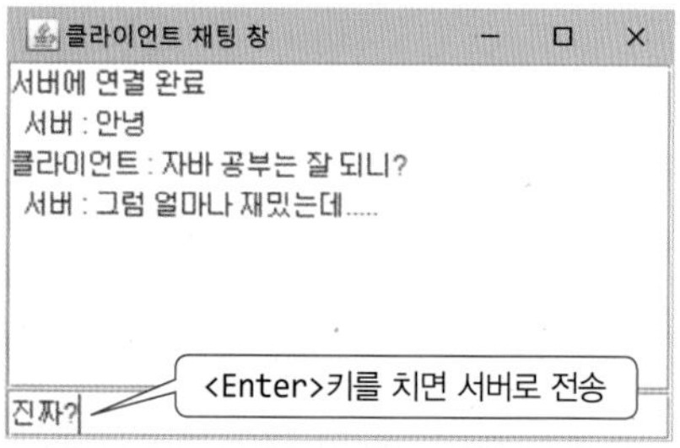

`JTextField` 창에 서버로 보낼 메시지를 입력하는 화면

연습문제

EXERCISE

이론문제

• 홀수 문제는 정답이 공개됩니다.

1. 윈도우 PC의 명령창에서 내 PC의 IP 주소를 확인하는 명령은 무엇인가? 독자들인 명령창에서 그 명령을 입력하여 독자 PC의 IP 주소를 확인해보라.

2. 잘 알려진 포트(well known port)에 대해 잘못 설명한 것은?
   ① 기존의 많이 알려진 통신프로그램들이 전용으로 사용하는 포트를 일컫는다.
   ② 잘 알려진 포트의 번호는 주로 0~1023 사이에 있다.
   ③ SSH 응용프로그램은 22번 포트를 사용한다.
   ④ 개발자는 응용프로그램에서 잘 알려진 포트를 사용해야 자신의 프로그램을 알리는데 도움이 된다.

3. 소켓 통신에 대해 잘못 설명한 것은?
   ① 통신 소프트웨어는 서버 클라이언트로 나누어져 개발되어야 한다.
   ② 소켓 주소는 IP 주소와 포트 주소로 구성된다.
   ③ 소켓은 서버 소켓과 클라이언트 소켓의 두 종류가 있다.
   ④ 서버 소켓은 서버 쪽에서 데이터를 전송하는데 사용되고 클라이언트 소켓은 클라이언트 쪽에서 데이터를 전송하는데 사용된다.

4. 통신 프로그램이 상대 통신 프로그램에 접속할 때 필요한 것은?
   ① IP 주소 ② IP 주소와 포트 주소
   ③ 호스트 이름 ④ 프로토콜과 호스트 이름

5. 다음 코드에 대한 설명으로 틀린 것은?

```
Socket socket = new Socket("192.168.0.115", 5050);
```

   ① 클라이언트 소켓 객체를 생성한다.
   ② 클라이언트가 접속할 서버의 주소는 192.168.0.115이다.
   ③ 생성된 클라이언트 소켓의 포트 번호는 5050이다.
   ④ 소켓 객체가 생성될 때 서버에 바로 접속한다.

6. 다음은 통신 서버 코드의 일부분이다. 주석에 따라 빈칸에 코드를 작성하라.

```
ServerSocket ss = ______________________ // 5550포트와 결합하는 서버 소켓 생성
Socket  s = ______________________ // 클라이언트로부터의 접속을 기다린다.
BufferedWriter out = new BufferedWriter(new
    OutputStreamWriter(s.__________); // 소켓 s로 데이터를 전송할 출력 스트림을 만든다.
out.______________________ // 소켓으로 하여금 "안녕"을 전송하도록 한다.
s.______________________ // 소켓 s를 닫는다.
______________________ // 서버 소켓을 닫는다.
```

7. ServerSocket에 대한 다음 설명으로 틀린 것은?

```
ServerSocket ss = new ServerSocket(5050);
```

① 서버 컴퓨터에서 서버 소켓을 생성하는 코드이다.
② 서버 소켓이 클라이언트로부터 접속을 받는 포트 번호는 5050이다.
③ 생성된 ss 소켓은 서버에서 클라이언트와 데이터를 주고받기 위해 사용된다.
④ ServerSocket은 Socket 클래스에는 없는 accept() 메소드를 가지고 있다.

8. 다음은 통신 클라이언트 코드의 일부분이다. 주석에 따라 빈칸에 코드를 작성하라.

```
Socket s = ______________________ // 203.1.1.1주소의 6000번 포트에 접속을 시도한다.
BufferedReader in = new BufferedReader(new
    InputStreamReader(s.__________); // 소켓 s로부터 데이터를 수신할 입력 스트림을 만든다.
in.______________________ // 소켓으로부터 한 라인의 텍스트를 입력받는다.
s.______________________ // 소켓 s를 닫는다.
```

실습문제

• 홀수 문제는 정답이 공개됩니다.

1. 클라이언트에서는 한 줄씩 텍스트를 입력 받아 서버로 보내고, 서버는 받은 텍스트를 출력하는 소켓 프로그램을 작성하라. 클라이언트가 "끝"을 전송하면 클라이언트와 서버 모두 연결을 끊고 종료하라. 실행 예시는 다음과 같다. 난이도 6

목적 클라이언트에서는 보내고 서버에는 받기만 하는 1:1 통신 만들기

```
서버입니다. 클라이언트를 기다립니다...
연결되었습니다.
... 자바 프로그램을 짜고 있어.
... 굉장히 재밌어.
... 소켓 프로그램이 더 그래
... 다했다. 이제 자야겠어
접속을 종료합니다.
```

서버 화면

← 접속, 텍스트 전송

```
서버에 접속하였습니다...
텍스트 입력 >> 자바 프로그램을 짜고 있어.
텍스트 입력 >> 굉장히 재밌어.
텍스트 입력 >> 소켓 프로그램이 더 그래
텍스트 입력 >> 다했다. 이제 자야겠어
텍스트 입력 >> 끝
연결을 종료합니다.
```

클라이언트 화면

2. 서버는 클라이언트가 접속하자마자 500밀리초마다 클라이언트에게 1부터 시작하여 1씩 증가하는 숫자를 전송하여 시간을 알려주는 소켓 통신 프로그램을 작성하라. 서버는 10초가 지나면 연결을 끊고 종료한다. 난이도 6

목적 서버는 보내기만 하고 클라이언트는 받기만 하는 1:1 통신 만들기

```
타임서버입니다.
연결되었습니다.
500ms마다 수를 보냅니다.
종료합니다.
```

서버 화면

← 접속

→ 숫자 전송

```
서버에 접속하였습니다...
서버의 시간 : 0 1 2 3 4 5 6 7 8 9 10
11 12 13 14 15 16 17 18 19
연결을 종료합니다.
```

클라이언트 화면

힌트

서버에서는 500ms마다 수를 보내는 TimerThread를 만들고 main()에서는 다음과 같이 스레드 객체를 생성한다. TimerThread는 run()에서 20번 수를 보낸 후 종료한다.

```
out = new BufferedWriter(new OutputStreamWriter(socket.getOutputStream()));
TimerThread th = new TimerThread(out); // 스레드 생성자에 스트림 out 전달
th.start();
try {
    th.join(); // 스레드 th가 종료하기를 기다린다.
} catch (InterruptedException e) { }
```

목적 다중 클라이언트를 서비스하는 소켓 통신 응용

3. 하나의 서버에 다중 클라이언트가 동시에 접속하여 통신하는 프로그램을 작성해보자. 본문의 15.4의 코드를 스윙을 이용하여 실행 예시와 같이 수정 작성하라. 계산 서버에는 JTextArea 창을 두고 클라이언트가 접속했음과 클라이언트가 보내온 수식, 그리고 계산 결과를 출력하여 서버 사용자에게 알리고, 클라이언트는 계산 버튼을 누르면 계산식을 서버로 전송하고 결과를 받아 JTextField 결과 창에 출력한다. 난이도 7

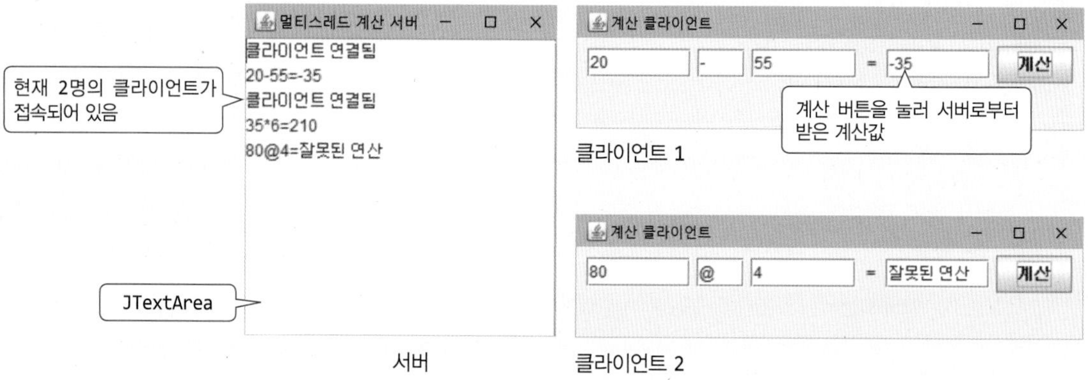

목적 다중 클라이언트를 서비스하는 소켓 통신 응용

4. 하나의 서버에 다중 클라이언트가 동시에 접속하여 통신하는 프로그램을 작성해보자. 서버는 영어 단어 25143개를 가지고 있는 words.txt 파일을 읽고, 클라이언트는 사용자로부터 영어 단어를 입력받아 서버로 보낸다. 서버는 클라이언트로부터 받은 단어가 words.txt에 있는지 검사하고 있으면 "YES", 없으면 "NO"를 전송한다. 클라이언트는 서버로부터 받은 결과를 출력한다. words.txt 파일은 독자들에게 배포하는 자료에 포함되어 있다. 난이도 7

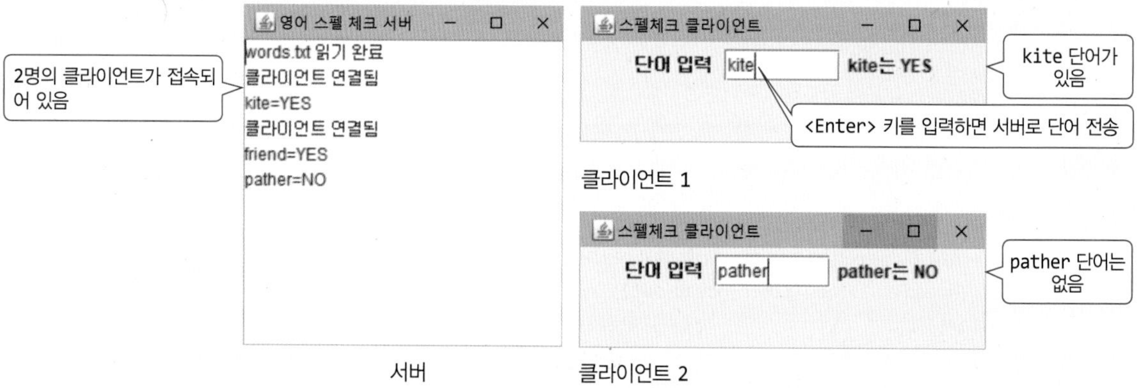

힌트 words.txt 파일을 읽어 Vector<String> 컬렉션에 저장하라. 8장 open challenge 참고.

5. 학생 이름과 학점이 저장된 텍스트 파일을 미리 c:\temp\score.txt에 마련해두고, 서버는 이 파일을 읽는다. 그리고 클라이언트로부터 학생 이름을 입력받으면 학점을 전송하는 통신 프로그램을 작성하라. 여러 클라이언트가 서버에 접속할 수 있도록 하라. 난이도 8

목적 서버의 파일을 검색하는 다중 클라이언트 서비스

힌트 score.txt 파일을 읽어 HashMap<String, String> 컬렉션에 저장하라.

6. 서버의 관리자는 서버 프로그램의 화면에서 영한사전의 데이터를 저장할 수 있고, 클라이언트는 서버에 영어 단어를 보내 한글 단어를 검색할 수 있다. 다음은 실행 화면으로 서버에서 (student, 학생), (love, 사랑), (apple, 사과), (banana, 바나나)의 4 단어를 입력하였다. 그리고 클라이언트 프로그램을 실행하여 love 단어와 apple을 검색하는 화면이다. 사용자가 클라이언트에서 "apple"를 입력하고 "찾기" 버튼을 누르면 클라이언트는 서버에 "apple"을 보낸다. 서버는 현재 입력된 단어 중에서 "apple"을 찾고 "사과"를 전송한다. 클라이언트는 받은 "사과"를 출력한다. 난이도 8

목적 소켓 통신, HashMap 등의 복합적인 응용프로그램 작성 연습

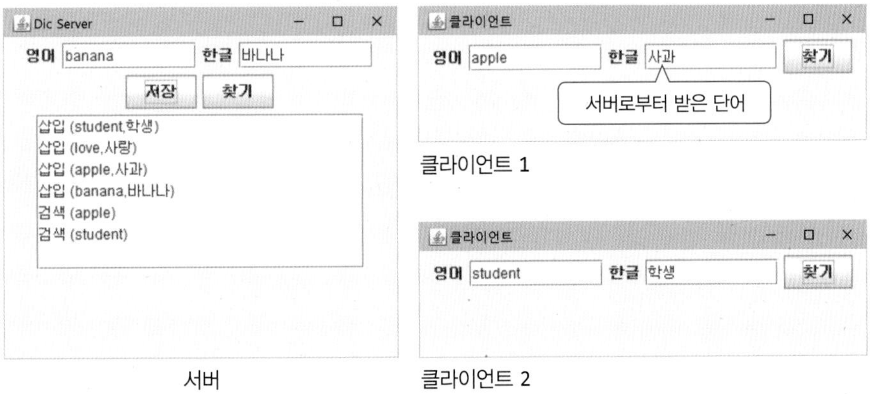

목적 소켓 통신으로 파일 전송 응용 만들기 연습. 바이너리 데이터 전송

7. GUI 없이 콘솔에서 실행되는 파일 전송 프로그램을 작성해보자. 클라이언트에서 서버로 바이너리 파일을 전송하여 서버에 똑같은 사본을 저장하는 프로그램을 작성하라. 클라이언트와 서버는 다음과 같은 간단한 프로토콜을 이용하라. 편의상 클라이언트는 서버에게 명령과 인자를 오류 없이 전송하는 것으로 간주하고 오류 복구를 위한 재전송은 없는 것으로 한다. 난이도 8

명령(1바이트)	명령 인자
FILE_NAME(0x00)	첫 4바이트(파일 이름 바이트 크기), 파일 이름
FILE_SIZE(0x01)	파일 크기(8바이트)
SEND_BEGIN(0x02)	인자 없음
SEND_END(0x03)	인자 없음

```
연결됨
전송받은 파일 이름 길이 :8
전송받은 파일 이름:back.jpg
저장할 파일 이름:copy_back.jpg
전송받은 파일 크기:561276
..............................
..............................
..............................
.......
파일 수신 성공. 현재 폴더에 저장되었습니다.
```

서버

```
보낼 파일 이름을 입력하세요>>c:\temp\back.jpg
파일 전송이 완료되었습니다.
```

클라이언트

8. 문제 7의 프로그램을 스윙을 이용하여 재작성하라. 서버를 먼저 실행시키고, 클라이언트에서 '이미지 선택' 버튼을 누르면 JFileChooser를 이용하여 사용자로부터 이미지 파일을 선택받는다. 그리고 '파일 전송' 버튼을 누르면 이미지 파일을 서버로 전송한다. 서버는 받은 이미지를 화면에 출력한다. 난이도 9

목적 스윙으로 바이너리 파일 전송 프로그램 작성. 종합 응용

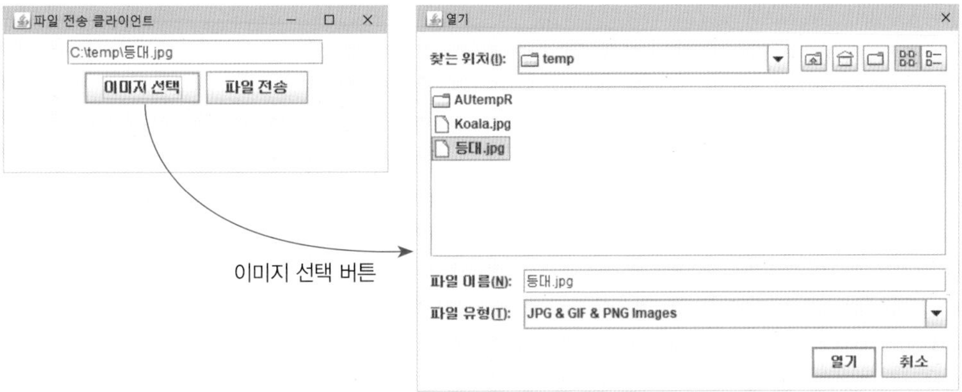

초기 서버 화면

클라이언트로부터 이미지 파일을 받으면 서버에 출력된다.

이미지를 받은 후 서버 화면

Check Time 정답

1장 Check Time 정답

Check Time(p.29)

1. ④ 효율적인 절차적 언어를 만들고자 하였다.
2. WORA는 Write Once Run Anywhere 약자이며, 한 번 프로그램을 작성하면 플랫폼에 독립적으로 어느 하드웨어에서나 또는 어느 운영체제에서나 자바 프로그램을 실행시킬 수 있다는 뜻이다.
3. C/C++에서는 링크 과정을 거쳐 실행에 필요한 모든 코드를 합쳐 하나의 exe(실행 파일)을 만든다. 그리고 이 실행 파일을 메모리에 적재하여 실행한다. 만일 실행 파일이 크면 메모리 공간에 적재되지 못하는 경우가 생기고 실행조차 할 수 없는 상황이 일어날 수 있다. 자바는 링크 과정을 없애 실행에 필요한 모든 코드를 한 파일에 합치는 작업을 하지 않는다. 그때그때 메모리의 용량에 따라 필요한 클래스 파일만 메모리에 올려 실행시킨다. 이렇게 함으로써 적은 메모리를 가진 어떤 환경에서도 자바 프로그램은 실행된다.
4. 바이트 코드, 자바 가상 기계

Check Time(p.37)

1. JRE이다. JRE에는 자바 실행 환경만 포함되어 있다.
2. 자바 핵심 API를 구성하는 클래스들에 대한 자바 소스가 포함되어 있다.
3. JDK 설치 디렉터리 밑의 bin 디렉터리의 javac.exe가 자바 컴파일러이다.
4. 자바 명령 실행기의 파일 이름은 java.exe이며 JDK 설치 디렉터리의 bin 디렉터리나 또는 JRE 설치 디렉터리 밑의 bin 디렉터리에 있다.

Check Time(p.39)

1. public static void main(String[] args) 메소드
2. (1) javac Hello.java
   (2) Hello.class
   (3) java Hello
3. 빈칸에는 class가 필요하며, 자바 파일의 이름은 클래스 이름과 동일하게 JavaApp.java로 저장

Check Time(p.50)

1. 하나의 자바 클래스 파일에는 한 개의 클래스만 들어간다.
2. 가비지 컬렉션 때문이다. 자바 프로그램이 실행되는 도중 가용 메모리가 부족하여 가비지 컬렉션이 실행되면 자바 프로그램은 일시적으로 실행이 중단된다. 이로 인해 일정 시간 내에 실행 결과를 내야만 하는 실시간 시스템에 부적합하다.
3. 자바의 모든 변수나 메소드는 반드시 클래스 내에 선언하게 되어 있으므로 클래스에 속하지 않은 변수와 메소드는 있을 수 없다. 이것은 캡슐화의 특징이다.

2장 Check Time 정답

Check Time(p.62)

1. ⑥
2. public 지정이 빠져 있다. main() 메소드는 반드시 public static void로 선언되어야 한다.
3.

```
public class Hi {
   public static void main(String[] args) {
      System.out.println("Hi");
   }
}
```

Check Time(p.65)

1. ② int 1stVar; // 숫자로 시작할 수 없기 때문
2. ③ MyDocument
3. final int ALPHA = 30;

Check Time(p.75)

1. ①
2.

```
final int YEAR = 365; // 또는 static final int YEAR = 365;
final int MONTH = 30; // 또는 static final int MONTH = 30;
final int WEEK = 7; // 또는 static final int WEEK = 7;
```

3. 256. byte 타입은 -128~127까지 가능
4. "a"
5. 22

Check Time(p.80)

1. import java.util.Scanner;
2.

```
Scanner scanner = new Scanner(System.in);
int i = scanner.nextInt();
int j = scanner.nextInt();
System.out.println(i+j);
```

Check Time(p.93)

1. 11
2. 4
   -4
3. 4

Check Time(p.104)

1. if (i=0)이 잘못됨
   i=0이 i==0으로 바뀌어야 한다.
2. 홀수. 소스는 다음과 같이 수정되어야 한다.

```
int i = 4;
if (i % 2 == 0) {
   if (i % 3 == 0)
      System.out.println("6의 배수");
}
else
   System.out.println("홀수");
```

3. 출력은 다음과 같다.
   옵션 1
   옵션 2
   옵션 3
4. ④. 실수는 case 문의 값이 될 수 없다.

3장 Check Time 정답

Check Time(p.127)

1.

```
public class ForNestedLoop {
   public static void main(String[] args) {
      int i;
      for (i=5;i>0;i--) {
         for (int j=0; j<i; j++)
            System.out.print("*");
         System.out.println();
      }
   }
}

public class WhileNestedLoop {
   public static void main(String[] args) {
      int i;
      i=5;
      while (i>0) {
         int j = 0;
         while (j++<i)
            System.out.print("*");
         System.out.println();
         i--;
      }
   }
}

public class DoWhileNestedLoop {
   public static void main(String[] args) {
      int i;
      i=5;
```

```
        do {
            int j = 0;
            while (j++<i)
                System.out.print("*");
            System.out.println();
            i--;
        } while(i>0);
    }
}
```

2. 무한 반복에 빠진다.
3.

```
public class Sum1to100 {
    public static void main(String[] args) {
        int sum = 0;
        for (int i=1; i<=100; i++)
            sum = sum + i;
        System.out.print(sum);
    }
}
```

Check Time(p.137)

1. int tenArray[] = new int[10];
   또는
   int[] tenArray = new int[10];
2. tenArray.length
3.

```
public class ArrayCheck {
    public static void main(String[] args) {
        int tenArray[] = new int[10];

        for (int i=0; i<tenArray.length; i++)
            tenArray[i] = i+1;

        int sum = 0;

        for (int i=0; i<tenArray.length; i++)
            sum = sum + tenArray[i];

        System.out.print(sum);
    }
}
```

Check Time(p.145)

1. ③
2. int i[][] = new int[2][3];
   또는
   int[][] i = new int[2][3];
3.

```
char [] makeCharArray() { // 리턴 타입 작성
    char [] c = new char[4];
    return c; // return 문 작성
}
```

4. int n[][] = {{0,1,2,3},{4},{5},{6,7,8,9}};
   또는

```
public class SkewedArray {
    public static void main(String[] args) {
        int k=0;

        // 비정방형 배열 만들기
        int n[][] = new int [4][];
        n[0] = new int [4];
        n[1] = new int [1];
        n[2] = new int [1];
        n[3] = new int [4];

        for(int i=0; i<n[0].length; i++) {
            n[0][i] = k++;
        }
        n[1][0] = k++;
        n[2][0] = k++;
        for(int i=0; i<n[3].length; i++) {
            n[3][i] = k++;
        }

        // 값 확인하기
        for(int i=0; i<n.length; i++) {
            for(int j=0; j<n[i].length; j++)
                System.out.print(n[i][j]+" ");
            System.out.println();
```

```
        }
    }
}
```

Check Time(p.149)

1. 자바에서 main()의 매개변수 타입은 문자열 배열(String [])이다.
2. 명령행 인자의 개수는 main() 메소드의 문자열 배열 인자의 length 필드를 읽어서 알아낸다.
3.

```
public class PrintCommandLineArgs {
    public static void main(String[] args) {
        for(int i=0; i<args.length; i++)
            System.out.println(args[i]);
    }
}
```

Check Time(p.157)

1. try 블록
2.
   (1) java.lang.ArrayIndexOutOfBoundsException
   (2) java.lang.NumberFormatException
   (3) java.lang.NullPointerException

4장 Check Time 정답

Check Time(p.178)

1. ② 흐름도
2. 상속성
3. (1) 상속
   (2) 캡슐화
   (3) 다형성

Check Time(p.198)

1. 수정된 소스는 다음과 같다.

```
class Samp {
    int id;
    public Samp(int x) { // void 삭제
        this.id = x;
    }
    public Samp() { // void 삭제
        this(0); // this(0);는 생성자의 제일 첫 문장이 되어야 한다.
        System.out.println("생성자 호출");
    }
}
```

2. ConstructorExample 클래스는 int 타입을 인자로 하는 생성자가 작성되어 있어 컴파일러가 매개변수 없는 기본 생성자를 자동으로 생성해주지 않는다. 그러나 main() 메소드에서 객체를 생성할 때 기본 생성자를 호출하므로 ConstructorExample 클래스에 기본 생성자를 작성해주어야 한다.

```
class ConstructorExample{
    int x;
    public  void setX(int x) {this.x = x; }
    public  int getX() {return x; }
    public ConstructorExample(int x) {
        this.x = x;
    }

    // 다음의 기본 생성자를 추가한다.
    public ConstructorExample() {
        this.x = 0;
    }
    public static void main(String [] args) {
        ConstructorExample a = new ConstructorExample();
        int n = a.getX();
    }
}
```

3. this는 현재 실행되는 메소드가 속한 객체에 대한 레퍼런스이고, this()는 클래스의 생성자에서 다른 생성자를 호출할 때 사용한다.

Check Time(p.204)

1.

```
class Human {
   public String name;
   public int age;
   public double height, weight;
   public Human() {
      name = null;
   }
   public Human(String s) {
      name = s;
   }
}
```

2.

```
public static void main(String[] args) {
   Human aHuman = new Human();
   aHuman.name = "홍길동";
   aHuman.age = 21;
   aHuman.height = 180.5;
   aHuman.weight = 73.2;
}
```

3.

```
Human[] aHuman = new Human[5];
for (int i=0;i<aHuman.length;i++)
   aHuman[i] = new Human();
```

Check Time(p.210)

1.

```
double getSum(double[] d) {
   double sum=0;
   for (int i=0; i<d.length; i++)
      sum = sum + d[i];
   return sum;
}
```

2. 메소드 오버로딩 성공 조건
   (1) 메소드 이름이 동일하여야 한다.
   (2) 메소드의 매개변수 개수나 타입이 서로 달라야 한다.
   (3) 메소드의 이름이 같고 인자의 개수나 타입이 모두 같은데 메소드의 리턴 타입이 다르면 메소드 오버로딩이 성립되지 않는다.
3. 메소드 호출 시 배열의 레퍼런스만 복사되므로 메소드에서 원본 배열의 값을 변경할 수 있다.

Check Time(p.214)

1. 자바에서는 new로 할당받은 객체나 배열 메모리를 사용한 후 시스템에 반환하는 기능이 없다. 그러므로 프로그램에서 더 이상 사용되지 않는 메모리, 즉 가비지를 자동으로 회수하는 가비지 컬렉션이 필요하다. 가비지 컬렉션의 장점은 프로그래머가 메모리를 관리하지 않아도 되는 편리함이며, 단점은 가비지 컬렉션이 진행되는 동안 응용프로그램이 일시 중단된다는 점이다.
2. ④. main()에서 printHello() 메소드를 호출하면 String("hello") 객체가 생성되지만 printHello() 메소드가 종료하고 main()으로 돌아가는 순간 String("hello") 객체는 가비지가 된다.
3. 가비지가 발생한다. for 문에 의해 10번 new Scanner() 객체가 생기지만 이전에 생긴 9개의 객체들은 모두 가비지가 된다.
4. System.gc();

Check Time(p.221)

1. 다음 문장에서 컴파일 오류가 발생한다.

```
new SampleClass();
```

   SampleClass 클래스는 디폴트로 선언되었으므로 다른 패키지에서는 접근이 불가능하다.
2. 다음 문장에서 컴파일 오류가 발생한다.

```
fa.field4 = 3;
```

   SampleClass의 private 필드 field4는 다른 클래스에서 호출할 수 없다.
3. 필드 멤버는 private으로 선언하여 보호하는 것이 바람직하다.

Check Time(p.231)

1. 인스턴스 멤버
2. static 메소드는 객체가 생성되지 않은 상황에서도 사용이 가능하므로 객체에 속한 인스턴스 멤버를 접근할 수 없다.
3. 잘못된 부분은 다음 라인이다.

```
this.a = x;
```

   setA()는 static 메소드이므로 this 키워드를 사용할 수 없다.

4. 틀린 부분은 다음과 같다.

```
StaticCheck.s = 20;
```

   static 메소드에서 non-static 멤버인 s를 접근할 수 없기 때문이다.
   다음과 같이 2가지 방법으로 수정할 수 있다.
   (1) main() 메소드의 StaticCheck.s = 20;를 삭제
   (2) non-static 멤버인 s를 static 멤버로 변경, 즉 static int s;로 변경
   예상되는 출력 결과는
   30 40

5장 Check Time 정답

Check Time(p.252)

1.

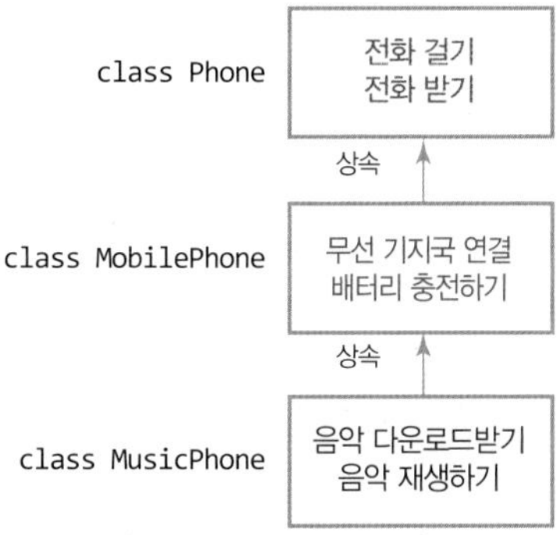

2.

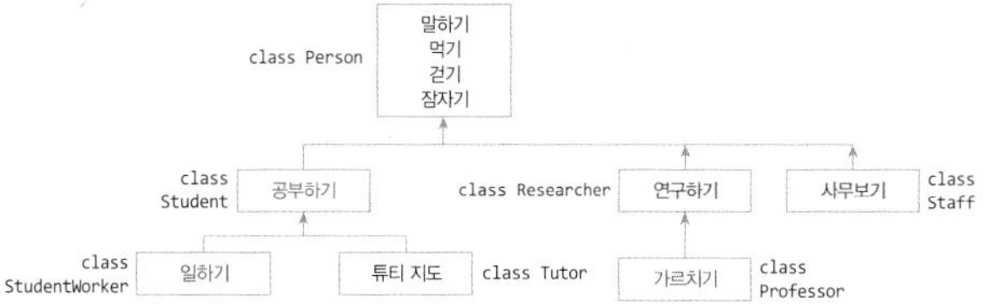

   클래스 재사용을 통해 클래스 작성의 용이한 장점을 보여준다.

Check Time(p.257)

1. extends
2. java.lang.Object
3. 서브 클래스에서 슈퍼 클래스의 private 멤버는 접근할 수 없다.

Check Time(p.261)

1. private 접근 지정자
2. protected나 public 접근 지정자

Check Time(p.268)

1. super()
2. 결과는 다음과 같다.

```
매개변수생성자A30
생성자B
```

3. super(10)는 다음과 같이 생성자의 가장 첫 행에서 실행되어야 한다.

```
public B() {
    super(10);
    System.out.println("생성자B");
}
```

Check Time(p.276)

1. 틀린 부분은 아래와 같다.

```
if (a instanceof b)
```

   instanceof 연산자의 오른쪽에는 클래스 타입이 와야 한다.

2. ④

Check Time(p.289)

1. private 메소드는 오버라이딩할 수 없다.
2. 컴파일은 문제가 없다. 클래스 B의 f(char c) 메소드는 오버로딩이다.
3. 출력은 다음과 같다.

```
Sub Object
Super Object
```

4. 출력은 다음과 같다.

```
Sub Object
Super Object
```

Check Time(p.295)

1.

(1) f() 메소드의 코드가 없으므로 abstract void f(); 로 고쳐야 하며 class A도 abstract class A로 수정되어야 한다.

```
abstract class A {
   abstract void f();
}
```

(2) 틀린 부분이 없다.
(3) 틀린 부분은 다음과 같다.

```
A a = new A(); // 오류
a.f(); // 오류
```

클래스 A는 추상 클래스이므로 인스턴스를 생성할 수 없기 때문이다. 이 두 문장을 삭제하든지 클래스 A에서 abstract 키워드를 제거하면 된다.

2. 추상 클래스의 인스턴스는 생성할 수 없다.

Check Time(p.304)

1. 인터페이스의 객체는 생성할 수 없다.
2. ① implements
3. 다음 부분이 오류이다.

```
int VERSION; // 인터페이스는 필드를 가질 수 없다.
protected int out(); // 인터페이스에는 protected 접근 지정
                        은 사용할 수 없다.
static public void drag();
// static 메소드를 사용하려면 메소드 코드가 구현되어 있어야 한
다. 예를 들면 static public void drag() { System.out.
println("drag"); }
```

6장 Check Time 정답

Check Time(p.337)

1.

```
package Book; // 이 문장을 추가한다.
public class Cost {
   public static int sum(int a, int b) {return a + b;}
}
```

2.

```
package Using;
import Book.Cost; // 오류가 발생하지 않도록 import 문을 삽입
                     한다.
public class UsingCost {
   public static void main(String[] args) {
      Cost c = new Cost();
      System.out.println(c.sum(1, 2));
   }
}
```

Check Time(p.351)

1. java.lang.Object
2.

```
a==c
a is equal to b
```

Check Time(p.356)

1. Character
2. 64
3. 10000000000
4. 110

Check Time(p.363)

1.

```
public class CountWhiteSpace {
   public static void main(String[] args) {
      String s = "My name is Tom.";
      int numberOfWhiteSpace = 0;
      for (int i=0; i<s.length(); i++) {
         char c = s.charAt(i);
         if (c == ' ' || c == '\t' || c == '\n' || c == '\r')
                                          // 공백문자인 경우
            numberOfWhiteSpace++;
      }
      System.out.println("공백문자는 " + numberOfWhite
                           Space + "개 입니다.");
   }
}
```

2. abcdefg
3. d
4. String str4 = 'a';가 잘못되었다. 'a'는 char 타입이므로 String 객체가 아니다.
5. 자바3.14falsea

Check Time(p.367)

1. ②. StringBuffer 객체는 내부에 문자열을 저장하는 가변 크기의 버퍼를 가지고 있어 스트링 버퍼의 문자열 길이를 객체 생성 후 변경할 수 있다.
2. My name is Tom.
3. sb.insert(4, " not");

Check Time(p.370)

1.

```
import java.util.StringTokenizer;

public class StringTokenizerSample {
   public static void main(String[] args) {
      StringTokenizer st = new StringTokenizer("냉장고,
         세탁기,에어컨,TV,오디오", ","); // 구분자로 , 사용
      while (st.hasMoreTokens())
         System.out.println(st.nextToken());
   }
}
```

2.

```
import java.util.StringTokenizer;

public class StringTokenizerSample {
   public static void main(String[] args) {
      int sum = 0;
      StringTokenizer st = new StringTokenizer("2+3+5+
                  66+88+323", "+"); // 구분자로 + 사용
      while (st.hasMoreTokens())
         sum = sum + Integer.parseInt(st.nextToken());
                              // 문자열을 정수로 변환하여 합산
      System.out.println("총 합은 " + sum);
   }
}
```

Check Time(p.373)

1. 3.0
2. -11.0

7장 Check Time 정답

Check Time(p.394)

1. 배열은 고정 크기로 요소를 다루며, 개발자가 필요에 따라 배열의 크기를 스스로 조절하여야 한다. 또한 배열에 삽입, 삭제 등의 연산을 수행하면 요소를 앞으로 혹은 뒤로 이동시키는 작업을 개발자가 프로그래밍하여야 한다. 그러나 컬렉션은 크기 조절이나 요소의 삽입, 삭제 등 모든 것을 처리하기 때문에 개발자의 부담이 적다.
2. ③ StringBuffer
3. Stack<E>는 스택을 일반화시킨 컬렉션으로서 E를 타입 매개변수라고 부르며, E에 Integer, String, Point 등 특정 타입을 지정하여 특정 타입만 다루는 스택을 만들 수 있다. 예를 들어, Stack<E>가 실수만 다루는 스택이 되도록 구체화하면 Stack<Double>로 표현한다.

Check Time(p.421)

1. 3. 정확히 말하면 Integer(3)
2. v.add("100");이다. 벡터 v에는 문자열을 저장할 수 없다.
3. HashMap<Integer, String> m = new HashMap<Integer, String>();

4.

```
Vector<Integer> v = new Vector<Integer>();
Iterator<Integer> it = v.iterator(); // Iterator 객체를
                                         얻어온다.
while(it.hasNext()) { // 요소를 모두 방문할 때까지 루프
   System.out.println(it.next()); // 다음 요소 출력
}
```

Check Time(p.428)

1. 타입 매개 변수에 자바의 기본 타입은 사용할 수 없다. int의 사용은 부적절하다. Integer로 수정하면 된다.
2.

```
interface MyList<T> {
      public T get();
      public void add(T ob);
}
```

3. 타입 매개변수가 나타내는 타입의 객체 생성은 불가능하므로 E a = new E();이 잘못되었다.
4.

```
public static <T> void printStack(GStack<T> a) {
   GStack<T> gs = reverse(a); // 원소의 출력은 인덱스 순서대
                                로 하므로 스택을 거꾸로 해야 한다.
   while(true) {
      T tmp;
      tmp = gs.pop();
      if(tmp == null)
         break;
      System.out.println(tmp);
      a.push(tmp); // 스택을 원래대로 돌려놓기 위해 다시 역순으
                      로 push
   }
}
```

8장 Check Time 정답

Check Time(p.448)

1. (1) 동영상 파일(.avi) - 바이트 스트림
   (2) 메모장으로 작성한 파일(.txt) - 문자 스트림(바이트 스트림도 무관함)
   (3) 자바 클래스 파일(.class) - 바이트 스트림
   (4) HTML 파일(.html) - 문자 스트림(바이트 스트림도 무관함)
2. Reader와 Writer

Check Time(p.465)

1. ④ 없다.
2. FileOutputStream 클래스
3.

```
import java.io.*;

public class CheckTimeFileOutputStream {
    public static void main(String[] args) {
      try {
         FileOutputStream fout = new FileOutputStream
                                 ("C:\\Temp\\test.dat");
         FileInputStream fin = null;
         fout.write(3);
         fout.write(5);
         fout.close();
         fin = new FileInputStream("C:\\Temp\\test.dat");
         int c=0;
         c = fin.read();
         System.out.print(c + " ");
         c = fin.read();
         System.out.print(c + " ");
         fin.close();
      } catch (IOException e) {
         System.out.println("입출력 오류");
      }
    }
}
```

Check Time(p.470)

1. 버퍼를 가진 입출력이 시스템 관점에서 이롭다. 버퍼를 가지고 있으면 운영체제에 대한 호출 횟수를 줄이고, 하드 디스크 등 하드웨어에 대한 작동 횟수를 줄이기 때문이다.
2. flush()

3.

```
import java.io.*;

public class FileReaderEx {
    public static void main(String[] args) {
      BufferedReader in = null
      try {
         in = new BufferedReader(new
         FileReader("c:\\windows\\system.ini"), 2048);
                                 // 버퍼 크기 2048의 스트림 생성
         int c;
         while ((c = in.read()) != -1) {
            System.out.print((char)c);
         }
         in.close();
      } catch (IOException e) {
         System.out.println("입출력 오류");
      }
    }
}
```

Check Time(p.478)

1. ③. File 클래스가 파일을 읽고 쓰는 기능이 없으므로 파일의 내용은 읽을 수 없다.
2. 한글 파일은 바이너리 파일이므로 바이트 스트림인 FileInputStream/FileOutputStream을 이용해야 한다.
3.

```
import java.io.*;

public class FileExistEx {
    public static void main(String[] args) {
      File f = new File("c:\\Temp\\test.txt");
      if (f.exists())
         System.out.println("exist");
      else
         System.out.println("no");
    }
}
```

4.

```
import java.io.*;

public class FileDeleteEx {
    public static void main(String[] args) {
      File f = new File("c:\\Temp\\test.txt");
      f.delete();
    }
}
```

5.

```
import java.io.*;

public class FileLengthEx {
    public static void main(String[] args) {
      File f = new File("c:\\Temp\\test.txt");
      System.out.println(f.length());
    }
}
```

6.

```
import java.io.*;

public class FileRenameEx {
    public static void main(String[] args) {
      File f = new File("c:\\Temp\\test.txt");
      f.renameTo(new File("c:\\Temp\\res.txt"));
    }
}
```

9장 Check Time 정답

Check Time(p.499)

1. AWT
2. AWT이다. 그러나 스윙은 자바 응용프로그램의 GUI 모양을 맥(Mac), 윈도우(Windows), 리눅스(Linux)의 3 가지 중에서 선택할 수 있도록 지원하는 패키지를 가지고 있다.
3. AWT의 실행 속도가 빠르다. 그 이유는 GUI를 그리기 위해 운영 체제를 직접 이용하기 때문이다.

Check Time(p.509)

1. ① JPanel
2. JFrame 내에 컴포넌트가 달리는 특별한 영역을 컨텐트팬

이라고 부른다.

```
Container c = getContentPane();
c.add(new JButton("Hello"));
```

Check Time(p.525)

1. 컨테이너는 컴포넌트이기도 하지만 다른 컴포넌트를 포함할 수 있는 기능을 가지고 있다. 그러나 컴포넌트는 다른 컴포넌트를 포함할 수 없다.
2. container.setLayout(new FlowLayout(10, 20));
3. container.setLayout(null);
4. 배치관리자의 기능은 컨테이너에 부착되는 혹은 이미 부착된 컴포넌트들의 위치와 크기를 적절히 설정하는 것이다. 배치관리자가 없다면 개발자가 프로그램에서 컴포넌트의 위치와 크기를 설정하여야 한다. 그렇지 않으면 컴포넌트는 보이지 않게 된다.

10장 Check Time 정답

Check Time(p.553)

1. ActionListener와 같이 이벤트 리스너의 메소드가 한 개뿐인 경우 구현할 메소드가 적기 때문에 효과적이다.
2. 이벤트 리스너를 독립된 클래스로 작성하는 것보다 내부 클래스로 작성하면 내부 클래스를 둘러싸고 있는 외부 클래스의 멤버를 마음대로 접근할 수 있기 때문에 프로그램 작성이 쉬운 장점이 있다.

Check Time(p.556)

1. 어댑터는 클래스이다.
2. 리스너 인터페이스를 이용하여 이벤트 리스너를 작성하면 인터페이스의 모든 메소드를 구현하여야 한다. 그러나 때에 따라 메소드 중에 일부만 구현하고자 하는 경우 어댑터 클래스를 이용하면 프로그래밍이 간단해진다.
3. ActionListener와 ItemListener 인터페이스는 오직 한 개의 메소드만 가지고 있기 때문에 굳이 어댑터 클래스가 필요 없다. 개발자는 항상 이 유일한 메소드를 구현하여야 하기 때문이다.

Check Time(p.567)

1. ② getKeyCode()
2. # 키가 입력되면 프로그램을 종료시키는 MyKeyListener 클래스는 다음과 같다.

```
class MyKeyListener extends KeyAdapter {
   public void keyPressed(KeyEvent e) {
      if(e.getKeyChar() == '#')
         System.exit(0);
   }
}
```

3. ③ keyTyped()
4. ③ KeyListener의 keyPressed() 메소드를 반드시 구현하여야 한다.
5. ①과 ③

Check Time(p.574)

1. 동일한 컴포넌트에서 마우스가 두 번 클릭되어야 하기 때문
2.

```
import java.awt.*;
import java.awt.event.*;
import javax.swing.*;

public class But extends JFrame {
   public But() {
      setTitle("Left Click and Right Click");
      setDefaultCloseOperation(JFrame.EXIT_ON_CLOSE);
      JButton b = new JButton("버튼");
      getContentPane().add(b, BorderLayout.CENTER);
      b.addMouseListener(new MouseAdapter() {
         public void mousePressed(MouseEvent e) {
            Component c = (Component)e.getSource();
            if(e.getButton() == MouseEvent.BUTTON1) {
               c.setBackground(Color.RED);
            }
            else if(e.getButton() == MouseEvent.BUTTON3) {
               c.setBackground(Color.BLUE);
            }
         }
      });
```

```
      setSize(300,200);
      setVisible(true);
   }

   public static void main(String [] args) {
      new But();
   }
}
```

12장 Check Time 정답

Check Time(p.644)

1. ③ paintComponent(Graphics g)
2. java.awt.Graphics
3. ④ JPanel

Check Time(p.649)

1. 자바에서 사용할 수 있는 색은 최대 256x256x256=224=16,581,375개의 색이다.
2.

```
g.setColor(Color.BLUE);
g.drawString("BLUE", 20, 20);
```

3.

```
class MyPanel extends JPanel {
   public void paintComponent(Graphics g) {
      super.paintComponent(g);
      g.setFont(new Font("Times New Roman", Font.PLAIN, 30));
      g.drawString("We win!!", 100,100);
   }
}
```

Check Time(p.654)

1.

(1) (10, 10)에서 (30,30)까지의 노란색 선 그리기

```
g.setColor(Color.YELLOW);
g.drawLine(10,10,30,30);
```

(2) 중심이 (20, 20)이고 높이가 10, 폭이 20인 사각형에 내접하는 타원 그리기

```
g.drawOval(10,15,20,10);
```

(3) (10,10), (5,15), (15,20)의 3 점으로 구성되는 삼각형 칠하기. 삼각형의 내부 색은 빨간색으로 한다.

```
int x[]={10,5,15};
int y[]={10,15,20};
g.setColor(Color.RED);
g.fillPolygon(x,y,3);
```

(4) 다음과 같은 3색 원을 그려라. 각 색이 차지하는 면적은 동일하다.

```
import java.awt.*;
import javax.swing.*;

public class ThreeColorCircle extends JFrame {
   public ThreeColorCircle() {
      setDefaultCloseOperation(JFrame.EXIT_ON_CLOSE);
      setContentPane(new MyPanel());
      setSize(300,300);
      setVisible(true);
   }
   class MyPanel extends JPanel {
      public void paintComponent(Graphics g) {
         super.paintComponent(g);
         g.setColor(Color.RED);
         g.fillArc(0, 0, 100, 100, 90, 120);
         g.setColor(Color.BLUE);
         g.fillArc(0, 0, 100, 100, 210, 120);
         g.setColor(Color.YELLOW);
         g.fillArc(0, 0, 100, 100, 330, 120);
      }
   }
   public static void main(String[] args) {
      new ThreeColorCircle();
   }
}
```

Check Time(p.662)

1.

```
import java.awt.*;
import javax.swing.*;

public class TwoImageFrame extends JFrame {
   public TwoImageFrame() {
      setDefaultCloseOperation(JFrame.EXIT_ON_CLOSE);
      setContentPane(new MyPanel());
      setSize(300,300);
      setVisible(true);
   }
   class MyPanel extends JPanel {
      Image imgA = new ImageIcon("images/a.jpg").getImage();
      Image imgB = new ImageIcon("images/b.jpg").getImage();

      public void paintComponent(Graphics g) {
         super.paintComponent(g);
         int width=getWidth()/2;
         g.drawImage(imgA, 0, 0, width, getHeight(), this);
         g.drawImage(imgB, width, 0, width, getHeight(), this);
      }
   }
   public static void main(String[] args) {
      new TwoImageFrame();
   }
}
```

Check Time(p.665)

1. ③
2.

```
g.setClip(100,100,100,100); // (100,100)에서 100x100 크기
                               를 클리핑 영역으로 지정
```

Check Time(p.671)

1.
   (1) component.repaint() 메소드
   (2) container.revalidate();

13장 Check Time 정답

Check Time(p.689)

1. 자전거 타면서 음악 듣기
2. 멀티스레딩
3. ③. 1에서 100000까지 더하기를 2개의 스레드를 작성하여 한 스레드는 짝수만 더하고, 다른 스레드는 홀수만 더하여 최종적으로 두 합을 더하여 결과를 내는 응용프로그램.
   그 이유는 다음과 같다. 컴퓨터가 두 개의 스레드를 동시에 처리한다고 하더라도 하나의 CPU만 가진 경우 시간을 분할하여 두 개의 스레드를 돌아가면서 실행할 수밖에 없다. 그러므로 실행하고자 하는 스레드가 입출력 작업이 많아 대기하는 시간이 많은 경우, 대기하는 시간 동안 다른 스레드가 CPU를 사용할 수 있도록 하면 멀티스레드 사용이 보다 효과적이다. 그러나 이 보기의 경우처럼 홀수만 합하는 스레드와 짝수만 합하는 두 개의 스레드가 실행되는 시간의 합은 1에서 100000까지 더하는 시간뿐만 아니라 스레드의 문맥 교환에 따른 부가적인 시간이 소요되므로 하나의 스레드가 1에서 100000까지 더하는 경우보다 소요 시간이 커지게 되어 오히려 비효율적이다.

Check Time(p.691)

1. 하나의 자바 가상 기계는 오직 하나의 자바 응용프로그램만을 실행한다.
2. 하나의 자바 가상 기계는 여러 개의 자바 스레드를 실행할 수 있다.
3. 스레드의 실행을 책임지는 것은 자바 가상 기계(JVM)이다. 스레드를 스케줄링하여 실행하고, 중단하고, 잠재우고, 종료시키는 것은 전적으로 자바 가상 기계의 역할이다. 다만 개발자는 스레드가 실행을 시작하도록 초기에 start() 메소드를 호출할 뿐이다.

Check Time(p.704)

1. public void run() 메소드
2. InterruptedException
3.

```
public class ExitAfter10MinApp {
   public static void main(String[] args) {
      TenSecondThread th = new TenSecondThread();
```

```
        th.start();
    }
}

class TenSecondThread extends Thread {
    public void run() {
        System.out.println("스레드가 시작됩니다.");
        try {
            Thread.sleep(10000);
        }
        catch(InterruptedException e) {}
        System.out.println("스레드 종료합니다.");
    }
}
```

4.

```
public class ExitAfter10MinApp2 {
    public static void main(String[] args) {
        Thread th = new Thread(new TenSecondRunnable());
        th.start();
    }
}
class TenSecondRunnable implements Runnable {
    public void run() {
        System.out.println("스레드가 시작됩니다.");
        try {
            Thread.sleep(10000);
        }
        catch(InterruptedException e) {}
        System.out.println("스레드 종료합니다.");
    }
}
```

Check Time(p.709)

1. 화면에 출력하는 것은 입출력 행위이므로 자바의 경우 입출력이 발생하면 입출력을 수행하는 스레드는 BLOCK 상태가 된다. 그리고 입출력이 모두 종료하면 RUNNABLE 상태로 돌아오며 자바 가상 기계에 의해 스케줄링되면 다시 실행된다.
2. yield() 메소드
3. 1에서 10 사이
4. 자바에서는 철저히 우선순위를 기반으로 스케줄링된다. 그러므로 우선순위가 높은 스레드가 존재하는 동안에는 우선순위가 낮은 스레드는 절대로 실행될 수 없다.
5. 응용프로그램이 스레드의 우선순위를 조절할 수 있다.

Check Time(p.716)

1. 한 번 종료한 스레드의 Thread 객체는 더 이상 새로운 스레드 생성에 이용할 수 없다.
2. Thread 클래스의 run() 메소드에서 return 문은 스레드를 종료시키는 결과를 낳는다.

Check Time(p.723)

1. ①
2. synchronized

Check Time(p.729)

1. wait(), notify(), notifyAll() 메소드는 모두 Object의 멤버이다. 그러므로 모든 자바 객체들이 이 메소드를 가지고 있다.
2. 멀티스레드의 동기화이다. wait() 메소드는 객체를 현재 사용 중인 스레드가 깨워주기를 기다리면서 대기하게 하며, notify()는 객체를 기다리는 스레드 중 하나만 깨우고, notifyAll()은 모든 스레드를 깨운다.
3. 모든 객체는 Object를 상속받으므로 모든 객체가 wait(), notify(), notifyAll() 메소드를 가지고 있다. 그러므로 모든 객체가 동기화 객체로 사용될 수 있다.

15장 Check Time 정답

Check Time(p.805)

1. IP 주소는 네트워크상에서 유일하게 식별될 수 있는 네트워크 장치의 주소이며, 한 컴퓨터 내의 각 응용프로그램은 통신을 위해 가상의 연결단인 포트를 생성하고 이 포트 번호로 자신을 식별하게 한다.
2. 윈도우 PC에서 명령창을 열어 ipconfig 명령을 수행한다.
3. 컴퓨터가 데이터를 수신하게 되었을 때 어떤 프로그램에게 전달해 주어야 할지 판단할 수 없게 된다.
4. 하나의 통신 프로그램은 여러 개의 포트를 사용할 수 있다.

찾아보기